AF608359

Unter der Schirmherrschaft
der Botschaft der Italienischen
Republik in Deutschland

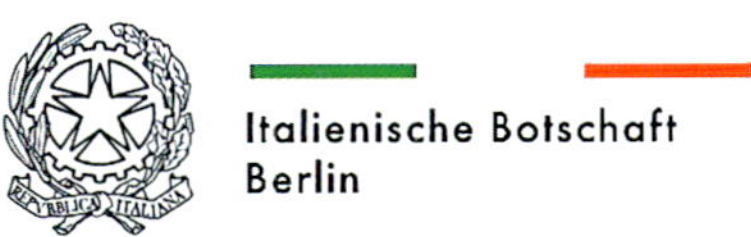

Gefördert durch

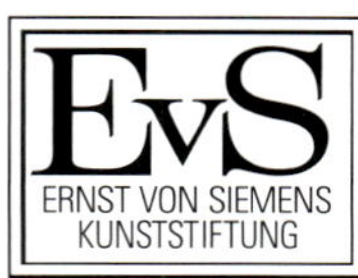

BEL LIS SI MO!

Italienische Malerei von der Gotik bis zur Renaissance

aus dem Lindenau-Museum Altenburg

Herausgegeben von
Eva Maria Breisig
und Jutta Götzmann

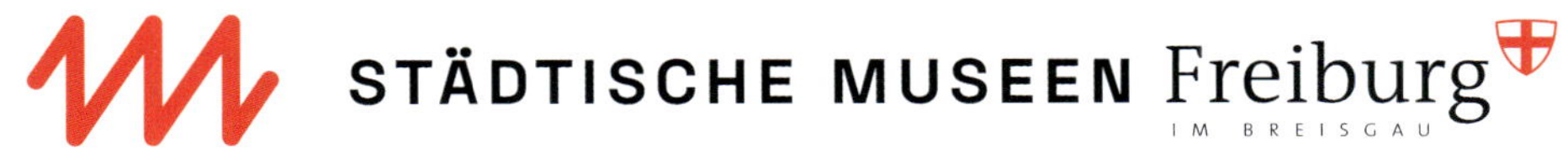

HIRMER

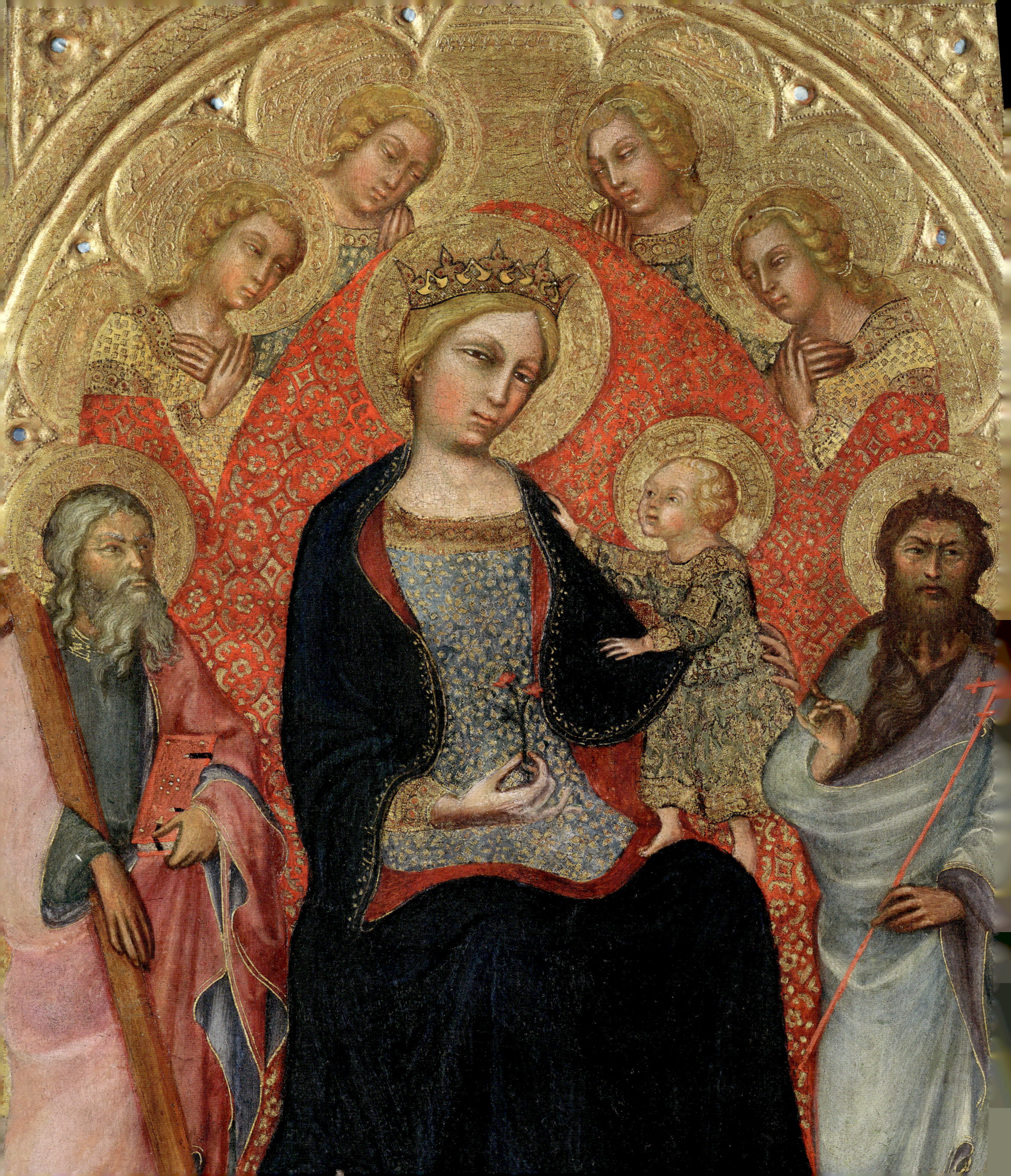

INHALTSVERZEICHNIS

AUFSATZTEIL

KATALOGTEIL

MIT BEITRÄGEN VON EVA MARIA BREISIG, CHRISTOPHER DALY, BASTIAN ECLERCY, TOBIAS ERTEL, WIEBKE FASTENRATH VINATTIERI, JUTTA GÖTZMANN, PHILINE HELAS, FELIX REUSSE, NEVILLE ROWLEY, BENJAMIN RUX, ADANA SCHULZ, MIRIAM STADIE, EMANUELE ZAPPASODI

ANHANG

Kat. 1a, Detail

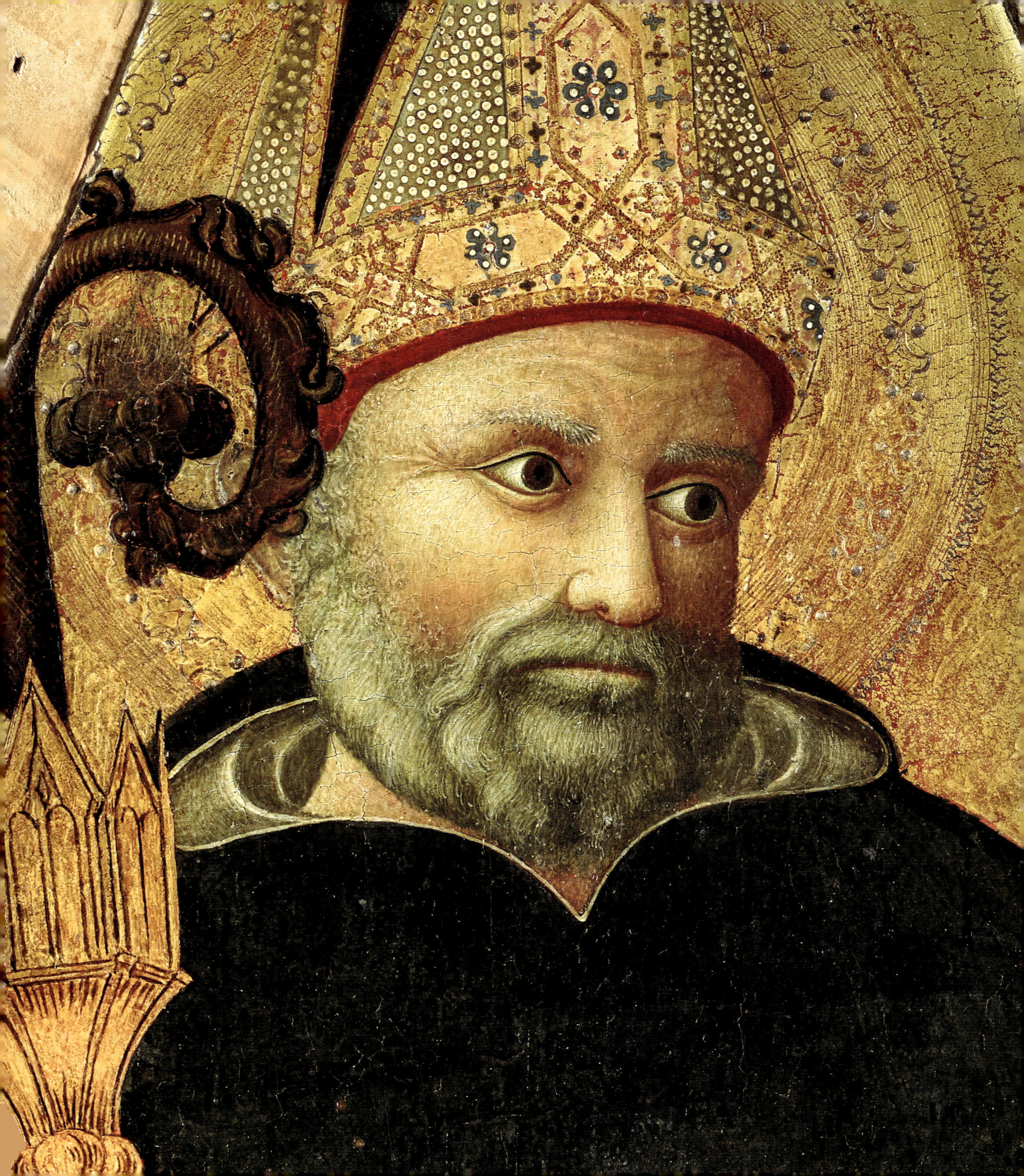

GRUSSWORT

Die Ausstellung *Bellissimo! Italienische Malerei von der Gotik bis zur Renaissance aus dem Lindenau-Museum Altenburg* bietet eine wunderbare Ergänzung zur eigenen Sammlung der Freiburger Städtischen Museen.

In der Zeit des Übergangs von der Spätgotik zur Renaissance, dem Zeitalter des Humanismus, war auch Freiburg neben Basel und Straßburg ein wichtiger Anziehungspunkt am Oberrhein. Nicht zuletzt dank der 1457 gegründeten Universität und des Aufenthalts des einflussreichen Humanisten Erasmus von Rotterdam, der sein Basler Exil hier im Haus zum Walfisch verbrachte.

Bisher gab es vor Ort noch keine Ausstellung, die sich umfassend mit der italienischen Kunst dieser wichtigen Epoche befasst hat. Dabei passt die eindrucksvolle Präsentation auch aus einem weiteren Grund ganz ausgezeichnet zu Freiburg, denn nach wie vor haben unsere italienischen Mitbürgerinnen und Mitbürger unter allen migrantischen Gruppen in der Stadt den größten Anteil. Es gibt vor Ort ein Konsulat und gleich mehrere italienische Kulturvereine, die das Leben in Freiburg aktiv mitgestalten. Dazu kommt ein regelmäßiger und sehr lebendiger Austausch mit unserer norditalienischen Partnerstadt Padua, einem bedeutenden Kunstzentrum der italienischen Renaissance.

Die Sammlung des Lindenau-Museums Altenburg mit ihren italienischen Tafelgemälden des 13. bis 16. Jahrhunderts ist weltberühmt. Sie stellt eine der bedeutendsten Kollektionen italienischer Malerei der Spätgotik und Renaissance außerhalb Italiens dar. Freiburg profitiert von der umbaubedingten Schließungszeit in Altenburg, dank der nun ein großer Sammlungsbestand ausgeliehen werden konnte.

Das Ausstellungskonzept wurde vom Freiburger Kuratorinnenteam in enger Zusammenarbeit mit den thüringischen Kolleginnen und Kollegen erarbeitet, der intensive Erfahrungsaustausch mit neuen Anregungen und Ideen kommt sicherlich beiden Häusern zugute. Rund hundert Gemälde aus dieser einzigartigen Sammlung sind von Mai bis Anfang November in der Ausstellungshalle des Augustinermuseums zu sehen. Nutzen Sie die einmalige Gelegenheit, diesen außergewöhnlichen Kunstschatz ausnahmsweise hier in Südbaden zu erleben! Vielen Dank an unser engagiertes Museumsteam und an alle, die dies möglich gemacht haben. Und Ihnen, liebe Besucherinnen und Besucher, wünsche ich spannende Entdeckungen und viel Freude mit den zeitlosen Meisterwerken der Ausstellung *Bellissimo*!

MARTIN W. W. HORN
OBERBÜRGERMEISTER DER STADT FREIBURG

Kat. 22, Detail

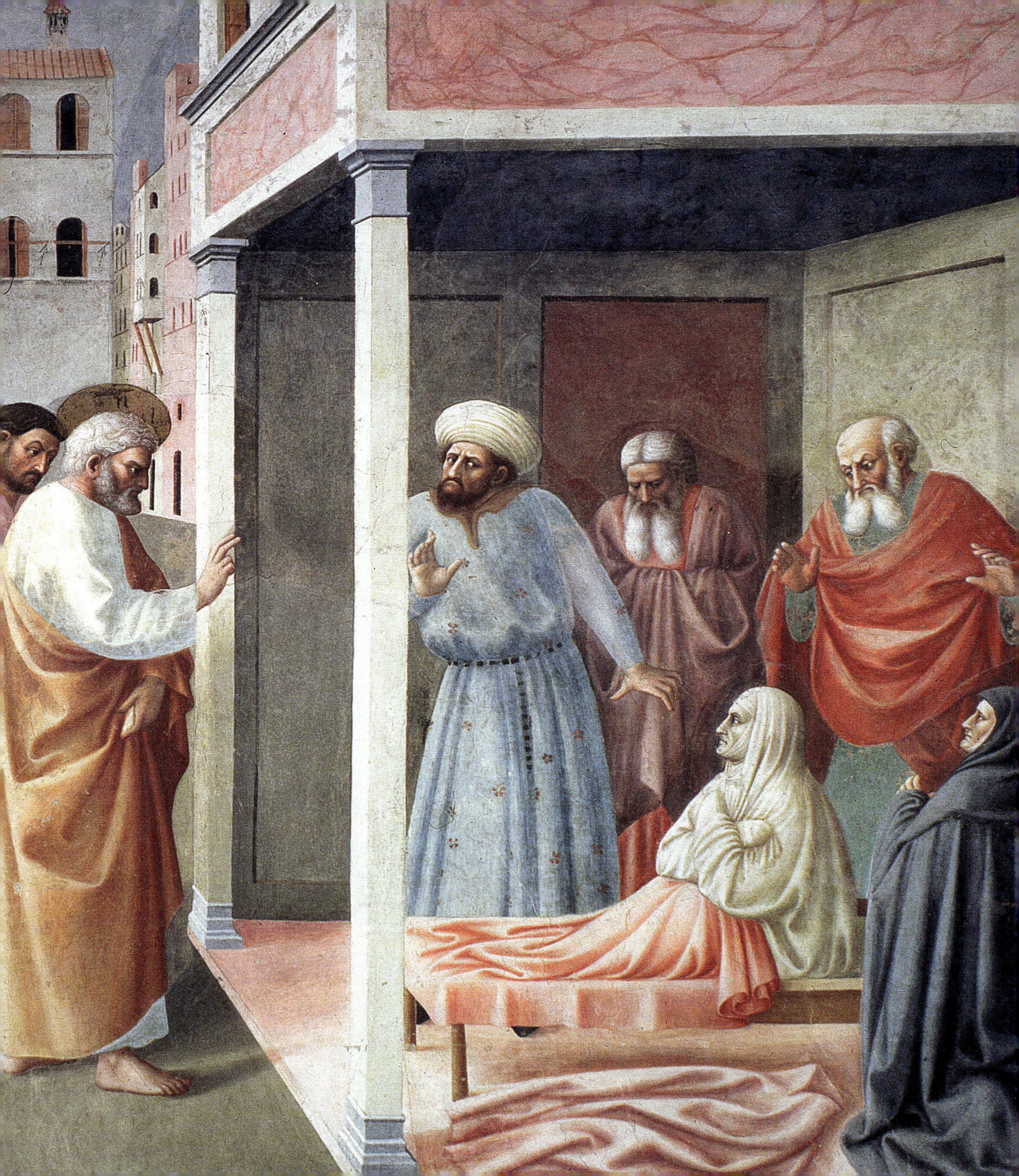

GRUSSWORT

Bellissimo! Italienische Malerei von der Gotik bis zur Renaissance – die Ausstellung gleicht einer Reise durch Zeit und Raum. Ermöglicht wurde sie zunächst durch das Engagement und Mäzenatentum von Bernhard August von Lindenau, der Anfang des 19. Jahrhunderts seine eindrucksvolle Sammlung italienischer Werke des Tre- und Quattrocento aufbaute, die wiederum den Grundstock bot für die vorliegende Kooperation zwischen dem Lindenau-Museum in Altenburg und dem Augustinermuseum in Freiburg.

Als Ergebnis der kuratorischen Arbeit konnten die Besonderheiten jener historischen Epochen erfasst werden, welche die Entwicklung Italiens tiefgreifend prägten und später auf das übrige Europa ausstrahlten. So trugen sie zur Etablierung eines Kulturraumes auf dem Kontinent bei, der bereits im 15. Jahrhundert erkennbar war. Dabei entstanden Schnittmengen zwischen Geschichte und Religion, deren essentielle Beziehung auch heute noch in Madonnendarstellungen als zugleich nüchterne, strenge Frau und liebevolle Mutter oder in Altären und Christusbildern zum Ausdruck kommt. Jede Region Italiens findet dabei in Ausstellung und Publikation Widerhall: Nord- und Süditalien, Florenz, Perugia, Mantua, Neapel ... jede mit ihren eigenen Besonderheiten und ihrer eigenen Geschichte.

Den Besucherinnen und Besuchern ist damit ein Weg geebnet, in die Materie einzutauchen und ein tieferes Verständnis für ein so vielfältiges Land wie Italien zu gewinnen – und das aus der Perspektive seiner berühmten Bürger und einflussreichen Künstler: Andrea Mantegna, Filippo Brunelleschi, Leon Battista Alberti, um nur einige zu nennen.

Es ist ein großer Gewinn, dass diese Präsentation in Freiburg stattfindet, denn in dieser bedeutenden Universitätsstadt arbeiten zahlreiche Forschende – darunter eine sehr große Zahl von Italienerinnen und Italienern – im Geiste des Austauschs und der Offenheit. Städte wie diese bewirken eine stetige Neubelebung des gemeinsamen europäischen Raums und schöpfen ihrerseits Kraft aus diesem.

Darüber hinaus ist es mir eine Freude, dass diese Ausstellung in einem für die Präsenz Italiens in Deutschland besonderen Jahr organisiert wird. Von der Rolle Italiens als »Country in Focus« auf dem European Film Market, einer der bedeutendsten Filmmärkte weltweit, im Rahmen der Berlinale, bis hin zur Teilnahme als Ehrengast auf der Frankfurter Buchmesse stehen unsere Kultur und Kreativität in Deutschland das ganze Jahr 2024 über im Rampenlicht. Die Ausstellung im Augustinermuseum über die Wege der Kunst von der Gotik bis zur Renaissance fügt sich somit perfekt in dieses Programm ein.

Ich wünsche Ihnen ein angenehmes Eintauchen in diese Reise durch die italienische Kunst, ihre Spiritualität und Aktualität.

ARMANDO VARRICCHIO

ITALIENISCHER BOTSCHAFTER IN DER BUNDESREPUBLIK DEUTSCHLAND

Masaccio, Heilung des Gelähmten und Erweckung der Tabitha, 1425–1428, Fresko, Brancacci-Kapelle, Santa Maria del Carmine, Florenz, Detail

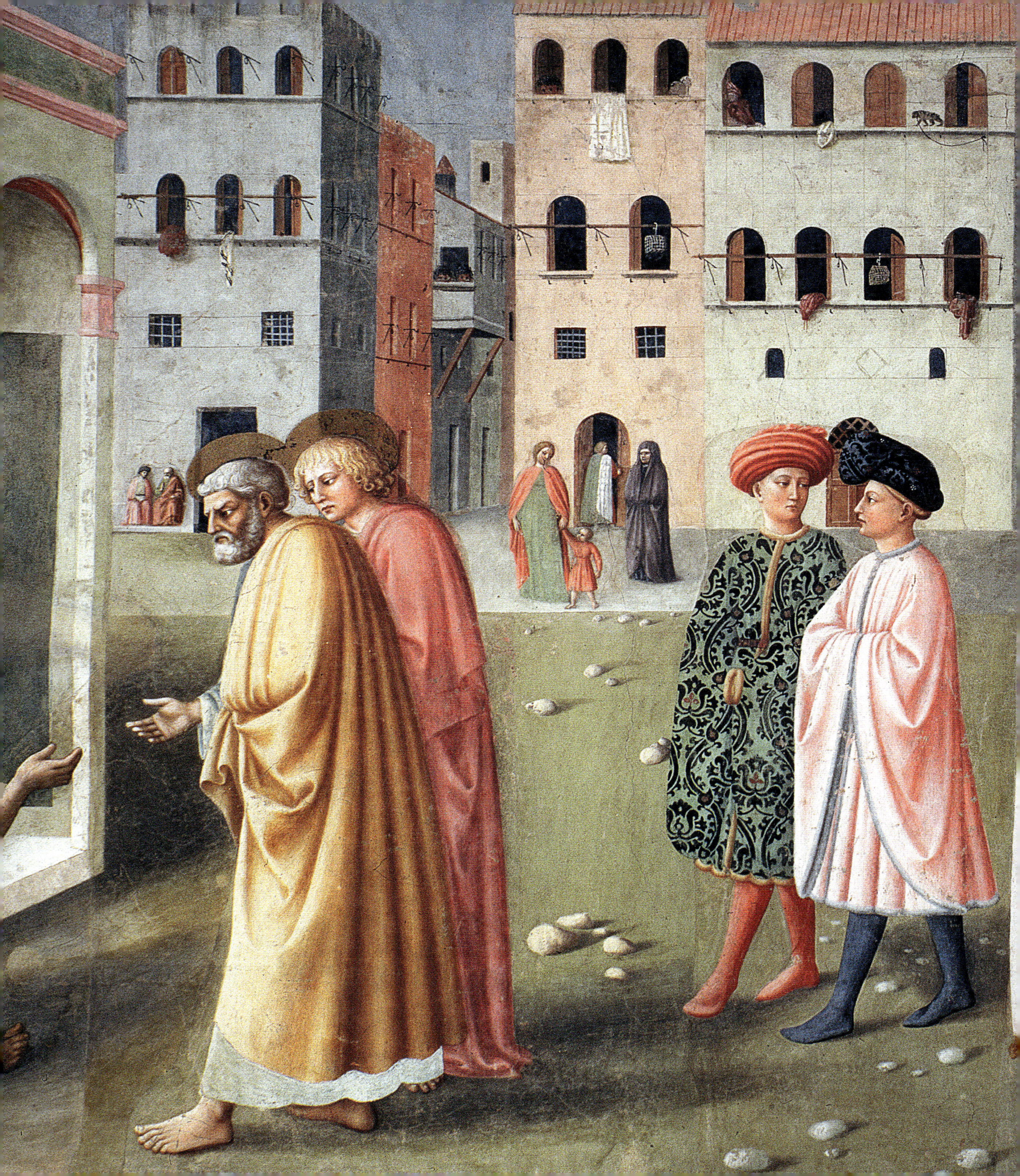

VORWORT

Italien ist das Land der Sehnsucht, der großen Kunstzentren, der prächtigen Städte, der beeindruckenden Paläste – vom Veneto über Umbrien und die Toskana bis nach Neapel. Jeder Reisende kennt die Faszination der kostbaren Werke der italienischen Malerei, die in ihrer farblichen Strahlkraft und Erzählfreude bis heute tief beeindrucken. Einem besonderen Ort in der Kunstmetropole Florenz hat Giorgio Vasari in seinen Künstlerviten der berühmtesten Maler, Bildhauer und Architekten zu Recht ein schriftliches Denkmal gesetzt:

»Seinen Anstrengungen gebührt das höchste Lob, umso mehr, als durch seine Meisterschaft die heutige schöne Darstellungsweise begründet wurde. Dies bezeugt auch die Tatsache, dass alle großen Bildhauer und Maler, die nach ihm kamen und zu höchstem Ruhm gelangten, in dieser Kapelle Übungen und Studien betrieben; so Fra Giovanni da Fiesole, Fra Filippo [...] Domenico Ghirlandaio, Sandro Botticelli, Leonardo da Vinci [...] und der göttliche Michelangelo Buonarotti [...].« (Vasari 2020, S. 214)

Vasari spricht von der Familienkapelle der Brancacci, am Ende des rechten Querschiffes der Florentiner Kirche Santa Maria del Carmine gelegen, und den scheinbar magisch leuchtenden Fresken des viel zu früh verstorbenen Künstlers Masaccio. Diese erzählen auf beeindruckend anschauliche Weise die Geschichte des heiligen Petrus. Masaccio und seine Künstlerkollegen bilden als Initiatoren der Frührenaissance den Kern der Freiburger Sonderausstellung, die in thematischer Gliederung die neuen Aufgaben von Bildern sowie Status und Selbstbewusstsein der Künstler über einen entwicklungsgeschichtlichen Zeitraum von 1270 bis 1530 anschaulich werden lässt. Ein beeindruckendes Spektrum der Tafelmalerei vom Spätmittelalter bis zur beginnenden Hochrenaissance verbindet sich mit Künstlernamen wie Lorenzo Monaco, Fra Angelico, Sandro Botticelli und Domenico Beccafumi. Die Wirkmacht der Werke verführt zum Staunen über die immer größere Annäherung an die Wirklichkeit, die sich im Klima der wissenschaftlichen, technischen, theologischen und philosophischen Neuerungen vollzog.

Dass diese einzigartige Kollektion italienischer Tafelmalerei nicht als Leihgabe aus verschiedenen Museen Italiens anreisen muss, sondern lediglich innerhalb Deutschlands über 600 km Entfernung den Weg von Ost nach West antritt, liegt an der Kunstsinnigkeit und dem hohen Bildungs- und Vermittlungsanspruch, die der Staatsmann, Astronom, Kunstmäzen und -sammler Bernhard August von Lindenau (1779–1854) bereits in der Mitte des 19. Jahrhunderts an den Tag legte. Das von ihm gestiftete und heute im Blaubuch der Bundesrepublik Deutschland national bedeutender Kultureinrichtungen eingetragene Lindenau-Museum Altenburg in Thüringen verwahrt diese einzigartige Sammlung und ist nun mit 100 ausgewählten Werken im Augustinermuseum in Freiburg für fast sechs Monate zu Gast.

Die Sonderausstellung *Bellissimo! Italienische Malerei von der Gotik bis zur Renaissance aus dem Lindenau-Museum Altenburg* steht im Zentrum

Masaccio, Heilung des Gelähmten und Erweckung der Tabitha, 1425–1428, Fresko, Brancacci-Kapelle, Santa Maria del Carmine, Florenz, Detail

einer intensiven Museumskooperation, die das Augustinermuseum und das Lindenau-Museum über fünf Jahre miteinander verbindet. Für die Initiative zur Kooperation danken Jutta Götzmann und Roland Krischke dem Freiburger Amtsvorgänger Tilmann von Stockhausen. Neben dem Erfahrungsaustausch in sämtlichen Museumsbereichen zielt die vertrauensvolle Zusammenarbeit auf Synergien im immer komplexer werdenden Kulturbetrieb. Mit der direkten Leihgabe eines großen Sammlungsteils von Museum zu Museum werden nicht zuletzt auch wesentliche Nachhaltigkeitsziele auf neuartige Weise erfüllt.

Von namhaften Künstlern geschaffen bieten sie in der Präsentation Einblicke in den Glaubenskosmos ihrer Entstehungszeit. Der Bilderwelt der Kirchen und der privaten Andacht sind ein ebenso gewichtiger Ausstellungsteil gewidmet wie der Kunst an den herrschaftlichen Höfen. Bekannte Kunstzentren Italiens, darunter Florenz und Siena, aber auch Padua, Bologna und vor allem Umbrien vervollständigen das Konzept. Dabei bietet der große Gemäldebestand eine gute Gelegenheit, die Entwicklung der Malerei Italiens über drei Jahrhunderte und die damit einhergehende neue künstlerische Auffassung in Bewegung, Raum und Menschenbild nachzuvollziehen.

Eine kleine Auswahl von Skulpturen als historische Gipsabformungen zentraler Meisterwerke, unter anderem von Lorenzo Ghiberti, Donatello und Michelangelo, ermöglicht einen Seitenblick auf die parallele Entwicklung der Renaissanceskulptur – vom lebensgroßen Standbild bis zum Relief. Abgerundet wird die Präsentation durch eine Vorstellung Bernhard August von Lindenaus, der seine Sammlung nicht aus rein ästhetischen Gründen anlegte, sondern damit insbesondere das Anschauungsmaterial für eine Kunstschule in seiner Heimatstadt Altenburg zusammentragen wollte. Antike und Renaissance waren seine Leitsterne, und von den Schülern seiner »Anstalt« erhoffte er sich, dass sie durch die Auseinandersetzung mit den Meisterwerken europäischer Kunst und Architektur zu nützlichen Bürgern ihres Staates würden.

Eine besondere Gestaltung verwandelt die Freiburger Ausstellungshalle des Augustinermuseums in einen schräg gesetzten Grund- und Aufriss, der über eine zentrale »Piazza« einen zweispurigen Parcours durch die italienische Tafelmalerei ermöglicht. Den Besucherinnen und Besuchern wird ein vielschichtiger Zugang zu den teils nur noch als Fragmente erhaltenen und aus größeren Zusammenhängen stammenden Werken geboten. In einem eigenen Ausstellungsbereich werden Altäre in ihre unterschiedlichen Präsentationsformen zurückversetzt. Über einen Multimediaguide sind sogar noch detailliertere Rekonstruktionen zu allen ausgestellten Altarfragmenten abrufbar. Neben der Schau der Gemälde erzeugen farblich gekennzeichnete Nischen eine eindrucksvolle Hintergrundebene. Diese widmet sich unter den Stichworten Diversität und Inklusion der anschaulichen Vermittlung der Bildherstellung im 14. und 15. Jahrhundert. Eingeschobene Exkurse bieten über Funfacts niedrigschwellige Informationen zur Kunsttechnologie und -produktion.

Dass die Ausstellung unter der Schirmherrschaft der Botschaft der italienischen Republik in der Bundesrepublik Deutschland präsentiert wird, ist eine besondere Ehre und Auszeichnung, der wir auch über ausgewählte Veranstaltungen gemeinsam mit dem Konsulat der italienischen Republik in Freiburg gerecht werden möchten. Für den umfangreichen Ausstellungskatalog konnten wir externe Kunsthistorikerinnen und Kunsthistoriker mit besonderer Expertise in der Italienforschung aus namhaften internationalen Forschungseinrichtungen und Museen gewinnen, denen wir unseren herzlichen Dank aussprechen möchten.

Die Ausstellungskonzeption verdanken wir Eva Maria Breisig (Freiburg) und Benjamin Rux (Altenburg), die mit besonderem Einsatz und großer fachlicher Kompetenz die Basis für das Kooperationsprojekt schufen. In Abstimmung mit den Kolleginnen und Kollegen in Altenburg ist die Ausstellung durch das dreiköpfige wissenschaftliche Team in Freiburg konzeptionell detailliert ausgearbeitet, inhaltlich komplettiert, in ein überzeugendes räumliches Gestaltungskonzept überführt und schließlich realisiert worden. Mit größtem Engagement und hohem Einsatz haben Eva Maria Breisig und Adana Schulz die Federführung für die vielen Abstimmungsprozesse übernommen und die Katalogplanung und Redaktion glanzvoll bewältigt. Die Bildredaktion meisterte Miriam Stadie (Altenburg).

Dass wir eine exzellente Ausstellung eröffnen können, haben wir dem Zusammenwirken aller Beteiligten zu verdanken. Im Rahmen der Kunstvermittlung war der Austausch besonders intensiv, da die Freiburger Ausstellung auf Basis der Altenburger Erfahrungen neue Vermittlungsformate einführt, die in ähnlicher Weise in der neuen Dauerausstellung des Lindenau-Museums Anwendung finden sollen. Nennen möchten wir darüber hinaus ausdrücklich die Zentralen Werkstätten, die Restaurierungsabteilungen, die Abteilung Kommunikation und Vermittlung sowie die entsprechenden Abteilungen der Altenburger Museen und alle externen Partnerinnen und Partner. Dem Mittelalterzentrum der Albert-Ludwigs-Universität Freiburg danken wir für ein eng abgestimmtes interdisziplinäres Vortragsprogramm. Der Ernst von Siemens Kunststiftung gilt unser ganz besonderer Dank für die finanzielle Förderung des Katalogs. Des Weiteren danken wir der BGV-Versicherung AG für ihre finanzielle Unterstützung als Hauptsponsorin der Ausstellung. Die Zusammenarbeit mit den Teams von Bach Dolder, Büro für Ausstellungsgestaltung in Darmstadt, und dem Hirmer Verlag in München verlief überzeugend und höchst professionell.

Der Ausstellung wünschen wir eine hohe Resonanz und Ihnen mit diesem Katalog eine interessante neue Perspektive auf die frühitalienische Malerei.

JUTTA GÖTZMANN, LEITENDE DIREKTORIN DER STÄDTISCHEN MUSEEN FREIBURG

ROLAND KRISCHKE, DIREKTOR DER ALTENBURGER MUSEEN

AUF SATZ TEIL

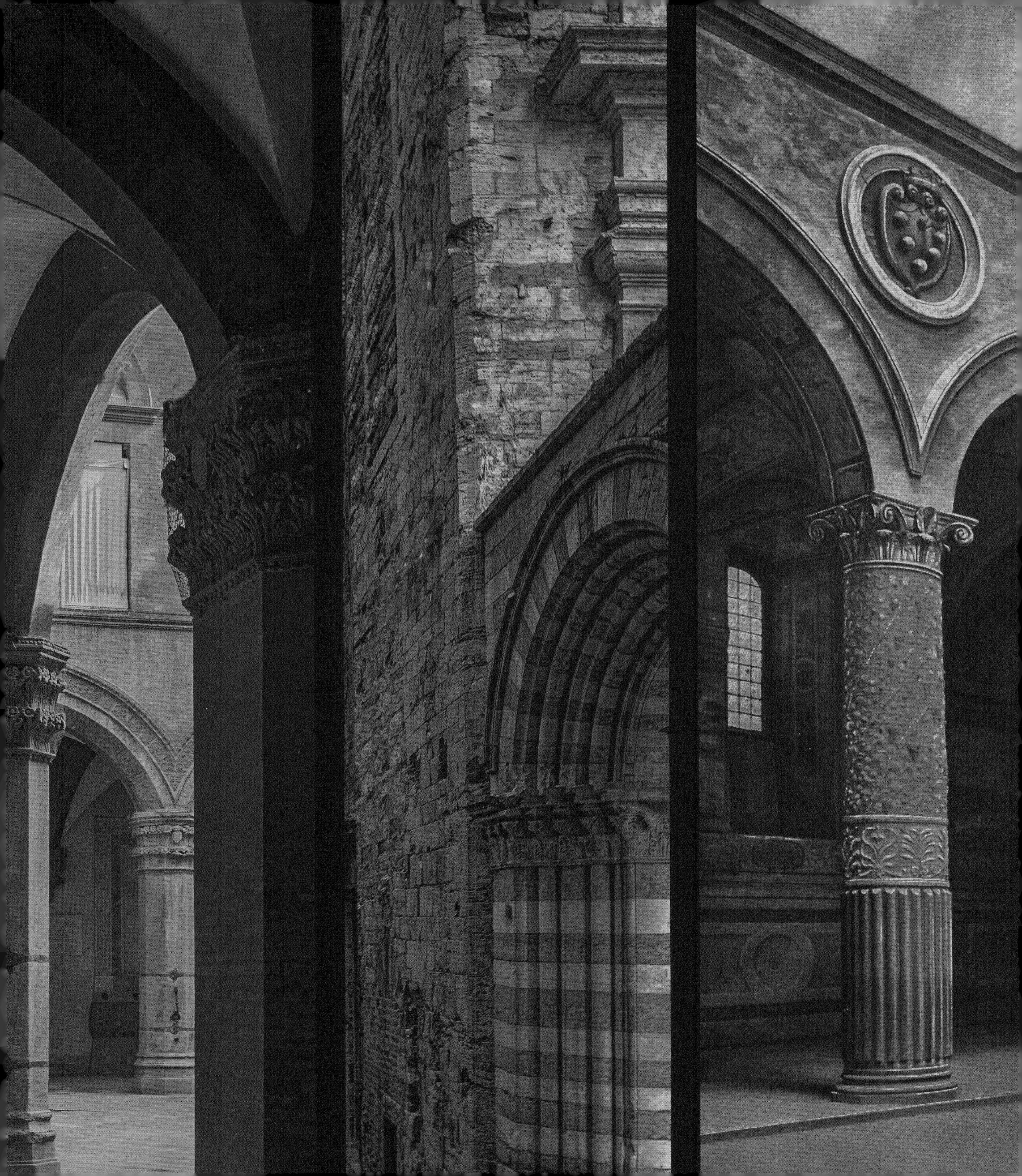

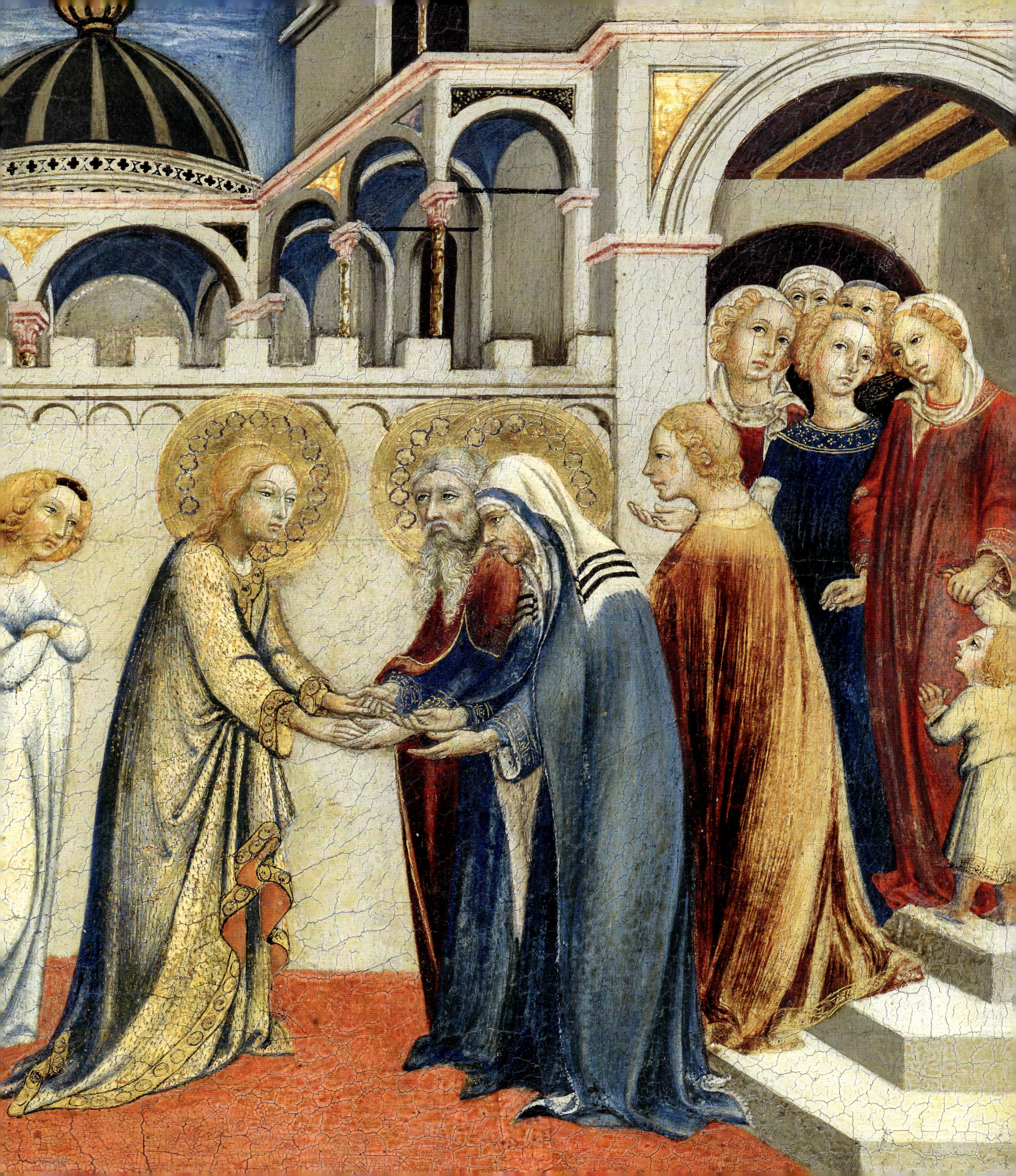

MALEREI UND STÄDTISCHE KULTUR IN ITALIEN ZWISCHEN MITTELALTER UND RENAISSANCE

DIETER BLUME

In den italienischen Stadtstaaten ist im Verlauf des 13. Jahrhunderts eine kulturelle Entwicklung zu verzeichnen, die nur als ein intellektueller Aufbruch großen Ausmaßes beschrieben werden kann. Die wachsende wirtschaftliche Bedeutung des Handels leitete eine kontinuierliche Ausweitung der Schriftkultur ein und führte zu einer folgenreichen Bildungsrevolution. Am Ende des Jahrhunderts konnten in Florenz etwa 80 Prozent der Einwohner lesen und schreiben und etwa 70 Prozent der Kinder besuchten eine Schule. Die republikanisch organisierte Regierungsform mit den verschiedenen Gremien bedurfte einer umfangreichen schriftlichen Dokumentation sowohl der politischen Entscheidungen als auch der geschäftlichen Verträge. Von daher kam dem Berufsstand der Notare, die häufig eine universitäre Ausbildung besaßen, eine ständig wachsende Bedeutung zu. Aus ihm rekrutierte sich eine intellektuelle Elite, die eine Kultur der Laien ausbildete, welche eine große Eigenständigkeit besaß und nicht von Klerikern geprägt war. Dies hat seine Spuren in der Entstehung einer volkssprachlichen Literatur und Dichtung hinterlassen, führte aber auch zu neuen Formen religiöser Partizipation. Unter Anleitung der kürzlich gegründeten Bettelorden, die sich gezielt in den Städten ansiedelten und vor allem Predigt und Seelsorge betrieben, entstanden Laienbruderschaften und spezielle Formen persönlicher Andacht.

Auch die Malerei hat an dieser Entwicklung teilgenommen. Ein verändertes Bedürfnis nach bildlicher Anschauung, nach einem visuellen Gegenüber bei Andacht und Gebet ließ eine Fülle von Tafelbildern unterschiedlicher Formate entstehen. Aufgrund der Zunahme individueller Stiftungen gelangte eine große Zahl von Bildern in die Kirchenräume, die nicht allein auf den Altären aufgestellt wurden, sondern ebenso Pfeiler und Wände schmückten oder auch nur temporär anlässlich bestimmter Feste zu sehen waren. Dem persönlichen Gebrauch außerhalb der kirchlichen Liturgie dienten kleinformatige Bildtafeln, welche die Angehörigen der Oberschicht in ihren Wohnhäusern aufbewahrten.

Kat. 23a, Detail

SIENA – STADT DER JUNGFRAU

Das Zusammenspiel von Religion, Politik und Bilderkult lässt sich gut am Beispiel der Stadt Siena verdeutlichen. Seit dem 12. Jahrhundert rivalisierten Florenz und Siena um den Zugriff auf Handelswege und den Zugang zu den Häfen der südlichen Toskana. Der Konflikt eskalierte und 1260 näherte sich eine zahlenmäßig weit überlegene Florentiner Streitmacht der Stadt. In dieser schwierigen Situation organisierten die Regierungsgremien gemeinsam mit dem Bischof eine groß angelegte Bittprozession durch die Straßen zum Marienaltar im Dom. Nach Bußübungen und Gebeten legte der gewählte Anführer die Schlüssel der Stadt auf den Altar und übergab diese sowie ihren ganzen Besitz förmlich der Gottesmutter. So wollte man sich des uneingeschränkten Schutzes Marias versichern. Gleichzeitig stifteten reiche Bürger aber auch eine große Summe Geld, um damit staufische Ritter als Söldner anzuwerben. Am 4. September kam es bei Montaperti zur Schlacht, in der den Sienesen ein triumphaler Sieg gelang. Unter den flüchtenden Kämpfern der Florentiner Armee veranstalteten sie ein ungeheures Blutbad, welches der Dichter Dante Alighieri (1265–1321) noch Jahrzehnte später vorwurfsvoll beklagte.[1]

Abb. 1 Dietisalvi di Speme, Madonna del Voto, nach 1261, Tempera auf Holz, Museo dell'Opera del Duomo, Siena

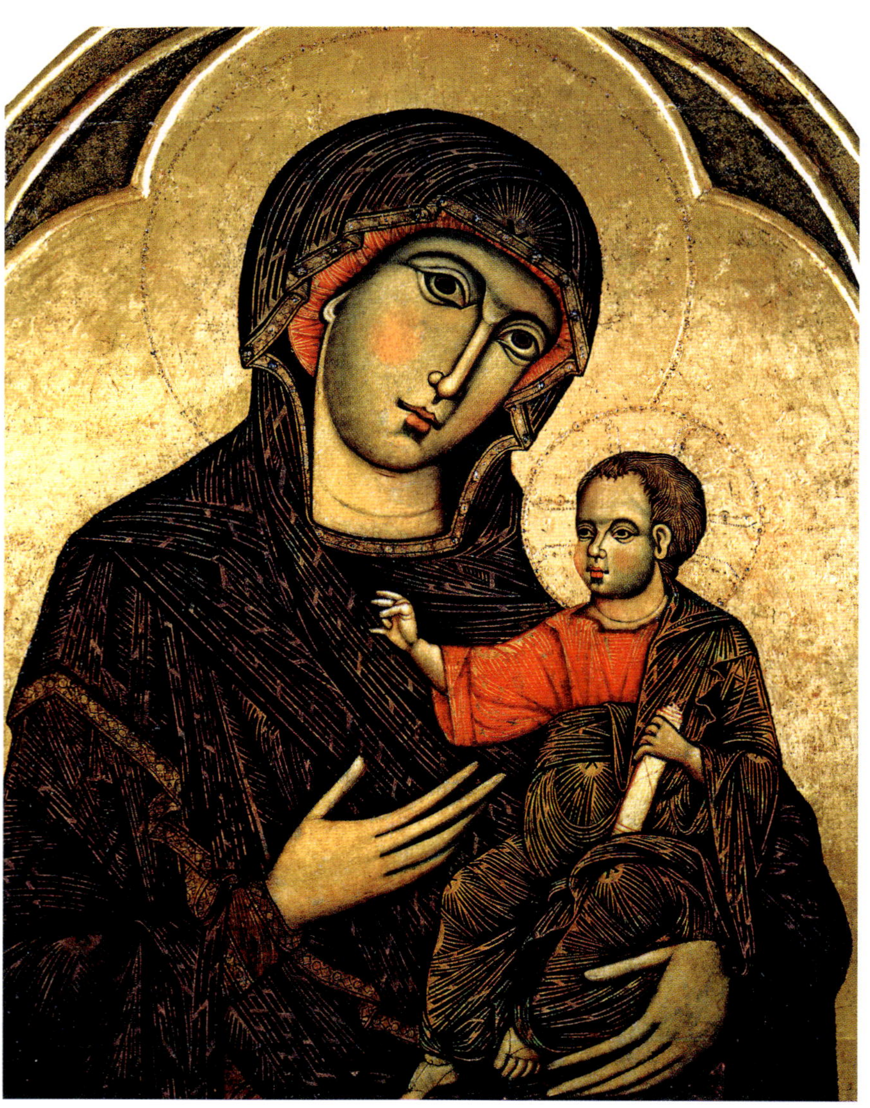

Zwei Jahre später stiftete die Kommune einen Altar in einer Kapelle des damals im Bau befindlichen Domes, um jedes Jahr die Erinnerung an diesen Sieg gemeinschaftlich zu begehen. Hierfür gab man ein ungewöhnlich großes Altarbild (175 × 310 cm) in Auftrag, dessen ursprüngliches Aussehen erst vor gut zwanzig Jahren rekonstruiert werden konnte (Kat. 33, Abb. 2).[2] Das Mittelstück wird noch heute als *Madonna del Voto*, als Marienbild des Gelübdes von 1260, im Dom von Siena verehrt (Abb. 1). Der Maler adaptierte dafür ein Bildformular byzantinischer Ikonen und zeigt Maria als Halbfigur, die ihren Sohn seitlich auf ihrem linken Arm hält. Jesus durchbricht mit seinem Kopf ihren Kontur, sodass beide als eigenständige Personen wahrgenommen werden. Die Gottesmutter neigt ihren Kopf wie im Dialog zu ihrem Sohn herab, blickt aber aus den Augenwinkeln aus dem Bild heraus und sucht den Betrachter als Gegenüber. Mit ihrer freien Rechten weist sie ihn auf Jesus hin und spielt so die Rolle der

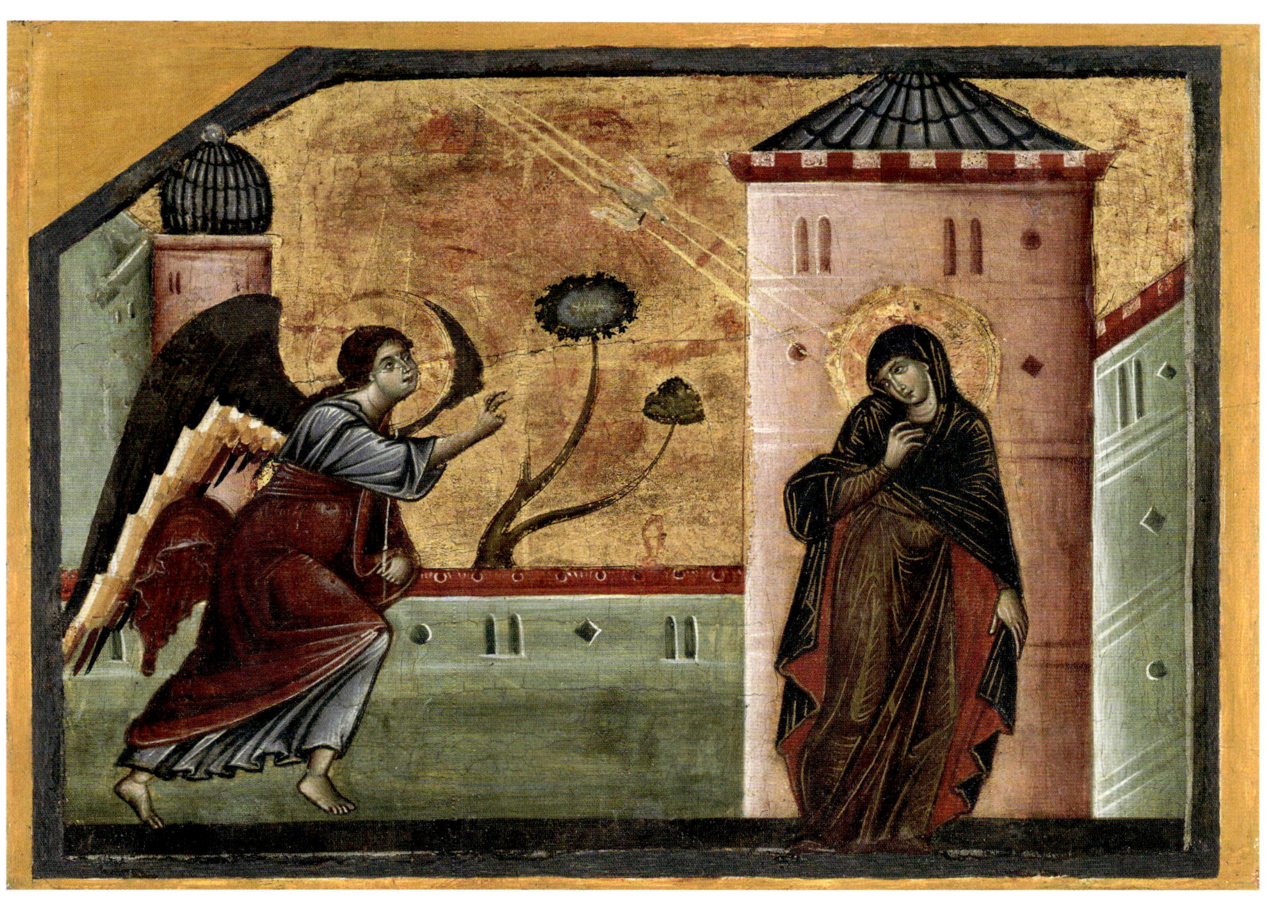

Abb. 2 Guido da Siena, Verkündigung, um 1270–1280, Tempera auf Pappelholz, Princeton University Art Museum

Vermittlerin. Mutter und Sohn sind einander zugewandt, doch ist ihre Zweisamkeit zum Betrachter hin offen, sodass dieser in den Genuss ihrer Fürbitte gelangt.

Dieses auf Fernwirkung angelegte Brustbild der Gottesmutter war ursprünglich von 13 kleinformatigen Darstellungen umgeben (z.B. Abb. 2), die sich zu einem der umfangreichsten Christuszyklen der italienischen Tafelmalerei des 13. Jahrhunderts fügten. Im 19. Jahrhundert, nach 1834, wurde dieser zu Einzelbildern zersägt und im Kunsthandel verkauft. Drei der Tafeln gelangten in das Lindenau-Museum nach Altenburg (Kat. 33a–c). Jene Bilderfolge war um die Mitte des 13. Jahrhunderts von großer Aktualität. Sie geht auf byzantinische Vorlagen zurück, in denen die Dramatik und der emotionale Ausdruck stark gesteigert sind und die deshalb auch als »beseelte Malerei« charakterisiert werden. In Italien bedienten diese neuartigen Entwürfe eine sich entwickelnde, auf einfühlende Teilnahme angelegte Passionsfrömmigkeit. Nur wenige Jahre zuvor wurde ein vergleichbarer Zyklus am Grab des heiligen Franziskus in der Unterkirche von Assisi realisiert. Nahezu gleichzeitig sind entsprechende Szenen auch in der ehemaligen Unterkirche des Sieneser Domes gemalt worden, als man dort ein eigenständiges Oratorium einrichtete, das möglicherweise der Verehrung der geweihten Hostie diente, die man vielleicht dort ausstellte (Abb. 3).[3]

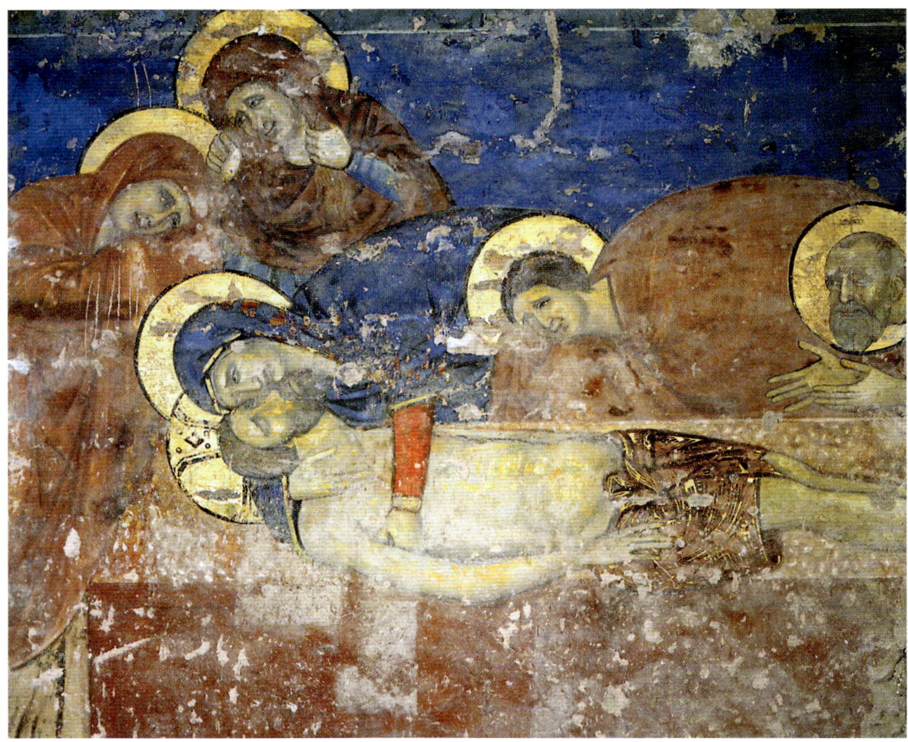

Abb. 3 Grablegung und Beweinung Christi, 2. Hälfte 13. Jh., Fresko, Cripta del Duomo, Siena

Die kleinformatigen Szenen korrespondieren auf das Engste mit dem monumentalen Brustbild Marias. Der leuchtend blaue Mantel der Gottesmutter wirkt wie ein Leitmotiv und macht diese zur eigentlichen Hauptperson der Bildfolge. Bei der Verkündigung reagiert Maria auf den heranstürmenden Engel, der sie von hinten anspricht, mit einer heftigen Körperbewegung, die ein schamhaftes Erschrecken anschaulich werden lässt und dabei zugleich eine erotische Ausstrahlung von seltener Feinfühligkeit entwickelt (Abb. 2). Der weit geöffnete Mantel mit seinem tiefroten Innenfutter signalisiert bereits ihre Empfängnisbereitschaft. Die Flucht nach Ägypten inszeniert eine familiäre Intimität, bei der Maria mit der gleichen Geste auf ihren Sohn verweist wie auf dem Mittelbild (Kat. 33b). Die zweite Hälfte des Zyklus schildert dann in aller Ausführlichkeit das Passionsgeschehen. Als Jesus sich anschickt, mit einer Leiter das Kreuz zu erklimmen, fällt Maria aus der gewohnten Rolle der passiv leidenden Mutter. In einer spontanen Aufwallung stößt sie einen der Schergen mit aller Kraft zurück und umklammert die Hüfte ihres Sohnes, so als wolle sie ihn wieder in die Arme nehmen wie einst das schutzbedürftige Kind. Es ist ein verzweifelter Versuch, dem grausamen Schicksal im letzten Moment Einhalt zu gebieten (Kat. 33d). Diese Szene ist in dieser Form im erhaltenen Material völlig singulär und stellt eine bewegende Verbindung zu dem großformatigen Mittelbild her, das Mutter und Kind vereint präsentiert. Den Abschluss bilden die dramatischen Szenen der Kreuzabnahme und Beweinung, die zu den besonders charakteristischen Bildentwürfen jener neuartigen Passionszyklen zählen. Noch einmal liebkost Maria den geschundenen Körper ihres Sohnes, während die übrigen Frauen ihrer verzweifelten Trauer gestenreich Ausdruck verleihen.

Dieses großformatige Altarretabel diente der Verehrung der Gottesmutter und Stadtherrin, welche den Sieg von Montaperti ermöglichte. Dafür verband es ganz unterschiedliche Bildtypen, die aber auf kluge Weise miteinander verschränkt waren. Das zentrale Bildfeld ist auf Fernwirkung angelegt und stand im Zentrum der kollektiven Erinnerungsfeiern an den Jahrestagen der Schlacht. Der Zyklus hingegen bot überreichen Stoff für eine nahsichtige Andacht. Dabei vermochte der Blick ungehindert zwischen dem monumentalen Bildnis und der kleinformatigen narrativen Schilderung hin und her zu wandern. Jedes Ereignis scheint im komplexen Verhältnis von Maria und Jesus bereits enthalten, jede Szene exemplifiziert nur einen weiteren Aspekt des zentralen Bildnisses. Die Kommune stiftete dieses komplexe Werk für einen Altar im Seitenschiff des Domes, dort dürfte es auch für eine persönliche Andacht zugänglich gewesen sein. Auf die besonderen Anforderungen dieses Auftrags hat der Maler in kongenialer Weise reagiert.

Ein halbes Jahrhundert später gab die Stadtregierung bei Duccio di Buoninsegna (nachweisbar 1278–1318), dem führenden Maler der Stadt, für den zentralen Hauptaltar des Domes ein Altarbild in Auftrag, das größer und prächtiger werden sollte als alles, was bis dahin existierte. Die Mitteltafel misst ohne den heute verlorenen Rahmen 217 × 439 cm und zeigt die überlebensgroße Gottesmutter auf einem prächtigen Marmorthron (Abb. 4). Umgeben ist sie von einem Gefolge aus Engeln und Heiligen und vor ihr knien die vier Stadtpatrone von Siena. Es ist, als hätten sich die wichtigsten Vertreter der himmlischen Kirche wie ein Hofstaat versammelt, um die Gebete der Stadt zu erhören. Auf der Stufe des Throns ist in lateinischer Sprache zu lesen: »Heilige Mutter Gottes, sei Du die Urheberin des Friedens in Siena und gewähre dem Duccio (langes) Leben, der Dich so (außerordentlich schön) gemalt hat.«[4] Das ist zum einen ein politischer Appell und zugleich ein frühes, höchst erstaunliches Künstlerlob, das den Maler und nicht, wie man erwarten könnte, die Regierungsvertreter als Initiatoren des Auftrags aus der Schar der Bürger heraushebt. Am 9. Juni 1311 wird das fertige Bild in einer Festprozession mit Musik und unter Beteiligung der gesamten Stadt in den Dom überführt.

Abb. 4 Duccio di Buoninsegna, Maestà, 1308–1311, Tempera auf Holz, Museo dell'Opera del Duomo, Siena

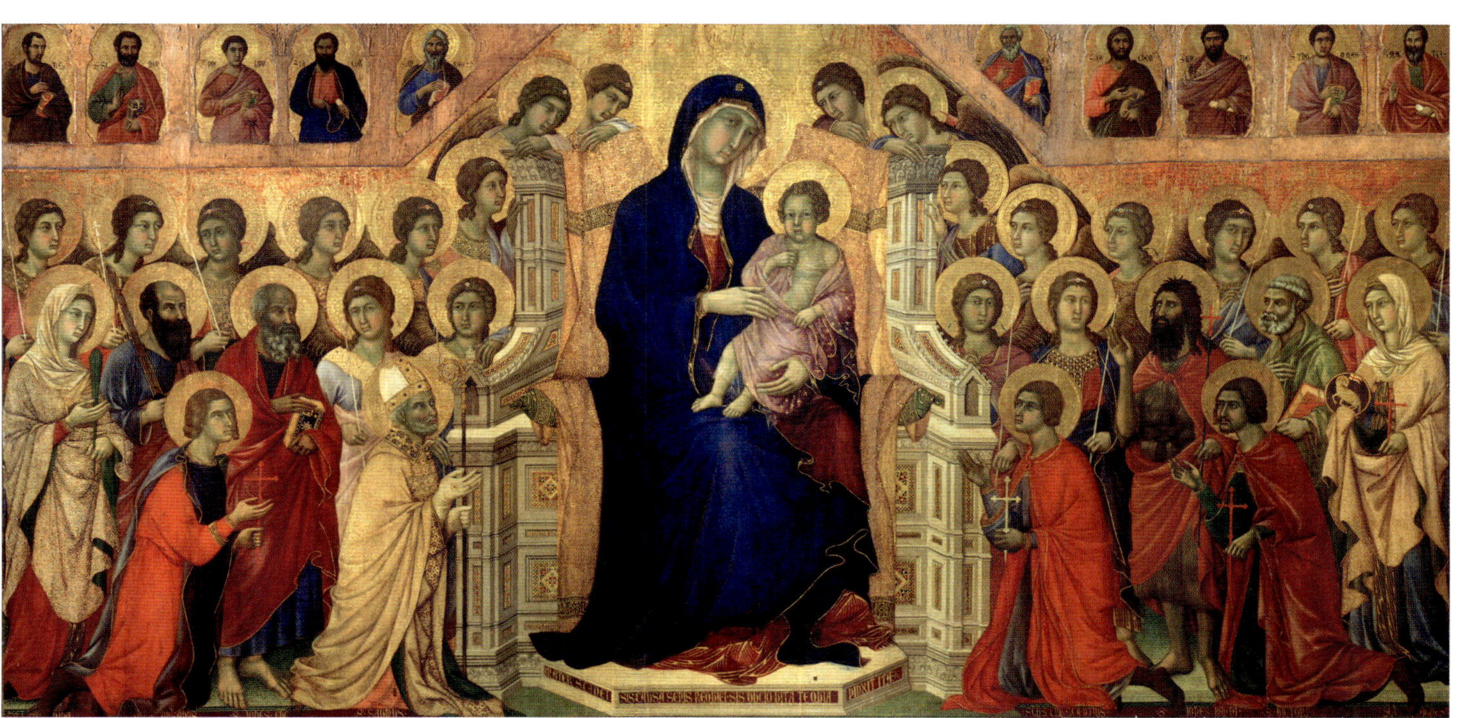

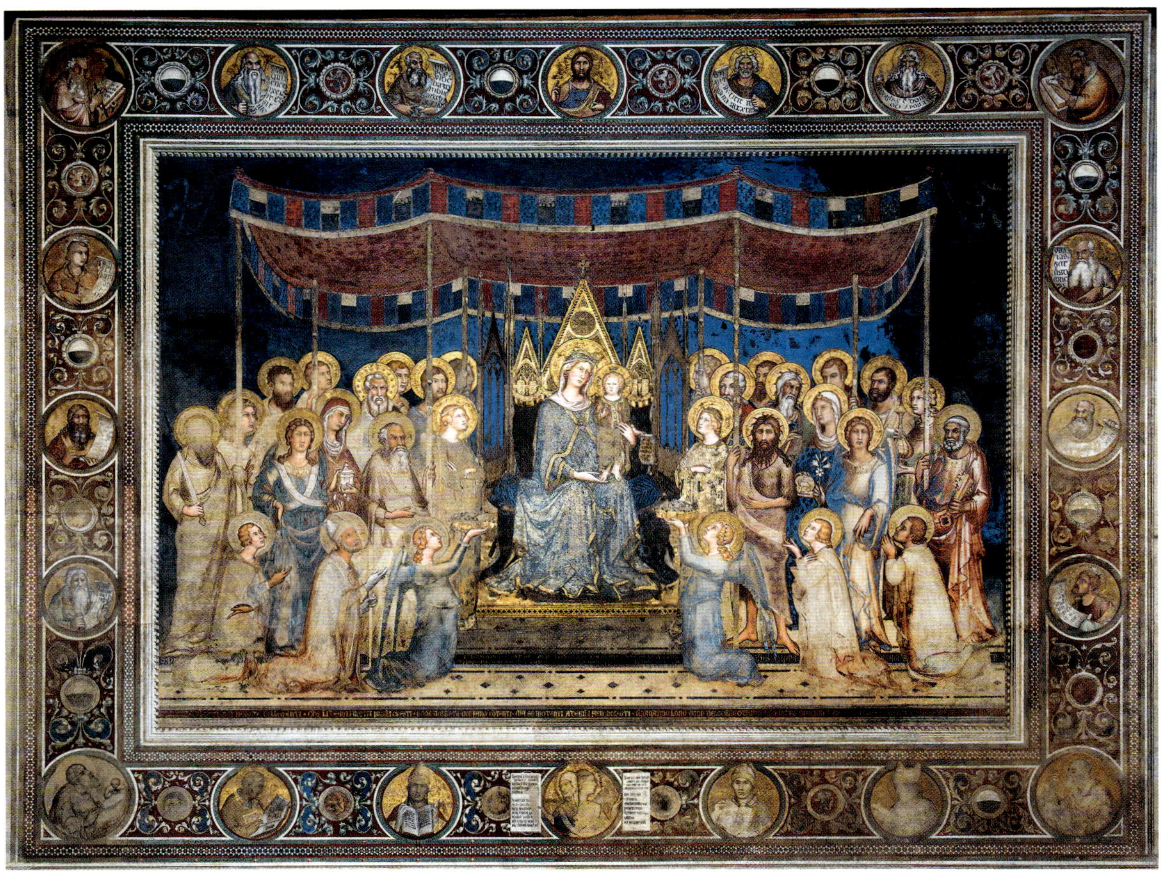

Abb. 5 Simone Martini, Maestà, 1315, Fresko, Palazzo Pubblico, Siena

Nur vier Jahre später zieht die Madonna auch in das Rathaus der Stadt ein. Diesmal ist es der jüngere Simone Martini (um 1290 (?)–wahrscheinlich 1344), der an die Stirnwand des großen Versammlungssaales die sogenannte Maestà malte, die thronende Maria mit großem Gefolge (Abb. 5). Wir finden hier das gleiche Personal wie auf Duccios Altarbild im Dom. Jetzt ist es unter einem Prozessionsbaldachin versammelt, den die heraldischen Farben Sienas schmücken, und die Gottesmutter sitzt auf einem hölzernen Klappthron. Sie ist gewissermaßen vom Dom herübergekommen, um bei den politischen Ratssitzungen anwesend zu sein. Jesus auf ihrem Schoß hat sich erhoben und hält der Ratsversammlung den Beginn von Salomos Buch der Weisheit entgegen: »Achtet die Gerechtigkeit, die ihr auf Erden richtet«. Auf den Thronstufen ist in gereimten italienischen Versen ein Dialog zwischen der Gottesmutter und den knienden Stadtpatronen zu lesen.[5]

Gegenüber der Westseite des Domes befand sich die wichtigste soziale Institution der Stadt, das Hospital von Santa Maria della Scala. Auf die Fassade dieses Gebäudes malten 1335 die wichtigsten Sieneser Maler Ambrogio (um 1290–1348 (?)) und Pietro Lorenzetti (nachweisbar 1306–1348) sowie Simone Martini detailreiche Szenen aus der Jugend Marias, die auch die Rolle ihrer Eltern Joachim und Anna hervorheben.[6] So findet sich hier die nur selten dargestellte Szene, wie die ehemalige Tempeljungfrau Maria

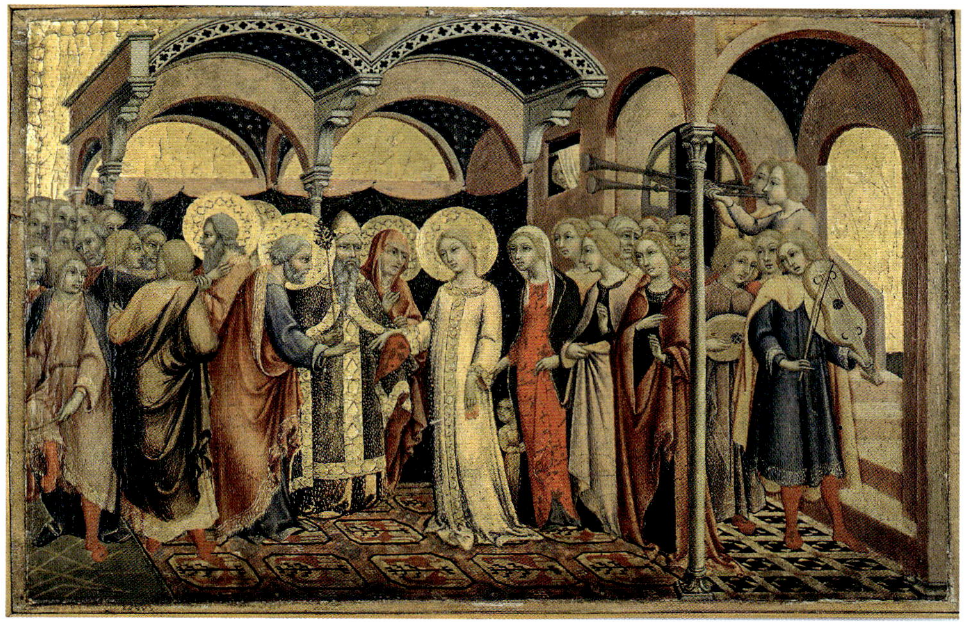

Abb. 6 Sano di Pietro, Hochzeit Marias, 1448–1452, Tempera auf Holz, Musei Vaticani, Vatikanstadt

nach ihrer Vermählung mit Joseph noch einmal in ihr Geburtshaus zurückkehrt und von den greisen Eltern begrüßt wird. Es ist ein vollkommen anderer Aspekt der Marienverehrung, welcher hier thematisiert wird und der – passend zum sozialen Charakter des Hospitals – den familiären Hintergrund der Gottesmutter vorführt. Diese prominenten Wandbilder sind seit Langem verloren, doch können wir eine bildliche Vorstellung durch kleinformatige Tafeln gewinnen, die Sano di Pietro (1405–1481) in den Jahren 1448 bis 1452 für die Predella des Marienaltares in der Kapelle des Sieneser Rathauses malte (Abb. 6). Ausdrücklich wurde im Vertrag festgehalten, dass er den berühmten Fresken an der Außenwand des Hospitals folgen sollte. Zwei dieser Tafeln gelangten im 19. Jahrhundert in die Sammlung Bernhard August von Lindenaus (Kat. 23).

Das Mittelbild dieser Predella zeigt die Himmelfahrt Mariens und darunter in kleinerem Format die Spende ihres Gürtels an den ungläubigen Apostel Thomas (Kat. 23b). Hinter dem bewaldeten Hügel ist klein die Silhouette der Stadt Siena zu erkennen, sodass hier noch einmal eine besondere Verbindung hergestellt ist. Wenig später, ab 1359, beherbergte das Hospital als zentrale Reliquie ein Fragment jenes auf der Erde zurückgebliebenen Gürtels der Gottesmutter.

Maria als ideelle Herrscherin der Stadt war in Siena damit auf vielfältige Weise an sämtlichen relevanten Orten präsent und übte dort im Bild ihre repräsentativen Funktionen aus.

DIE THEORIE DES SEHENS UND DIE INTELLEKTUALITÄT DER MALEREI

Die Grundlagen für ein neues Bildverständnis wurden in der zweiten Hälfte des 13. Jahrhunderts am Papsthof in Viterbo gelegt, wo sich die Kurie damals häufig aufhielt. Zwei der wichtigsten und einflussreichsten Abhandlungen zur

Abb. 7 Giotto di Bondone, Verkündigung an Anna, 1304–1306, Fresko, Arenakapelle (Cappella degli Scrovegni), Padua

Abb. 8 Giotto di Bondone, Christus vor Kaiphas, 1304–1306, Fresko, Arenakapelle (Cappella degli Scrovegni), Padua

Optik wurden dort von dem englischen Franziskaner John Peckham (um 1230–1292) und dem Schlesier Witelo (um 1230/35–1275/1314) geschrieben. Ein drittes Traktat sandte der Franziskaner Roger Bacon (um 1220–1292) bereits 1267 an Papst Clemens IV. (1264–1269) nach Viterbo. Diese drei Schriften fußen auf dem Werk des 1040 in Kairo gestorbenen Ibn al-Haytham oder latinisiert Alhazen (um 965–nach 1040), das seit Kurzem in einer lateinischen Übersetzung vorlag. Die zentrale Erkenntnis, dass nicht das Auge Sehstrahlen aussendet, sondern vielmehr Lichtstrahlen empfängt, ermöglichte jetzt eine völlig neue Theorie der visuellen Wahrnehmung.[7] Auch das Phänomen der perspektivischen Verkürzung geriet so in den Blick. Die Maler setzten sich mit diesen Überlegungen auseinander und entwickelten daraufhin neuartige Formen der Raumwiedergabe. Erste Ansätze finden sich um 1290 in den Szenen der Oberkirche von San Francesco in Assisi, in denen auch die Geschichte vom greisen Vater Jakob und seinen Söhnen Esau und Isaak aus dem Alten Testament erzählt wird. Zum ersten Mal entwarfen Maler nach vorne offene Raumkästen, die so etwas wie einen Innenraum für die Figuren bereitstellen. Wenig später wurde dieses Verfahren in der Franziskuslegende derselben Kirche vermutlich unter der Beteiligung Giottos (um 1270–1337) weiter ausgebaut und in Varianten erprobt. Nach 1304 setzte Giotto die perspektivische Raumdarstellung in den Fresken der Arenakapelle in Padua noch sehr viel konsequenter um. Alle Szenen sind jetzt auf einen Betrachterstandpunkt in der Raummitte abgestimmt und die Lichtführung ist immer auf das Fenster der Eingangswand ausgerichtet. Das Haus der Anna, der Mutter Marias, wird identisch bei der Verkündigung an Anna wie bei der Geburt Marias wiederholt. Es ist ein perspektivisch verkürztes Gebäude mit einem Vorbau, unter dem die Magd sitzt. Das Licht verschattet sich in die Tiefe des Raumes hinein. So entsteht der Eindruck eines glaubhaften Innenraumes, in dem sich Anna bewegen kann (Abb. 7). Als der gefangene Christus vor den Hohepriester Kaiphas geführt wird, sind die Kanten des nach vorne offenen Innenraums mit den Grenzen des Bildfeldes weitgehend identisch. Nur die erhobene Fackel eines Gehilfen erleuchtet den Raum und die Schattenbildung ist darauf abgestimmt (Abb. 8). Die Inszenierung des Lichts hat immer entscheidenden Anteil an der erstaunlichen Raumwirkung dieser Bilder. Dies gilt auch für die Darstellung der Figuren, die als plas-

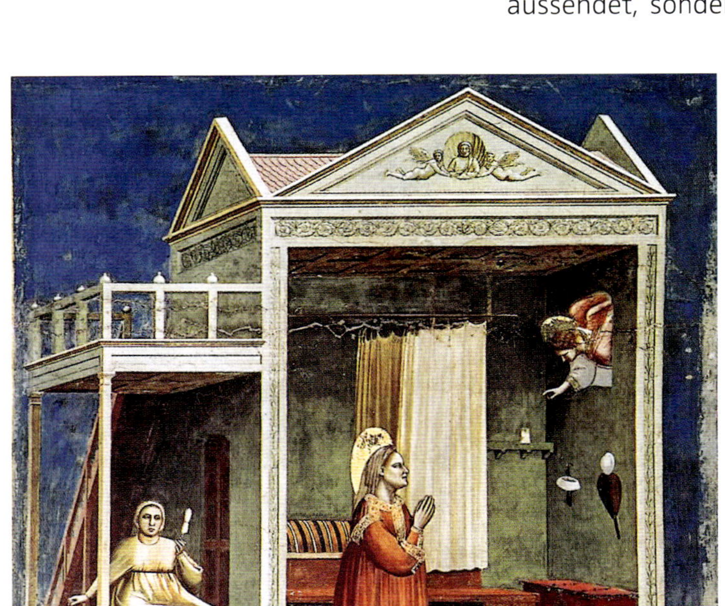

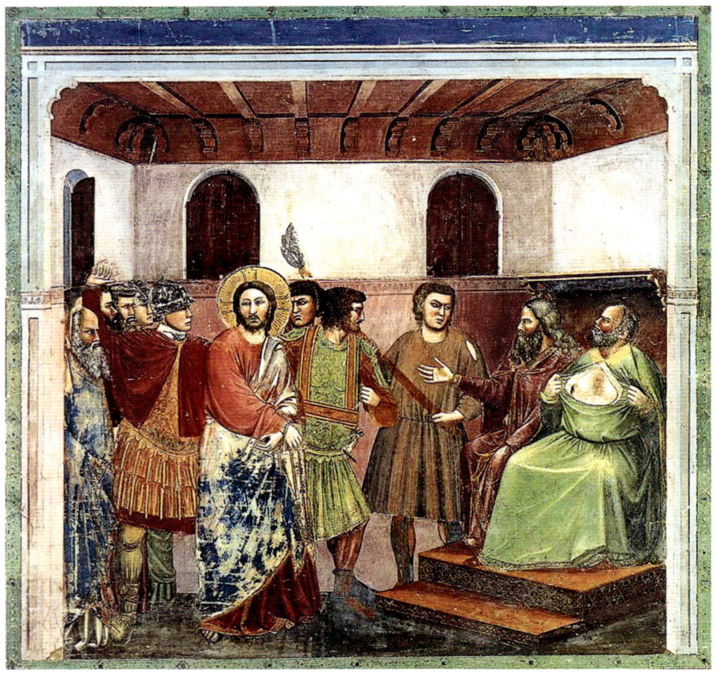

tische Körper vor der Fläche erscheinen, da sie durch stufenlose Übergänge von Hell zu Dunkel modelliert sind. Die Farbe der Gewänder ist also nicht konstant, sondern ändert sich je nach Lichteinfall; in den Falten und auf der abgewandten Seite ist sie deutlich dunkler und an den straff gespannten Rundungen der Körper, auf die das Licht fällt, besitzt sie einen hellen Schein. Damit hatte auch schon Pietro Cavallini (um 1240/50–1330/40) in Rom um 1293 in den Fresken von Santa Cecilia in Trastevere experimentiert.

Die zahlreichen Neuerungen und der gesteigerte Naturalismus der Malerei Giottos sind auch von den Zeitgenossen als solche empfunden worden. Dante beschreibt in der *Göttlichen Komödie* um 1310 auf dem Weg durch den Bußbezirk des Läuterungsbergs Reliefs, welche den Hochmütigen Beispiele der Demut vor Augen führen und die von einer solchen Ausdrucksstärke seien, dass seiner Einschätzung nach kein menschlicher Künstler in der Lage wäre, sie herzustellen. Bei jedem subtilen Geist (*ingegno sottile*) rufen sie größte Bewunderung hervor.[8]

Giovanni Boccaccio (1313–1375) aber rühmt dann um die Mitte des Jahrhunderts in seiner Novellensammlung des *Decameron* den Maler Giotto: Er »besaß ein so ausgezeichnetes Genie (*ingegno*), dass er alles, was die Natur [...] geschaffen hat, mit Stift, Feder oder Pinsel so ähnlich malte, dass es nicht ähnlich, sondern von ihr selbst gemacht erschien; oft geschah es, dass sich das Auge der Menschen irrte, wenn es die von ihm geschaffenen Dinge anschaute und sie, die gemalt waren, für echt hielt.«[9] An anderer Stelle führt Boccaccio die Kategorie der Täuschung (*inganno*) ein und beschreibt damit ein Phänomen der Wahrnehmung, das im Kopf des Betrachters geschieht. Dahinter verbirgt sich eine Medienreflexion, die zwischen der Materialität des Bildträgers, nämlich einer simplen Holztafel, und dem vom Maler mit Farbe geschaffenen Bild sowie der Reaktion des Betrachters differenziert.[10]

Auch Francesco Petrarca (1304–1374) hat sich bewundernd zu den künstlerischen Fähigkeiten von Giotto und Simone Martini geäußert. Von Giotto besaß er ein kleines Marienbild, das er dem befreundeten Fürsten Francesco Carrara (1325–1393) vermachte. In seinem Testament schreibt er darüber, dass dessen Schönheit die Ungebildeten nicht erkennen, die gelehrten Akademiker (*magistri artis*) aber bestaunen.[11] Hier macht sich wie bei Boccaccio ein neues Kunstverständnis bemerkbar, das auf Intellektualität zielt. Die Schönheit und die Naturähnlichkeit eines Bildes begründen einen intellektuellen Reiz, der darin besteht, dass gebildete Betrachter die Kunstfertigkeit des Malers nachvollziehen und daraus Vergnügen (*diletto*) gewinnen. Damit lassen sich hier bei den Dichtern des 14. Jahrhunderts erste Versatzstücke einer Kunsttheorie fassen.

Die von den Malern gestalteten fiktiven Räume nehmen im Verlauf des 14. Jahrhunderts an Komplexität zu. So nutzt beispielsweise Altichiero da Zevio (nachweisbar 1369–1384) gegen Ende des Jahrhunderts in Padua

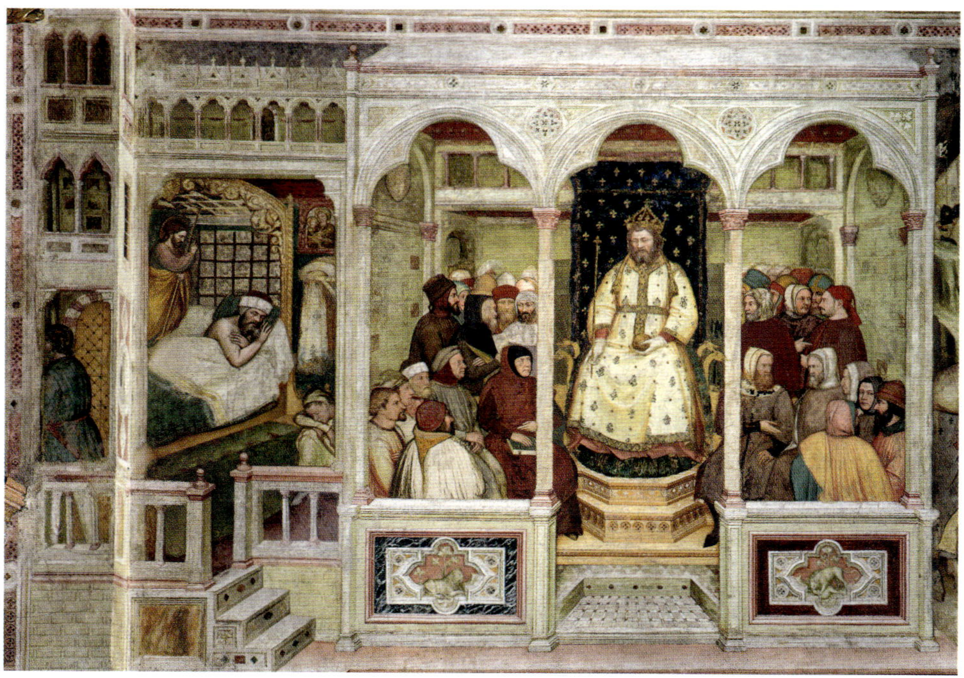

Abb. 9 Altichiero da Zevio, Traum des Königs Ramiro und Hofrat, 1376–1379, Fresko, Kapelle des heiligen Jakobus, Padua

gestaffelte Architekturensembles, um Handlungsabläufe polyszenisch zu veranschaulichen (Abb. 9).

Das Verständnis des Bildes ändert sich noch einmal grundlegend durch die Entwicklung und Anwendung der Zentralperspektive. Deren Erfindung wird dem Architekten Filippo Brunelleschi (1377–1446) zugeschrieben. Ausführlich erläutert wird sie 1435 von Leon Battista Alberti (1404–1472) in seinem Buch *De pictura* über die Malerei.[12] Er geht von dem Denkmodell einer Sehpyramide aus, in der das Auge an der Spitze dieser Pyramide durch sogenannte Sehstrahlen mit dem zu betrachtenden Objekt verbunden ist (Abb. 10). Das Bild muss dann als Fläche gedacht werden, die an einem bestimmten Punkt diese Sehpyramide schneidet. Es wird als eine Art Fenster mit festem Rahmen aufgefasst, das einen Ausschnitt aus der Wirklichkeit zeigt. Als ein Pendant zum Augenpunkt des Betrachters wird der Fluchtpunkt angenommen, an dem in einer imaginären Ferne alle Linien zusammenlaufen. Alberti beschreibt aber auch ein einfaches Hilfsmittel, mit dem sich derartige Bilder ohne geometrische Konstruktion herstellen lassen. Dabei schaut der Künstler von einem definierten Standpunkt aus in einem festgelegten Abstand durch einen Rahmen, in den ein Quadratraster eingespannt ist. Dann überträgt er die einzelnen Bildpunkte auf das entsprechende, aber verkleinerte Gitternetz seines Zeichenblattes oder Bildes (Abb. 11).

Schon bevor Alberti seine Ausführungen niederschrieb, hat aber bereits der Maler Masaccio (1401–1428) in den Jahren 1425 bis 1428 nach den Regeln der Zentralperspektive ein ausgesprochen bemerkenswertes Wandbild geschaffen. In der Dominikanerkirche Santa Maria Novella in Florenz malte er

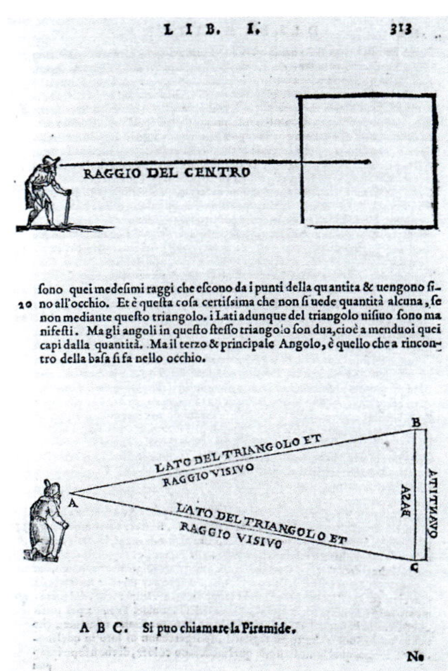

LIB. I. 313

RAGGIO DEL CENTRO

ſono quei medeſimi raggi che eſcono da i punti della quantita & uengono ſino all'occhio. Et è queſta coſa certiſsima che non ſi uede quantità alcuna, ſe non mediante queſto triangolo. i Lati adunque del triangolo uiſiuo ſono manifeſti. Ma gli angoli in queſto ſteſſo triangolo ſon dua, cioè a menduoi quei capi dalla quantità. Ma il terzo & principale Angolo, è quello che a rincontro della baſa ſi fa nello occhio.

LATO DEL TRIANGOLO ET RAGGIO VISIVO

LATO DEL TRIANGOLO ET RAGGIO VISIVO

A

B

C

BASA

QVANTITA

A B C. Si puo chiamare la Piramide.

N

Abb. 10 Sehpyramide. In: Leon Battista Alberti, Della pittura, Edition 1568

genau gegenüber dem Seiteneingang das perspektivisch konstruierte Abbild einer Seitenkapelle, um das Grab von Domenico Lenzi auszugestalten (Abb. 12).[13] Er täuscht einen Raum vor, den es gar nicht gibt, und verleiht ihm zudem moderne antikische Formen, wie sie zu diesem Zeitpunkt in der realen Architektur noch gar nicht anzutreffen waren, da die ersten Bauten Brunelleschis, die einer solchen Formensprache folgen, gerade erst errichtet wurden. Vor diesem fingierten Kapellenraum kniet das Stifterpaar, im Eingang stehen Maria und Johannes neben dem Kreuz mit dem hingerichteten Christus. Dahinter erhebt sich die mächtige Figur Gottvaters, der mit ausgebreiteten Armen seinen gekreuzigten Sohn präsentiert. Diese Gestalt aber lässt sich in dem längsrechteckigen Kapellenraum nicht wirklich verorten, da Gott natürlich den Gesetzen der irdischen Perspektive nicht unterworfen ist.

Voraussetzung der verblüffenden, illusionären Wirkung ist jedoch, dass der Betrachterstandpunkt gewahrt bleibt. Nur dann wirken die sich verkürzenden Linien plausibel. In vielen Situationen ist das aber nicht immer gewährleistet und so haben die Maler häufig Kompromisse gemacht und sind von der genauen Zentralperspektive abgewichen, um eine optimale Bildwirkung zu erzielen.

BILDKULTUREN DER ELITEN

Die größte Sorge galt auch in der Neuzeit immer noch dem Seelenheil, also dem Schicksal der Seele nach dem Tod. Es ging um den Zeitpunkt der Erlösung und darum, nicht zu lange im Fegefeuer bzw. auf dem von Dante beschriebenen Läuterungsberg büßen zu müssen. Dafür ließ man Seelenmessen lesen und stiftete religiöse Kunstwerke. Reichere Familien finanzierten seit dem späten 13. Jahrhundert ganze Kapellen, vorzugsweise in den Kirchen der Bettelorden, die sie komplett ausstatteten, deren Unterhalt samt der zugehörigen Messen sie bezahlten und in denen die Familienmitglieder bestattet wurden.

Abb. 11 Albrecht Dürer, Der Zeichner des liegenden Weibes, Holzschnitt. In: Underweysung der messung, Nürnberg 1538

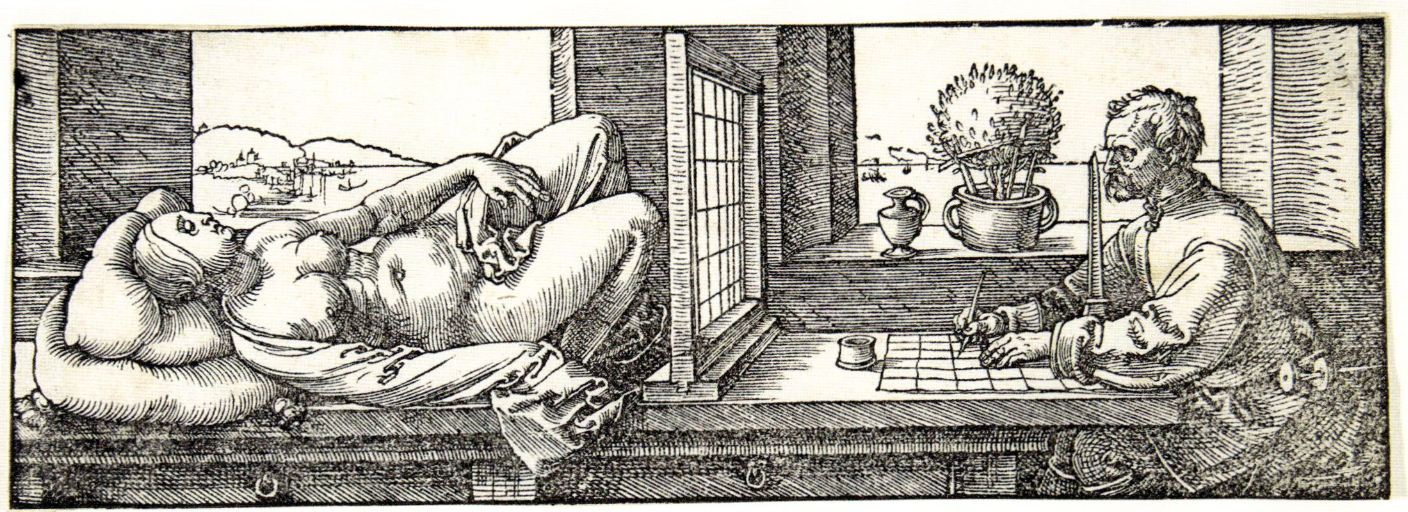

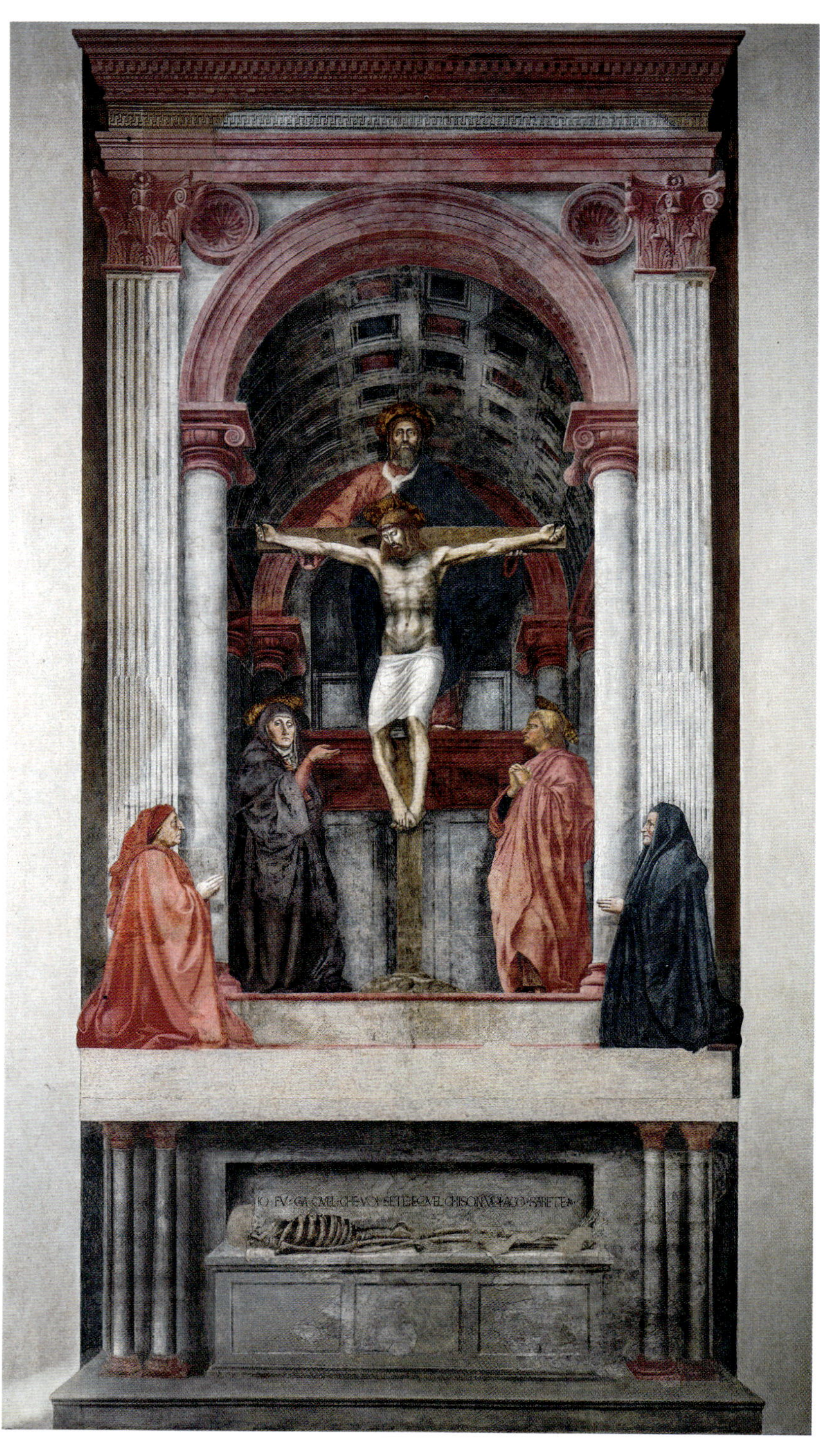

Abb. 12 Masaccio, Trinität, 1425–1428, Fresko, Santa Maria Novella, Florenz

Die berühmtesten Wandmalereien der Renaissance finden sich in derartigen Kapellenräumen. Da dort die Wappen und oft auch die Bildnisse der Stifter angebracht waren, wirkten sich derartige Stiftungen natürlich auch auf das gesellschaftliche Ansehen der jeweiligen Familien aus.

Dem häuslichen Gebrauch, vor allem den persönlichen Andachtsübungen, die zunehmend vielfältigere Formen annahmen, dienten kleinformatige Bildtafeln, die zumeist die Muttergottes oder die Kreuzigung Christi zeigen. Häufig handelt es sich um klappbare Tafeln, die man nur zum Gebet und zur Andacht aufstellte. Auch Petrarca hat, wie erwähnt, eine solche Marientafel besessen und sicherlich auch in diesem Sinne benutzt. Das Diptychon von Pietro Lorenzetti aus dem Lindenau-Museum ist dafür ein eindrückliches Beispiel (Kat. 35). Aufgestellt standen die beiden Tafeln in einem spitzen Winkel zueinander, sodass Maria, die ihr Kind an sich drückt, zugleich auf den toten Christus blickt. Die Neigung ihrer Köpfe verbindet die beiden zusätzlich und lässt im Gleichklang der Körperhaltung bereits ihr gemeinsames Thronen im Jenseits anklingen. Inkarnation und Kreuzesopfer werden als die beiden Pole der Bildandacht aufgerufen. Jesus als Verstorbener ist zusätzlich von einem rötlichen Marmorrahmen umgeben, der an einen Sarkophag erinnert. So steht der Leichnam des Menschensohnes kontrastierend der Lebendigkeit inniger Mutterliebe gegenüber. Ist das Diptychon aber zusammengeklappt, zeigt die Malerei einen kostbaren, rot geäderten Marmorstein, der von einer Silberfassung umgeben ist (Kat. 35, Abb. 3). Das steht im Gegensatz zu dem geringen Gewicht der Tafel, die aus leichtem Pappelholz gefertigt ist. Derjenige, der sie zur Hand nimmt, erfährt so eine erste Überraschung und wird, wie von Boccaccio beschrieben, die gelungene Täuschung bewundern. Doch neben der Illusion des Materialprunks mag sich hier auch eine Assoziation an den Salbstein Christi in der Grabeskirche in Jerusalem einstellen, der vom Blut des Herrn verfärbt wurde und von dem Pilger berichteten.

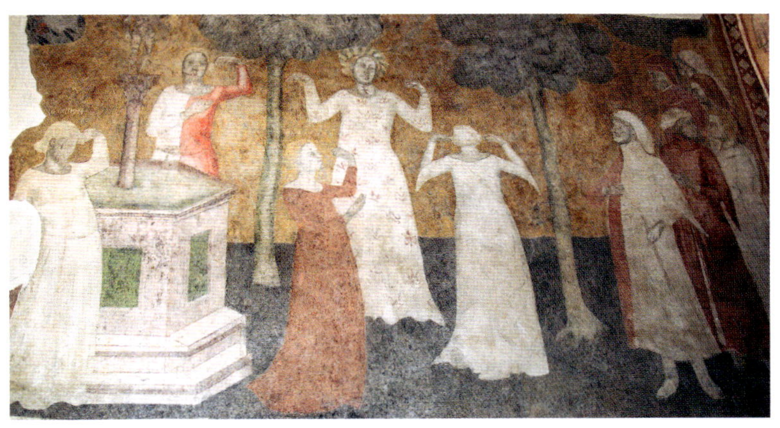

Abb. 13 Amorbrunnen mit tanzenden Frauen, 1340–1350, Fresko, Canto dei Pecori, Florenz

Auch Heilige haben ihre Karrieren. Unter dem Einfluss des sich entwickelnden Humanismus hat man die an Cicero (106 v. Chr.–43 v. Chr.) geschulten Briefe des Kirchenvaters Hieronymus mit anderen Augen gelesen. In diesen Briefen schildert Hieronymus unter anderem sein schlechtes Gewissen aufgrund seiner Vorliebe für antike, heidnische Autoren, vor allem aber sein Bemühen, die Begierden des Körpers durch Bußübungen und Askese zu bezwingen. Der Konflikt zwischen kirchlichen Geboten, literarischen Interessen und den eigenen Emotionen spielte auch in den Diskussionen der intellektuellen Eliten eine große Rolle. Das Ideal des Eremitentums diente dabei oftmals als ein imaginäres Gegenbild zum städtischen Alltag. So tritt auf einer Tafel des Giovanni del Biondo (nachweisbar 1356–1398) Hieronymus bereits 1370 bis 1375 nicht mehr im Ornat des Kardinals, sondern im Mönchsgewand des Eremiten auf (Kat. 29). Als Lehrmeister hält er den knienden Nonnen ebenso wie den Betrachtenden ein aufgeschlagenes Buch entgegen, in dem ein Zitat aus seinen Briefen zu lesen ist. Mit einer Anspielung auf das Gleichnis der klugen und törichten Jungfrauen beschwört er sie, sich an die Askese zu halten und ihr Leben an Christus auszurichten. Der ihm ergebene Löwe wird hier wie ein Pendant zu den Nonnen vorgeführt, da er seine angeborene Wildheit überwunden und sich zu einem treuen Begleiter des Heiligen gewandelt hat.

Auf einem kleinformatigen Bild von Masaccio begegnet uns etwa fünfzig Jahre später eine ungewöhnliche Version, die ohne Frage dem Kontext privater Frömmigkeit zuzuordnen ist (Kat. 17). Der Kirchenvater kniet im Büßergewand und schlägt sich mit einem Stein die nackte Brust blutig. In der Linken hält er – wie der Betrachter vor dem Bild – einen modernen Rosenkranz, der seit Anfang des 15. Jahrhunderts große Verbreitung fand. Der obere Teil der Tafel zeigt das Gebet Christi in Gethsemane. Beide Szenen sind symmetrisch angelegt und so wird hier Hieronymus in die Nachfolge Christi gestellt. Das eigentliche Thema aber ist der Selbstzweifel, den Christus kurz vor seiner Verhaftung empfindet und der auch in den Briefen des Hieronymus großen Raum einnimmt. Darüber vermag der Betrachter anhand dieses Bildes in humanistischer Weise zu reflektieren.

Auch die kleine Tafel des Fra Filippo Lippi (um 1406–1469), die wiederum zwei bis drei Jahrzehnte nach Masaccios Bild entstanden ist, zeigt den sich kasteienden Hieronymus in einer kargen Felslandschaft (Kat. 18). Am vorderen Bildrand aber sitzt ein junger Karmelitermönch, der wie ein Vermittler zwischen der harten Askese des Kirchenvaters und den gemäßigten Frömmigkeitsübungen des ursprünglichen Besitzers wirkt, der wohl ebenfalls ein Karmeliter war. In einer freundschaftlichen Geste hält dieser Mönch dem gezähmten Löwen seine linke Hand entgegen. Das Tier streckt daraufhin seine Zunge aus dem Maul, um seinerseits durch Lecken Zuneigung zu bekunden. In der Höhle dahinter wird aber der Kopf einer Löwin sichtbar und es ist unklar, wem nun eigentlich die Zuwendung des Löwen gilt. Damit wird hier auf sehr subtile Weise der Konflikt um die verschiedenen Formen der Liebe aufgerufen. Der nie zu beendende Wettstreit zwischen körperlichem Begehren, welches durch das Tier vertreten wird, der Nächstenliebe und insbesondere der Gottesliebe, der auch in den Briefen des Hieronymus immer wieder angesprochen wird, ist hier das Thema. Nicht umsonst ist die Löwin als Symbol verborgener Lust genau unterhalb jenes Totenkopfes platziert, der unweigerlich die Vergänglichkeit alles Irdischen vor Augen führt. Es zeigt sich wieder einmal, dass insbesondere jene Bilder, die für den persönlichen Gebrauch bestimmt waren, oft höchst komplexe philosophische und theologische Diskussionen zu eröffnen vermögen und dem Betrachter einen weiten Reflexionsraum zur Verfügung stellen.

Doch waren es nicht allein religiöse Bilder, die damals in den Häusern der Oberschicht zu finden waren. Die Wände der Räume waren zumeist bemalt. Man täuschte wertvolle Stoffbehänge vor oder zeigte scheinbare Ausblicke in idyllische Gärten. Zuweilen kamen figürliche Darstellungen hinzu. Beliebt war etwa der Tanz junger Mädchen um einen Brunnen, der von einer Amorgestalt bekrönt wurde (Abb. 13). Ebenso finden sich Motive der Jagd. Auch literarische Vorlagen wurden illustriert, beispielswiese die Liebesgeschichte eines Ritterromans im Palazzo Davanzati in Florenz.[14] Häufig thematisierte man zudem zentrale ethische Leitbilder in Form von Tugendallegorien.[15]

Neben Tisch, Stuhl und Bett gab es in diesen Räumen immer auch Truhen, die häufig überreich bemalt waren und die als Cassoni bezeichnet wurden. Besonders prächtig gestaltete man sie, um darin die Mitgift der Töchter zu sammeln. Am Tag der Hochzeit waren sie Teil jenes Festzugs, mit dem die Braut ins Haus des Bräutigams geleitet wurde (Abb. 14). Die Frontseiten schmückte man mit figürlichen Darstellungen, welche die gesamte Bandbreite

Abb. 14 Giovanni di ser Giovanni detto Lo Scheggia, Hochzeitszug, Cassonetafel, um 1455–1460, Tempera auf Holz, Privatsammlung, Florenz

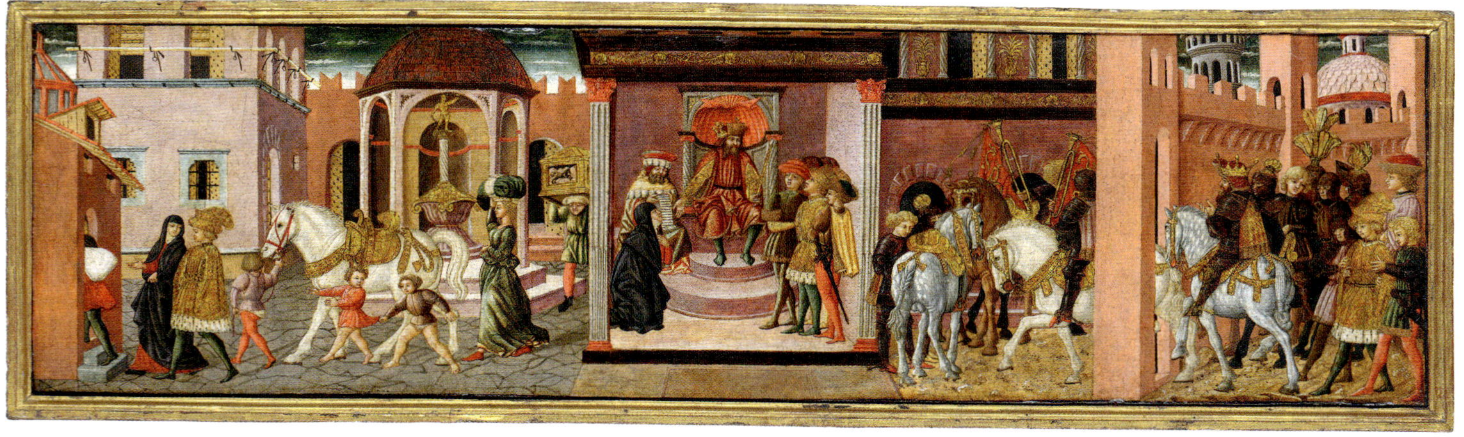

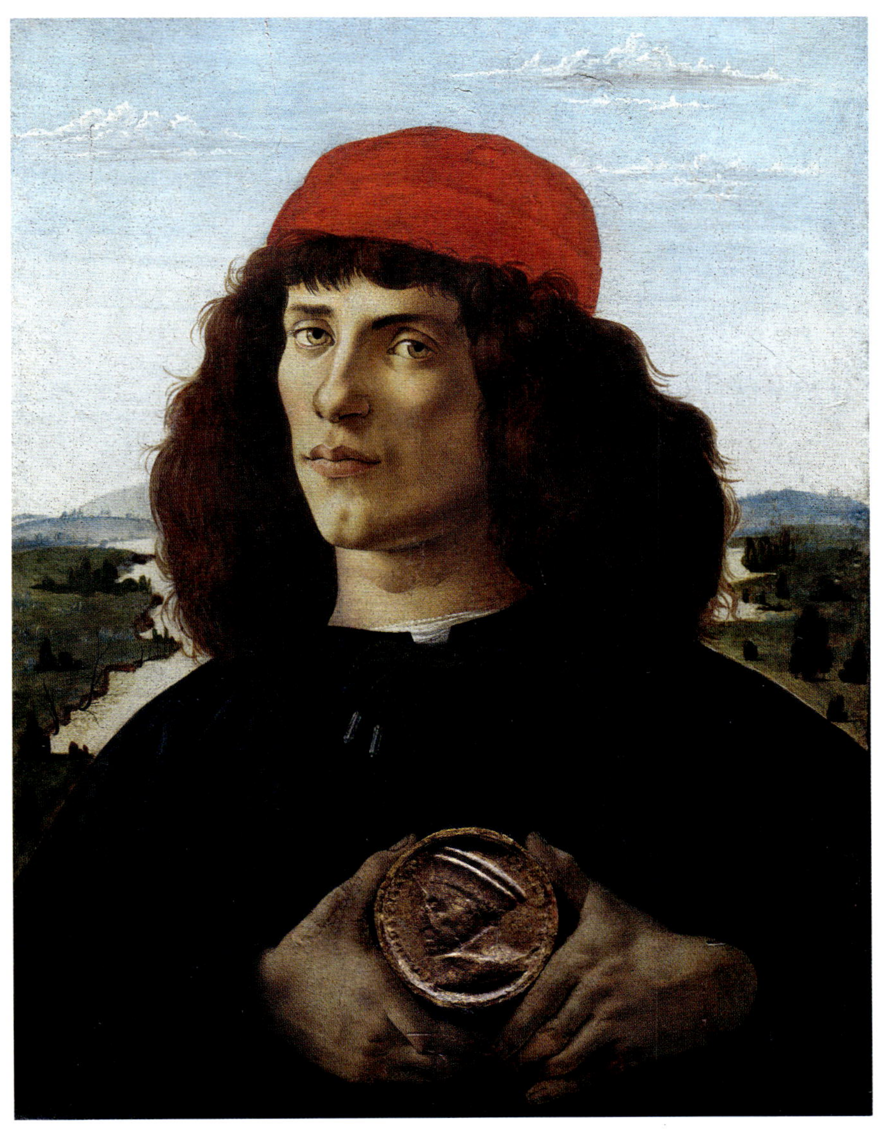

Abb. 15 Sandro Botticelli, Bildnis eines jungen Mannes mit Medaillon, um 1474, Tempera auf Holz, Le Gallerie degli Uffizi, Florenz

profaner Themen aufweisen und so geradezu einen Spiegel jener eingangs erwähnten Laienkultur bilden. Es finden sich dort ebenso die Wiedergabe wichtiger kommunaler Feste wie die Darstellung erfolgreicher Schlachten. In vielen Fällen dominiert das Thema der Liebe, sei es anhand eines imaginären Triumphzugs Amors, dem die berühmten historischen Liebenden folgen, oder anhand von Gestalten der Literatur sowie des antiken Mythos. Es waren vor allem die Werke von Petrarca und Boccaccio sowie die Metamorphosen von Ovid (43 v. Chr.–wohl 17 n. Chr.), denen man die Vorbilder entnahm. Heute sind zumeist nicht mehr die vollständigen Möbel, sondern nur mehr die Vorderseiten erhalten, die sich als verkappte Tafelbilder im Kunsthandel des 19. Jahrhunderts großer Beliebtheit erfreuten.[16]

Zu Beginn des 15. Jahrhunderts entsteht das selbstständige Porträt als neuer Bildtyp. Die ersten Beispiele entstammen dem Kontext des französischen Königshofes sowie vor allem dem überbordenden Prunk des burgundischen Hofes. Die frühen Porträts von Jan van Eyck (um 1390 (?)–1441) und Robert Campin (1378/79–1445) in den burgundischen Niederlanden zeigen, soweit wir das noch identifizieren können, durchweg Personen, die an diesem Hof verkehrten. Sehr schnell zieht dieses Verhalten weitere Kreise und um die Mitte des 15. Jahrhunderts malten Sandro Botticelli (1444/45–1510) und Fra Filippo Lippi die Florentiner Elite (Abb. 15).[17] Auch diese Porträts stehen oft im Zusammenhang mit Hochzeiten, die ja in erster Linie familiären Bündnissen zu dienen hatten. Dazu kommen repräsentative Funktionen, bei denen häufig die Anführer eines Familienverbandes oder deren Erstgeborene gewürdigt wurden. In Florenz lässt sich zudem eine gewisse Vorliebe für plastische Büsten beobachten, bei denen natürlich antike Vorbilder eine Rolle spielten. Teilweise wurden diese über den Türen zentraler Durchgänge oder sogar über den Eingangsportalen aufgestellt und führten den Hausherrn im antiken Habitus vor. Ausgehend von antiken Münzen entwickelte sich die Mode der Bronzemedaillen, die als Freundschaftsgeschenk bei Fürsten und humanistisch geprägten Intellektuellen beiderlei Geschlechts verbreitet war.

Ohnehin bildeten die Höfe der Fürsten wichtige intellektuelle Zentren. Dort wurden von den Herrschern umfangreiche Bibliotheken eingerichtet sowie Musik und Poesie intensiv gepflegt. Dichter und Gelehrte fanden hier häufig ein Auskommen. Die am Leitbild der Antike ausgerichtete Kultur des Humanismus wurzelt von daher sowohl in einem städtischen Umfeld als auch in fürstlicher Hofhaltung.

IM SPIEGEL DES ANTIKEN MYTHOS

Seit der Zeit um 1300 spielt der antike Mythos im intellektuellen Austausch eine zunehmend größere Rolle. Es ist insbesondere die Lektüre der *Metamorphosen* Ovids, die dafür wichtig wurde. Dabei handelt es sich um ein literarisch aufbereitetes Kompendium zahlloser Mythen, welches ein breites Spektrum von Emotionen und Gefühlswelten entfaltet, die damals neu und auf die Probleme der eigenen Gegenwart bezogen gelesen wurden. Übersetzungen in die italienische Volkssprache ermöglichten eine weite Verbreitung. Anhand des Mythos ließen sich zentrale Erfahrungen auf andere Weise verhandeln. Die Lektüre der antiken Texte ermöglichte ein erweitertes Verständnis von Natur, Geschichte und der Vielfalt menschlicher Emotionen.[18] Seit dem späten 14. Jahrhundert findet sich der antike Mythos als Bildthema auf den erwähnten Hochzeitstruhen sowie in der Wandgestaltung fürstlicher Residenzen.

Abb. 16 Antonio Pollaiuolo, Herkules tötet die Hydra, nach 1460, verkleinerte Replik nach dem verlorenen Gemälde, Tempera auf Holz, Le Gallerie degli Uffizi, Florenz

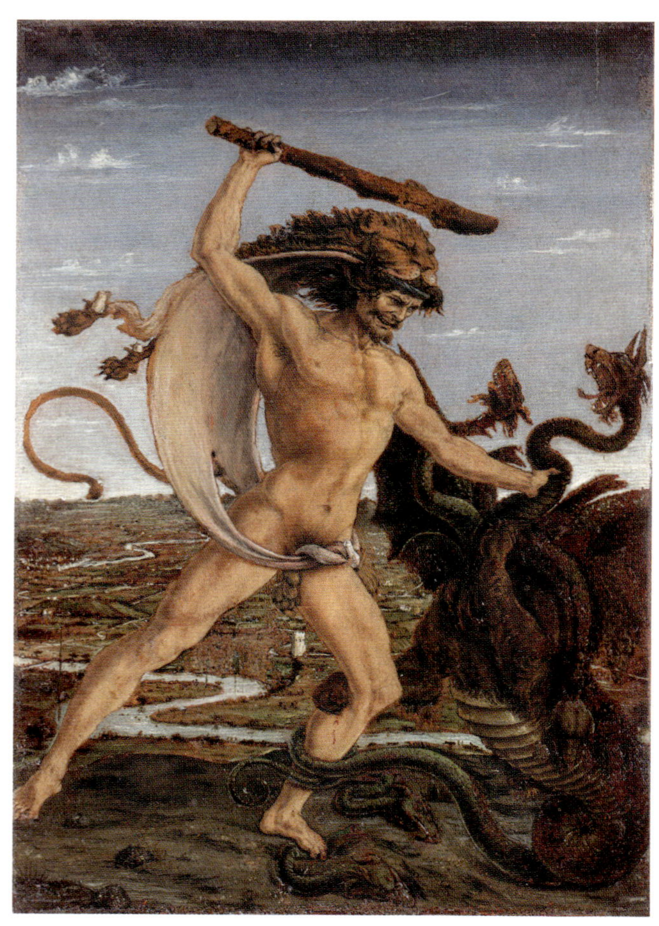

Antonio Pollaiuolo (um 1431/32–1498) malte nach 1460 drei monumentale Bilder für den großen repräsentativen Saal im neuen Palast der in Florenz regierenden Medici, die drei der bekanntesten Taten des Herkules zeigen: den Kampf mit der vielköpfigen Schlange Hydra (Abb. 16), die Tötung des Nemeischen Löwen und die Bezwingung des Riesen Antaios.[19] Das Florentiner Stadtsiegel zeigte bereits seit dem 13. Jahrhundert den antiken Helden als Symbol kommunaler Unabhängigkeit. Die Medici bedienten sich also einer schon eingeführten Tradition, die sie dann ihren Bedürfnissen anpassten. In dem antiken Heros sah man allenthalben eine vielfältige Leitfigur, die sowohl ein Sinnbild der Verknüpfung von Stärke und Klugheit als auch ein Bezwinger wilder Bestien war, welche die zivilisatorische Ordnung bedrohten. Deshalb spielte er auch in der Philosophie der Zeit, etwa bei Coluccio Salutati (1331–1406) oder Marsilio Ficino (1433–1449), immer wieder eine Rolle.

Venus und Amor dienen wiederum als Schlüsselfiguren, wenn es um Hochzeit, Liebe und die so schwer zu kontrollierende Macht der Gefühle geht. Zwei großformatige Bilder, die Sandro Botticelli für die Medici malte, sind seit dem frühen 20. Jahrhundert geradezu zu Synonymen der Renaissance geworden. Die sogenannte *Primavera* von 1482/83 zeigt ein

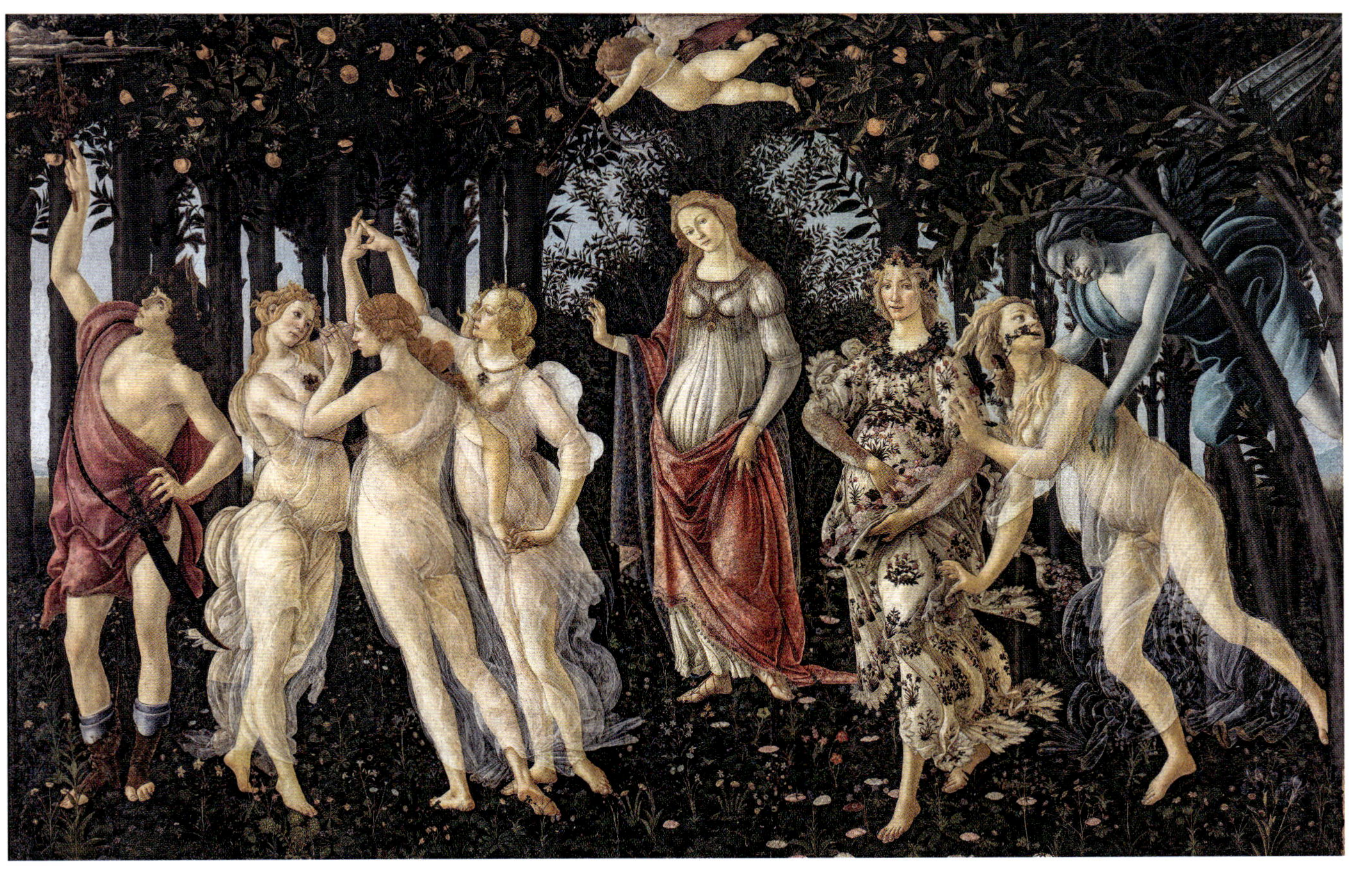

Abb. 17 Sandro Botticelli, Primavera, 1482/83, Tempera auf Holz, Le Gallerie degli Uffizi, Florenz

Figurenensemble, das sich auf antike Frühlingsmythen bezieht und dafür Texte von Horaz (65 v. Chr.–8 v. Chr.), Ovid und Seneca (um 1 n. Chr.–65 n. Chr.) verarbeitet (Abb. 17). Im Zentrum steht die prunkvoll gekleidete Venus, welche die Betrachtenden fixiert und mit leichter Geste die an einen Tanz gemahnenden Bewegungen von Zephyr, Chloris, Flora, den drei Grazien und Merkur dirigiert. Das Bild entstammt dem Kontext einer politisch geplanten Hochzeit und schmückte einst das Zimmer der noch minderjährigen Braut. Die eheliche Verbindung wurde so mythologisch überhöht und durch zahlreiche Symbole mit einer Blüte der Stadt Florenz verbunden.[20]

Die etwas später, um 1488 bis 1490 entstandene *Geburt der Venus* zeigt eine ganz anders geartete Liebesgöttin, deren erotische Ausstrahlung kaum zu übertreffen ist (Abb. 18). Nach dem Vorbild antiker Statuen ist sie vollkommen nackt und bedeckt mit ihren Händen sowie ihrem Haar nur notdürftig ihre Scham, die zudem durch einen Spalt im Haarschweif auffällig markiert ist. Der Frühlingswind Zephyr treibt sie in einer Muschel an die Küste Zyperns, wo sie von einer Personifikation des Sommers bekleidet wird. Diese Vorführung des Mythos speist sich gleichermaßen aus antiken Texten wie aus zeitgenössischer Poesie und bezieht sich zudem auf das Vorbild antiker Skulpturen. In dieser Synthese scheinen neue Maßstäbe auf, die weit in die Neuzeit hinein nachwirkten.[21]

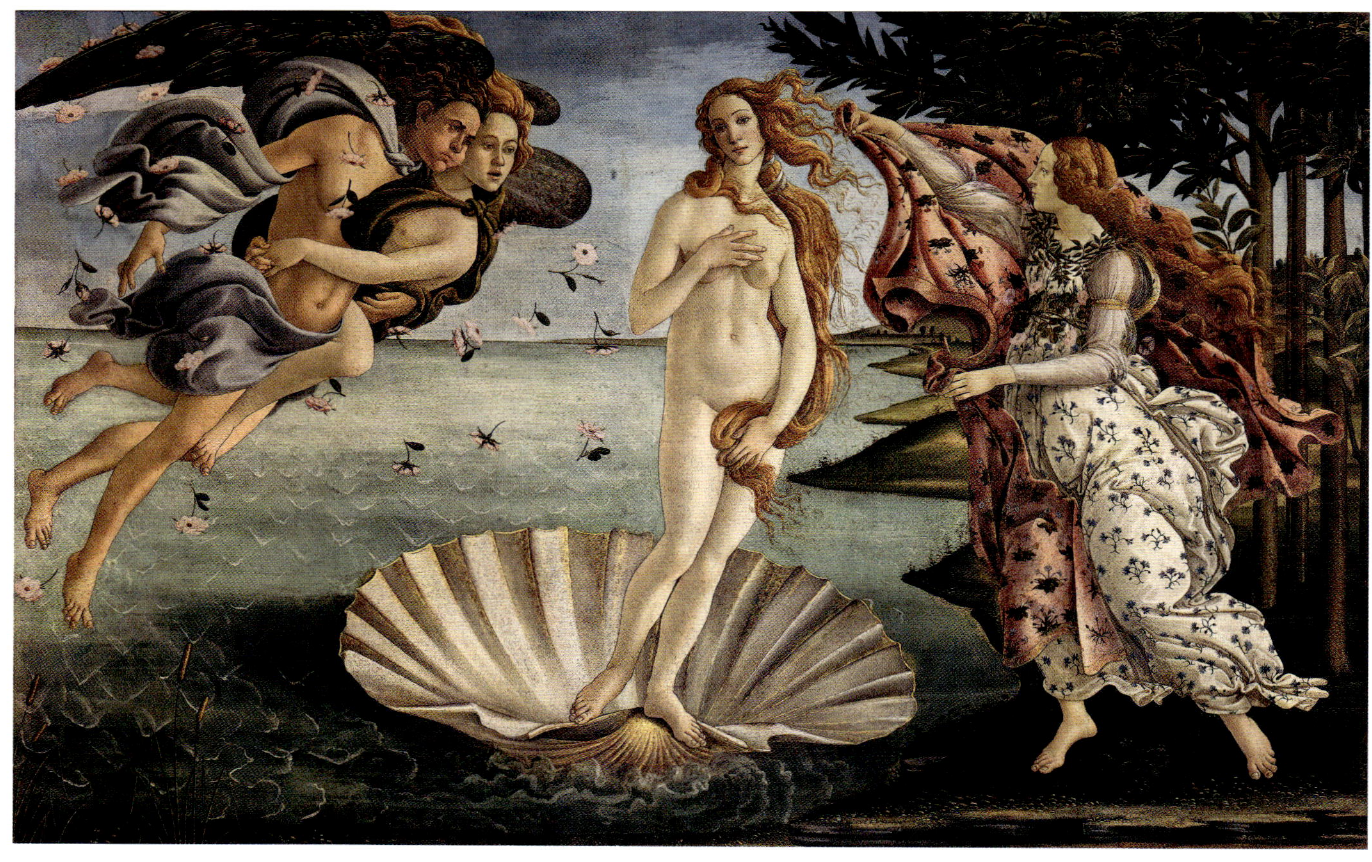

Abb. 18 Sandro Botticelli, Die Geburt der Venus, um 1488–1490, Tempera auf Leinwand, Le Gallerie degli Uffizi, Florenz

WAS IST RENAISSANCE?

Wenn wir etwas Neuartiges charakterisieren wollen, so setzen wir es gegen das Ältere ab, das wir dann unwillkürlich negativ bewerten. So entsteht das falsche Klischee vom dunklen Mittelalter und der strahlenden Renaissance, das schier unausrottbar immer wieder auflebt. Doch die eine große Wende vom Mittelalter zur Neuzeit hat es nicht gegeben. Wir haben es mit einem kontinuierlichen und ausgesprochen vielfältigen Prozess zu tun, der sich über einen langen Zeitraum entfaltete. Der niederländische Historiker Johan Huizinga hat dafür bereits 1920 eine treffende Formulierung gefunden: »Der Übergang vom Mittelalter zur Neuzeit bietet nicht das Bild eines einzigen großen Umschwunges, sondern das einer langen Reihe von Wellen, die anrollen auf einen Strand: jede von ihnen bricht sich in einem anderen Abstand und in einem anderen Augenblick. Überall liegen die Grenzlinien zwischen alt und neu wieder anders; jede Kulturform, jeder Gedanke wendet sich zu seiner eigenen Zeit [...].«[22]

Eine entscheidende Rolle in diesem Prozess spielte jene Kultur der Laien, von der eingangs die Rede war und die sich seit dem 13. Jahrhundert entwickelte. Es entstanden Denkräume außerhalb kirchlicher Zusammenhänge, neue Formen eines intellektuellen Austauschs und ein anderer Umgang mit Wissen und Sprache. Die aus der Antike überlieferten Texte wurden neu und anders gelesen. Dies wiederum ermöglichte ein verändertes Verständnis menschlichen Tuns und eine andere Ethik. Die Auseinandersetzung mit der aristotelischen Naturphilosophie und eine konsequente Anwendung der Logik führten zu einem erfahrungsbezogenen Vernunftgebrauch ohne metaphysische Vorbehalte. Im frühen 14. Jahrhundert kam zudem die philosophische Richtung des Nominalismus auf, die davon ausgeht, dass nur Einzeldinge und keine Universalien existieren. Damit geriet das Einzelwesen in der Zufälligkeit seiner Existenz in den Blick und dies sollte das Selbstverständnis des Menschen nachhaltig verändern. Das soziale Leben und die Politik wurden jetzt denkbar als ein kontingentes Feld menschlicher Handlungen, etwas, das vom Zufall und individuellen Entscheidungen bestimmt ist.[23]

Auf diesen philosophischen Voraussetzungen beruht auch jene rasante Entwicklung der Technik, die seit dem 14. Jahrhundert zu beobachten ist und welche die Lebenswelt tiefgreifend veränderte. Erinnert sei hier nur an die Erfindung der Räderuhr um 1300, die dem Leben ein ganz neues und zugleich festes Zeitmaß vorgab. Auch die praktische Anwendung der Mechanik zum Bau diverser Maschinen wäre hier zu nennen. Man könnte zudem über die Entwicklung des Transportwesens und den Ausbau des Fernhandels reden. Generell kann man von Rationalisierungen in vielen Bereichen sprechen. Der neue Illusionismus in Malerei und Skulptur gehört gleichfalls in diesen Zusammenhang.[24] Der sich entwickelnde Kunstbegriff ist seinerseits davon abhängig. Mit den Forschungen von Nikolaus Kopernikus (1473–1543) und Galileo Galilei (1564–1641/42), mit der Entdeckung Amerikas und mit der Reformation setzen sich die hier angedeuteten Entwicklungen fort, sodass sich der Mensch nach gut zwei Jahrhunderten in einer grundlegend verwandelten Welt wiederfindet.[25]

1 Dante, Commedia, Inferno X, 85–87; Schreiner 1996, S. 341–350.
2 Ausst.-Kat. Altenburg 2001; Blume 2011.
3 Guerini 2003.
4 Belting 1990, S. 452–456; Norman 1999, S. 21–43.
5 Norman 1999, S. 48–58; Campbell 2008, S. 61–98.
6 Norman 1999, S. 87–103.
7 Büttner 2013; Bergdolt 2007.
8 Dante, Commedia, Purg. X, 94–96 und XII, 64–69; Blume 2013.
9 Boccaccio 2012, VI,5, S. 497; Blume 2013, S. 27–31.
10 Boccaccio 1965, S. 554; Blume 2013, S. 26–27.
11 Mommsen 1957, S. 78–80; Blume 2013, S. 38–40.
12 Alberti 2000; Edgerton 1975.
13 Cecchi 2016, S. 262–281; Hertlein 1979.
14 Lazzi 2017.
15 Zachmann 2016.
16 Uppenkamp 2017; Ausst.-Kat. Florenz 2010.
17 Beyer 2002.
18 Blume/Meier 2021.
19 Die Gemälde sind nicht erhalten, doch vermitteln Beschreibungen und kleinformatige Repliken einen Eindruck. Wright 2005.
20 Zöllner 2009, S. 62–80; Körner 2006, S. 205–219.
21 Zöllner 2009, S. 89–92; Körner 2006, S. 250–262.
22 Zitiert nach Neuauflage Huizinga 1991, S. 59.
23 Flasch 1986; Leinkauf 2020.
24 Siehe auch den Beitrag von Jutta Götzmann in vorliegendem Band.
25 Der Autor verzichtet in diesem Beitrag weitgehend auf die Verwendung geschlechtergerechter Formulierungen. Die ausschließliche Verwendung der männlichen Form soll geschlechtsunabhängig verstanden werden.

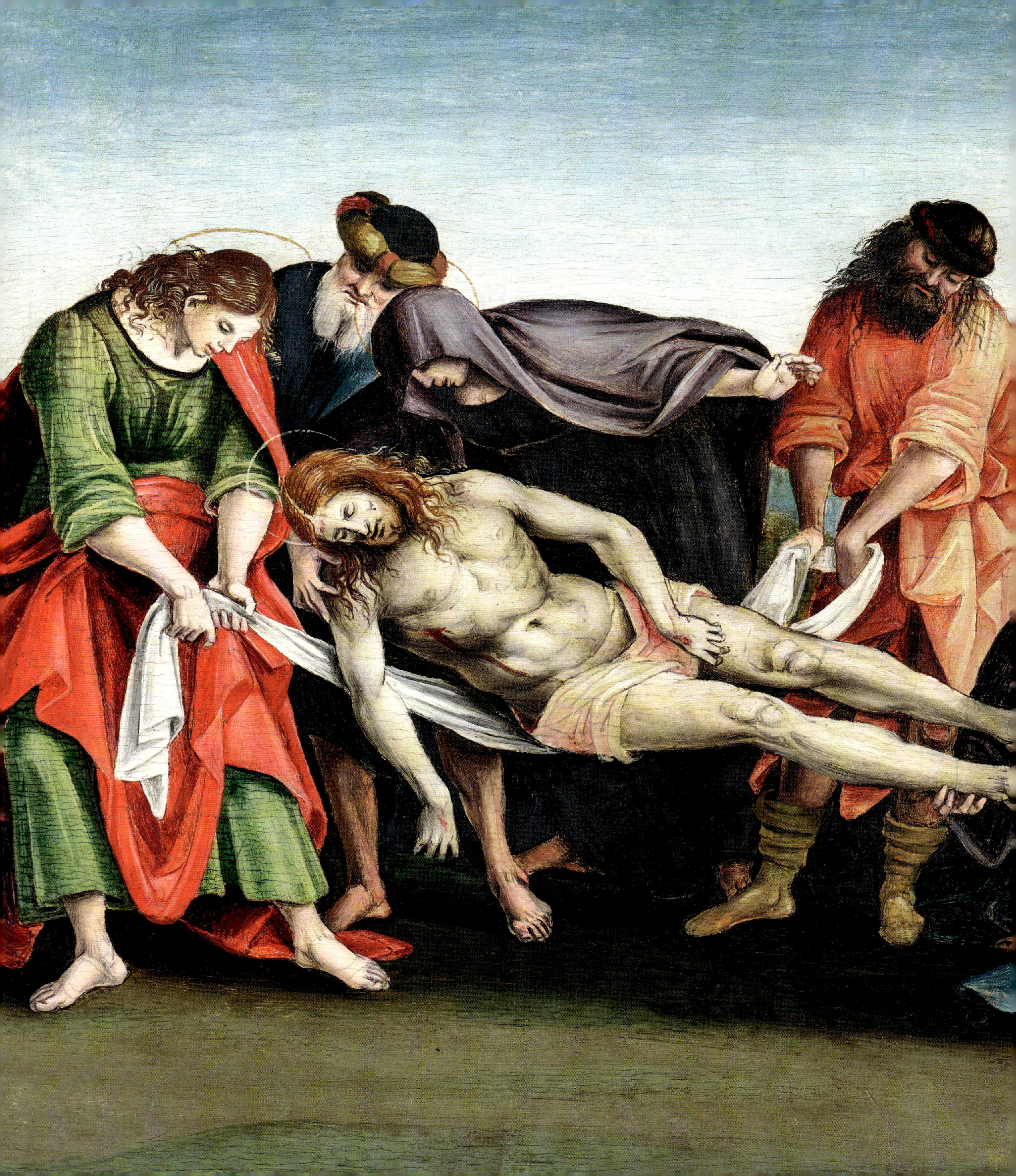

VON DER KIRCHE INS MUSEUM – ITALIENISCHE ALTARBILDER DES 13. BIS 16. JAHRHUNDERTS AUS DER SAMMLUNG DES LINDENAU-MUSEUMS ALTENBURG

EVA MARIA BREISIG

Die in der Ausstellung *Bellissimo!* präsentierten Altarbilder aus der Sammlung des Lindenau-Museums Altenburg stammen aus dem Zeitraum vom Ende des 13. bis zum Beginn des 16. Jahrhunderts. Während dieser fast 250 Jahre zwischen spätem Mittelalter und Hochrenaissance vollzogen sich entscheidende Entwicklungsschritte, die das Erscheinungsbild und die Rolle von Altarbildern maßgeblich veränderten. Anhand ausgewählter Beispiele aus der Ausstellung und der italienischen Kunstgeschichte wollen wir im Folgenden einen Streifzug durch diese Bilderwelt im Wandel machen. Wie aber kommt es, dass Altarbilder heute in Museen hängen und in Ausstellungen wie dieser besichtigt werden können?

VON DER KIRCHE INS MUSEUM

Gegen Ende des 18. und zu Beginn des 19. Jahrhunderts verloren viele Altar- und Andachtsbilder ihren ursprünglichen Bestimmungsort, da im Zuge der Säkularisation zahlreiche Kirchen und Klöster aufgelöst wurden. Die Werke entsprachen oft auch nicht mehr dem Zeitgeschmack und wurden kurzerhand aus den Kirchenräumen entfernt. Bilder aus größeren Altarzusammenhängen ließen sich zudem besser auf dem Kunstmarkt verkaufen, wenn sie zuvor fragmentiert und in Einzeltafeln zerlegt worden waren. Auf diese Weise wurden die ehemaligen Altarbilder nicht nur aus ihrem Funktions-, sondern in vielen Fällen auch aus dem Objektzusammenhang gerissen, und es wird verständlich, warum verschiedene Teile ein und desselben Altars heute auf Museen in der ganzen Welt verteilt sein können.

Die Musealisierung von Altarbildern verändert deren Wirkung grundsätzlich. Die heute oft ausgestellten Einzeltafeln erscheinen als eigenständige Kunstwerke. Der sakrale Kontext, ihre Funktion in Liturgie und Kirche, ist ihnen abhandengekommen. Die Präsentation im Museum verleiht ihnen automatisch das Etikett, Kunst zu sein – und zwar im heutigen, von der Kunstauf-

Kat. 38d, Detail

fassung der Renaissance geprägten Sinn. Ihr Gegenüber sind keine Gläubigen mehr, sondern Menschen aus einer anderen Zeit mit einem anderen Kunstverständnis und einer anderen Bild- und Seherfahrung. Das Wissen um die einstmals kultische Bedeutung der Werke, hinter der auch die Künstlerpersönlichkeiten zurücktraten, gerät zunehmend in Vergessenheit.

Dieses Schicksal eines seiner ursprünglichen Bestimmung entfremdeten Objekts teilen auch die zahlreichen Werke der Altenburger Sammlung, die Altarretabeln aus italienischen Kirchen entstammen und im 19. Jahrhundert von Bernhard August von Lindenau (1779–1854) über Mittelsleute erworben wurden. An welchen Orten, in welchen Kirchen die Werke sich einst befanden und von welchen Auftraggebern sie bei welchen Künstlern bestellt worden waren, ist nicht immer bekannt oder kann bestenfalls durch kunsthistorische Forschung rekonstruiert werden.

EIN NEUES BEDÜRFNIS NACH BILDERN

Aus heutiger Sicht erscheinen Altarbilder als selbstverständliche Ausstattung katholischer Kirchen. In größeren Kirchengebäuden finden sich neben dem Hauptaltar zumeist auch kleinere Nebenaltäre in Seitenkapellen oder an anderen weniger prominenten Stellen. Sie alle besitzen für gewöhnlich Bildschmuck (Malerei oder Skulptur), der sich in seiner Motivik am Patrozinium der Kirche bzw. an den Heiligen, denen der Altar geweiht ist, orientiert oder auch ganz allgemein zum eucharistischen Geschehen am Altar Bezug nimmt. Doch war in früheren Zeiten eine bildliche Ausschmückung des Altartisches (Mensa) nicht erforderlich. Ursprünglich wurde auf Altären nur das für die Messe notwendige Altarkreuz aufgestellt; daneben fanden liturgisches Gerät wie Kelch und

Abb. 1 Meister von Tressa, Salvatorantependium, 1215, Tempera auf Holz, Pinacoteca Nazionale, Siena

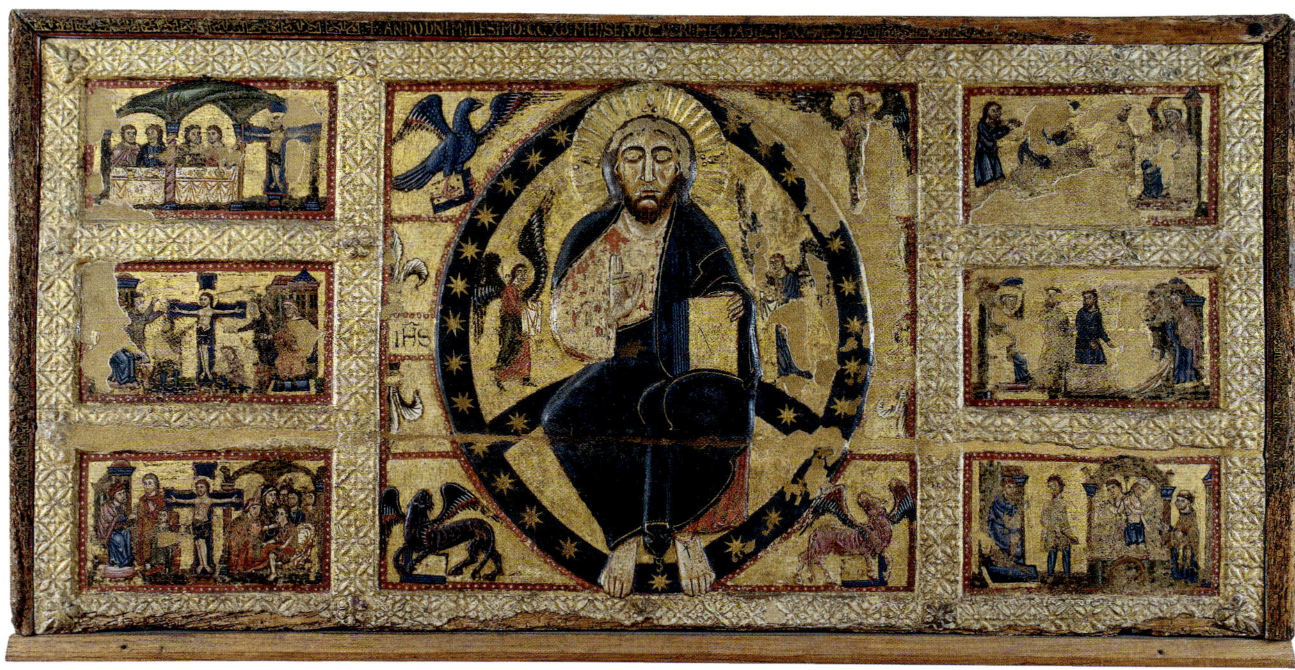

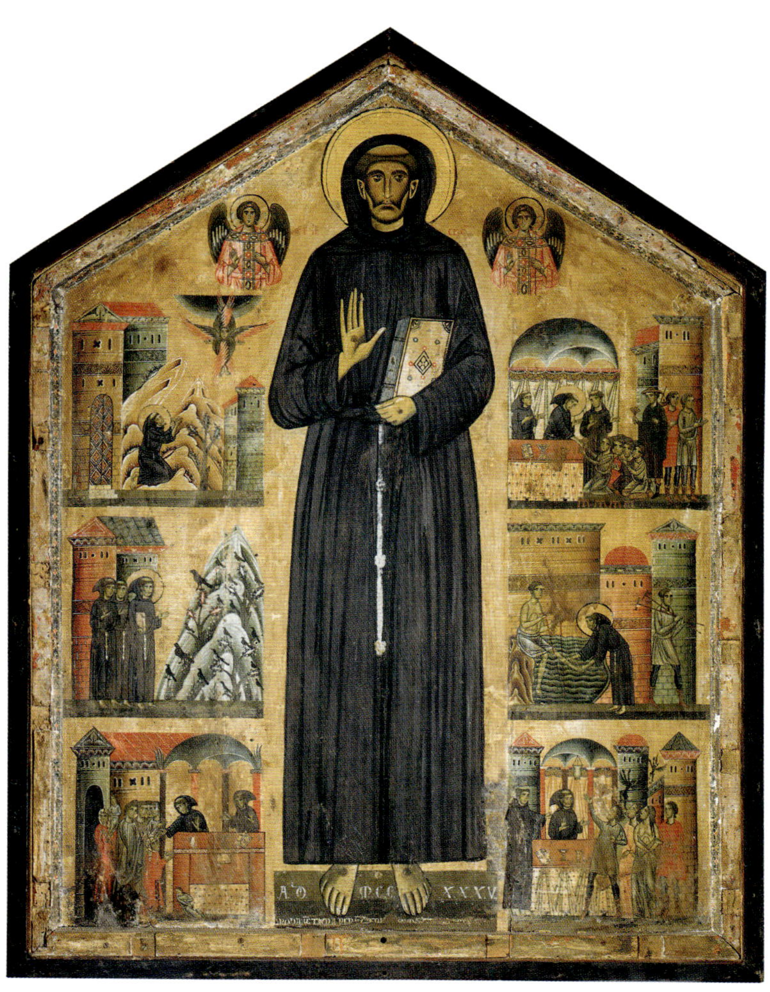

Patene, die Heilige Schrift, Messbücher, Reliquiare oder Kerzen Platz. Ein grundlegender Wandel setzte erst im ausgehenden 13. Jahrhundert ein, am Übergang vom Hoch- zum Spätmittelalter, und führte hinsichtlich Funktion und Gestalt des Altarbildes zu ganz neuen Entwicklungen, die im 14. und 15. Jahrhundert dann in einem regelrechten Bilderboom kulminierten.[1]

Bedingt durch Veränderungen in der Liturgie stand der Priester, der die Messe bislang hinter dem Altar stehend zelebriert hatte (*versus populum*, das heißt dem Volk zugewandt), nun beim Gottesdienst vor dem Altar, mit Blick nach Osten und dem Rücken zur Gemeinde.[2] Dadurch wurde es erstmals möglich, Bilder für die Gläubigen sichtbar auf der Mensa zu platzieren, während Bildschmuck zuvor allenfalls an der Frontseite des Altartisches angebracht war. Zu Beginn des 13. Jahrhunderts kamen überdies Bettelorden wie die Franziskaner oder Dominikaner auf und gewannen rasch an Einfluss. Ihre neue Hinwendung zu den einfachen Menschen und die damit einhergehende Einbeziehung der Frömmigkeitsvorstellungen der Laien in das religiöse Leben einerseits sowie eine zunehmende Marienverehrung andererseits entfachten ein gesteigertes Bedürfnis nach einer konkreten Sichtbarmachung von Glaubensinhalten.[3] Das Geschehen am Altar, Leben und Wirken der Heiligen oder die Fürsprache der Muttergottes sollten auch durch bildliche Darstellungen widergespiegelt werden und so der gefühlsmäßigen Ansprache der Gläubigen über das geschriebene oder gesprochene Wort hinaus dienen.[4] Diese neue Sichtweise führte zu einer immer umfangreicheren Bildproduktion und das Altarbild wurde schließlich zum festen Bestandteil der Kirchenausstattung.

Abb. 2 Bonaventura Berlinghieri, Heiliger Franziskus mit Szenen seiner Vita, 1235, Tempera auf Holz, San Francesco, Pescia

FRÜHE ALTARBILDER IM 13. JAHRHUNDERT

Bis ins hohe Mittelalter an der Vorderseite des Altartischs angebrachte bildliche Darstellungen, nach ihrem Anbringungsort Antependien (lat. *ante* = vor, *pendere* = hängen) genannt,[5] wurden durch die neue liturgische Ausrichtung des Priesters verdeckt. Um die Sichtbarkeit zu verbessern, wanderten die zunächst meist als Goldschmiedearbeiten, seit dem 12. Jahrhundert aber auch als gemalte Bildtafeln (sogenannte Paliotti) gefertigten Werke nicht selten auf die Mensa (Abb. 1).[6] Der neue Aufstellungsort auf dem Altartisch bzw. an dessen hinterem Ende wird vom lateinischen Ausdruck *re(tro)tabularium* oder

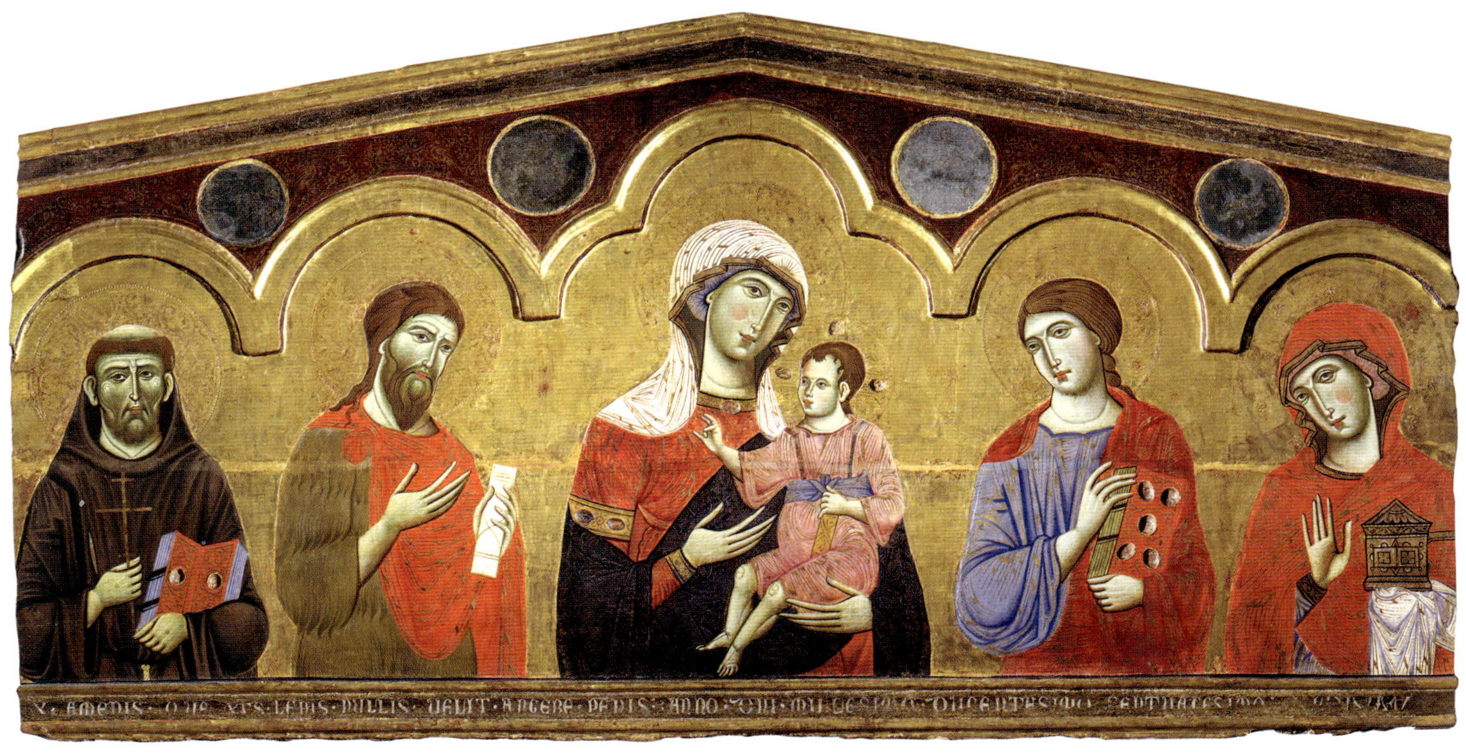

Abb. 3 Guido da Siena, Altarretabel, 1270, Tempera auf Holz, Pinacoteca Nazionale, Siena

re(tro)tabulum für Altaraufbauten treffend beschrieben, von dem auch der heutige Begriff Retabel abgeleitet ist. Gegen Ende des 13. Jahrhunderts etablierten sich Altarbilder bzw. Altaraufbauten schließlich als integraler Bestandteil der ständigen Altarausstattung.

Die Entwicklung des Altarbildes im 13. Jahrhundert war noch durch eine Vielzahl von Bildthemen und durch unterschiedliche Bildformen geprägt. Frühe Beispiele orientierten sich in Gestalt und Programmatik mitunter an den zuvor geläufigen Bildtypen.[7] Wie auf den Paliotti üblich, gab es etwa zentrale Darstellungen des herrschaftlich thronenden Christus (Maiestas Domini), seitlich begleitet von Szenen aus dessen Leben und Passion, oder Bildtafeln mit mittig dargestellter Muttergottes und flankierenden Bilderzählungen aus dem Leben Christi oder Marias. Letztere sind auf die seit dem 12. Jahrhundert weit verbreiteten Marienschreine zurückzuführen und wurden nun zweidimensional nachempfunden.[8] In Analogie dazu entwickelten die Franziskaner bereits unmittelbar nach der Heiligsprechung ihres Ordensgründers Franz von Assisi im Jahr 1228 einen neuen Altarbildtypus, der einzelne Heilige in den Mittelpunkt stellte. Diese sogenannten Vitenretabel zeigten den stehenden Heiligen im Zentrum einer hochrechteckigen, spitzgiebeligen Tafel, seitlich gerahmt von Szenen aus seiner Vita (Abb. 2).[9]

Die ersten eigenständigen, fest auf der Mensa installierten Altarbilder bestanden aus einer horizontal ausgerichteten und von einem flachen Giebel abgeschlossenen Tafel und werden als Dossale bezeichnet. Auf ihnen war zumeist im Zentrum die Muttergottes mit Kind abgebildet, flankiert von Heiligen.

Die Figuren sind dabei in ihrer Größe hierarchisch gestaffelt und erinnern durch die halbfigurige Darstellung sowie stilistisch an Ikonen. Wichtige Impulse für diese Bildfindung gingen vermutlich von Siena aus. Dies zeigt beispielhaft das 1270 für den Hauptaltar der dortigen Franziskanerkirche entstandene Altarretabel (Abb. 3) von Guido da Siena (nachweisbar um 1260–1280).[10]

Zu dieser Zeit existierte noch keine Standardlösung für Altarbilder und die Herausbildung eines zukunftsweisenden Typus war noch im Gange, wenngleich sich bereits gewisse Tendenzen zeigten. Dazu gehörte etwa die Neigung zur Ensemblebildung, bei der mehrere Bilder auch unterschiedlicher Formate und Erzählmodi in einer Rahmenkonstruktion zusammengefasst wurden. In diesem Zusammenhang kann auf den Bilderzyklus von Leben und Passion Christi verwiesen werden, der ebenfalls Guido da Siena zugeschrieben wird und etwa aus der gleichen Zeit stammt wie dessen Altarretabel aus der Franziskanerkirche. Es handelt sich dabei um den mit 12 Szenen umfangreichsten Christuszyklus der italienischen Tafelmalerei des 13. Jahrhunderts. Drei Tafeln des Zyklus befinden sich in der Altenburger Sammlung und stellen zusammen mit einer vierten (Museum Catharijneconvent, Utrecht) die ältesten Beispiele für Altarbilder in der Ausstellung dar (Kat. 33).[11] Es existieren vieldiskutierte Rekonstruktionsvorschläge für das Aussehen des ursprünglichen Altarzusammenhangs, wobei der Bilderzyklus höchstwahrscheinlich in zwei Felder mit je sechs Szenen in drei Registern aufgeteilt war (Kat. 33, Abb. 2–3). Entscheidend ist jedoch, dass hier im selben künstlerischen Milieu

Abb. 4 Duccio di Buoninsegna Polyptychon Nr. 28, um 1310, Tempera auf Holz, Pinacoteca Nazionale, Siena

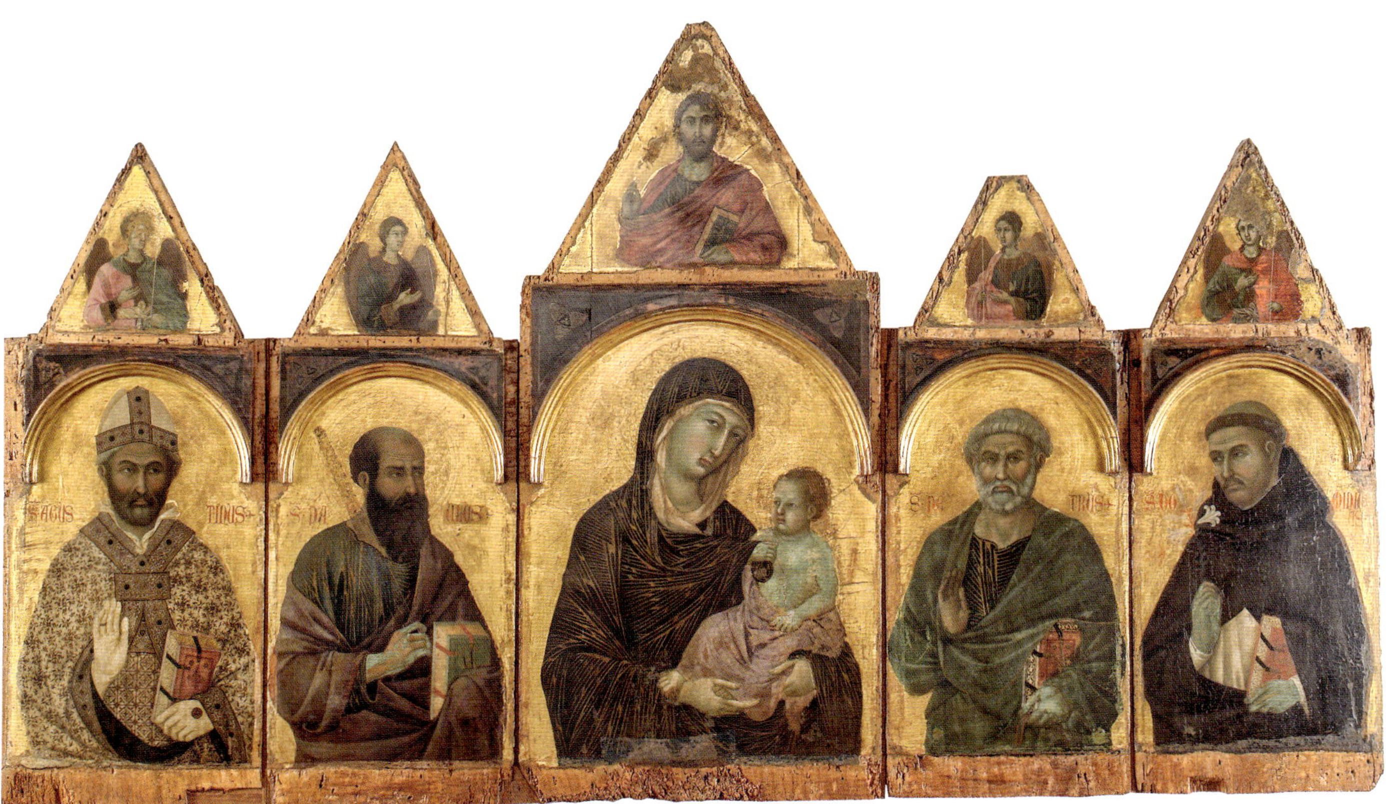

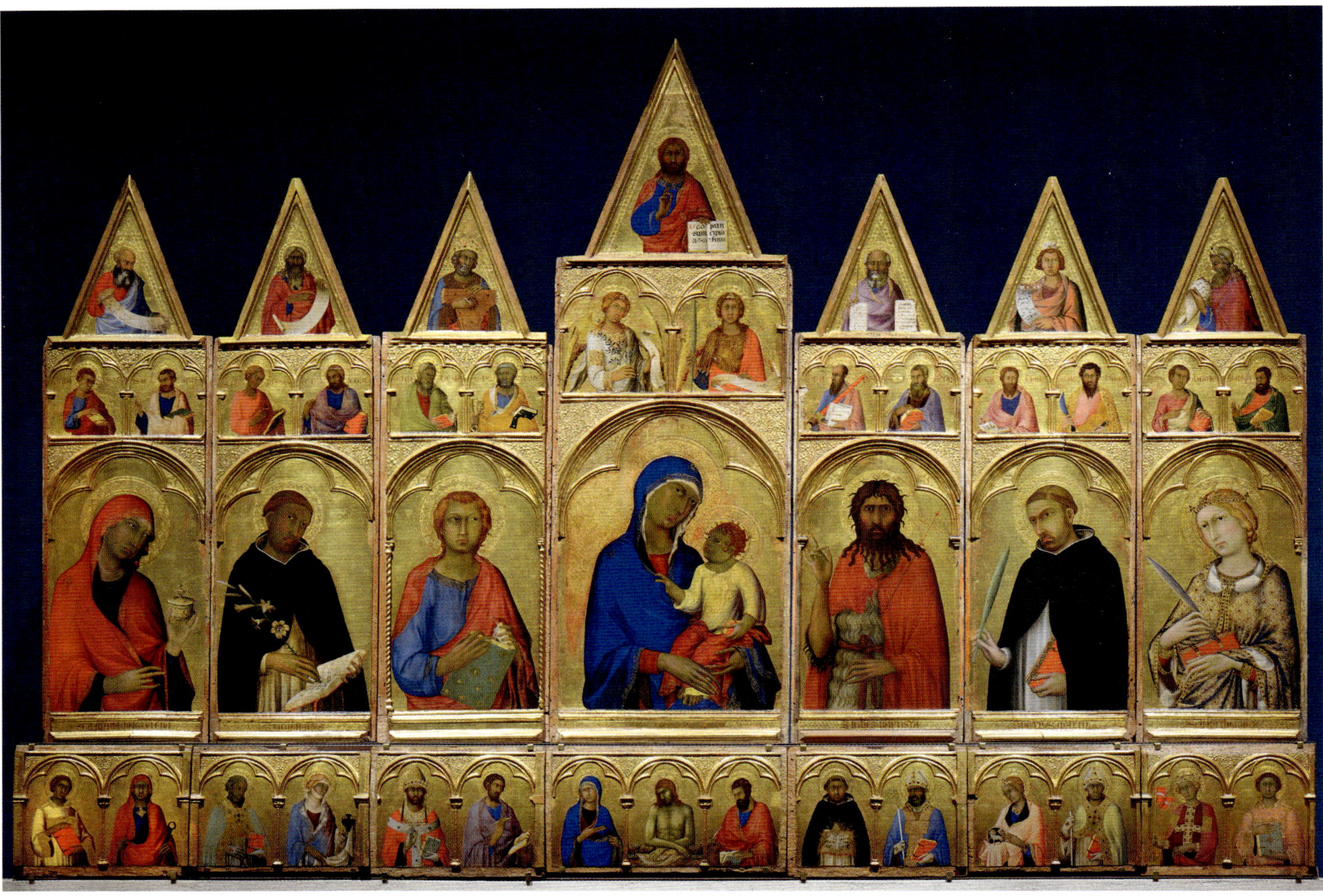

Abb. 5 Simone Martini, Pisaner Polyptychon, Madonna mit Kind und Heiligen, 1319/20, Tempera auf Holz, Museo Nazionale di San Matteo, Pisa

Guido da Sienas eine ganz andere Retabelform auftaucht. Im Unterschied zum Sieneser Dossale, das auf nur einer Tafel eine ikonenhafte, rein repräsentative Zusammenstellung einzelner Halbfiguren ohne narrativen Kontext zur Schau stellt, zeigt das Altarretabel mit dem Christuszyklus eine Vielzahl von kleinformatigen szenischen Darstellungen, die höchstwahrscheinlich eine große Mitteltafel flankierten und erzählerisch bereicherten. Dies weckt Assoziationen mit althergebrachten Bildstrukturen und Kombinationen der Paliotti oder Marienschreine.

NEUE BILDERWELT IM 14. JAHRHUNDERT: DAS POLYPTYCHON

Um 1300 entwickelte sich die charakteristische Altarform der italienischen Gotik, die noch bis ins 15. Jahrhundert hinein beliebt bleiben sollte, das sogenannte Polyptychon.[12] Ein Polyptychon ist ein aus mehreren Bildtafeln zusammengesetzter Altaraufbau mit einer reich verzierten und vergoldeten Rahmung. Es ist im Gegensatz zu nur an bestimmten Festtagen aufgestellten Altarbildern dauerhaft auf der Mensa installiert.[13] Entwicklungsgeschichtlich wird dabei die einfache Figurenreihe des Dossale mit immer mehr Bildtafeln in

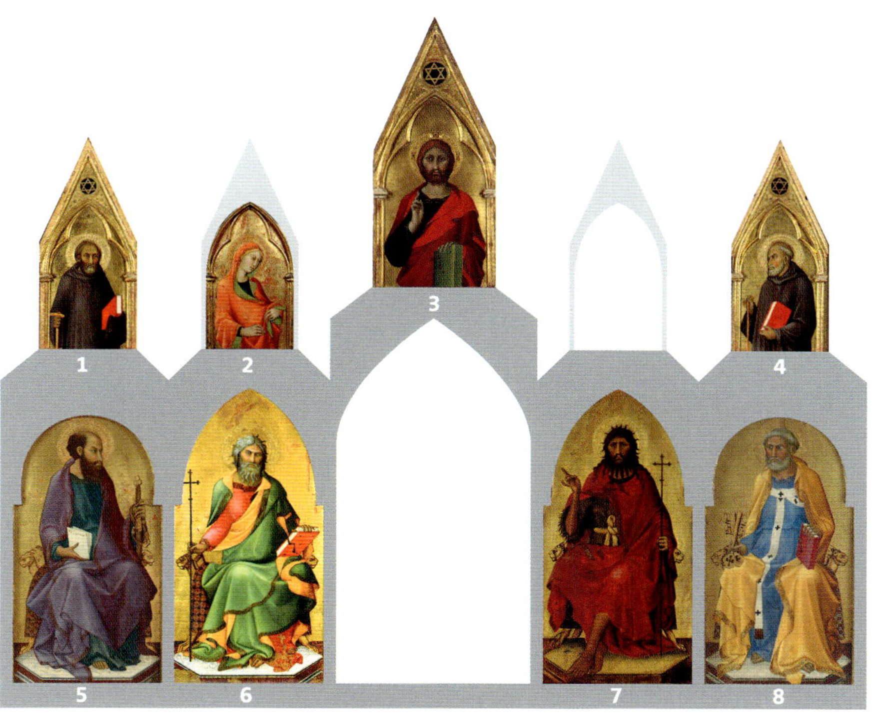

Abb. 6 Lippo Memmi, Altarretabel, um 1325–1330, Tempera auf Holz. Schema der Rekonstruktion nach Mallory 1974

1) Heiliger Vallombrosaner, Lindenau-Museum Altenburg, Inv. 45
2) Heilige Maria Magdalena, Musée du Petit Palais, Avignon
3) Christus als Lehrer, Musée de la Chartreuse, Douai
4) Heiliger Vallombrosaner, Lindenau-Museum Altenburg, Inv. 44
5) Heiliger Paulus, Galleria Regionale della Sicilia, Palazzo Abatellis, Palermo
6) Heiliger Andreas, Museo Nazionale di San Matteo, Pisa
7) Johannes der Täufer, Lindenau-Museum Altenburg, Kat. 28
8) Heiliger Petrus, Galleria Regionale della Sicilia, Palazzo Abatellis, Palermo

zusätzlichen Registern (das heißt übereinanderliegenden horizontalen Zonen) sowohl formal als auch inhaltlich erweitert. In der obersten Zone überfangen figurativ gefüllte Spitzgiebel den Altaraufbau. Zu den frühesten Beispielen dieser Art gehört das um 1310 datierte Polyptychon Nr. 28 (Abb. 4) von Duccio di Buoninsegna (nachweisbar 1278–1318).[14]

Die Mehrzahl dieser im Laufe des 14. Jahrhunderts immer komplizierter und monumentaler ausgestalteten Altaraufbauten ist der Madonna gewidmet. Diese wird zentral in der Mittelachse dargestellt, umgeben von ihrem himmlischen Hofstaat im Lichte des göttlich-transzendentalen Goldgrunds. Die weiteren halbfigurigen Gestalten (meist Heilige, Propheten, Apostel, Engel, Christus, Gottvater) sind symmetrisch auf mehrere Register verteilt und werden sowohl über die Größe ihrer Täfelchen als auch über ihre Nähe zur Muttergottes hierarchisiert. Dabei können sich Tafelverbände mit bis zu vier Geschossen und sieben Achsen ausbilden, wie das von Simone Martini (um 1290 (?)–wahrscheinlich 1344) ursprünglich für die Dominikanerkirche Santa Caterina in Pisa geschaffene Polyptychon zeigt (Abb. 5). Das Rahmenwerk weist ein architektonisches Gefüge auf und ähnelt durch seine der Monumental- und Kleinarchitektur nachempfundenen Zierformen sowie die Geschosseinteilungen und Arkadenstellungen einer gotischen Kirchenfassade.[15]

Aus der Vielfalt der Spielarten kristallisierten sich zwei besonders beliebte Typen heraus, nämlich das Polyptychon mit fünf Bildachsen (Pentaptychon) und etwas reduzierter das Polyptychon mit drei Bildachsen (Triptychon).[16] Für beide Varianten werden in der Ausstellung Beispiele aus der Sammlung des Lindenau-Museums gezeigt:

Eine um 1325 bis 1330 entstandene Tafel mit der Darstellung von Johannes dem Täufer (Kat. 28), die Lippo Memmi (nachweisbar 1317–1347) zugeschrieben wird, war einst Teil eines Pentaptychons, auf dem zu beiden Seiten der Gottesmutter je zwei thronende Heilige abgebildet waren. Die leichte Wendung und der Weisegestus des Johannes lassen darauf schließen, dass die Tafel rechts neben einer zentralen, heute verlorenen Marienfigur positioniert war. Der ursprünglich fünfachsige Altarkomplex, der für den Hochaltar der Kirche San Paolo a Ripa d'Arno in Pisa geschaffen worden war, und von dem sich insgesamt drei Tafeln in der Altenburger Sammlung befinden, ist gut rekonstruierbar (Abb. 6).[17]

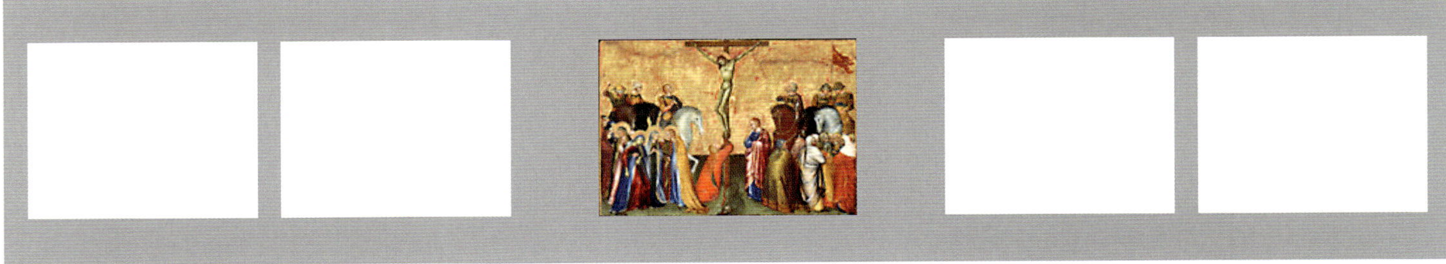

Abb. 7 Giovanni di Paolo di Grazia, Kreuzigung Christi, 1426, Tempera auf Holz, Lindenau-Museum Altenburg, Kat. 47. Verortung der Tafel in der Predella. Schema der Rekonstruktion nach Brandi 1934

Als Beispiel für ein Polyptychon mit drei Bildachsen kann ein Triptychon mit Aposteldarstellungen von Alvaro Pirez (nachweisbar um 1411–1434) herangezogen werden,[18] von dem das Lindenau-Museum drei Tafelfragmente besitzt (Kat. 36). Das auf um 1424 datierte Werk belegt, wie erfolgreich der dreiachsige Polyptychon-Typus war, der in seiner Grundstruktur noch bis ins 15. Jahrhundert hinein Verwendung fand, obwohl es zu dieser Zeit bereits neue, weiterentwickelte Retabelformen gab.

BILDERZÄHLUNGEN AM ALTAR: DIE PREDELLA

Hatten die Bildtafeln der Polyptychen mit der ausschließlichen Abbildung von Heiligenfiguren vor Goldgrund zunächst rein repräsentativen Charakter, halten im Verlauf des 14. Jahrhunderts allmählich auch szenische Darstellungen Einzug. Diese fanden sich zunächst nur in der Sockelzone des Altaraufbaus, der sogenannten Predella.[19] Das unterste Geschoss eines Retabels war meist ebenso breit wie die darüber befindliche Hauptzone mit ihren ikonischen Einzeldarstellungen von Muttergottes und Heiligen und nahm nun kleinformatige und kleinteilige Bilderzählungen aus deren Lebensgeschichten auf,[20] ähnlich wie dies zuvor schon auf den Vitenretabeln der Fall war. Die Predellen waren ebenso wie die Retabelstruktur darüber in mehrere Tafeln aufgeteilt und analog zu den oberen Registerzonen enthielt auch die mittlere Tafel der Sockelzone Darstellungen von besonderer Bedeutung. Diese standen meist in Beziehung zur Mitteltafel der Hauptzone oder zeigten zentrale Ereignisse aus dem Leben Christi wie etwa das letzte Abendmahl oder die Kreuzigung, passend zur liturgischen Handlung am Altar.[21]

So ist auf der Altenburger Tafel von Giovanni di Paolo di Grazia (1399–1482) eine detailliert geschilderte *Kreuzigung Christi* vor strahlendem Goldgrund wiedergegeben (Kat. 47). Sie bildete einst das Zentrum einer Predella mit einem umfangreichen Passionszyklus (Abb. 7) und war Teil eines Retabels, das 1426 als Stiftung der Familie Malavolti für San Domenico in Siena geschaffen wurde.

Bei Fra Angelicos (um 1395–1455) Darstellung der *Feuerprobe des heiligen Franziskus vor dem Sultan* aus der Zeit um 1429 handelt es sich ebenfalls um das Fragment einer Predella (Kat. 31). Es stammt von einem dreiachsigen Retabel für die Franziskanerkirche Santa Croce in Florenz. Der

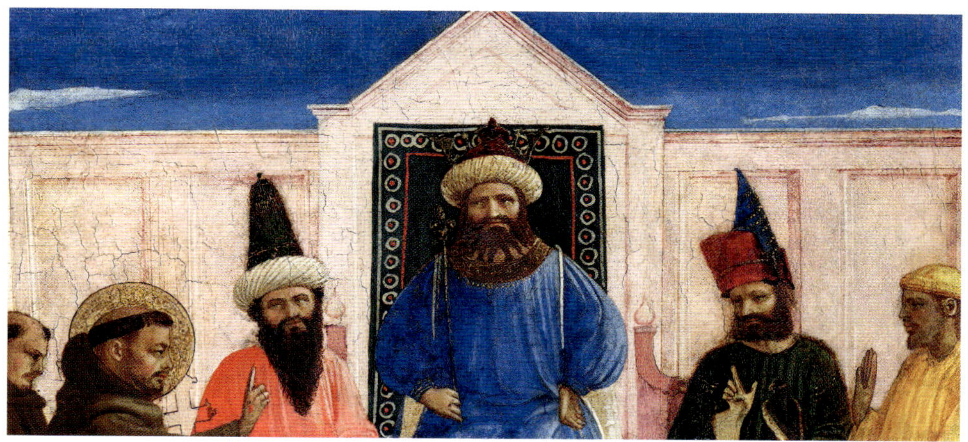

Abb. 8 Fra Angelico, Feuerprobe des heiligen Franziskus vor dem Sultan, um 1429, Tempera auf Pappelholz, Lindenau-Museum Altenburg, Kat. 31, Detail

heute in seine Einzelteile zerlegte, jedoch gut rekonstruierbare Altaraufsatz zeigt in der Hauptzone Maria und vier sie flankierende Heilige, während die Predella mit fünf szenischen Erzählsequenzen dem Leben und Wunderwirken des heiligen Franziskus gewidmet ist (Kat. 31, Abb. 1). Die Feuerprobe befand sich an ihrem linken Rand, während die sonst Christusbildern vorbehaltene zentrale Position von der auch durch ihre Breite besonders betonten Darstellung der *Totenmesse* besetzt war. Bemerkenswert innovativ zeigt sich der blaue Himmel im Hintergrund der Täfelchen (Abb. 8), der zu den frühesten realistischen Himmelsdarstellungen auf einer Altartafel gehört.[22] Interessanterweise sind derartige Neuerungen oft erstmals auf einer Predella zu finden und greifen erst später auf die Hauptzone der Retabel über. Offensichtlich waren die Predellabilder aufgrund ihrer peripheren Lage weniger stark an traditionelle Darstellungskonventionen gebunden.[23] Dies belegt in der Ausstellung auch die um 1405–1410 entstandene Predellatafel von Lorenzo Monaco (um 1370–um 1425; Kat. 44), bei der recht früh auf den obligatorischen Goldgrund zugunsten eines nächtlichen Landschaftshintergrunds

Abb. 9 Sano di Pietro, Heimkehr Marias aus dem Tempel, 1448–1452, Tempera auf Pappelholz, Lindenau-Museum Altenburg, Kat. 23a, Detail

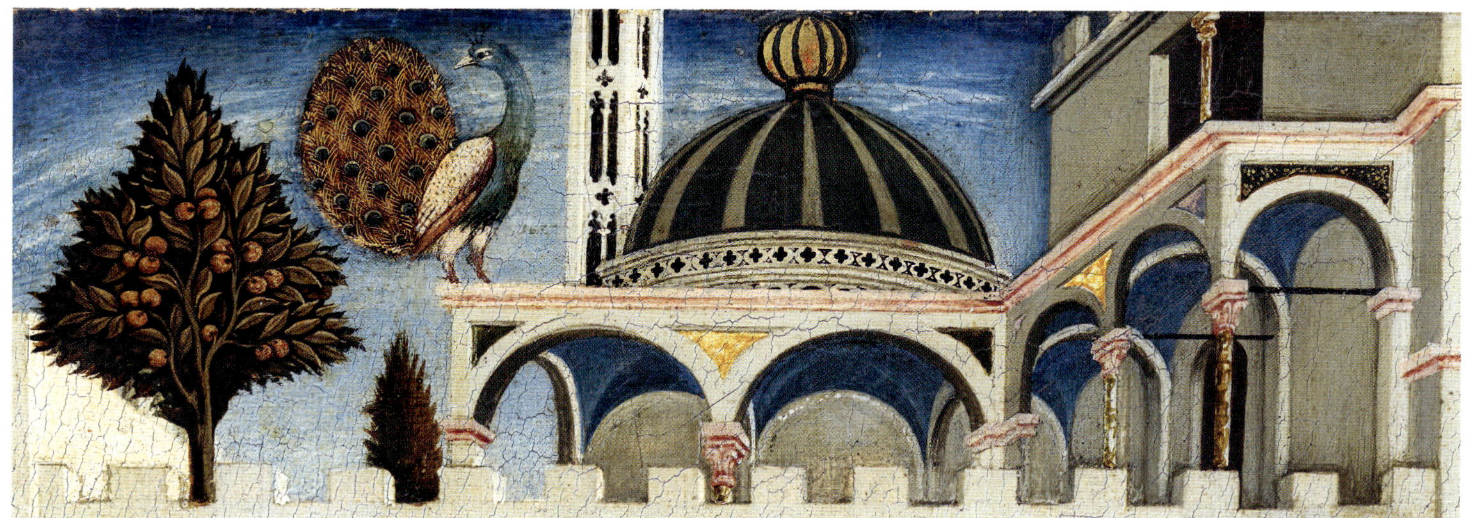

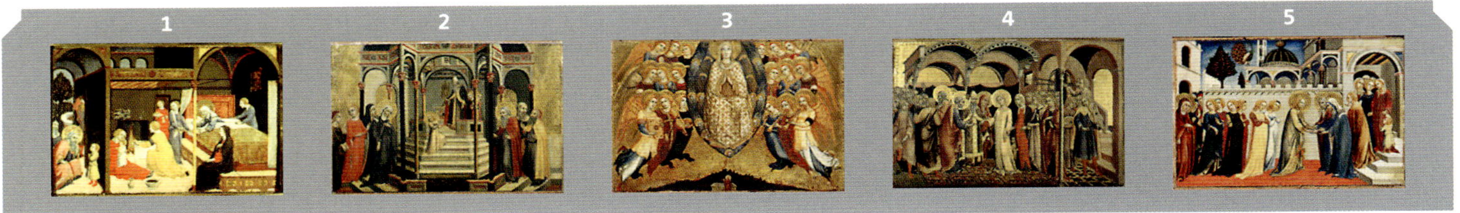

Abb. 10 Sano di Pietro, Altarpredella, 1448–1452, Tempera auf Holz. Schema der Rekonstruktion nach Christiansen 1994

1) Geburt der Jungfrau Maria, University of Michigan Museum of Art, Ann Arbor
2) Darstellung der Jungfrau im Tempel, Musei Vaticani, Vatikanstadt
3) Himmelfahrt Marias, Lindenau-Museum Altenburg, Kat. 23b
4) Verlobung Marias, Musei Vaticani, Vatikanstadt
5) Heimkehr Marias aus dem Tempel, Lindenau-Museum Altenburg, Kat. 23a

verzichtet wurde. Das Gold scheint auf die vielpassförmige Rahmung ausgelagert zu sein.[24]

Den Predellen kam aber auch funktional eine besondere Rolle zu. Schon rein räumlich den Gläubigen näherstehend als die oberen Bereiche des Retabels, suchten sie auch über ihre erzählerischen Bilder verstärkt die Nähe zu den Menschen und ihrer Erlebniswelt. Zeitgenössische Details, Landschafts- und Interieurszenen boten hier Anknüpfungspunkte, die zugleich aber auch zu einer intensiveren Beschäftigung mit den Darstellungsinhalten und zur Meditation über das Heilsgeschehen anregen sollten.[25] Dies unterscheidet Predellen grundsätzlich von den eher Distanz schaffenden Heiligenzonen darüber, was zum Beispiel bei den Predellatafeln von Sano di Pietro (1405–1481) aus der Mitte des 15. Jahrhunderts zu erkennen ist. Sie wurden für den Altar der Kapelle im Palazzo Pubblico in Siena gemalt und zeigten insgesamt fünf Szenen aus dem Marienleben, von denen zwei in der Ausstellung präsentiert werden (Kat. 23). Realitätsnah wird in der *Heimkehr Marias aus dem Tempel* eine Architekturkulisse mit Bäumen und einem auch als christliches Symbol deutbaren Pfau gezeigt, wobei Glockenturm und Kuppel eines Sakralbaus im Hintergrund sogar entfernt an den Sieneser Dom erinnern (Abb. 9).[26] Auffällig ist, dass die Himmelfahrtsdarstellung auf der bedeutendsten Position in der Mitte der Predella im traditionellen Goldgrund verhaftet bleibt, durch den jedoch auch die Trennung zwischen irdischer und himmlischer Sphäre verdeutlicht wird (Abb. 10 und Kat. 23b).[27]

DAS 15. JAHRHUNDERT: VOM MEHRTEILIGEN POLYPTYCHON ZUR RENAISSANCE-PALA

Das klassische gotische Altarretabel, das Polyptychon, erreichte den Höhepunkt seiner Entwicklung und Verbreitung in der ersten Hälfte des 15. Jahrhunderts. Die Evolution des Altarbildes verlief jedoch nicht linear. Je nach Vorlieben der Auftraggeber oder in Abhängigkeit von lokalen Rahmenbedingungen entstanden immer wieder Sonderlösungen ohne unmittelbare Nachfolge, darunter sogar Innovationen, die ihrer Zeit voraus waren. Bereits im 14. Jahrhundert war die Tendenz zu beobachten, die einzelnen Tafeln eines vielteiligen Polyptychons zu einem einheitlichen Bildfeld zu verbinden.[28]

Ein Beispiel für einen Zwischenschritt innerhalb dieser Entwicklung ist das 1423 für die Strozzi-Kapelle der Vallombrosanerkirche Santa Trinita in

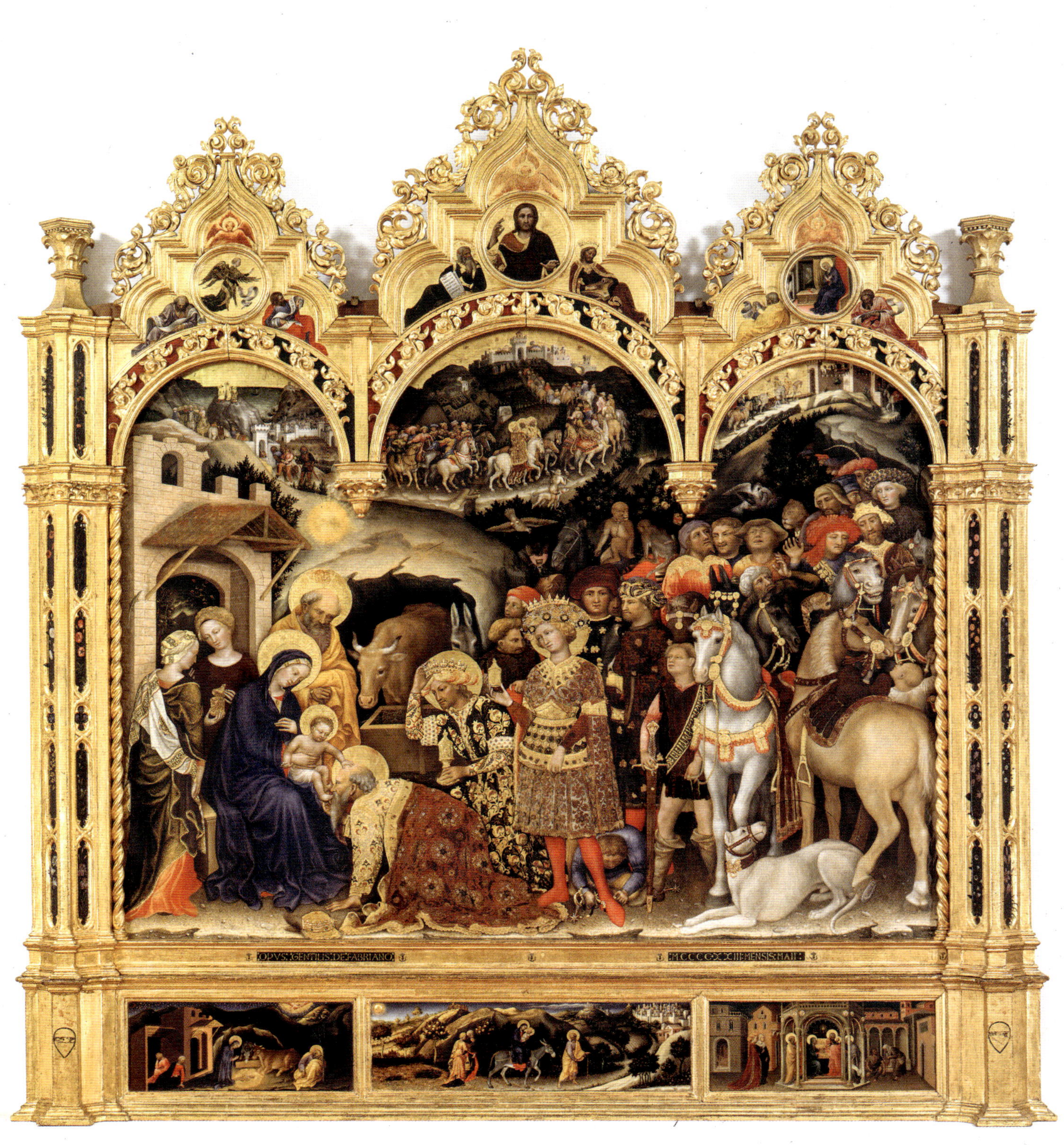

Abb. 11 Gentile da Fabriano, Anbetung der Könige, 1423, Tempera auf Holz, Le Gallerie degli Uffizi, Florenz

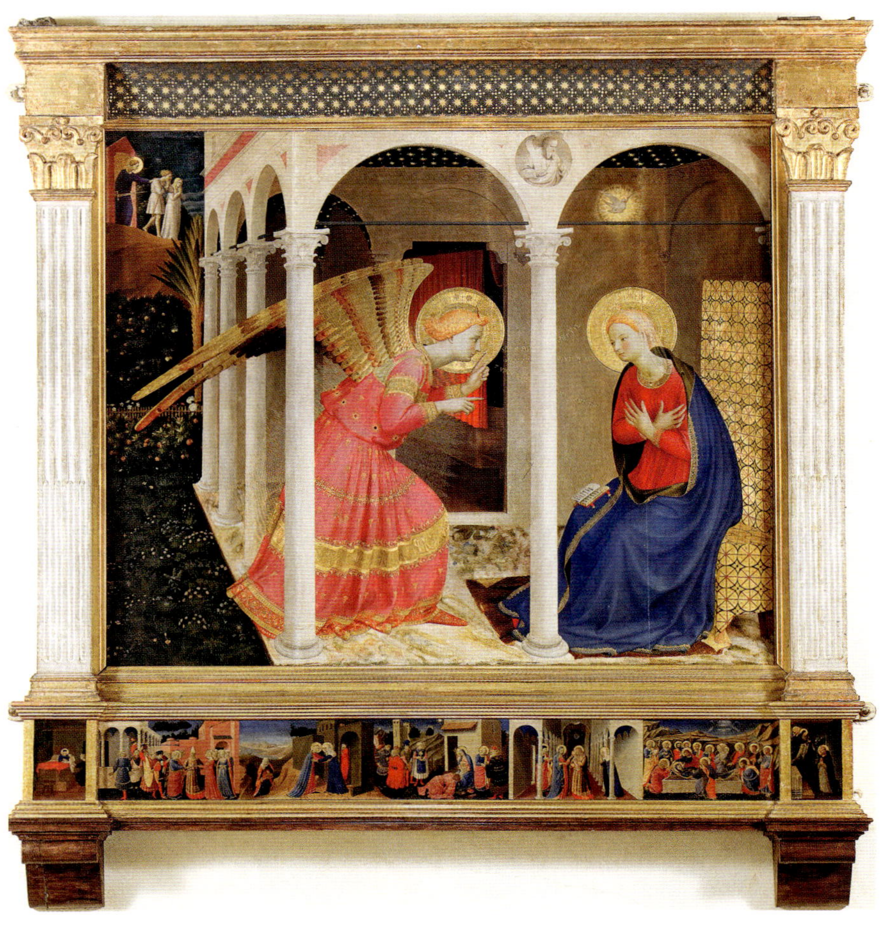

Abb. 12 Fra Angelico, Verkündigung, um 1430/31, Tempera auf Holz, Museo Diocesano, Cortona

Florenz gefertigte Altarbild der Anbetung der Könige (Abb. 11) von Gentile da Fabriano (um 1375–um 1427). Während die Rahmung mit wimpergartigen Giebelaufsätzen und flankierenden Türmchen noch das Formengut spätgotischer Zierarchitektur zeigt, wurde auf die für Polyptychen typische Binnengliederung verzichtet. Dies geschah zugunsten eines einheitlichen Bildfeldes mit einer großflächigen Simultandarstellung der Anbetung des Christuskindes und des Zugs der Heiligen Drei Könige. Drei kleinere Szenen der Reise der Könige ordnen sich jedoch noch den drei hängenden Arkadenbögen der baldachinartigen Rahmung unter.[29] Während auf der Haupttafel im Einklang mit der Rahmung noch kleine Bereiche mit Goldgrund versehen sind, ist auf den Predellatafeln erstmals bei einem Altarbild ein realistischer blauer Himmel zu sehen.[30]

In den 1430er-Jahren bildete sich in Florenz schließlich als neuer Typus das rechteckig gerahmte Altarbild mit einheitlichem Bildfeld heraus. Diese sogenannte Renaissance-Pala (ital. für Altarbild), oft noch von einer Predella unterfangen, löst zwischen etwa 1450 und 1470 das Polyptychon als Standardlösung ab. Ihr fast quadratisches Bildfeld (Tavola quadrata) wird von einer aus antiken Architekturelementen wie Säulen, Pilastern, Architrav und Giebel aufgebauten Ädikula (lat. für Tempelchen) gerahmt, gotische Zierformen tauchen nicht mehr auf.[31]

Den modernen Retabeltypus und wie eng dieser auch mit den wegweisenden Neuerungen auf dem Gebiet der Tafelmalerei verbunden ist, zeigen exemplarisch die Altarbilder Fra Angelicos. Diese adaptieren nicht nur das neue Formenrepertoire der an der Antike orientierten Renaissancearchitektur, sondern weisen auch die ab dem zweiten Viertel des 15. Jahrhunderts allgemein etablierte Zentralperspektive auf.[32] So inszeniert Fra Angelico seine in der Zeit um 1430/31 entstandene Verkündigungsszene für San Domenico in Cortona in einer tief in den Raum fluchtenden Loggia (Abb. 12).[33] Während sie vorher (etwa im erwähnten Retabel von Gentile da Fabriano) nur in der Predella auftaucht, hält die Zentralperspektive nun auch auf dem Hauptbild Einzug. Dem Engel sowie Maria werden dabei Arkadenstellungen als individuelle Bildräume zugeordnet, die wie ein Nachhall der Binnenstruktur der Polyptychen erscheinen.[34] Der Goldgrund ist ganz verschwunden. Die Predella wird zu einem eigenständigen Sockelkasten, dessen Breite die der Haupttafel sogar übertrifft. Dabei werden die bildlichen Szenen nicht mehr plastisch, sondern durch gemalte Linien oder einen Wechsel des Bildhintergrunds voneinander getrennt. Durch die Rahmung wirkt Fra Angelicos Altarbild nun insgesamt wie ein Fenster, durch das ein ausschnitthafter Einblick in die Bildwirklichkeit gewährt wird.[35]

Dass nicht nur die Säulchen der gotischen Rahmenarchitektur von Polyptychen als Ort für bildliche Darstellungen genutzt wurden, sondern auch die flankierenden Pilaster einer Pala quadrata, zeigt Fra Angelicos um 1440 bis 1442 entstandenes Retabel für San Marco in Florenz (Kat. 32, Abb. 1). Drei der stehenden Heiligenfiguren, die dort an einem Pilaster übereinander positioniert waren, befinden sich heute in der Altenburger Sammlung (Kat. 32). Das zugehörige Altargemälde Fra Angelicos gilt überdies als eines der frühesten Hochaltarbilder einer Sacra Conversazione in einem einheitlichen Bildraum ohne Goldgrund.[36]

AN DER SCHWELLE ZUR HOCHRENAISSANCE

Die Entwicklung des Retabels ging auch nach dem Aufkommen der Renaissance-Pala weiter und es bildeten sich immer wieder neue Formen heraus. Um die Wende vom 15. zum 16. Jahrhundert verbreitete sich beispielsweise von Oberitalien aus die Pala centinata mit ihrem hochrechteckigen Bildfeld und rundbogigen Abschluss.[37]

In diesem Kontext sind die fünf Tafeln einer Predella mit Szenen der Passion und Auferstehung Christi aus dem Lindenau-Museum zu sehen. Sie wurden von Luca Signorelli (1445/50–1523) für den Hauptaltar der Franziskanerkirche San Floriano in Jesi geschaffen (Kat. 38) und stehen exemplarisch für den späten Einsatz von Predellatafeln in Kombination mit einer Pala centinata. Am Übergang von der Früh- zur Hochrenaissance entstanden, spiegeln sie zudem auch die Fortschritte der Tafelmalerei wieder. Dies betrifft die gekonnte naturnahe Wiedergabe der Figuren im Raum ebenso wie die Darstellung der Szenerien in einer typisch umbrischen Landschaft mit verblauender Luftperspektive. Die heute in Einzelbilder zersägten Predellaszenen gehörten ursprünglich zu einer zusammenhängenden Darstellung auf einer

Abb. 13 Luca Signorelli, Predella mit der Passion und Auferstehung Christi, 1509–1512, Tempera und Öl auf Pappelholz, Lindenau-Museum Altenburg, Kat. 38. Schema der rekonstruierten Predella nach Fastenrath Vinattieri 2011a

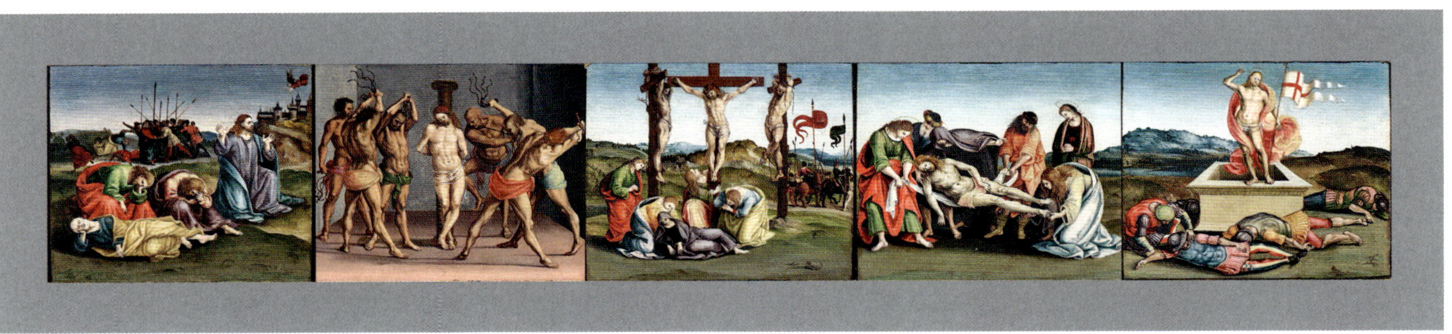

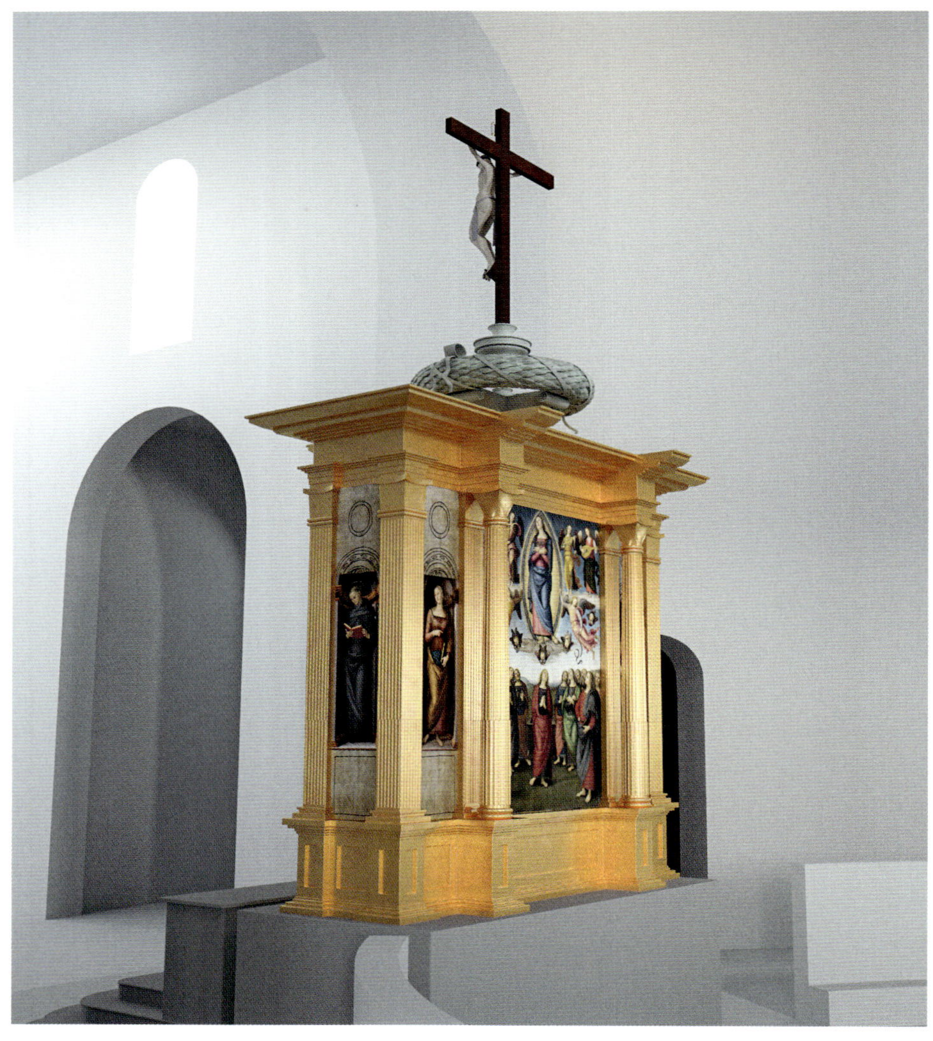

Abb. 14 Dreidimensionale Visualisierung der Rekonstruktion des ehemaligen Hochaltars von Santissima Annunziata in Florenz nach Fastenrath Vinattieri 2011b, Schrägansicht mit den Werken Pietro Peruginos

einzigen Holztafel und waren nur durch schwarze Linien voneinander getrennt (Abb. 13).[38] Nachdem Signorelli bereits mit den vermutlich zwischen 1509 und 1512 entstandenen Bildern begonnen hatte, überließ er den Auftrag jedoch 1511 dem Venezianer Lorenzo Lotto (1480–1556/57), der schließlich die große Altartafel mit der Grablegung Christi bis 1512 fertigstellte (Kat. 38, Abb. 1).[39] Letztere zeigt nicht nur eine zu ihrer Entstehungszeit übliche, in einer weiten Landschaft verortete figürliche Szenerie, sondern auch die für eine Pala centinata typische Einteilung in einen irdischen und einen himmlischen Bereich. Die ursprüngliche Altarkonstruktion und ihre Rahmung sind nicht erhalten geblieben.[40]

Ein Beispiel für einen übersteigerten Altaraufbau der Renaissance stellt der ehemalige Hochaltar für Santissima Annunziata in Florenz dar (Kat. 37, Abb. 1–2). Der architektonische Gesamtentwurf stammt vom Florentiner Bildhauer Baccio d'Agnolo (1462–1543), die Malerei von Filippino Lippi (um 1457–1504). Nach dessen Tod übernahm schließlich Pietro Perugino (um 1450–1523) die malerische Ausführung.[41] Der Altarkomplex ging in der Mitte des 17. Jahrhunderts verloren, kann aber mithilfe historischer Quellen rekonstruiert werden.[42] Die allansichtig konzipierte, raumgreifende Altararchitektur mit Säulen und Gebälk war vollständig vergoldet und von einem Kreuz bekrönt. Bei der Bestückung der vier Fronten mit Bildtafeln wurde mit neuen Anbringungsorten experimentiert. Ein solches alle bisherigen typologischen Normen überschreitendes Retabel steht naturgemäß nicht mehr auf der Mensa, sondern wird dahinter aufgebaut. Zwei der insgesamt acht zu diesem Ensemble gehörenden Tafeln sind in der Altenburger Sammlung erhalten. Es handelt sich um die zwischen 1505 und 1507 geschaffenen, etwa lebensgroßen Ganzfigurenbilder des seligen Franziskus von Siena und der heiligen Margarethe von Antiochia (Kat. 37). Die Bildtafeln, heute oben und unten beschnitten, befanden sich an der rechten Schmalseite sowie links neben der rückseitigen Darstellung der Himmelfahrt und wurden von Pilastern gerahmt (Abb. 14).[43]

Immer größer und aufwendiger gestaltete architektonische Altarrahmungen und -aufbauten wie der Hochaltar von Perugino bieten bereits in der Hochrenaissance einen Ausblick auf die Altarkomplexe der Barockzeit, die sich schließlich wie Theaterbühnen mit eigener Lichtregie präsentieren und den fulminanten Höhepunkt ganzheitlicher Inszenierungsstrategien im Kirchenraum bilden sollten.

1 Vgl. aus der umfangreichen Literatur zur Entwicklung des italienischen Altarbildes z. B. Braun 1924; Hager 1962; van Os 1988/90; Belting 1991; Gardner 1994; De Marchi 2009; De Marchi 2012; Ekserdjian 2021; im Kontext von Ausstellungen z. B. Ausst.-Kat. Frankfurt 2006; Blume 2011; Ausst.-Kat. London 2011.

2 Vgl. hier und im Folgenden Hiller von Gaertringen 1997, Sp. 405; Kloft 2006; Sander 2006a; Blume 2011, S. 34–35; Büttner/Gottdang 2012, S. 129; Büttner/Gottdang 2013, S. 34–35.

3 Vgl. zur Marienverehrung und den Bettelorden Hager 1962, S. 118–125; Krüger 2000, S. 18–19; Mädger 2005, S. 71–72.

4 Vgl. Krüger 2004, S. 37–38; Büttner/Gottdang 2012, S. 130.

5 Zum Typus der Antependien vgl. Hager 1962, S. 59–66; ferner Krüger 2000, S. 14–16; Mädger 2005, S. 70–72.

6 Vgl. Hager 1962, S. 91–94, 101, 115–116, mit Beispielen für »Antependien-Retabel«; Belting 1990, S. 446; Mädger 2005, S. 73. Bei dem hier beispielhaft gezeigten Werk (Abb. 1) bleibt offen, ob es sich ursprünglich um ein Antependium an der Vorderseite des Altars oder um ein Dossale auf der Mensa handelte, vgl. Gardner 1994, S. 14.

7 Zur Anknüpfung an die Paliotti vgl. Hager 1962, S. 103–108; Mädger 2005, S. 73.

8 Vgl. Belting 1990, S. 430, 437; Krüger 1992, S. 25–30; Krüger 2000, S. 18; Mädger 2005, S. 72. Ausführlich zu italienischen Madonnenschreinen Krüger 1992, S. 17–24, 219–230.

9 Zu Vitenretabeln vgl. Hager 1962, S. 94–100; Krüger 1992; Krüger 2000, S. 19; Sauer 2006. Belting betont, dass diese nur temporär aufgestellt wurden, vgl. Belting 1990, S. 423–433, insb. S. 423.

10 Vgl. van Os 1988/90, Bd. 1, S. 18–19; Belting 1990, S. 446–447; Büttner/Gottdang 2012, S. 130.

11 Zu den Rekonstruktionen vgl. Holger Manzke in: Ausst.-Kat. Altenburg 2001, S. 27, Anm. 64; Butzek 2001; Schmidt/Muller 2001; Muller 2004; Butzek 2010; Blume 2011, S. 40.

12 Vgl. zum Polyptychon Krüger 2004, S. 41–44; Sander 2006d, S. 85–105; Krüger 2008, S. 184–191.

13 Zur Entwicklung der temporär aufgestellten repräsentativen Altarbilder und der monumentalen Einzeltafeln der thronenden Madonna (Typus der Maestà) vgl. Krüger 2004, S. 37–41; ders. 2008, S. 180–184.

14 Vgl. Cannon 1982, S. 79–82; van Os 1988/90, Bd. 1, S. 34–35, 63; Belting 1990, S. 450; Mädger 2005, S. 73–74; Blume 2011, S. 39.

15 Vgl. Belting 1990, S. 451–452; Krüger 2004, S. 43–44. Ausführlich zum Polyptychon Labriola 2008, S. 122–129.

16 Vgl. Mädger 2005, S. 75. Zu Polyptychonformen vgl. ferner Cämmerer-George 1966; Merzenich 2001, S. 86–95, bes. 89–91.

17 Vgl. Best.-Kat. Avignon 2005, S. 156–157; Ausst.-Kat. Frankfurt 2006, S. 298, Kat. 19; Sander 2006d, S. 96–98.

18 Vgl. zur Rekonstruktion Ausst.-Kat. Lissabon 2019, S. 138–140 (Virginia Caramico).

19 Vgl. generell Sander 2006d; Mädger 2007.

20 Der früheste historisch greifbare Auftrag, narrative Szenen in einer Predella unterzubringen, erging 1302 an Cimabue (um 1240–um 1301/02), vgl. Büttner/Gottdang 2012, S. 131; Mädger 2005, S. 74.

21 Vgl. Sander 2006e, S. 107, 109–110, 111.

22 Vgl. Mädger 2005, S. 79; Sander 2006e, S. 126–129.

23 Vgl. Mädger 2005, S. 79.

24 Vgl. Philipp 2011, S. 15–16.

25 Vgl. Mädger 2005, S. 79.

26 Vgl. Ausst.-Kat. Hamburg 2011, S. 168–169, Kat. 23 (Wolfgang Loseries); Philipp 2011, S. 20–21, 28.

27 Vgl. Philipp 2011, S. 16.

28 Vgl. Gardner von Teuffel 1982, S. 15; Mädger 2005, S. 77. Diese Tendenzen sind mit den ersten szenischen Darstellungen im Hauptbild auf den Nebenaltären im Sieneser Domchor von Simone Martini, Pietro und Ambrogio Lorenzetti sowie Bartolomeo Bulgarini bereits ab den 1330er-Jahren zu finden; vgl. auch van Os 1988/90, Bd. 1; Normann 1999; Sander 2006c, S. 77–83.

29 Vgl. Gardner von Teuffel 1982, S. 11–12; Zöllner 2002, S. 8; zum Altarbild vgl. De Marchi 1992, S. 135–192.

30 Mädger 2005, S. 78–79. Zur Verwendung von Gold in diesem Bild vgl. Quené 2022, S. 95–101.

31 Vgl. Gardner von Teuffel 1982, S. 13; Merzenich 2001, S. 98–109; Mädger 2005, S. 80; Büttner/Gottdang 2012, S. 134.

32 Wegweisend ist Masaccios (1401–1428) Trinitätsfresko, 1425–1428, Santa Maria Novella, Florenz (S. 28, Abb. 12); Zöllner 2002, S. 5, 8–11. Zum Einzug der Perspektive in die Tavole quadrate bei Fra Angelico vgl. Quené 2022, S. 117–120.

33 Zur Verkündigung in Cortona vgl. Pope-Hennessy 1974, S. 14–15, 192–193; Quené 2022, S. 160–173.

34 Vgl. Gardner von Teuffel 1982, S. 20; Mädger 2005, S. 80–81.

35 Die Metapher des Bildes als offenes Fenster von Leon Battista Alberti aus dem Jahr 1435 bei Alberti 2014, S. 92–93. Vgl. Mädger 2007, S. 27–36, bes. S. 27, 33.

36 Zur Rekonstruktion vgl. Scudieri/Giacomelli 2008; zum Altar und den Altenburger Tafeln Ausst.-Kat. Hamburg 2011, S. 160–161, Kat. 19 (Antje-Fee Köllermann).

37 Büttner/Gottdang 2012, S. 134.

38 Fastenrath Vinattieri 2011a, S. 25, 26; Schaefer 2011, S. 48.

39 Fastenrath Vinattieri 2011a, S. 18–19, 24.

40 Die Breite der Predella (202,5 cm) und der Pala (198 cm) erlauben eine Anordnung untereinander, vgl. Schaefer 2011, S. 48. Weitere Indizien belegen deren Zusammengehörigkeit, vgl. Fastenrath Vinattieri 2011a, S. 24–25.

41 Zu Gesamtkomplex und Bildtafeln vgl. Fastenrath Vinattieri 2011b.

42 Vgl. ebd., S. 34–38, Abb. I–III.

43 Zur Positionierung der Tafeln schon Oertel 1961, S. 163–166, bes. S. 165.

EXKURS

VOR GOLDENEM GRUND – DIE TECHNIK DER VERGOLDUNG

SABRINA KUNZ

Durch kein anderes Medium wurden Heiligendarstellungen so wirkungsvoll inszeniert wie durch die Vergoldung. Der glanzvolle, oft abstrakte Hintergrund, der Goldgrund, versetzt die Dargestellten bildlich in eine andere Sphäre. Als kulturhistorisches Symbol für Reichtum, Macht und Herrschaft reichen selbst feine Blättchen des kostbaren Materials aus, um diesen prächtigen Effekt zu erzeugen.

Das Arbeiten mit Blattgold gehört zu einer der ältesten künstlerischen Techniken. In der Tafelmalerei kam vor allem die sogenannte Polimentvergoldung zum Einsatz, bei der durch Polieren eine hochglänzende Oberfläche erzielt werden konnte. Dabei wurde durch das gekonnte Anbringen von hauchdünnen Metallblättchen der Eindruck von massivem Gold erzeugt – und das bei einem Bruchteil des Materialeinsatzes. Für die Polimentvergoldung war eine komplexe Anlage mehrerer Schichten erforderlich, von denen jede mit absoluter Präzision ausgeführt werden musste, um am Schluss den perfekten Glanz zu erreichen (Abb. 1).

AUFBAU EINES GOLDGRUNDES

Die rohe Holztafel, die häufig den Bildträger für ein Gemälde bildete, musste zunächst mit einer Isolierschicht versehen werden. Diese diente dazu, die Saugfähigkeit des Holzes zu regulieren und bestand aus einem dünnen Aufstrich eines heiß aufgetragenen Glutinleims. Dieser wurde durch das Auskochen von tierischen Bestandteilen, wie Haut oder Knochen, hergestellt und ist mit heutiger Gelatine vergleichbar.[1] Die Oberfläche der Holztafel war anschließend jedoch zunächst noch zu rau und uneben. Daher wurde häufig partiell oder ganzflächig ein textiles Gewebe auf die Oberfläche geklebt. Hierdurch konnten grobe Unebenheiten und Holzfehler ausgeglichen werden, die sich sonst später durch die Malerei hindurch hätten abzeichnen können.

Auf dieses Gewebe wurden nun mehrere Schichten einer Grundiermasse aufgetragen. Diese bestand in der italienischen Tafelmalerei in der Regel aus einer Mischung aus Glutinleim und Gips[2] und wurde ebenfalls warm aufgetragen. Der erste Auftrag konnte mit einem Pinsel gestupft werden, um eine möglichst gute Haftung zwischen Bildträger und Grundierung zu gewährleisten. Die darauffolgenden Schichten wurden meist aufgestrichen. Dabei musste darauf geachtet werden, dass der letzte Auftrag bereits getrocknet war, bevor der nächste appliziert wurde, um Trocknungsprobleme zu vermeiden. Zwischen den Aufträgen wurde die Oberfläche geschliffen und geglättet. Dies war vor allem bei der letzten Grundierungsschicht wichtig, da sonst alle Kratzer und oberflächlichen Makel später sichtbar geblieben wären. War die oberste Schicht gut genug ausgearbeitet, so wurde erneut ein dünner Auftrag Glutinleim aufgebracht, um die Saugfähigkeit zu regulieren.

Nun folgte der namensgebende Bestandteil der Polimentvergoldung: das Poliment, auch Bolus genannt. Dabei handelt es sich um eine natürlich vorkommende und durch ein aufwendiges Schlämmverfahren aufbereitete Tonerde. Häufig wurde für die Blattvergoldung ein rotes Poliment verwendet, aber auch andere Farbtöne wie Gelb oder Schwarz waren in Gebrauch (Abb. 2). Die Tonerde musste mit einem Bindemittel versetzt

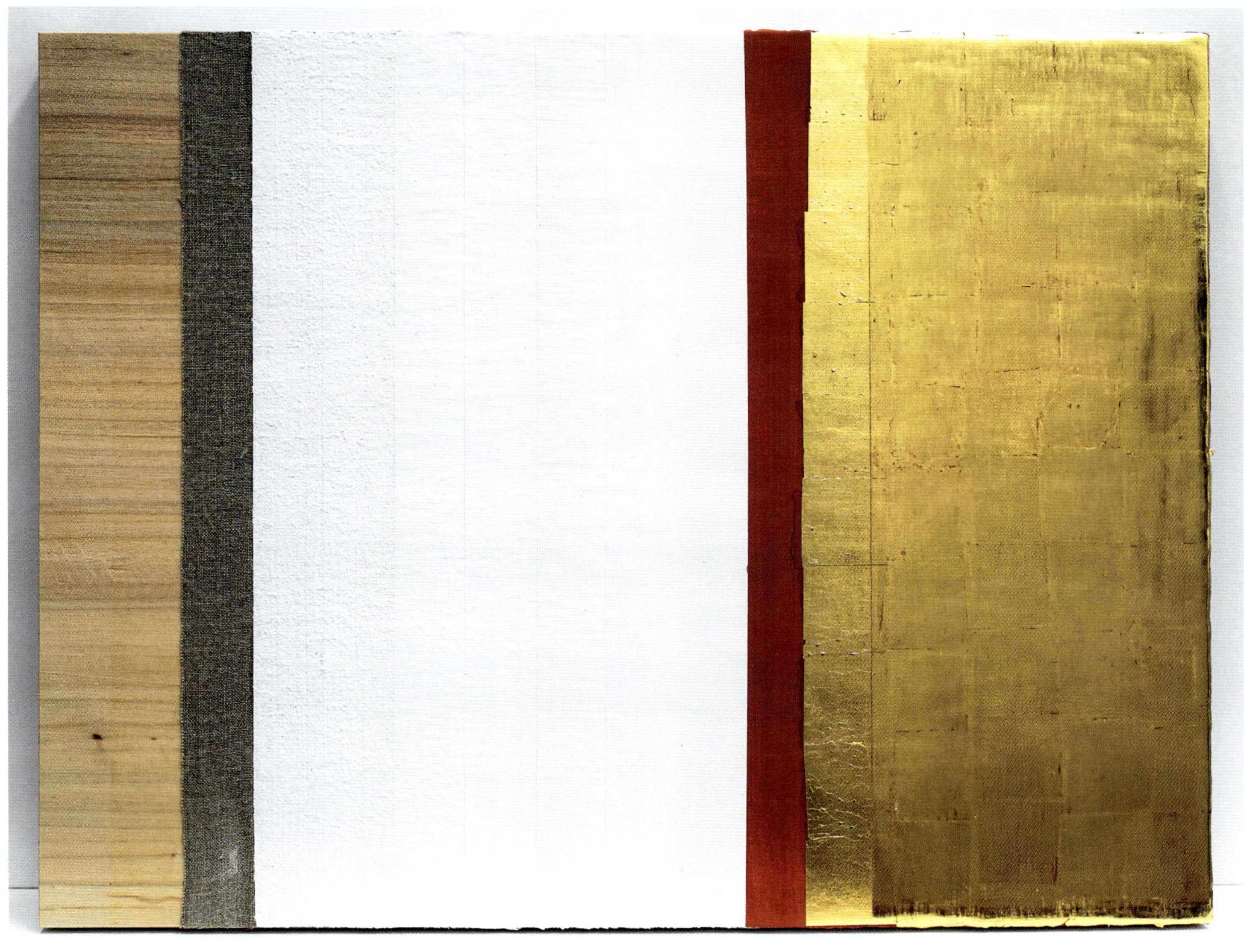

Abb. 1 Schematischer Aufbau einer Polimentvergoldung

werden, um sie aufstreichen zu können. Üblich waren hierfür zum Beispiel Eiklar oder Glutinleim.[3] Durch diese Schicht konnte ein polierfähiger Untergrund für die Vergoldung erzeugt werden. Das Poliment wie auch später das Blattgold wurden so angelegt, dass die Bereiche, die im Folgenden bemalt werden sollten, ausgespart blieben. Hintergrund war neben der schlechten Haftung der Farben auf vergoldeten Oberflächen auch der wirtschaftliche Gedanke, den Bedarf des kostspieligen Edelmetalls möglichst gering zu halten.

Nach dem Bolus konnte mit der Applikation des Blattgoldes begonnen werden. Hierfür wurde die Polimentschicht stellenweise mit einer Netze angefeuchtet, einer Mischung aus Wasser und Alkohol oder Eiklar, um die Tonerde wieder etwas anzuweichen und klebrig zu machen. Anschließend konnte das Blattgold Stück für Stück »angeschossen« werden, das heißt mit einem speziellen Pinsel, an dem es durch elektrostatische Aufladung haften konnte, vorsichtig aufgelegt. Sobald das Wasser oberflächlich verdunstete, zog es das Gold an die Polimentschicht, wo es mit dieser verklebte. Zunächst wirkte die Oberfläche eher matt und auch kleine Fältchen des Blattmetalls konnten noch sichtbar sein (Abb. 3).

Nun galt es, den richtigen Zeitpunkt zu treffen: Das erweichte Poliment durfte weder vollständig durchgetrocknet sein

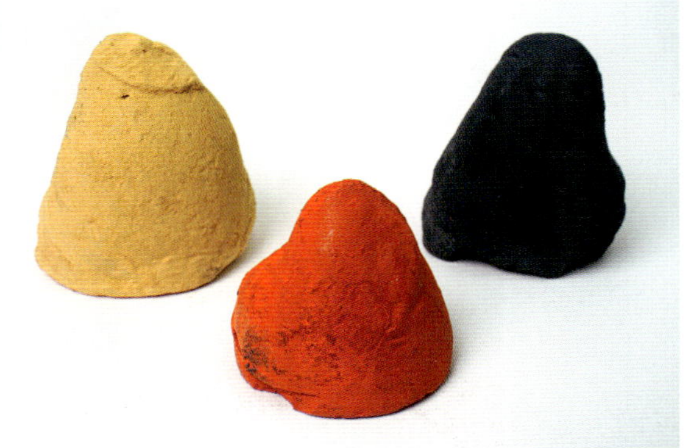

Abb. 2 Bolushütchen

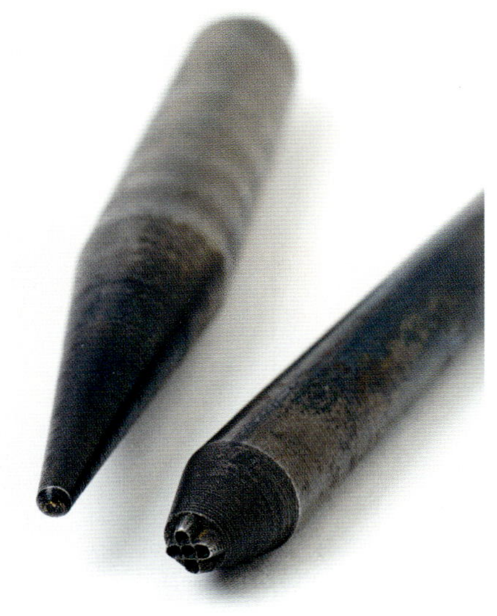

Abb. 4 Verschiedene Punzen

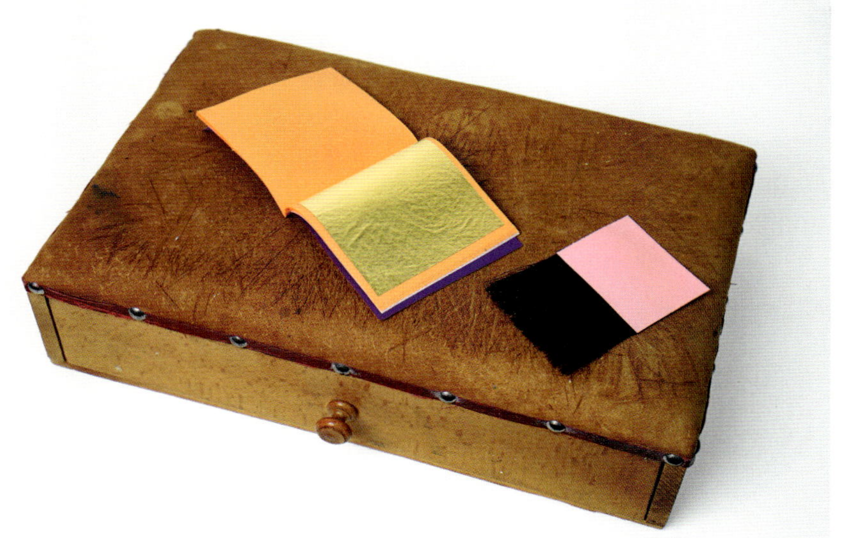

Abb. 3 Anschießer und Blattgold

noch zu viel Feuchte enthalten, um mit dem Polieren zu beginnen. Hierfür wurde ein glatt geschliffener Halbedelstein oder Tierzahn verwendet, mit dem die Oberfläche der Vergoldung verdichtet wurde.[4] Dadurch entstand schlussendlich ein gleichmäßiger Glanz, der an massives Gold erinnert.

Im Laufe der Zeit ist dieser Glanz leider häufig verloren gegangen. Da Blattgold nur eine geringe Schichtdicke besitzt und der Schichtenaufbau wasserlöslich ist, blieb die Oberfläche sehr empfindlich. Durch verschiedene Einflussfaktoren, wie Reibung oder Berührung, wurden Schichten häufig abgetragen, wodurch das rote Poliment freigelegt wurde. So weicht der heutige Farbeindruck vielfach vom ursprünglichen Zustand ab.

VERZIERUNGSTECHNIKEN

Zusätzlich zur reinen Polimentvergoldung gab es noch eine Vielzahl an Verzierungstechniken, die zum Einsatz kommen konnten.

Eine einfache Technik, die aus der Goldschmiedekunst stammte, war die Punzierung. Hierfür wurde ein feines Werkzeug aus Metall verwendet, das eine abgerundete Spitze besaß (Abb. 4). Diese stiftähnliche Punze konnte mit einem Hammer leicht in die Oberfläche eingetrieben werden, wo sie eine kreisförmige Einkerbung hinterließ. Man verwendete sie auf der fertig vergoldeten Oberfläche. Auch Motivpunzen mit floralen Elementen oder anderen Formen kamen zum Einsatz. Auf diese Weise ließen sich kleinere Flächen wie Gewandsäume oder Heiligenscheine strukturieren oder verzieren (vgl. z. B. Kat. 3).[5]

Ebenfalls nach Abschluss der Vergoldung konnte eine Technik namens Sgraffito angewandt werden. Auf das Blattgold wurde eine Schicht einer Leim- oder Temperafarbe aufgetragen, aus der noch vor dem vollständigen Durchtrocknen mit einem Holzstäbchen Ornamente ausgekratzt wurden, was die darunterliegende Vergoldung zum Vorschein brachte.[6] So ergab sich ein reizvolles Farbspiel aus der Glanzvergoldung und der matten Farbschicht (vgl. z. B. Kat. 41).

Etwas früher im Vergoldungsprozess setzte die Gravur an. Mit einem hakenähnlichen Werkzeug konnten Linien oder graphische Muster in die Grundierungsschichten geschnitten werden, die anschließend gemeinsam mit der gesamten Fläche mit Poliment bestrichen und vergoldet wurden. Beim Trocknen legte sich das Blattgold in die feinen Rillen und erzeugte so eine abwechslungsreiche Struktur (vgl. z. B. Kat. 48).

Wollte man die Oberfläche durch plastische Elemente gestalten, so konnte mit Pastiglia gearbeitet werden. Nach dem Schleifen und Glätten der obersten Grundierungsschicht wurden mit einem feinen Pinsel und verdünnter Grundiermasse plastisch erhabene Ornamente aufgesetzt. Gerade bei der Gestaltung von Heiligenscheinen war dies eine geläufige Technik. Anschließend wurde, wie auch bei der normalen Glanzvergoldung, das Poliment aufgetragen und das Blattgold angeschossen und poliert (vgl. z. B. Kat. 5).

1 Vgl. Cennini 2017, S. 145, Cap. 110. Für weiterführende Informationen zu Cennini siehe auch Ausst.-Kat. Berlin 2008.

2 Vgl. ebd., S. 151–155, Cap. 115. Cennini unterscheidet hier zwischen dem *gesso grosso*, grobem Gips, der in den unteren Schichten verwendet werden soll, und dem *gesso sottile*, feinem Gips, für die oberen Schichten: »Man wendet diesen [feinen] Gips an, um Gold aufzusetzen, Reliefs zu machen und schöne Dinge.«

3 Vgl. ebd., S. 167–168, Cap. 131.

4 Vgl. ebd., S. 173, Cap. 135.

5 »Dieses Eingraben [= Punzieren], wovon ich zu dir spreche, ist eine der schönsten Techniken, die wir besitzen.« Cennini 2017, S. 179, Cap. 140.

6 Vgl. ebd., S. 183, Cap. 142.

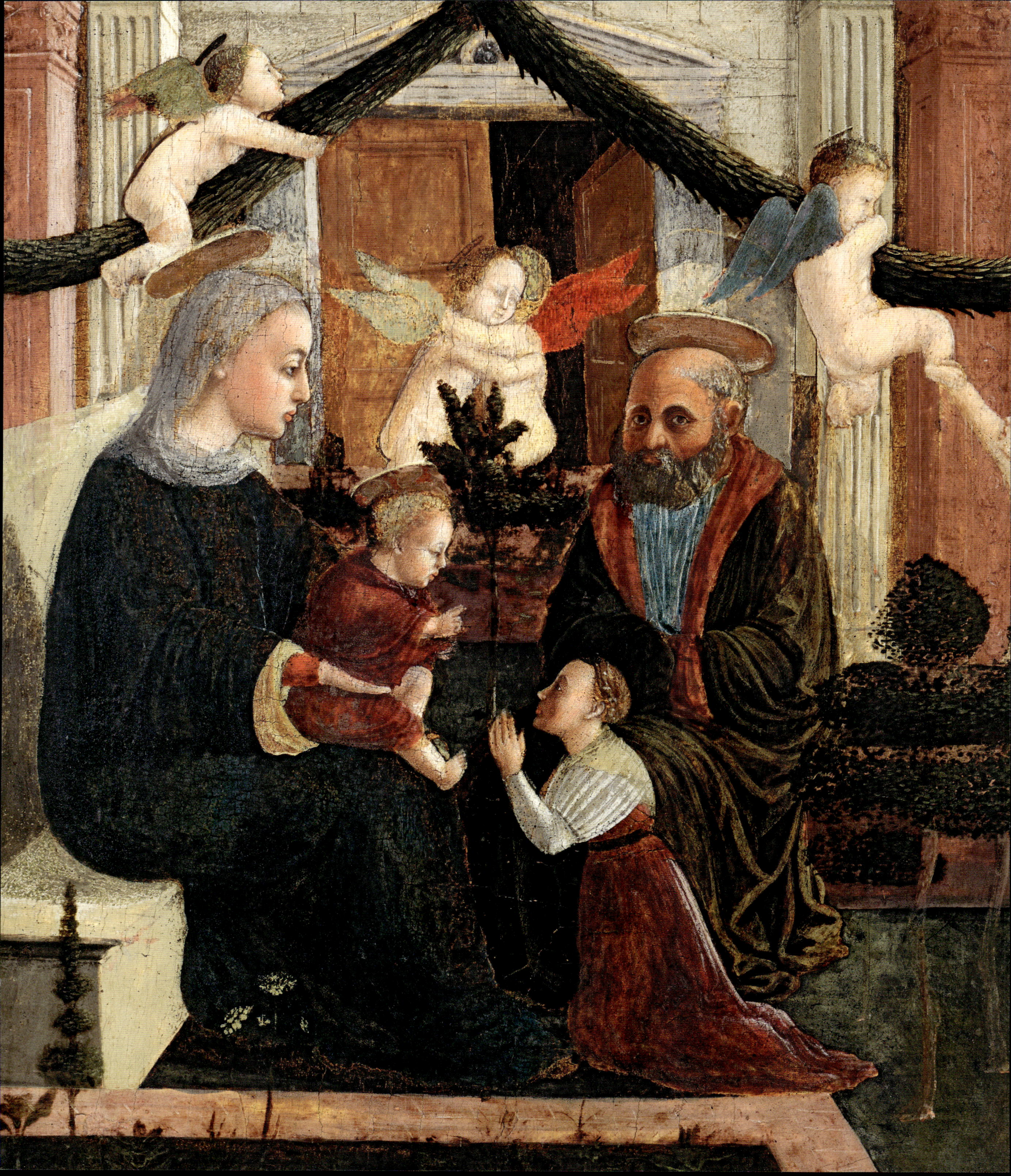

EIN BLICK AUF DIE KUNST DES QUATTROCENTO MIT DEN AUGEN DES HEILIGEN BERNHARDIN VON SIENA, LUIGI LANZIS UND BERNHARD AUGUST VON LINDENAUS

CARL BRANDON STREHLKE

DAS SIENA DES HEILIGEN BERNHARDIN

»Wo, frage ich dich, wäre das Leben köstlicher als in Italien? Nach meiner Meinung findet sich – abgesehen von seiner unschönen Neigung zu Teilungen – nirgends ein vergleichbarer Ort, denn wegen seiner allgegenwärtigen Reize ist Italien überaus angenehm.«[1]

Diese Worte stammen aus einer Predigt, die der Franziskanerobservant Bruder Bernardino degli Albizzeschi (1380–1444, Heiligsprechung 1450) während der Fastenzeit 1427 in Siena hielt (Abb. 1). Der faszinierende Prediger hatte keine direkte Antwort auf die Diskrepanz zwischen der Schönheit Italiens und seinen unzähligen gesellschaftlichen und politischen Spaltungen, brachte die künstlerischen Reize und Errungenschaften des Landes jedoch immer wieder zur Sprache. Gemälde lieferten ihm wertvolle Metaphern für seine Predigten. Sie konnten sogar den Weg zur Überwindung von Konflikten weisen. Um die Bedeutung eines geeinten Staates mit einer gut geführten Verwaltung zu veranschaulichen, beschrieb Bernardin im Detail die *Allegorie der guten und der schlechten Regierung* von Ambrogio Lorenzetti (um 1290–1348 (?)) in der Sala dei Nove des Palazzo Pubblico in Siena (Abb. 2) und verriet seinen Zuhörerinnen und Zuhörern:

»Ich befasste mich damit, als ich fern von Siena war, und predigte über den Frieden und den Krieg in deinem Gemälde, das ohne Zweifel ein wunderschönes, erfinderisches Werk ist.«[2]

Während die *Allegorie der guten und der schlechten Regierung* im Rathaus von Siena einzigartig ist, war das Motiv der Verkündigung, die Bernardin als ein Musterbeispiel weiblicher Zurückhaltung verstand, überall weit verbreitet. Gegen das Renommiergehabe junger Frauen wetternd, forderte er diese auf, dem demütigen Verhalten der Jungfrau Maria nachzueifern, wie es in dem Altarbild mit der *Verkündigung* (Abb. 3) von Simone Martini (um 1290 (?)–wahrscheinlich 1344) und Lippo Memmi (nachweisbar

Kat. 15, Detail

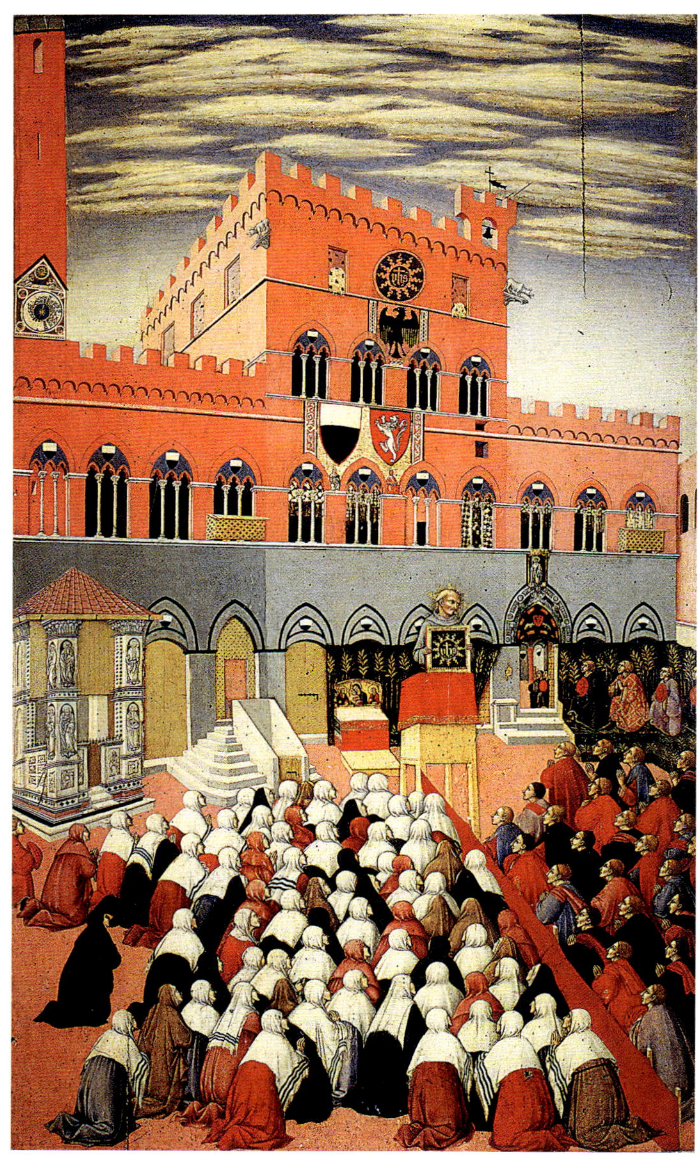

Abb. 1 Sano di Pietro, Der heilige Bernhardin von Siena predigt auf der Piazza del Campo, 1445, Tempera auf Holz, Museo dell'Opera del Duomo, Siena

1317–1347) im Sieneser Dom (heute Le Gallerie degli Uffizi, Florenz) zu sehen war. Er wusste sehr wohl, dass sein Publikum die Darstellung der ängstlich in ihrem Stuhl zurückweichenden Maria kannte, die sich, ihren Umhang über die Schultern ziehend, der überraschenden Worte des Erzengels Gabriel – in Pastiglia, also erhaben auf den Goldgrund geschrieben – bewusst wird.

Wollte der Heilige über das gleiche Thema zu einem Publikum außerhalb Sienas sprechen, so war er mit der Wahl eines lokalen Beispiels am besten beraten. Warum also sollte er in Florenz, wo er Predigten auf dem Platz vor der Basilika Santa Croce hielt, nicht auf ein Werk in der Kirche selbst Bezug nehmen, etwa auf das von Taddeo Gaddi (nachweisbar 1327–1366) geschaffene Fresko der *Verkündigung* (Abb. 4) in der Baroncelli-Kapelle?[3] Der Prediger könnte sogar festgestellt haben, dass Gaddis Maria, auf dem Fußboden einer einfachen Unterkunft sitzend, die Tugend der weiblichen Demut noch besser verkörperte als die Jungfrau von Martini und Memmi, die bei aller Bescheidenheit gleichwohl auf einem reich mit Intarsien verzierten Thron platziert ist.

SANO DI PIETRO

Zur Zeit der Predigten Bernardinos waren die Werke von Martini, Memmi und Lorenzetti fast einhundert Jahre alt. Darum fiel die Wahl auf ihren Zeitgenossen Gaddi als entsprechendes Florentiner Beispiel. Bernardinos offensichtliche Vorliebe für Werke des Trecento könnte als konservative Reaktion auf den tiefgreifenden stilistischen Wandel gedeutet werden, den die sienesische Kunst seinerzeit erlebte – getragen von den Bildhauern Jacopo della Quercia (1371 (?)–1438) und Francesco di Valdambrino (um 1375–1435), den Malern Sassetta (um 1400–1450) und Domenico di Bartolo (1400/04–1444/46) sowie ihrem Kollegen Sano di Pietro (1405–1481, heute auch gleichgesetzt mit dem als Meister der Osservanza bekannten Künstler). Denn trotz des fortschrittlichen Charakters der Arbeiten dieser Künstler, wie er ähnlich auch im nahe gelegenen Florenz zu beobachten war, wurden in Siena Gemälde des frühen Trecento, die den Dom, das Rathaus und andere öffentliche Gebäude mit hoher Sichtbarkeit schmückten, besonders geschätzt. Hierfür beispielhaft steht die Entstehungsgeschichte der *Heimkehr Marias aus dem Tempel* (Kat. 23a) und der *Himmelfahrt Marias* (Kat. 23b) von Sano di Pietro. Beide gehörten zur Predella, also dem Sockel, eines von Simone Martini geschaffenen Polyptychons, das für einen

Altar im Palazzo Pubblico neu gestaltet wurde. Als Sano gewahr wurde, dass seine Werke neben einem hoch verehrten Meisterwerk des Trecento platziert werden würden, kopierte er in einer Vorgehensweise, die dem heiligen Bernhardin gefallen hätte, die Kompositionen heute verschwundener Freskenszenen aus dem Leben Marias, mit denen Martini und die Brüder Ambrogio und Pietro Lorenzetti (nachweisbar 1306–1348) die Fassade des Sieneser Hospitals Santa Maria della Scala geschmückt hatten.[4]

LUIGI LANZI

Zur Einführung der Betrachtungen über die italienischen Kunstzentren des 15. Jahrhunderts in der Sammlung Bernhard August von Lindenaus (1779–1854) wurde hier bewusst der Priesterheilige als Inbegriff einer scharfsinnigen Persönlichkeit ausgewählt, die erkannte, dass das bildhafte Kulturschaffen Bestandteil der bürgerlichen Identität war.

Die in den 1840er-Jahren zusammengestellte Sammlung ist insofern ungewöhnlich für ihre Zeit, als sie in großer Bandbreite sämtliche Schulen der italienischen Kunst abbildet. Hier haben wir Gemälde des Quattrocento nicht nur aus Bernardinos Siena, sondern auch aus Florenz, Padua, Bologna, Orvieto und Neapel. Der Wunsch, Objekte aus so vielen verschiedenen Regionen Italiens (und nicht etwa nur aus Florenz und Venedig) zu besitzen, könnte gut von einem bedeutenden kunsthistorischen Werk beeinflusst worden sein, das zu einer Zeit erschien, als die Italiener jene Teilung zu überwinden suchten, die Bernardin vierhundert Jahre zuvor so sehr beklagt hatte. Im Titel des Buches *Storia pittorica della Italia dal risorgimento delle belli arti fin presso al fine del XVIII secolo* ist vor allem die prominente Stellung des Begriffs *Italia* von Bedeutung. Sein Verfasser, der in den Marken geborene und in Rom ausgebildete ehemalige Jesuit Luigi Lanzi (1732–1810), betrachtete die vielfältigen Maltraditionen der Halbinsel als Erbe einer einzigen Nation, obgleich die Vereinigung Italiens damals nur ein Traum war, der erst weit über vier Jahrzehnte nach Lanzis Tod in Erfüllung gehen sollte.

Lanzi hielt sich zufällig in Siena auf, als 1773 in der Toskana der Jesuitenorden aufgehoben wurde. Seine Kenntnisse als Epigraphiker, also Inschriftenkundler, verhalfen ihm zu einer Anstellung als Antikenforscher für Gemmen und Medaillen in den Uffizien. Im Zuge der vollständigen Umgestaltung der Galerie in den frühen 1780er-Jahren wandte er seine historische Denkart der Gemäldesammlung zu, die nach Zeiten und Schulen auf eine Weise neu geordnet wurde, wie sie noch heute in vielen Museen üblich ist. Seine zuerst 1792 unter leicht abweichendem Titel erschienene *Storia pittorica*[5] ging aus dieser kuratorischen Tätigkeit hervor. Anhand neuer Erkenntnisse, die er zum Teil auf Studienreisen gewann, erweiterte und verbesserte Lanzi seine Publikation zu Lebzeiten mehrmals. Sie fand in einem Europa, das die italienische Kunst des Mittelalters und der Frührenaissance gerade wiederentdeckte, ein

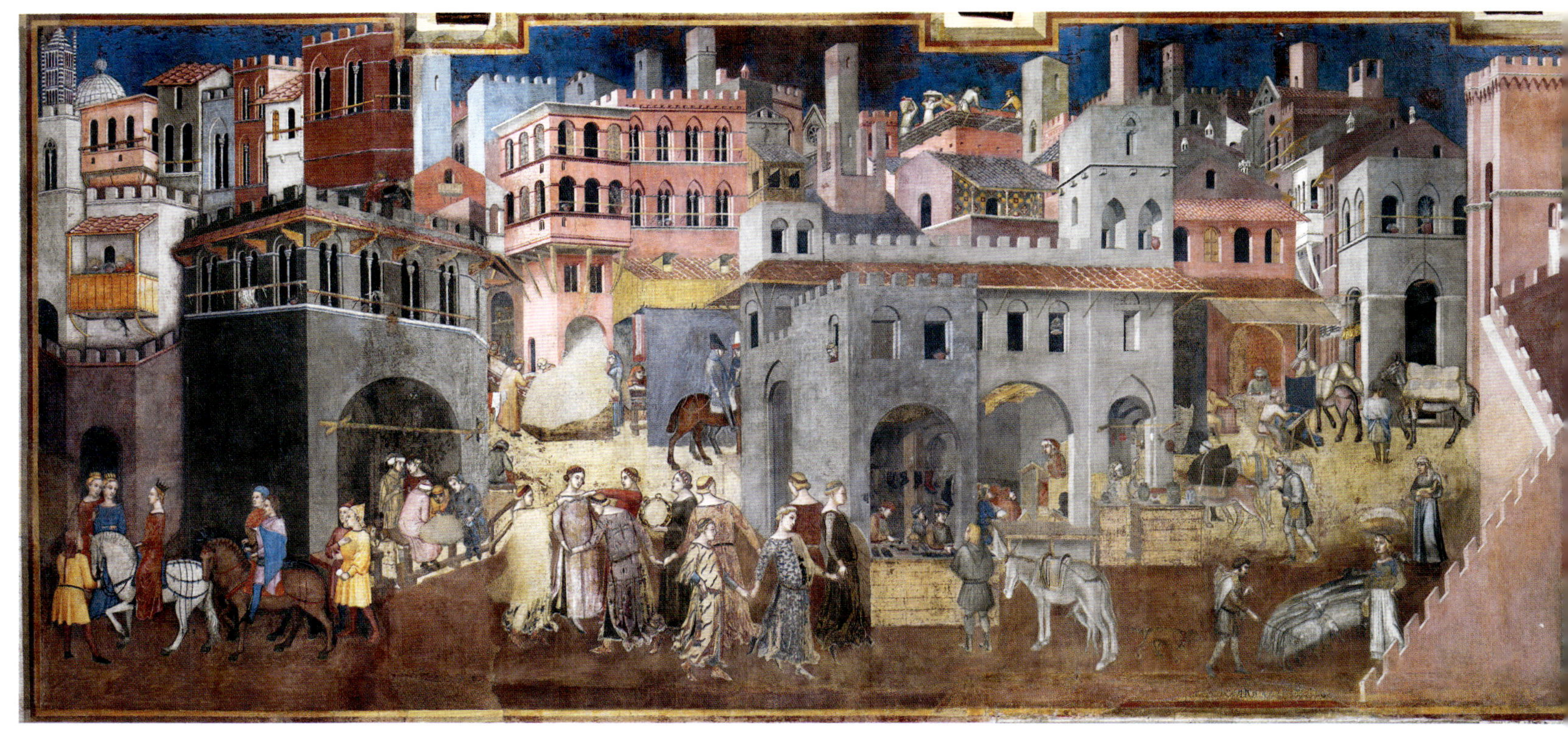

Abb. 2 Ambrogio Lorenzetti, Die Auswirkungen der guten Regierung auf Stadt und Land, 1338/39, Fresko, Sala dei Nove, Palazzo Pubblico, Siena

interessiertes Publikum. 1824 erschien die von Armande Dieudé (1785–1875) übersetzte französische Ausgabe, 1847 folgte die englische Übersetzung von Thomas Roscoe (1791–1871), einem Sohn des Liverpooler Kunstsammlers William Roscoe (1753–1831). Die deutsche Ausgabe mit dem Titel *Geschichte der Malerei in Italien vom Wiederaufleben der Kunst bis Ende des achtzehnten Jahrhunderts* (Abb. 5), gedruckt in drei Bänden zwischen 1830 und 1833, wurde von Johann Gottlob von Quandt (1787–1859) übersetzt, mit Anmerkungen versehen und bei Barth in Leipzig, der größten Stadt im Umkreis von Altenburg, von Adolf Wagner herausgegeben. 1848 verfasste Quandt gemeinsam mit dem Dresdner Hofrat Heinrich Wilhelm Schulz (1808–1855) die erste Veröffentlichung zur Sammlung Lindenaus, die *Beschreibung der im neuen Mittelgebäude des Pohlhofs befindlichen Kunst-Gegenstände*.

DIE FLORENTINER RENAISSANCE

Obwohl Lanzi als Beamter im Dienst des Großherzogtums Toskana stand, kritisierte er die vorherrschende Auffassung von der Überlegenheit der florentinischen Kunst, für die Giorgio Vasari (1511–1574) und Filippo Baldinucci (1624–1696) in ihren kunsthistorischen Schriften den Grundstein gelegt hatten. Der frühere Jesuit erklärte freiheraus, dass sein Werk alle Schulen behandeln würde:

»Es ist also unwahr, dass diese beiden Geschichtsschreiber viele mittelmässige Künstler gelobt, blos weil sie Florentiner waren, wie einige Aus-

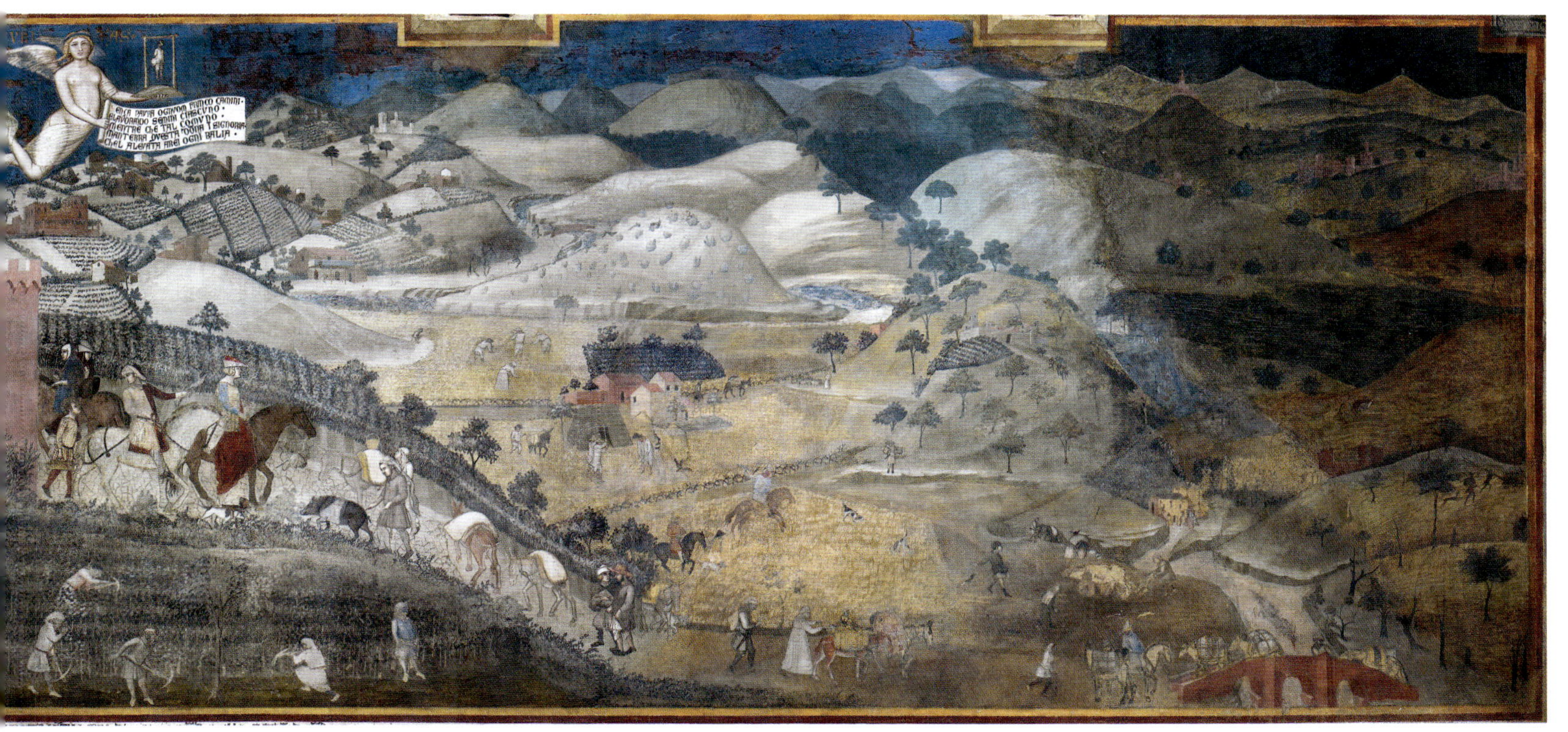

länder ihnen vorgeworfen haben; und die Landsleute, welche sie der Nachwelt andeuten, verdienten es wol nicht weniger, als die Venezianer, Bologneser und Lombarden, welche wir bei ihren Schulen loben.«[6]

Bernhard August von Lindenau muss von Aussagen wie diesen beeindruckt gewesen sein. Besonders interessant an seiner Sammeltätigkeit ist die Tatsache, dass er nicht nur Arbeiten aus vielen verschiedenen Kunstzentren ankaufte, sondern auch anonyme Werke, die trotz fehlender Zuschreibung eine bestimmte Schule repräsentieren könnten. Ein gutes Beispiel ist das Tafelbild, das er 1844 von Emil Braun (1809–1856) erwarb, einem Archäologen aus dem thüringischen Gotha, der zum Sekretär des Deutschen Archäologischen Instituts in Rom ernannt worden war. Das Werk *Christus am Ölberg / Heiliger Hieronymus als Büßer* (Kat. 17) wurde im ersten Altenburger Katalog von 1848 schlicht als florentinisch, um 1400, eingestuft. Damit stünde das Gemälde an der Schwelle zur großen florentinischen Revolution in der Kunst, die Lanzi dem Mäzenatentum und Vorbild der Medici zurechnet:

»Den Florentinern war unterdess mit der Macht auch der Muth gewachsen; und sie wünschten nichts mehr, als einem so grossen Staate auch eine prächtige Hauptstadt zu bereiten. [...] Ihr Haus war zugleich Lyceum für die Philosophen, Arkadien für die Dichter, Akademie für die Künstler. [...] Im Sinn und Geschmack der Mediceer beeiferten sich auch die übrigen, damals in mehrere Bereich - und Kunstvereine eingetheilten Bürger, ihre Residenzen und Tempel zu verherrlichen.«[7]

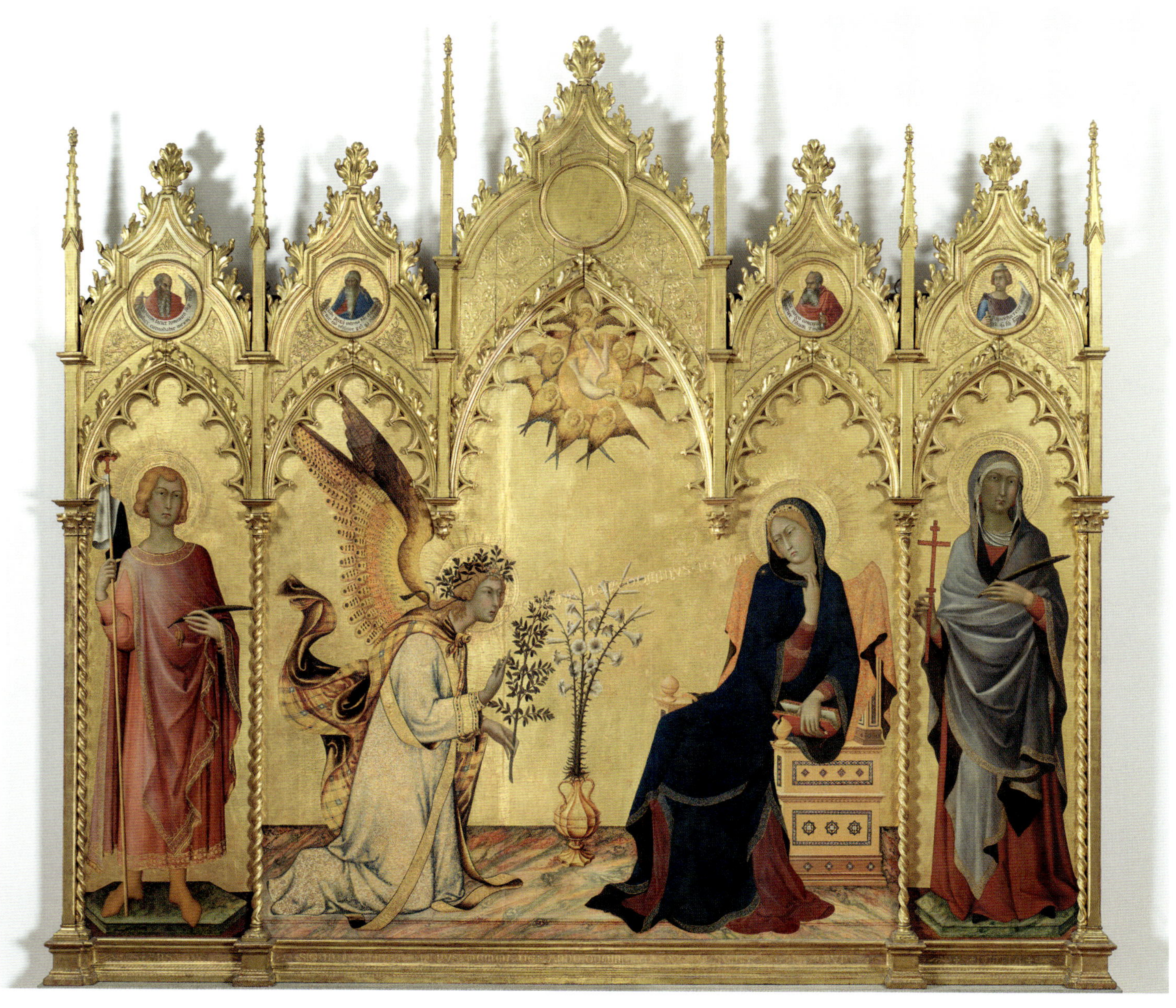

Abb. 3 Simone Martini und Lippo Memmi, Verkündigung, 1333, Tempera auf Holz, Le Gallerie degli Uffizi, Florenz

Auch wenn die Kunstgeschichte diesen Standpunkt später nuanciert hat, dominieren die Medici weiterhin die wissenschaftliche Diskussion über die Anfänge der Renaissance in Florenz. In der Tat spielt die Funktion des Mäzenatentums als Erklärung für die Blüte der Künste in dieser Epoche noch immer eine überragende Rolle. Für den Abschnitt seines Buches über die Sieneser Kunst des mittleren 15. Jahrhunderts konzentrierte sich Lanzi in vergleichbarer Weise auf die Figur des Sieneser Papstes Pius II. Piccolomini (1458–1464).[8]

Doch der Autor beschränkte sich nicht auf das Mäzenatentum als treibende Kraft hinter der Entwicklung eines bestimmten künstlerischen Zentrums. Vielmehr war es typisch für ihn, dass er beispielsweise auch erörterte, welche Bedeutung die großen bildhauerischen Programme der Kathedrale Santa Maria del Fiore und des Kirchenbauwerks Orsanmichele für die Entwicklung des Renaissancestils in Florenz hatten:

»Schon hatten sie der Religion den grössten Wohnsitz im Dom errichtet, und hier und da erhoben sich andere; diese und die ältesten wurden um die Wette mit Gemälden überfüllt; eine den Vorältern unbekannte, und den übrigen Städten Italiens nicht so gemeinsame Verschwendung! Aus diesem Geiste war schon in dem vorigen Jahrhundert die Wundermenge von Malern hervorgegangen, wovon wir sprachen; und eben aus ihm ging auch in dem Jahrhundert, das wir eben beschreiben, die Menge Marmor-, Bronze- und

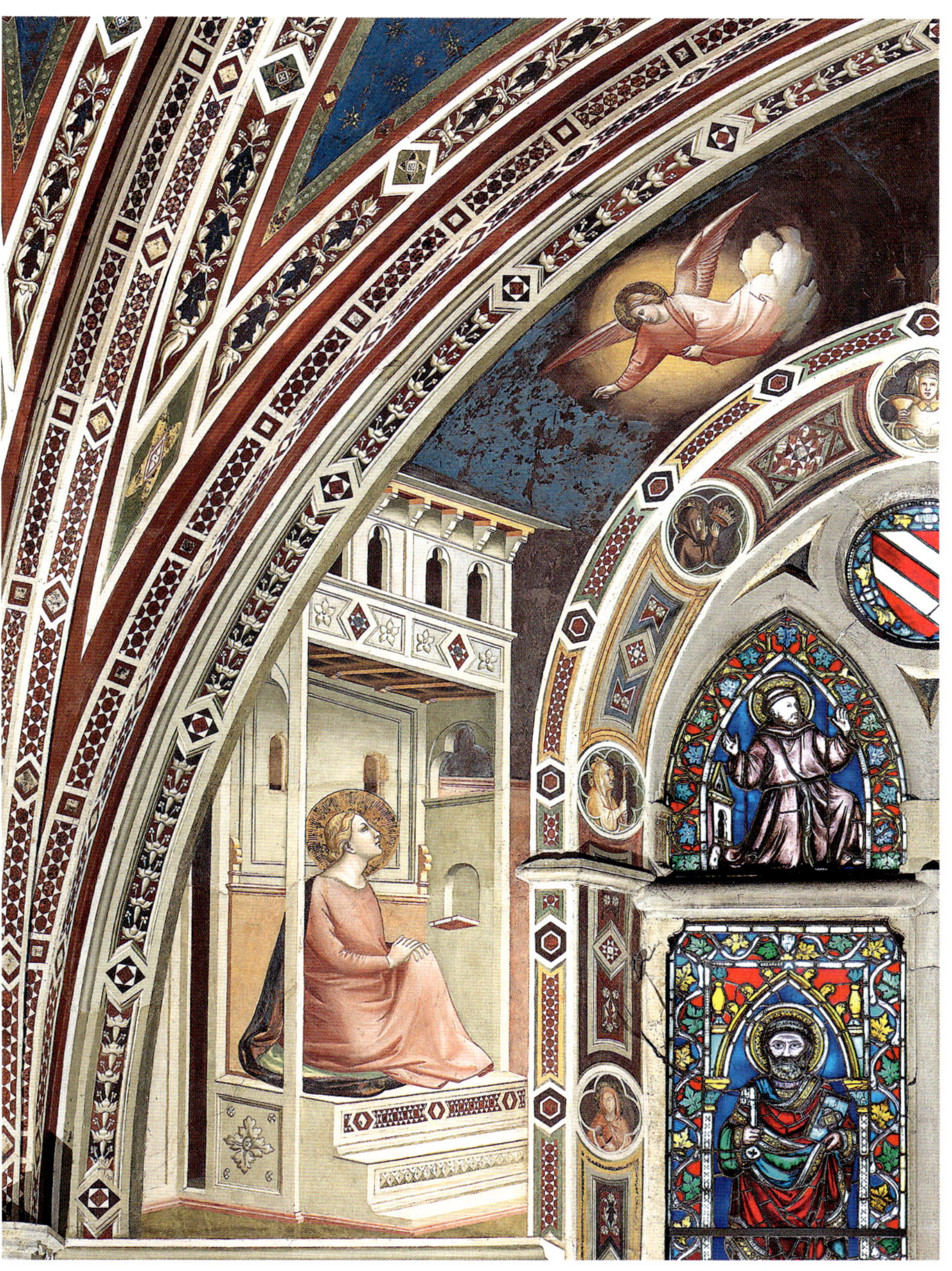

Abb. 4 Taddeo Gaddi, Verkündigung, um 1330, Fresko, Baroncelli-Kapelle, Santa Croce, Florenz

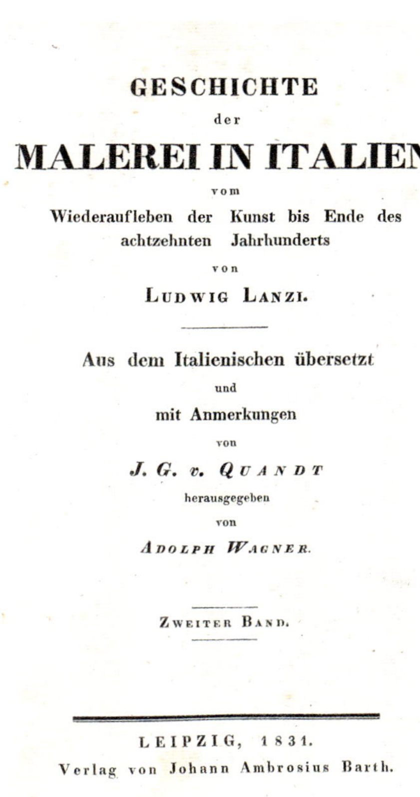
GESCHICHTE
der
MALEREI IN ITALIEN
vom
Wiederaufleben der Kunst bis Ende des
achtzehnten Jahrhunderts
von
LUDWIG LANZI.

Aus dem Italienischen übersetzt
und
mit Anmerkungen
von
J. G. v. QUANDT
herausgegeben
von
ADOLPH WAGNER.

ZWEITER BAND.

LEIPZIG, 1831.
Verlag von Johann Ambrosius Barth.

Abb. 5 Ludwig Lanzi, Geschichte der Malerei in Italien vom Wiederaufleben der Kunst bis Ende des achtzehnten Jahrhunderts, Leipzig 1830–1833, Ausgabe aus der Kunstbibliothek Bernhard August von Lindenaus, Lindenau-Museum Altenburg

Silberarbeiter hervor, durch welche der Vorrang in der Bildhauerei, dies alte Erbtheil der Pisaner, auf Florenz überging.«[9]

Dieser Satz könnte heute unverändert in jeder kunsthistorischen Vorlesung fallen. Was Florenz für Lanzi auszeichnete, war der Austausch zwischen den Künstlern, seien sie Bildhauer, Gold- und Silberschmiede oder Maler:

»Eine solche Meisterschaft war zu Florenz innerhalb der Werkzimmer, solche Anregung von aussen! Es kann also nicht befremden, dass diese Stadt in Italien zuerst die schönen Tage des goldenen Jahrhunderts bezeichnete«.[10]

MASACCIO

Aussagen wie diese zur Vitalität der Florentiner Kunst im 15. Jahrhundert ließen sich ohne Weiteres auf das Tafelbild *Christus am Ölberg / Heiliger Hieronymus als Büßer* (Kat. 17) übertragen. Erst 1898 äußerte August Schmarsow die Vermutung, dass es von Masaccio (1401–1428) stammen könnte, dem ersten großen Maler der Florentiner Renaissance. Seine Zuschreibung wurde nicht auf Anhieb akzeptiert. Die im 20. Jahrhundert wichtigsten Kenner der italienischen Kunst, Bernard Berenson und Roberto Longhi, ordneten die Tafel vielmehr Schülern dieses Malers zu, entweder Andrea di Giusto (um 1400–1450) oder Paolo Schiavo (1397–1478). Was mag Lindenau gedacht haben? Könnte er in seinem anonymen Tafelbild womöglich die Hand des Meisters erkannt haben, als er Lanzis prägnante Schilderung der Kunst Masaccios in der Brancacci-Kapelle las?[11]

»Die Figuren ruhen, haben Schwerpunct und verkürzen sich, was Paolo Uccello nicht gelang, verschiedentlich und vollkommen; das Ansehen der Köpfe ist, wie Mengs sagt, im Raffaelschen Geschmack; der Ausdruck so angemessen, dass die Seelen eben so lebhaft, als die Leiber, gemalt sind.«[12]

Die Beschreibung hebt Masaccios Fähigkeiten in der Darstellung von Figuren und der perspektivischen Verkürzung hervor – und vergleicht sie hier seltsamerweise mit dem angeblichen Unvermögen Paolo Uccellos (1397–1475) auf diesem Gebiet, obwohl Letzterer eigentlich als Meister der Perspektive gilt. In dem Altenburger Gemälde bilden die Verkürzung des Altars, der Kelch und das Kreuz eine entsprechende Lehrstunde. Während kein Versuch unternommen wurde, die Figuren in ein glaubwürdiges Verhältnis zu den Felslandschaften zu setzen, ist die Verjüngung der Berggipfel in der Ferne, die an die Landschaft in Masaccios *Zinsgroschen* (Abb. 6) in der Brancacci-Kapelle erinnern, offensichtlich. Die Haltung jeder einzelnen Figur ist sorgfältig wiedergegeben. Die Muskeln am ausgestreckten Arm des heiligen Hieronymus strotzen vor Spannung und Entschlossenheit. Nur der sanfte Engel, der mit einem unerwarteten Märtyrerzweig von oben auf ihn zufliegt, wird ihn davon abhalten können, sich mit dem Stein in seiner Hand die Brust blutig zu schlagen. Im Gegensatz dazu sieht sich der ins Gebet vertiefte Christus keinem menschenähnlichen Engel, sondern einem purpurroten Seraphen gegenüber,

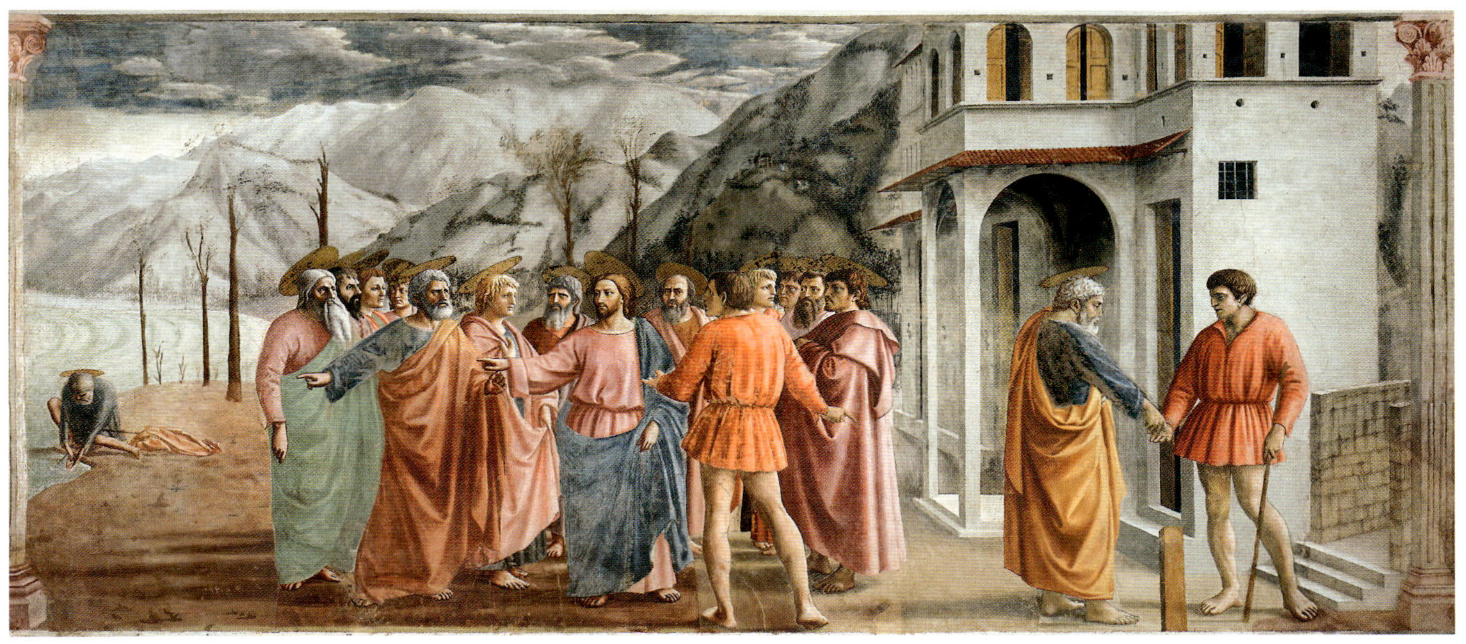

Abb. 6 Masaccio, Der Zinsgroschen, 1425–1428, Fresko, Brancacci-Kapelle, Santa Maria del Carmine, Florenz

der den Kelch als Symbol für das bevorstehende Opfer des Gottessohns ehrfürchtig in ein weißes Tuch gehüllt hat. Die drei Apostel, Petrus, Andreas und der Evangelist Johannes, sehen davon nichts, sie sind in ihre jeweils eigene Traumwelt versunken.

Sollten noch Zweifel bestehen, dass das Bild aus der Sammlung Lindenaus wahrscheinlich von Masaccios Hand geschaffen wurde, dann könnte Lanzis Verweis auf einen Kommentar des damals hoch angesehenen, in Tschechien geborenen deutschen Künstlers Anton Raphael Mengs (1728–1779) diese Bedenken zerstreuen. Dieser betraf die Fähigkeit Raffaels (1483–1520), nicht nur die physische Präsenz, sondern auch das innere Wesen darzustellen. Lanzi zufolge besaß Masaccio dieselbe Fähigkeit, die sich in unserem Tafelbild sowohl in der unbeirrten Entschlossenheit Christi zur bevorstehenden Opferung als auch in Hieronymus' unbedingtem Willen zur Buße tatsächlich zeigt.

MANTEGNAS PADUA

Richten wir nun den Blick auf ein norditalienisches Gemälde aus Lindenaus Sammlung. 1848 erkannten Quandt und Schulz die *Heilige Familie mit Stifterin und spielenden Putti* (Kat. 15) als paduanisches Werk, das seither üblicherweise Ansuino da Forlì (nachweisbar 1444–1451) zugeschrieben wird. Ansuino signierte auch die *Predigt des heiligen Christophorus* aus dem Freskenzyklus der Ovetari-Kapelle in der Augustinerkirche der Eremitani in Padua. Mitte des 15. Jahrhunderts zog Padua junge Studenten und Künstler aus ganz Italien, vor allem aber aus der Adriaregion an, die in die Stadt kamen, um sich Francesco Squarcione (um 1394–zwischen 1468/72; Abb. 7) anzuschließen. Squarcione betrieb keine traditionelle Werkstatt mit Schülern, sondern eine Kunstschule oder Akademie, in der die Künstler die Grundlagen ihrer Zunft erlernten, etwa die Prinzipien der perspektivischen Verkürzung. Ein Großteil des Unterrichts basierte auf Zeichenübungen, deren Schwerpunkt auf dem Kopieren antiker Statuen lag.

Squarciones Methoden sind am besten an den Fresken der Ovetari-Kapelle und dem Beitrag ihres wichtigsten Malers, des jungen Andrea Mantegna (1430/31–1506), abzulesen. Die klassizistische Architektur und die Putten, die auf den Girlanden der Altenburger Tafel herumtollen, finden sich sowohl in der Kapelle als auch im Werk Donatellos (um 1386–1466), der mit seinem Reiterstandbild des Feldherrn Gattamelata (S. 81, Abb. 4) und dem bronzenen Hochaltar für die Basilica di Sant'Antonio, kurz Santo genannt, beträchtlichen Einfluss auf die Künstler Paduas ausübte. Das lünettenförmige Tympanon mit den verschnörkelten Enden am Gebäude im Hintergrund unseres Bildes ist der Originalstruktur des Santo-Hochaltars nachempfunden, die von Nicolò Pizzolo (1421/22–1453) auch für das aus Terrakotta geformte Altarbild der Ovetari-Kapelle übernommen wurde. Für Lanzi lag das große Talent Mantegnas in der Druckgraphik. Als seinen Lehrmeister auf diesem Gebiet nahm er Pizzolo an und führte Mantegnas Stil auf Pizzolo und Squarcione zurück.[13]

Abb. 7 Francesco Squarcione, Maria mit dem Kind, 1445–1465, Tempera auf Pappelholz, Gemäldegalerie, Berlin

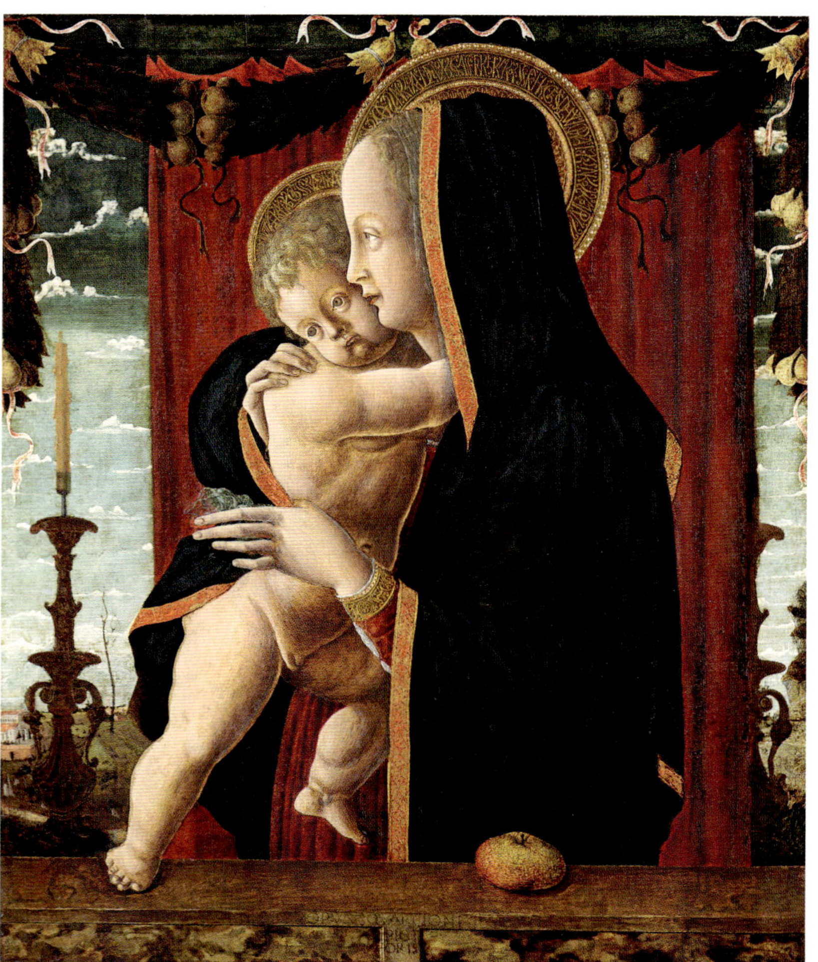

Luigi Lanzi schrieb wenig über Padua als eigenständige Schule, würdigte die Stadt jedoch als einen Quell des Interesses an der Antike und stellte fest, dass nicht der Florentiner Filippino Lippi (um 1457–1504), wie Vasari behauptet hatte, sondern der Paduaner Squarcione als Erster antike Motive in seine Gemälde aufnahm:

»Vasari hält ihn [Lippi] für den Ersten, der die neue Malerei mit Grottesken, Trophäen, Rüstungen, Gefässen, Gebäuden und Kleidern in alterthümlichem Geschmack bereichert habe; worin ich ihm aber nicht beistimmen kann, da bereits Squarcione dies viel eher gethan.«[14]

BOLOGNA

Für eine andere, die Bologneser Schule, beginnt Lanzi mit einer richtungsweisenden Betrachtung der Frage, was Nachahmung in der künstlerischen Praxis bedeutet und wie neue Stile nicht nur aus der Nachbildung der Natur, sondern auch aus der Nachahmung früherer Meister und Lehrmeinungen hervorgehen, sodass »neue

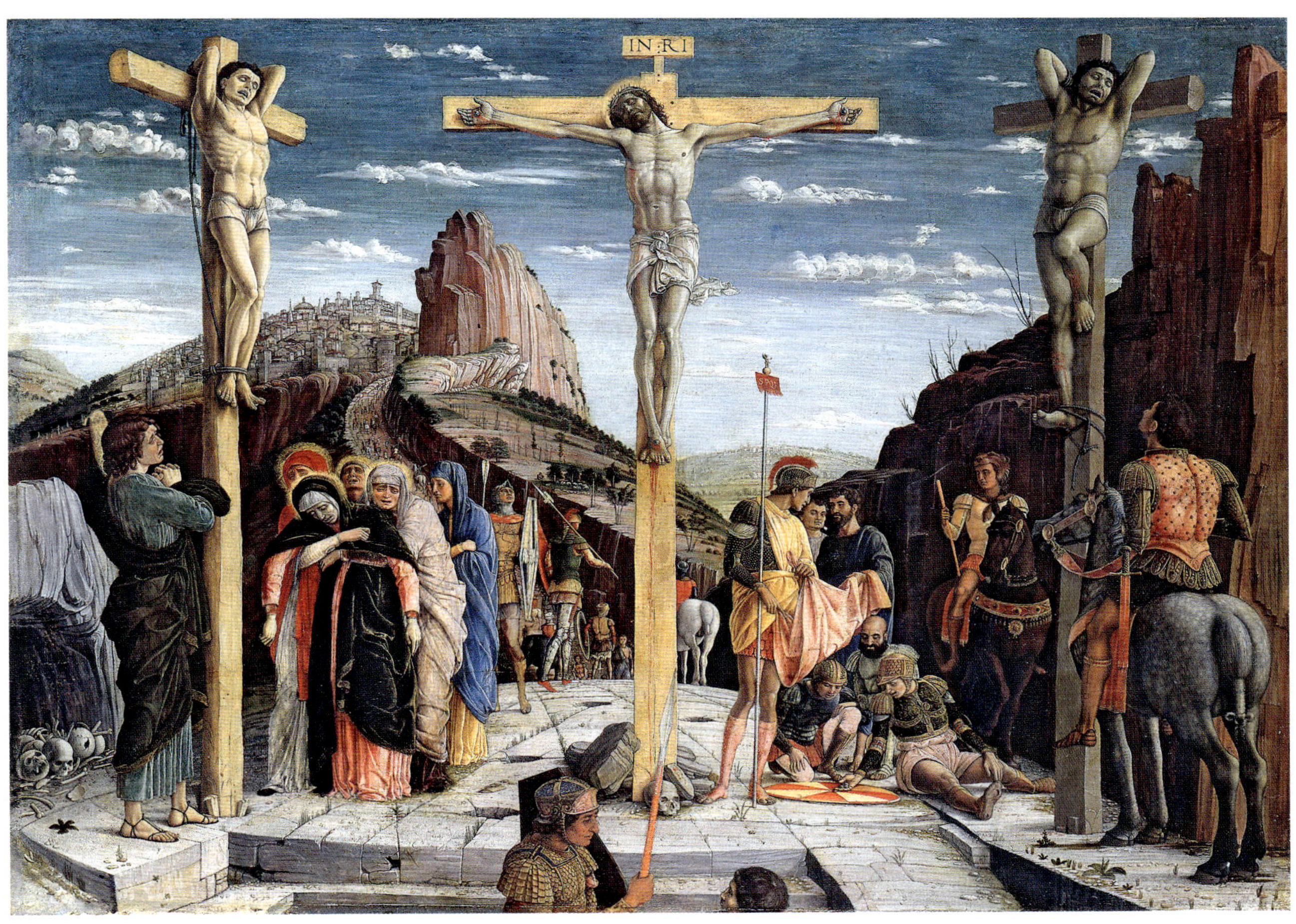

Abb. 8 Andrea Mantegna, Kreuzigung, 1457–1460, Tempera und Öl auf Holz, Musée du Louvre, Paris

Style auffinden nur ein Umgestalten der alten auf diese oder jene Weise war. Nur der Weg der Nachahmung war also dem Menschengeiste eröffnet, um sich auszuzeichnen […].«[15]

Im Folgenden überprüft Lanzi diese Vorgehensweise in allen Teilen Italiens und weist schließlich nach, dass die Praxis der Nachahmung erst unter der Vorherrschaft der Künstlerfamilie Carracci und ihrer Anhänger im späten 16. Jahrhundert in Bologna ihre Vollendung fand:

»Einige zwar, wie wir jedesmal bemerkten, tauchten aus dem gemeinen Vorurtheile, wie aus einem über Italien hangenden Nebel, auf und studirten auswärtige Meister, um aus jedem die schönste Blume zu pflücken […]. Doch ungleich an Gelehrsamkeit und Geist, in mehrere Schulen getheilt, durch besondere Zwecke getrennt, gewohnt, ihre Zöglinge nur die Bahn zu führen, die sie selbst verfolgten, und überdies stets in die Gränzen ihrer Landschaft eingeengt, lehrten, oder verpflanzten sie wenigstens die wahrhafte und löbliche Nachahmungsweise in Italien nicht. Diese Ehre war Bologna vorbehalten, dessen Bestimmung zu lehren war […].«[16]

Im Hinblick auf den Ferrareser Künstler Lorenzo Costa d. Ä. (1459/60–1535), der hauptsächlich in Bologna tätig war und dem im Lindenau-Museum das Gemälde *Kreuzigung Christi mit Heiligen und einem Stifter* (Kat. 16)

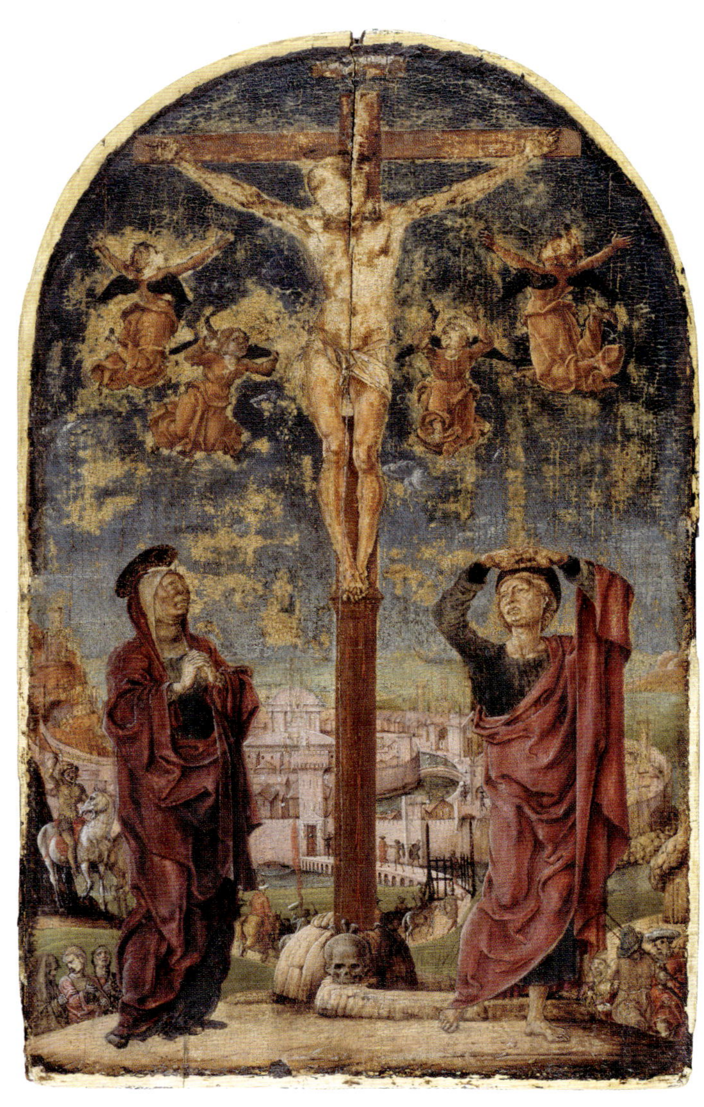

Abb. 9 Cosmè Tura, Kreuzigung, um 1460, Tempera auf Holz, Fitzwilliam Museum, Cambridge

zugeschrieben wird, musste Lanzi mit früheren Auffassungen aufräumen, Costa sei ein Schüler seines fast gleichaltrigen Zeitgenossen Francesco Francia (um 1447–1517) gewesen, mit dem er tatsächlich nur auf dem Höhepunkt seiner Karriere zusammengearbeitet hatte:

»Und würde sein Styl nicht immer dem des Francia ähneln, wenigstens in den zu Bologna gearbeiteten Bildern? Da findet nun aber ganz das Gegentheil Statt; vielmehr sieht man aus seinen minder schlanken, zuweilen plumpen Gestalten, aus den gemeinen Gesichtern, aus der dunklen und nicht gar weichen Färbung, aus dem Prachten mit Bauwerken, und den fernsichtigen Hintergründen, dass er anderwärts gelernt hatte.«[17]

Lanzi legt für Costas speziellen Stil toskanische Wurzeln nahe und vermutet, dass er einige Zeit mit Benozzo Gozzoli (um 1421/24–1497) und Fra Filippo Lippi (1406–1469) in Florenz verbrachte. Dem würden wir heute nicht mehr zustimmen, sondern wie Roberto Longhi, der das Gemälde zuerst Costa zuschrieb, anerkennen, dass der Stil des Künstlers auf die Ferrareser Lehrmeister Cosmè Tura (um 1433–1495) und Ercole de' Roberti (um 1450/56–1496) zurückging. Der eindeutige Ursprung dieses Stils ist jedoch bei Mantegna zu finden und zeigt sich als solcher besonders in der felsigen Landschaftskulisse des Gemäldes *Kreuzigung Christi*. Wie Mantegna in seiner *Kreuzigung* (Musée du Louvre, Paris; Abb. 8) für die Predella des San-Zeno-Altars in Verona oder Tura in seiner Darstellung desselben Motivs (Abb. 9) im Fitzwilliam Museum in Cambridge nutzt Costa die erhöhte Lage Golgathas an einem Felshang, um eine perspektivische Trennung zwischen dem Hauptgeschehen und der ausgedehnten Landschaft einzuführen, die sich dahinter erstreckt. Zwei Frauen mit Heiligenschein unten links und eine kniende Gestalt in zeitgenössischer Kleidung blicken zur heiligen Gruppe auf, die aus Christus am Kreuz, der Jungfrau Maria, dem Evangelisten Johannes und Maria Magdalena besteht, während hinten rechts die berittenen römischen Soldaten den Schauplatz verlassen. In der Grotte im Mittelgrund warten Joseph von Arimathäa und Nikodemus neben dem offenen Grab, um den Leichnam in Empfang zu nehmen. Trotz der lebhaften Ausführung mit ihren vielen kurzen Pinselstrichen für die Glanzlichter liegt die Konzentration auf den um das Kreuz gruppierten Figuren und ihrer Trauer, was die Szene zu einem angemessenen und bewegenden Bild für die individuelle Einkehr macht.

Man geht bislang davon aus, dass das Werk vor 1483 entstand, als Costa nach Bologna ging. Doch der in Rot gewandete Stifter, der mit ineinandergelegten Händen unter dem Kreuz kniet, hat einige Ähnlichkeit mit Bildnissen des Herrschers von Bologna, Giovanni II. Bentivoglio (1443–1508), sodass das Gemälde gut eine der ersten Arbeiten des Künstlers für den wichtigen Bologneser Auftraggeber gewesen sein könnte. 1488 schuf Costa ein Porträt Bentivoglios auf dem Altarbild der Familienkapelle in der Basilika San Giacomo Maggiore in Bologna (Abb. 10).

UMBRIEN

Nicht alle Künstler entstammten einer bestimmten Schule oder einem Kunstzentrum. So begann der umbrische Maler Piermatteo d'Amelia (1445/48–

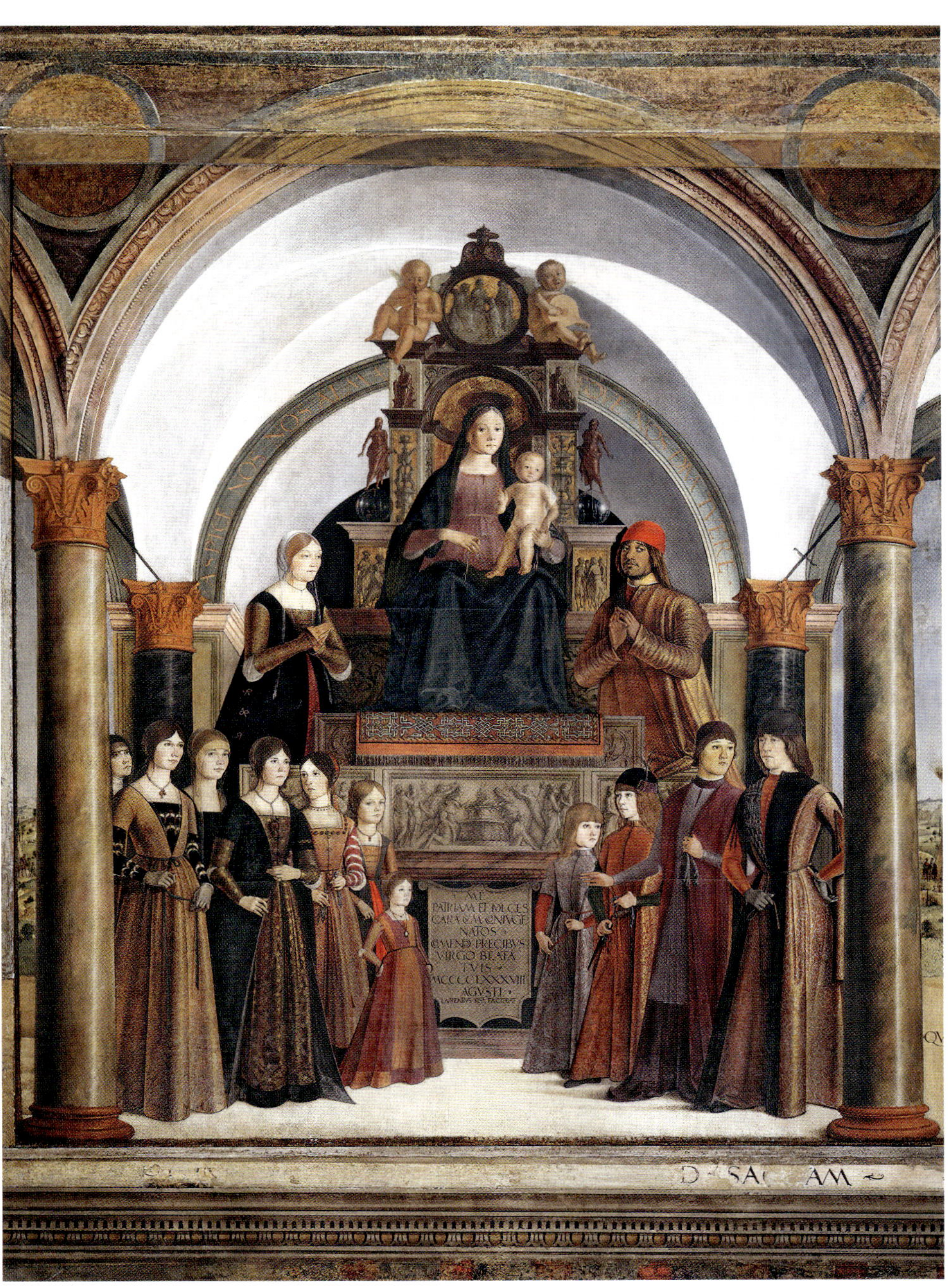

Abb. 10 Lorenzo Costa, Thronende Madonna mit Giovanni II. Bentivoglio und seiner Familie, 1488, Öl auf Holz, San Giacomo Maggiore, Bologna

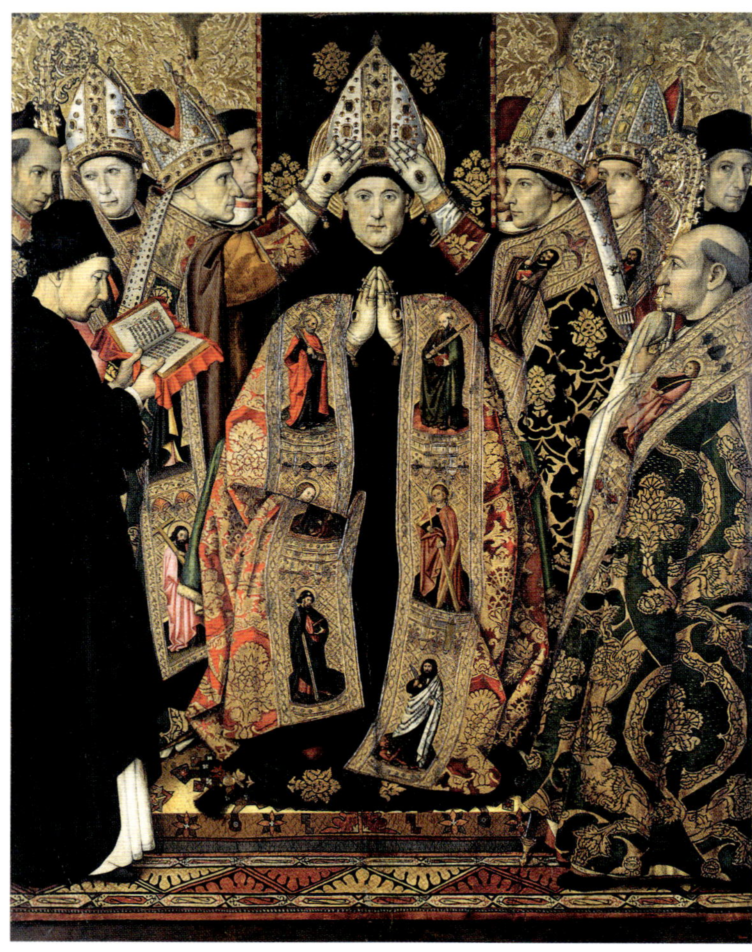

Abb. 11 Jaume Huguet, Die Weihe des heiligen Augustinus, um 1463–1470/75, Tempera auf Holz, Museu Nacional d'Art de Catalunya, Barcelona

um 1506) seine Laufbahn als *garzone* oder Lehrling des Florentiners Fra Filippo Lippi anlässlich der Ausmalung der Apsis im Dom von Spoleto und arbeitete später an verschiedenen Orten Mittelitaliens, wie Narni, Orvieto, Rom oder Terni, aber auch in seiner Geburtsstadt Amelia. Im Grunde war er ein wandernder Geselle. Seine Gemälde *Johannes der Täufer* (Kat. 24b) und *Heilige Maria Magdalena* (Kat. 24a) stammen aus einem abgebauten Altar von 1481, der früher in der Augustinuskirche in Orvieto stand. Als Lindenau sie dem Maler Luigi Cocchetti (1802–1884) in Rom abkaufte, waren sie dem Maler Fiorenzo di Lorenzo (um 1445–1525) aus Perugia zugeschrieben. Später wurden sie dem Florentiner Künstler Andrea del Verrocchio (1435–1488) zugeordnet, von dem zahlreiche Maler ihre Ausbildung erhielten, darunter der aus Umbrien stammende Pietro Perugino (um 1450–1523). Und tatsächlich gab es eine Tendenz, die umbrische Kunst mit florentinischen Augen zu sehen. Auch Lanzi konnte sich davon nicht freimachen, wenn er schrieb:

»Das Bisherige beweiset hinlänglich, dass im Kirchenstaate die Malerei selbst in rohen Jahrhunderten nicht vernachlässigt ward [...]. Dennoch war der grosse Marktplatz, die grosse Akademie, das Athen von Italien, immer Florenz; und ihm würden alle Federn, wenn sie es auch läugneten, diesen Ruhm nicht entreissen können.«[18]

NEAPEL

Eines der hier am schwierigsten zu verortenden Gemälde stammt aus einer süditalienischen Malschule und galt im Sammlungskatalog von 1848 schlicht als neapolitanisches Werk des späten 14. Jahrhunderts. Die drei Tafelbilder *Krönung Marias* (Kat. 27), *Apostel Petrus* und *Apostel Paulus* sind die erhaltenen Hauptteile eines Altarbilds von Pietro Befulco, einem zwischen 1471 und 1503 in Neapel und Umgebung tätigen Künstler.[19] Auf dem Buch des Apostels Paulus folgen direkt unter der Beschriftung aus Apg 9,4 – »Saul, Saul, was verfolgst du mich?« – das Datum 14. Oktober 1488 und das eigentümliche Monogramm TER. Über die Jahre sorgten dieses und zwei weitere Monogramme in den Kirchen Disciplina della Croce in Neapel und San Teodoro in Laino Castello in der Provinz Cosenza für große Verwirrung in der kunsthistorischen Literatur.

Als Lindenau die Tafeln erwarb, wusste man nicht viel über die neapolitanische Kunst dieser Periode. Die verworrenen Erzählungen über jene Schule zeugen wie die Zusammenfassung in Lanzis Büchern vom Fehlen gesicherter Fakten, und das Monogramm wurde fälschlicherweise mit einem im Übrigen völlig rätselhaften und nicht existierenden Filippo Tesauro gleichgesetzt.

Befulco arbeitete im aragonischen Neapel, das seit 1443 von der spanischen Krone regiert wurde. Die künstlerischen Beziehungen zu Valencia und Barcelona blieben eng. Katalanische und valencianische Künstler kamen nach Neapel, und Valencia wiederum war ein Einfuhrhafen für nach Neapel zu exportierende niederländische Gemälde wie die Werke Jan van Eycks (um 1390 (?)–1441), die von König Alfonso I. (reg. 1442–1458) sehr geschätzt wurden. Befulcos Altarbild zeigt, dass der iberische Geschmack auch unter der Herrschaft von Alfonsos Nachfolger, Fernando I. (reg. 1458–1494), die künstlerischen Entscheidungen beeinflusste. Die realistische Darstellung des Samtbrokatmusters auf den Umhängen von Gottvater und Christus in der *Krönung Marias* ist vergleichbar mit der Arbeit von Jaume Huguet (1412/13–1492; Abb. 11), dem bedeutendsten barcelonischen Maler dieser Periode.

In der Widmung der 1809 erschienenen Ausgabe der *Storia pittorica* erklärt Lanzi, sein Buch solle »die kultiviertesten Italienreisenden begleiten.[20] Die Sammlung Bernhard August von Lindenaus beweist, dass er diesen glücklichen Reisenden gehörte, und tatsächlich spiegeln seine Bilder die panitalienische Haltung der Kunstgeschichte Lanzis wider.

1 Bernardino da Siena 1989, Bd. 1, S. 325–326, zitiert nach Canaccini 2021, S. 3. Italienische Zitate hier und in Folge ins Deutsche übertragen von Birgit Lamerz-Beckschäfer.
2 Vgl. Debby 2001, S. 275.
3 Bernardin predigte 1424, 1425 und 1427 in Florenz, vgl. Strehlke 2004, S. 141; vollständige Niederschriften seiner nichtsienesischen Predigten liegen nicht vor.
4 Christiansen 2016. Auf ähnliche Weise schlug Sano auch Kapital aus dem Thema der Himmelfahrt im Fresko der Porta Romana, an der Reisende, die auf der Via Cassia aus Rom in die Stadt kamen, nur nach oben schauen mussten, um zu erkennen, dass sie die Stadt der Jungfrau Maria betraten, vgl. Israëls 1998 und Israëls 2012.
5 Der ursprüngliche Titel lautete: *La storia pittorica della Italia inferiore o sia delle scuole fiorentina senese romana napolitana compendiata e ridotta a metodo per agevolare a' dilettanti la cognizione de' professori e de' loro stili.*
6 Lanzi 1830–1833, Bd. 1, S. 36. Für das italienische Originalzitat vgl. Lanzi 1809, Bd. 1, S. 40–41.
7 Lanzi 1830–1833, Bd. 1, S. 48–49. Für das italienische Originalzitat vgl. Lanzi 1809, Bd. 1, S. 54–55.
8 Lanzi 1809, Bd. 1, S. 326 und Lanzi 1830–1833, Bd. 1, S. 279.
9 Lanzi 1830–1833, Bd. 1, S. 49. Für das italienische Originalzitat vgl. Lanzi 1809, Bd. 1, S. 55.
10 Lanzi 1830–1833, Bd. 1, S. 49–50. Für das italienische Originalzitat vgl. Lanzi 1809, Bd. 1, S. 56.
11 Lanzi stützte seine Analyse Masaccios auf die Fresken der Brancacci-Kapelle in der Kirche Santa Maria del Carmine in Florenz und übernahm nicht blind alle Zuschreibungen an Masaccio, die er in älteren Texten und besonders in Vasaris *Vite* (1550, 1560) fand. So fiel es ihm etwa schwer, die Hand des Meisters im Freskenzyklus der Katharinenkapelle in der Basilika San Clemente in Rom auszumachen, der heute allgemein als Arbeit von Masolino da Panicale (um 1383/84–nach 1435) anerkannt ist, einem älteren Zeitgenossen Masaccios, vgl. Lanzi 1830–1833, Bd. 1, S. 52.
12 Lanzi 1830–1833, Bd. 1, S. 52. Für das italienische Originalzitat vgl. Lanzi 1809, Bd. 1, S. 59.
13 Lanzi 1809, Bd. 1, S. 109–110; Lanzi 1830–1833, Bd. 1, S. 99.
14 Lanzi 1830–1833, Bd. 1, S. 67. Für das italienische Originalzitat vgl. Lanzi 1809, Bd. 1, S. 74.
15 Lanzi 1830–1833, Bd. 3, S. 1. Für das italienische Originalzitat vgl. Lanzi, 1809, Bd. 5, S. 3.
16 Lanzi 1830–1833, Bd. 3, S. 2. Für das italienische Originalzitat vgl. Lanzi 1809, Bd. 5, S. 2–3.
17 Lanzi 1830–1833, Bd. 3, S. 22. Für das italienische Originalzitat vgl. Lanzi 1809, Bd. 5, S. 24.
18 Lanzi 1830–1833, Bd. 1, S. 335. Für das italienische Originalzitat vgl. Lanzi 1809, Bd. 2, S. 23–24.
19 Vgl. Kat. 27 mit einer anderen Zuschreibung.
20 Lanzi 1809, Bd. 1, Widmung an Giovanni degli Alessandri, o. S.

EX
KU
RS

MATERIALIEN UND KÜNSTLERISCHE TECHNIKEN

JOHANNES SCHAEFER

Neben den Informationen zum Herstellungsprozess sowie zu verwendeten Materialien aus der Untersuchung am konkreten Objekt bieten uns historische Quellenschriften Einblick in künstlerische Techniken der jeweiligen Zeit. Mit dem »Kunstbuch«, dem *Libro dell'arte* von Cennino Cennini (geboren um 1370),[1] liegt uns ein entsprechendes einmaliges Zeugnis vor, das praktische Anleitungen zu künstlerischen Techniken gibt sowie die Herstellung und Verwendung maltechnischer Materialien um 1400 in der Toskana beschreibt. Diese sollen im Folgenden kurz umrissen werden.

UNTERZEICHNUNG

Nach dem mehrschichtigen Grundieren[2] der Holztafel entwarf der Maler auf der abschließenden weißen Grundierschicht mit unterschiedlichen Zeichenmedien seine Bildkomposition in Form einer linearen Unterzeichnung. Cennini beschreibt ausführlich das kompositionelle Arbeiten mit Weidenkohle sowie das Fixieren der fertigen Bildanlage mit verdünnter Tinte und spitzem Pinsel aus Eichhornhaar.[3] Weiterhin nennt er die Verwendung von Stiften aus Silber, aber auch Messing und Bleizinnlegierung. Bei den Altenburger Tafeln sind vielfach

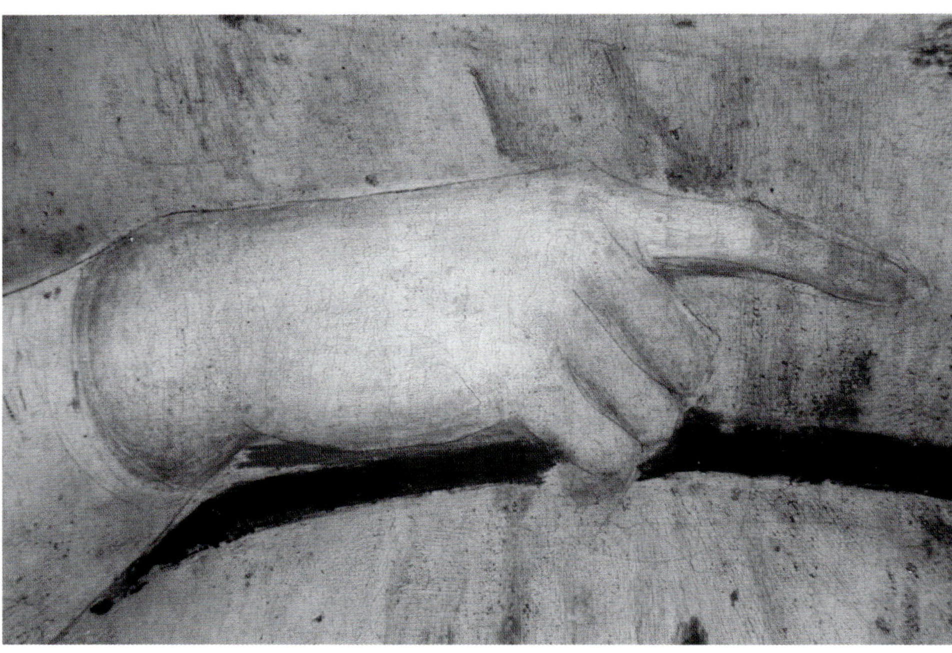

Abb. 1 Pietro Perugino, Heilige Margarethe von Antiochia, 1505–1507, Tempera und Öl auf Pappelholz, Lindenau-Museum Altenburg, Kat. 37b, Detail. Unterzeichnung im Infrarotreflektogramm sichtbar

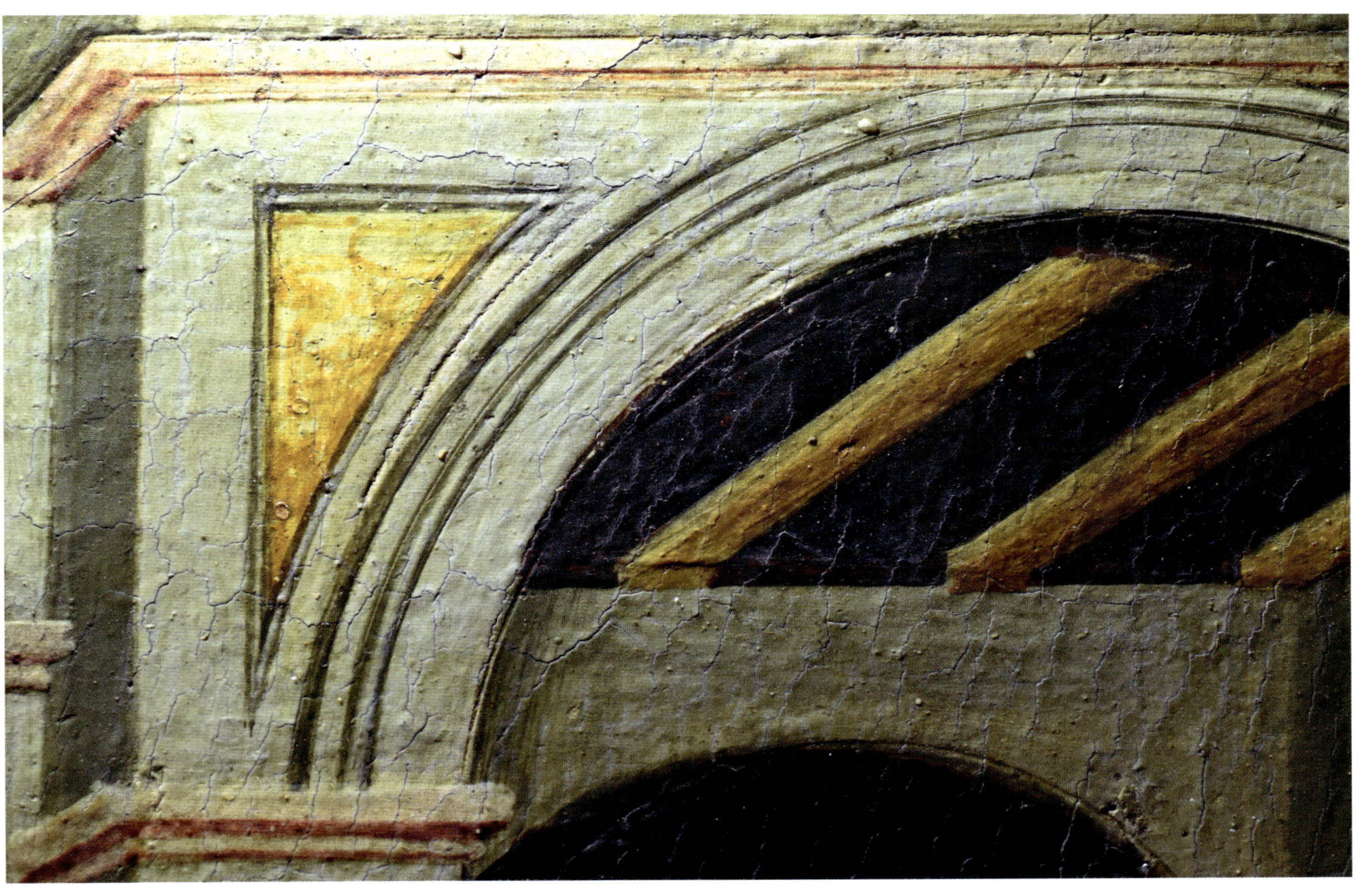

Abb. 2 Sano di Pietro, Heimkehr Marias aus dem Tempel, 1448–1452, Tempera auf Pappelholz, Lindenau-Museum Altenburg, Kat. 23a, Detail. Im Streiflicht sind Ritzungen deutlich sichtbar

Unterzeichnungen im Infrarotreflektogramm erkennbar (Abb. 1).[4] Neben dem freien künstlerischen Entwurf war es ebenfalls Praxis, bestehende Vorlagen als Unterzeichnung zu übertragen. Hierbei sind in der damaligen italienischen Malerei zwei verschiedene Methoden bekannt. Bei der *spolvero*-Technik wurde die Vorlage mittels einer Nadel an den Zeichnungslinien perforiert. Diese so vorbereitete Vorlage wurde auf die grundierte Holztafel gelegt und mit einem mit Kohle- bzw. Pigmentstaub gefüllten Stoffsäckchen bestäubt, sodass auf der Malfläche ein Punktraster der wichtigsten Kompositionslinien entstand. Bei der *calco*-Technik wurde die Rückseite der Vorzeichnung bzw. des Kartons oder ein dünnes Zwischenpapier mit Pigmenten eingerieben und nach dem Auflegen auf die Grundierung die Zeichnung von der Vorderseite mit einem spitzen Werkzeug durchgedrückt. Zumindest für die beiden großformatigen Tafeln von Pietro Perugino (um 1450–1523) *Seliger Franziskus von Siena* und *Heilige Margarethe von Antiochia* (Kat. 37) kann eine solche Kartonverwendung nahegelegt werden. So sind die muschelförmigen Architekturelemente beider Werke in der Bildkomposition nahezu identisch. Ebenso ist die Anlage der Figuren in den Grundkonturen teilweise deckungsgleich bzw. gespiegelt.

RITZUNG

Charakteristisch für die Malerei des Tre- und Quattrocento mit vergoldeten Bildhintergründen ist die Verwendung von Ritzungen im Bildgrund.[5] So wurde noch vor dem Vergolden die Konturlinie zwischen Goldgrund und figürlicher Malerei in den Kreidegrund geritzt. Neben der Abgrenzung zwischen Malerei und Vergoldung wurden aber auch Konturlinien von Architekturelementen und Gewandfalten sowie Heiligenscheine in die Grundierung geritzt. Dabei kamen Zirkel und spitze Nadeln zum Einsatz.

Bei den Altenburger Tafelbildern kann diese Technik grundsätzlich im Zusammenhang mit vergoldeten Bildpartien

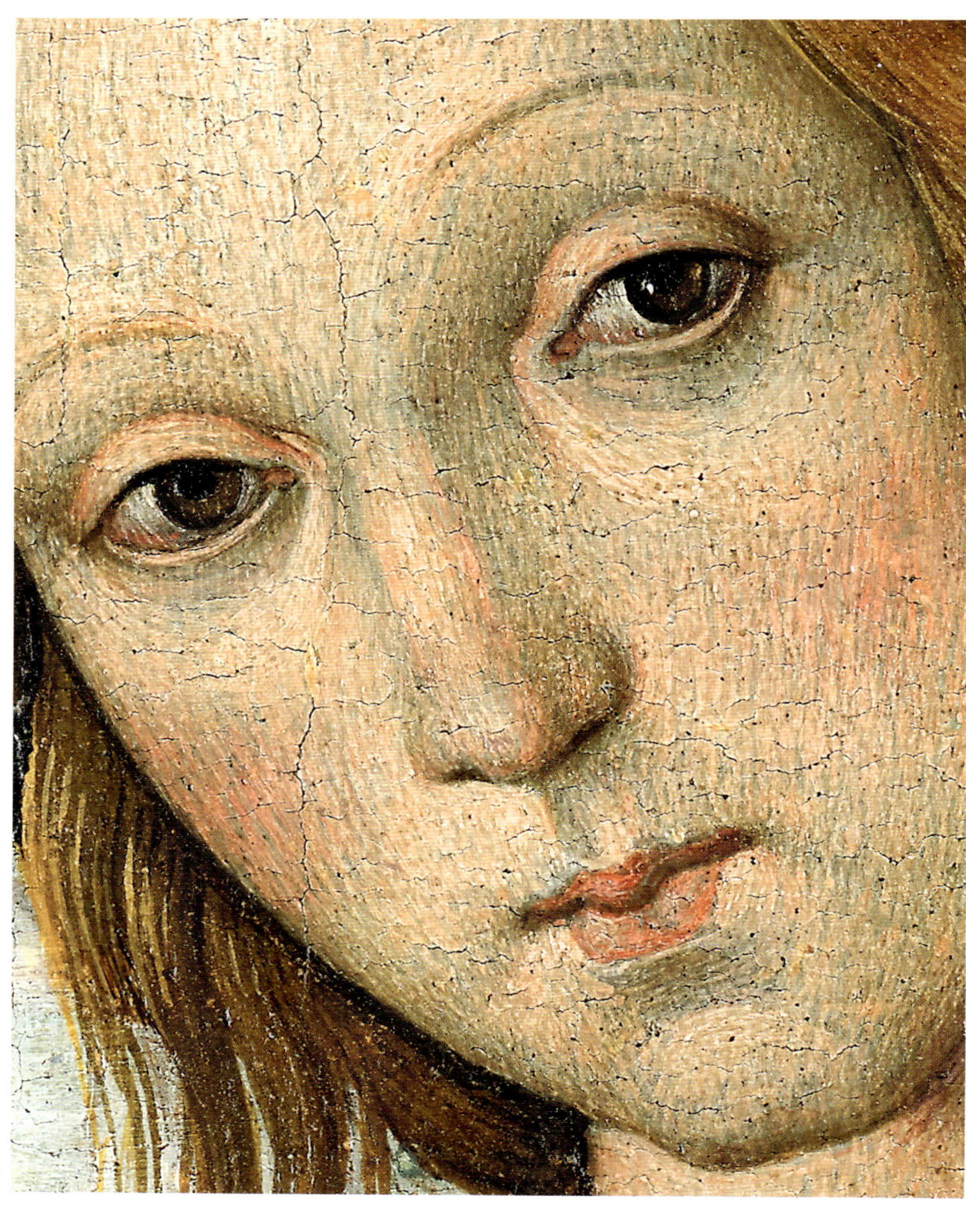

Abb. 3 Il Fantasia, Madonna mit Kind vor einer Landschaft, um 1500–1503, Tempera auf Esskastanienholz, Lindenau-Museum Altenburg, Kat. 10, Detail. Charakteristische Anlage des Inkarnats

beobachtet werden. Ein Beispiel für den Einsatz von umfangreichen Ritzungen mit Nadel und Lineal bei der Architekturgliederung ist bei Sano di Pietros (1405–1481) Tafel mit der *Heimkehr Marias aus dem Tempel* (Abb. 2 und Kat. 23a) zu beobachten.

MALEREI

Cennini beschreibt ebenfalls in kurzen Absätzen einzelne Malfarben bzw. Pigmente hinsichtlich Vorkommen, Herstellung und Gebrauch.[6] Dieser Kanon klassischer Pigmente deckt sich mit den wenigen naturwissenschaftlichen Pigmentanalysen, die an Altenburger Tafelbildern durchgeführt wurden.

Mit der frühen italienischen Malerei ist bis in die 2. Hälfte des 15. Jahrhunderts insbesondere der Begriff der Eitempera verknüpft. So empfiehlt entsprechend auch Cennini bei seiner ausführlichen Beschreibung der Herstellung und Verwendung der Farben Eigelb als Bindemittel.[7]

Üblicherweise wurden nach dem Vergolden zunächst der Bildhintergrund sowie Architektur und Landschaft gemalt, bevor mit der Anlage der figürlichen Bildszenen begonnen wurde. Hierbei erfolgte die Gestaltung der Gewänder, während erst abschließend die Malerei der Inkarnate ausgeführt wurde. Aufgrund der schnellen Trocknung der flüssigen Temperafarbe ist ein Nass-in-Nass-Arbeiten zur Modellierung weicher Farbübergänge und das Vertreiben der Farben ineinander, wie bei der späteren Ölmalerei, nicht möglich. Die plastische Modellierung der Oberfläche erfolgte durch Nebeneinandersetzen vorher ausgemischter Farbtöne. So empfiehlt Cennini je drei Abstufungen einer Farbe, die mehrmals fein nebeneinandergesetzt werden sollten.[8]

Den Aufbau der Inkarnate beschreibt Cennini detailliert: Der Künstler »beginnt mit einer flächigen dünnen hellgrünen Untermalung (*verdeterra*)«. Darauf erfolgt die Ausformung der Schattierungen mit einem dunklen Grünton (*verdaccio*). Die plastische Ausmodellierung erfolgte durch strichelnden Farbauftrag mit Ausmischungen aus Zinnober und Bleiweiß (Abb. 3 und Kat. 10).

Diese typische Malweise der frühitalienischen Künstler des Tre- und Quattrocento hatte bis um 1500 Bestand und änderte sich erst langsam mit dem Aufkommen der Öltechnik.[9] Schon ab der zweiten Hälfte des 15. Jahrhunderts kam es durch niederländische Einflüsse zu einer Übergangsphase zur Ölmalerei, wobei auch Mischtechniken und die Verwendung beider Medien gleichzeitig dokumentiert sind.

1 Cennini 2017.
2 Siehe auch die Beiträge von Sabrina Kunz in vorliegendem Band.
3 Cennini 2017, S. 159–161, Cap. 122.
4 Siehe auch den Beitrag von Johannes Schaefer zur kunsttechnologischen Forschung am Lindenau-Museum Altenburg in vorliegendem Band.
5 Cennini 2017, S. 161, Cap. 123.
6 Bleiweiß, gelber und roter Ocker, Bleizinngelb Zinnober, Ultramarin, Lapislazuli, grüne Erden, Kupfergrün, braune Erden, Pflanzen-, Ruß- und Beinschwarz.
7 Cennini 2017, S. 189–191, Cap. 145.
8 Ebd.
9 Karl 2017.

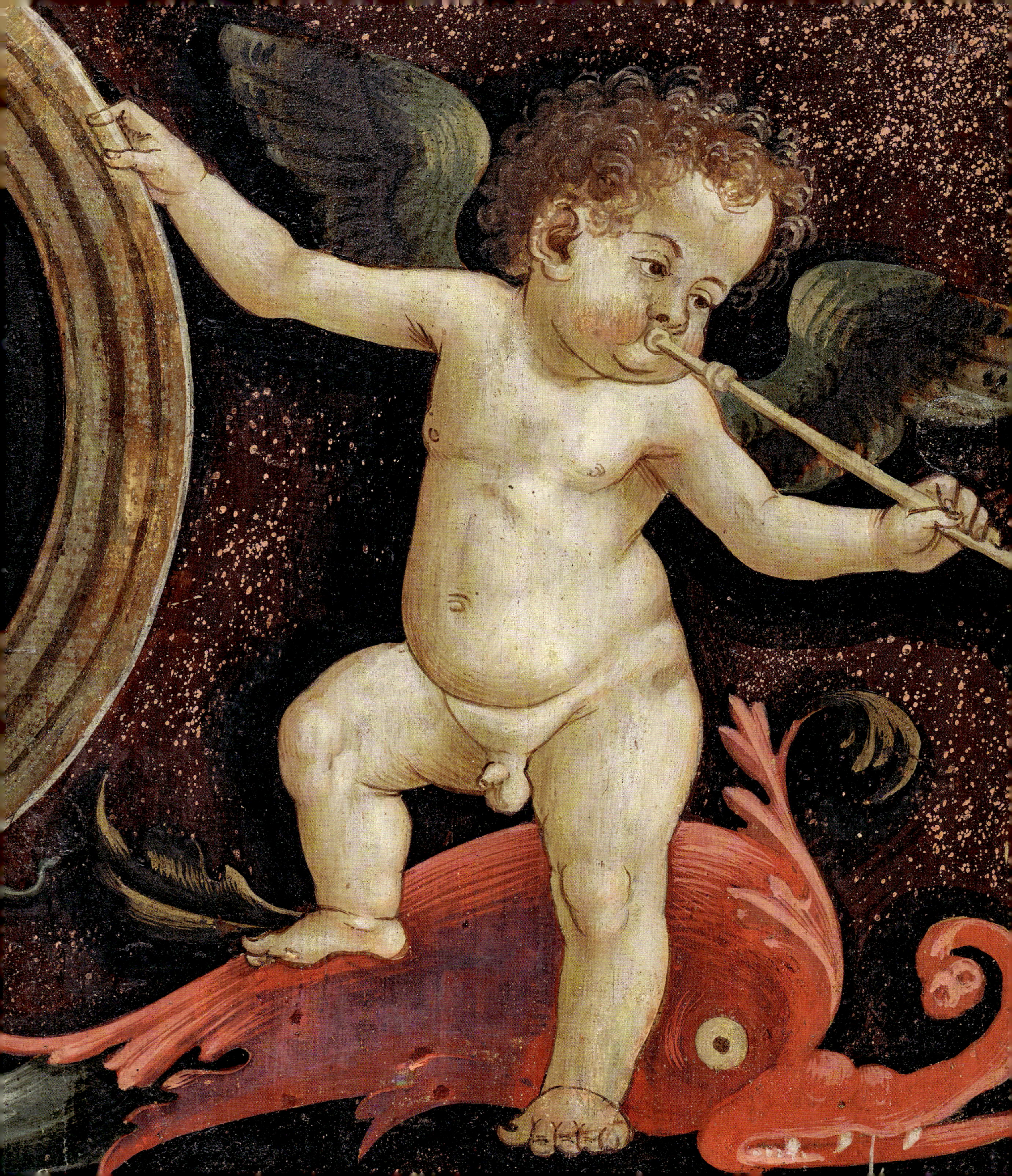

PROFANE KUNST AN DEN HÖFEN DES QUATTROCENTO

BENJAMIN RUX

Wenn wir heute an die Zeit der Renaissance in Italien zurückdenken, sehen wir unweigerlich eine Epoche kultureller Blüte, zivilisatorischen Fortschritts und höfischen Glanzes vor uns. Selbstbewusst und gebildet auftretende Künstler schufen vor mehr als 500 Jahren für die Mächtigen ihrer Zeit und für jene, die es sich leisten konnten, glanzvolle Freskenprogramme, Palastdekorationen, Porträts und andere Werke, die unser »Bild« der Renaissance prägen und sich fest ins kulturelle Gedächtnis eingebrannt haben. Doch dies ist nur die eine Seite der Medaille. Die an den Höfen entstandene, auf den ersten Blick schmückende Kunst, die wir bewundern, war Teil eines ausgeklügelten Systems, das vor allem durch die Wiederentdeckung und Wiederaneignung rhetorischer Strategien der Antike zur Entfaltung kam, die auf die Bildkünste übertragen wurden.[1] Päpste, Herrscher und Feldherren widmeten sich mit großer Intensität einer Dienstbarmachung von Kunst und Medien und umgaben sich mit einem ganzen Stab an Humanisten, Historiographen und Hofkünstlern, um ein bestimmtes Publikum von der »guten« Seite ihrer Herrschaft, dem »richtigen« Verlauf der Geschichte und der Legitimität ihrer Macht zu überzeugen. So gesehen sind die Inszenierungsstrategien an den Renaissancehöfen vergleichbar mit jenen Anstrengungen, die die selbstherrlichen Autokraten unserer Zeit unternehmen, um über bildliche Inszenierung und Rhetorik visuell und sprachlich verfasster Medien »Fake News« als Fakten zu präsentieren und Unrecht in Recht zu verwandeln.

Im Folgenden soll die profane Kunst, die im 15. Jahrhundert vor allem an den italienischen Fürstenhöfen, aber auch in den Republiken Florenz und Venedig sowie dem Vatikan entstanden ist, in aller Kürze umrissen werden. Einführend gibt ein politischer Lagebericht Auskunft über das Mächtespiel auf der italienischen Halbinsel. Im Anschluss werden mit dem Bildnis, der Freskomalerei, den Statuen, Festumzügen, Hochzeitstruhen und der Buchmalerei einige wichtige Gattungen profaner Kunstproduktion im Quattrocento vorge-

Kat. 52a, Detail

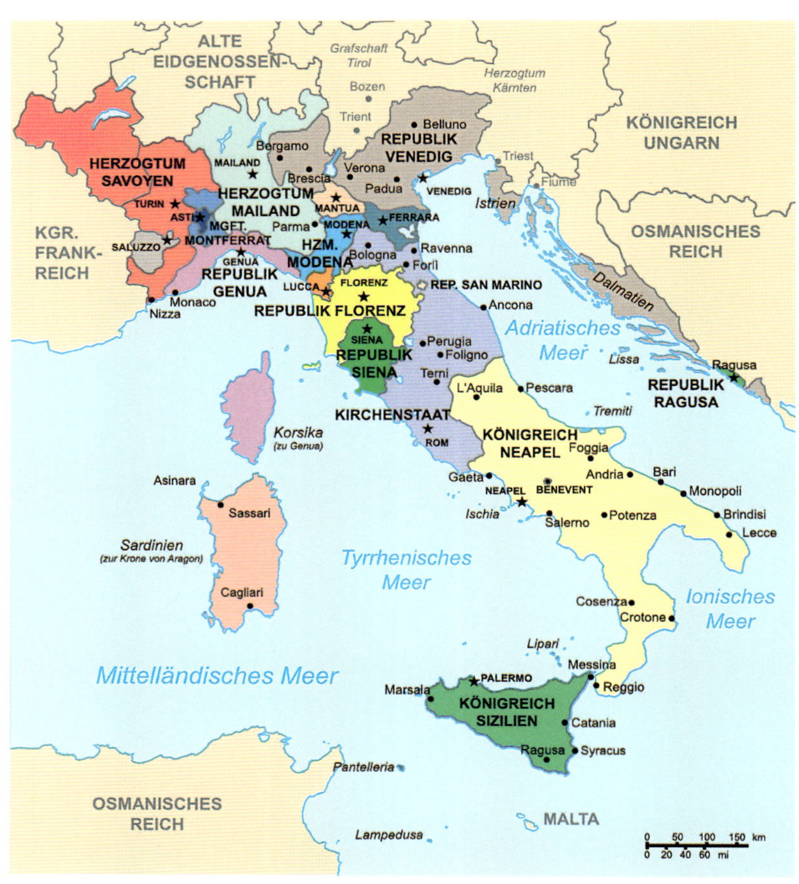

Abb. 1 Italien am Ende des 15. Jahrhunderts

stellt. Zunehmend trat in diesen Kunstwerken die Zeitgeschichte in Erscheinung, die sich nicht selten auf die römische Historie und Mythologie bezog. Die in den vorgestellten Werken zu verzeichnende Aneignung der Antike wird schlaglichtartig immer wieder in den Blick genommen.

MONARCHIEN UND REPUBLIKEN

Italien befand sich Mitte des 15. Jahrhunderts in anarchischem Zustand.[2] Während etwa Spanien, Frankreich und England je unter der Hand eines starken Monarchen regiert wurden, blieb Italien aufgrund der territorialen Ansprüche von fünf konkurrierenden Mächten – Mailand, Venedig, Florenz, der Vatikan und Neapel – unter permanenten Konflikten zersplittert. In dieses Konzert heterogener Kräfte mischten sich mit den Großmächten Frankreich und Spanien, die auf Mailand bzw. Neapel ihren Einfluss geltend machen konnten, weitere lautstarke Stimmen. Nicht ohne diplomatischen Einfluss blieben auch kleine Fürstentümer wie Mantua, Ferrara, Urbino und Rimini, deren Parteinahme und militärische Stärke bei den großen Fünf überaus gefragt waren (Abb. 1).

Mailand, das nach dem Tod Filippo Maria Viscontis (1392–1447) an Francesco Sforza (1401–1466) überging, befand sich in der ersten Hälfte des 15. Jahrhunderts mit Venedig in steter Auseinandersetzung um die Vorherrschaft in Norditalien. Die Dogenrepublik sah sich gleichzeitig einer zunehmenden Bedrohung durch die Türken ausgesetzt, die mit der Eroberung von Konstantinopel im Jahr 1453 ihren vorläufigen Höhepunkt fand. Als Seemacht zurückgedrängt, konzentrierte sich Venedig vermehrt auf die Ausweitung seiner Macht auf dem italienischen Festland, der Terraferma. Die Geschicke der Stadt Florenz, die als politisch schwächste Kraft im italienischen Mächtespiel auf starke Bündnisse angewiesen war, lagen seit 1434 in den Händen Cosimo de' Medicis, genannt il Vecchio (1389–1464), dem Initiator einer langen und kulturell fruchtbaren Herrschaft seiner Familie. Blieb Florenz zwar bis 1531 *de jure* eine Republik, so war die sukzessive Unterhöhlung ebendieser durch die Autorität der Medici schon im 15. Jahrhundert unübersehbar. Nach Beilegung des großen abendländischen Schismas (1378–1417) und der Aufgabe der Papstresidenz im südfranzösischen Avignon, konnte der Vatikan unter Papst Eugen IV. (1431–1447) und den Pontifikaten der humanistisch gesonnenen Päpste Nikolaus V. (1447–1455) und Pius II. (1458–1464) eigene politische Ambitionen verfolgen. Süditalien schließlich war nach Erbstreitigkeiten der

Anjou und der Machtübernahme von Neapel (1442) durch König Alfons V. (1396–1458), der aus dem spanischen Geschlecht Aragon stammte und dem bereits Sizilien zugefallen war, unter einer Hand vereinigt.

Im Frieden von Lodi besiegelten Mailand und Venedig am 9. April 1454 auf Grundlage des Status quo die Beendigung des Kriegszustandes in einem Vertrag, dem bald darauf Florenz, Neapel und der Vatikan beitraten.[3] Die so geschaffene *lega italica*, die Heinz Schilling als das »erste politische Gleichgewichtssystem des Kontinents«[4] bezeichnet, sicherte der Halbinsel für vier Jahrzehnte einen relativen Frieden und Schutz nach außen, der von kleineren Konflikten jedoch ständig gefährdet wurde. Im Jahr 1494 konnte Frankreich unter König Karl VIII. (1470–1498) weitestgehend ungehindert in Italien eindringen und bis Neapel vorstoßen, was die militärische Rückständigkeit und Uneinigkeit des politischen Systems in aller Deutlichkeit offenlegte.

Und dennoch: Die italienischen Herrscherhäuser und Republiken waren durch Eheschließungen, diplomatische Besuche und nicht zuletzt durch die Reisetätigkeit und das Wirken von Gelehrten und Künstlern immer bestens miteinander vernetzt. So wundert es nicht, dass bestimmte Kunstformen wie die Medaille oder gemalte Bilder mit der Darstellung der Mächtigen bald weite Verbreitung fanden.

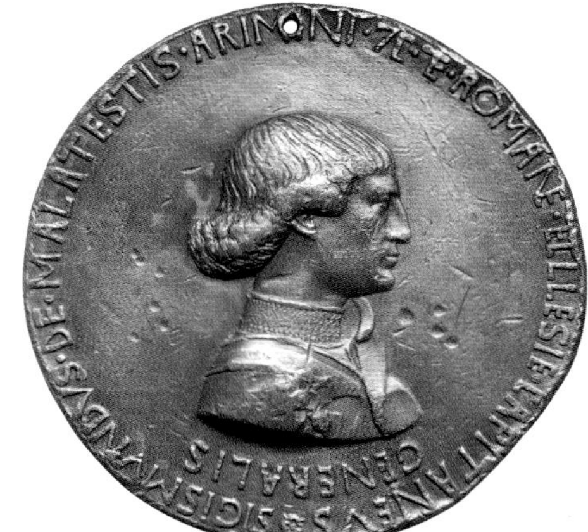

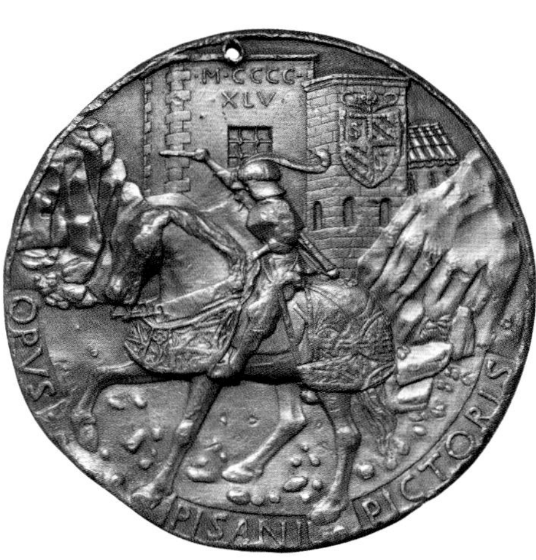

Abb. 2 Antonio Pisano gen. Pisanello, Medaille für Sigismondo Pandolfo Malatesta, Vorder- und Rückseite, um 1445, Bronze, Münzkabinett, Berlin

DAS HÖFISCHE BILDNIS

Als am Hof Leonello d'Estes (1407–1450), Markgraf der oberitalienischen Stadt Ferrara, das Gespräch unter den Gelehrten auf einige Bronzemünzen gelenkt wurde, die antike Kaiser porträtierten, gestand Leonello, diese Bildwerke oft »mit großem Vergnügen« zu betrachten. Sie beeindruckten ihn »nicht weniger als die Beschreibung ihres Aussehens bei Sueton und anderen.«[5] Einerseits gibt diese Szene Auskunft über das im 15. Jahrhundert neu erwachte Interesse an der Geschichte Roms und der Antike, andererseits über ein Konkurrenzverhältnis von Schrift und Bild sowie die Frage, welches Medium besser dazu in der Lage sei, das Aussehen und den Ruhm großer Persönlichkeiten der Geschichte zu bewahren. Im Süden Italiens, am Königshof von Alfons V. von Aragon in Neapel, ließ man sich gleichfalls von solchen kleinformatigen Bildern in den Bann ziehen. Der Humanist Panormita (1394–1417) berichtet in seiner Lebensbeschreibung des Königs:

»Nach Münzen berühmter Kaiser, vor allem nach denen Caesars, ließ er in seinem großen Eifer ganz Italien durchstöbern und bewahrte sie dann in einer elfenbeinernen Schatulle fast wie Heiligtümer auf. Da andere Bilder der Kaiser schon seit Jahrhunderten zugrunde gegangen, pflegte er zu sagen, erfreue sich sein Herz wenigstens an diesen, und oft werde er durch sie wunderbar begeistert zur Tugend und zu ruhmvollen Taten.«[6]

Bilder waren also nicht nur in der Lage, das Andenken der Dargestellten zu sichern, sondern auch die mit ihnen verbundenen Tugenden und

Taten in Erinnerung zu rufen und als Vorbild zu wirken. Diesen Gedanken fasste der Humanist Francesco Petrarca (1304–1374) bereits im 14. Jahrhundert, als er Kaiser Karl IV. (1316–1378) Bildnisse antiker Regenten mit der Aufforderung vorlegte, ihnen nachzueifern.[7] Kein Wunder, dass die Herrscher und Gelehrten des Quattrocento es nicht beim Betrachten der Bildnisse beließen, sondern seit etwa 1440 eigene Porträts in Auftrag gaben. Bevorzugtes Medium war dabei die Medaille, der begehrteste Künstler in diesem Metier Antonio Pisanello (1395–1455). Seine Anwesenheit ist an den Höfen von Ferrara, Mantua, Mailand, Rimini und Neapel belegt.[8] Für die dort ansässigen Herrscher, aber auch für andere Hofangehörige, schuf er Medaillen, die einen Durchmesser von über zehn Zentimetern aufweisen können und auf der Vorderseite das Profilbildnis in Verbund mit einer lateinischen Inschrift wiedergeben, während die Rückseite oft eine Tugendallegorie zeigt oder ein Ereignis aus dem Leben des Regenten (Abb. 2).

Abb. 3 Piero della Francesca, Federico da Montefeltro, um 1473, Öl auf Holz, Le Gallerie degli Uffizi, Florenz

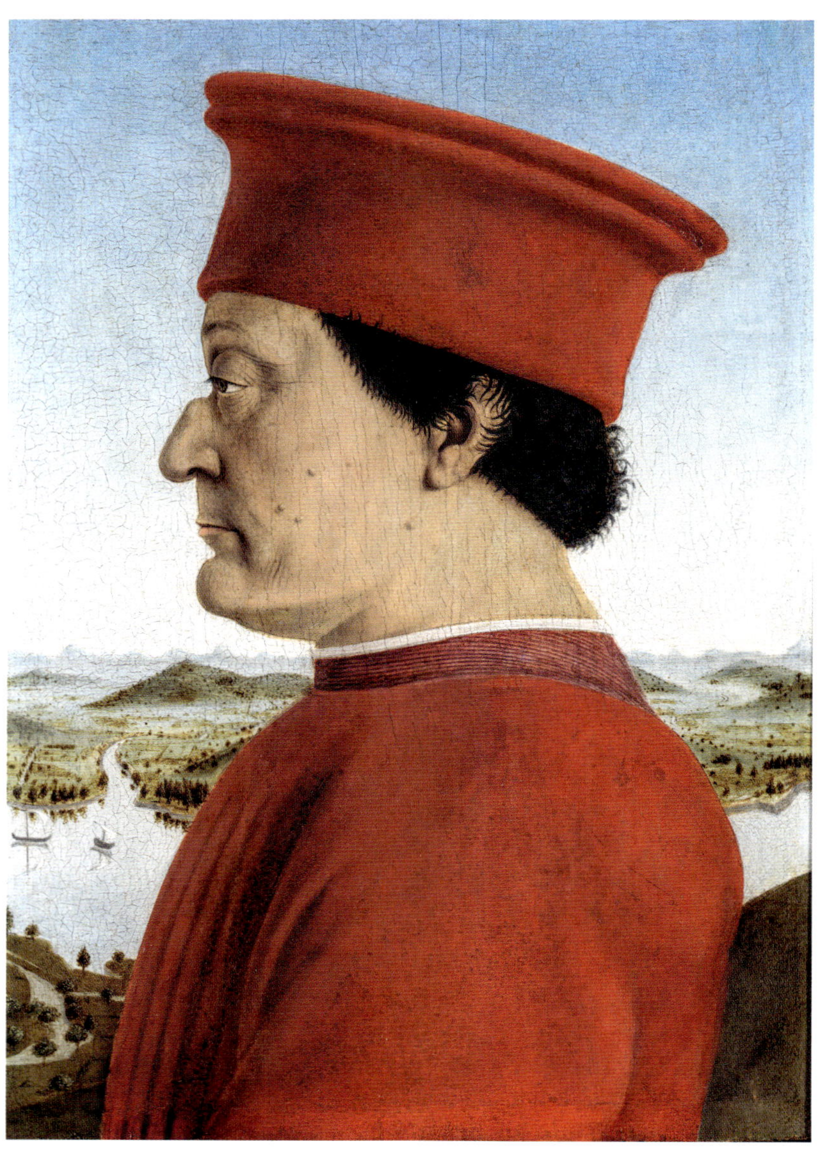

Den ewigen Ruhm der antiken Herrscher, den die widerstandsfähigen Münzen transportierten, wollten die Mächtigen der Renaissance mit entsprechenden Medaillen auch für sich sicherstellen. Dabei war die Genauigkeit des Porträts nicht das Ziel, vielmehr sollte mit dem Bildnis ein gefälliger, leicht wiedererkennbarer Typus der Dargestellten geschaffen werden. Gegenüber den gemalten Porträttafeln hatten Medaillen den entscheidenden Vorteil der Mobilität und der leichten Vervielfältigung: In hoher Stückzahl angefertigt konnten sie als diplomatische Geschenke leicht von Hof zu Hof wandern. Das gemalte Bildnis wiederum trug den Vorteil der Farbigkeit mit sich. Dominierte bis in die zweite Hälfte des 15. Jahrhunderts noch das nach antikem Vorbild ausgerichtete Profilbild (Abb. 3), so wandten die Dargestellten ihr Gesicht in der Folge verstärkt den Betrachtenden zu und zeigten mit dem Oberkörper und den Händen immer weitere Teile ihrer Statur, was im 16. Jahrhundert etwa bei Tizian (um 1488/90–1572) schließlich zum ganzfigurigen Porträt führte.

Timoteo Vitis (1469–1523) Bildnis des Kardinals Ippolito I. d'Este (1479–1520), das in der Ausstellung zu sehen ist, unterstreicht den Rang der Malerei als beglaubigendes Medium: Der Spross aus der Familie der Este ist in der Robe

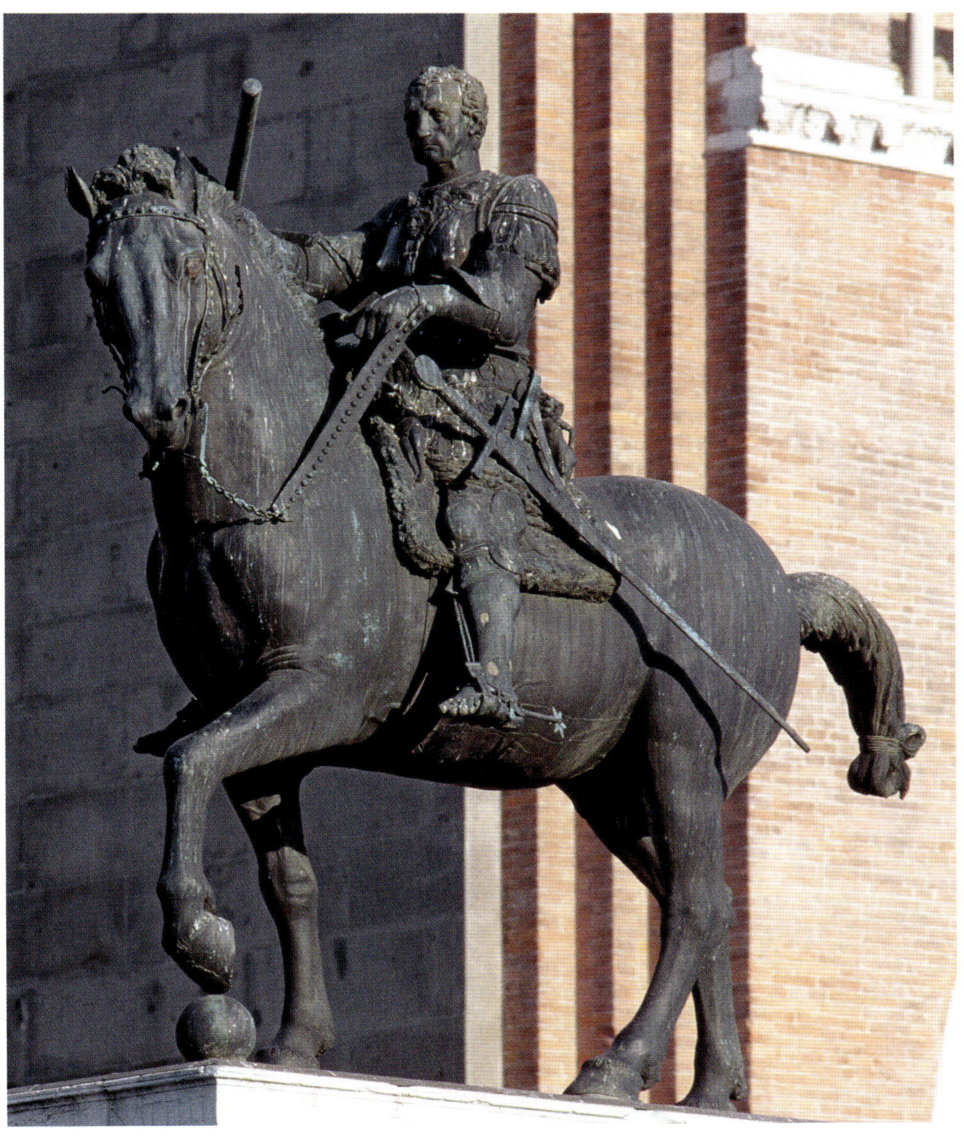

Abb. 4 Donatello, Reiterstandbild des Gattamelata, 1445–1453, Bronze, Piazza del Santo, Padua

des Kardinals wiedergegeben – ein Titel, um den die mächtigsten Familien Italiens konkurrierten (Kat. 53). Von der Ernennung zum Kardinal berichten zwar auch die Geschichtsbücher, doch erst in der Sichtbarkeit dieses Umstandes versprach man sich dauerhaftes Andenken und Ruhm. In außerhöfischen Porträts und in Damenbildnissen schlägt der Wunsch nach Vergegenwärtigung und Erinnerung noch stärker zu Buche. Neben Tafelbildern wie Domenico Ghirlandaios (1449–1494) *Bildnis einer Dame vor Landschaft* (Kat. 51) sind hier auch Büsten wie die sogenannte *Prinzessin von Urbino* (Kat. 55d) zu nennen.

STATUEN, FRESKENPROGRAMME UND STUDIOLI

Auf der Rückseite von Pisanellos Medaille mit dem Porträt Sigismondo Malatestas (1417–1468) ist der Regent von Rimini erneut zu sehen, diesmal als gerüsteter Feldherr auf einem Schlachtross sitzend und mit dem

Kommandostab in der rechten Hand (Abb. 2). Solche Reiterbilder erfreuten sich bei den Herrschern, Feldherren und Condottiere – den vortrefflich bezahlten Söldnern – in der zweiten Hälfte des 15. Jahrhunderts größter Beliebtheit.[9] Vermutlich hatte Pisanello, als er am Lateran in Rom beschäftigt war, das dort aufgestellte Standbild des Marc Aurel genau studiert und es anschließend für eigene Entwürfe verwendet.[10] Pisanello war es auch, der für König Alfons V. von Aragon in Neapel einen Triumphbogen entwarf, der in einer ursprünglichen Variante ein Reiterstandbild des Monarchen aufnehmen sollte.[11] Am Hof der Este von Ferrara lobte Leonello d'Este 1443 einen Wettbewerb zur Errichtung eines Monuments für seinen verstorbenen Vater aus, den Niccolò Baroncelli (gest. 1453) gewann und damit das erste freistehende bronzene Reiterstandbild der Nachantike schuf. Im Verlauf des Wettbewerbs wurde auch Leon Battista Alberti (1404–1472) zurate gezogen, der Leonello aus diesem Anlass eine Abhandlung über die Pferdehaltung (*De equo animante*) widmete.[12] Kurze Zeit später begann Donatello (um 1386–1466) in Padua mit den Arbeiten am Standbild des Condottiere Erasmo da Narni (1370–1443), genannt Gattamelata (Abb. 4).

Abb. 5 Medici-Riccardi-Pferdehaupt, 2. Hälfte 4. Jh. v. Chr., Museo Archeologico Nazionale, Florenz, Gipsabformung, um 1846, Lindenau-Museum Altenburg, Kat. 55h

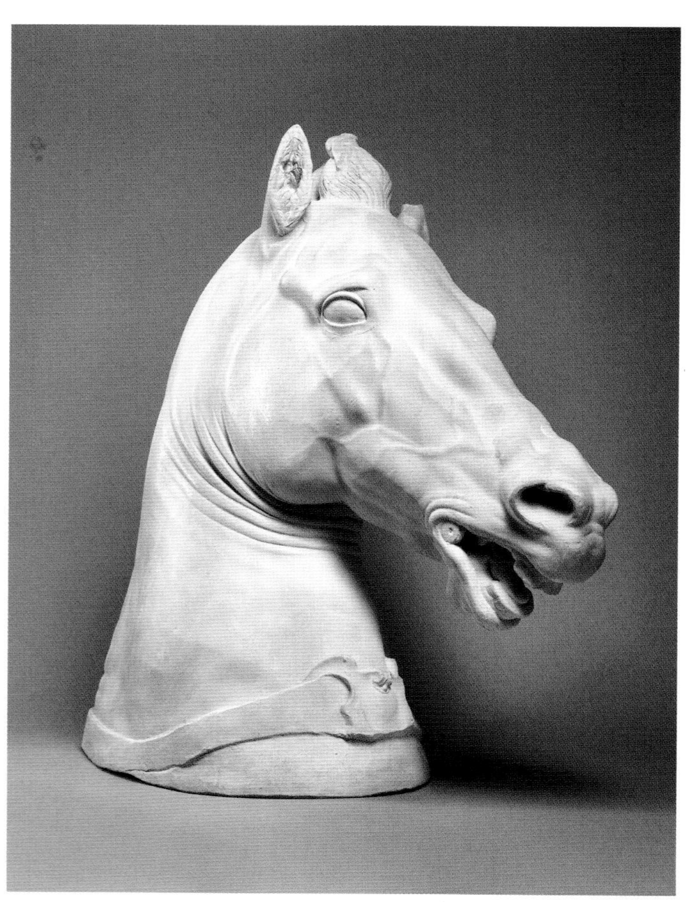

Ein in der Ausstellung gezeigter Abguss eines Pferdekopfes aus Lindenaus Sammlung geht auf das hellenistische, in Bronze gegossene »Medici-Riccardi-Pferdehaupt« zurück, das Donatello wohl als Vorlage seines Reitermonuments diente (Abb. 5).[13] Die Bronzestatue des Gattamelata frappierte ihre Zeitgenossen gerade ihres antikischen Erscheinungsbildes wegen. Als der Arzt und Humanist Michele Savonarola (1384–1468) im Jahr 1453 Donatellos Werk in Augenschein nahm, fühlte er sich unwillkürlich an einen Triumphritt Caesars erinnert.[14] Kein Wunder, dass diese bildliche Evokation antiker Machtfülle sogleich andere Herrscher wie Alfons V. von Aragon dazu animierte, Donatello für ein eigenes Reiterstandbild zu gewinnen.[15] Ein anderes bronzenes Pferdehaupt, das lange Zeit als antik galt, heute aber sicher Donatello zugeschrieben werden kann,[16] könnte ein Fragment des für den König von Neapel geplanten Monuments sein, das nie zur vollen Ausführung kam. Jedenfalls gelangte dieses Pferdehaupt im Jahr 1471 als diplomatisches Geschenk Lorenzo de' Medicis (1449–1492) an den humanistischen Kunstsammler Diomede Carafa (1407–1487) doch noch nach Neapel.

Auch für den Markgrafen und erfolgreichen Feldherrn Gianfrancesco Gonzaga (1394–1444) stellte Pisanello eine Medaille her, deren Rückseite ein Reiterbild aufweist.[17] Für den Herrscher über Mantua schuf der Künstler bereits in den 1420er-Jahren ein aufwendiges Freskenprogramm

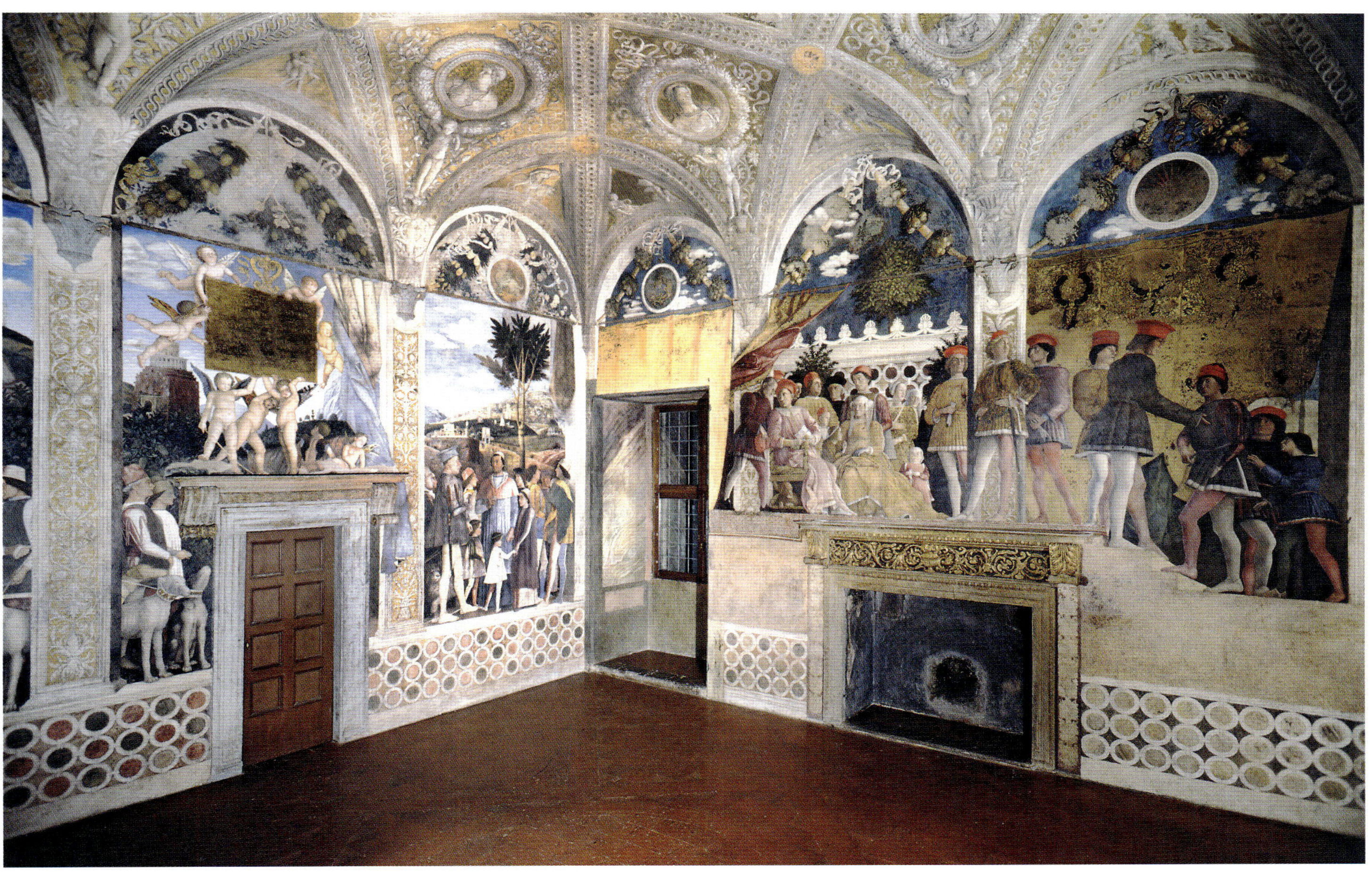

Abb. 6 Andrea Mantegna, Camera degli Sposi, 1465–1474, Fresko, Palazzo Ducale, Mantua

ritterlichen Inhalts im Palazzo Ducale.[18] Vier Jahrzehnte später entstand im Auftrag von Gianfrancos Sohn und Nachfolger Ludovico Gonzaga (1412–1478) im selben Palast einer der berühmtesten profanen Freskenzyklen des Quattrocento: Andrea Mantegna (1430/31–1506) stattete die Camera degli Sposi mit Wandbildern aus, die einen lebendigen Eindruck vom Leben am Hofe vermitteln (Abb. 6). Wie auf einer Theaterbühne zeigt sich die Herrscherfamilie mit dem gesamten Hofstaat hinter einem beiseite gezogenen Vorhang. Anders als die kleinen Profilbildnisse auf Medaillen oder Tafelbildern besitzen die lebensgroßen Gruppenporträts eine narrative Unmittelbarkeit und Präsenz, was nicht zuletzt Mantegnas souveräner Anwendung der perspektivischen Darstellung geschuldet war. Auch die anderen Szenen mit der Begegnung Ludovicos und seines Sohnes, Kardinal Francesco Gonzaga (1444–1483), vor den Toren Roms oder der benachbarte Jagdausritt vor einem weiten Landschaftspanorama bestechen durch Ungezwungenheit und Spontaneität. An der Decke brachte Mantegna neben mythologischen Szenen auch acht Porträts römischer Kaiser an, womit er den Herrschaftsanspruch der Gonzaga in einen antiken Bezugsrahmen stellte. Zieht man in Betracht, dass der kleine Saal für Audienzzwecke genutzt wurde, kann man die Wirkung erahnen, die diese höfische Inszenierung auf die damaligen Betrachtenden gehabt haben muss.[19]

Ein mit Mantegnas Bildern verwandtes Freskenprogramm wurde zur gleichen Zeit für den Palazzo Schifanoia im benachbarten Ferrara entworfen (Abb. 7). Die Monatsfresken im Salone dei Mesi zeigen Herzog Borso d'Este (1413–1471) in den höfischen Szenen des unteren Registers als uneingeschränkten Protagonisten. Der Maler Francesco del Cossa (1436–1478) stellte ihn einmal inmitten einer ungezwungenen Jagdgesellschaft dar, an anderer Stelle ist sein markantes Porträt während einer Unterredung auszumachen. Die oberen beiden Register der – analog zur Anzahl der Monate – zwölf Bildfelder sind astrologischen und mythologischen Darstellungen vorbehalten.[20]

Von der Vielzahl an höfischen Freskenausstattungen, die zeithistorische Szenen aufnahmen, haben sich aus dem 15. Jahrhundert nur die allerwenigsten erhalten. In den Landsitzen der Este soll es weitere Zyklen mit Bildnissen der Familie gegeben haben. Im Herrschaftsgebiet der Sforza, den Regenten von Mailand, ist eine umfassende Szenenfolge für das Castello di Pavia dokumentiert, auf der Bildnisse der Familienmitglieder, Jagdszenen, Turniere, der Empfang von Botschaftern und das Ankleiden des Herzogs zu sehen waren.[21] Auch von den aufwendigen Ausstattungen höfischer Bibliotheken und *Studioli*

Abb. 7 Francesco del Cossa, Salone dei Mesi, 1469/70, Fresko, Palazzo Schifanoia, Ferrara

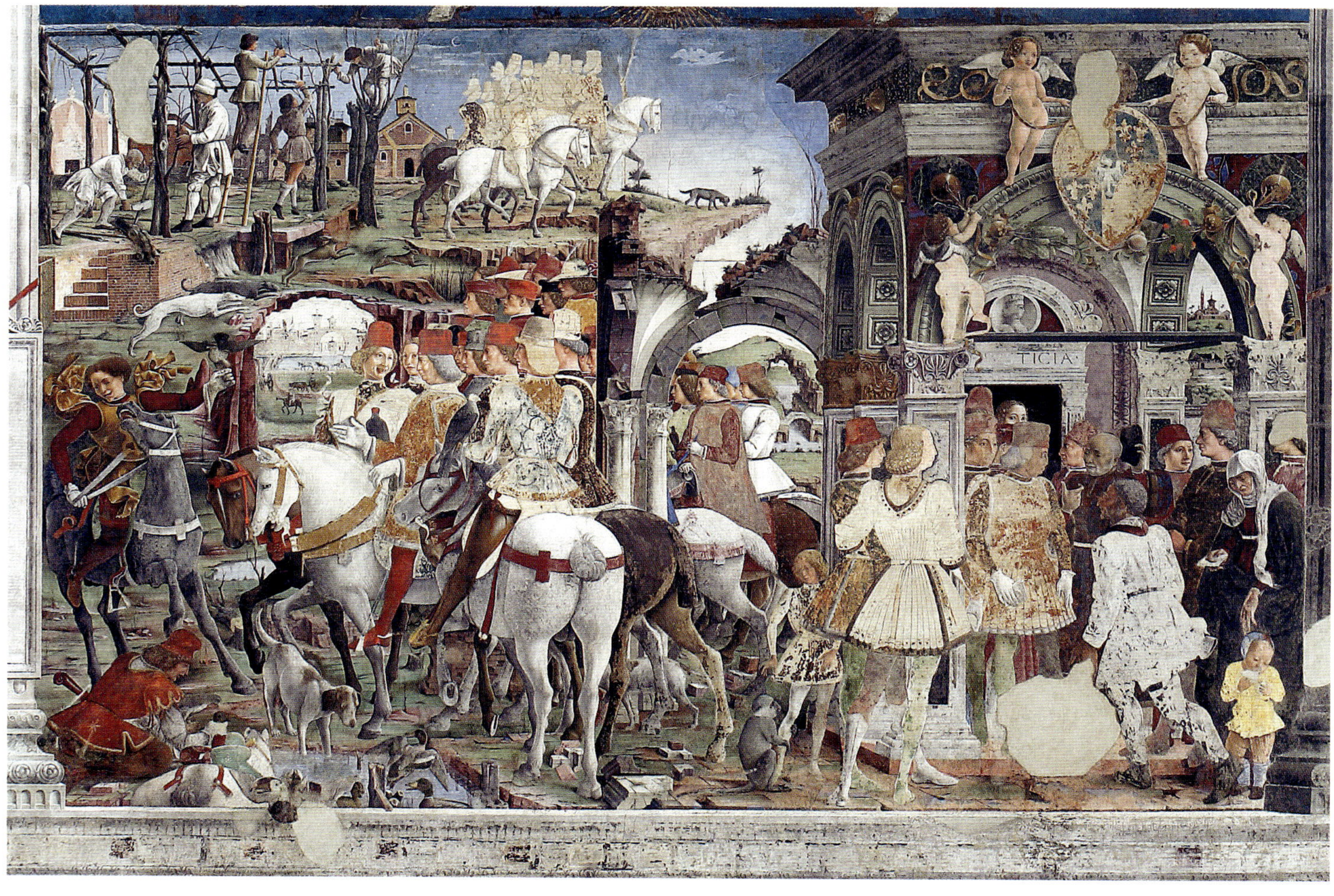

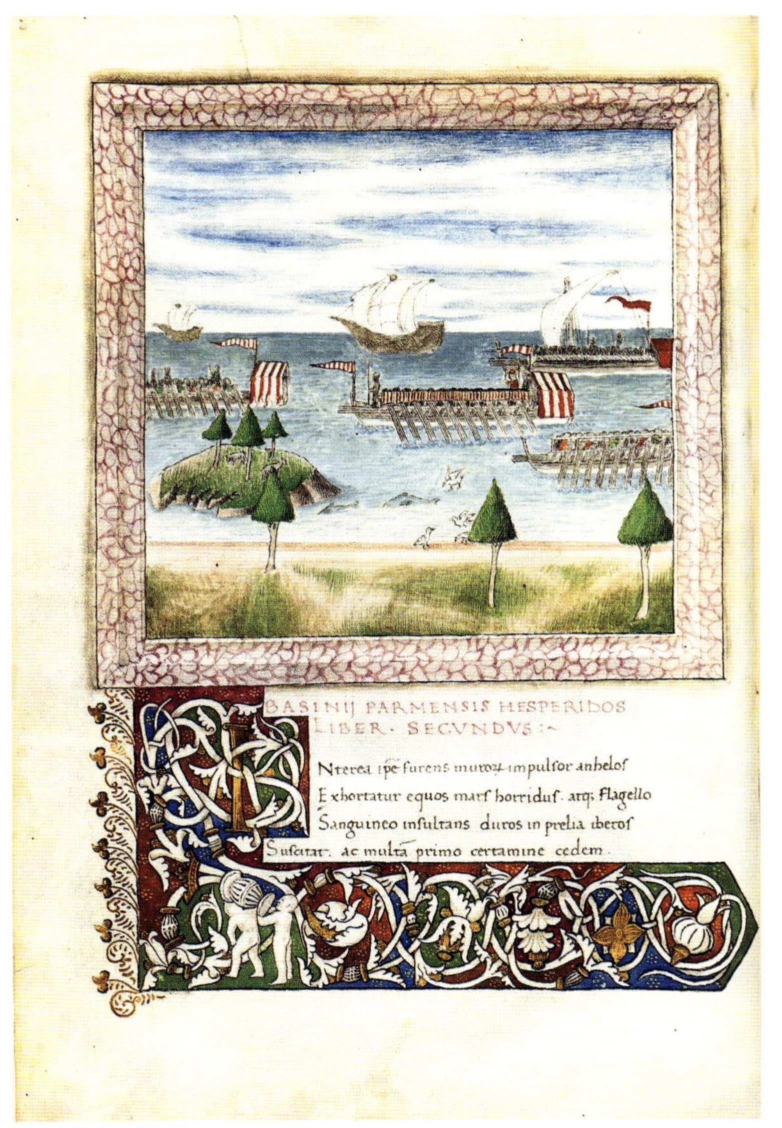

Abb. 8 Giovanni da Fano, Kriegsschiffe vor der italienischen Küste. In: Basinio da Parma, Hesperis, Bibliothèque de l'Arsenal, Paris, Ms. 630, fol. 15v

haben sich nur Fragmente erhalten. Leonello d'Este gab einen solchen Ort privater Gelehrsamkeit im Palazzo Belfiore in Auftrag und ließ ihn unter Anleitung des Hofhumanisten Guarino da Verona (1374–1460) unter anderem mit einem Musenzyklus ausstatten.[22] In Urbino versammelte Federico da Montefeltro (1422–1482) in seinem Studiolo im Palazzo Ducale 28 *uomini illustri* (berühmte Männer) in Einzelporträts, die ihn gleichsam zum Studium der Bücher anspornen sollten. Neben den Kirchenvätern Gregor, Hieronymus, Ambrosius und Augustinus standen dem Herzog dabei unter anderen auch Platon, Aristoteles, Cicero, Vergil, Dante Alighieri und Francesco Petrarca zur Seite.[23] Ein Reflex auf ein so geartetes Gelehrtenprogramm findet sich in einer achtteiligen Folge an Tafeln mit Grotesken, Putten, Tugenddarstellungen, einem Humanisten und einem antiken Philosophen (Sokrates?), die einst ein Studierzimmer eines Palastes in Faenza bebildert haben sollen (Kat. 52).

BUCHMALEREI, FESTUMZÜGE UND CASSONI

Waren Statuen und bildliche Ausstattungen in den Palästen fest an einem Ort verankert und nur von denen zu erschließen, die sich dorthin begaben, so entwickelten sich in der Renaissance neben dem kleinformatigen Porträt und der Medaille weitere mobile Bildformen, die leicht von einem Ort zum anderen getragen werden konnten. Mit der Produktion solcher Werke schienen Künstler geradezu auf einen negativen Befund zu reagieren, der etwa von dem Humanisten Guarino da Verona geäußert wurde: In einem Brief an Alfons V. von Aragon merkte Guarino an, dass Bilder sich denkbar schlecht für die Entfaltung der *fama* (Ruhm) eines Herrschers eignen würden, weil sie ohne Wörter auskommen müssten (*sine litteris*) und unbeweglich seien. Wörter dagegen wären viel eher in der Lage, von den glorreichen Taten eines Regenten zu künden, da Schriftquellen sich schnell und einfach »über die ganze Welt hin« transportieren ließen.[24]

Das im 15. Jahrhundert entstehende humanistische, mit Bildern versehene Buch war nicht nur beweglich, sondern konnte als visuell-textliches Medium genau diejenigen Botschaften vortrefflich kommunizieren, die den Auftraggebern wichtig erschienen. Neben historiographischen Abhandlungen, mit denen Hofhumanisten nach antikem Vorbild ein gefälliges Bild des Herrschers niederschrieben und es mit der Wahrheit alles andere als genau nahmen, entstanden auch Epen.[25] In beiden Fällen sorgten Bilder, die den Regenten entweder als glorreichen Feldherrn in der Nachfolge Caesars zu Pferde, während eines Triumphzuges oder im Profilbildnis wiedergaben, für den nötigen Interpretationsrahmen des Textes. Weit davon entfernt lediglich Illustrationen zu sein, stellten Bilder in Büchern eine Person oder ein historisches Geschehen vor Augen und entfalteten damit – wie aus zahlreichen humanistischen Quellen hervorgeht – eine starke Überzeugungskraft. Das wohl bedeutendste neulateinische Epos der Renaissance, Basinio da Parmas (1425–1457) *Hesperis*, das Sigismondo Malatesta, den Herrscher von Rimini, als neuen Aeneas und Retter Italiens vor der Barbarei feiert, wurde in mindestens drei Versionen aufwendig bebildert.[26] Die recht großen von Giovanni da Fano (nachweisbar 1456–1491) geschaffenen Szenen zeigen Belagerungen, Schlachten, Ausritte, Schiffe auf hoher See, Triumphzüge und mythologische Ausflüge, in denen Sigismondo zum Liebling der Götter und Held erkoren wird (Abb. 8). Die Unmittelbarkeit der Szenenfolge ist verwandt mit den oben besprochenen Freskenprogrammen.[27]

Das Bild einer auf Visualität aufbauenden Renaissancekultur wäre ohne die an den italienischen Höfen weit verbreiteten Festumzüge und die dort zur Schau gestellten »lebenden Bilder« nicht komplett. Mit »lebenden Bildern« sind temporär geschaffene »Bühnenbilder« gemeint, vor denen etwa bei Hochzeiten, Triumphzügen oder bei anderen politischen Zeremonien Götter und Heroen der Antike »leibhaftig« auftraten.[28] Besonders eindrücklich muss der triumphale Einzug von Alfons V. von Aragon in Neapel gewesen sein, als der neue König am 26. Februar 1443 im Stil eines römischen Imperators nach jahrelangen Kämpfen Besitz von der Stadt ergriff.[29]

In besonderem Maße waren auch Cassoni, also jene Truhen, die vor allem bei Hochzeiten für das Brautpaar angefertigt wurden, damit die Braut darin ihre Mitgift aufbewahren konnte, für die Aufnahme von Bildern aus Mythos und Geschichte geeignet. Cassoni erfreuten sich im Quattrocento vor allem in Florenz großer Beliebtheit, waren aber ebenfalls an den Höfen verbreitet. Gelegentlich waren auch aktuelle, zeitgeschichtliche Szenen auf den Truhenbildern zu sehen. So wurde vermutet, dass Gherardo Starninas (um 1360–1413) Darstellung eines Kampfes orientalischer Reiter (Kat. 50) aus Lindenaus Sammlung die Schlacht von Ankara wiedergäbe, als die Osmanen von dem Fürsten Timur (1336–1405), der ein turko-mongolisches Heer anführte, im Jahr 1402 geschlagen wurden.[30] Andere Cassone-Tafeln setzen das militärisch-politische Geschehen auf der italienischen Halbinsel in Bezug zur römischen Geschichte. So lassen sich auch zwei kleine Werke mit Episoden aus der Legende um Mucius Scaevola und den Etruskerkönig Porsenna (Kat. 54), die bereits aus dem 16. Jahrhundert stammen und von Nicola Giolfino (1476–1555) in Verona geschaffen wurden, mit der Lokalgeschichte in Verbindung bringen.

In dem für die politische Philosophie der frühen Neuzeit bahnbrechenden Traktat *Il principe* (Der Fürst) legte Niccolò Machiavelli (1469–1527) im Jahr 1513 den Regenten ein auf äußeren Schein und Machterhalt anstatt auf Tugend und Ideal ausgerichtetes Herrschaftsverständnis nahe.[31] Die geschilderte zunehmende Visualität und das Inszenierungsbewusstsein innerhalb der Hofkultur des 15. Jahrhunderts können in Ansätzen bereits diesem modernen Denken Machiavellis zur Seite gestellt werden. Zur Blüte kam die Allianz zwischen Herrschaft und Kunst in den folgenden Jahrhunderten mit Künstlern wie Tizian, Diego Velázquez (1599–1660) und Peter Paul Rubens (1577–1640).

1 Vgl. Rux 2021.
2 Vgl. Burckhardt 1960. Burckhardt überschreibt in dieser noch immer unübergehbaren Studie aus dem Jahr 1860 das erste Kapitel mit »Der Staat als Kunstwerk«. Für die Erarbeitung des historischen Kontextes waren hilfreich: Najemy 2000, v. a. S. 184–207; Reinhard 2003, S. 89–102; zur Staatenwelt der Frührenaissance Goez 1988, S. 237–267.
3 Vgl. Reinhardt 2003, S. 90–91.
4 Schilling 1999, S. 31.
5 Angelo Decembrio: De politia litteraria, Kap. 68,21. Das für die Kunstgeschichte äußerst relevante Kapitel 68 wurde veröffentlicht und eingeleitet von Baxandall 1963; vgl. auch die kritische Edition des Textes Decembrio 2002, S. 107–109.
6 Panormita 1912, S. 45.
7 Vgl. Brown 2011, S. 26.
8 Vgl. Ausst.-Kat. Paris 1996; Syson/Gordon 2001.
9 Vgl. etwa Beuing 2010; Rux 2021, S. 169–204.
10 Vgl. Gramaccini 1985, zu Pisanello vgl. S. 70. Die Reiterstatue Marc Aurels befand sich im 15. Jahrhundert noch am Lateran und galt als Darstellung des reitenden Kaisers Konstantin. Da dieser das Christentum im römischen Reich eingeführt hatte, wurde seine Statue im Mittelalter nicht zerstört. In der Renaissance fand man heraus, dass es sich um eine Darstellung Marc Aurels handele. 1538 wurde das berühmte Standbild auf dem Kapitolsplatz aufgestellt.
11 Vgl. Kruft/Malmanger 1975.
12 Vgl. Rosenberg 1997, S. 54–82, dort zur Rolle Albertis S. 57–61. Das Monument wurde im 18. Jahrhundert zerstört und ist heute durch eine Kopie ersetzt.
13 Vgl. Pfisterer 2002.
14 Savonarola 1902, S. 32–33.
15 Vgl. den Brief Alfons' an den Dogen Francesco Foscari (1373–1457) vom 26. Mai 1452 in: Pfisterer 2002, S. 491. Vgl. zu weiteren geplanten Reiterbildern Rux 2021, S. 183–184.
16 Vgl. die Zuschreibungsgeschichte bei Pfisterer 2002, S. 13–18.
17 Vgl. Ausst.-Kat. Berlin 2011, S. 230–231, Kat. 86 (Eleonora Luciano).
18 Vgl. Woods-Marsden 1989.
19 Vgl. Cordaro 1992.
20 Vgl. Lippincott 1990, S. 93–109.
21 Vgl. Welch 1989, S. 352–375.
22 Vgl. die Ausführungen in Ausst.-Kat. Mailand 1991.
23 14 der Tafeln befinden sich heute im Musée du Louvre, Paris.
24 »Kein Land, kein Zeitalter wird aufhören, Dich mit der Rohrflöte zu feiern – man kann kaum hoffen, dass dies durch Bilder und Statuen geschehen könnte, weil diese ja stumm sind und nicht leicht durch die Welt hier- und dorthin getragen werden können.« Der Brief an den König von Neapel aus dem Jahr 1447 ist abgedruckt bei Garin 1966, S. 209.
25 Vgl. Rux 2021, v. a. S. 111–232.
26 Zum Text vgl. Basinio da Parma 2021. Die drei bebilderten Prachthandschriften befinden sich in der Bodleian Library, Oxford, Ms. Can. Class. Lat. 81, in der Bibliothèque d'Arsenal, Paris, Ms. 630 und in der Biblioteca Apostolica Vaticana, Vatikanstadt, Ms. Vat. Lat. 6043.
27 Vgl. Rux 2021, S. 55–108.
28 Vgl. Helas 1999.
29 Vgl. ebd. S. 61–88.
30 Siehe auch die Deutungen zu dieser Tafel in vorliegendem Band.
31 Vgl. Machiavelli 1993; Skinner 2001.

EX
KU
RS

VOM BAUMSTAMM ZUM BILDTRÄGER – DIE TECHNIK DER HOLZBEARBEITUNG

SABRINA KUNZ

Die Grundlage eines Gemäldes bildet der sogenannte Bildträger. Damit bezeichnet man das Medium, auf dem ein Werk gemalt wird, zum Beispiel die klassische Leinwand. Als gängiges Material setzte sich diese in Italien allerdings erst um die Mitte des 15. Jahrhunderts durch.[1] Die frühitalienische Malerei wurde daher lange von einem anderen Bildträger dominiert, der Holztafel. Die Verwendung von Holz zu diesem Zweck reicht mindestens bis in die Antike zurück und hat daher eine lange Tradition. Häufig wurden hauptsächlich lokal vorkommende Hölzer verwendet. In Italien kam zur Zeit der Frührenaissance vor allem Pappelholz zum Einsatz, seltener Weide und Linde sowie, bei umbrischen Tafeln, Tannenholz.[2] Das vergleichsweise leichte Holz der Pappel, ein schnellwüchsiger Laubbaum, ließ sich gut bearbeiten und wurde sowohl für Holztafeln als auch für Skulpturen eingesetzt. Der Maler Cennino Cennini (geboren um 1370) beispielsweise schrieb hierzu um 1400: »Vor allem muß jene [Tafel] aus einem Holze gefertigt sein, welches man [...] Pappelholz nennt [...]. Ich könnte dir keinen bessern Rat geben.«[3]

Um eine bemalbare Holztafel herzustellen, waren aufwendige Arbeitsprozesse erforderlich, die in Zeiten unserer hochtechnisierten Industriegesellschaften schnell in Vergessenheit geraten.[4] Am Anfang des hölzernen Bildwerks stand zunächst der Baum. Obwohl die Säge als Werkzeug und sogar die Sägemühle bereits bekannt waren, wurden die Bäume in der Zeit der Renaissance meist mit einer großen Axt gefällt. Dabei wurde darauf geachtet, einen Rest des Stammes von etwa einem halben Meter über dem Boden zu belassen, damit der Baum erneut austreiben konnte (Abb. 1). Das Schlagen der Bäume fand in der Regel in der Winterzeit statt, da hier die Holzfeuchte geringer ist und unter anderem der Glaube herrschte, im Sommer gefälltes Holz würde sich unter Klimaschwankungen stärker verziehen sowie vermehrt von Schädlingen befallen. Hierzu schreibt beispielsweise Konrad von Mengenberg (1309–1374) im 14. Jahrhundert: »der wurm wechst in den hölzern, diu man ze unrehter zeit abhawet, [...] dar umb prüefent die holzhacker an das wädel und daz new das mônen, wenn si daz holz oder die paum hawen wellent«.[5] Noch im Wald wurden häufig Äste und Rinde entfernt und der Stamm bereits in eine grobe Form gehauen.

SPALTEN DES HOLZES

Zur Herstellung grober Bretter fanden spezielle Äxte oder Beile Verwendung, mit denen der Stamm gespalten wurde (Abb. 2). Diese Werkzeuge haben gegenüber der Verwendung einer Säge den Vorteil, dass die Holzfasern nicht aufreißen und die Oberfläche der Bretter hierdurch dichter bleibt. Bei der Aufteilung des Stammes oder Stammabschnitts in einzelne Bretter wurde meist darauf geachtet, möglichst viele Bretter mit »stehenden«, also senkrechten, Jahrringen herstellen zu können. Holztafeln mit dieser Eigenschaft neigen zu deutlich geringeren Verwölbungen als solche mit »lie-

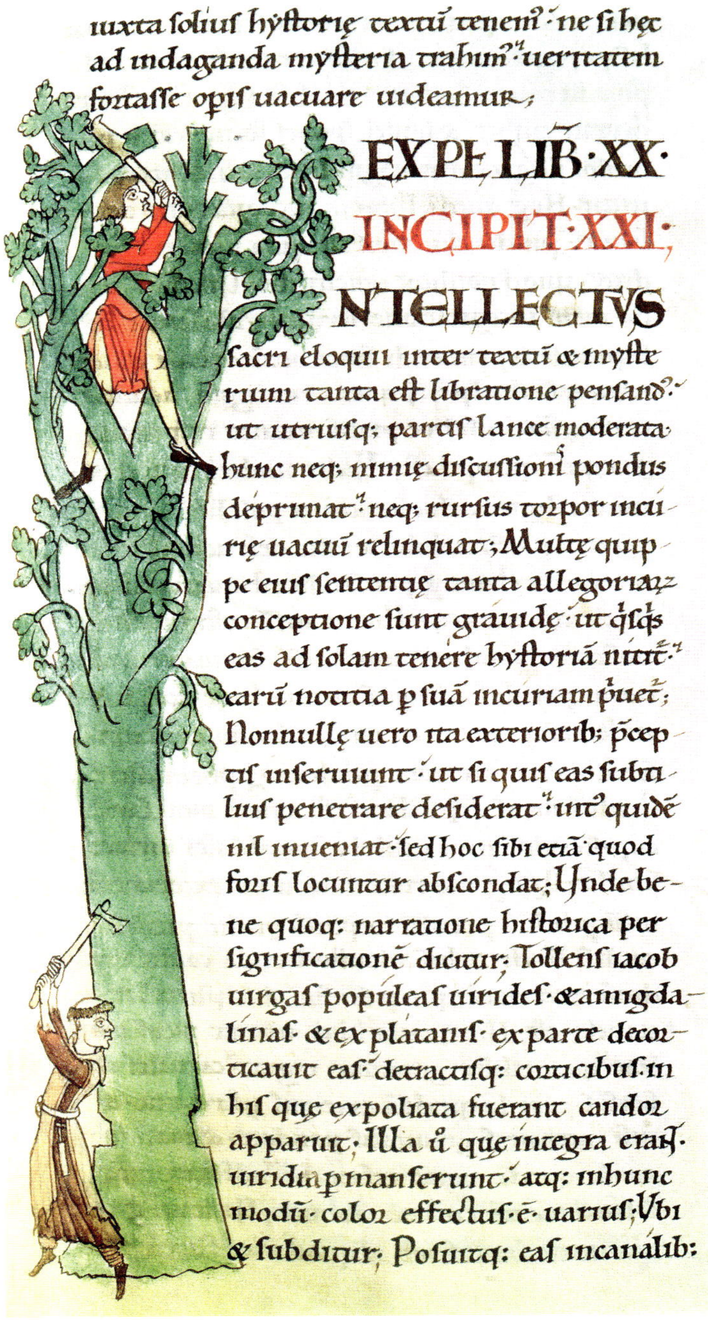

Abb. 1 Mönche beim Fällen eines Baumes, Initiale »I« einer Buchmalerei. In: Papst Gregor I., Moralia in Job, Cîteaux, Anfang 12. Jahrhundert, Manuskript 173, f. 41r, Bibliothèque municipale de Dijon

genden«, also waagerechten, Jahrringen. Zur Auswahl der Holzqualität gab es keine Vorschriften, sodass häufig auch weniger gute Stammabschnitte mit verwachsenen Ästen zu Bildträgern verarbeitet wurden.

GROBE BEARBEITUNG UND GLÄTTEN

Die roh gespaltenen Bretter wurden mit der Dechsel oder dem Schrupphobel weiterbearbeitet. Diese Werkzeuge besitzen eine leicht gewölbte Klinge und erlauben hierdurch einen effektiveren Materialabtrag. Das Brett nimmt so immer mehr die Form einer Holztafel an. Die spätere Rückseite des Gemäldes fand meist keine stärkere Bearbeitung, die Vorder- oder Bildseite hingegen wurde noch weiter geglättet, um einen möglichst ebenen Untergrund zu erzeugen. Hierfür kam beispielsweise ein Schlichthobel zum Einsatz, der eine gerade Klinge besitzt. Werkzeuge wie Hobel und Dechsel haben sich über die Jahrhunderte nur geringfügig verändert und besaßen auch damals annähernd die gleiche Form wie heute (Abb. 3).

Kleinformatigere Bildträger bestanden meist aus einem einzelnen Holzbrett. Für größere Formate mussten mehrere Einzelbretter zusammengesetzt werden. Bei den Werken der italienischen Tafelmalerei aus der Sammlung des Lindenau-

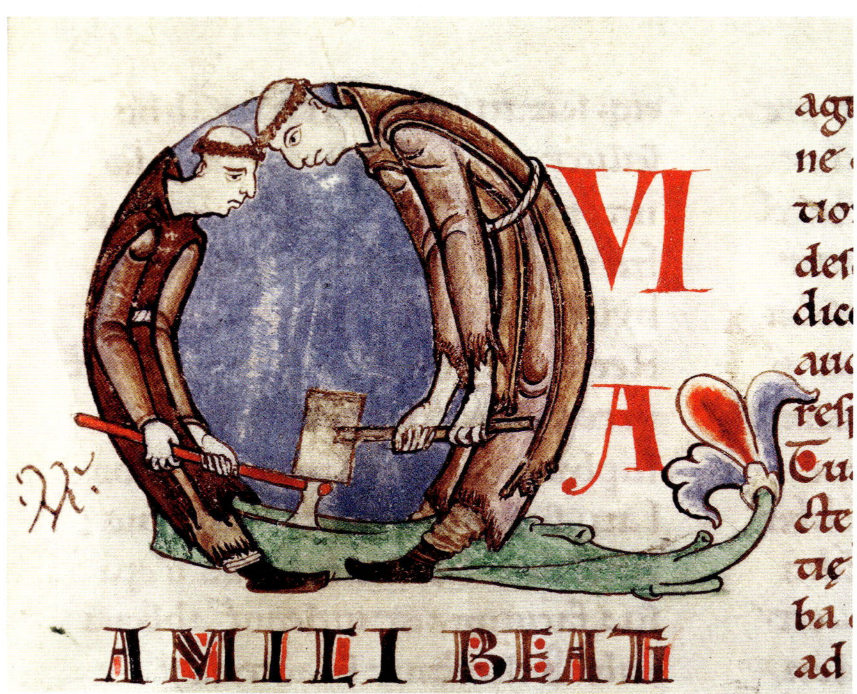

Abb. 2 Zwei Mönche beim Spalten eines Baumstammes, Initiale »Q« einer Buchmalerei. In: Papst Gregor I., Moralia in Job, Cîteaux, Anfang 12. Jahrhundert, Manuskript 170, f. 59r, Bibliothèque municipale de Dijon

Museums handelt es sich in diesen Fällen fast ausschließlich um stumpfe Verleimungen. Das bedeutet, dass die Tafeln ohne Nut und Feder, Überblattungen oder Dübel direkt miteinander verleimt wurden. Als Klebemittel kam ein tierischer Leim zum Einsatz, der aus Knochen, Häuten oder Knorpeln gewonnen werden konnte und Ähnlichkeiten mit der auch heute noch zum Kochen gebräuchlichen Gelatine besitzt.

ZIERRAHMEN UND GRUNDIERUNG

Ursprünglich besaßen viele der Tafelgemälde profilierte Zierrahmen. Diese wurden meist als einzelne Leisten separat angefertigt und auf die Holztafel geleimt. Hierfür fand ebenfalls tierischer Leim Verwendung; gelegentlich sorgten Holznägel für eine (zusätzliche) Sicherung der Leisten. Bei den zeitlich früher einzuordnenden Tafeln wurde häufig noch kein separater Rahmen angefertigt, sondern Zierrahmen und Bildtafel aus demselben Stück Holz herausgearbeitet.

Bevor der Maler allerdings mit der Arbeit am Gemälde beginnen konnte, musste die Holztafel noch mit einer Grundierung versehen werden. Diese glich zum einen Unebenheiten der Holzoberfläche aus und bildete zum anderen einen gleichmäßigen Untergrund, der die Grundlage der Malerei war. Bei der italienischen Tafelmalerei fanden meist Grundierungen aus einer Mischung aus Gips und tierischem Leim Verwendung. Hierfür musste der Leim erhitzt und das Gipspulver langsam eingestreut werden, sodass es einsumpfte. Noch im erwärmten Zustand wurde die daraus erzeugte Grundiermasse aufgestrichen. Aus praktischen Gründen grundierte man die Bildtafel und den aufgesetzten Zierrahmen gemeinsam; häufig wurden sie auch ge-

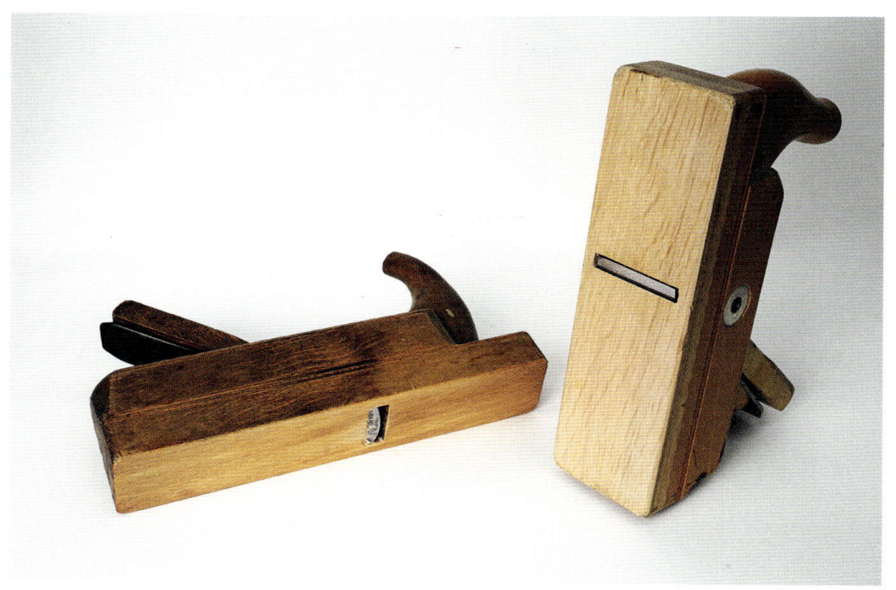

Abb. 3 Schrupp- und Schlichthobel

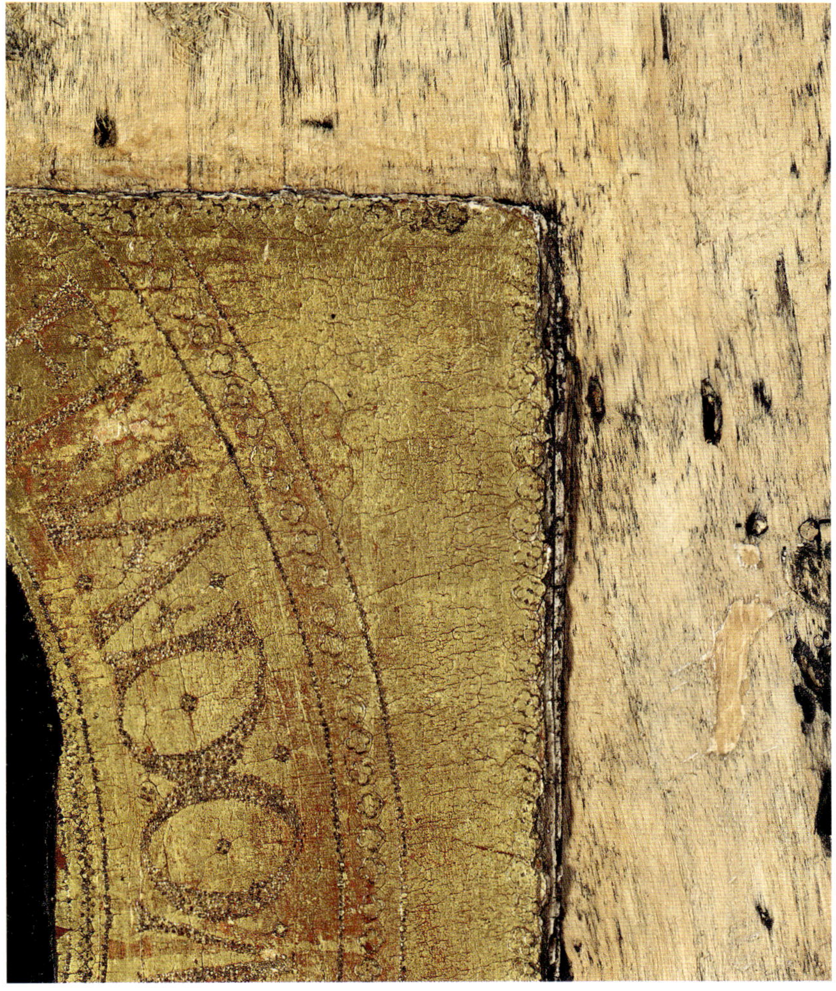

Abb. 4 Liberale da Verona, Madonna mit Kind, um 1465–1468, Tempera auf Holz, Lindenau-Museum Altenburg, Kat. 1c, Detail mit gut erkennbarem »Grundiergrat«

meinsam vergoldet.[6] Anschließend konnte die Malerei angelegt werden.

Generell sind diese originalen Rahmungen heute leider häufig verloren. Was bleibt, sind meist holzsichtige Ränder und der sogenannte Grundiergrat. Damit wird die Anhäufung von Grundiermasse bezeichnet, die sich in den Übergangsbereichen von Holztafel und Rahmenprofil ansammelt. Wurden die Leisten entfernt, so blieb eine Art kleine, umlaufende Wulst zurück. Daran lässt sich erkennen, dass die Gemälde ursprünglich einmal einen Zierrahmen besaßen (Abb. 4).

1 Vgl. Straub 1984, S. 153.

2 Vgl. ebd., S. 134.

3 Cennini 2017, S. 147, Cap. 113.

4 Für weiterführende Informationen zur Holzbearbeitung siehe auch Merzenich 2001.

5 Von Mengenberg 1856, S. 309. Aus *Das Buch der Natur*, Kap. III: »Von den Tiern in ainer Gemain«, Abschnitt F: Von den Würmen, Absatz 26: Von dem Holzwurm; sinngemäß: »Der Holzwurm gedeiht in den Hölzern, die zum falschen Zeitpunkt gefällt werden, darum überprüfen die Holzfäller, ob der Wedel oder Neumond herrscht, wenn sie das Holz oder die Bäume behauen wollen.«

6 Siehe auch den Beitrag der Autorin zum Goldgrund in vorliegendem Band.

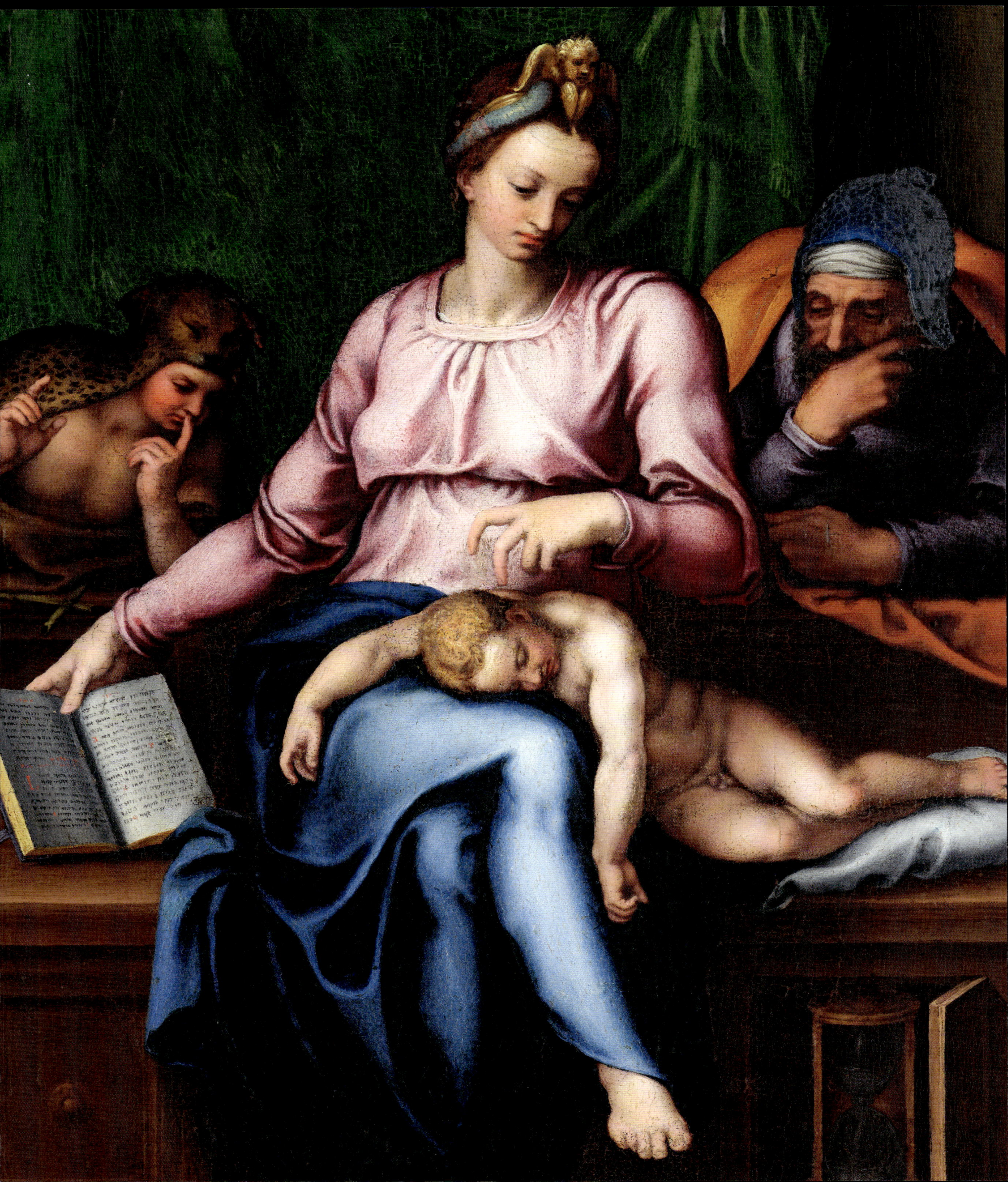

FIGUR UND RAUM IN DER KUNST DER ITALIENISCHEN RENAISSANCE

JUTTA GÖTZMANN

Die Kunst der italienischen Renaissance wurde im 19. Jahrhundert Gegenstand höchster Verklärung und als Ursprung der modernen Kultur mit Formeln wie »Die Entdeckung der Welt« oder »Die Entdeckung des Menschen« versehen.[1] Nach Jakob Burckhardt (1818–1897) bot sie » [...] eine noch größere Leistung, indem sie zuerst den ganzen, vollen Gehalt des Menschen entdeckt und zu Tage fördert«.[2] Bis heute werden der Renaissancebegriff und seine zeitliche Terminierung allerdings kontrovers diskutiert.[3]

In seiner Schrift *Della vita civile* aus dem Jahr 1436 erkennt der Gelehrte und Diplomat Matteo Palmieri (1406–1475) ein aufziehendes wunderbares Zeitalter der Kultur.[4] Es herrschte eine geistige Atmosphäre, die nicht unabhängig von Philosophie und Theologie der Zeit auf Gesellschaft, Wissenschaften, auf Technik, Fortschritt und nicht zuletzt auf die bildenden Künste wirkte. Gleichzeitig konstatiert Nikolaus von Kues (1401–1464) im Jahr 1440 in *De docta ignorantia*, »daß das Staunen, das zum Philosophieren hinführt, dem Drang nach Wissen vorangeht«.[5]

Den genauen Beginn des philosophischen Humanismus bzw. das Ende der Scholastik zu bestimmen, ist nicht Aufgabe dieses Textes,[6] doch es wäre zu kurz gefasst, philosophische Entwicklungen, die über Nikolaus von Kues, Lorenzo Valla (1406–1457) und Petrarca (1304–1374) bis zu Giovanni Pico della Mirandola (1463–1494) reichen, nicht als Basis und Initiation fortschrittsfähigen Künstlertums und der Darstellung des Menschen in der bildenden Kunst zu sehen.[7]

»Keinen bestimmten Platz habe ich dir zugewiesen, auch keine bestimmte äußere Erscheinung und auch nicht irgendeine besondere Gabe habe ich dir verliehen, Adam, damit du den Platz, das Aussehen und alle die Gaben, die du dir selber wünschst, nach deinem eigenen Willen und Entschluß erhalten und besitzen kannst. [...] Du wirst von allen Einschränkungen frei nach deinem eigenen freien Willen, dem ich dich überlassen habe, dir selbst deine

Kat. 9, Detail

Natur bestimmen [...] damit du wie ein Former und Bildner deiner selbst nach eigenem Belieben und aus eigener Macht zu der Gestalt dich ausbilden kannst, die du bevorzugst.«[8]

Diese Zeilen stammen von Pico della Mirandola aus seiner Rede »Über die Würde des Menschen« von 1486/87. Jene bedeutende Schrift der Renaissance geht der Frage nach dem Wesen des Menschen, seinen Fähigkeiten und Möglichkeiten nach und erhebt die menschliche Freiheit zum zentralen Thema der Philosophie. Die Würde des Menschen besteht in der Freiheit, durch eigene künstlerisch-schöpferische Taten zum Bildner zu werden, sein eigenes Wesen zu gestalten und selbst zu bestimmen.[9]

Die Schrift unterstreicht den prozesshaften Übergang vom Mittelalter zur frühen Neuzeit, der durch einen gravierenden Wandel des Menschenbildes geprägt war – vom Gott bestimmten Wesen zum Individuum, das zunehmend durch Würde und freien Willen charakterisiert ist und sein Handeln selbst steuert. Diese Freiheit und menschliche Selbstbestimmtheit ist ein Pfeiler des diesseitsbezogenen Denkens des Humanismus.

Die veränderte Wahrnehmung und Sicht auf Welt und Mensch erhielt Einzug in die Künste. Humanisten und Kunsttheoretiker wie Leon Battista Alberti (1404–1472) schrieben zum Wiedererwachen der Künste und der »Wiedergeburt« der Antike systematische Abhandlungen. Geometrie, Mathematik und Optik wurden zum Fundament seines 1435 verfassten Malereitraktats.[10] Die Proportionslehre und Ausmessung des menschlichen Körpers bildet die Basis seiner Schrift *De statua* von 1434/35, mit der er sich an die plastisch arbeitenden Künstler wendete.[11]

Zweifelsohne waren die menschliche Figur und der sie umgebene Raum in ihrer bildlichen Wiedergabe essenziell durch die enormen gesellschaftlichen und philosophischen Veränderungen vom späten Tre- bis zum Cinquecento geprägt. Und sie waren zugleich das Produkt eines künstlerischen Entdeckungsdrangs, der zu einem wichtigen Merkmal der Epoche wurde. Wenn man das Zitat von Pico della Mirandola nochmals genauer liest, dann gilt sein Appell dem Menschen, der in der Lage ist, seinen eigenen Raum zu schaffen – ein Ansatz, der eine vollkommen neue Sichtweise formuliert.

DIE TAFELMALEREI DES TRE- UND FRÜHEN QUATTROCENTO – LICHT STATT RAUM

Die Künste und Wissenschaften um 1400 waren geprägt durch die Internationale Gotik, die als Stilrichtung des höfischen Frankreichs für Europa bestimmend wurde. Paris, Burgund, Köln und Prag waren einige der wichtigsten Zentren, in Malerei und Skulptur galten die »schönen Madonnen« des weichen Stils als kennzeichnend, die Drapierungen waren schwungvoll und kurvenreich. Auch in der Toskana waren die entsprechenden Stilformeln zu Beginn des 15. Jahrhunderts vorherrschend, beispielsweise in den Altarbildern des

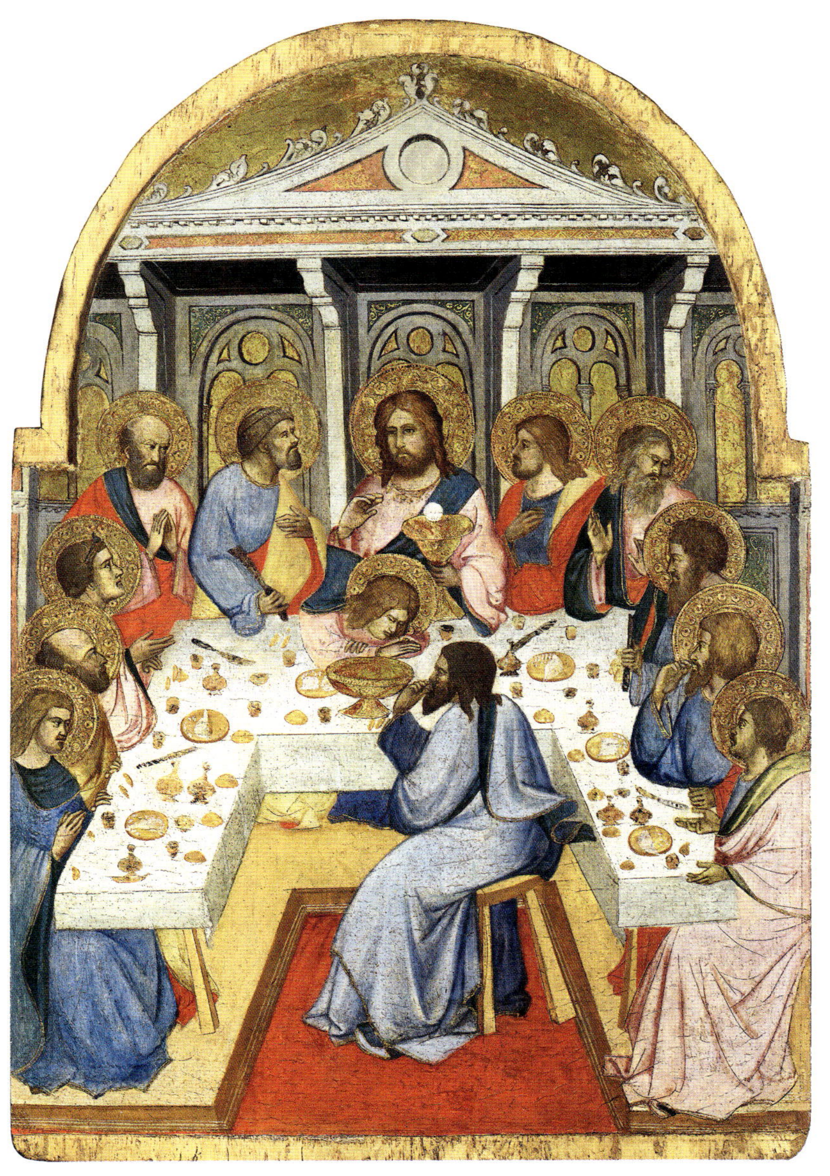

Abb. 1 Agnolo Gaddi, Das letzte Abendmahl, um 1390–1395, Tempera auf Pappelholz, Lindenau-Museum Altenburg, Kat. 45

Lorenzo Monaco (um 1370–um 1425) und den bildhauerischen Frühwerken Lorenzo Ghibertis (1378/81–1455).[12]

An einer eindrucksvollen Gemäldeauswahl vom Tre- zum frühen Quattrocento führen die Tafelbilder der Altenburger Sammlung die Gemäldetradition mit leuchtend strahlendem Goldgrund als Fond der Bilderzählung vor Augen: von Guido da Sienas (nachweisbar um 1260–1280) Gemäldezyklus mit Szenen aus dem Leben Christi, darunter die *Anbetung der Heiligen Drei Könige* und die *Geißelung Christi* (Kat. 33a, c), die um 1270 bis 1280 entstanden sind, bis zur Tafel einer Predella von Giovanni di Paolo di Grazia (1399–1482) mit dem bildlichen Motiv der *Kreuzigung Christi* (Kat. 47) von 1426.[13]

Der Goldgrund ist bei Guido da Siena mit einer geringen Tiefenwirkung verbunden, die die Bilderzählung friesartig erscheinen lässt. Die Geißelung Christi durch zwei Schergen vor einer durchbrochenen Mauer vollzieht sich auf einem bühnenartigen Streifen, der von abbreviaturartigen Stadtarchitekturen seitlich gerahmt ist. Auch die *Kreuzigung Christi*, die mit Maria und ihren Begleiterinnen, den berittenen Soldaten und weiteren Figuren in dichter Abfolge die querrechteckige Tafel bestimmt, ist vor einem planen Goldgrund angeordnet. Der schmale Landschaftsstreifen und der minimalistische, eher symbolartige Verweis auf den Berg Golgatha wirken hier ebenfalls einer räumlichen Tiefe entgegen. Der Goldgrund ist der Verweis auf die transzendente, überirdische Sphäre – oder wie Michael Philipp es mit Verweis auf den neuplatonischen Philosophen Proklos zitiert: »Der Raum ist nichts anderes als das feinste Licht«.[14] Hier wird anschaulich, wie sich die göttlich bestimmte Jenseitsvision der Scholastik auf die Visualisierung von Figur und Bildraum auswirkt.

Dass der Goldgrund auch nur ornamental und mit malerischer Differenzierung eines Hintergrunds verbunden werden kann, verdeutlicht *Das letzte Abendmahl* von Agnolo Gaddi (nachweisbar 1369–1396; Abb. 1 und Kat. 45). Die Abendmahlszene an einer u-förmigen Tafel, die einem vorsichtigen, wenn auch inkonsequenten Versuch eines perspektivischen Tiefenraumes verpflichtet ist, präsentiert sich vor einer gotischen Scheinarchitektur mit Baldachin und Tympanon. Durch das Maßwerk verweisen die

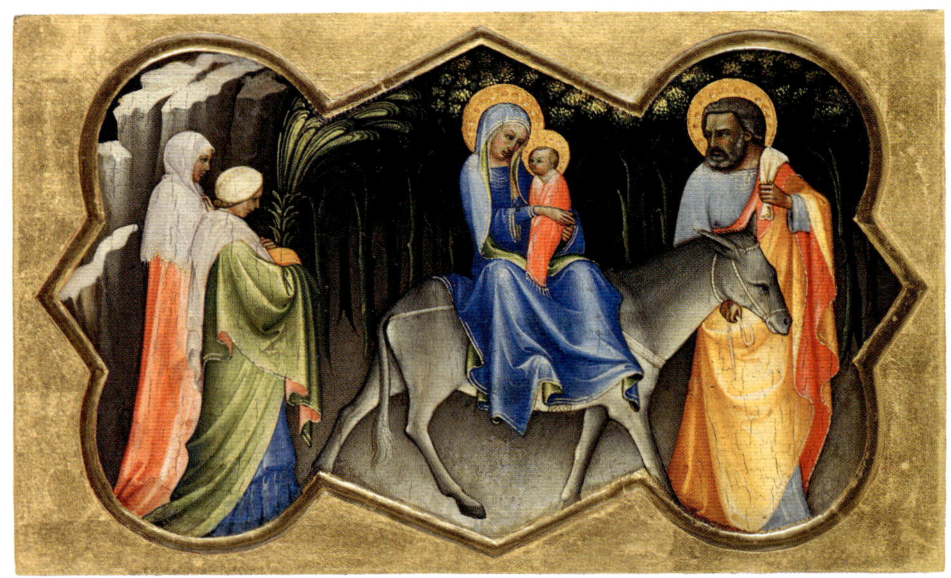

Abb. 2 Lorenzo Monaco, Flucht nach Ägypten, um 1405–1410, Tempera auf Pappelholz, Lindenau-Museum Altenburg, Kat. 44

ornamentalen Goldgrundflächen auf die göttliche Heilsvorsehung und das Neue Jerusalem.[15]

Gegen die Verwendung von Gold zur Steigerung der *maestà*, der Erhabenheit, spricht sich hingegen Alberti in seinem Malereitraktat aus: »Es kommt vor, dass einer in seinen Werken viel Gold verwendet und meint, dadurch Majestät zu erreichen. Ich lobe ihn nicht [...] denn der Künstler erringt mehr Bewunderung und Ansehen, wenn er den Glanz des Goldes mit Farben nachahmt.«[16] Allerdings bezieht sich Alberti auf den Einsatz von Gold, nicht auf die flächendeckende Vergoldung des Malgrundes.[17] Interessant ist ein frühes Beispiel von Lorenzo Monaco, das mit seinem Bildmotiv, der *Flucht nach Ägypten* (Abb. 2 und Kat. 44) als Teil eines gemalten Altarretabels den bildkünstlerischen Übergang anschaulich werden lässt. Während seine vierpassförmige Goldrahmung noch ganz dem Stil der Internationalen Gotik verpflichtet ist, verzichtet er für die Bildszene auf einen Goldgrund und lässt mittels Bäumen und Bergmassiv eine farblich dunkel gestaltete Landschaft entstehen.[18]

In die Entstehungszeit von Albertis Traktat fällt mit Fra Angelicos (um 1395–1455) *Kreuzabnahme*, ausgeführt für die Strozzi-Kapelle in Santa Trinita in Florenz (heute Museo di San Marco, Florenz; Abb. 3), aus den Jahren 1429 bis 1432 ein erstes großformatiges Altarretabel, das auf den Goldgrund gänzlich verzichtet und die vielfigurige Szene vor einem bergigen Landschaftsprospekt mit Stadtsilhouette positioniert.[19] In den drei älteren Giebelfeldern befinden sich hingegen auf Goldgrund gesetzte Bildszenen von Lorenzo Monaco und machen auch an diesem Florentiner Übergangswerk die Prozessartigkeit in der Entwicklung des Bildraumes im Quattrocento deutlich.

DER BILDRAUM IM RELIEF DES FRÜHEN QUATTROCENTO

Alberti richtet sich in dem Prolog seines Malereitraktats direkt an Filippo Brunelleschi (1377–1446), den berühmten Erbauer der Florentiner Domkuppel, und nennt neben ihm als Protagonisten der Erneuerung der Künste in Florenz die Bildhauer Donatello (um 1386–1466), Lorenzo Ghiberti, Luca della Robbia (1399/1400–1482) und den bereits verstorbenen Maler Masaccio (1401–1428).[20] Er rühmt als neue Fähigkeiten unter anderem den *ingegno*, die schöpferische Kraft, die ohne Vorbilder auskommt, und die *virtù* des Künstlers, die sich als persönliche Tüchtigkeit und Stärke sowie als künst-

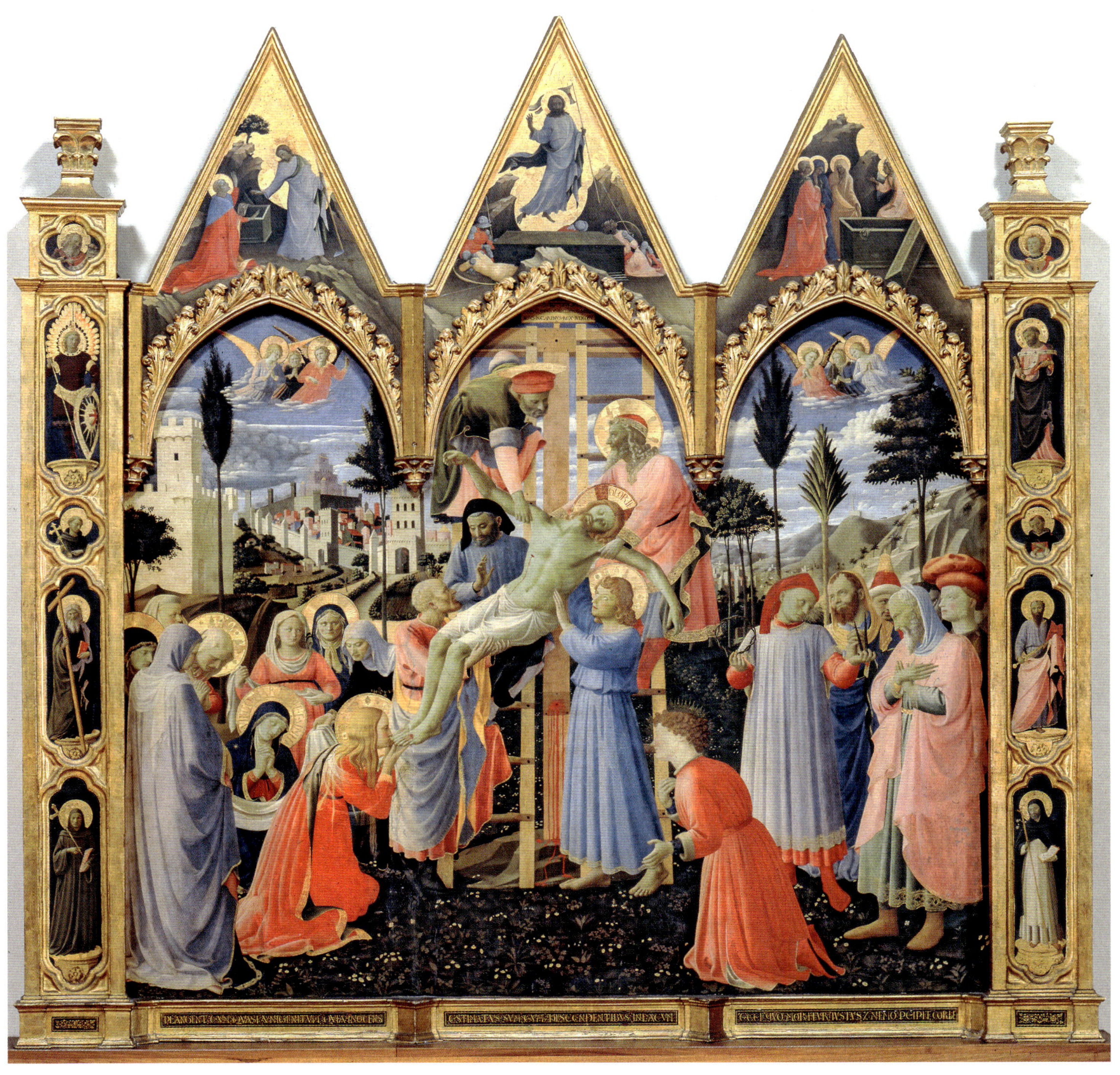

Abb. 3 Fra Angelico, Kreuzabnahme, 1429–1432, Tempera auf Holz, Museo di San Marco, Florenz

lerische Kraft bezeichnen lässt, und verknüpft die Erneuerung der Künste in Florenz mit der Fähigkeit des *trovare*, des Erfindens und Entdeckens.[21] In seinem Bildhauertraktat wiederum empfiehlt Alberti die plastische Arbeit mit der Entdeckung der Naturbilder, *inventum*, beginnen zu lassen.[22]

Wenige Jahre vor der Entstehung der Altenburger Tafel *Flucht nach Ägypten* des Lorenzo Monaco war es Ghiberti gelungen, seinen Konkurrenten

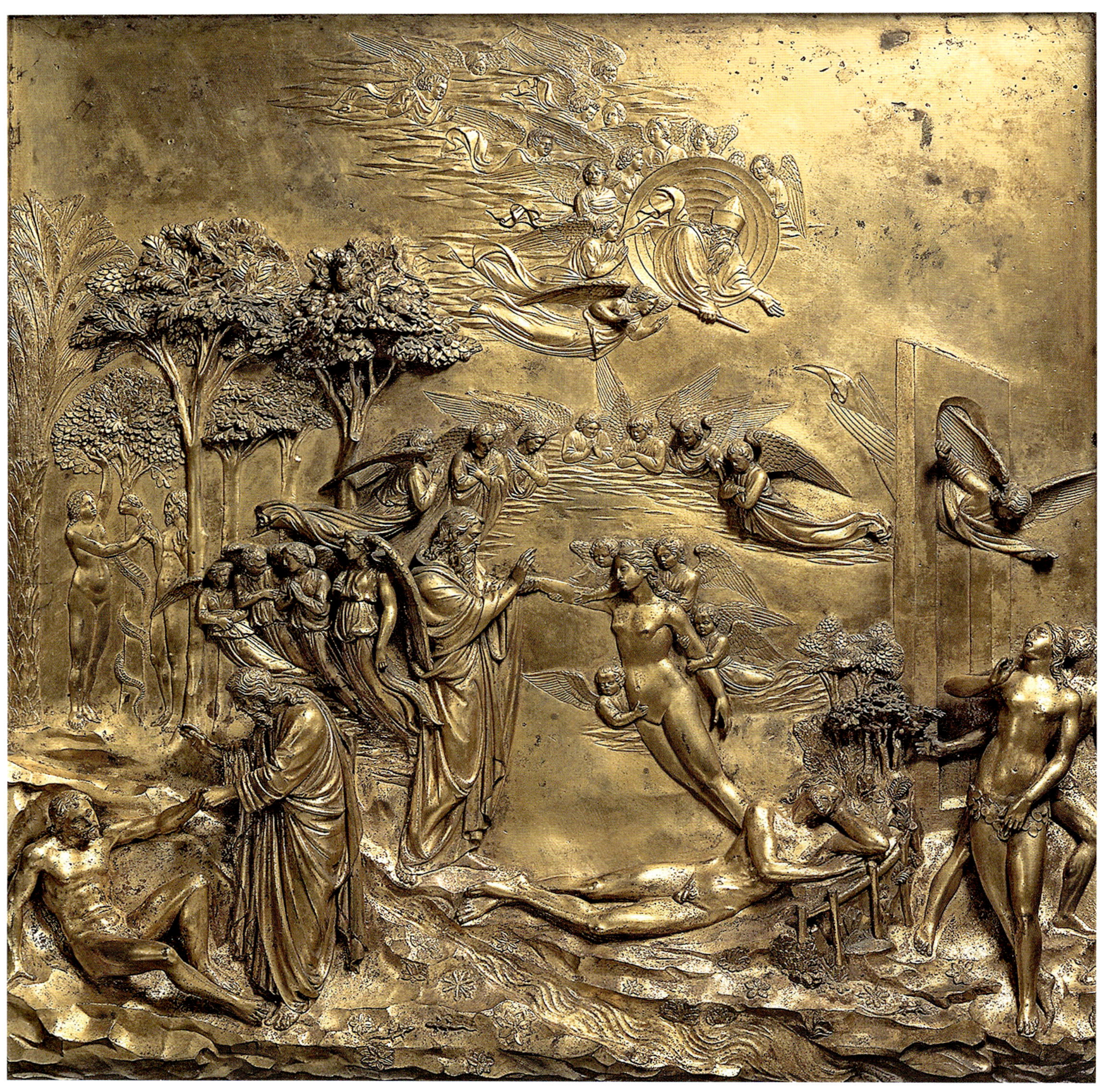

Abb. 4 Lorenzo Ghiberti, Erschaffung Adams und Evas, Sündenfall und Vertreibung aus dem Paradies, 1425–1452, Bronze, vergoldet, Osttür des Baptisteriums, Florenz

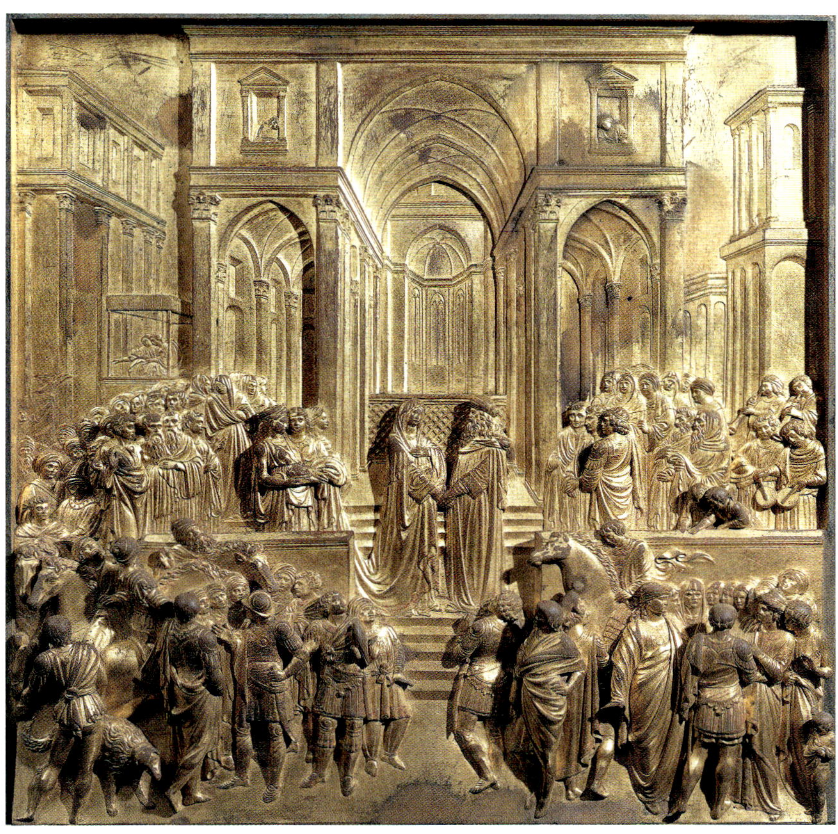

Abb. 5 Lorenzo Ghiberti, Salomo und die Königin von Saba, 1425–1452, Bronze, vergoldet, Osttür des Baptisteriums, Florenz

Brunelleschi im Wettstreit um die Auftragsvergabe für die Nordtür des Florentiner Baptisteriums mit seinem Relief der Opferung Isaaks aus dem Rennen zu schlagen. Die entsprechenden Bronzereliefs sind erste Vorboten in der Wandlung von Figur und Raum.

Bekanntermaßen hatte die Zunft Arte di Calimala 1401 zum Wettbewerb aufgerufen und Szenen des Alten Testaments als Thema bestimmt.[23] Die heute im Bargello in Florenz befindlichen Reliefs von Brunelleschi und Ghiberti, die einzigen erhaltenen Werke der sieben am Wettbewerb beteiligten Künstler, zeigen beide die Einhaltung der formalen Vorgaben, die bereits Andrea Pisano (um 1290–1348/49) mit dem Südportal zwischen 1330 und 1336 durch die Vierpassform gesetzt hatte (Kat. 55a). Gerade die Passform bildet interessanterweise in formaler Analogie auch das Bindeglied zum oben genannten kleinformatigen Tafelbild Lorenzo Monacos.

Bei Pisano ist der gotische Vierpass eine feste ornamentale Begrenzung der Reliefs, bei denen zumeist ein flacher Boden als bildliche Bühne fungiert. Dieser dient den Einzelfiguren oder auch szenischen Figurengruppen als Standfläche und Aktionsradius, wie es die *Grablegung Johannes des Täufers* vor Augen führt. Die Szene ist flächig komponiert, die Figuren sind neben- und übereinander angeordnet und bilden in drei Ebenen die eigentliche Assoziation eines Tiefenraumes.

Ghiberti bezeichnete die Paradiestür des Florentiner Baptisteriums, die er zwischen 1425 und 1437 gegossen und bis 1452 vollendet hatte, als sein Hauptwerk. Bedeutsam sind die 10 Reliefs, die er anstatt der zunächst vorgesehen 28 schuf, auch aufgrund ihres breiten Spektrums der Raumdarstellung. Schon die Idee der Reliefreduktion strukturiert die Türflügel in große Bahnen und verleiht ihnen sowie der Rahmung ein großzügiges Gliederungskonzept. In seinen *Commentarii* hebt Ghiberti seinen Figurenreichtum und das hohe Maß an Naturnachahmung hervor und betont, dass in allen Personen und Gebäuden die Gesetze der Perspektive »mit Vernunft und Augenmaß« angewandt worden seien – »colla ragione, che l'occhio li misura«.[24] Die Altenburger Gipsabformung der *Erschaffung Adams und Evas, Sündenfall und Vertreibung aus dem Paradies* (Kat. 55c) stammt von Ghibertis oberstem Relief des linken Türflügels (Abb. 4). Zu einer größeren Raumtiefe und Illusion gelangte er hingegen erst in den letzten vier ausgeführten Tafeln, wie das exakt zentralperspektivisch ausgerichtete Relief *Salomo und die Königin von Saba* anschaulich macht (Abb. 5). Über die plastischen Werke hinaus vermittelt auch die Malerei des Quattrocento, welchen Umschwung die räumliche Gestaltung in ihrer Bedeutung erfahren hat. War bislang der Bildraum durch Architekturen bestimmt, die symbolische Aussagewerte übernahmen, verlagerte sich die Bedeutung im 15. Jahrhundert auf Versuche, den realen und wirklichkeitsnahen Raum durch Naturerfahrung und wissenschaftlich-mathematische sowie optische Kenntnisse visuell erfahrbar zu machen.[25]

DER GEMALTE RAUM – DAS VERHÄLTNIS VON MALEREI UND ARCHITEKTUR IN DER KUNST DES QUATTROCENTO

In der Frührenaissance verschränken sich Neuerungen in Malerei und Architektur auf besondere Weise. Dabei übernimmt die Malerei mit der Etablierung der Linearperspektive und der Darstellung einer durch die Antike geprägten architektonischen Formensprache eine gewisse Vorreiterolle.[26]

Die auf Gemälden abgebildete Architektur zielt weniger darauf ab, die Assoziation einer realitätsnahen architektonischen Lösung hervorzurufen, als vielmehr den Aktionsraum der Figuren bildlich zu weiten. Auf die enge und wechselseitige Verbindung verweist bereits Alberti in seinem Malereitraktat. Es ist die erste Beschreibung der geometrischen Konstruktion der Zentralperspektive.[27]

»Daher wird ein Gemälde nichts anderes sein als die Schnittfläche durch die Sehpyramide, die gemäß einem vorgegebenen Abstand, einem festgelegten Zentralstrahl und mit bestimmter Beleuchtung auf einer gegebenen Fläche mit Linien und Farben kunstgerecht dargestellt ist.«[28]

Ausgehend von dieser Annahme beschreibt Alberti zwei Verfahren zur Bildherstellung. Für die Entwicklung der perspektivischen Konstruktion und die künstlerische Praxis ist das Velum, das auch als Fadengitter bezeichnet wird, essenziell, es ist ein lose gewobenes Tuch mit eingelegter Quadrierung, das den senkrechten Schnitt durch die Sehpyramide bildet und die Vermessung für die Übertragung auf ein quadriertes Blatt ermöglicht (S. 27, Abb. 10).[29] Bekannt geworden ist diese Methode durch Albertis wirkmächtigen Vergleich von Bild und Fenster.[30]

Als eigentlicher Entdecker der linearen geometrischen Projektion des dreidimensionalen Raumes auf die zweidimensionale Bildebene gilt Brunelleschi. Sein Beitrag ist es, das Verfahren der mathematischen Perspektive in frühen Bildtafeln angewandt zu haben, die das Florentiner Baptisterium und die Piazza della Signoria mit dem Palazzo Vecchio abbilden.[31] Für die Darstellung der Sehstrahlmethode konnte Alberti die Experimente Brunelleschis sinnvoll einbinden, sodass beide an der Pionierleistung der zentralperspektivischen Darstellung in der Kunst Anteil haben.[32]

Weitere kritische Texte beschäftigten sich mit dem Phänomen der Perspektive und der Optik, unter anderem Ghibertis *Commentarii* und Leonardo da Vincis kritische Notizen zur Zentralperspektive.[33]

RAUM UND ZENTRALPERSPEKTIVE IN DER FLORENTINER MALEREI

Die Entwicklung und Verbreitung der Zentralperspektive diente zweifelsohne einer neuen Qualität der Naturnachahmung und des natürlichen Sehens von Räumlichkeit.[34] Im frühen Quattrocento setzte sich die Zentralperspektive, auch als Linear- oder Fluchtpunktperspektive bezeichnet, von der mittelalter-

Abb. 6 Fra Angelico, Verkündigung, um 1425/26, Mischtechnik mit Gold auf Holz, Museo Nacional del Prado, Madrid

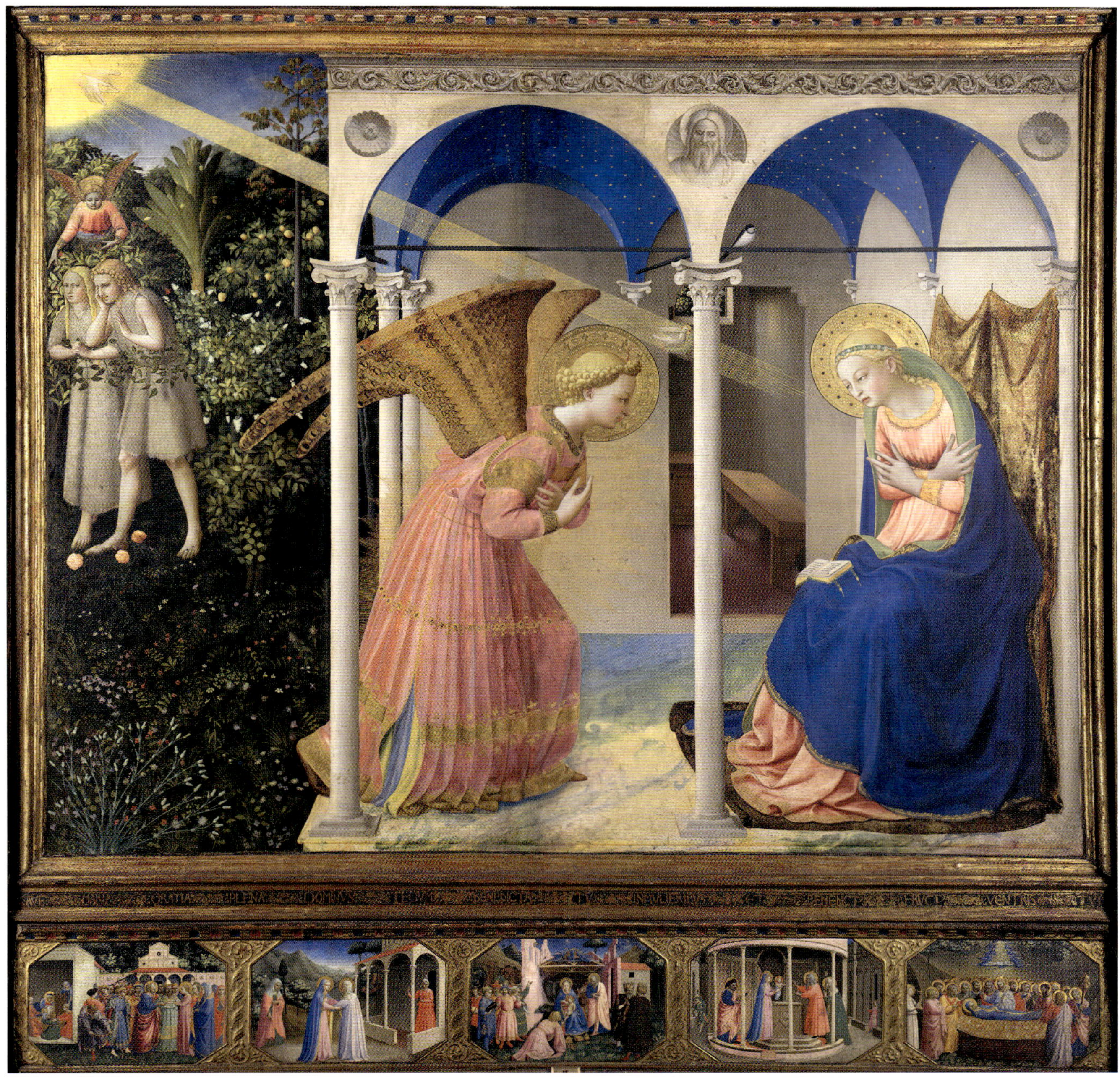

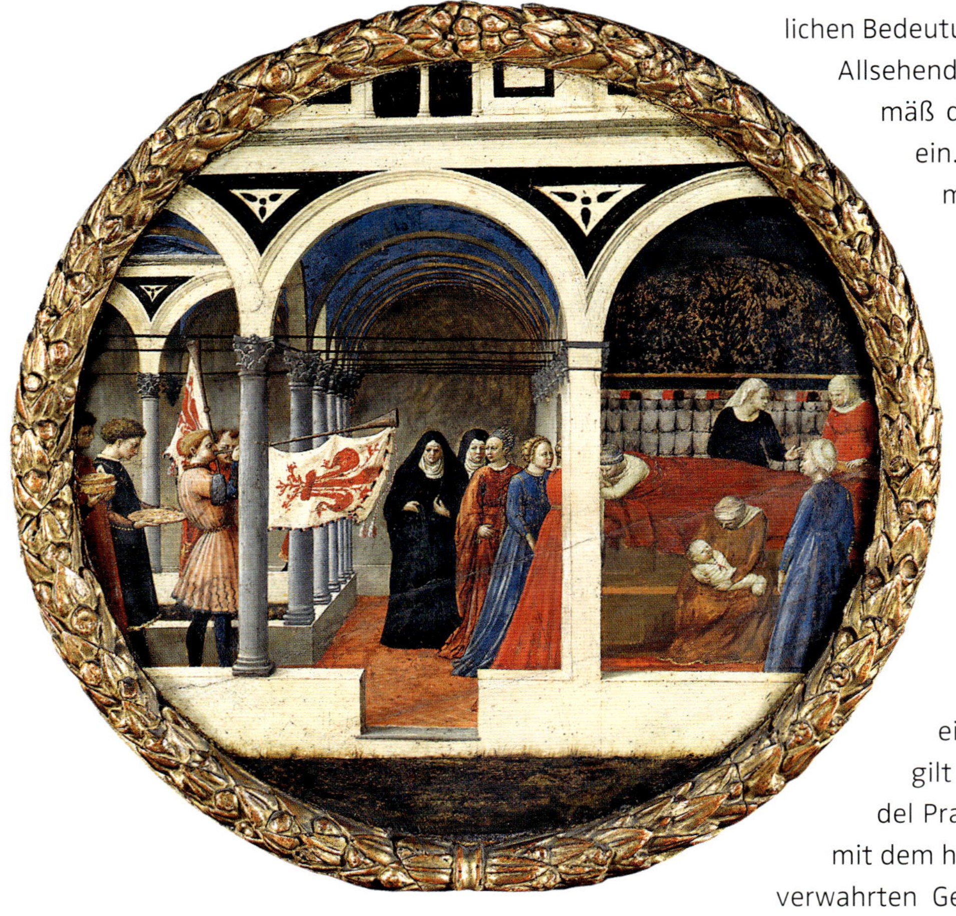

Abb. 7 Masaccio, Geburtsteller (*desco da parto*), 1423, Tempera auf Pappelholz, Gemäldegalerie, Berlin

lichen Bedeutungsperspektive und der Perspektive des Allsehenden ab und ordnete die Darstellung gemäß den Gesetzen der Optik in den Bildraum ein. Diese bildkünstlerische Entdeckung ermöglichte es, dem Seheindruck der visuell wahrnehmbaren Wirklichkeit weitgehend zu entsprechen, und prägte auch das Denken.[35]

In den 1420er-Jahren setzten Masolino (um 1383/84–nach 1435), Masaccio und Fra Angelico sowie in der Reliefkunst Donatello fast gleichzeitig die Zentralperspektive ein, während Lorenzo Monaco und weitere Florentiner Maler weiterhin im Formenkanon der Internationalen Gotik verblieben.[36] Als frühes Beispiel eines Perspektivraumes bei Fra Angelico gilt seine *Verkündigung* im Museo Nacional del Prado in Madrid (Abb. 6).[37] Masaccio schuf mit dem heute in den Staatlichen Museen zu Berlin verwahrten Geburtsteller, *desco da parto*, eine erste einheitliche, korrekte Perspektivkonstruktion (Abb. 7). Der möglicherweise in seiner Architekturdarstellung an Brunelleschi orientierte Geburtsteller entstand 1423.[38] Neben der linearperspektivischen Raumkonstruktion betrat der Künstler durch seine radikale Ausschnitthaftigkeit, durch die Sprengung des Rahmens sowie durch ein interessantes Wechselspiel aus Flächigkeit und Tiefenerschließung Neuland.[39]

Wenig gemein zu haben scheint der kleinformatige Teller mit dem großen, wandgebundenen Fresko der *Trinität* Masaccios in der Florentiner Kirche Santa Maria Novella (S. 28, Abb. 12); die Perspektive jedoch verbindet beide Werke. Masaccio gelingt trotz kleinerer Probleme im Nachvollzug der Perspektivkonstruktion eine überaus anspruchsvolle Raumlösung eines kapellenartig anmutenden, tonnengewölbten Raumes mit fast lebensgroß dargestellten Figuren, der durch seine Wirklichkeitsnähe erstaunt. Die Position des Fluchtpunkts liegt nahezu auf Augenhöhe des Betrachters und bezieht diesen in den Bildraum ein.[40] Mehrfach ist die mögliche Verbindung zu Brunelleschi aufgezeigt worden, zu seinen zeitgleichen Perspektivstudien sowie zur Formensprache und Proportionierung seiner frühen Bauten, die mit dem gemalten architektonischen Repertoire von Masaccio korrespondiert.[41] Das Fresko entspricht dem Bildkonzept, das Alberti wenig später als Fenstermetapher – hier im Sinne einer Wanddurchbrechung – beschrieben hat.

FIGUR UND FIGURENKOMPOSITION – BILDHAUERISCHE ANFORDERUNGEN

Für die Entwicklung des Bildraumes ist der parallele Blick auf die Skulptur und das Relief gewinnbringend, denn Donatello gelangen mit dem Sockelrelief *Der heilge Georg im Kampf mit dem Drachen* (Abb. 8) unterhalb der Nische mit dem gleichnamigen Heiligen an der Nordseite von Orsanmichele in Florenz (Abb. 12) und mit der Pazzi-Madonna erste Perspektivräume, auch wenn diese im Linienverlauf noch nicht vollkommen sind.[42] Die perspektivisch in Marmor angedeutete Nische, aus der die innige Maria-Kind-Gruppe beinahe plastisch hervortritt, ist eine künstlerische Glanzleitung, die von Zeitgenossen und nachfolgenden Künstlern viel bewundert und kopiert wurde.

Wenig später, 1425, entwarf Donatello mit dem Relief *Gastmahl des Herodes* (Abb. 9) am Taufbrunnen des Sieneser Baptisteriums das früheste Beispiel einer bildhauerisch einheitlich perspektivischen Raumkonzeption.[43] Deren Anlage erfolgte über die Bodenfliesen und die konzentrisch sich verengenden Hintergrundarkaden und entspricht den Gesetzmäßigkeiten der Zentralperspektive. Auch die unterschiedlichen Relieftiefen der Szenen des Vorder-, Mittel und Hintergrunds veranschaulichen den Perspektivraum. Noch virtuoser setzt Donatello das gleiche Thema acht Jahre später in Marmor um und bedient sich hierzu des extremen Flachreliefs, des *rilievo schiacciato*, das er erstmals im Sockelrelief des *Heiligen Georg* erprobte.[44] Dem Künstler gelang es um 1433/34 zudem, die Figuren im *Gastmahl des Herodes* (heute Musée Wicar, Lille) überzeugend in den bildlichen Tiefenraum der Palastarchitektur einzugliedern, sie hintereinander zu gruppieren und von der stärkeren Figurenmodellierung ganz subtil in die feinen zeichnerischen Gravuren des Hintergrunds überzuleiten.[45]

Sowohl das *Gastmahl des Herodes* als auch das Georgsrelief der Predella oder die vollplastische Georgsfigur (Abb. 12) veranschaulichen, wie

Abb. 8 Donatello, Der heilige Georg im Kampf mit dem Drachen, Sockelrelief des Georgstabernakels, um 1417, Marmor, Museo Nazionale del Bargello, Florenz

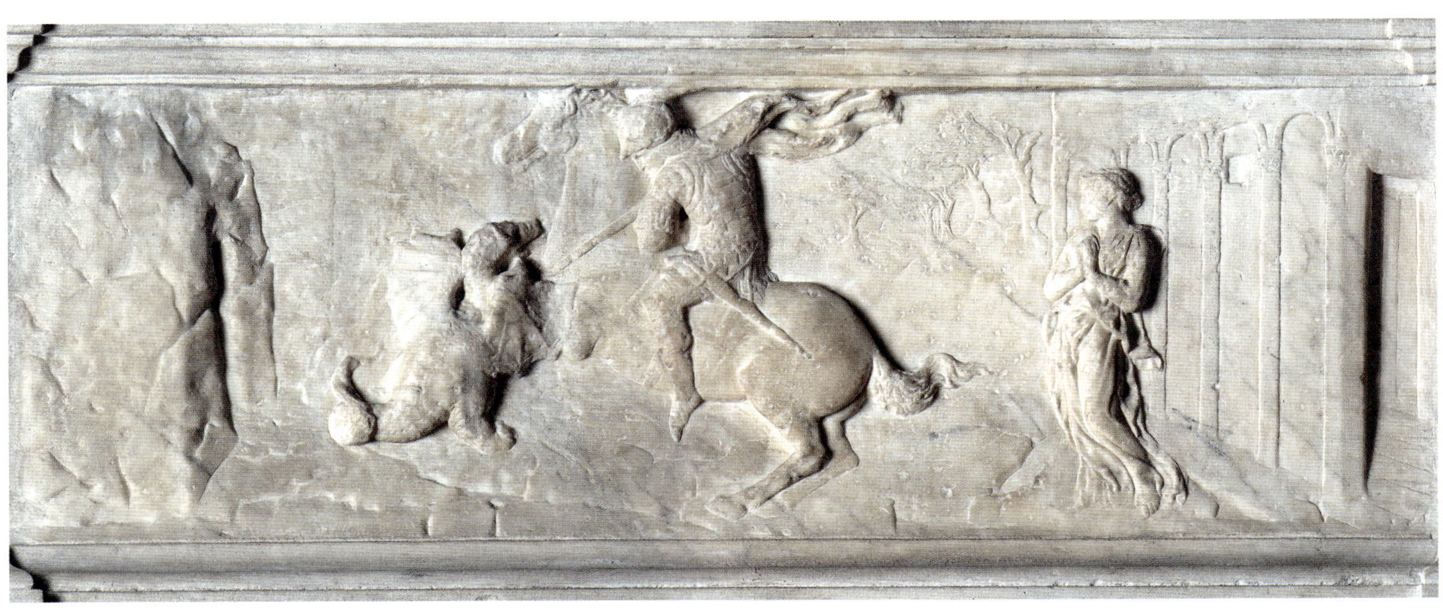

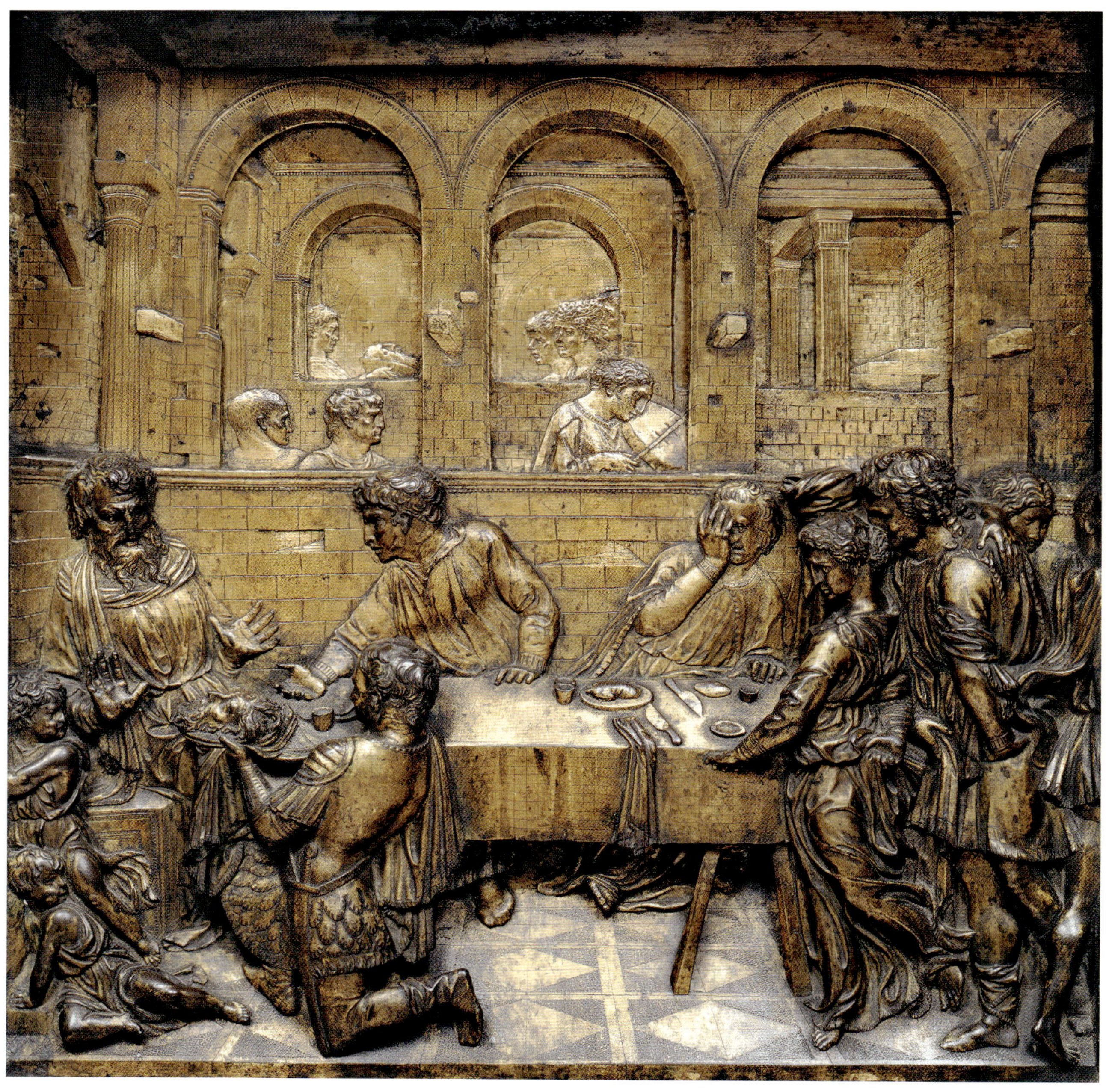

Abb. 9 Donatello, Gastmahl des Herodes, 1425, Bronze, vergoldet, Taufbrunnen, Baptisterium, Siena

Donatello die von Alberti in seinem Traktat geforderten Prinzipien der *composizione* und der *composizione de' corpi* erfüllte. Mit diesen Begriffen ist die perspektivische Konstruktion mit Körpern und Gebäuden ebenso gemeint wie die Proportionierung der Glieder und Körper selbst, deren Bewegung und Anmut, ihre Angemessenheit der Darstellung, aber auch die Übereinstimmung der Größe der Figuren und ihrer Aufgaben sowie die Entsprechung der Mannigfaltigkeit.[46] Für Alberti diente grundsätzlich die Natur als Ursprung der Künste, sowohl für die Malerei als auch für die Skulptur. In *De statua* leitet er die plastische Kunst von der »Entdeckung der Selbstnachahmung der Natur ab« und betont, dass die entsprechenden Künste mittels Messmethoden und

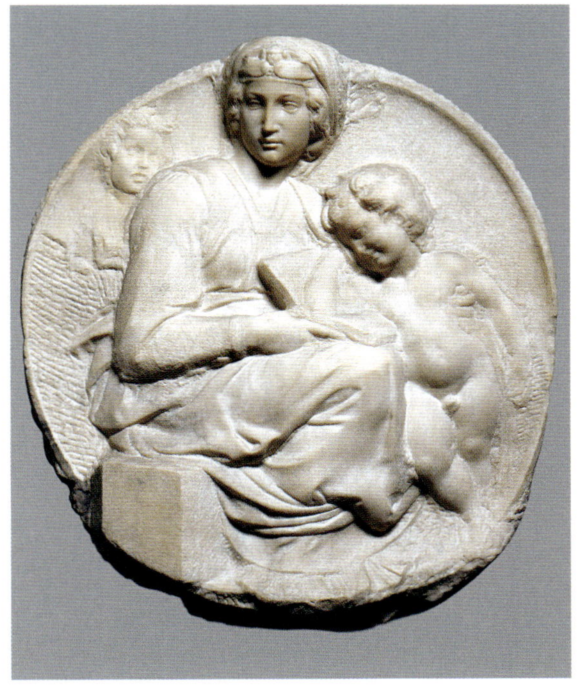

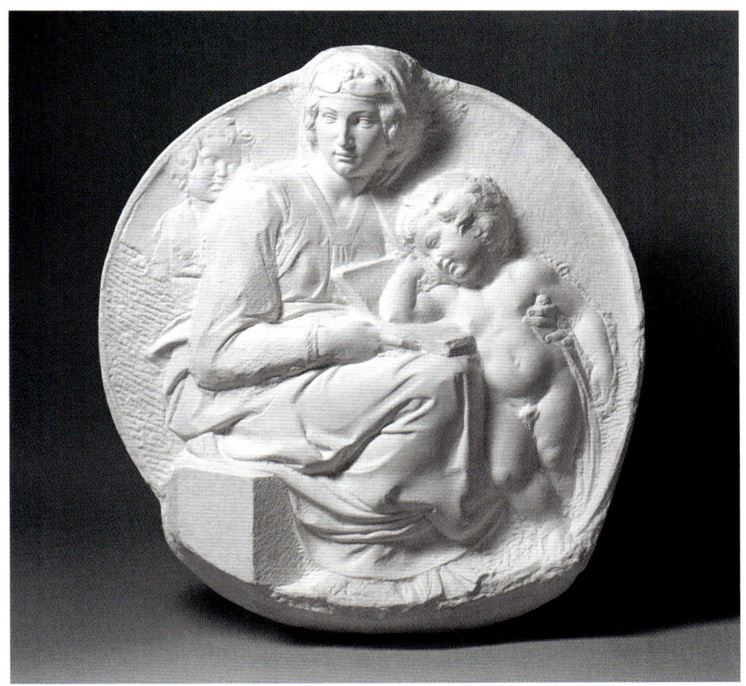

Abb. 10 Michelangelo, Madonna mit Kind und dem Johannesknaben (Tondo Pitti), um 1504/05, Marmor, Museo Nazionale del Bargello, Florenz

Abb. 11 Michelangelo, Madonna mit Kind und dem Johannesknaben (Tondo Pitti), um 1504/05, Gipsabformung, Lindenau-Museum Altenburg, Kat. 55f

perfekten Proportionen die Natur vollenden sollen:[47] ob als Bildner, die in Wachs oder Ton arbeiten, oder als Bildhauer, »die eine gesuchte Menschengestalt [...], ans Licht befördern, indem sie gleichsam das Überflüssige wegschlagen«,[48] oder als Silberschmiede, die »jedes beliebige Bild hervorgebracht haben«.[49] Gemeinsam ist ihnen das Ziel, »den tatsächlichen Körpern in der Natur vollkommen ähnlich« zu sein.[50]

Die von Donatello entwickelte Reliefform des *rilievo schiacciato*, die eine zuvor nur der Malerei zugängliche räumliche Tiefenerstreckung ermöglichte, wirkte wiederum auf die zeitgenössische Malerei und war auch für den jungen Michelangelo (1475–1564) prägend. So ist Michelangelos frühestes Relief, die *Madonna mit Kind* (*Madonna auf der Treppe,* um 1490, Casa Buonarroti, Florenz) durch die Anwendung des *rilievo schiacciato* gekennzeichnet und führt Ansätze Donatellos in der Relieftechnik, aber auch thematisch in der Gestaltung von Figur und Raum sowie der Innigkeit von Madonna und Kind fort.[51] Wenig später setzte der Künstler Maria im *Tondo Pitti* (Abb. 10–11 und Kat. 55f) virtuos in den Bildraum, indem er sie in Schrägstellung, mit nach vorn gedrehter rechter Schulter zum Betrachter positionierte und so die eigene Körpertiefe räumlich nutzte. Und auch hier kennzeichnet das Flachrelief in zarter Gravur den Johannesknaben, der sich räumlich in zweiter Ebene hinter der Figurengruppe befindet. Für die Figurenstaffelung zur Betonung der Hauptfiguren und der Gewinnung eines Tiefenraumes ist auch ein malerisches Beispiel anzuführen, das in der Ausstellung in unmittelbarer Nähe präsentiert wird, die *Heilige Familie mit Johannesknaben* von Domenico Beccafumi (1484–1551; Kat. 11). Vergleichbar ist zudem die Größe und Präsenz

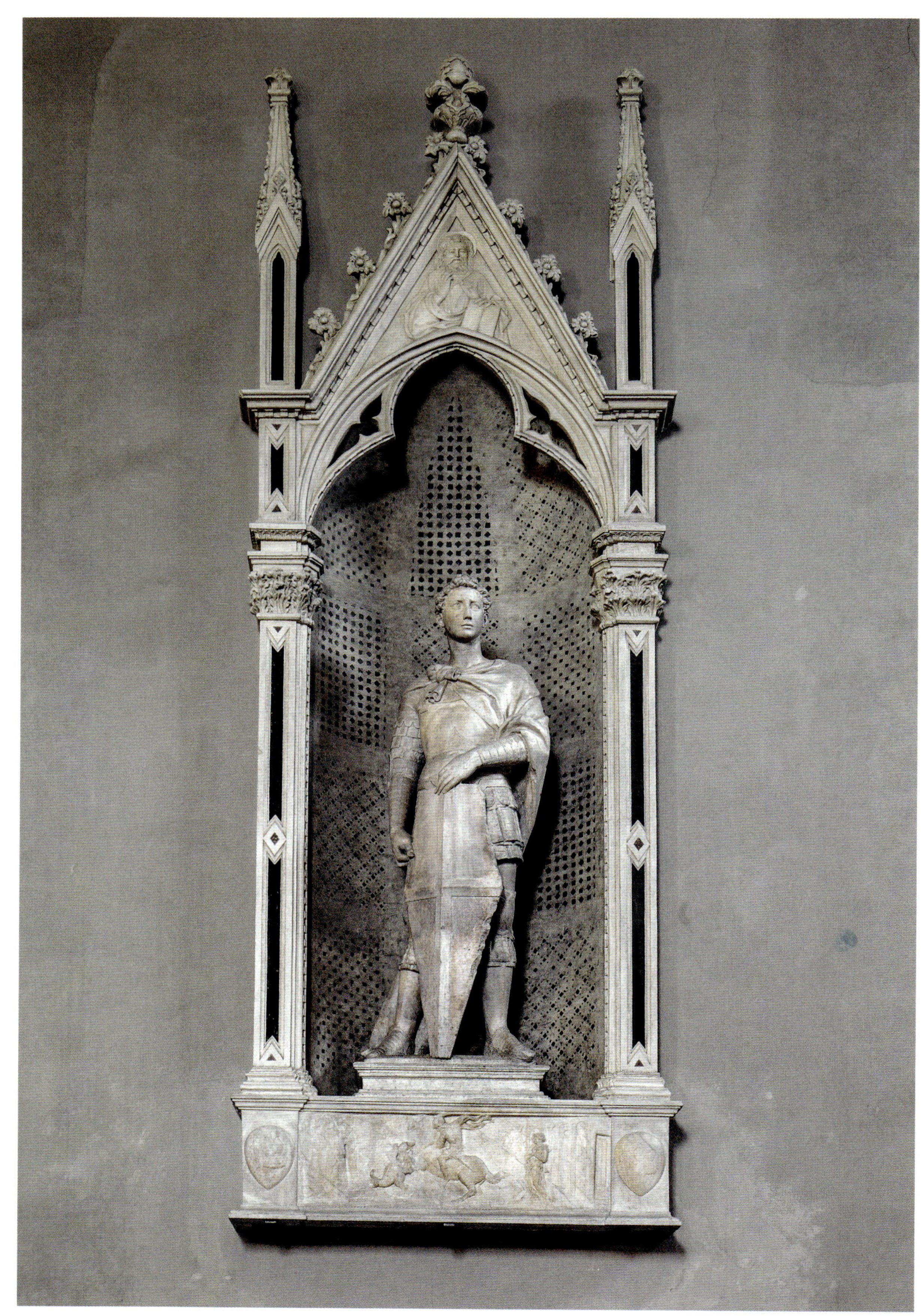

Abb. 12 Donatello, Heiliger Georg, um 1416/17, Marmor, Museo Nazionale del Bargello, Florenz

der Madonna, die in vorderer Betrachterebene das Tondo ganz beherrscht. Auch die Verspannung von Figur und Rahmenwerk, die bei Michelangelo später in der Decke der Sixtinischen Kapelle wiederkehrt, sowie die Sprengung des Rahmenrunds zeugt vom neuen Verständnis von Figur und Raum.[52]

Im Ausstellungsraum der Kunstzentren Italiens ist die Abformung des *Heiligen Georg* von Donatello (Kat. 55e) als unbehandeltes weißes Gipsmodell ohne Nischenarchitektur und Sockel zentral positioniert und lässt die Popularisierung von Marmorskulpturen ab dem 19. Jahrhundert anschaulich werden. Als Abguss bildete die Figur auch den Auftakt der Donatello-Ausstellung der Staatlichen Museen zu Berlin, die ebenfalls eine umfangreiche Abgusssammlung besitzen.[53] Donatello schuf das Marmororiginal (Abb. 12) im Auftrag der Zunft Arte dei Corazzi e Spadai für eine der 14 Nischen an der Außenfassade der Florentiner Kirche Orsanmichele.[54] Die ursprüngliche Skulptur mit antikisierender Rüstung und Schild ist durch eine perspektivische Konzeption und einen statuarischen Aufbau gekennzeichnet, der sie nicht frontal, sondern in leicht gedrehter Schrägstellung innerhalb der Nische präsentiert. Die Drehung um die eigene Körperachse ist eine generelle Besonderheit der Arbeiten Donatellos und beruht auf dem besonderen Spannungsverhältnis von Figur und Rahmung, wobei sie der Skulptur im Verhältnis mehr Autonomie verleiht.[55]

Auch der Abguss lässt erkennen, dass sich der heilige Georg durch einen angedeuteten Kontrapost, eine leichte Torsion und eine gespannte Haltung auszeichnet, Elemente, die ihm Konzentration und Mut verleihen. Von den Kunstschriftstellern der Renaissance wurde er aufgrund seiner Lebendigkeit und der überzeugenden Darstellung seines inneren Wesens als zentrales Werk des Bildhauers gepriesen.[56] Francesco Bocchi (1548–1613/1618) sprach in seiner Schrift 1584 von der *vivacità*, von dem Vermögen, das seelische menschliche Leben zu erfassen und in Stein zu übertragen.

In der Ausstellung veranschaulicht die Gipsabformung des *Sterbenden Sklaven* (Kat. 55g) von Michelangelo als weiteres Werk einer vollplastischen Marmorskulptur, wie Bewegung und Raum in der Figurenbildung des Cinquecento neue Entwicklungsmaßstäbe setzten.

Die Marmorstatue des *Sterbenden Sklaven* (Abb. 13) entstand zwischen 1513 und 1516 gemeinsam mit jener des *Rebellischen Sklaven* für das Grabmal Papst Julius' II. (1503–1513). Michelangelo entwarf sie als Bestandteil des quaderförmigen Sockels; vor Pilastern angeordnet sollten sie in Nischen stehende Victorien flankieren.[57] Der Maler Luca Signorelli (1445/50–1523), der in der Ausstellung mit seinen fünf Predellatafeln der Passion Christi vertreten ist (Kat. 38), hatte 1513 zumindest den *Rebellischen Sklaven* in der römischen Werkstatt Michelangelos am Macel de' Corvi gesehen.[58] Sein Interesse an den Sklaven Michelangelos, der Körpermodellierung und den raumgreifenden Gesten, die sie trotz Fesselung einnehmen, ist mit Blick auf

Signorellis *Geißelung Christi* offensichtlich, hat er sich in diesem und weiteren Werken mit ähnlichen künstlerischen Fragestellungen beschäftigt – und zwar sowohl in der Figur des gefesselten Christus als auch in den Figurengruppen der halbnackten Schergen, die durch Überschneidungen und heftige Bewegtheit den Tiefenraum dominieren.

Es war durchaus ein kühner Gedanke Michelangelos, sich für die Wahl des Figurenprogramms eines Papstgrabmals an antike Triumphmäler anzulehnen und die *prigioni*, die Sklaven, nicht durch Rauheit und Hässlichkeit, sondern durch Kraft und Schönheit zu kennzeichnen.[59]

Abb. 13 Michelangelo, Sterbender Sklave, 1513–1516, Marmor, Musée du Louvre, Paris

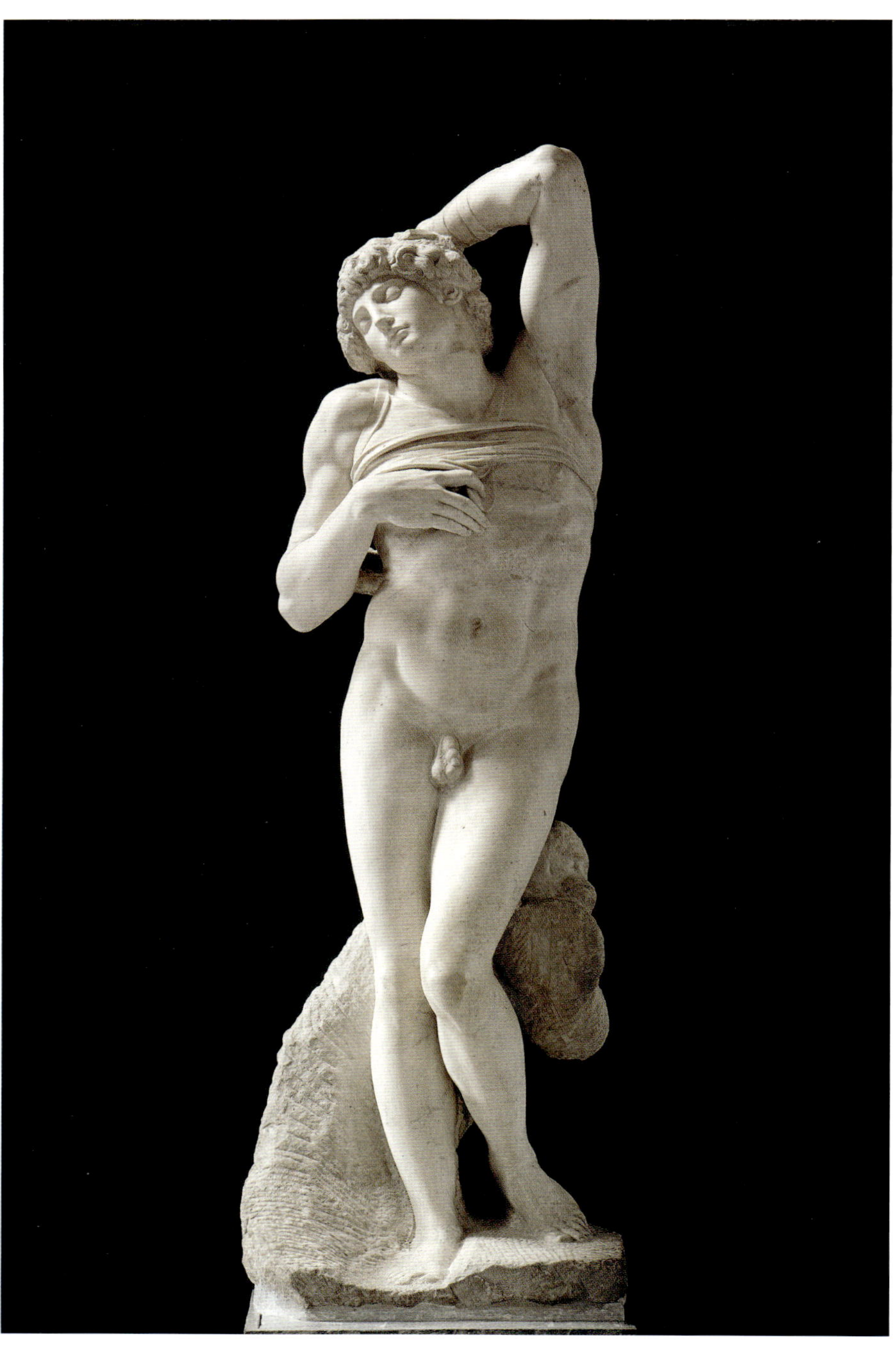

Der *Sterbende Sklave*, der sich in seiner Torsion, seinem Kontrapost und seiner aufbäumenden Streckung Raum schafft, demonstriert in höchster Ausdruckskraft und innerer Emotion den Übergang in die menschliche Perspektive und transportiert das Staunen über die künstlerisch-schöpferische Freiheit des Menschen in die Gegenwart.

1 Vgl. Burckhardt 2018, S. 192, 208; Poeschke 1990/92, Bd 1, S. 9.
2 Jakob Burckhardt 2018, S. 208.
3 Vgl. Ausst.-Kat. Berlin 2022, S. 15, 17; Poeschke 1990/92, Bd. 1, S. 11; siehe auch den Beitrag von Dieter Blume in vorliegendem Band, S. 34–35.
4 Vgl. Palmieri 1825, S. 47; Philipp 2012, S. 12.
5 von Kues 1964, S. 1–2.
6 Vgl. zuletzt Leinkauf 2020, bes. S. 13–32.
7 Vgl. Enekel 2008; Moritz 2010.
8 Pico della Mirandola 2020, S. 8–9.
9 Vgl. Spierling 2006, S. 145.
10 Vgl. Poeschke 1990/92, Bd. 1, S. 12; Poeschke/Syndikus 2008, S. 7–8; Hanke 2009, S. 87–88; Alberti 2014. Auch Roger Bacon beschäftige sich schon Mitte des 13. Jahrhunderts in seinem *Opus Majus* mit der zentralen Bedeutung der Mathematik für die Wissenschaften, vgl. Lay 1992, S. 33.
11 Vgl. Bätschmann 1999, S. 109–128, bes. S. 110, 114–115; Müller 2010, S. 110–117.
12 Vgl. Ausst.-Kat. Hamburg 2011, S. 158–159, Kat. 18 (Antje-Fee Köllemann).
13 Vgl. Santi 2007, S. 29–30.
14 Vgl. Philipp 2011, S. 14, bes. Anm. 11. Annette Lobbenmeier verwendet die Bezeichnung des »himmlischen Raums«, vgl. Lobbenmeier 1995, S. 15.
15 Vgl. auch Ausst.-Kat. Hamburg 2011, S. 150–151, Kat. 14 (Michael Philipp).
16 Alberti 2014, § 49, S. 147–149; vgl. Philipp 2011, S. 15; Quené 2022, S. 95–101.
17 Ebd., S. 96–97. Hingegen befürwortet Alberti die Verwendung von Gold in Zierstücken oder Giebeln, vgl. Alberti 2014, § 49, S. 148–149.
18 Vgl. Ausst.-Kat. Hamburg 2011, S. 158–159, Kat. 18 (Antje-Fee Köllermann).
19 Vgl. Philipp 2011, S. 16; Ausst.-Kat. Hamburg 2011, S. 104, Abb. 54; Ausst.-Kat. Madrid 2019, Kat. 44 (Carl Brandon Strehlke), Abb. 44.1.
20 Vgl. Alberti 2014, S. 62–63.Vgl. auch zur kritischen Deutung der Adressaten Locher 1999, S. 82–85.
21 Alberti 2014, S. 7, 62–65. Vgl. zur Komposition einer *istoria* auch die *invenzione*, ebd., S. 23–27 sowie §§ 52–53, S. 148–153.
22 Vgl. Alberti 2014, S. 7 sowie Alberti 2000, §§ 1–2, S. 143–145.
23 Vgl. Poeschke 1990/92, Bd. 1, S. 62–64, Kat. 4, 5, 6–11; Lessing 2006, S. 55.
24 Vgl. Poeschke 1990/92, Bd 1, S. 70–71, Kat. 19–24, Abb. 8, hier S. 71.
25 Vgl. Lobbenmeier 1995, S. 17.
26 Vgl. Grave 2015, S. 9–11.
27 Vgl. Vickers 1999, S. 16; Dubois 2010, S. 20; Grave 2015, S. 79. Zur in der Malerei bereits lange existenten Perspektive vgl. Riedenauer 2010, bes. S. 130 sowie Klingele 2010, S. 147–153.
28 Vgl. Alberti 2014, S. 12–16, §§ 12–24, S. 83–101. Zum Gebrauch des Velums, des Fadengitters, vgl. S. 16–18, §§ 31–32, S. 113–117; vgl. Klingele 2010, S. 147–153.
29 Vgl. Alberti 2014, S. 12–18 und bes. §§ 12–20, S. 82–97.
30 Vgl. Alberti 2014, S. 13 sowie § 19, S. 92–95; vgl. Klingele 2010, S. 147–151.
31 Vgl. Alberti 2014, S. 13 mit dem Verweis auf Manetti, den Biographen Brunelleschis, und auf Filarete. Vgl. auch Dubois 2010, S. 16–19, bes. S. 16. Die Tafeln gelten heute als verschollen, vgl. Ausst.-Kat. Berlin 2022, S. 20.
32 Vgl. Alberti 2014, S. 13; Dubois 2010, S. 32.
33 Vgl. Lessing 2006, S. 59–60; Dubois 2010, S. 22–26; Alberti 2014, S. 16.
34 Vgl. Riedenauer 2010, S. 129. Der Autor führt zudem auf, dass die Entwicklung der Zentralperspektive auch kritisch beurteilt und als perspektivische Einschränkung unseres Sehens gewertet wurde, vgl. ebd. S. 131–135; vgl. auch Dubois 2010, S. 29–49.
35 Vgl. Riedenauer 2010, S. 130, S. 137–139; Klingele 2010, S. 145.
36 Zu den ersten Beispielen von Masaccio und Masolino mit einheitlichem Fluchtpunkt in den 1420er-Jahren in der Brancacci-Kapelle von Santa Maria del Carmine in Florenz vgl. Dubois 2010, S. 27, 33.
37 Dies wies Carl Brandon Strehlke nach, vgl. Ausst.-Kat. Madrid 2019, Kat. 29 (Carl Brandon Strehlke); Quené 2022, S. 117–120 sowie Abb. 24, 25. Vgl. auch Dubois 2010, S. 42–46 sowie S. 44, Abb. 33.
38 Vgl. Ausst.-Kat Berlin 2022, S. 21–22 sowie S. 152–154, Kat. 15 (Laura Cavazzini); Kemp 1996, S. 90–93; Boskovits 2007, S. 22–23; Grave 2015, S. 79–83.
39 Vgl. Grave 2015, S. 83.
40 Vgl. Grave 2015, S. 84–86, u. a. mit dem Verweis auf die Barbadori-Kapelle; Dubois 2010, S. 33–71; Alberti 2014, S. 16.
41 Vgl. Grave 2015, S. 86, Kat. 30, Abb. 301; Ausst.-Kat. Madrid 2019.
42 Vgl. Ausst.-Kat. Berlin 2022, S. 20, S. 150–151, Kat. 14 (Neville Rowley).
43 Vgl. Poeschke 1990/92, Bd. 1, S. 99–100, Taf. 68–69.
44 Vgl. Fehrenbach 2022, S. 60–67.
45 Vgl. Poeschke 1990/92, Bd. 1, S. 105, Taf. 81.
46 Vgl. Alberti 2014, S. 20–21 sowie § 33, S. 117–119, § 35, S. 120–123, § 37, S. 124–127 und § 39, S.126–129.
47 Alberti 2014, S. 40.
48 Alberti 2000, § 2, S. 143–145.
49 Ebd., S. 145.
50 Ebd.
51 Vgl. Ausst.-Kat. Florenz 1999, S. 170–173.
52 Vgl. Poeschke 1990/92, Bd. 2, S. 84.
53 Vgl. Ausst.-Kat. Berlin 2022, S. 16–17 sowie Abb. S. 58 und S. 124–125, Kat. 3 (Veronika Tocha).
54 Vgl. Poeschke 1990/92, Bd. 1, S. 19–20, 91–92, Taf. 48–50 und Abb. 23.
55 Vgl. Poeschke 1980, S. 8; Fehrenbach 2022, S. 59.
56 Vgl. Poeschke 1990/92, Bd. 1, S. 92. Vgl. auch Fehrenbach 2022, S. 59.
57 Vgl. die von Giacomo Rocchetti ausgeführte Kopie eines Entwurfs für das Juliusgrabmal und den Entwurf Michelangelos aus Florenz, Poeschke 1990/92, Bd. 2, S. 89–98. Taf. 40–45, hier S. 92, Abb. 21 und S. 93, Abb. 22. Die Sklaven befinden sich im Musée du Louvre, Paris. Der *Sterbende Sklave* ist möglicherweise schon für die ursprüngliche Planung von 1505 vorgesehen gewesen.
58 Vgl. Poeschke 1990/92, Bd. 2, S. 95.
59 Eindrucksvoll verdeutlicht auch der Abguss des marmornen Originals, wie stark die Figur durch antike Bildwerke beeinflusst ist – neben dem Pasquino an der Nordseite der Piazza Pantaleo in Rom ist u. a. die 1506 bei den Titusthermen aufgefundene Laokoon-Gruppe für das Motiv der Fesselung entscheidend.

EX
KU
RS

KUNSTTECHNOLOGISCHE UNTERSUCHUNGSMETHODEN

JOHANNES SCHAEFER

Die Altenburger Sammlung mit italienischer Malerei aus dem 13. bis 16. Jahrhundert ist in den letzten Jahren kunsttechnologisch intensiv erforscht worden. Durch freiberufliche Restauratoren[1] wurden an allen 180 Tafeln gemäldetechnologische Untersuchungen durchgeführt und diese wissenschaftlich beschrieben. Das Themenspektrum reicht von Analysen zu Herstellungstechnik, Erhaltungszustand und verwendeten Materialien bis hin zu Rekonstruktionen ursprünglicher Zugehörigkeiten und Zusammenhängen einzelner Tafelbilder mit Objekten anderer Sammlungen.[2]

Ein empirischer Vergleich der individuellen Merkmale zur Einordnung der Altenburger Tafelbilder in einen Gesamtkontext steht jedoch noch aus.

Bereits in Vorbereitung des ersten wissenschaftlichen Bestandskataloges für die Altenburger Sammlung italienischer Malerei durch Robert Oertel von 1961[3] führte der Restaurator Konrad Riemann vom Institut für Denkmalpflege in Halle ab 1955 Untersuchungen an den entsprechenden Tafelbildern durch und erstellte erstmals Röntgenbilder und Infrarotreflektogramme von einzelnen Gemälden.

RADIOGRAPHIE

Kurzweilige, energiereiche Röntgenstrahlen können verschiedene Feststoffe durchdringen.[4] Je nach Dichte und Eigenschaft dieser Feststoffe werden die Röntgenstrahlen unterschiedlich stark absorbiert. Beim Durchleuchten von Gemälden wird auf der einen Seite des Objekts die Röntgenquelle positioniert und auf der anderen Seite ein Röntgenfilm bzw. digitaler Sensor direkt auf die Bildoberfläche gelegt. Aufgrund verschiedener Materialdichten, aber insbesondere dank des Phänomens, dass vor allem schwermetallhaltige Pigmente Röntgenstrahlen besonders stark absorbieren, entsteht nun ein abgestuftes Schwarz-Weiß-Bild. So ist es möglich, durch Röntgenuntersuchungen Aussagen zum originalen Bestand – beispielsweise Ausmaß von Fehlstellen und Ergänzungen der Malschicht sowie Grad der Schädigung des Bildträgers – aber auch Stellungnahme zu Herstellungstechnik, Aufbau der Holztafel bzw. Malerei usw. zu treffen. Bei Sandro Botticellis (1444/45–1510) *Bildnis einer Dame* (Kat. 19) ist aufgrund des ausgeprägten Bleiweißgerüstes im Röntgenbild erkennbar, dass die Porträtierte in einer früheren Version ein stark tailliertes Kleid aus dünnem Stoff und mit tiefem Ausschnitt trug. Mantel, Heiligenschein und Attribute werden einer zeitlich etwas späteren Überarbeitung zugeschrieben (Abb. 1).

INFRAROTREFLEKTOGRAPHIE

Bei der Infrarotreflektographie handelt es sich um eine zerstörungsfreie Untersuchungsmethode zur Sichtbarmachung von Phänomenen, die sich unter der Oberfläche verbergen.[5] Langwellige infrarote Strahlung bis 1800 nm kann Malschichten durchdringen und wird an der hellen weißen Grundierung reflektiert. Diese reflektierte Strahlung wird mit einem empfindlichen Sensor aufgenommen und sichtbar gemacht. Dabei kann im Infrarotreflektogramm zum Beispiel die zwischen Grundierung und Malschicht liegende Unterzeichnung sichtbar gemacht werden. Zusätzlich können, je nach Wellenlänge und Beschaffenheit der Malschicht, Oberflächenphänomene wie Retuschen und Übermalungen erkennbar werden.

COMPUTERTOMOGRAPHIE

Eine weitere interessante, aber seltener eingesetzte strahlentechnologische Methode ist die Untersuchung im Computertomographen (CT). Im Lindenau-Museum stellte sich bei der Restaurierung und Erforschung der fünf Predellatafeln von Luca Signorelli (1445/50–1523; Kat. 38) die Frage, ob die Predella ursprünglich nur aus diesen fünf Szenen bestand oder vielleicht weitere Darstellungen vorhanden waren. Darüber hinaus blieb zur Diskussion, ob die Einzeltafeln unmittelbar miteinander verbunden oder durch weitere Gliederungselemente wie Rahmungen, Säulen und Darstellungen von Heiligen oder anderen Motiven gegliedert waren.

Die Holzanatomie zeigte, dass der Verlauf der Maserung sowie die Anzahl und Dichte der Jahrringe darauf hinweisen, dass die fünf Holztafeln ehemals ein Brett bildeten. Aufgrund der Bearbeitung der Sägeschnitte zwischen den Tafeln durch einen Hobel oder eine Feile war aber eine direkte Zuordnung der Kanten aufgrund des Schnittbildes nicht möglich. Eine CT-Untersuchung[6] (Abb. 2) zeigte in zahlreichen Einzelaufnahmen in drei Ebenen in einer erstaunlichen Deutlichkeit ein Bild der Textur des Holzes und bestätigte zweifelsfrei, dass die Tafeln unmittelbar zusammengehören.

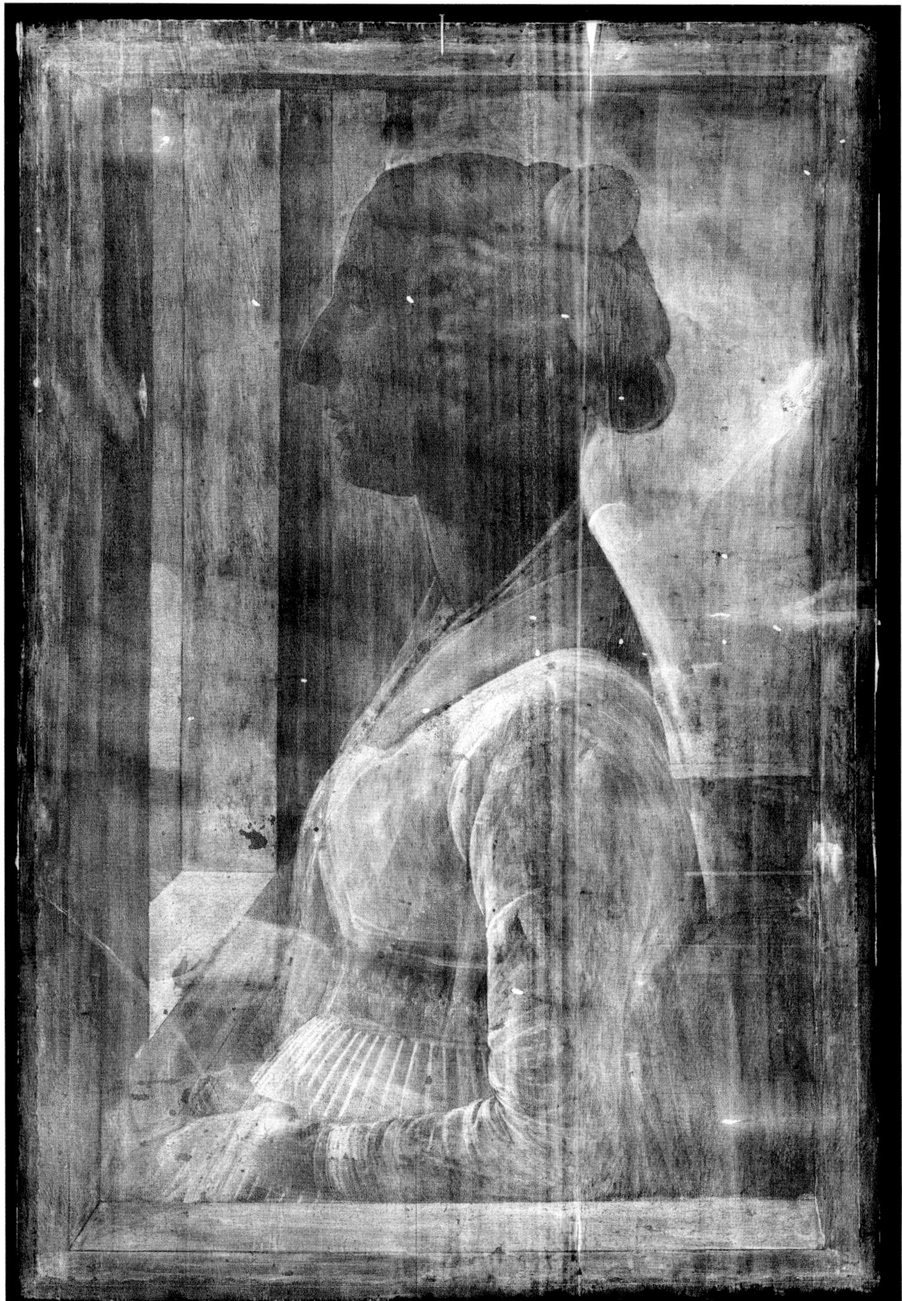

Abb. 1 Sandro Botticelli, Bildnis einer Dame, um 1475, Tempera auf Pappelholz, Lindenau-Museum Altenburg, Kat. 19. Erste Version der Bildkomposition im Röntgenbild sichtbar

QUERSCHLIFFE

Besonders im Zusammenhang mit komplexen Restaurierungen sind an einigen Tafelbildern vertiefende Untersuchungen durchgeführt worden. Hier ist vor allem die Anfertigung von Querschliffen zu nennen, um den stratigraphischen, also schichtenbezogenen Aufbau des Bildes zu definieren. Dabei entnimmt man winzigste Malschichtproben und bettet diese in Kunstharz ein. Nach dem Aushärten des Harzes und dem Anschleifen der Proben kann unter dem Mikroskop ein genaues Bild von Anzahl und Reihenfolge der Schichten stark vergrößert gezeigt werden. Hierbei können beispielsweise Vorleimung, Grundierung, Untermalung, Mal- und Firnisschichten sowie Übermalungen und Retuschen definiert werden. Durch die Betrachtung der Malschichtprobe unter UV-Strahlung ist es ebenfalls möglich, dass fluoreszierende Bindemittel- und Firnisschichten sichtbar gemacht werden, die aufgrund ihrer geringen

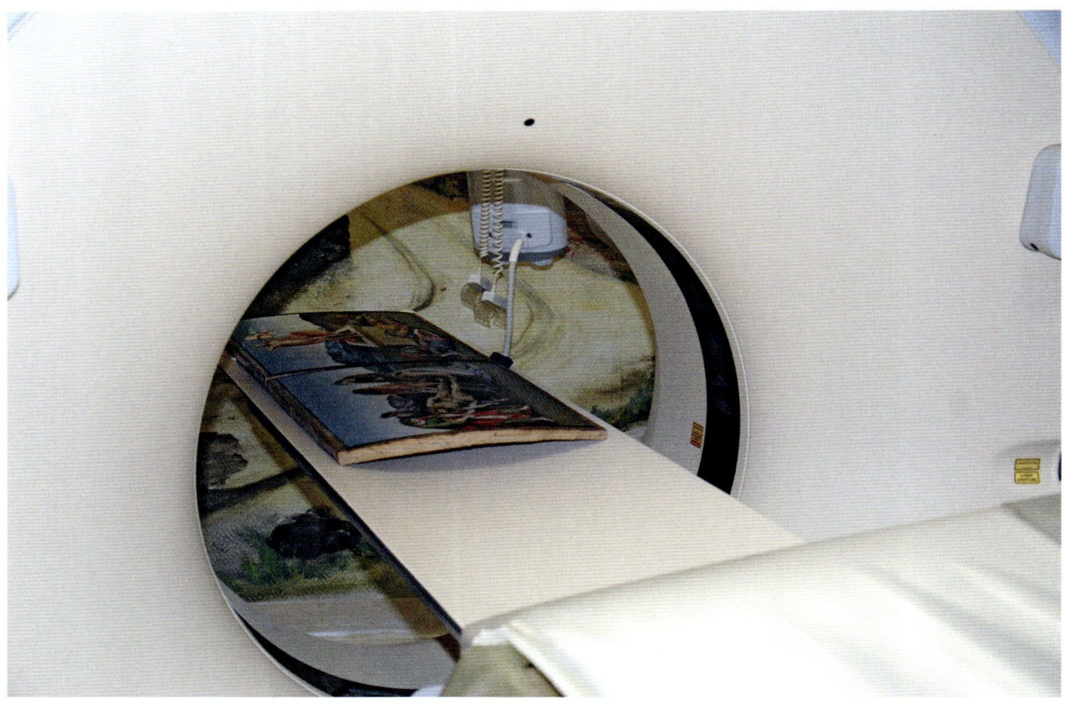

Abb. 2 Luca Signorelli, Grabtragung Christi, Auferstehung Christi, 1509–1511, Tempera und Öl auf Pappelholz, Lindenau-Museum Altenburg, Kat. 38d–e. Gemälde im Computertomographen

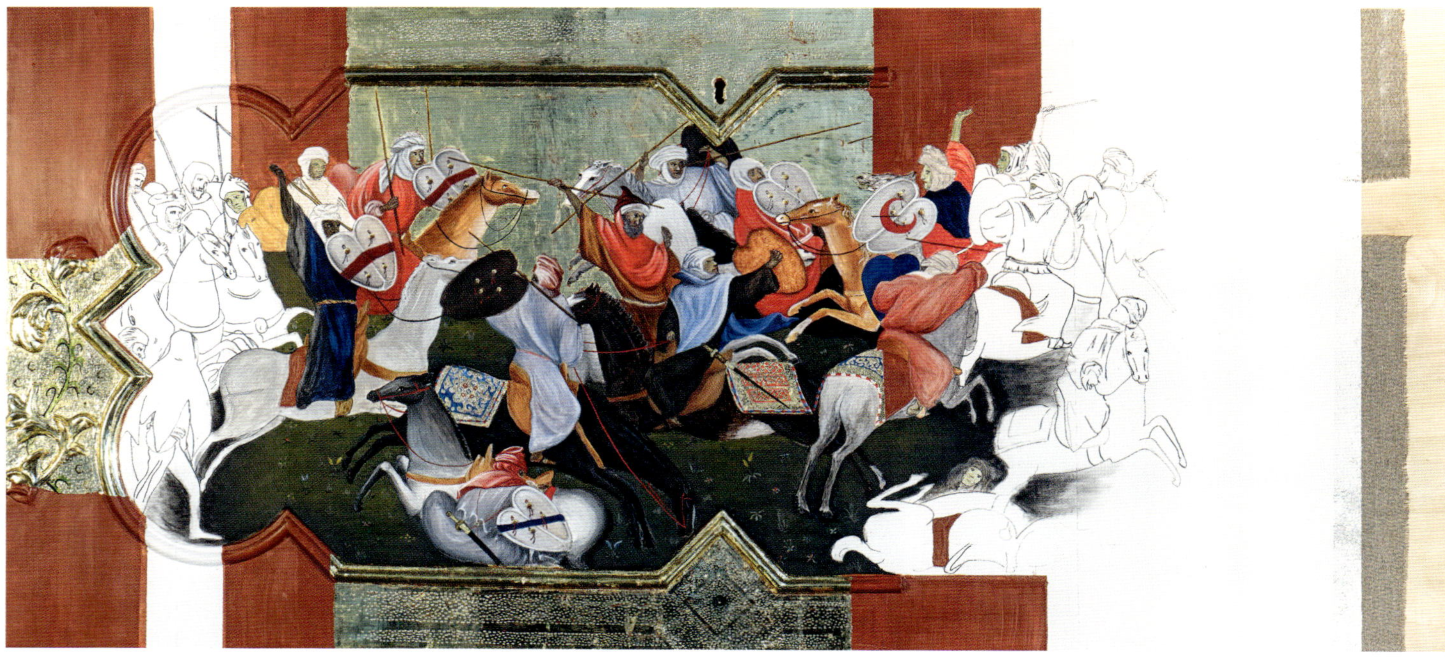

Abb. 3 Gherardo Starnina, Kampf orientalischer Reiter, 1400–1405, Tempera auf Pappelholz, Lindenau-Museum Altenburg, Kat. 50. Maltechnische Studie von Tom Frisch, Franziska Motz und Malin Sundermann, Hochschule für Bildende Künste Dresden

Schichtstärke im Auflicht nicht immer identifizierbar sind. Zur zeitlichen Einordnung verschiedener Schichten wurden an den Altenburger Tafelbildern vereinzelt auch Pigment- und Bindemittelanalysen durchgeführt.

MALTECHNISCHE STUDIEN

Das Lindenau-Museum pflegt seit Jahrzehnten eine intensive Zusammenarbeit mit dem Studiengang Kunsttechnologie, Konservierung und Restaurierung von Kunst- und Kulturgut der Hochschule für Bildende Künste Dresden. Neben den genannten naturwissenschaftlichen Untersuchungen im archäometrischen Labor der HfBK Dresden widmet sich der Studiengang im Rahmen von Seminar- (Bachelor) und Diplomarbeiten der Erforschung ausgewählter Gemälde insbesondere der Sammlung frühitalienischer Malerei. Von großem didaktischem Wert ist die Anfertigung maltechnischer Studien. Dabei versuchen die Studierenden den Herstellungsprozess der historischen Objekte praktisch nachzuvollziehen. Theoretische Informationen zum Schaffensprozess liefern historische Quellen sowie Sekundärliteratur, aber auch Ergebnisse ausführlicher Objektuntersuchungen. An Mustertafeln wird jeder einzelne Schritt der Bearbeitung exemplarisch und chronologisch dargestellt.

Als Beispiel sei hier die maltechnische Studie zu Gherardo Starninas (um 1360–1413) *Kampf orientalischer Reiter* genannt (Abb. 3 und Kat. 50).[7] So sind bei der Tafel die einzelnen Schritte der Tafelherstellung – die Vorbereitung des Bildträgers, der Schichtenaufbau der Grundierung, die Vergoldung und die Ziertechniken – sowie die Temperamalerei in ihrer zeitlichen Abfolge in einzelnen Bereichen sichtbar belassen. Auf diese Weise können den Betrachtenden die am Original nicht einsehbaren Zwischenschichten vermittelt werden.

1 Diplom-Restaurator Holger Manzke, Potsdam sowie Diplom-Restaurator Johannes Schaefer, Altenburg.
2 Als Beispiel sei hier die Rekonstruktion des Hauptaltarbildes im Dom von Siena genannt. Vgl. Ausst.-Kat. Altenburg 2001.
3 Oertel 1961.
4 Ausführlich beschrieben in: Matteini/Moles 1990.
5 Ebd.
6 Untersuchung mithilfe eines Computertomographen durch den Altenburger Radiologen Matthias Noori. Für diese Untersuchung wurden die Tafeln der Grabtragung und der Auferstehung sowie die Tafeln des Christus am Ölberg und der Geißelung ausgewählt.
7 Frisch/Motz/Sundermann 2017.

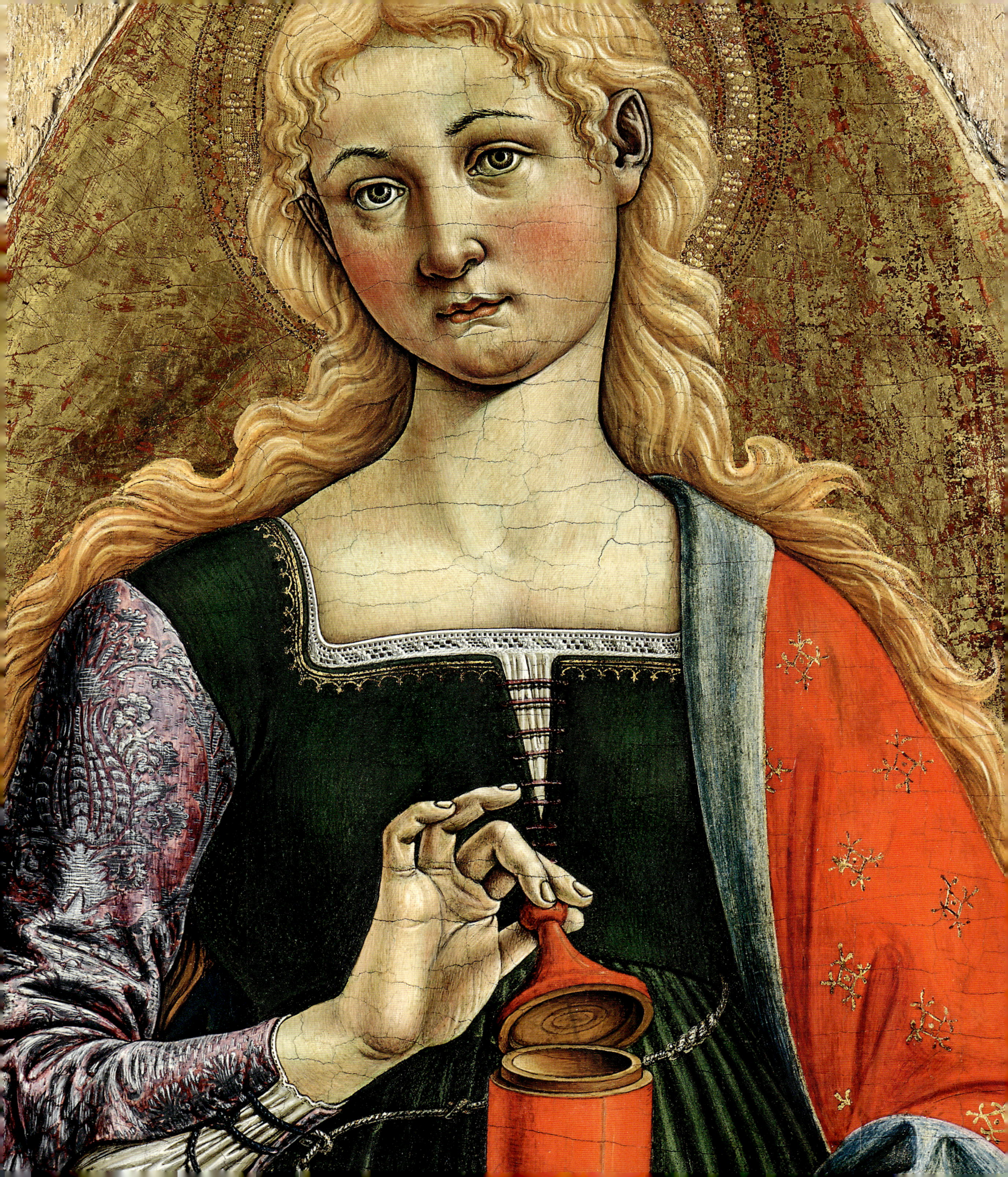

IN DER WERKSTATT DER KÜNSTLER

HENRIKE HAUG

Was passiert in der Werkstatt von Künstlerinnen und Künstlern und wie sehen diese Arbeitsräume aus? Diese Frage ist nicht allgemein zu beantworten, da die Stätte des Werkes und des Werkens als der Ort, an dem die Kunstschaffenden ihre Arbeit verrichten, stetigen Wandlungen unterworfen ist: Nicht zu allen Zeiten und an allen Orten wurden die gleichen Materialien und Werkzeuge genutzt.[1] Künstlerische Techniken entstehen, entwickeln und verändern sich. Auch ist der gesellschaftliche Status von Künstlerinnen und Künstlern variabel, ebenso die Handwerkstraditionen, das Regelwerk des Berufs, das Verständnis des Wertes von Arbeit und die Hierarchien innerhalb der Gesellschaft. Es ist also stets nur möglich, einen zeitlich begrenzten Blick in die Räume zu werfen bzw. eine zeitlich definierte Vision von den Räumen zu entwerfen, in denen das Werk statt-findet. Für die Ausstellung *Bellissimo!* soll das Augenmerk auf eine Künstlerwerkstatt um 1400 gerichtet werden, genauer gesagt auf die Werkstatt eines Malers in Italien, denn es gibt sehr viele unterschiedliche künstlerische Genres, die alle spezifische Werkzeuge und Arbeitsweisen entwickelt haben. So unterscheidet sich die Werkstatt eines Goldschmieds von der eines Holzschnitzers und eben auch von der eines Malers (Abb. 1).

Der avisierte Blick ist dabei nicht unmittelbar, sondern immer ein vermittelter, denn es gibt keine erhaltenen Werkstätten aus der Zeit um 1400 und auch wenige detaillierte Beschreibungen oder bildliche Schilderungen.[2] Selbst dort, wo Bilder oder Texte erhalten sind, die bis heute eine Vorstellung davon überliefern, wie es in einer Künstlerwerkstatt um 1400 ausgesehen haben könnte, muss immer auch der Kontext mitbetrachtet werden, in dem diese Dokumente entstanden sind. Warum machte sich jemand die Mühe, die Materialien, Werkzeuge und Handlungen von Malern zu beschreiben? Welche Ziele verfolgt jemand, der Arbeitsweisen protokolliert und Arbeitsräume skizziert? Würde es nicht reichen, die fertigen Produkte zu kaufen, beispielsweise

Kat. 24a, Detail

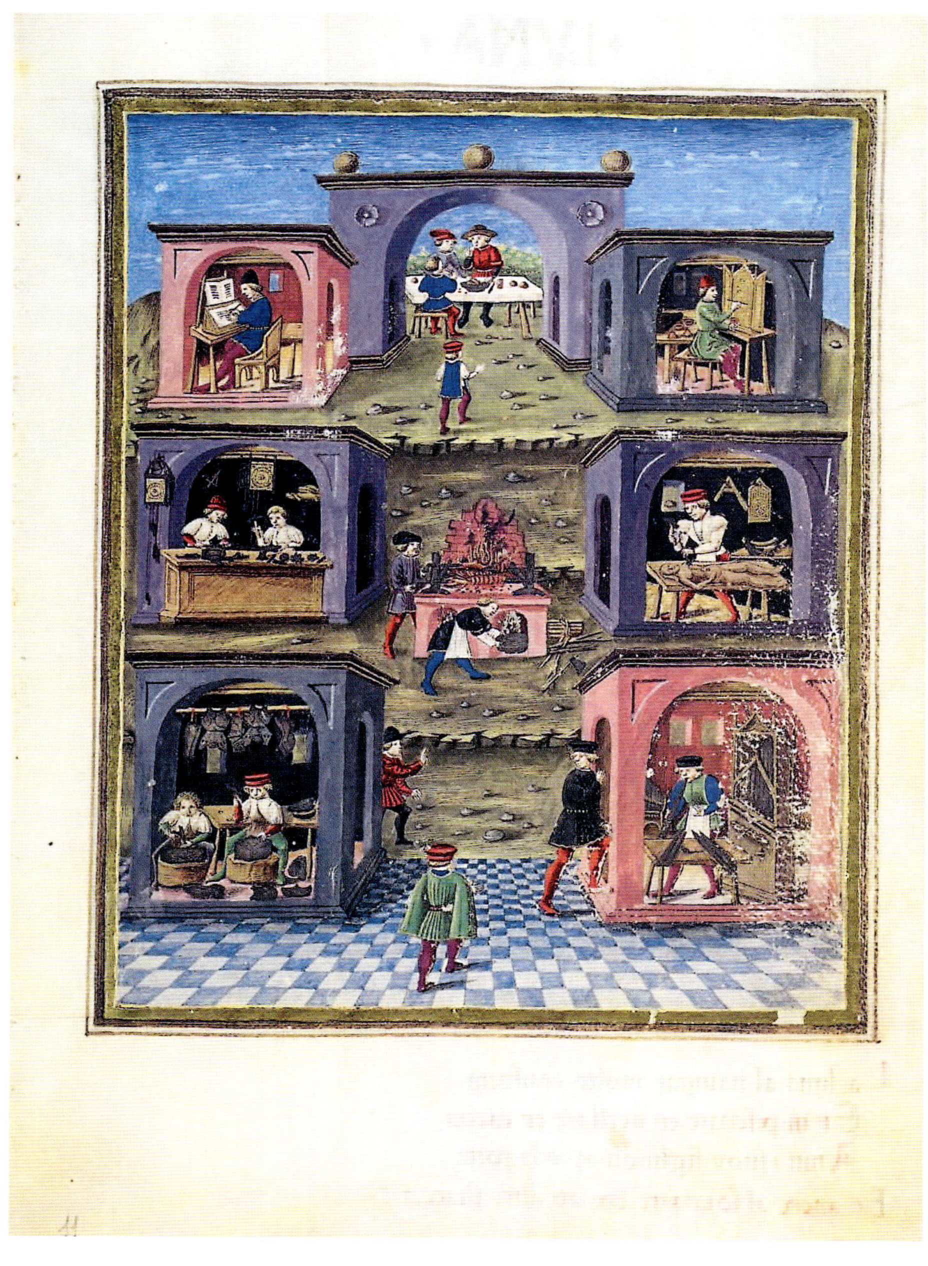

Abb. 1 Darstellung der Merkurkinder / Handwerker in ihren Werkstätten, 1. Hälfte 15. Jahrhundert, Buchmalerei, Biblioteca Estense, Modena, Ms. LAT. 209, fol. 11r

Madonnenbildnisse (vgl. Kat. 1) oder eine Kreuzigung (vgl. Kat. 38c). Warum sollte man sich für den Prozess der Entstehung dieser Bilder interessieren, warum einen Text darüber lesen, in welchen Schichten, mit welchen Materialien und Instrumenten das Gold hinter der Muttergottes oder des Gekreuzigten aufgebracht wurde – zumal, wenn das Bild doch in einen religiösen Kontext gehörte, in einer Kirche aufgestellt wurde?

DER LIBRO DELL'ARTE UND ANDERE KUNSTBÜCHER

Eine wichtige Quelle für die Frage nach der Werkstatt der Künstler ist der *Libro dell'arte*, also das »Kunstbuch«, das der italienische Maler Cennino Cennini (geboren um 1370) um 1400 in Padua geschrieben hat. Dieser handschriftlich überlieferte Text erlaubt es, viel über die Praktiken und Materialien zu erfahren, die in dieser Zeit in Italien verwendet wurden. Zugleich ist dieses Dokument ein interessantes Zeugnis für die Gründe, warum Wissen über künstlerische Arbeitsräume und Arbeitsweisen überhaupt schriftlich niedergelegt wurde.[3] In diesem Text fällt vor allem die systematische Ordnung auf: So beschreibt Cennini nicht die Werkstattausstattung, die Werkzeuge, die Malmittel sowie die diversen Arbeitsschritte eines ausgebildeten Malers, sondern vielmehr technische Verfahren und Rezepte als eine Art von Unterweisung in seine Kunst und fasst zu Beginn des Buches im 4. Kapitel zusammen, was die Grundlage jener Kunst ist, die aus unterschiedlichen Hand-Arbeiten besteht (*fondamento dell arte di tutti questi i lavori di mano*): zunächst das Zerreiben (*tritare*) oder besser Zermahlen (*maccinare*) der Farben. Es folgt das Beleimen (*conlare*) sowie das Überziehen der zu bemalenden Holztafel mit einem Tuch (*inpannare*), die Fertigung des Gipsgrundes (*ingiessare*), dessen Glättung (*radere*) und Polieren *(pulirli)*, die Auftragung von Gipsreliefs (*levare di giesso*), die Aufbringung des Bolusgrundes aus Tonerden (*mettere di bolo*; S. 54, Abb. 2), die darauf aufliegende und anhaftende Vergoldung (*mettere doro*), das erneute Glätten (*brunire*),[4] dann das Mischen der Temperafarben (*temperare*).[5] Die nächsten Schritte im Malprozess werden von Cennini als eine beeindruckende Aneinanderreihung von Verben entworfen, die den Reichtum der Bewegungen und Gesten während des Malprozesses beim Lesen erlebbar machen: *campeggiare*, *spolverare*, *grattare*, *granare* oder eher *chanucciare*, *ritagliare*, *colorire*, *adornare* und *nue*. Skizziert wird hier – er wird diese unterschiedlichen Arbeitsschritte im Verlauf seines Traktats Schritt für Schritt erklären und ausführlich beschreiben – wie auf der vorbereiteten Tafel die Vorzeichnung als Ritzung oder auch Kohlezeichnung angelegt und dann in Farbe ausgeführt wird, bis hin zu den letzten Schritten des abschließenden Verzierens mit goldenen Ornamenten und dem Auftragen der Firnisschicht.

Da das Malen eines Bildes *Kunst* und damit Ergebnis einer langen, regelgeleiteten, systematischen und handwerklichen Ausbildung ist, geht der Autor nach dieser rasanten Schilderung einen Schritt zurück und beginnt mit der Beschreibung des Zeichnens als Grundlage der künstlerischen Arbeit und als Beginn der Ausbildung zum Maler (Abb. 2). Er vermischt dabei ganz pragmatische Anweisungen (wie man Zeichenpapier grün einfärbt) mit theoretischen Überlegungen, die immer auch Einblicke in die tatsächlichen Verhältnisse innerhalb der Künstlerwerkstätten erlauben: Hier arbeiteten Lehrlinge, Gesellen und Meister zusammen, lernten voneinander und tauschten sich aus. Cennini betont, wie wichtig es ist, täglich und unermüdlich nach den besten Vorlagen, die man finden könne, zu zeichnen, so nach Vorbildern, die von der Hand großer Meister stammen (*affatichati e dilettati di retrar sempre le miglior chose che trova puoi per mano fatte di gran maestri*).[6] Sichtbar wird hier also auch ein Verständnis von Qualität, eine Unterscheidung von guten und weniger guten Künstlern, eventuell auch schon eine Vorstellung von »Kunstgeschichte«.

Abb. 2 Maso Finiguerra, Ein Knabe, der auf einem Schemel kniend zeichnet, 1450/60, lavierte braune Federzeichnung auf Papier, Le Gallerie degli Uffizi, Florenz

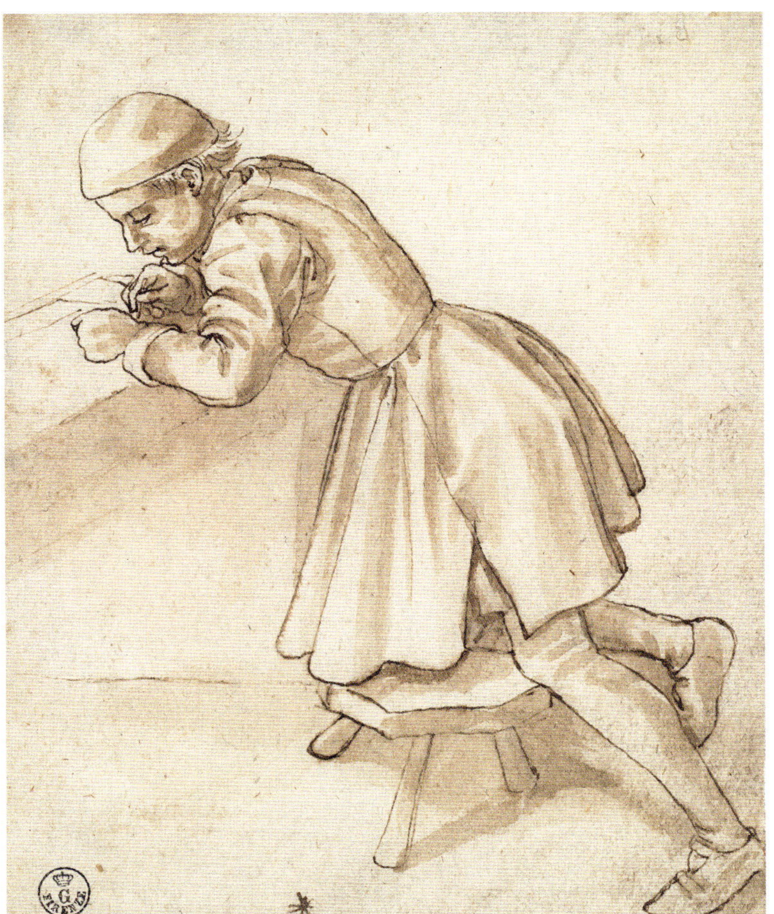

FARBREZEPTE UND FARBHERSTELLUNG

Nach den Anweisungen zum Zeichnen und Beschreibungen der Zeichenmittel geht Cennini über zu den Farben bzw. den Pigmenten für die Malerei, nennt ihre Herkunft und Zubereitung.[7] Auch hier vermischt er unterschiedliche Themen, vermittelt praktische Rezepte zusammen mit künstlerischem Grund- und Allgemeinwissen. So schreibt er in Kapitel 36: »Wisse, dass es sieben natürliche Farben (*cholori naturali*) gibt. Nämlich vier, ihrer Natur nach eigentlich Erden, Schwarz, Rot, Gelb und Grün. Drei andere Naturfarben verlangen aber, künstlich unterstützt zu werden (*aiutare artifizialmente*), Weiß, Blau (Azurit oder Ultramarin), Giallorino[8].«[9] Schon die Ansprache der Lesenden mit *sappi* (wisse) – zeigt, dass Cennini ein Publikum imaginiert, das er in seiner *ars* (Kunst) – an anderen Orten nutzt er auch den Begriff der *scienza* (Wissenschaft) – unterweisen will. Es sind sehr

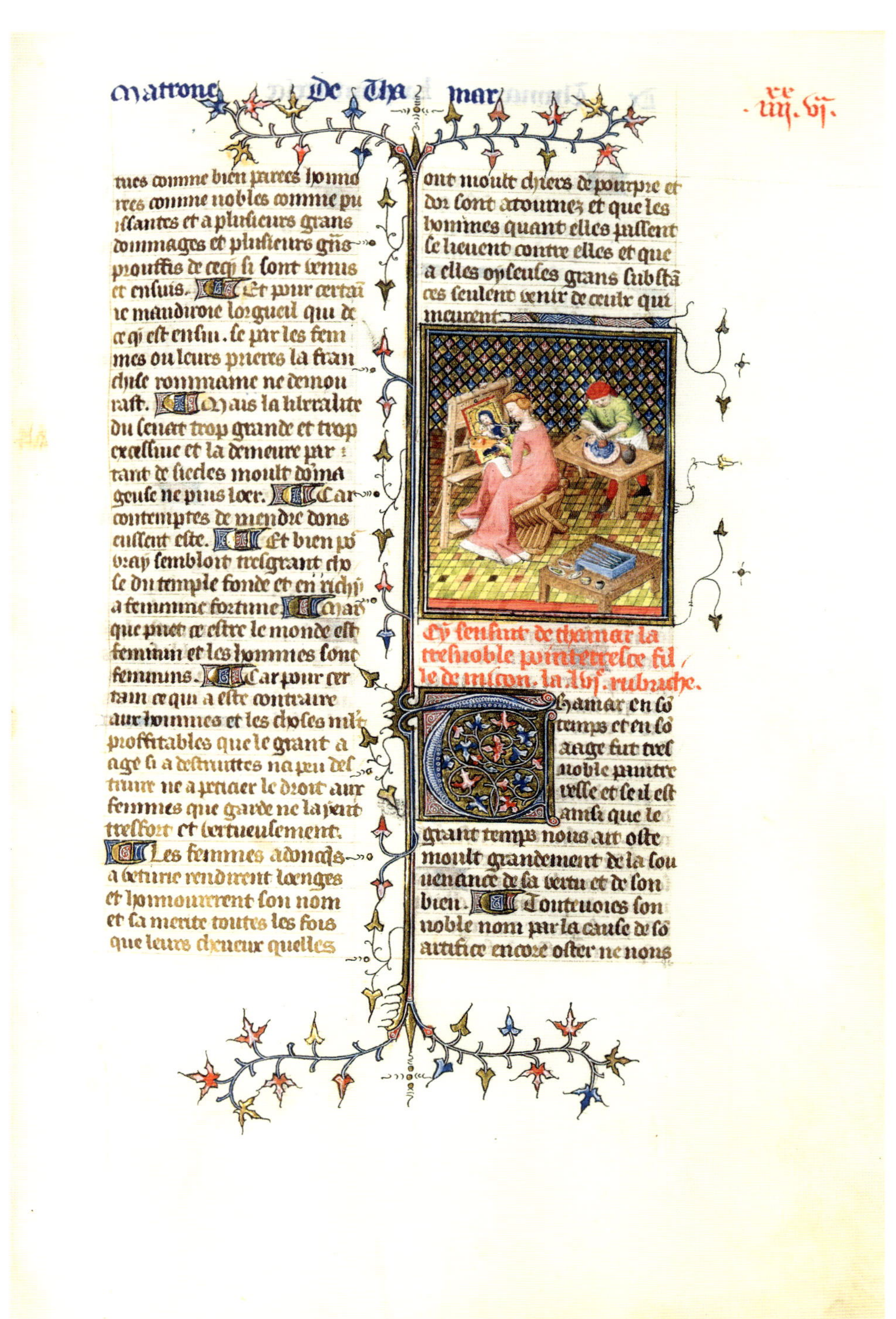

Abb. 3 Darstellung der antiken Malerin Timarete / Thamyris in einem Manuskript von Boccaccios *De mulieribus claris* (*Von den berühmten Frauen*) in der französischen Übersetzung (*Cas des nobles hommes et femmes*) durch Lauren de Premierfait, 15. Jahrhundert, Buchmalerei auf Pergament, Bibliothèque nationale de France, Paris, Français 12420, fol. 86r

unterschiedliche Wissensbereiche, die in der täglichen Arbeit in den Werkstätten genutzt wurden, sehr vielfältige Kenntnisse und auch körperliches Vermögen waren nötig, um ein Gemälde zu erschaffen. Allein das Farbwissen umspannt zahlreiche Ebenen: In Florenz waren die Maler als *membrum* (Mitglied) der *Arte dei Medici e Speziali*, der Zunft der Ärzte und Apotheker, angeschlossen,[10] da sie, so jedenfalls begründet es die Präambel ihres Statuts von 1316, mit ihren Materialeinkäufen – darunter Blattgold, Blattsilber, Azurit, Zinnober und anderen Farben – auf die *speziali* angewiesen waren.[11]

Farbpigmente konnten also über Händler gekauft werden – und doch beschreibt Cennini in seinem 45. Kapitel eine Wanderung, die er mit seinem Vater in der Gegend von Colle di Valdelsa unternahm. Dort fanden sie Ocker – eine gelbe, natürlich vorkommende Farbe, die in den Bergen in der Nähe von Schwefelvorkommen zu finden sei.[12] Sie sehen »Adern (*vene*) von verschiedenen Farbenarten, darunter Ocker, dunkle und helle Sinopia, Blau und Weis. Und was ich für das größte Weltwunder (*miracolo delmondo*) ansehe, ist, dass Weiß in Erdadern vorkommt [...]. Ich versichere Dir, dass ich niemals eine schönere und perfektere Ockerfarbe (*più bello e perfetto colore docria*) ausprobiert (*gustai*) habe. [...] Jede der (beiden) Ocker-Farben erfordert die gleiche Art des Reibens mit reinem Wasser und reibe sie gut, denn sie wird immer besser. Und wisse (*sappi*), dass dieser Ocker eine verbreitete Farbe vor allem in der Fresco-Malerei ist; in anderen Mischungen ist sie, wie ich es dir erklären werde, für Hauttöne, Gewänder, Berge, Architekturen, Pferde und allgemein zu Vielem zu verwenden.«[13] Aus dieser Schilderung Cenninis geht hervor, dass ein ausgebildeter Meister Orte kennt, an denen farbige Erden zu finden sind. Er weiß, wie er diese Ressourcen abbaut und weiterbearbeitet, sodass sie – gut und ausdauernd gerieben – von ihm zu Farbpigmenten bereitet werden können. Er unterscheidet diverse Anwendungsmöglichkeiten in der Wand- oder für die Tafelmalerei und differenziert darüber hinaus, welche Farben für welche Themen zu verwenden sind.

BLAU – VOM WERT DER FARBE

Zudem wird deutlich, dass den Malern aus ihrer Praxis bekannt gewesen sein muss, welche Farben natürlich und regional vorkommen – und welche importiert oder künstlich hergestellt werden mussten. Am berühmtesten – und sehr teuer – war dabei das Ultramarin, ein Blau, das (wie der Name schon verrät) über das Meer kam, als Halbedelstein Lapislazuli, der über Fernhandelswege aus China und dem Persischen Reich, über Afghanistan und Venedig als *azurro ultramarino* nach Europa reiste (Abb. 3).[14] Künstliche Farbrezepte von Blau waren demnach hoch gefragt und weitverbreitet – nicht nur bei Cennini kann man nachlesen, welches angewandte chemische Wissen dazu notwendig war. Denn auch wenn Cenninis *Libro* in seiner Systematik und seinen kunsttheoretischen Reflexionen eine Sonderstellung einnimmt, ist es doch Teil einer ganzen Gruppe von Texten, in denen ebenfalls Rezepte und Arbeitsanweisungen aufgeschrieben sind.[15]

Ein weiteres berühmtes Beispiel ist eine in der Pariser Bibliothèque nationale aufbewahrte handschriftliche Sammlung, die Jehan Le Begue (1368–1457) im Jahr 1431 zusammengestellt hatte.[16] Le Begue war kein Künstler, der sein Wissen ordnete und schriftlich präsentierte, sondern ein kunstaffiner Sammler von kostbaren Handschriften. Wahrscheinlich war es seine Sammellust und die daraus resultierende Expertise, die ihn dazu brachte, Farbrezepte zu protokollieren. Seine Zusammenstellung ist faszinierend, da sie in ihrer Heterogenität zeigt, auf welches Wissen Cennini und die Künstler seiner Zeit zurückgreifen konnten: Kenntnisse, die seit Jahrhunderten von Meister zu Schüler, von Werkstatt zu Werkstatt tradiert wurden. Manches davon war geheim, aber die Handschrift in Paris bezeugt, wie freigiebig Maler ihre Rezepte teilten und tauschten – meist mündlich, wahrscheinlich vor allem in Ausbildungssituationen, sodass sie in den Köpfen und den Händen der in den Werkstätten arbeitenden Menschen gespeichert wurden.

In der Sammlung le Begues[17] finden sich eine Abschrift des ersten Teils der berühmten *Schedula diversarum artium*, einer Schrift aus den 1130er-Jahren, die Anweisungen zur Malerei, zur Arbeit mit Glas und zur Goldschmiedekunst versammelt. Es finden sich die drei Bücher, die mit dem Namen des Heraklius verbunden sind (*De Artibus Romanorum*), die ebenfalls aus dem 12., wenn nicht gar aus dem 9. Jahrhundert stammen, sowie die Sammlung von Johannes Alcherius, der um 1400 in Europa reiste und dabei Farbrezepturen aufschrieb: »Im Jahr der Beschneidung Christi 1398, am Sonntag, den 28. Juli, schrieb und notierte Johannes Alcherius in Paris die folgenden Kapitel über Malfarben nieder, entsprechend den Worten und Anleitungen, die ihm von Jacobus Cona gegeben wurden, einem flämischen Maler, der damals in Paris lebte und der, wie er selbst sagte, während seines ganzen Lebens die in den folgenden Seiten enthaltenen Rezepte ausprobiert und verwendet hatte.«[18]

Alcherius kopierte 1409 in Mailand ein Farbrezeptbuch von einem Mönch namens Fra Dionisio. Am 2. Februar 1410 notierte er – wohl in Padua – ein Ultramarinrezept von Meister Johannes, einem Normannen, der im Haus von Pietro da Verona lebte. Am 13. Februar 1410 kopierte er in Bologna aus dem Buch des Malers Giovanni da Modena (um 1379–1456) und erhielt am 4. Mai 1410 in Venedig erneut ein Ultramarinrezept, diesmal von Michelino di Besozzo (1370–1455), den er als den besten Maler der Welt bezeichnet. Le Begues Sammlung bezeugt eindrucksvoll die Wanderung von praktischem und experimentellem Farbwissen, das Vorhandensein von Netzwerken und Wertsystemen (= bester Maler der Welt), tradiert *shoptalk*, also Werkstatt- und Fachsprache, macht deutlich, wie mobil Maler waren, zeigt, dass in den Klöstern und in den Städten Kunstwerke geschaffen wurden, beschreibt die Komplexität oder auch die Einfachheit von Arbeitsschritten, nennt deren zeitliche Reihenfolge und Dauer und betont die vielen unterschiedlichen alltäglichen Praktiken und Handlungen. In den *Experimenta de Coloribus* findet sich das Rezept zum Herstellen von Blau: »Nimm eine Ampulle aus reinem Kupfer und fülle darein eine Farbe von weißem Marmor, so das sie halb gefüllt sei; in anderen Rezepten wird gebrannter Kalk genannt. Fülle sie danach mit starkem Essig, und bedecke sie, und stelle sie an einen warmen Ort, oder unter Pferdedung, für einen Monat, und Du erhältst einen guten Blauton für Holz und für die Wand.«[19] Wie Cennini schon sagt, sind weder Weiß noch Blau Farben, die natürlich vorkommen, sondern Ergebnis angewandter Chemie: Sehr altes Wissen über die Reaktion von unterschiedlichen Stoffen miteinander, die benötigten Materialien, die lange Dauer, die Teil der Herstellung von Farben ist, sowie praktisches Wissen, da nicht jede Farbe für alle Oberflächen und Einsatzorte geeignet ist, werden hier verbunden und vermittelt.

DIE WERKSTATT IM BILD

Soweit die Texte – die erhaltenen Darstellungen geben Auskunft über die räumliche Disposition der Künstlerwerkstätten und auch über die kulturellen Räume, in denen künstlerische Arbeit um 1400 verhandelt wurde: In einer Miniatur (Abb. 1) sieht man Handwerker in Aktion, ihre Werkstätten sind nach vorne geöffnete Räume, in denen Werkbänke stehen, an denen die Vertreter verschiedener Berufe tätig sind.[20] Unten links sieht man Plattner beim Verfertigen von Harnischen, darüber Feinschmiede bzw. Uhrmacher, die unter anderem an Zahnrädern arbeiten. Darüber, oben links, blickt man in die Werkstatt eines Schreibers, ihm gegenüber auf der rechten Seite sieht man in das Atelier eines Malers, darunter bearbeitet ein Bildhauer die Statue einer Frau und unten rechts ist ein Orgelbauer dabei, in eine Orgelpfeife zu blasen. Diese Abbildungen unterschiedlicher Künste – *artes* – gehören zur Darstellung des Gottes Merkur. Er ist Teil eines Zyklus der Planeten und der unter ihnen geborenen Menschen, der sogenannten Planetenkinder, und gehört zu einer *De Sphaera*-Handschrift des Johannes de Sacrobosco (um 1195–1256). Sie entstand für Francesco Sforza (1401–1466) und seine Frau Bianca Maria Visconti (1425–1468) in Mailand in der ersten Hälfte

Abb. 4 Ambrogio Lorenzetti, Die Auswirkungen der guten Regierung auf Stadt und Land, 1338/39, Fresko, Sala dei Nove, Palazzo Pubblico, Siena, Detail: Geöffnete Werkstätten mit unterschiedlichen Handwerkern und ihren Waren

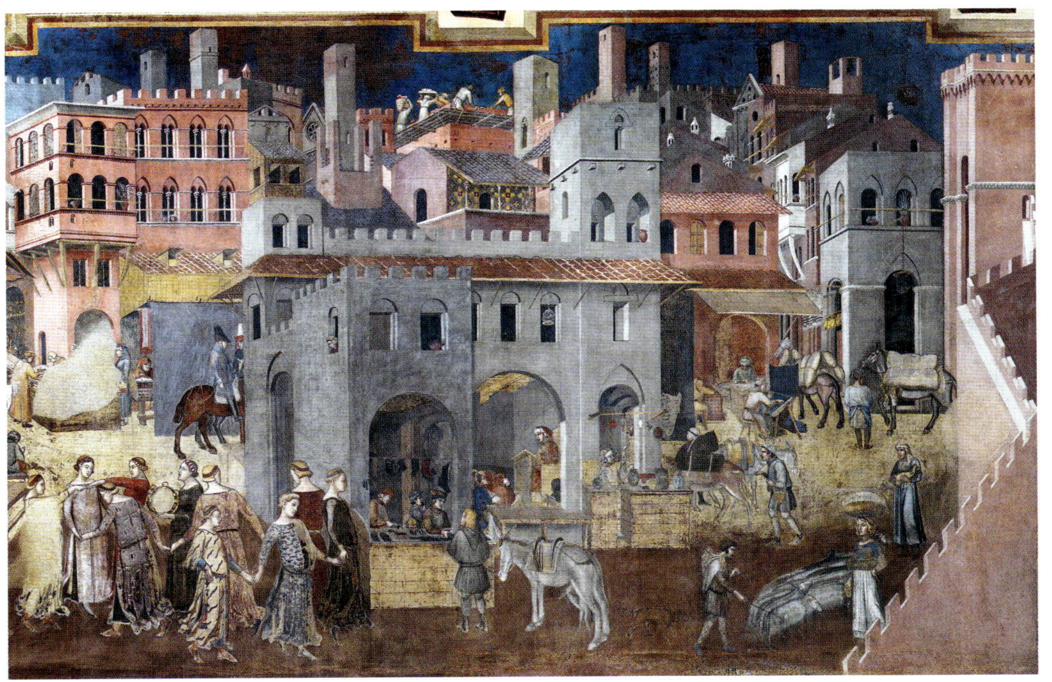

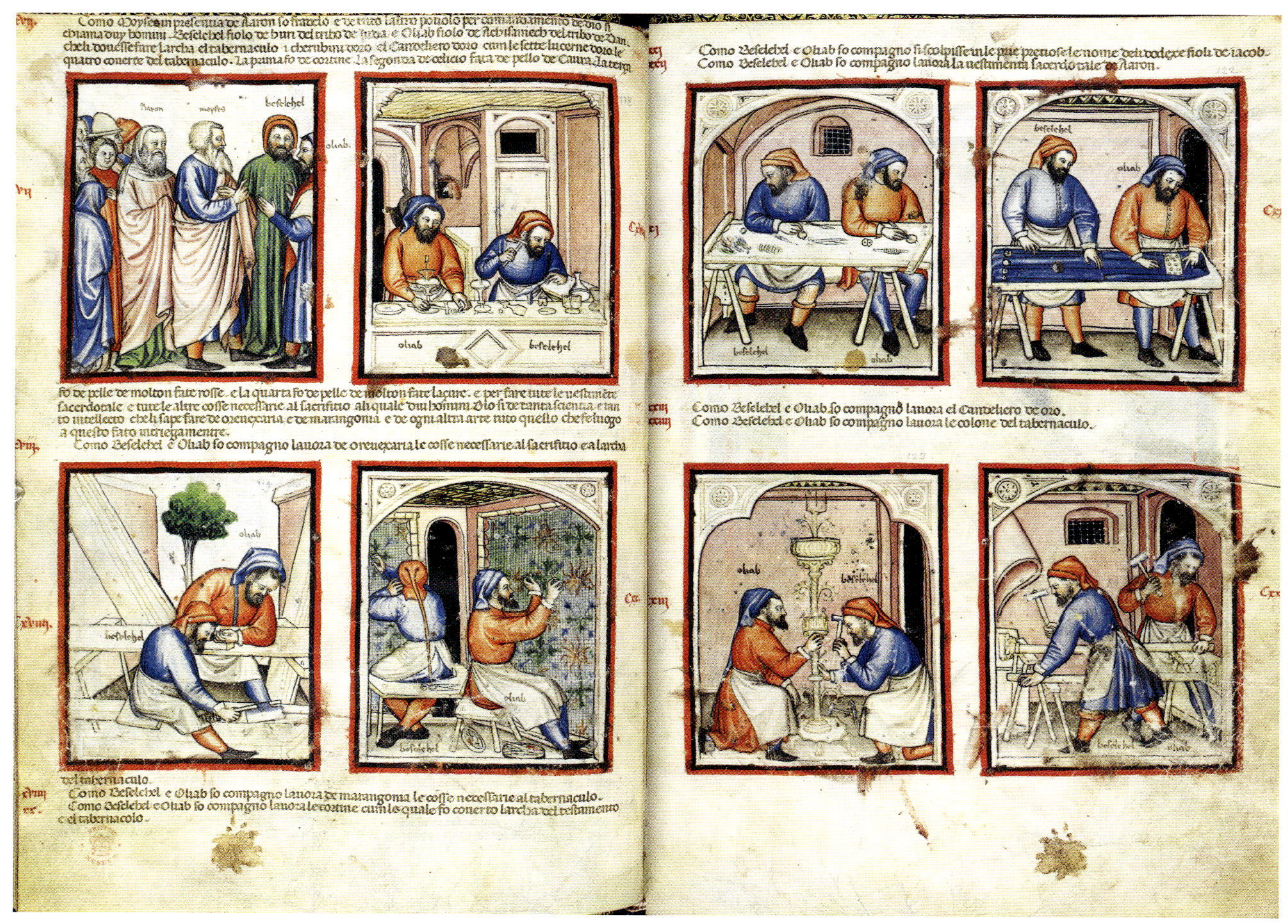

Abb. 5 Bezalel und Oholiab, die beiden von Gott begabten und von Mose beauftragten Handwerker bei der Arbeit in ihren Werkstätten, um 1400, Buchmalerei, British Library, London, Ms. Add. 15277, 15v und 16r

des 15. Jahrhunderts. Jeder Planet ist von einem Vierzeiler begleitet, der Auskunft über die charakterlichen Eigenschaften und Berufe der Planetenkinder gibt.[21] Merkur wird als Planet der Vernunft charakterisiert, der Redegewandtheit, subtile Erfindungsgabe sowie alle Künste hervorbringe und Feind aller nutzlosen Dinge sei. Zu seinem Bild erscheinen die Werkstätten als Teil eines geordneten und harmonischen Kosmos, in dem jeder Stand, Charakter, jede Tätigkeit seinen Platz hat. Zugleich entsprechen die Abbildungen der damaligen Realität, waren die Werkstätten tatsächlich ebenerdig gelegene, einfache Räume, die nach vorne zur Straße geöffnet waren, wo zugleich auch die Verkäufe abgeschlossen werden konnten (Abb. 4).[22]

DER WERT DER ARBEIT

Eine ähnliche Darstellung findet sich in der Bilderbibel aus Padua, die um 1400 illustriert wurde (Abb. 5).[23] Dort wird auf den Blättern 15v und 16r zum 2. Buch Moses/Exodus 35,30–35 geschildert, wie Gott die Künstler Bezalel und Oholiab beim Namen rief und mit der Schaffung der Bundeslade, des Siebenarmigen Leuchters und anderer Kunstwerke für den Gottesdienst beauftragte. Er hatte die Künstler dazu »mit dem Geist Gottes erfüllt, mit Weisheit, Klugheit und Kenntnis für jegliche Arbeit, Pläne zu entwerfen und sie

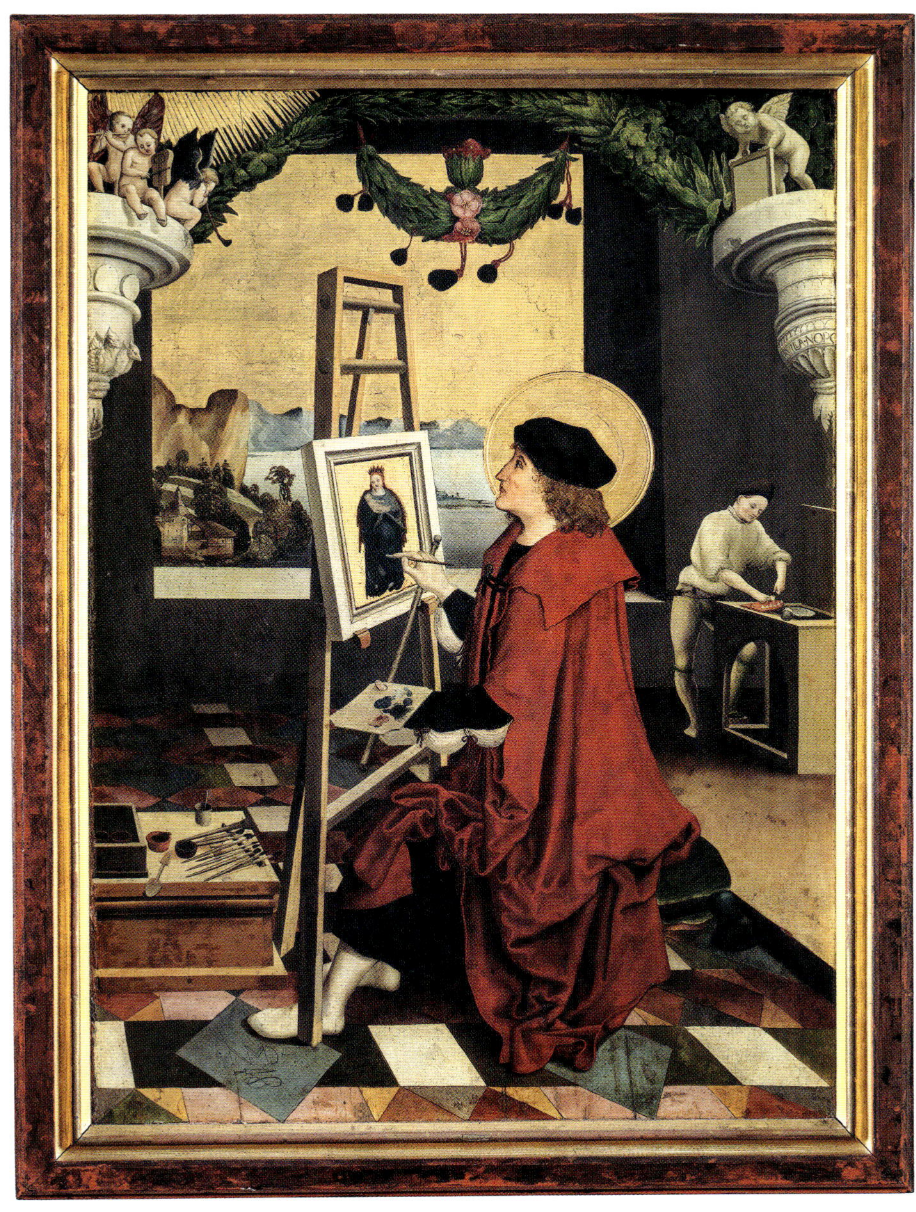

Abb. 6 Niklas Manuel (I.), Altar der heiligen Anna: Der heilige Lukas malt die Madonna, 1515, Mischtechnik auf Fichtenholz, Kunstmuseum Bern, Staat Bern

in Gold, Silber und Kupfer auszuführen und durch Schneiden und Fassen von Steinen und durch Schnitzen von Holz allerlei Kunstwerke herzustellen.« Es ist also der Auftrag Gottes, der die Künstler hier zur Arbeit in sehr unterschiedlichen Techniken – die Malerei ist nicht dabei – befähigt; Oholiab wird zudem die Gabe verliehen, andere Menschen in der eigenen Kunst zu unterweisen.

Auch Cennini betonte, dass Kunst als *ars* und *scientia* etwas regelgeleitetes und ein Handwerk ist, das man erlernen kann und dessen diverse Wissensbestände auch vermittelbar sind. Die zu dieser Bibelstelle ausgeführten Illustrationen der Bilderbibel zeigen die Berufung der Künstler sowie ihre Arbeit an der Bundeslade, am Bundeszelt, an den Gewändern und dem Schmuck des Priesters Aaron. Als Werkstattbilder sind sie Teil dieser Bibelhandschrift und bezeugen – vergleichbar den Texten von Cennini oder Le Begue – die Zunahme an Sichtbarkeit von Handwerkern nicht zuletzt in den städtischen Kulturen Italiens.

In Kommunen wie Mailand, Florenz, Pisa, Siena oder Padua gewinnen Handwerker seit dem 13. Jahrhundert zunehmend an politischer Macht und gesellschaftlichem Wohlstand, steigen sozial auf und erobern sich damit auch neue Räume. Zugleich wird handwerkliche Arbeit durch heilige Vorbilder – wie Belezal – aufgewertet, in eine größere Erzählung eingebettet und gedeutet. Ein weiteres Beispiel ist die verstärkte Bezugnahme auf den Evangelisten Lukas als Maler, der in einer Vision das erste Bildnis der Jungfrau Maria geschaffen haben soll (Abb. 6). Er wird ebenfalls vielfach in seiner Werkstatt dargestellt – immer zeitgemäß, sodass diese Heiligenbilder eine wichtige Quelle für die Frage nach dem Aussehen der Arbeitsplätze und Gerätschaften der Maler sind. Unter seinem Schutz verbanden sich die Maler zu religiösen Bruderschaften, den bekannten Lukasgilden, die zugleich als Berufsverband agierten und von Stadt zu Stadt andere Ausformungen und Aufgabengebiete übernehmen konnten.[24] Ebenso beginnt und endet Cennini sein Werk mit der Anrufung der

Jungfrau Maria und des heiligen Lukas, Evangelist und erster christlicher Maler – *primo dipintore cristiano* bzw. *dipintor santo*.[25]

SÜNDENFALL UND SCHÖPFERKRAFT

In einem vergleichbaren Kontext erscheinen die Reliefdarstellungen einer Maler- und einer Bildhauerwerkstatt als Teil des Schmuckes des Glockenturms (*campanile*) des Florentiner Doms (Abb. 7–8). Sie gehen im Entwurf auf den berühmten Maler Giotto (um 1270–1337) zurück und zeigen diese Künste als Teil eines umfassenden Programms: Am Anfang steht die Erschaffung von Adam und Eva – sofort gefolgt vom Sündenfall und dem Beginn menschlicher Arbeit und kultureller Leistung.[26] Der Verlust des Paradieses wird hier mit der Entstehung der *artes* – der menschlichen Kunstfertigkeiten und Berufe – kausal verbunden. Die Künste werden dabei häufig durch ihre »Erfinder«, ihre legendären ersten Vertreter verkörpert, so beispielsweise durch Tubalkain als Stammvater der Schmiede (1. Buch Moses 4,22) oder durch Noah als erstem Winzer (1. Buch Moses 9,20). Auch antikes Wissen taucht auf, beispielsweise in der Darstellung der Tuchherstellung, wo die berühmte Weberin Arachne am Webstuhl sitzt. Ovid berichtet in seinen Metamorphosen, dass sie die Göttin Athena in einem Wettkampf herausforderte und zur Strafe in eine Spinne verwandelt wurde. Zwei Reliefs weiter sieht man den mit Federn bekleideten Dädalus bei seinem Flug zur Sonne, zu seinen Füßen liegen Werkzeuge. Sein Name leitet sich vom kunstvollen Arbeiten (*daidállein*) ab, Plinius kennt ihn in

Abb. 7 und Abb. 8 Andrea Pisano, Reliefs mit der Darstellung der Malerei und der Bildhauerei vom Glockenturm (Campanile) des Florentiner Doms nach einem Entwurf von Giotto, 1348/50, Marmor, Museo dell'Opera del Duomo, Florenz

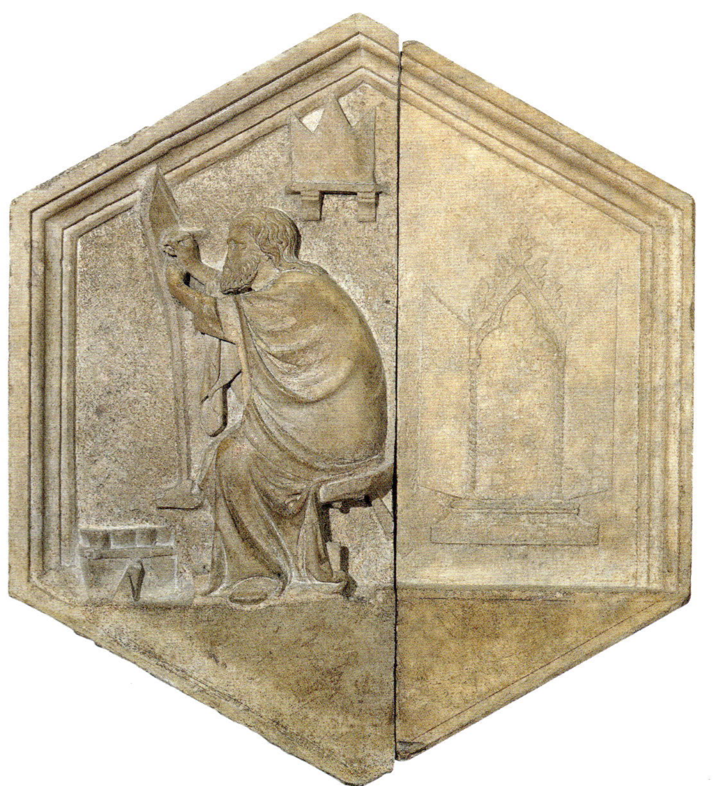

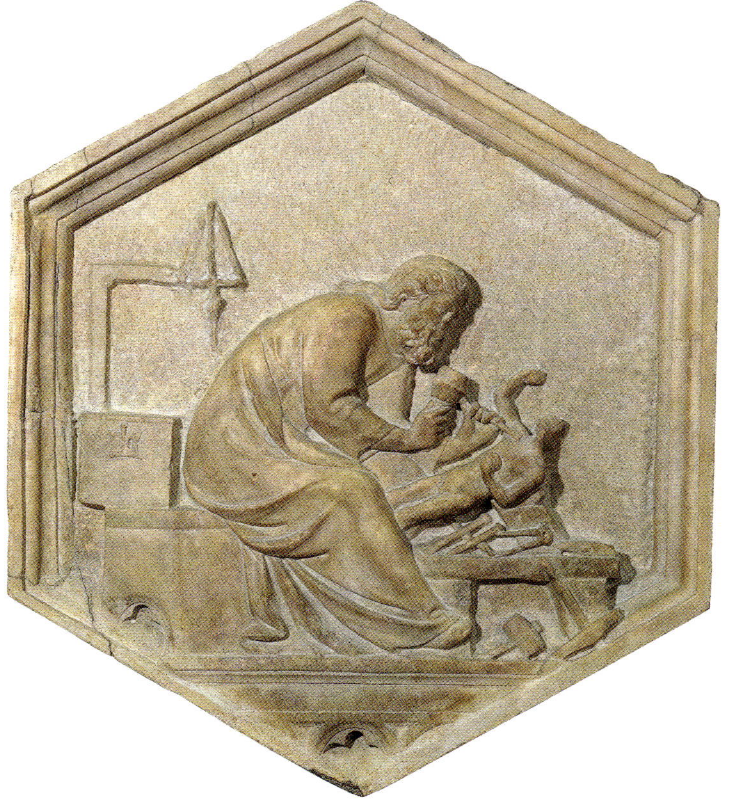

seiner Naturkunde aus dem 1. Jahrhundert nach Christus als brillanten Erfinder, berühmten Baumeister und vielseitigen Künstler. Möglicherweise werden auch die Malerei und die Bildhauerei durch prominente Protagonisten vertreten, etwa den über Plinius bekannten Apelles als Maler und Phidias als Bildhauer? Zugleich liest sich der Prolog von Cenninis *Libro dell'arte* wie ein Kommentar zu dieser Reliefserie, beschreibt er doch, wie der allmächtige Gott zu Beginn Himmel und Erde sowie Mann und Frau schuf, diese aber durch den Teufel zum Verlust des paradiesischen Zustandes verführt wurden. Doch war der Mensch durch Gott reich begabt (*dotato da dio*) und in die Lage gesetzt, durch und von seinen Händen zu leben (*trovare modo da vivere manualmente*), viele Künste (*moltarti*) zu erfinden, die in ihrem Wissensgehalt immer komplexer wurden (*di magiore scienzia una che l altra*) und daher nicht gleich seien und er schließt: »Eine von dieser herkommende, welche auf ihrer Grundlagen samt der Ausführung mit den Händen/des Handwerks (*operazione di mano*) zurückzielt, ist eine Kunst, welche man Malerei (*un arte che ssi chiama dipignere*) nennt, welche zugleich Phantasie und Handwerk (*avere fantasie e hoperazione dimano*) erfordert, um niemals gesehene Dinge zu erfinden.«[27]

Das Schaffen von Kunst – von Malerei – also ist geistige und handwerkliche Arbeit zugleich, und die Werkstatt ist der Ort, an dem diese Arbeit geleistet wird: als Summe von jahrhundertelanger Handwerkstradition, von regelgeleitetem Arbeiten, von Materialkenntnissen, körperlichem Vermögen und Können, begleitet von rechtlichen Vorgaben und religiösen Vorstellungen, von kunsttheoretischer Reflexion und ästhetischem Vergnügen.

1 Hall 2022; Cole 1983.
2 Guidotti 1986; Bernacchioni 1992.
3 Löhr 2008.
4 Poliert und geglättet wurde mit einem Zahn oder dem sogenannten Brunierstein beispielsweise aus Achat, Textquellen dazu versammelt Berger 1904, S. 28, 46, 139, 145, 213.
5 Zermahlene Farbpigmente können mit Öl angemischt werden – eine Praxis, die schon in Traktaten des 12. Jahrhunderts beschrieben wird und die vor allem in der altniederländischen Malerei, in der Generation um Jan van Eyck (um 1390 (?)–1441), zu neuen technischen Möglichkeiten entwickelt wurde. Cennini hingegen beschreibt (in seinem 72. Kapitel) die in seiner Zeit und in Italien verbreitete Praxis, Farbpigmente mit Eiklar und Eigelb zu »vermischen«: *temperare* bedeutet, eine ausgewogene Mischung herzustellen (Temperantia ist die Tugend der Mäßigung, eine Vorstellung, die auf der guten Mischung unterschiedlicher Teile zu einem geordneten Ganzen basiert), vgl. Cennini 2017, S. 112–115, Cap. 72.
6 Cennini 2017, S. 50–51, Cap. 27; vgl. dazu u. a. Brambach 1999, S. 81–83.
7 Allgemein dazu Fuchs/Oltrogge 1996; Clarke 2011.
8 Bleizinngelb, ein künstlich hergestelltes gelbes Pigment aus Blei-Zinn, vgl. Lipscher/Muntwyler 2023.
9 Cennini 2017, S. 60–63, Cap. 36.
10 Jacobsen 2001, S. 36.
11 Ciasca 1922, S. 77: Präambel des Malerstatuts von 1316.
12 Krass 2020, S. 49.
13 Cennini 2017, S. 72–73, Cap. 45.
14 Kubersky-Piredda 2010, zu Azurit und Ultramarin S. 225; De Lancey 2003, S. 141–150.
15 Einen Überblick vermittelt beispielsweise von Schlosser 1924 oder Córdoba 2013.
16 Bibliothèque nationale de France (BnF), Paris, Ms. 6741, ediert in Merrifield 1849, Bd. 1, S. 1–321; Tosatti 2007, S. 129–148.
17 Turner 1998, S. 45–50; Villela-Petit 2006.
18 Merrifield 1849, S. 259.
19 Merrifield 1849, S. 47, Nr. 5.
20 Modena, Biblioteca Estense, Ms. LAT. 209, fol. 11r.
21 Lazzi 2010, S. 89: »Mercurio di ragion lucida stella / produce deloquenza gran fontana / subtili ingegni e ciaschun arte bela / et e nimico dogni cosa vana.«
22 Jacobsen 2001, S. 30 und Döllgast 1937: »Man wird sich die Künstler- und Handwerkerräume nicht anders vorzustellen haben als die Stuben und Gewölbe der Kaufleute, also meist Erdgeschoßhallen mit vielen Fenstern und Öffnungen gegen die Straße, zugleich Werkstatt und Verkaufsraum.«
23 Bilderbibel 2023.
24 Jacobsen 2002, S. 44.
25 Cennini 2017, S. 26–27, Cap. 1 und S. 266–267, Kap. 189.
26 Baader 2008.
27 Cennini 2017, S. 25–26, Cap. 1.

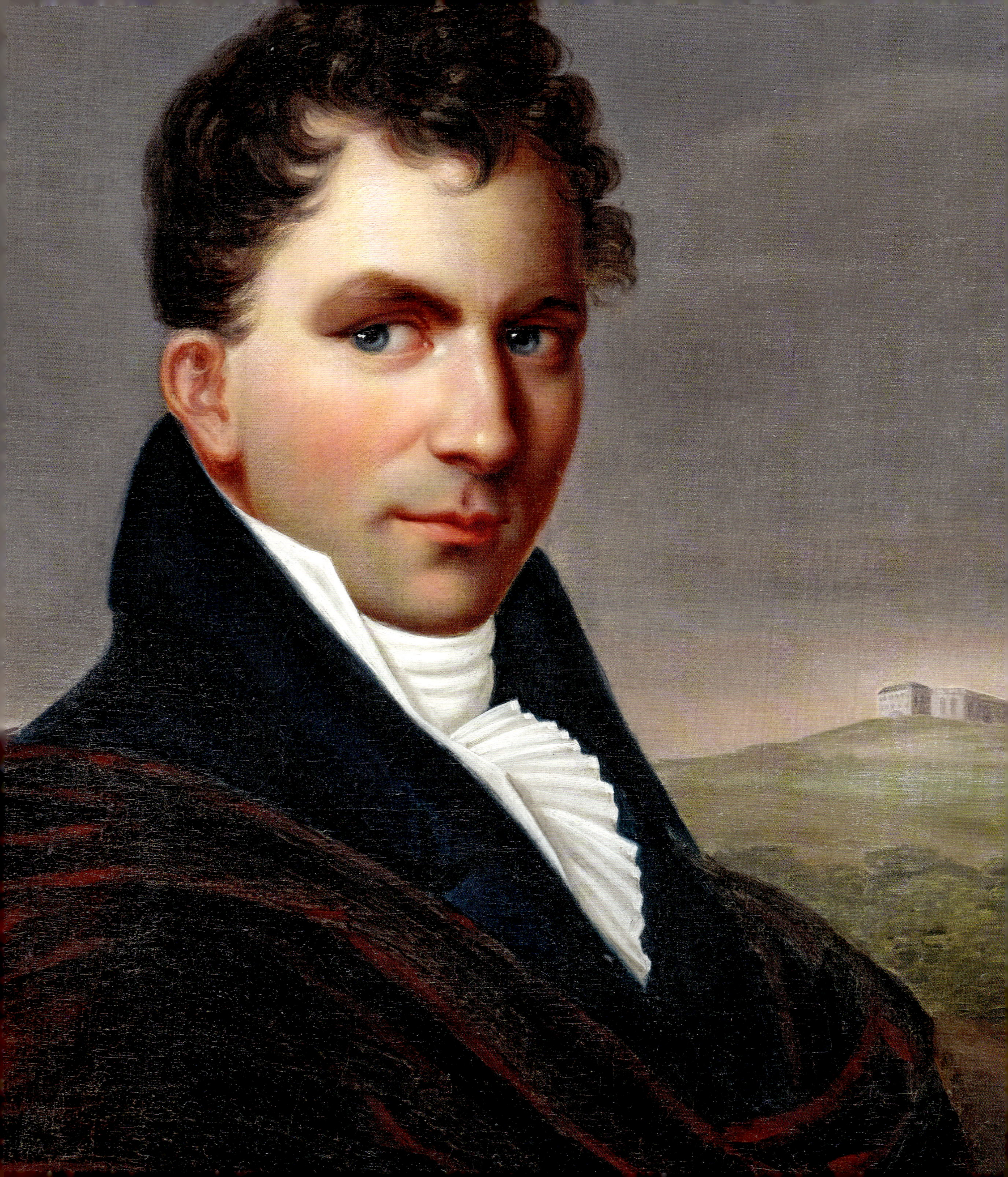

VOM MOND ZUM MUSEUM – BERNHARD AUGUST VON LINDENAUS KUNSTSAMMLUNGEN

ROLAND KRISCHKE

Das Jahr 1848 hatte sich Bernhard August von Lindenau (1779–1854) ganz anders vorgestellt (Abb. 1). Gleich zum Jahresbeginn konnte noch, wie geplant, in dem neu errichteten Gebäude auf dem Altenburger Pohlhof die Lehranstalt für Knaben eröffnet werden. Von April an waren dann auch die zugehörigen Kunstsammlungen für die Öffentlichkeit zugänglich. Ansonsten war der im 69. Lebensjahr stehende Staatsminister a. D. – mehr als ihm lieb war – gezwungen, sich mit politischen Fragen auseinanderzusetzen.

Im März 1848 waren die Wogen der revolutionären Bewegung, die im Großherzogtum Baden ihren Ausgang genommen hatte, auch im Herzogtum Sachsen-Altenburg angekommen. Im Landtag herrschte Unruhe. Auch wenn der von den Prinzipien der Aufklärung geprägte Landschaftspräsident Lindenau einigen neuen Ideen durchaus aufgeschlossen gegenüberstand, so wollte er doch kein allgemeines Wahlrecht für alle Bürger. Als er diesbezüglich überstimmt wurde, trat er nach der Sitzung vom 27. März 1848 von seinem Amt zurück.

Allerdings blieb Bernhard August von Lindenau politisch aktiv und kandidierte nur wenige Wochen später erfolgreich für die Wahl zur Frankfurter Nationalversammlung (Abb. 2). Mitte Mai reiste er nach Hessen und fungierte als zweiter Alterspräsident des verfassungsgebenden Gremiums und vorläufigen Parlaments. Er blieb dies allerdings nur bis Mitte September, als er desillusioniert sein Mandat zurückgab. Als »Feind der Revolution und Reaction«[1] hatte er auftreten wollen, doch seine Treue zur Monarchie und seine gemäßigt liberale Haltung waren mit der aufgeheizten Stimmung in Frankfurt nicht mehr vereinbar. Inmitten der aufgeregten Debatten war der gesundheitlich angegriffene Staatsmann kaum noch angehört worden.

In Altenburg hatte sich die Lage unterdessen zugespitzt. Herzog Joseph von Sachsen-Altenburg (1789–1868) hatte sächsisches Militär zu Hilfe gerufen. Unterhalb des Residenzschlosses kam es in der Burgstraße zu

Abb. 1, Detail

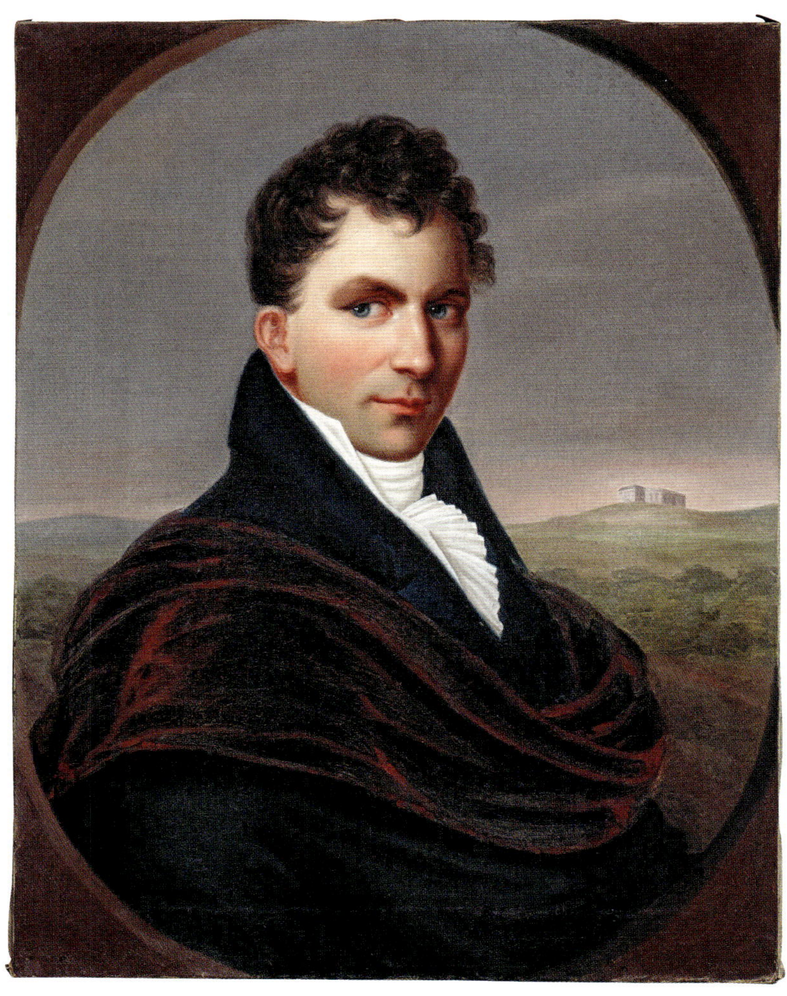

Abb. 1 Luise Seidler, Bernhard August von Lindenau, 1811 (?), Öl auf Leinwand, Lindenau-Museum Altenburg

Barrikadenkämpfen, die der Maler Erdmann Julius Dietrich (1808–1878), der neu ernannte Leiter von Kunstschule und Museum, in seinen Briefen an Lindenau in Frankfurt voller Sorge beschrieb. Viel mehr als ein vorübergehender Rückgang der Besucherzahlen war am Ende aber nicht zu beklagen. Für das Herzogtum ging es anders aus. Der reformunwillige Herzog trat im November 1848 zugunsten seines Bruders Georg (1796–1853) zurück.

Lindenau selbst widmete sich nach einem erfüllten Leben als Wissenschaftler, Staatsmann, Kunstsammler und Mäzen im Anschluss an seine Rückkehr aus Frankfurt endgültig seinem Privatleben. Das Besucherbuch des neuen Pohlhof-Museums verzeichnet im Frühjahr 1849 als ersten bedeutenden Gast Erbgroßherzog Peter von Oldenburg (1812–1881), den der Museumsgründer zweifellos persönlich empfing. Daneben verfolgte Lindenau in seinen letzten Lebensjahren intensiv die Ausbildung seiner Zöglinge und beschäftigte sich weiterhin mit dem Ausbau der Sammlungen. Ausführlich setzte er sich auch mit seinem Testament auseinander, in dem er den Fortbestand von Museum und Ausbildungsstätte sichern wollte. 1854 hinterließ er dem Staat Sachsen-Altenburg seine Sammlungen mit der Auflage, innerhalb von zwanzig Jahren ein angemessenes Gebäude dafür zu errichten. Schon zu seinen Lebzeiten waren die Räumlichkeiten viel zu klein geworden.

Dabei hatte sich Lindenau bereits selbst mit dem möglichen Ort für ein größeres Museumsgebäude beschäftigt, das 22 Jahre nach dem Tod des Stifters am Fuße des Altenburger Schlossbergs entstand (Abb. 3). 1876 wurde es als Herzogliches Landesmuseum eröffnet, damals noch mit den Sammlungen der örtlichen Wissenschaftsvereine, für die mit dem weiteren Anwachsen der Bestände andere Orte gefunden wurden. Das Museum am Pohlhof wurde wenige Jahre später abgerissen.

Wenn man sich heute vom Altenburger Bahnhof her über die von Villen gesäumte Wettiner Straße dem prachtvollen Museumsgebäude nähert, stellt man schnell fest, dass es schief, also nicht in der Achse des Straßenverlaufs, steht. Es ist allerdings nicht etwa so, dass dem Semper-Schüler Julius Robert Enger (1820–1890) ein Berechnungsfehler unterlaufen wäre, vielmehr stand der Bahnhof damals noch an anderer Stelle. Die Straße wurde erst in der Gründerzeit in ihrer heutigen Form ausgerichtet. Doch vielleicht ist es gar nicht

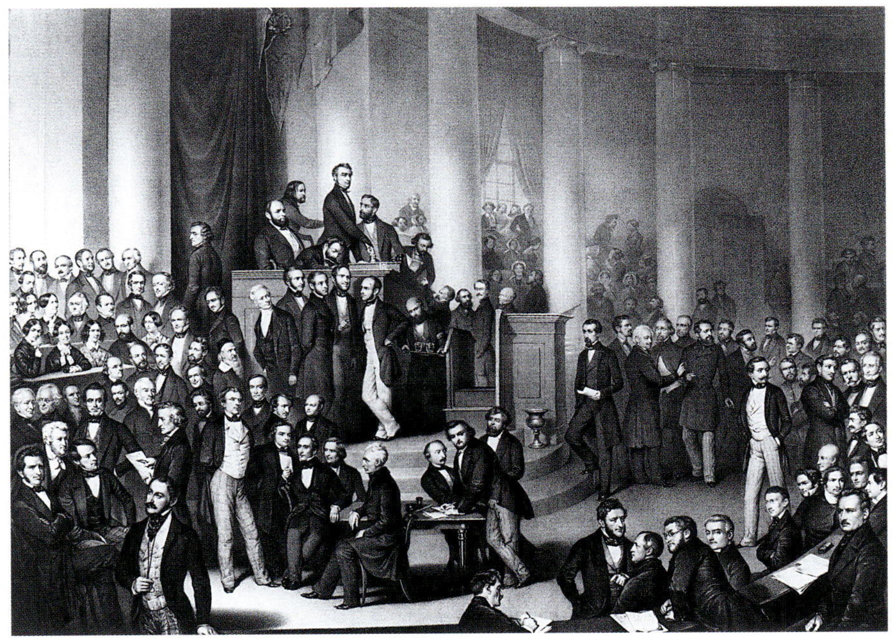

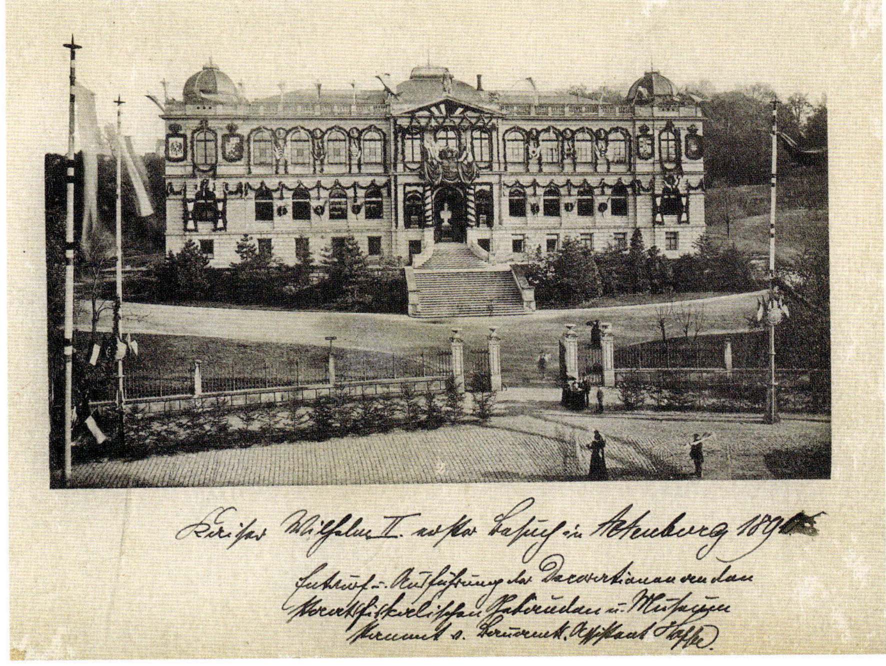

Abb. 2 Eduard Meyer nach einer Zeichnung von Paul Bürde, Die deutsche Nationalversammlung in der Paulskirche zu Frankfurt am Main, um 1848, Kreidelithographie, Privatbesitz

Abb. 3 Das Herzogliche Landesmuseum mit Fassadenschmuck zum Besuch des Kaisers Wilhelm II. in Altenburg am 4. Mai 1890, Fotografie mit handschriftlichem Vermerk, Lindenau-Museum Altenburg

verkehrt, dass das Museum sich der Geradlinigkeit widersetzt und dennoch auch sprichwörtlich am Zug ist?

Am 1. Januar 2020 fand die letzte Führung im »alten« Lindenau-Museum am Schlossgarten statt, zu der noch einmal an die 200 Besucherinnen und Besucher kamen. Seither wird mit einer großzügigen Förderung der Bundesrepublik Deutschland und des Freistaates Thüringen der Masterplan »Der Leuchtturm an der Blauen Flut – Das Lindenau-Museum und die Altenburger Trümpfe«[2] umgesetzt und das Haus saniert sowie deutlich erweitert (Abb. 4). Während sich das Kunstmuseum mit Kunstschule in der Innenstadt unter der Adresse »Kunstgasse 1« ein gediegenes Interim eingerichtet hat, wird zunächst das Museumsgebäude saniert und umgebaut. Anschließend sollen Funktionsbereiche wie Depots, Werkstätten, Büros und eine Veranstaltungshalle, die in dem um Räume für Ausstellungsfläche und Kunstschule erweiterten Haus nicht mehr unterkommen, in und um den Herzoglichen Marstall am Schlossberg neu gedacht werden. Im Interimsgebäude in der Innenstadt sind einstweilen Kunstschule, Werkstätten der Restauratoren, Depots, eine Dauerausstellung und Büros untergebracht. Dank einer weiteren Bundesförderung (Lindenau-21PLUS) konnten dort auch neue Werkstätten der Kunstschule (Kunst für Kleinkinder, eine Holzwerkstatt und ein Digitallabor) und ein großzügiger Ausstellungsbereich im Prinzenpalais des Residenzschlosses eingerichtet werden, wo seither Sonderschauen gezeigt werden. Weitere Mittel können für Digitalisierung, Provenienzforschung und Marketing eingesetzt werden.

2020 wurde die Kommunale Arbeitsgemeinschaft Altenburger Museen gegründet, die das Lindenau-Museum und die Museen im Residenzschloss umfasst. Ein Masterplan für die ganze Altenburger Museumslandschaft wird erarbeitet, der 2024 unter dem Titel »Prinzen im Dornröschenschloss«

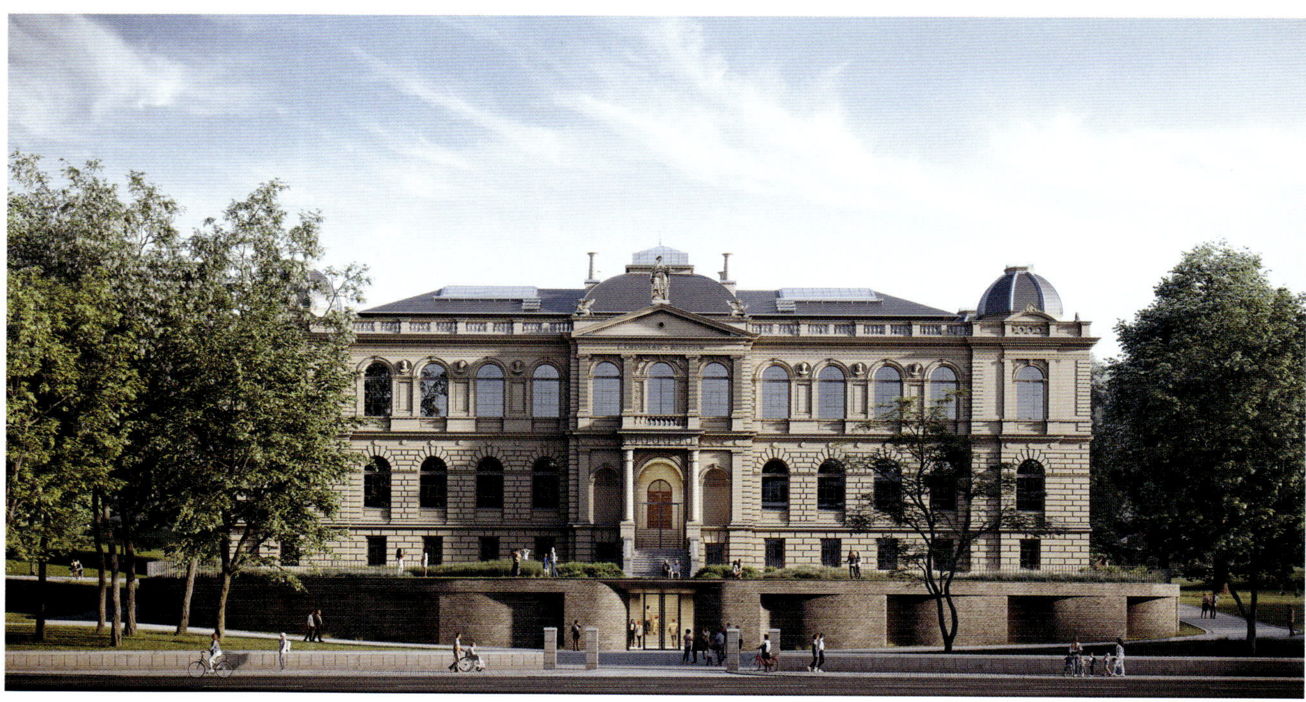

Abb. 4 Hoskins Planungs GmbH, Vorentwurf zur Neugestaltung des Eingangsbereichs (Stadtgeschoss) des Lindenau-Museums Altenburg, Frontansicht, Stand Februar 2023

erscheinen wird. Die Museen am Schlossberg streben nun auch eine gemeinsame Trägerschaft an. Bisher gehört das Lindenau-Museum zum Landkreis Altenburger Land, während die Museen des Residenzschlosses ein Eigenbetrieb der Stadt Altenburg sind.

Das verstärkte Zusammenwirken hat einen Anker auch in der Person Lindenaus selbst, der seine europäischen Sammlungen dem späteren Lindenau-Museum vermachte, seine Kollektionen aus Asien aber in die Rüst- und Antiquitätenkammer des Schlosses gab, wo sie sich heute noch befinden.[3] Die Lindenau'schen Sammlungen und seine Museumsidee, die Kunstgenuss, Kreativität und Bildung stets zusammendachte, werden so zum Leitfaden für den ganzen Schlossberg.

Der neue Masterplan hat die Neubewertung des Altenburger Schlossberges als Museumslandschaft von nationalem Rang zum Ziel. Denn dass das Lindenau-Museum 2001 im Blaubuch der Bundesregierung, das alle national bedeutenden Einrichtungen der neuen Länder aufführt, zwar dank der Sammlung frühitalienischer Tafelmalerei aufgenommen wurde, der größere Zusammenhang des Altenburger Schlossberges aber nicht gesehen wurde, ist heute nicht mehr uneingeschränkt nachvollziehbar.

Auch der Person und dem Wirken Bernhard August von Lindenaus wird in der künftigen Dauerausstellung des neuen Lindenau-Museums mehr Platz eingeräumt. Anders als in den übrigen Thüringer Residenzen ist der Reichtum der Sammlungen in Altenburg vor allem der Initiative bürgerlicher Wissenschaftsvereine und eben dem mäzenatischen Wirken Lindenaus zu verdanken. Dieser dachte Kunstwerke immer in Verbindung mit ihrem pädagogischen Impuls. Das wurde bislang noch zu wenig sichtbar und soll ein narrativer Brennpunkt der Neuinszenierung aller Sammlungen der Altenburger Museen werden. Mit der Neueröffnung des Lindenau-Museums, die derzeit für 2027 geplant ist, soll hierfür der Startschuss erfolgen.

Bernhard August von Lindenau wurde am 11. Juni 1779 am Altenburger Pohlhof geboren. Er studierte Rechtwissenschaften und kameralistische Buchführung in Leipzig, beschäftigte sich aber nebenbei mit Mathematik und Astronomie. 1798 trat er in den Staatsdienst des Herzogtums Sachsen-Gotha-Altenburg ein.

Ab 1801 war er in der Landeshauptstadt Gotha tätig, wo er zunächst mit Oberstallmeister Georg Gottlieb Leberecht von Hardenberg (1732–1822), dem Onkel von Novalis (1772–1801), und dann mit dem aus Budapest stammenden Astromomen Franz-Xaver von Zach (1754–1832) in der Sternwarte auf dem Seeberg bei Gotha astronomische Studien betrieb. Zach wurde für Lindenau zum Mentor. Indem er ihm zudem sein Vermögen hinterließ, ermöglichte er überhaupt erst die Gründung der Lindenau-Zach'schen Stiftung, die bis zum Versiegen dieser Geldquelle im Rahmen der Inflation von 1923 die finanzielle Grundlage für die Arbeit von Museum und Kunstschule bildete.

Abb. 5 Josef Grassi, Herzog August von Sachsen-Gotha-Altenburg, 1813, Öl auf Leinwand, Lindenau-Museum Altenburg

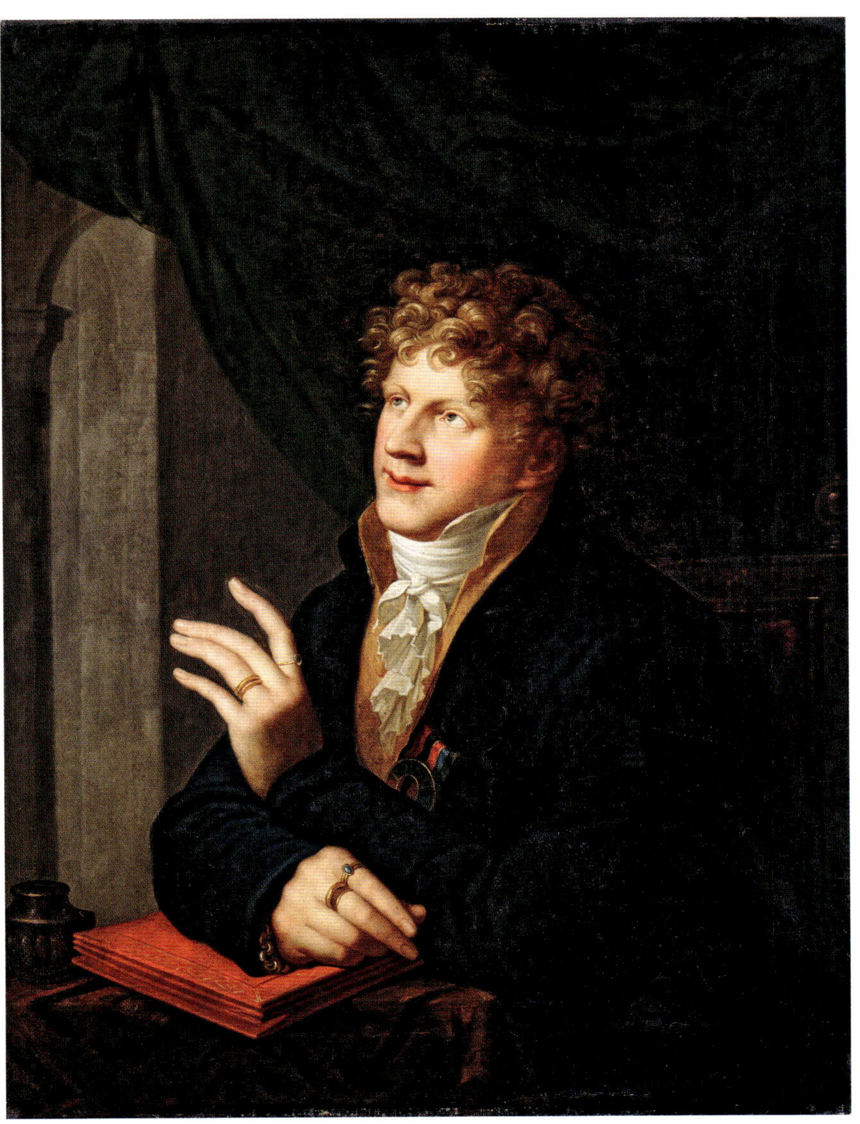

In seinen Gothaer Jahren entwickelte Lindenau ein großes wissenschaftliches Netzwerk, zu dem unter anderen Carl Friedrich Gauß (1777–1855), Alexander von Humboldt (1769–1859), Johann Wolfgang von Goethe (1749–1832) oder der deutsch-britische Musiker und Astronom Friedrich Wilhelm Herschel (1738–1822) zählten. Lindenau war Herausgeber von Zeitschriften und Autor zahlreicher wissenschaftlicher Artikel. Als Auszeichnung für seine Verdienste als Wissenschaftler, aber auch als Staatsmann, wurde er in mehrere Akademien außerhalb Deutschlands aufgenommen und weit über sein Lebensende hinaus vielfach geehrt. So wurde 1935 sogar ein Krater auf der Vorderseite des Mondes mit über 50 km Durchmesser nach dem versierten Astronomen benannt. 1989 erhielt zudem ein Asteroid seinen Namen.

Im Jahr 1804 ließ sich Lindenau vom Staatsdienst beurlauben und widmete sich ganz der Astronomie, von 1808 an leitete er die Sternwarte auf dem Seeberg. In dieser Tätigkeit, die er später als die glücklichste seines Lebens bezeichnete, ging Lindenau vollständig auf. Dennoch folgte er, seinem Naturell gemäß, 1817 dem Ruf des Herzogs und kehrte in den Staatsdienst zurück. Als Minister unter dem ebenso kunstsinnigen wie verschwenderischen Herzog August von Sachsen-Gotha-Altenburg (1772–1822; Abb. 5) hatte er keinen leichten Stand, hielt aber die Finanzen zusammen. Nach dessen frühem Tod fiel ihm die Aufgabe zu, die Staatsgeschäfte für den aus gesundheitlichen Gründen regierungsunfähigen Herzog Friedrich IV. (1774–1825) zu führen. Im Volksmund wurde er nun als »Herzog Bernhard« bezeichnet.[4] Da es keinen Thronfolger in Sachsen-Gotha-Altenburg gab, war Lindenau gezwungenermaßen maßgeblich an der sich daraus ergebenden Neuordnung Thüringens beteiligt, die unter anderem die Gründung des Herzoghauses Sachsen-Coburg und Gotha und die Neugründung des Herzogtums Sachsen-Altenburg nach sich zog.

Lindenaus Weg führte ab 1827 in den Dienst des Königreichs Sachsen, wo er 1831 zum Vorsitzenden des Gesamtministeriums aufstieg. Er schrieb an der neuen Verfassung mit und wurde zum Urheber wichtiger Reformen. Als Humanist liberaler Gesinnung und moralisches Vorbild hat er die Zukunft des mitteldeutschen Raumes bis heute deutlich erkennbar mitgestaltet. Als die konservativen Tendenzen stärker wurden, gab er 1843 seine Ämter in Sachsen auf und zog sich in seine Heimatstadt Altenburg zurück.

Ungeachtet seiner politischen Tätigkeit für das Herzogtum Sachsen-Altenburg wandte sich Lindenau nun vor allem dem Aufbau seiner Kunstsammlung zu. Er war kein leidenschaftlicher passionierter Sammler, der Kunstschätze um ihrer selbst willen zusammentrug. Erst als er mit dem Aufbau einer Lehrsammlung für die Altenburger Kunstschule ein konkretes Ziel vor Augen hatte, begann er gezielt mit der entsprechenden Umsetzung. Lindenau ließ sich nie aus Begeisterung für ein Kunstwerk zu unüberlegten Käufen hinreißen. Er setzte sich stets einen strikten finanziellen Rahmen, den er nicht überschritt.

Die Betrachtung von herausragenden Kunstwerken und die kreative Auseinandersetzung damit sollte die Schüler seiner Ausbildungsstätte zu besseren Menschen machen und für das Herzogtum Sachsen-Altenburg zu nützlichen Staatsbürgern. Vorbilder für die neue Institution fand er in den seit dem 18. Jahrhundert entstandenen Zeichenschulen und den ersten öffentlichen Museen, von denen er auf seinem Lebensweg mehrere selbst kennenlernte.

In seiner Zeit in Gotha konnte Lindenau die Kunstsammlungen des Schlosses Friedenstein erleben, die bereits im 17. Jahrhundert für das Gymnasium zugänglich waren. Im Jahr 1812 reiste er für acht Monate nach Holland, Frankreich und Italien. Vor allem Italien begeisterte den Kunstfreund. 1813/14

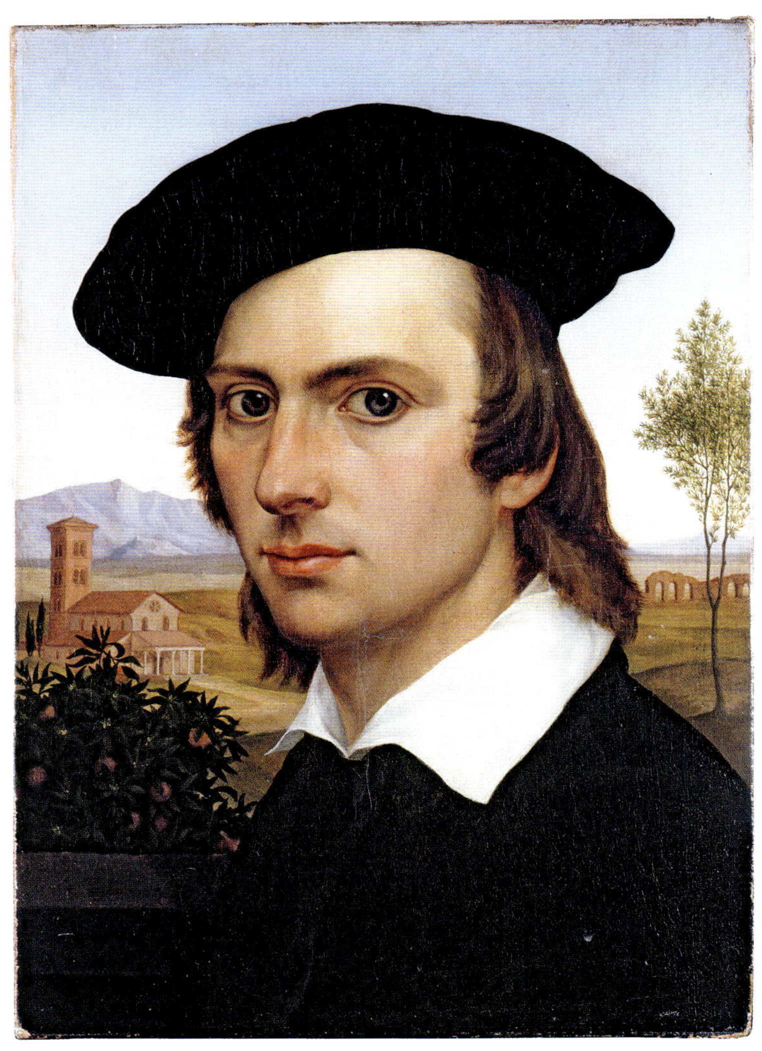

Abb. 6 Johann David Passavant, Selbstbildnis mit Barett vor römischer Landschaft, 1818, Öl auf Leinwand, Städel Museum, Frankfurt am Main

war er als Generaladjutant von Großherzog Karl August von Sachsen-Weimar-Eisenach (1757–1828) erneut in Paris unterwegs und lernte die Sammlungen des Louvre (damals noch Musée Napoléon) intensiv kennen, in denen sich als Ergebnis der napoleonischen Raubzüge viele bedeutende Kunstschätze Europas befanden. Der Louvre wurde trotz dieses Hintergrunds als öffentliches Kunstmuseum beispielgebend für viele Museen in ganz Europa. Hier wurde erstmals eine Kunstsammlung von Grund auf didaktisch aufbereitet.

Für seine eigene Sammeltätigkeit spielte auch ein längerer Aufenthalt Lindenaus als Sächsischer Gesandter am Bundestag von 1827 bis 1829 in Frankfurt am Main eine zentrale Rolle. In dieser Zeit wurde das Städelsche Kunstinstitut gegründet, das neben seiner Sammlung auch eine Lehranstalt umfasste. Lindenau wird mit Interesse verfolgt haben, dass als Voraussetzung für den Eintritt in die Kunstschule vorab Kurse im Modellieren, architektonischen Zeichnen oder freien Handzeichnen besucht werden mussten. Dieselben Fächer fanden sich 1848 auch im Lehrplan der Altenburger Lehranstalt. Den späteren Direktor des Städelschen Kunstinstituts Johann David Passavant (1787–1861; Abb. 6) lernte Lindenau wohl nicht erst durch dessen Schriften kennen, die sich bis heute in der Lindenau'schen Kunstbibliothek befinden. Nach 1848 standen er und Passavant in jedem Fall in engem brieflichem Austausch, in dem es insbesondere um den weiteren Aufbau der Altenburger Sammlung ging. Lindenau traf Passavant auch im Jahr der Altenburger Museumseröffnung, als er sich über mehrere Monate lang als Abgeordneter der Nationalversammlung in Frankfurt am Main aufhielt.

Während seiner Zeit in Dresden ab 1829 hatte Lindenau auch die Oberaufsicht über die königlichen Sammlungen inne und reformierte das Museumswesen der sächsischen Landeshauptstadt. In besonders engem Kontakt stand er dabei mit dem Sammler und Mäzen Johann Gottlob von Quandt (1787–1859), dessen private Kollektion er im Detail kennenlernte. Es ist kein Zufall, dass Lindenau seinen Freund Quandt zusammen mit Heinrich Wilhelm Schulz (1808–1855), dem Inspektor der Dresdner Antikensammlung, später bat, die Einrichtung des Pohlhof-Museums zu übernehmen. Beide verfassten anschließend auch den ersten Katalog des Museums.[5]

Dessen Grundstock hatte Lindenau 1843 während einer ausführlichen Reise nach Italien und Frankreich erworben, darunter allein über vierzig

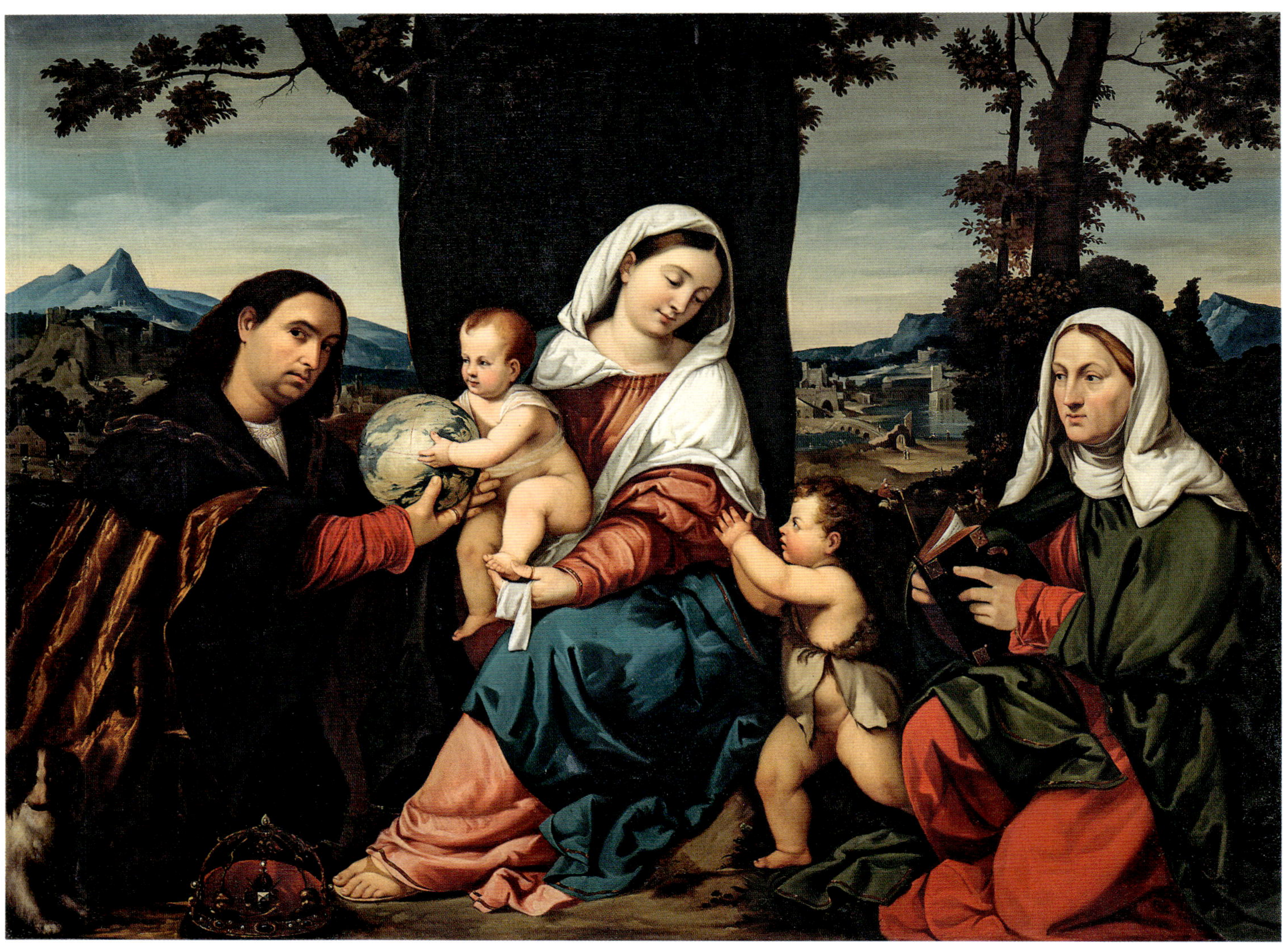

Abb. 7 Vincenzio Corsi oder Ernesto Schwicker, Kopie nach Bonifazio Veronese, Heilige Familie mit einem königlichen Stifter, 1844 (?), Lindenau-Museum Altenburg

Tafelbilder des späten Mittelalters und der Frührenaissance. Für den Kauf der Mehrzahl an Werken war Lindenau auf die Mithilfe von Freunden, Bekannten und Kunstagenten in ganz Europa angewiesen, die in seinem Auftrag tätig wurden. Die Korrespondenz des Museumsgründers wuchs in diesen Jahren beträchtlich an.

Bei der Zusammenstellung der Sammlung berieten und unterstützten ihn neben Johann David Passavant und Johann Gottlob Quandt der Mailänder Kaufmann Heinrich Mylius (1769–1854) und der Berliner Kunsthistoriker Gustav Friedrich Waagen (1794–1868), der auch Direktor der Berliner Gemäldegalerie war. Vor allen anderen aber war der in Gotha geborene Archäologe Emil Braun (1809–1856), in Rom Sekretär des Instituts für archäologische Korrespondenz, für eine Vielzahl von Ankäufen verantwortlich. Der reiche Briefwechsel zwischen Sammler und Kunstagent verdeutlicht sehr gut, für welche Erwerbungen Braun verantwortlich zeichnete und welche

Schwierigkeiten er hatte, die Wünsche seines Auftraggebers zu erfüllen – insbesondere auch bei der Einhaltung von dessen Budgetvorstellungen.

Grundsätzlich waren Antike und Renaissance Lindenaus Leitsterne. Im Vorwort zu einer Publikation, die aus Anlass der Eröffnung von Kunstschule und Museum 1848 erschien, erläutert Lindenau, »dass die Leistungen jener beiden Epochen noch jetzt das Höchste und Schönste sind, was wir für Kunst besitzen, und dass nur auf den Grund einer vertrauten Bekanntschaft mit jenen Vorbildern eine höhere Kunstbildung gelingen kann.«[6]

Die berühmten 180 Tafelgemälde aus Mittelalter und Renaissance sind bis heute das Herzstück des Lindenau-Museums, wobei der Stifter selbst kaum zwischen Originalen und Kopien unterschied und in der Aufstellung seiner Sammlung zunächst die »Gyps-Abgüsse« (Kat. 55), dann die Gemäldekopien nach den Werken großer Meister der Renaissance (Abb. 7) und erst an dritter Stelle die »Original-Gemälde italienischer Meister des 13ten, 14ten, 15ten Jahrhunderts« anführte. Danach folgen die originalen »Alt-griechisch-etrurischen Gefässe« (Abb. 8) und abschließend die »Kunst-Bibliothek mit einer zahlreichen Sammlung in- und ausländischer Kupferwerke«.[7] Kleiner, aber wichtiger Teil der Sammlung sind auch Modelle zum Studium der antiken Architektur, worunter besonders die Korkmodelle hervorstechen, die sich neuer Wertschätzung erfreuen (Abb. 9).

Wie sehr sich jedoch die Einschätzung der Kopien im Laufe der Zeit veränderte, zeigt sich bereits dadurch, dass heute nicht mehr alle Abgüsse erhalten sind und die Sammlung der Gemäldekopien bis auf ganz wenige

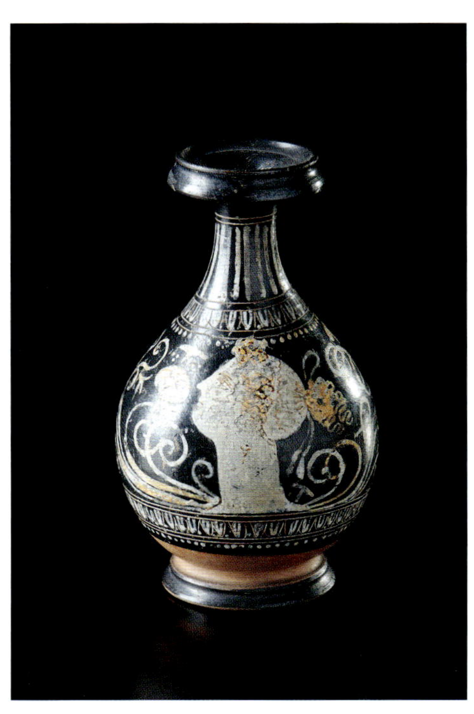

Abb. 8 Unteritalischer Bombylios, um 325 v. Chr., Ton, Lindenau-Museum Altenburg

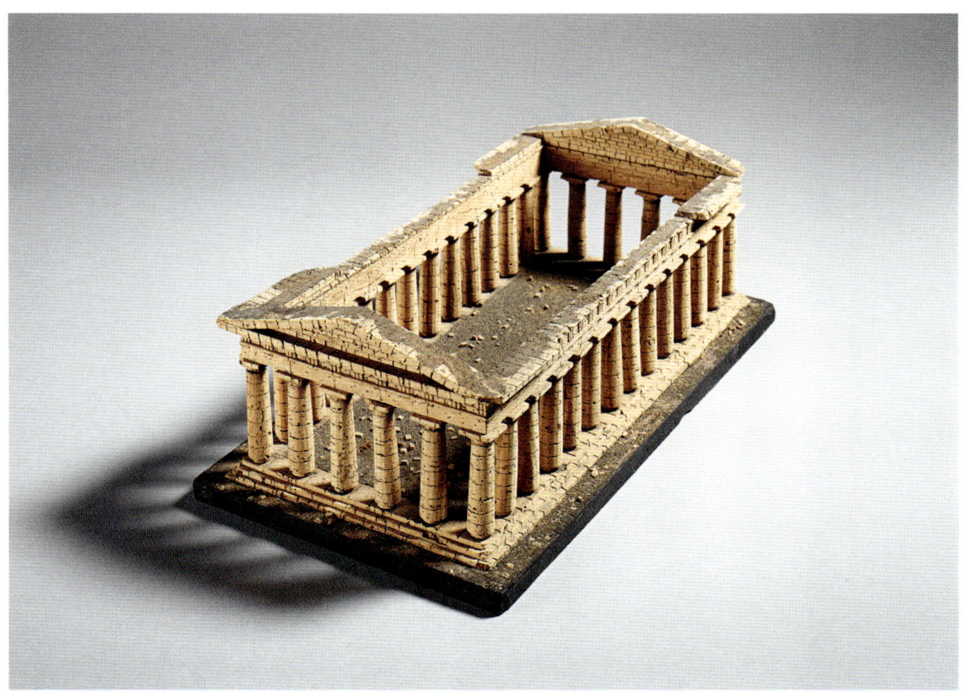

Abb. 9 Neapolitanische Werkstatt, Tempel in Segesta, vor 1846, Kork, Lindenau-Museum Altenburg

Einzelstücke in den 1960er-Jahren sogar verkauft wurde.[8] Auf der anderen Seite wurde mit diesem Verkauf Platz geschaffen für zeitgenössische Kunst, die seither einen weiteren Schwerpunkt der Museums- und Vermittlungsarbeit bildet.

Lindenau formte seine Sammlung sehr bewusst. In Vorbereitung der Museumsgründung gab er seine bedeutende, immerhin fast 1000 Objekte umfassende asiatische Kollektion im Oktober 1845 an die Rüst- und Antiquitätenkammer des Residenzschlosses ab.[9] Sie passte nicht zu dem Kanon europäischer Meisterwerke, der im Pohlhof-Museum ausgestellt werden sollte. Und auch die letztlich für Kunstschule und Museum vorbehaltene, 1500 Bücher zählende Bibliothek zu Themen der Kunstgeschichte, Gewerbekunde, Geschichte und Geographie war nur ein Ausschnitt der riesigen Privatbibliothek Lindenaus von rund 20.000 Bänden, die er dem Gymnasium und dem Schullehrerseminar im Altenburger Josephinum überließ (Abb. 10).[10] Dabei trennte er mitunter sogar Bild- von Textbänden, denn für Museum und Kunst-

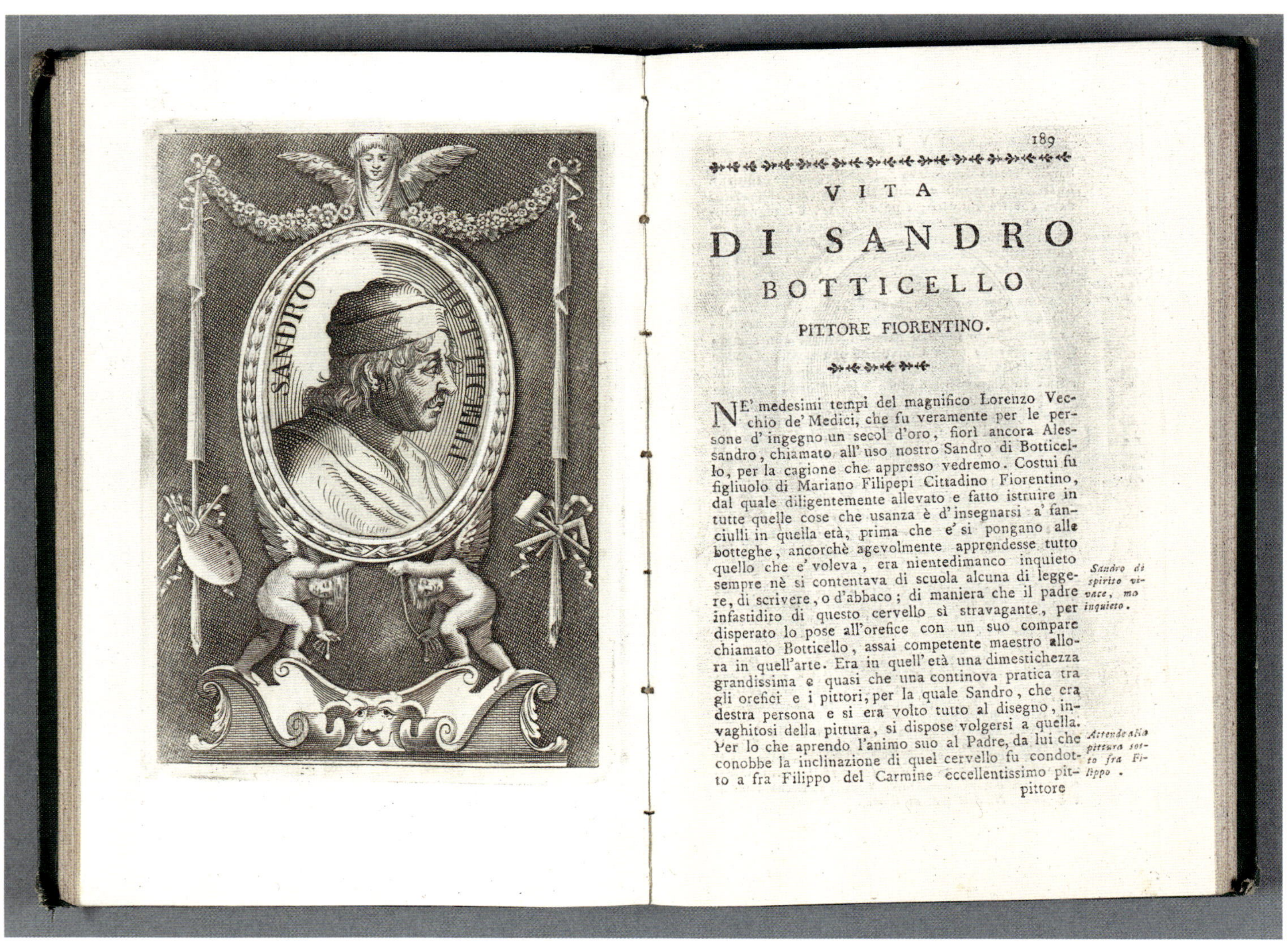

189

VITA

DI SANDRO

BOTTICELLO

PITTORE FIORENTINO.

NE' medesimi tempi del magnifico Lorenzo Vecchio de' Medici, che fu veramente per le persone d' ingegno un secol d'oro, fiorì ancora Alessandro, chiamato all' uso nostro Sandro di Botticello, per la cagione che appresso vedremo. Costui fu figliuolo di Mariano Filipepi Cittadino Fiorentino, dal quale diligentemente allevato e fatto istruire in tutte quelle cose che usanza è d' insegnarsi a' fanciulli in quella età, prima che e' si pongano alle botteghe, ancorchè agevolmente apprendesse tutto quello che e' voleva, era nientedimanco inquieto sempre nè si contentava di scuola alcuna di leggere, di scrivere, o d'abbaco; di maniera che il padre infastidito di questo cervello sì stravagante, per disperato lo pose all'orefice con un suo compare chiamato Botticello, assai competente maestro allora in quell'arte. Era in quell' età una dimestichezza grandissima e quasi che una continova pratica tra gli orefici e i pittori, per la quale Sandro, che era destra persona e si era volto tutto al disegno, invaghitosi della pittura, si dispose volgersi a quella. Per lo che aprendo l'animo suo al Padre, da lui che conobbe la inclinazione di quel cervello fu condotto a fra Filippo del Carmine eccellentissimo pit-

Sandro di spirito vivace, mo inquieto.

Attende alla pittura sotto fra Filippo.

pittore

Abb. 10 Vignette mit dem Bildnis Sandro Botticellis. In: Giorgio Vasari: Vite de' Più eccellenti pittori scultori e architetti, Bd. 3 (11 Bände), Siena 1791–1794, Kupferstich, Ausgabe aus der Kunstbibliothek Bernhard August von Lindenaus, Lindenau-Museum Altenburg

schule stand die Anschauung eindeutig im Vordergrund. Herausragende Beispiele sind die *Antichità Romane* von Giovanni Battista Piranesi (1720–1778),[11] die vollständige Erstauflage der *Description de l´Égypte* mit neun Textbänden, elf Tafelbänden und den drei seltenen Mammutbänden, die die wissenschaftlichen Ergebnisse von Napoleons Ägypten-Feldzug zusammenfasst,[12] oder Alexander von Humboldts (1769–1859) Reisebücher.[13]

Graphische Blätter hat Lindenau kaum erworben, folgte hierbei aber auch immer seiner Vorgabe des Nutzens für den Unterricht in der Kunstschule. Noch ein halbes Jahr vor seinem Tod stand er Ende 1853 mit dem Direktor des Dresdner Kupferstich-Kabinetts Johann Gottfried Abraham Frenzel (1782–1855) in brieflicher Verbindung, der für ihn den Kunstmarkt beobachten sollte, um Reproduktionen nach Werken alter Meister wie Raffael (1483–1520), Albrecht Dürer (1471–1528) oder Rembrandt (1606–1669) »um mäßigen Preis« zu erwerben.[14] Das Vorhaben scheiterte dann an den finanziellen Grenzen, hatte Lindenau doch eine Maxime aufgestellt, die er in fast identischer Manier in vielen seiner Briefe anführte: »Zu meinem wahren Bedauern, kann ich auf die mein Gebot übersteigende Forderung darum nicht eingehen, weil es seit langen Jahren fester Grundsatz bei mir ist, bei allen derartigen Kunsterwerbungen, mein erstes Anerbieten nie zu verändern.«[15]

Das Zustandekommen einer herausragenden Sammlung hat diese Selbstbeschränkung ebenso wenig verhindert wie ihr Zweck, zum Anschauungsmaterial einer Kunstschule zu werden. In den letzten hundert Jahren wurden die Lindenau'schen Sammlungen um eine heute ebenfalls mehr und mehr beachtete Kollektion von Gemälden, Plastiken und Grafiken von der klassischen Moderne bis zur Gegenwartskunst erweitert. Einen Schwerpunkt bilden dabei die 1920er-Jahre, ein großer Werkbestand von Conrad Felixmüller (1897–1977) und die weltweit größte Sammlung an Arbeiten von Gerhard Altenbourg (1926–1989), dessen Nachlass mit dem einzigartigen Künstlerhaus von der an das Lindenau-Museum angelehnten Stiftung Gerhard Altenbourg betreut wird.

1 Bernhard August von Lindenau: An meine Wähler, Frankfurt 16.9.1848, zitiert nach Titz-Matuszak/Emig 2001, S. 278.
2 Krischke 2017.
3 Best.-Kat. Altenburg 1998; Nauhaus 2014.
4 Kleßen 2022, S. 60.
5 Rüfenacht 2023.
6 Quandt/Schulz 1848, S. 5.
7 Quandt/Schulz 1848, S. VI.
8 Kinzel 2015, S. 52–54.
9 Best.-Kat. Altenburg 1998; Nauhaus 2014.
10 Jäger 1998, S. 29.
11 Lindenau-Museum Altenburg, Kunstbibliothek, Signatur 1 B 51.
12 Lindenau-Museum Altenburg, Kunstbibliothek, Signatur 1 B 3.
13 Lindenau-Museum Altenburg, Kunstbibliothek, Signatur 1 K 41. Hierzu Hofmann 2019.
14 Titz-Matuszak 2023, S. 95.
15 Ebd., S. 94.

KATA LOG TEIL

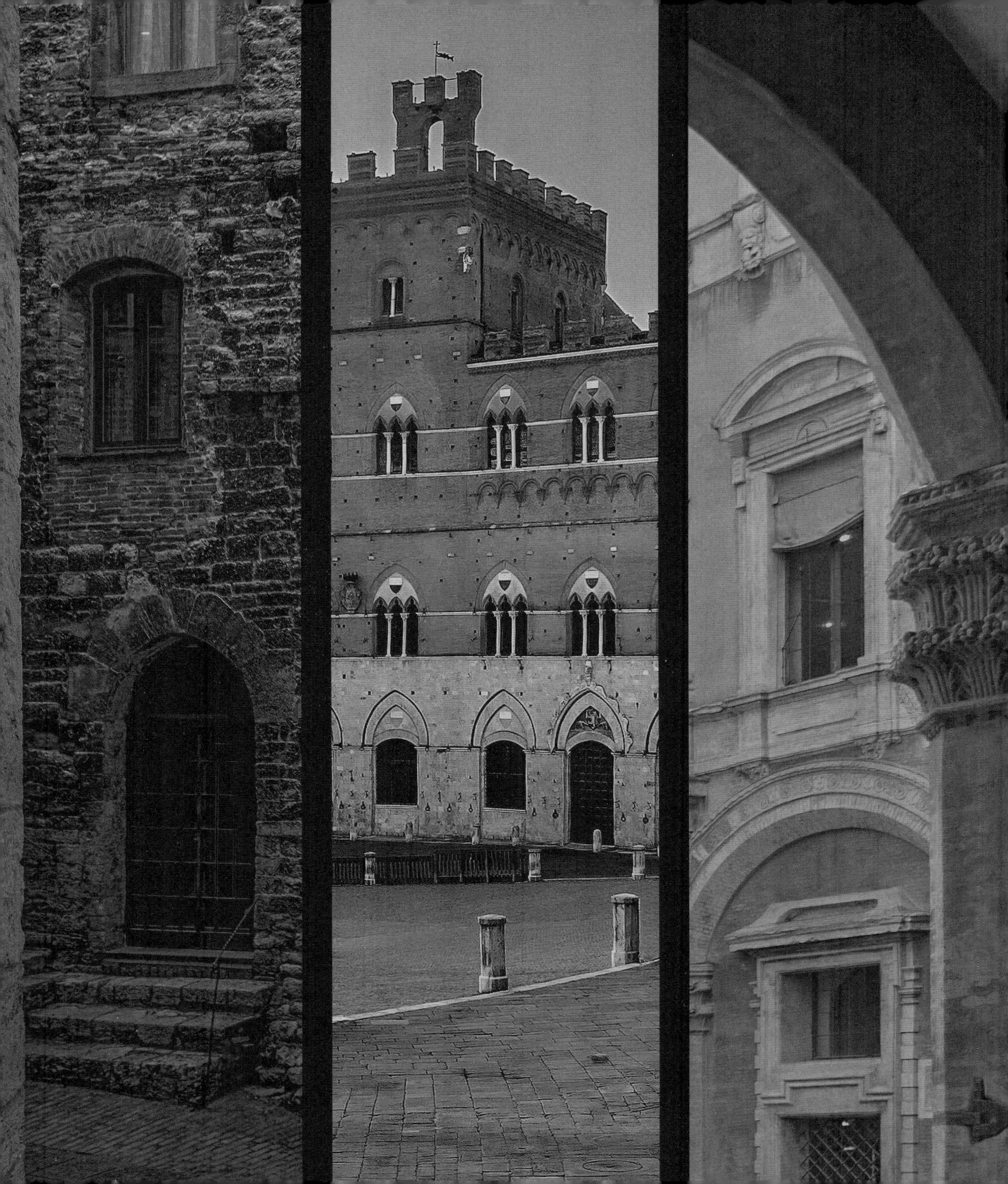

MARIA!

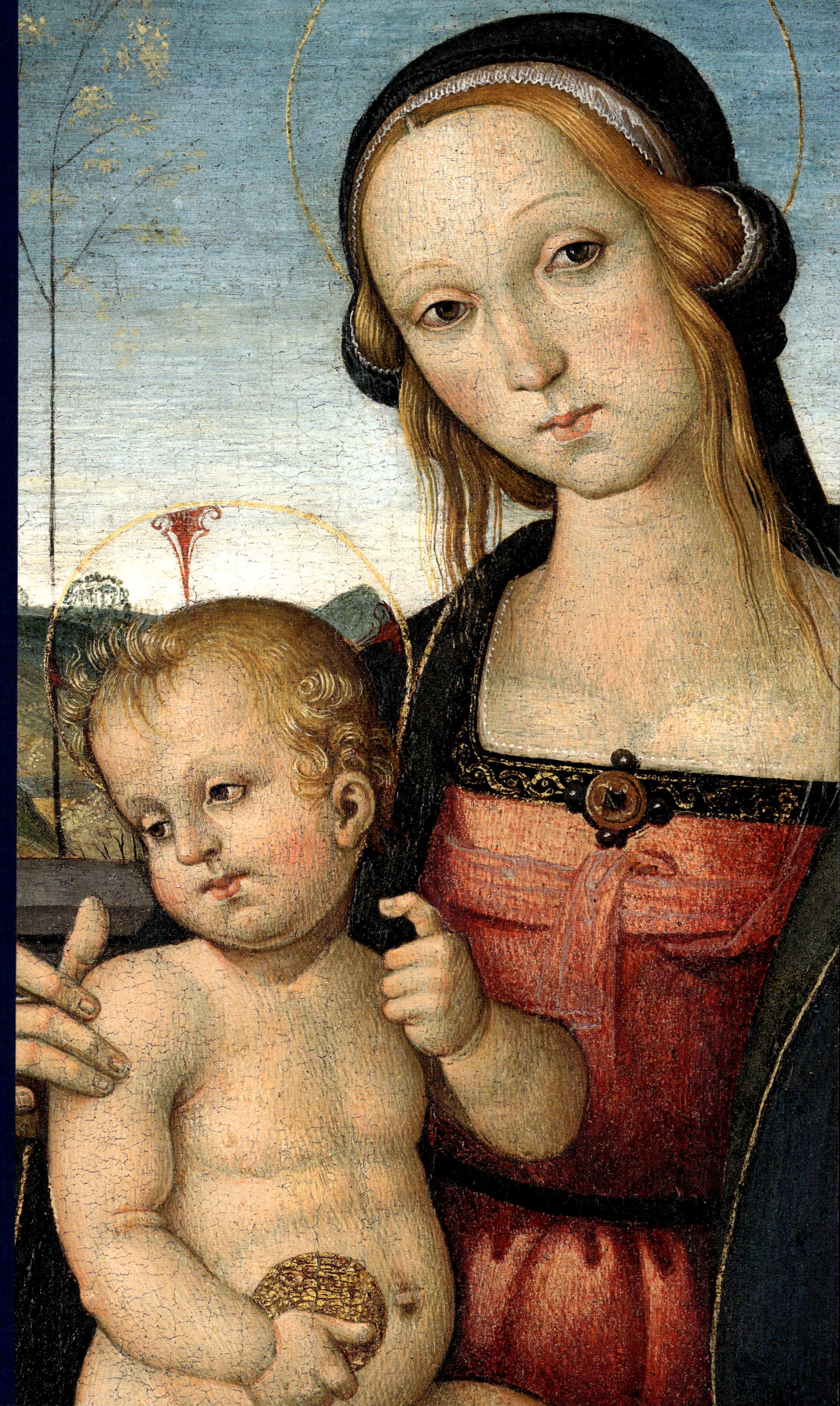

MARIA!
VON STRENG BIS LIEBEVOLL

EVA MARIA BREISIG

Keine andere Person der Bibel ist in der christlichen Kunst so häufig und vielfältig dargestellt worden wie Maria, die Mutter Jesu. Die schon in der Frühzeit des Christentums einsetzende Marienverehrung begründet sich durch ihre Rolle als Gottesmutter. Diese wurde zu allen Zeiten künstlerisch ins Bild gesetzt durch die archetypische Einzeldarstellung der Maria mit dem Jesuskind, die auch als Madonna (ital. für »meine Herrin«) bezeichnet wird.

Die Sammlung des Lindenau-Museums umfasst eine große Bandbreite an Madonnenbildern. Eine Auswahl daraus wird in der Ausstellung in dichter Hängung als »Madonnenwolke« präsentiert (Kat. 1a–m). Die 13 Werke sind dabei von links nach rechts chronologisch angeordnet und bieten einen schnellen Überblick über etwa 150 der insgesamt 250 Jahre, die von der Altenburger Sammlung abgedeckt werden. Dabei offenbart sich eindrucksvoll die Entwicklung der italienischen Tafelmalerei in diesem Zeitraum, insbesondere die immer natürlichere und lebendigere Wiedergabe der Bildinhalte. Der feierlich-erhabene Goldgrund verwandelt sich zunächst in einen textilen Vorhang aus Goldbrokat und verschwindet schließlich ganz zugunsten eines Landschaftsausblicks. Die ikonische Strenge der frontal thronenden Maria (Kat. 2) weicht dem Bild der schönen Himmelskönigin, die sich ihrem Kind mehr und mehr zuwendet und schließlich zur liebevollen Mutter wird (Kat. 11). Das Christuskind, zunächst noch bekleidet und mit Segensgestus dargestellt (z. B. Kat. 1a, 2–3), agiert immer lebhafter und wird später auch ganz unbekleidet gezeigt (z. B. Kat. 10). Kurz: Maria und Kind entwickeln sich zu menschlichen Wesen.

Darüber hinaus werden weitere Typen von Marienbildern präsentiert, die die vielfältigen Rollen der Gottesmutter in der mittelalterlichen Glaubenswelt widerspiegeln: Maria mit Kind und Johannesknaben auf Werken von Domenico Beccafumi (1484–1551; Kat. 11) und Marco Pino (1521–1583; Kat. 12), Gruppenbilder mit Engeln und Heiligen wie etwa auf einer Werkstattarbeit Sandro Botticellis (1444/45–1510; Kat. 9); die Gegenüberstellung von Maria und Eva im Werk von Angelo Puccinelli (nachweisbar 1350–1407; Kat. 5) oder Maria inmitten der Heiligen Familie bei Pellegrino Tibaldi (1527–1596; Kat. 13).

Kat. 10, Detail

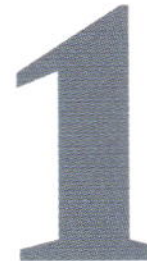

MADONNENWOLKE

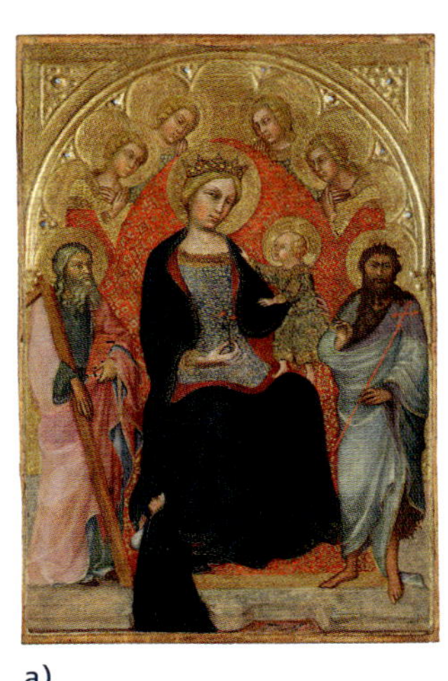

a)

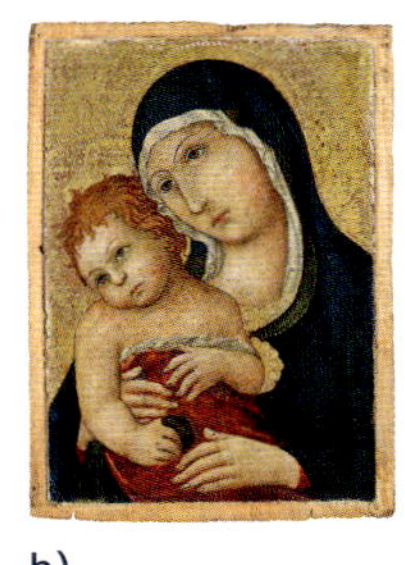

b)

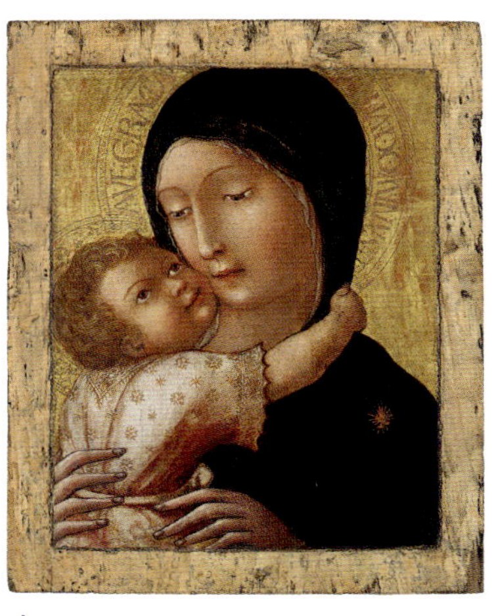

c)

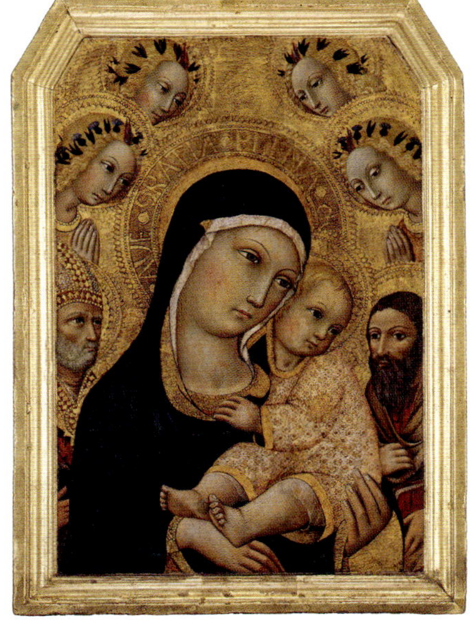

d)

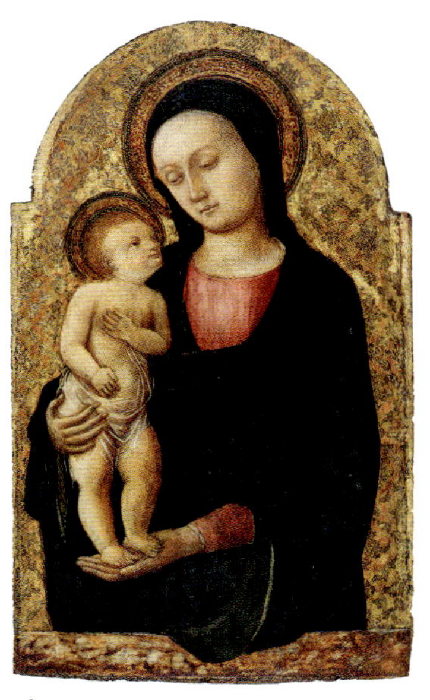

e)

Maria, die Mutter Jesu, ist der weibliche Star innerhalb des Christentums. Ihre Verehrung fußt auf dem Dritten Ökumenischen Konzil von Ephesos im Jahr 431, in dessen Zuge ihr der Rang der »Gottesgebärerin« zugesprochen wurde. Als im Laufe des Mittelalters die theologisch strittige Frage nach dem wahren Wesen Jesu (Mensch oder Gott?) zunehmend in Richtung seiner göttlichen Natur entschieden wurde, rückte Maria bei den Gläubigen als Vermittlerin immer stärker in den Fokus. In der Rolle von Mensch und Mutter war sie die unmittelbare, greifbare Ansprechpartnerin für viele Christinnen und Christen – und blieb es bis heute.

Mit der Zunahme des Marienkultes im Mittelalter wurde auch das Bedürfnis nach Abbildungen der Gottesmutter lauter. Der Legende nach soll der Evangelist Lukas das erste Marienbild gemalt haben, auf das sich die oströmische Ikonenmalerei in den folgenden Jahrhunderten berief. Solche Ikonen und deren unterschiedliche Typen, wie sie bis heute in den orthodoxen Kirchen existieren und verehrt werden, gelangten durch rege

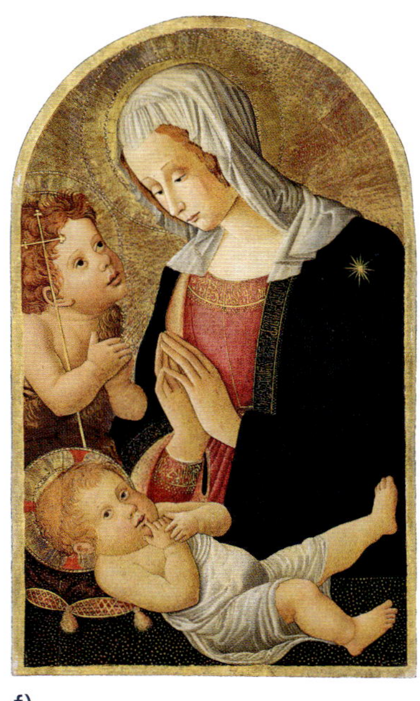
f)

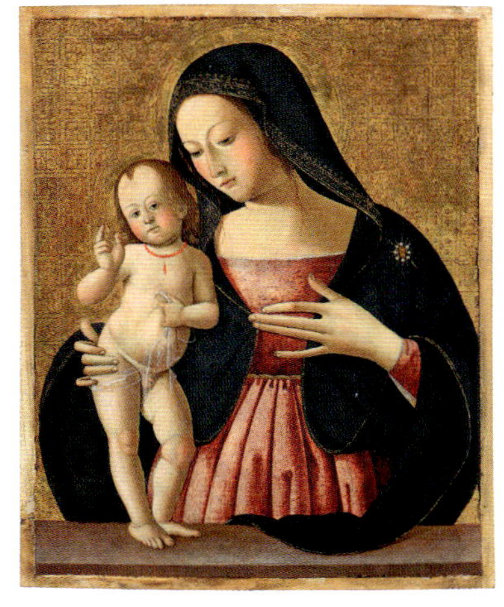
g)

h)

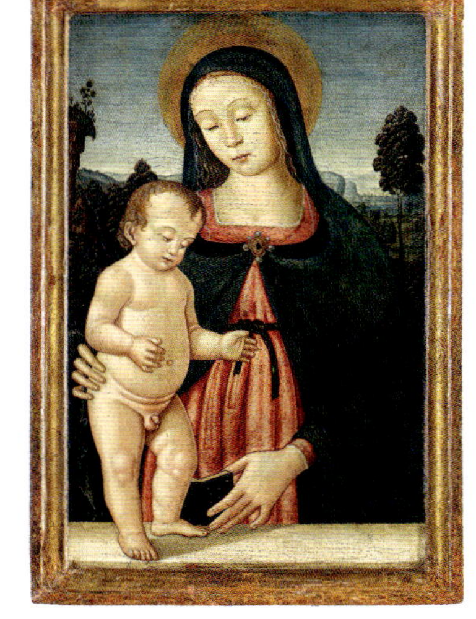
i)

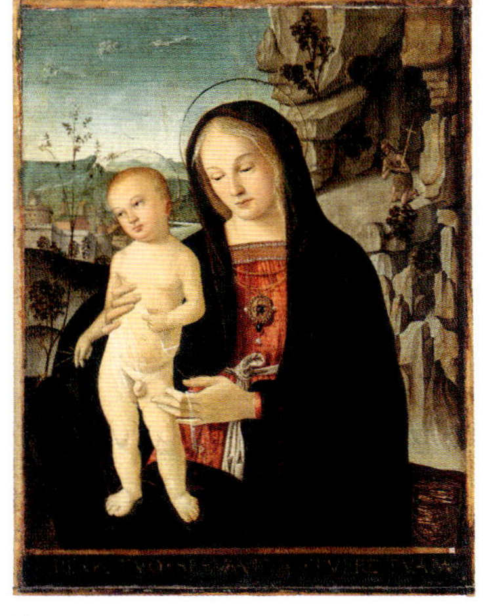
j)

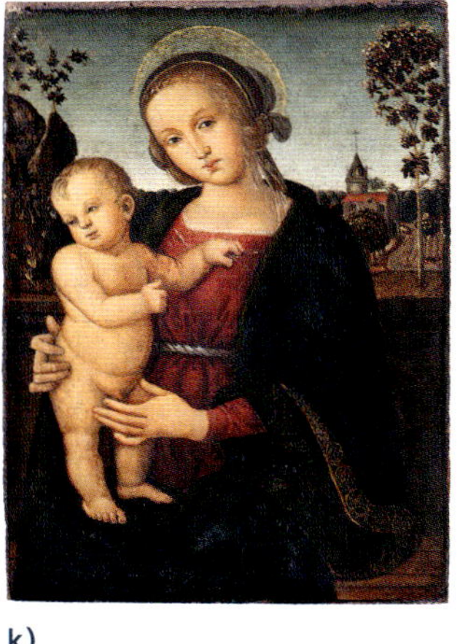
k)

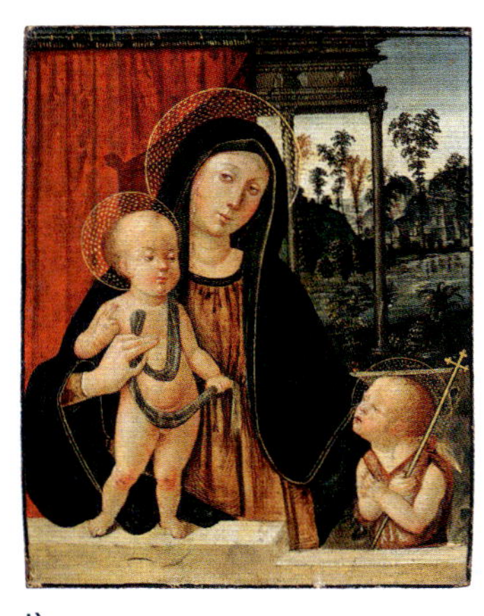
l)

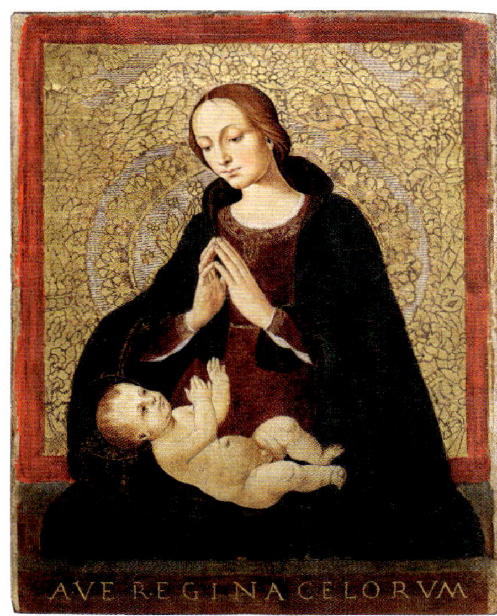
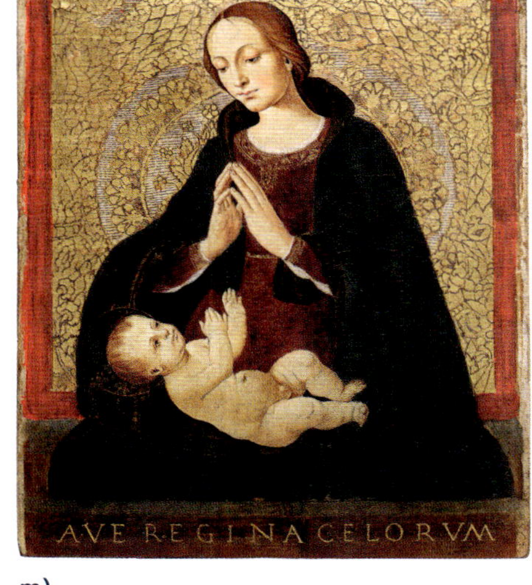

m)

PAOLO DI GIOVANNI FEI (Siena 1335/45–1411)

a) Thronende Madonna mit Kind, Engeln, Heiligen und einer Nonne

um 1385–1390, Tempera auf Pappelholz, 43,9 × 29,2 cm

Lindenau-Museum Altenburg, Inv. 51

Provenienz: Vor 1848 erworben.

Literatur: Oertel 1961, S. 81–82; Ausst.-Kat. Siena 2008, S. 82–85, Kat. 12 (Francesca Pasut); Ausst.-Kat. Paris 2009, S. 73–75.

SANO DI PIETRO (Siena 1405–1481)

b) Madonna mit Kind

um 1450, Tempera auf Pappelholz, 26,1 × 18,7 cm

Lindenau-Museum Altenburg, Inv. 75

Provenienz: Vor 1848 in Italien erworben.

Literatur: Oertel 1961, S. 100–101; Ausst.-Kat. Siena 2008, S. 141–142, Kat. 25 (Wolfgang Loseries).

LIBERALE DA VERONA (eigentlich Liberale di Jacopo dalla Biava, Verona um 1445–1527/29)

c) Madonna mit Kind

um 1465–1468, Tempera auf Holz, 47,1 × 38,0 cm

Lindenau-Museum Altenburg, Inv. 54

Provenienz: Vor 1848 in Italien erworben.

Literatur: Oertel 1961, S. 102; Ausst.-Kat. Siena 2008, S. 236–238, Kat. 46 (Riccardo Massagli); Ausst.-Kat. Paris 2009, S. 114.

SANO DI PIETRO (Siena 1405–1481)

d) Madonna mit Kind, Engeln und Heiligen

um 1450, Tempera auf Pappelholz, 60,3 × 43,0 cm

Lindenau-Museum Altenburg, Inv. 72

Provenienz: Vor 1848 erworben.

Literatur: Oertel 1961, S. 99–100; Ausst.-Kat. Siena 2008, S. 132–134, Kat. 22 (Wolfgang Loseries).

ANTONIO VIVARINI (Venedig um 1418–zwischen 1476–1484)

e) Madonna mit Kind

1450–1452, Tempera auf Holz, 59,0 × 35,0 cm

Lindenau-Museum Altenburg, Inv. 157

Provenienz: Vor 1848 erworben.

Literatur: Oertel 1961, S. 189.

PSEUDO-PIER FRANCESCO FIORENTINO (nachweisbar Florenz 2. Hälfte 15. Jh.)

f) Madonna, das Kind anbetend, mit Johannesknaben

um 1460–1465, Tempera auf Pappelholz, 65,0 × 39,0 cm

Lindenau-Museum Altenburg, Inv. 97

Provenienz: 1840 aus der Sammlung Carl Gustav Boerner, Leipzig, erworben.

Literatur: Oertel 1961, S. 148; Ausst.-Kat. Florenz 2005, S. 190–191, Kat. 47 (Ada Labriola).

Handelsbeziehungen vor allem Venedigs und Pisas im 13. Jahrhundert nach Italien und modifizierten das dort anzutreffende Marienbild entscheidend. Im Laufe des 14. Jahrhunderts löste sich die Malerei auf der italienischen Halbinsel wieder von der *maniera bizantina* und gab der Natürlichkeit in der Abbildung den Vorzug.

In den 13 in Form einer Wolke präsentierten Marienbildern ist der Wandel in der Darstellung der Muttergottes in einer Zeitspanne von knapp 130 Jahren ablesbar. Im frühesten Werk dieser Gruppe hat der Sieneser Maler Paolo di Giovanni Fei die Madonna als Königin umgeben von ihrem »Hofstaat«, den Engeln, sowie dem Apostel Andreas und Johannes dem Täufer dargestellt (Kat. 1a). Entsprechend ihrer geringeren Bedeutung wurden diese Figuren kleiner als die thronende Muttergottes wiedergegeben. Noch kleiner hat der Maler die irdische Nonne am unteren Rand ins Bild gesetzt, in deren Klosterzelle das Werk möglicherweise einmal hing. Wir können davon ausgehen, dass die Nonne die kleinformatige Tafel nicht als Bild im neuzeitlichen Sinn inter-

BARTOLOMEO CAPORALI
(Perugia um 1420–zwischen 1503–1505), WERKSTATT

g) Madonna mit Kind

1480–1490, Tempera auf Pappelholz, 49,5 × 39,0 cm

Lindenau-Museum Altenburg, Inv. 109

Provenienz: Vor 1848 erworben.

Literatur: Oertel 1961, S. 169.

ANTONIAZZO ROMANO
(eigentlich Antonio Aquili, Rom um 1435–1508)

h) Madonna mit Kind

zwischen 1480–1490, Tempera auf Pappelholz, 49,5 × 36,0 cm

Lindenau-Museum Altenburg, Inv. 112

Provenienz: Vor 1848 erworben.

Literatur: Oertel 1961, S. 190.

PIETRO DI GALEOTTO
(Perugia um 1445–1483) UND WERKSTATT

i) Madonna mit Kind vor einer Landschaft

vor 1480, Tempera auf Pappelholz, 55,5 × 35,0 cm

Lindenau-Museum Altenburg, Inv. 133

Provenienz: 1845 durch Emil Braun in Italien erworben.

Literatur: Oertel 1961, S. 171.

MARCO PALMEZZANO (Forlí um 1459–1539)

j) Madonna mit Kind vor einer Landschaft

um 1500, Tempera auf Pappelholz, 64,0 × 48,0 cm

Lindenau-Museum Altenburg, Inv. 134

Provenienz: Vor 1848 erworben.

Literatur: Oertel 1961, S. 171–172.

GERINO DA PISTOIA (Pistoia 1480–1531)

k) Madonna mit Kind vor einer Landschaft

um 1500, Tempera auf Pappelholz, 41,5 × 29,3 cm

Lindenau-Museum Altenburg, Inv. 131

Provenienz: 1842 aus der Sammlung Christian Ferdinand Hartmann, Dresden, erworben.

Literatur: Oertel 1961, S. 170.

CRISTOFORO FAFFEO (?) (nachweisbar Kampanien 1489–1497)

l) Madonna mit Kind und Johannesknaben vor einer Landschaft

um 1500, Tempera auf Pappelholz, 41,0 × 32,5 cm

Lindenau-Museum Altenburg, Inv. 152

Provenienz: Vor 1848 in Italien erworben.

Literatur: Oertel 1961, S. 172.

pretierte, sondern als Kultobjekt, das die Transzendenz zu überbrücken half und die leibhaftige Anwesenheit Marias sicherstellte.

Auch die folgenden Darstellungen waren als Andachtstafeln zur direkten Ansprache Marias bestimmt. Vor allem in Siena, wo Maria zur Schutzheiligen erklärt wurde, erfuhr ihre Verehrung eine breite Verwurzelung in der Bevölkerung. Sano di Pietro und Liberale da Verona orientierten sich an einem bestimmten Typus byzantinischer Ikonen, der Eleusa (»Erbarmerin«) bzw. der Glykophilusa (»Süßküssenden«), wandelten diesen aber zugunsten einer gesteigerten Emotionalität entscheidend ab: Maria zeigt sich in den Bildern nicht nur als die liebende Mutter, sondern wurde gemeinsam mit ihrem Sohn in einer verspielt-melancholischen Situation mit greifbaren Emotionen wiedergegeben (Kat. 1b–d). In allen drei Fällen erfahren die tiefe Menschlichkeit und die Volksnähe Marias besondere Betonung.

Mit dem Aufbrechen der starren, an strenge Vorgaben gebundenen Darstellung der Maria wandelte sich auch das Kind in

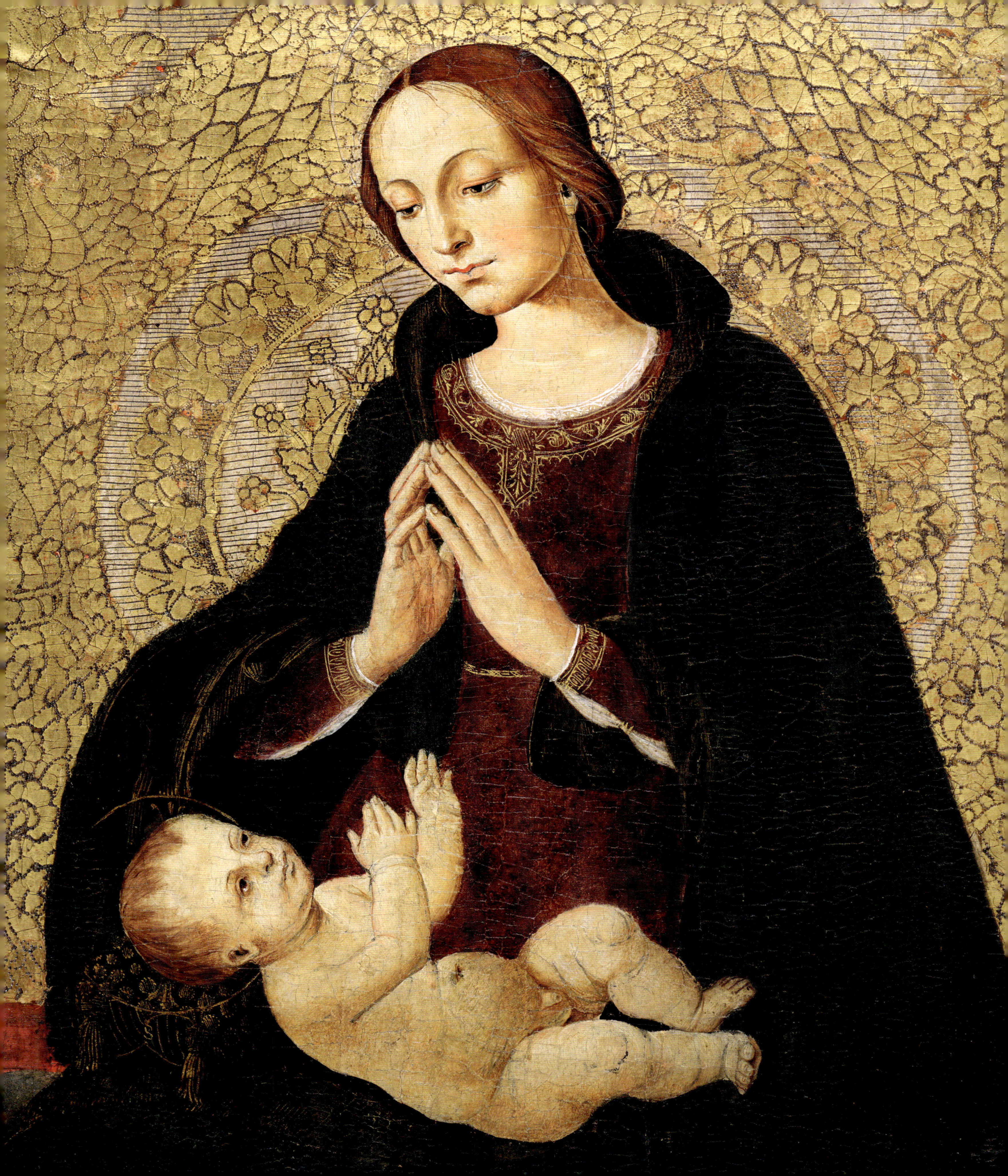

COLA DELL'AMATRICE (eigentlich Nicola Filotesio, Amatrice 1480/89–1547/59 Ascoli Piceno)

m) Madonna mit Kind

1509/10–1513, Tempera auf Pappelholz, 58,4 × 46,0 cm

Lindenau-Museum Altenburg, Inv. 151

Provenienz: Vor 1848 in Italien erworben.

Literatur: Oertel 1961, S. 192.

ihren Armen. Theologen wie der heilige Bernhardin von Siena (1380–1444) betonten im 15. Jahrhundert vor allem die menschliche Natur Christi. Darauf reagierten die Maler, die nun ein quicklebendiges, zunehmend nacktes Kind an Marias Seite stellten. So lassen zwar der Goldgrund und der mit Punzen bearbeitete Heiligenschein bei Antoniazzo Romano noch die Wurzeln in der Ikonenmalerei erahnen, doch ist das nur mit einem hauchdünnen Schleier bekleidete Kind und die weiche, ihre Schönheit herausstellende Zeichnung Marias als weiterer Schritt hin zu einer lebensweltlichen Einbindung der heiligen Szene zu verstehen (Kat. 1h).

Zu der intimen Begegnung von Mutter und Kind konnten weitere Figuren treten. Bedeutung erlangte vor allem der Johannesknabe als kindlicher Spielkamerad des Christuskindes. Auf einer Tafel des Pseudo-Pier Francesco Fiorentino sucht der gelockte Knabe entschiedenen Blickkontakt zu Maria, die sich anbetend ihrem Sohn zuwendet. Dieser liegt strampelnd auf einem Kissen vor ihr und hat seine Finger verspielt an den Mund geführt (Kat. 1f). In dieser Szene hat Maria ihr Kind wie bei einer späteren Version von Cola dell'Amatrice (Kat. 1m) aus den Händen gelegt, in anderen Darstellungen führt sie es bei noch unsicheren Stehversuchen sanft zwischen ihren Händen, womit möglicherweise auf die zunehmende Selbstständigkeit des Knaben – oder mit anderen Worten: den Beginn seiner Mission – angespielt wird (Kat. 1i–l). Die Passion wiederum ist allen diesen Bildern immanent, sie lässt sich an bestimmten Symbolen wie dem Granatapfel in den Händen des Kindes (Kat. 1b) oder in der latenten Melancholie der Mutter ablesen, die das Schicksal ihres Sohnes vorherzusehen scheint.

Einige Konventionen wie das rote Kleid und der blaue Umhang Marias finden sich in allen diesen Bildern. Andere Normen wie der transzendentale Goldgrund verschwanden zugunsten einer weiten, teils mit Relikten aus der Antike (Kat. 1l) versehenen Landschaft, die Maria in der Gegenwart bzw. in einem innerweltlichen Zeithorizont verortet. Ihre Haare lugen nun immer offensiver unter dem Schleier hervor oder zeigen sich vollständig bei heruntergefallener Kapuze (Kat. 1m). Am Übergang zur Hochrenaissance hat sich die Ikone in eine schöne Madonna gewandelt.[1]

Benjamin Rux

1 Eine ausführliche Studie zu umbrischen und mittelitalienischen Madonnenbildern von Wiebke Fastenrath Vinattieri wird vom Lindenau-Museum Altenburg 2024 als Online-Publikation veröffentlicht. Neuzuschreibungen wurden hier bereits übernommen.

Kat. 1m, Detail

2

DEODATO ORLANDI (nachweisbar Lucca 1284–vor 1331)

THRONENDE MADONNA MIT KIND UND ZWEI ENGELN

um 1290–1300, Tempera auf Pappelholz, 35,2 × 25,4 cm

Lindenau-Museum Altenburg, Inv. 1

Provenienz: 1844 durch Emil Braun in Rom erworben, wahrscheinlich aus der Sammlung Carlo Lasinio.

Literatur: Garrison 1949, S. 16–17, 99, Nr. 248; Oertel 1961, S. 180; Ausst.-Kat. Pisa 2005, S. 262, Kat. 91 (Lorenzo Carletti); Ausst.-Kat. Siena 2008, S. 210–213, Kat. 40 (Stefan Weppelmann); Ausst.-Kat. Hamburg 2011, S. 126–127, Kat. 2 (Bastian Eclercy); Boskovits 2021, S. 173, Nr. 56.

Die kleine Madonnentafel Deodato Orlandis hat erst in jüngster Zeit durch mehrere Ausstellungen verstärkte Aufmerksamkeit erfahren und ist auch technologisch untersucht worden.[1] Durch eine spätere Rahmung wurde die Malfläche allseitig beschnitten, der Goldgrund besteht größtenteils aus modernen Retuschen. Im Nimbus der Madonna sind Nagellöcher erkennbar, die auf eine wohl nachträglich applizierte Krone hinweisen. 2001 wurde eine rote Rückseitenbemalung freigelegt, die nicht nur dem Schutz der Tafel diente, sondern auch deutlich macht, dass solche Andachtsbilder als dreidimensionale Objekte aufgefasst wurden, die zur privaten Frömmigkeitsübung in die Hand genommen oder auf Reisen mitgeführt werden konnten. Nicht bestätigt hat sich indes die Vermutung der Forschung, die Altenburger *Thronende Madonna mit Kind und zwei Engeln* sei Teil eines Diptychons gewesen; jedenfalls weisen die Tafelkanten keinerlei Scharnierspuren auf.[2]

Ein mächtiger, in der Mitte vorspringender Thron mit Fußstuhl und übergiebelter Rückwand nimmt die gesamte Bildbreite ein. Als Thronwächter hat der Maler oben zwei flankierende Engel eingefügt, die durch das Zepter und die byzantinisierende Herrschertracht als Erzengel ausgewiesen sind. Maria trägt ein reich gefälteltes rotes Gewand und darüber einen dunkelblauen Mantel, die beide auch ihr Haupt bedecken, das sie dem Jesusknaben zuneigt. Mit der Rechten berührt sie den Fuß des Sohnes, während sie ihn mit der Linken stützt. Sein Gewicht fängt sie überdies mit dem auf den Fußstuhl gestellten linken Bein ab. Der majestätischen Pose entsprechend trägt der Knabe Tunika und Pallium, die durch Goldschraffur (Chrysographie) ausgezeichnet werden. In der linken Hand hält er eine Schriftrolle – ein Verweis auf die Inkarnation des Logos – und segnet mit der Rechten.

Die von Edward B. Garrison 1949 vorgeschlagene Zuschreibung an den Luccheser Maler Deodato Orlandi, der auch für Pisa größere Aufträge ausgeführt hat, wird allgemein akzeptiert.[3] Stilistisch lässt sich die Altenburger Madonna zwischen den signierten Tafelkreuzen Deodatos von 1288 (Museo Nazionale di Villa Guinigi, Lucca) und 1301 (Santa Chiara, San Miniato al Tedesco) verorten, weshalb die von Stefan Weppelmann vertretene Frühdatierung ins letzte Jahrzehnt des Duecento plausibel erscheint.[4] Dafür sprechen auch die prominenten Vorbilder aus dem Bereich der großformatigen Madonnentafeln, derer sich der Maler hier ersichtlich bedient hat, vor allem Duccios (nachweisbar ab 1278–1318) *Rucellai-Madonna* aus Santa Maria Novella in Florenz (1285, Le Gallerie degli Uffizi, Florenz) und Cimabues (um 1240–um 1301/02) *Madonna* aus San Francesco in Pisa (um 1285, Musée du Louvre, Paris). Der ersteren entlehnte Deodato beispielsweise die Blickrichtung des Kindes und die ondulierenden Säume sowie die auffälligen Weißhöhungen des Madonnenmantels, letzterer die Beinhaltung Christi und die linke Hand Marias. So erweist sich der scheinbar konservative Deodato Orlandi als vertraut mit den modernsten Entwicklungen seiner Zeit.

Bastian Eclercy

1 Vgl. Ausst.-Kat. Siena 2008, S. 210–213, Kat. 40 (Stefan Weppelmann).

2 Zur Diptychon-Hypothese siehe Garrison 1949, S. 16–17, 99, Nr. 248; Ausst.-Kat. Pisa 2005, S. 262, Kat. 91 (Lorenzo Carletti); ablehnend Ausst.-Kat. Siena 2008, S. 212, Kat. 40 (Stefan Weppelmann).

3 Zur Biographie des Deodato Orlandi vgl. Garrison 1951, S. 18–31; Eclercy 2007, S. 176–180; Ausst.-Kat. Siena 2008, S. 210, Kat. 40 (Stefan Weppelmann).

4 Ausst.-Kat. Siena 2008, S. 212–213, Kat. 40 (Stefan Weppelmann).

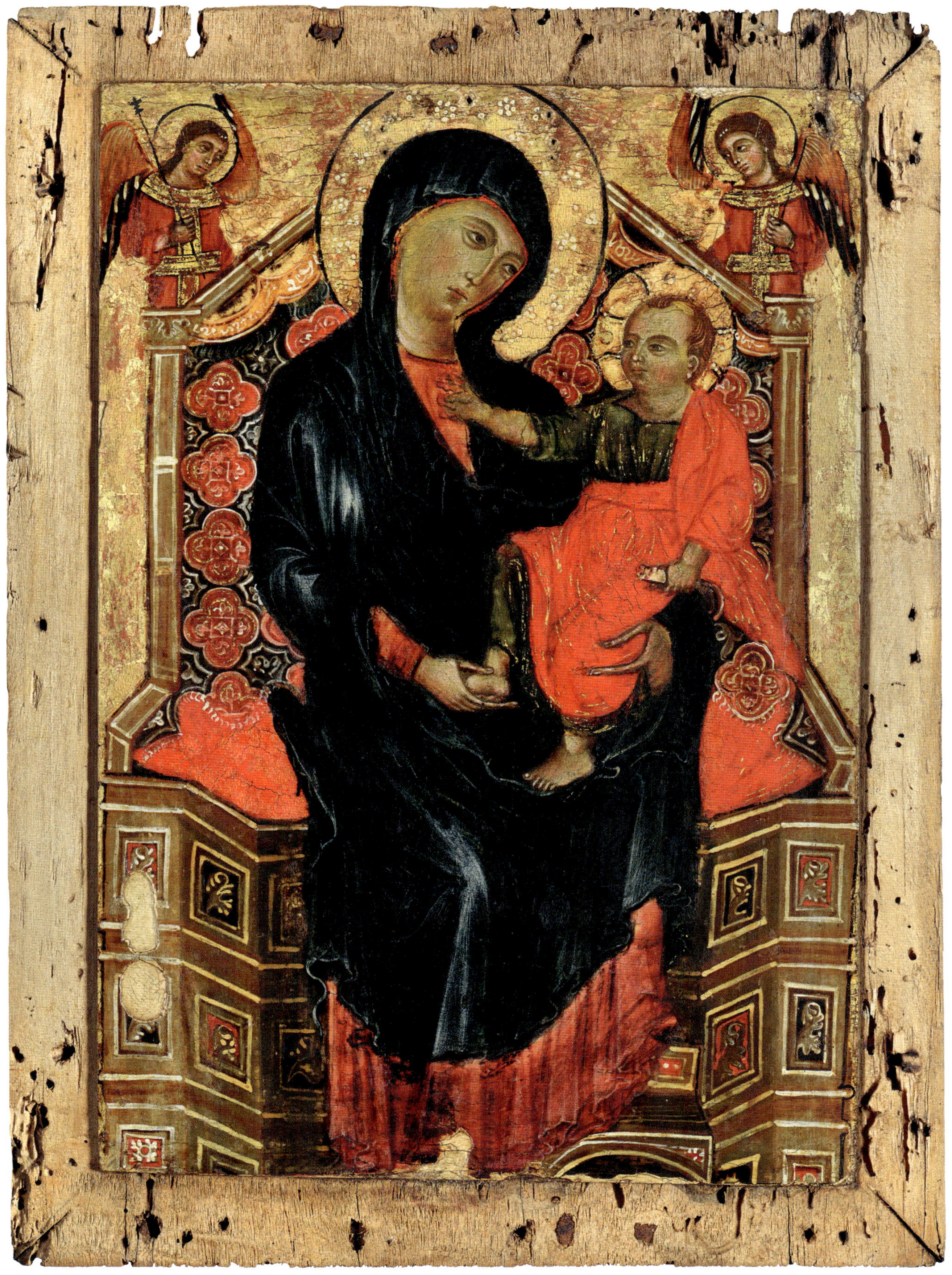

3

LIPPO MEMMI (nachweisbar Siena 1317–1347)

THRONENDE MADONNA MIT KIND

um 1330, Tempera auf Pappelholz, 51,2 × 34,3 cm

Lindenau-Museum Altenburg, Inv. 43

Inschrift auf der Schriftrolle in der Hand des Christusknaben: EGO SUM / LUX MUNDI; am unteren Rand: LIPPUS MEMMI DE SENIS ME PINXIT

Provenienz: 1844 durch Emil Braun von dem römischen Antiquitätenhändler Baseggio erworben.

Literatur: Oertel 1961, S. 69–70; Bennett 1977, S. 171–180; Ausst.-Kat. Siena 2008, S. 38–41, Kat. 3 (Johannes Tripps); Ausst.-Kat. Paris 2009, S. 64–65; Ausst.-Kat. Hamburg 2011, S. 128–129, Kat. 3 (Imke Wartenberg).

Maria durchmisst mit ihrem Körper, der von einem voluminösen blauen Mantel umhüllt ist, fast die gesamte Höhe der kleinformatigen Tafel. Wie auch in der Ikonenmalerei üblich wird sie den Betrachtenden ostentativ vorgeführt. Der hauptsächlich in und um Siena tätige Maler Lippo Memmi, ein Schwager und Weggefährte des berühmten Simone Martini (um 1290 (?)– wahrscheinlich 1344), nutzte die ihm zur Verfügung stehenden Möglichkeiten zur perspektivischen Raumdarstellung und Wirklichkeitsillusion auf bravouröse Weise, um den Eindruck einer sich zeigenden, ja geradezu real anwesenden Madonna zu steigern.[1] So überragt ihr großer Heiligenschein mit Weinblattmuster die mit floralem Dekor punzierte Bordüre und setzt Maria damit deutlich vor dem Goldgrund ab. Auch das auf die Herrschaft der Muttergottes weisende Ehrentuch aus Goldbrokat, das über den Thron gelegt ist, hebt sich an den Rändern plastisch vor dem Bildgrund hervor. An einigen Stellen wird das weiße Futter des Tuches sichtbar, das im Verbund mit den kleinen braunen Schwänzen als Hermelinpelz zu deuten ist – ein Herrschaftssignet, das den Rang der Madonna in dieser Darstellung unterstreicht. Aufwendig gemalte Falten und Verschattungen auf dem opulent dekorierten Tuch suggerieren auch in diesem Bereich Raum und Tiefe.

Die Präsenz der Madonna wird durch die Präsentation des Christuskindes noch übertroffen: Dieses, so könnte man den Eindruck haben, wird nun nicht vom Maler, sondern von seiner Mutter selbst den Betrachtenden vor Augen geführt. Mit zarten Griffen ihrer schmalen Hände führt sie den Knaben, der das Heil in die Welt bringt, den Gläubigen entgegen. Das barfüßige Kind, das auf dem Schoß seiner Mutter eine zögerliche Schrittbewegung aus dem Bild heraus zu unternehmen scheint, ist in einen rosafarbenen Umhang gehüllt, der hellblau gefüttert und an den Rändern mit einem goldenen Saum gefasst ist. Darunter trägt es noch ein Hemdchen, aus dem die rechte Hand zu einem Segensgruß herausragt und die Linke ein Spruchband mit den Worten EGO SUM / LUX MUNDI (»Ich bin das Licht der Welt«, Joh 8,12) hält. An der Stelle, wo das Herz des Kindes schlägt, hinterlässt Marias Hand hauchdünne Falten auf dem Hemdchen.

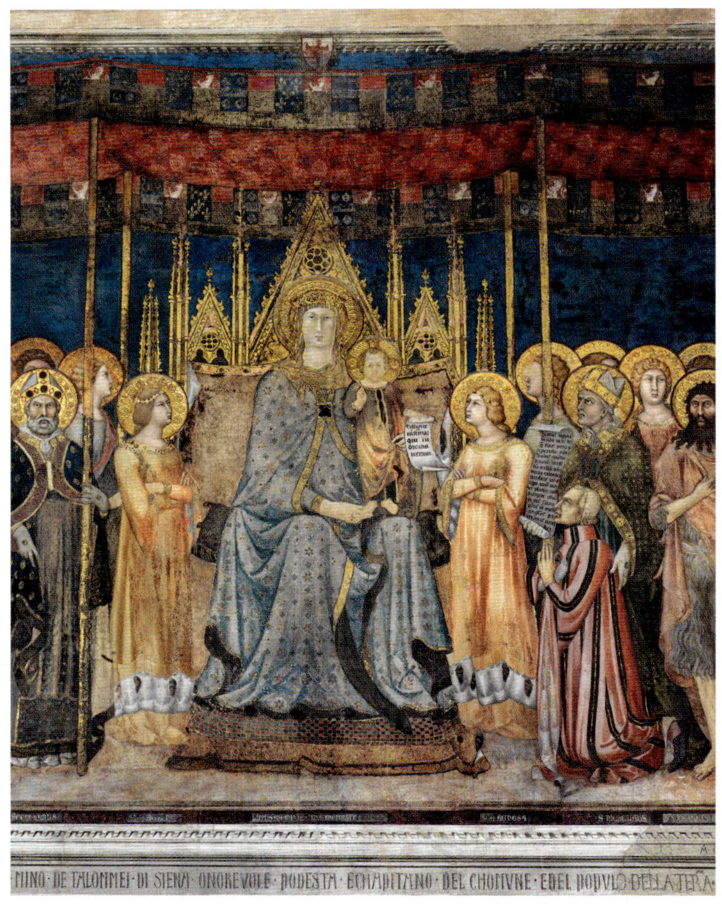

Abb. 1 Lippo Memmi, Maestà, 1317, Fresko, Palazzo Comunale San Gimignano, Detail

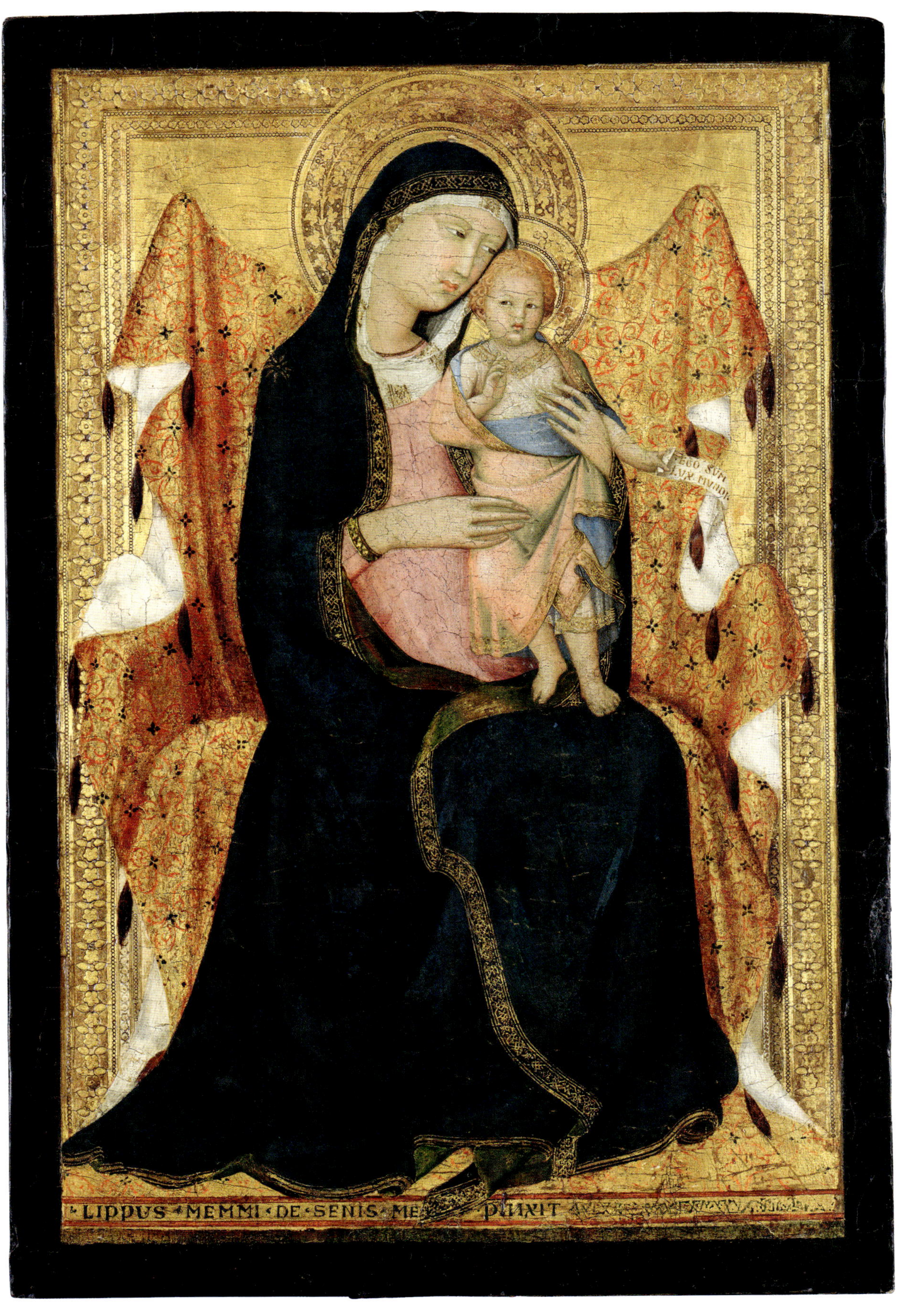

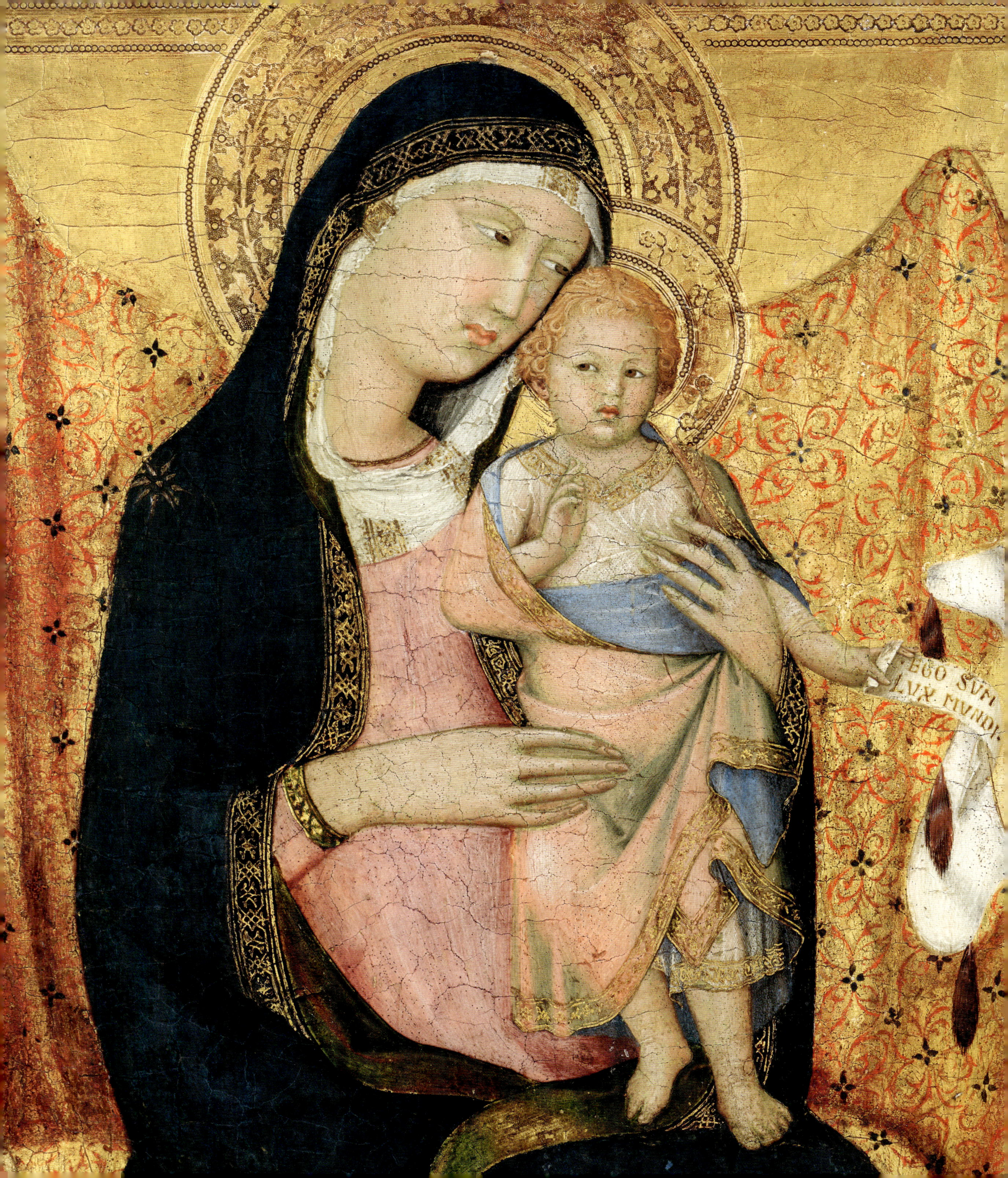
EGO SVM
LVX MVNDI

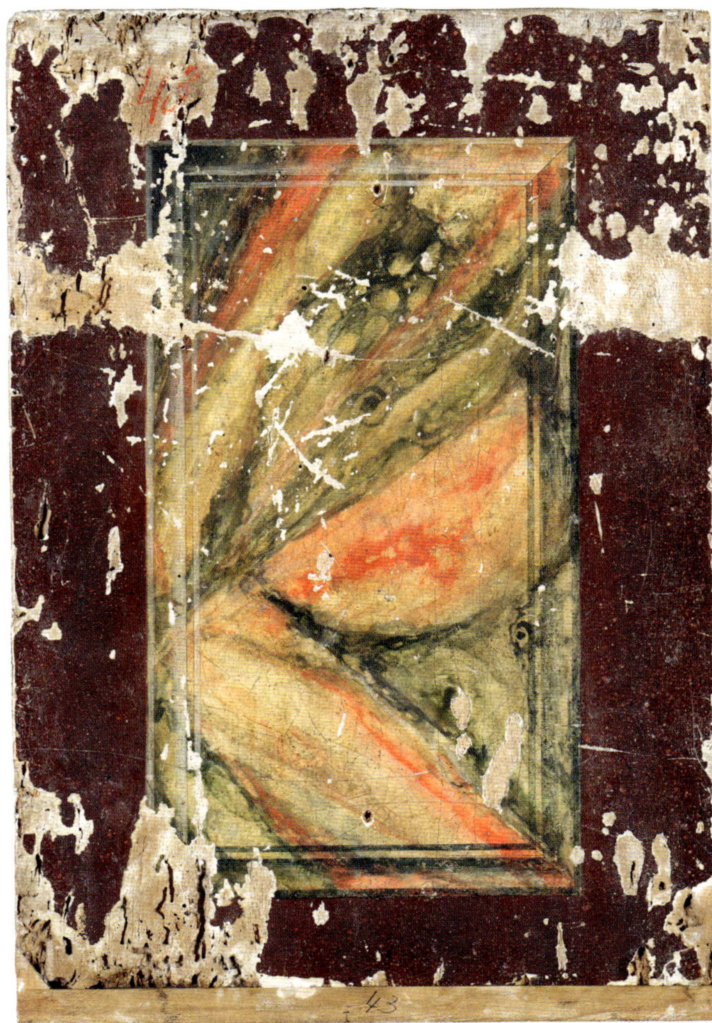

Abb. 2 Kat. 3, Tafelrückseite

Der Knabe verweist mit dem Spruch und Gestus beredt auf sein späteres Schicksal, für die Sünden der Menschheit zu sterben, worauf der sorgenvolle Blick seiner Mutter antwortet, die ihren Kopf zärtlich an die blonden Locken des Kindes schmiegt. Der Passionsgedanke, der sich in der Zurschaustellung des unschuldigen Kindes manifestiert, korrespondiert mit der Präsentation der geweihten Hostie und des Weins durch den Priester in der Feier des Abendmahls. Obwohl die Holztafel ihrer Materialität und Beschaffenheit gemäß stumm ist (worauf in Italien nicht wenige Verfechter der Wortkünste hinwiesen und damit den niederen Rang der Malerei zu bestätigen versuchten), haben wir es bei dieser Tafel mit einem »sprechenden« Bild zu tun, nicht zuletzt durch den Sprechakt des Kindes (»Ich bin ...«). Lippo Memmi setzte verschiedene der Rede- und Schauspielkunst verwandte Präsentationstechniken ein, um dem Bild Wirkkraft und sich selbst Ruhm zu verschaffen. So ist auch die selbstbewusste lateinische Signatur zu verstehen, die der Künstler zu Füßen der Madonna auf einem rot gerahmten Streifen angebracht hat und die ebenfalls dem Duktus eines Sprechakts folgt: LIPPUS MEMMI DE SENIS ME PINXIT (»Lippo Memmi aus Siena hat mich gemalt«). Diesmal sind die Worte Maria in den Mund gelegt, die dadurch vom Künstler sprechend gemacht wird und gleichzeitig, indem sie den Namen des Malers nennt, diesen nobilitiert.

Analog zum Heiligenschein an der oberen Bildkante ragt der Saum von Marias Umhang bewusst über die untere Bildgrenze hinaus und unterbricht die Signatur, die uns im Unklaren lässt, wann das Bild genau entstanden ist. Lippo Memmi signierte auch einige wenige andere Werke, so die gemeinsam mit Simone Martini gemalte *Verkündigung*, die sich heute in den Uffizien befindet und ebenfalls mit Sprache in Bild und Signatur operiert, wobei hier zusätzlich das Entstehungsjahr 1333 angegeben ist.[2] Die Nähe zu Simone Martini, der in seiner Zeit am päpstlichen Hof in Avignon Kontakte zu dem Humanisten Francesco Petrarca (1304–1374) unterhielt, zeigt sich auch in unserem Bild: Der Christusknabe steht in Simones *Maestà* (1315) im Palazzo Pubblico von Siena auf Marias linkem Knie (S. 22, Abb. 5), was Lippo Memmi in seiner *Maestà* (1317) im Palazzo Cumunale von San Gimignano wiederholt (Abb. 1). Anders als dort ist in unserem Bild eine aktive Schrittbewegung des Kindes zu beobachten. Auch die latente Statuarik der Figuren ist einer vertrauensvollen, psychologischen Verbindung von Mutter und Kind gewichen. Dieses feine Gespür, die präsentische Fokussierung des Bildes und die intellektuellen Anspielungen deuten auf eine Entstehung des Werkes in der reiferen Schaffensphase des Künstlers um 1330.

Der nach rechts gewandte Körper der Gottesmutter, der geneigte Kopf und der sorgenvoll aus dem Bild gewendete Blick wurden als Indizien für eine zweite Tafel mit einer Kreuzigungsdarstellung gewertet, mit der das vorliegende Bild als klappbares Diptychon verbunden war.[3] Darauf lässt auch die bemalte Rückseite des Werkes schließen, die eine fingierte Marmorplatte in Rot, Gelb und Grün umgeben von einem purpurnen Streifen, der Porphyr imitiert, aufweist (Abb. 2). In geschlossenem Zustand des Klappaltars kündeten solche kostbaren Außenseiten vom hohen Rang der im Inneren bewahrten Tafeln, die während des Öffnens wie bei einem prächtigen Buch den Betrachtenden vor Augen traten.

Benjamin Rux

1 Zur Präsenz der Madonna im Trecento vgl. Krüger 2017.
2 Die Tafel ist auf 1333 datiert: SYMON MARTINI ET LIPPUS MEMMI ME PINXERUNT ANNO DOMINI MCCCXXXIII.
3 Vgl. u. a. Sander 2006f, S. 182; Ausst-Kat. Hamburg 2011, S. 128–129, Kat. 3 (Imke Wartenberg).

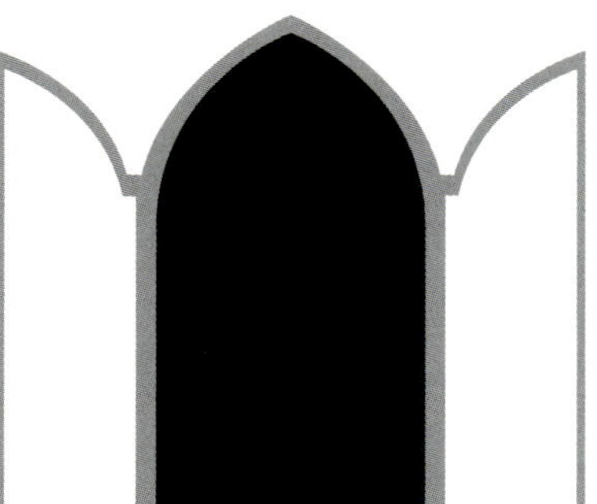

Abb. 1 Verortung der Tafel im Altaraufbau. Schema der Rekonstruktion nach Boskovits 1968

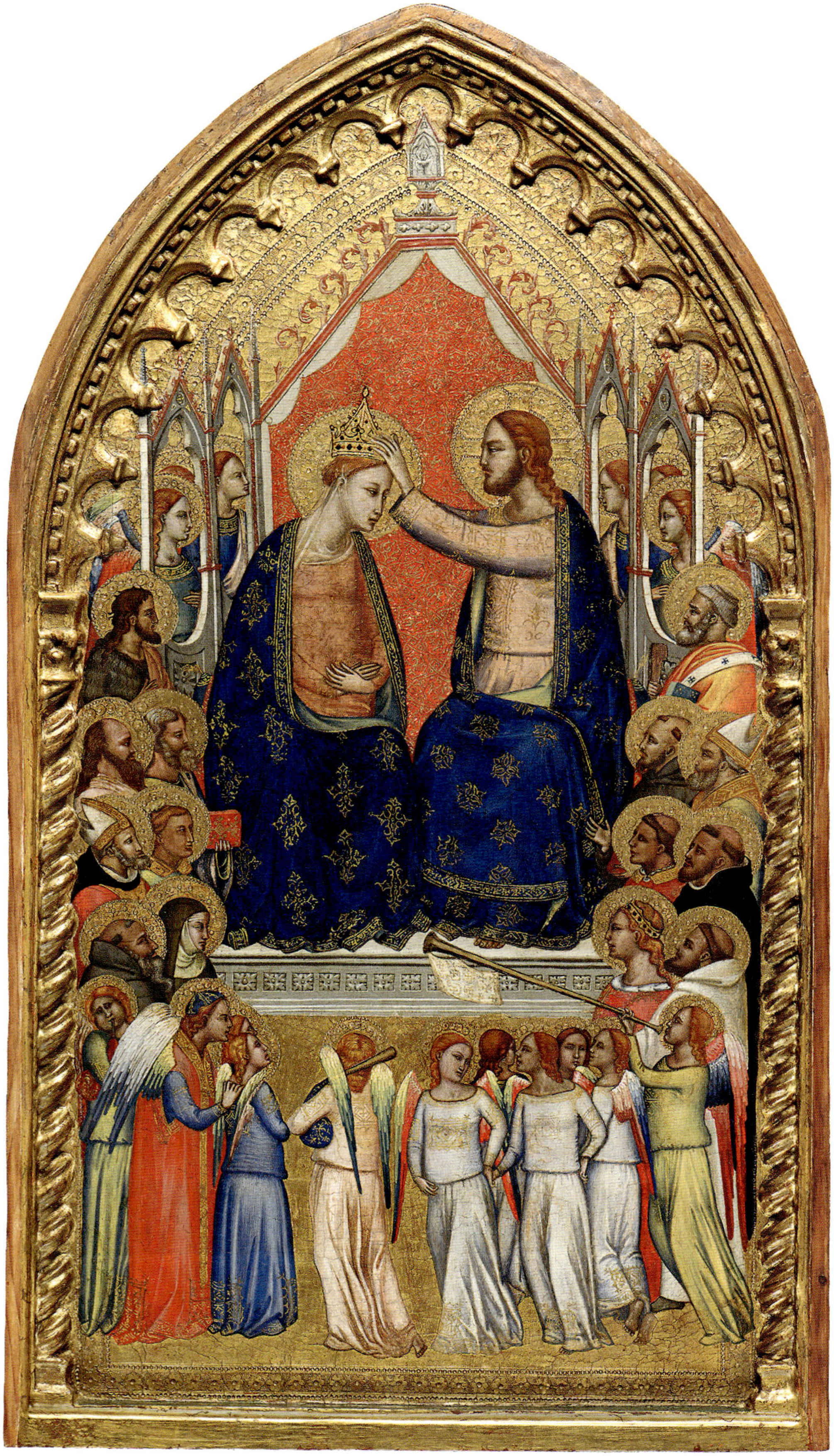

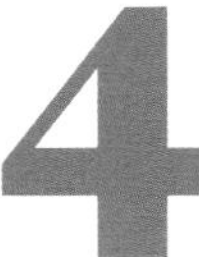

PUCCIO DI SIMONE (nachweisbar Florenz 1346–1358)

KRÖNUNG MARIAS MIT ENGELN UND HEILIGEN

zwischen 1348–1360, Tempera auf Pappelholz, 68,9 × 38,0 cm

Lindenau-Museum Altenburg, Inv. 16

Provenienz: Vor 1848 vermutlich in Italien erworben.

Literatur: Oertel 1961, S. 116–118; Boskovits 1968; Offner/Steinweg 2001, S. 514–517 (mit älterer Literatur), S. 531–539 (zur Ikonographie der Marienkrönung); Ausst.-Kat. Florenz 2005, S. 192–195, Kat. 48 (Ada Labriola); Ausst.-Kat. Rom 2005, S. 226; Ausst.-Kat. Hamburg 2011, S. 140–141, Kat. 9 (Susanna Partsch).

Ganze 33 Figuren teilen sich den Platz auf diesem Tafelbild des italienischen Malers Puccio di Simone. Der Anlass für die feierliche Versammlung ist die Krönung Marias – eine Episode im Leben der Mutter Jesu, die im 13. und 14. Jahrhundert zu einem besonders beliebten Bildmotiv in der italienischen Tafelmalerei wurde. Das Motiv ist Ausdruck einer intensiven Marienverehrung, die im westlichen Christentum zu dieser Zeit eine immer wichtigere Rolle einnahm. Ausgehend von der schriftlichen Verbreitung der legendären Erzählungen über das Leben Marias nach ihrem Tod entwickelte sich bald eine bildlich musterhafte Ikonographie der Krönung.

Die Hauptdarstellerin auf der Tafel Puccio di Simones ist Maria, die zusammen mit ihrem Sohn gemäß der Bedeutungsperspektive deutlich größer dargestellt ist als die übrigen Anwesenden der Zeremonie. Sie trägt ein blassrotes Unterkleid, ein blaues Übergewand mit goldenem Ornament und einen nahezu unsichtbaren Schleier. Die Hände im Schoß über Kreuz gelegt, neigt sie ihren Oberkörper in Richtung des Sohnes, der zu ihrer Linken Platz genommen hat. Er trägt ein helleres Unterkleid, auf dem sich das Goldornament besser erhalten hat, und den gleichen prachtvollen Überwurf. Sein Blick ist ganz auf die Krone gerichtet, die er mit beiden Händen auf dem gesenkten Kopf Marias ausrichtet. Der heimliche Star auf dem Tafelbild ist der steinerne Thron, auf dem beide sitzen. Seine ausladende Architektur mit gotischen Zierelementen wie den Wimbergen – spitz zulaufende, türmchenartige Fortsätze der Seitenöffnungen – und einem kleinen Tabernakel mit mehrflügeliger Gestalt an der Spitze definiert den Umraum. Jede Figurengruppe hat ihren Platz eingenommen. Die Seitenöffnungen des Throns sind einer Schar von je drei Engeln vorbehalten. Unterhalb derer haben sich links und rechts des Throns je sieben Heilige zusammengedrängt. In der oberen Reihe sind es von links nach rechts gesehen Johannes der Täufer und Petrus. In der zweiten Reihe finden sich Paulus, ein Evangelist mit einem kostbaren roten Buch,[1] Franz von Assisi und ein Bischof. In der dritten Reihe schließen sich Augustinus, Stephanus mit zwei Steinen seines Martyriums auf dem Kopf, Laurentius sowie Dominikus an. Den Abschluss der Heiligenversammlung bilden in vierter Reihe Benedikt, Scholastika, Katharina sowie Bernhard von Clairvaux. Unterhalb des Throns bleibt noch Raum für elf musizierende und tanzende Engel. Einer von ihnen bläst eine lange, gerade Trompete, zwei weitere spielen den Dudelsack. Fünf Engel in einheitlich blassblauen Kleidern stehen dicht beieinander, sich die Hände haltend, um einen Reigen zu tanzen. Der Eingang dieses weltlichen Motivs in das Tafelbild unterstreicht die besondere Rolle der auferstandenen, gekrönten Maria als Bindeglied zwischen dem Diesseits und dem Reich Gottes.

Die originale vergoldete Holzrahmung ist erhalten geblieben und betont zusammen mit dem spitzbogigen Abschluss der Tafel die gotische Form des Throns. An die Zierelemente des äußeren Rahmens schließt ein zweiter innerer Rahmen an, der durch aufwendige Punzierung auf dem Goldgrund gekennzeichnet ist. Diese metallenen Stempel wurden auch für die Heiligenscheine aller 33 Figuren benutzt. Dieselben Punzen tauchen auf zwei Seitenflügeln in Besitz der York Art Gallery wieder auf.[2] Zusammen bildeten die drei Tafeln, wie es zuerst von Miklós Boskovits 1968 vorgeschlagen wurde (Abb. 1), ein Triptychon,[3] das aufgrund seiner Größe als tragbarer Altar zur privaten Andacht gedient haben könnte.

Puccio di Simone findet erstmals 1346 im Register der Zunft der Arte dei Medici e Speziali in Florenz Erwähnung. Aufgrund seiner stilistischen Nähe zu Bernardo Daddi (1320–1348) wird angenommen, dass er in dessen Werkstatt aktiv war.

Miriam Stadie

1 Hierfür wird in der Literatur Johannes vorgeschlagen, der von Puccio di Simone auf dem rechten Seitenflügel einer weiteren Marienkrönung (*Heilige*, Galleria Nazionale, Parma) allerdings anders – und ikonographisch eindeutiger – als junger bartloser Mann dargestellt wurde, vgl. Offner/Steinweg 2001, S. 514.

2 Linker Flügel: *Thronende Madonna mit Kind und Verkündigung*; rechter Flügel: *Kreuzigung und Geburt Christi* (Art Gallery, York).

3 Boskovits 1968, S. 107–108.

5

ANGELO PUCCINELLI (nachweisbar Lucca und Siena 1380–1407)

THRONENDE MADONNA MIT KIND, ENGELN UND HEILIGEN

um 1385, Tempera auf Pappelholz, 98,5 × 53,2 cm

Lindenau-Museum Altenburg, Inv. 49

Inschrift auf dem Spruchband links: Ecce agnus·[dei]·ecce·qui·tollit·peccata·mundi·; auf dem Spruchband in Evas Hand: Serpēs decepit / me et comedi·; an der Vorderkante der Bodenfliesen: sub·umbra·illius· / quem··desideram···· / ·se·di·et fructus· / ····illius·dulcis· / ·gutturi·meo·

Provenienz: 1845 durch Emil Braun in Rom erworben.

Literatur: Oertel 1961, S. 181–184; Dunlop 2002, S. 131, Anm. 2; Ausst.-Kat. Frankfurt 2006, S. 301–302, Kat. 45; Sander 2006f, S. 190–197; Ausst.-Kat. Siena 2008, S. 228–229, Kat. 44 (Stefan Weppelmann); Ausst.-Kat. Hamburg 2011, S. 152–153, Kat. 15 (Peter Scholz).

Die Bildtafel strahlt durch die harmonische Symmetrie der Komposition eine besondere Erhabenheit aus. Der feierliche Eindruck wird durch den reich mit Punzierungen und blattvergoldeter Pastiglia verzierten Goldgrund unterstrichen, der die szenischen Darstellungen in einen idealen und zeitlosen Raum entrückt. Im etwas eingezogenen Bereich des Bogenzwickels ist eine Kreuzigungsszene mit Maria und Johannes dem Evangelisten in karger Felslandschaft gezeigt. Der vom Blut Christi überströmte Schädel Adams am Fuße des Kreuzes gibt beredtes Zeugnis vom Ort des Geschehens, der Schädelstätte Golgatha.

Unter dieser Szene befindet sich in zentraler Position die größer dimensionierte und rundbogig überfangene Darstellung der thronenden Muttergottes mit Kind. Je vier Heilige und drei Engel sind zu beiden Seiten Marias angeordnet, im Bedeutungsmaßstab kleiner als diese und durch die Thronarchitektur auf Abstand gehalten. Die besonders kleinen Engel bilden dabei die hinteren Figurengruppen und suggerieren so eine gewisse räumliche Tiefe. Die perspektivische Darstellung des Marienthrons trägt ebenso wie die fluchtenden Fliesen des prachtvollen Bodens und die Musterung des Thronbehangs zur Tiefenwahrnehmung des Bildraumes bei.

Die dargestellten Heiligen sind fast alle anhand ihrer Attribute identifizierbar: Auf der linken Seite befinden sich der Apostelfürst Petrus mit Schlüssel und Buch sowie Johannes der Täufer im Fellkleid; Letzterer hält in seiner linken Hand ein Band mit der Inschrift »Seht das Lamm Gottes, das die Sünde der Welt trägt« (Joh 1,29).[1] Dahinter stehen als greiser Franziskanereremit mit Krückstock und modern ergänzter Gebetsschnur der selige Gerhard von Villamagna sowie eine Heilige mit nicht mehr eindeutig lesbarem Attribut, womöglich die heilige Lucia mit Lampe. Auf der rechten Seite der Muttergottes sind vorne der heilige Nikolaus von Myra im Bischofsornat und mit drei goldenen Kugeln sowie Paulus mit Schwert und Buch zu sehen. Es folgen die heilige Katharina von Alexandria mit Krone, Rad und Buch und schließlich die heilige Agatha, die ein Messer sowie ihre Brüste auf einem Teller präsentiert.

Formales wie inhaltliches Zentrum des Tafelgemäldes ist Maria, deren würdevolle Erscheinung durch ein sie hinterfangendes Goldbrokattuch noch gesteigert wird. Sie ist den Betrachtenden frontal zugewandt und blickt diese direkt an. Der Bildtypus der Maestà – der thronenden, von Heiligen und Engeln begleiteten Muttergottes – wird hier indes durch eine besondere ikonographische Komponente erweitert: Durch eine Aussparung in den Bodenfliesen abgesondert liegt im Bildvordergrund die nur mit einem durchscheinenden Gewand bekleidete und teils in eine Felldecke gehüllte Eva. Sie wendet ihr Haupt mit achteckigem Nimbus einer Schlange mit Frauenkopf zu, einem Sinnbild des Sündenfalls. Auf diesen nehmen auch das Spruchband in Evas rechter Hand (Gen 3,13) und die an der Vorderkante der Bodenfliesen angebrachte Inschrift (Hld 2,3) Bezug.[2]

Durch den Bildaufbau wird die zentrale Rolle Marias im Heilsgeschehen, das heißt die Erlösung des Menschen von der Erbsünde nach dem Sündenfall, betont: unten die Darstellung Evas, der Urmutter der Menschheit, die zugleich die Erbsünde in die Welt brachte, ganz oben die Kreuzigung und der Sühnetod Christi und dazwischen im Zentrum die Gottesmutter als typologisch »neue Eva«.[3]

Vorbild für diese Bildfindung dürfte Ambrogio Lorenzettis (um 1290–1348 (?)) um 1334 bis 1336 für die ehemalige Zisterzienserabtei San Galgano in Montesiepi bei Siena geschaffenes Fresko gewesen sein. Auch die grünlichen Inkarnate, die reichen Punzierungen und die Kombination einer Mariendarstel-

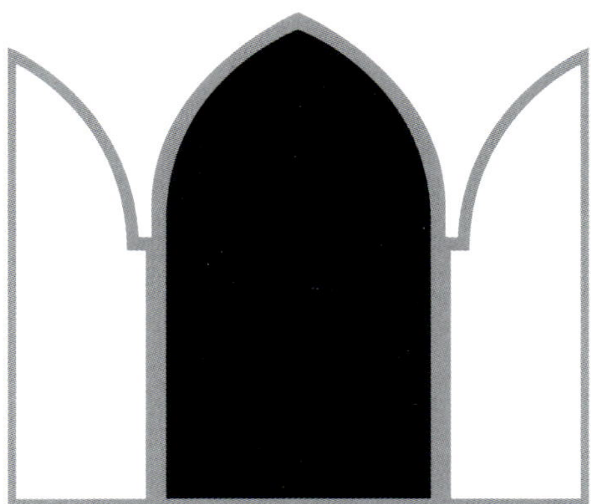

Abb. 1 Verortung der Tafel im Altaraufbau. Schema der Rekonstruktion

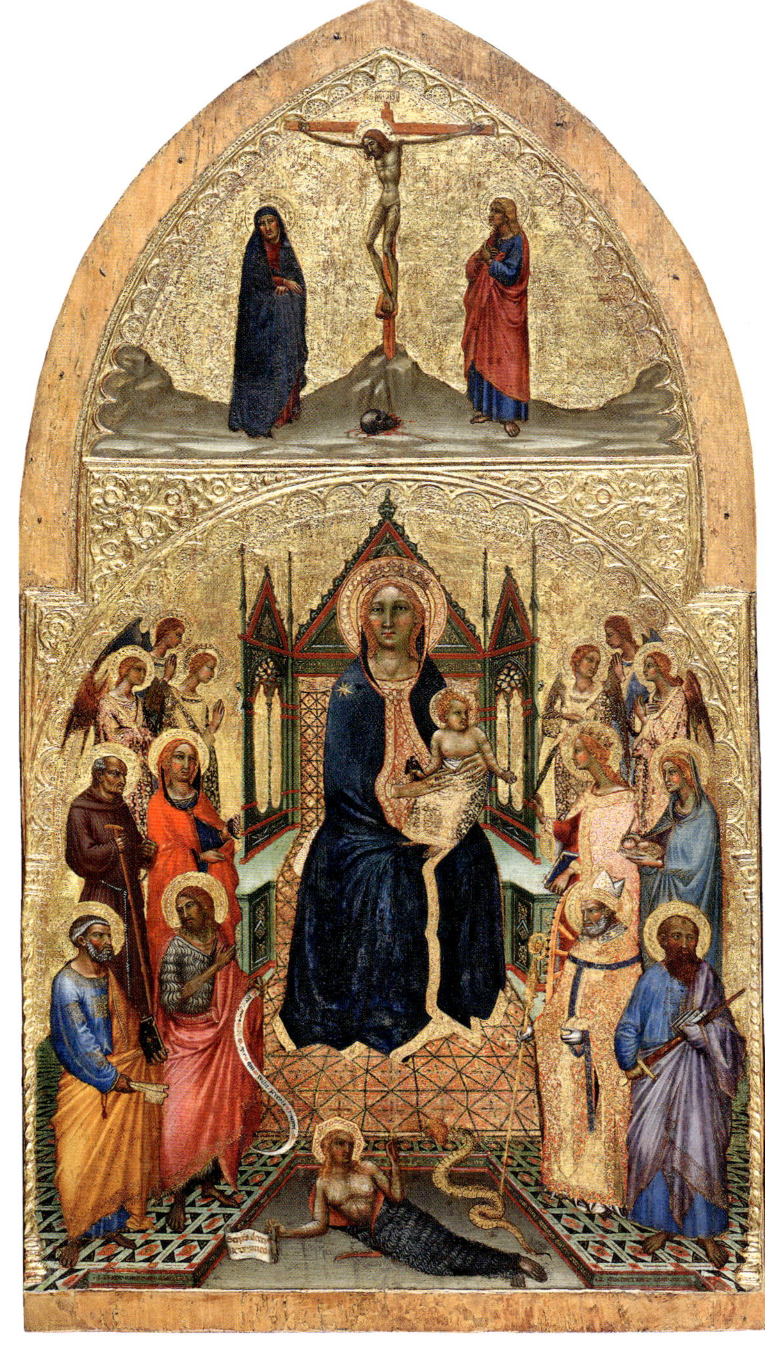

lung mit einer Kreuzigung im Giebelfeld verweisen auf Sieneser Einflüsse. Die Tafel, die vermutlich einst die Mitteltafel eines Triptychons bildete (Abb. 1), wird dem Frühwerk des aus dem toskanischen Lucca stammenden Malers Angelo Puccinelli zugeschrieben. Dieser arbeitete nachweislich zwischen um 1380 und 1407 vor allem in seiner Heimatstadt sowie in Siena und wirkte selbst vorbildgebend in dieser Region, etwa für Giuliano di Simone (nachweisbar 1383–1397) in Lucca.[4]

Eva Maria Breisig

1 Siehe zu den lateinischen Inschriften dieses Tafelbildes Ausst.-Kat. Hamburg 2011, S. 152–153, Kat. 15 (Peter Scholz) und Sander 2006f, S. 192–193.

2 Anders als ebd. hier die erstmals vollständig ergänzte und dem Hohelied zugeordnete Inschrift der Bodenfliesenkante (Hld 2,3).

3 Vgl. auch Sander 2006f, S. 194–197. Zur Ikonographie des Bildtypus generell siehe Dunlop 2002. Sie verweist auf siebzehn weitere Werke dieser Art aus der Zeit zwischen 1335 und 1445.

4 Vgl. Ausst.-Kat. Hamburg 2011, S. 152–153, Kat. 15 (Peter Scholz); Sander 2006f, S. 195–197. Siehe zum Künstler Stefan Weppelmann in: Ausst.-Kat. Siena 2008, S. 226.

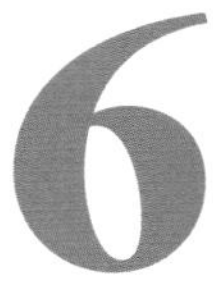

GIOVANNI DI TANO FEI (auch Maestro del 1399, nachweisbar Florenz 1385–1420)

MADONNA MIT KIND UND ZWEI ENGELN

um 1405, Tempera auf Pappelholz, 91,2 × 51,2 cm

Lindenau-Museum Altenburg, Inv. 26

Inschrift am unteren Bildrand: SALVE SANCTA PARENS

Provenienz: 1844 durch Emil Braun aus der Sammlung Rainieri Grassi, Siena, erworben.

Literatur: Rosini 1840, Bd. 2, S. 125–128; Oertel 1961, S. 137; Boskovits 1975, S. 359; Ausst.-Kat. Florenz 2005, S. 115–118, Kat. 24 (Ada Labriola).

Das Bild hat unterschiedliche Zuschreibungen erfahren. Unter anderem an einen Florentiner Künstler, der zunächst nach einem datierten Gemälde den Notnamen »Maestro del 1399« erhielt und der in letzter Zeit von der Forschung mit Giovanni di Tano Fei identifiziert wird.[1] Das Gemälde zeigt Maria mit dem Jesusknaben in häuslicher Umgebung. Während die Mutter mit der Fertigung eines roten, langärmeligen Kleidchens beschäftigt ist, sitzt der Knabe auf einem Schemel, in einer Hand ein Vögelchen, in der anderen einen Zweig mit Kirschen oder roten Beeren. Er trägt nur ein Hemd, zusammengehalten von sich lösenden Bändern – die Phase des Wickelkindes ist vorbei, er scheint auf sein neues Gewand zu warten. Dass es sich um mehr als eine Alltagssituation handelt, wird durch die beiden Engel, die ihre Arme in Verehrung vor der Brust gekreuzt haben, sowie durch die Taube des Heiligen Geistes oberhalb der Figuren deutlich. Die Taube wie auch das Lesepult mit aufgeschlagenem Buch lassen an den Moment der Verkündigung denken, in dem Maria häufig lesend oder betend gezeigt wird. Zugleich impliziert das Buch das theologische Dogma der Inkarnation, das auf dem Konzil von Ephesos 431 formuliert wurde und seine Grundlage in der Bibel hat: »Das Wort ward Fleisch« (Joh 1,14). In der Jungfrau Maria manifestiert sich die göttliche Schöpfung und Christus nimmt durch sie, die Theotokos (Gottesgebärerin), menschliche Gestalt an. Dieser Vorgang drückt sich auch in der Metapher des Gewandes aus, das die Mutter für ihren Sohn fertigt: Christus wird mit dem Fleisch Marias bekleidet, wie es mittelalterliche Autoren formulieren. Die Bedeutung der Gottesmutter betonen auch die Worte »Salve sancta parens« am unteren Bildrand, welche eine Antiphon, eine an die Gottesmutter gerichtete Hymne zitieren, die zu den Hochfesten Marias gesungen wurde: »Sei gegrüßt, du heilige Gebärerin, du hast den König geboren, der Himmel und Erde regiert in alle Ewigkeit«.

Das Gewand, an dessen Halsausschnitt Maria arbeitet, spielt außerdem auf den sogenannten ungenähten Rock Christi an. Es weist auf dessen Passion voraus, da es im Evangelium des Johannes (Joh 19,23) im Zusammenhang mit der Kreuzigung erwähnt wird: Die Soldaten wollten es nicht teilen, sondern würfelten darum, da es »von oben her ganz durchgewebt und ohne Naht« war. Seit dem 12. Jahrhundert verbreitete sich die Legende, es sei von Maria für Jesus als Kind gefertigt worden und auf wundersame Weise mitgewachsen. Die »nähende« Madonna wird im 14. Jahrhundert zum Bildthema, in Florenz wissen wir von zwei weiteren solcher Gemälde. Giorgio Vasari (1511–1574) beschreibt in der Vita des Stefano Fiorentino (1301–1350) ein heute verlorenes Tabernakel mit einer Madonna, »die näht und ein[em] bekleidete[n], sitzende[n] Knabe[n], der ihr ein Vögelchen hinhält«.[2] Erhalten hat sich auch ein Fresko aus der Kirche Santa Croce, in dem der Jesusknabe seiner Mutter die Fäden hält und wohl beim Rundstricken hilft (Museo dell'Opera di Santa Croce, Florenz). Es entstand etwa zur gleichen Zeit wie unser Bild, stammt vielleicht sogar vom selben Künstler.[3] Das Aufkommen des Motivs könnte damit zusammenhängen, dass 1334 mit anderen Reliquien auch ein Stück des Gewandes Christi nach Florenz gelangte.[4] Es wurde im Altar des Baptisteriums deponiert, wo es noch 1654 nachgewiesen ist.

Auf die Passion Christi weisen auch die blutroten Früchte und der Distelfink voraus. Die Rotfärbung seines Kopfes führt die Legende darauf zurück, dass er während des Kreuzwegs Jesus einen Dorn aus der Stirn gezogen habe. Zugleich soll er bei Krankheiten, insbesondere gegen die Pest, helfen.[5] Auch die Koralle am Hals des Kindes soll dieses vor Unheil schützen. Der antike Glaube, dass dieses als Stein verstandene Material als Amulett getragen den bösen Blick abwehren könne, hat sich durch das Mittelalter bis heute erhalten. Es findet sich so wie hier als kleiner Korallenast am Hals des Jesuskindes in zahlreichen italienischen Gemälden des 14. und 15. Jahrhunderts.

Philine Helas

1 Oertel 1961, S. 137; Boskovits 1975, S. 359. Zur Identifikation des »Maestro del 1399« mit Giovanni Fei Bacarelli 1985 und Merciari 2003.
2 Vasari 1878–1885, Bd. 1, S. 451.
3 Merciari 2003, S. 84–85; Lawless 2021, S. 315–317.
4 Lawless 2021, S. 322.
5 Friedmann 1946, bes. S. 7–16.

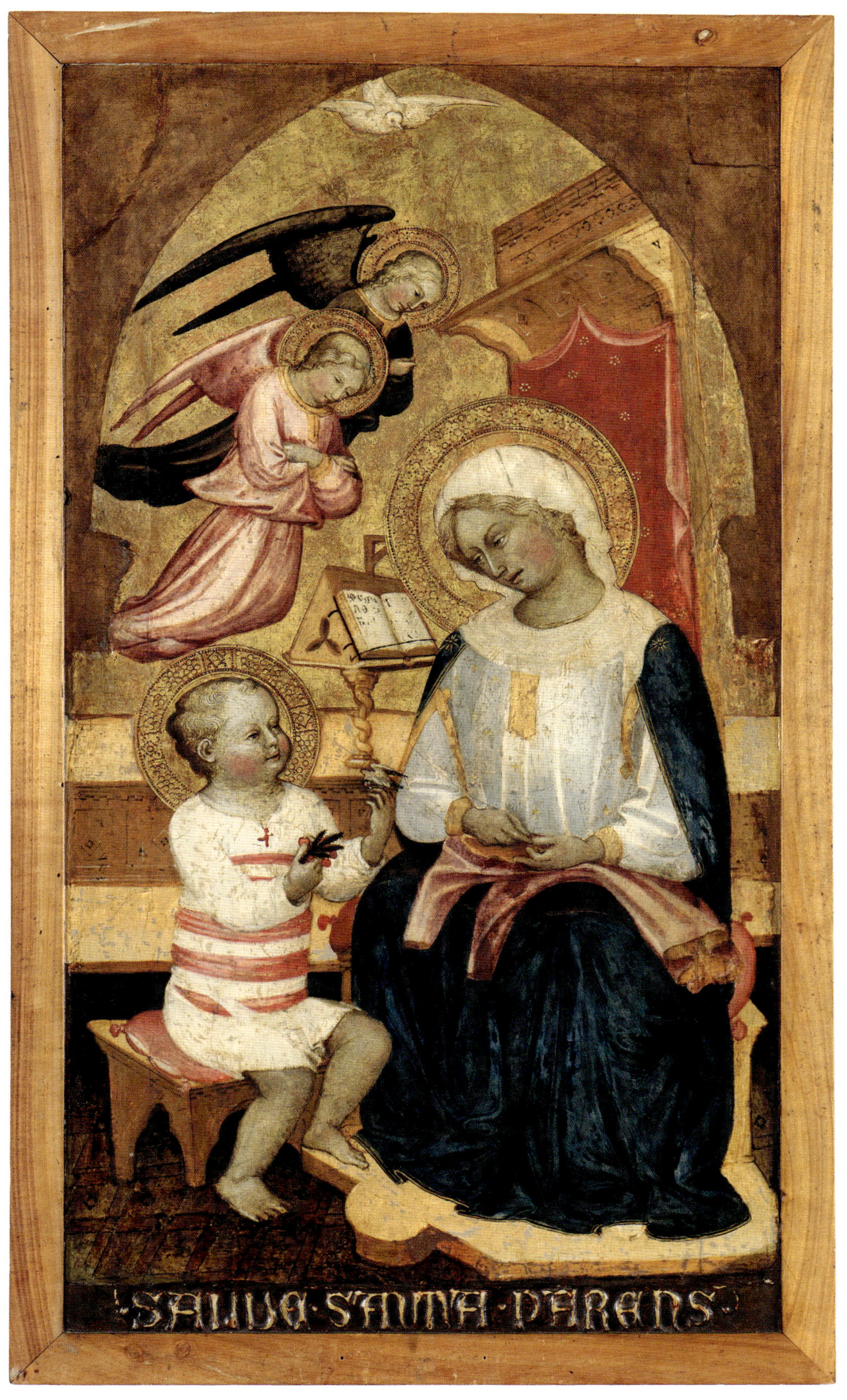
·SALVE·SANCTA·PARENS·

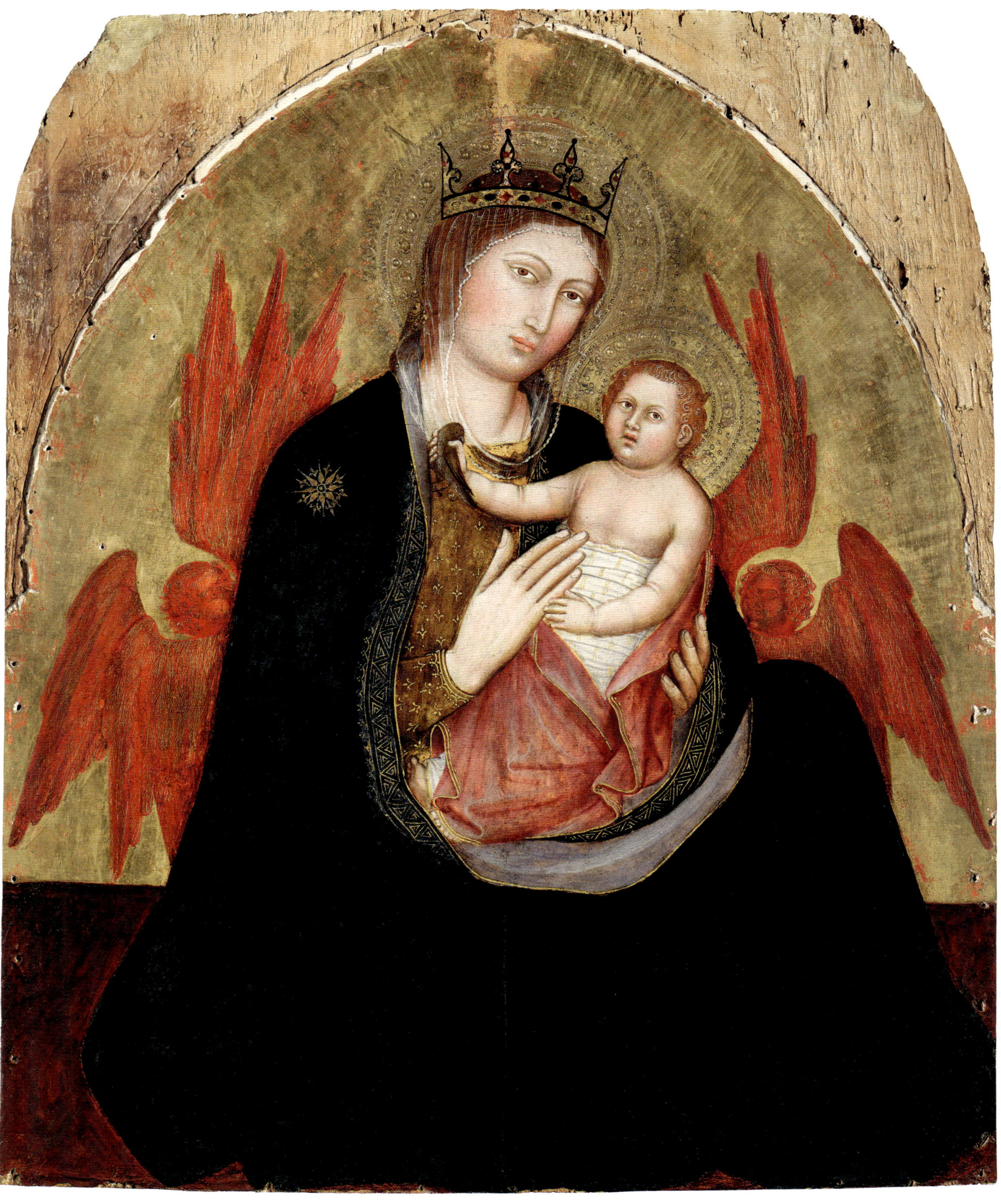

7

TADDEO DI BARTOLO (Siena um 1362/63–1422)

MADONNA DELL'UMILTÀ

um 1405, Tempera auf Pappelholz, 80,1 × 67,0 cm

Lindenau-Museum Altenburg, Inv. 62

Provenienz: 1844 durch Emil Braun in Rom erworben.

Literatur: Oertel 1961, S. 83–84; Ausst.-Kat. Siena 2008, S. 112–115, Kat. 18 (Gail E. Solberg); Solberg 2010, S. 478–486; Ausst.-Kat. Perugia 2020, S. 170–171, Kat. 11.

Die »demütige Gottesmutter« ist ein Bildtypus, der sich in Italien ab 1340 verbreitete. Maria sitzt nicht hoheitsvoll auf einem Thron, sondern in Demut auf dem Boden, oft stillt sie dabei ihr Kind oder hält es, sich ihm zuwendend, liebevoll im Arm. Diese Bilder verweisen damit auf die Menschlichkeit der Gottesmutter und ermöglichen den Gläubigen das Miterleben der biblischen Ereignisse. Die Tugend der Demut (*humilitas*) ist zudem die wesentlichste Bedingung für den Glauben und Maria wird so als Vorbild präsentiert. Ihre Bedeutung ist auf dem Tafelbild durch die sie flankierenden sechsflügeligen rotfarbigen Engel unterstrichen. Seraphim genannt, wird ihnen der erste Rang in der Ordnung der neun Engelschöre zugesprochen, so der Prophet des Alten Testaments Jesaja (Jes 6,1–7). Ihr Ruf, »Heilig, heilig, heilig ist der Herr der Heerscharen. Erfüllt ist die ganze Erde von seiner Herrlichkeit«, klingt gewissermaßen bei ihrer Darstellung mit. Hier gilt diese Verehrung Maria und ihrem Sohn gemeinsam, durch die Jungfrau ist das Wort Fleisch geworden. Christus ist aber nicht in der Pose eines Weltenherrschers wie häufig in der älteren Kunst, sondern wie ein Säugling und entsprechend der zeitgenössischen Praxis als Wickelkind dargestellt. Die Stoffbinden lassen die Füßchen frei, die unten am Saum der Decke hervorlugen, ebenso Arme und Oberkörper. In der rechten Hand hält das Kind ein Vögelchen, bei dem es sich aber nicht um einen Distelfink mit rotem Kopf handelt, der auf die Passion vorausweist, sondern dem Gefieder nach eher um eine Drossel. Vielleicht ist hier auf eines der Kindheitswunder angespielt, die in apokryphen, also nicht in der Bibel enthaltenen Texten überliefert sind. Jesus hatte zusammen mit anderen Kindern aus Lehm kleine Vögelchen geformt und ihnen Leben verliehen, sodass sie davonflogen. Diese Belebung deutet auf die Auferstehung voraus.[1]

Die *Madonna dell'Umiltà* wurde 1844 durch Lindenaus italienischen Agenten Emil Braun erworben. Bereits der Katalog der Sammlung von 1848 führt sie unter dem Namen des Sieneser Tafel- und Freskenmalers Taddeo di Bartolo.[2] Dieser entfaltete ab 1385 eine umfangreiche Tätigkeit in Kirchen, Kapellen und Rathäusern in diversen Städten der Toskana sowie in Genua und bekleidete darüber hinaus öffentliche Ämter in seiner Heimatstadt. In Siena war die Verehrung Marias besonders ausgeprägt: Schon im 12. Jahrhundert bezeichnete sich die Stadt als *Civitas Virginis*, 1260 unterstellte sie sich in einer feierlichen Zeremonie dem Schutz der Jungfrau – entsprechend zahlreich sind die Sieneser Darstellungen. Unter den Werken von Taddeo di Bartolo findet sich dabei öfter das Motiv des Vögelchens, auch in Verbindung mit der *Madonna dell'Umiltà* begleitet von Seraphim.[3] Gelegentlich bildet die Muttergottes mit dem Jesusknaben den Mittelpunkt eines größeren Altarretabels. Ein solcher ursprünglicher Kontext ist auch für das Bild in Altenburg vorgeschlagen worden. Dieser Theorie zufolge hätte Taddeo di Bartolo während seiner Tätigkeit von 1394 bis 1397 für den Franziskanerorden in Pisa zeitgleich ein Altarbild für den weiblichen Ordenszweig, die Klarissinnen von Santa Chiara Novella, geschaffen. Die Madonna wäre dabei von Tafeln je zweier Heiliger flankiert gewesen, die sich heute im Museo Nazionale di San Matteo in Pisa befinden: links Franz von Assisi und Petrus sowie rechts Paulus und Antonius von Padua, also die Apostelfürsten sowie der Gründer des Franziskanerordens und einer von dessen wichtigsten Heiligen. Dafür sprächen neben den Maßen vor allem die ähnlichen Punzierungen, also die in die vergoldeten Heiligenscheine geprägten Ornamente.[4] Es gibt allerdings keine Dokumente, die diese Hypothese stützen, ebenso wenig eine Signatur oder Datierung auf dem Bild selbst.

Philine Helas

1 Friedmann 1946, S. 8.
2 Oertel 1961, S. 83–84.
3 Ausst.-Kat. Perugia 2020, Kat. 4, 6, 8, 12, 16, 18, 27, 34, 36–38, 40, 46. Zur Marienverehrung siehe van Os 1969.
4 Solberg 2010, S. 478–486; Ausst-Kat. Perugia 2020, S. 170–171, Kat. 11.

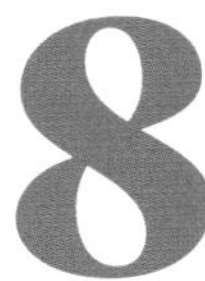

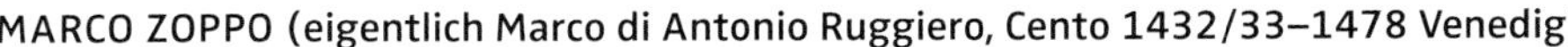

MARCO ZOPPO (eigentlich Marco di Antonio Ruggiero, Cento 1432/33–1478 Venedig)

MADONNA MIT KIND

um 1471–1478, Tempera auf Pappelholz, 40,5 × 28,5 cm

Lindenau-Museum Altenburg, Inv. 189

Inschrift im Marmor der Brüstung: MARCO ZOPPO DA BOLOGNIA. OPVS

Provenienz: 1844 durch Emil Braun in Rom erworben.

Literatur: Oertel 1961, S. 196–197; Armstrong 1976, S. 386–387, Kat. 22; Schmidt Arcangeli 2015, S. 396; Calogero 2020, S. 208–209.

Das Tafelbild zeigt, aus der Tradition der Ikone abgeleitet, die Muttergottes in Halbfigur vor einem ursprünglich goldenen Hintergrund. Das Gold dient dabei der materiellen Aufwertung des Kunstwerkes selbst und siedelt zugleich die gezeigten Personen in einem überirdischen, immateriellen Raum an. Der Jesusknabe steht auf einer farbigen Marmorbrüstung und scheint sich nach vorn und aus dem Bild zu neigen. Sein Segensgestus und sein ernster Gesichtsausdruck stehen im Kontrast zu seinem im Übrigen naturalistisch geschilderten kindlichen Wesen: die Beinchen, die sich bei ersten Stehversuchen fest auf den Boden stemmen, der Griff nach den Fingern der Mutter, die ihr Kind mit beiden Händen stützt, und das von der Bewegung verrutschte Hemdchen. Maria hält den Blick gesenkt und über ihr scheint eine Vorahnung von Trauer zu liegen. Dieser Eindruck wird durch die matte Farbigkeit der Gelb-, Braun- und Blautöne und das fehlende Inkarnat verstärkt, die allerdings wohl Restaurierungen geschuldet sind.

Das Gemälde diente vermutlich als privates Andachtsbild, der oder die Gläubige sah sich also der annähernd lebensgroßen Muttergottes unmittelbar gegenüber. Die Unterscheidung zwischen Diesseits und Jenseits wird durch die Mamorbrüstung markiert, die zugleich eine Grenze setzt sowie eine Überschreitung zu ermöglichen scheint. Diese Bildfindung erlebte nicht nur in Venedig im 15. Jahrhundert eine immense Verbreitung. In mehreren Variationen findet sie sich etwa im Werk der Gebrüder Antonio (um 1418–zwischen 1476–1484), Bartolomeo (um 1430/32–1491/1500) und Alvise Vivarini (um 1442/57–1504/05) sowie Jacopo (um 1400–1470/71) und Giovanni Bellini (1430/35–1516) und bei Francesco Squarcione (um 1394–zwischen 1468/72), wobei diese ihre Madonnen zumeist vor einem Landschaftsausblick positionierten. Marco Zoppo knüpft mit dem Goldgrund eher an das Vorbild östlicher Ikonen an. Die Kontemplation des Bildinhaltes verspricht eine Teilhabe an der Verheißung himmlischer Heilserfüllung.

Genau in der liminalen Zone im Marmor der Brüstung, an der Schwelle zwischen Bild und Betrachterrealität, hat der Künstler seine Signatur eingraviert: MARCO ZOPPO DA BOLOGNIA. OPVS (»Werk des Marco Zoppo aus Bologna«). Der Kunstschriftsteller Carlo Cesare Malvasia (1616–1693) erwähnt in seinem Werk *Felsina Pittrice* von 1678 ein Madonnenbild in der Sammlung Foschi in Bologna, das genauso – eingeschlossen die Schreibweise Bolognia statt Bologna – signiert war. Es könnte sich also um unser Bild handeln. Als dieses in die Sammlung Lindenau einging, war die Signatur offenbar nicht lesbar und es erfuhr zunächst unterschiedliche Zuschreibungen.[1]

Marco di Antonio Ruggiero wurde in Cento geboren, einer Stadt in der Nähe von Bologna, woher sein Vater stammte, sodass er sich selbst auch als Bologneser bezeichnete. Der Name »Zoppo«, unter dem er als Maler und Buchmaler bekannt wurde, bedeutet »der Lahme«. Er gehörte einer Generation von Künstlern an, die im 15. Jahrhundert die Malerei in Italien revolutionierte: Andrea Mantegna (1430/31–1506), Giovanni Bellini, Cosmè Tura (um 1433–1495) und Francesco del Cossa (1436–1478). Ab 1453 in Padua lebend beeindruckten Marco die Werke Donatellos (um 1386–1466) und er wurde Schüler von Francesco Squarcione, der ihn 1455 adoptierte. Kurz darauf wurde der Vertrag jedoch wieder gelöst und Zoppo ging zunächst nach Venedig und anschließend wieder zurück nach Bologna. Um 1467 siedelte er wohl erneut nach Venedig über, wo er bis zu seinem Tod 1478 wirkte. In dieser letzten Schaffensphase ist wahrscheinlich die *Madonna mit Kind* entstanden.[2] Ein sehr ähnliches Bild malte er jedenfalls in Venedig für die Familie Corner (National Gallery, Washington, D.C.).[3] Auch in dieser Fassung hat er seinen Namen »Zoppo« in die marmorne Brüstung unter die geraden Beinchen des Christuskindes gesetzt, als habe er darauf verweisen wollen, dass sein künstlerisches Können sein körperliches Gebrechen aufwiege.

Philine Helas

1 Oertel 1966, S. 196–197; Armstrong 1976, S. 386–387, Kat. 22; Calogero 2020, S. 208–209 (mit älterer Literatur).

2 Zur Datierung gibt es unterschiedliche Ansichten: nach 1475, Armstrong 1976, S. 386–387; um 1471, Schmidt Arcangeli 2015, S. 396; um 1465, Calogero 2020, S. 208–209.

3 Armstrong 1976, 356–357; Calogero 2020, S. 213.

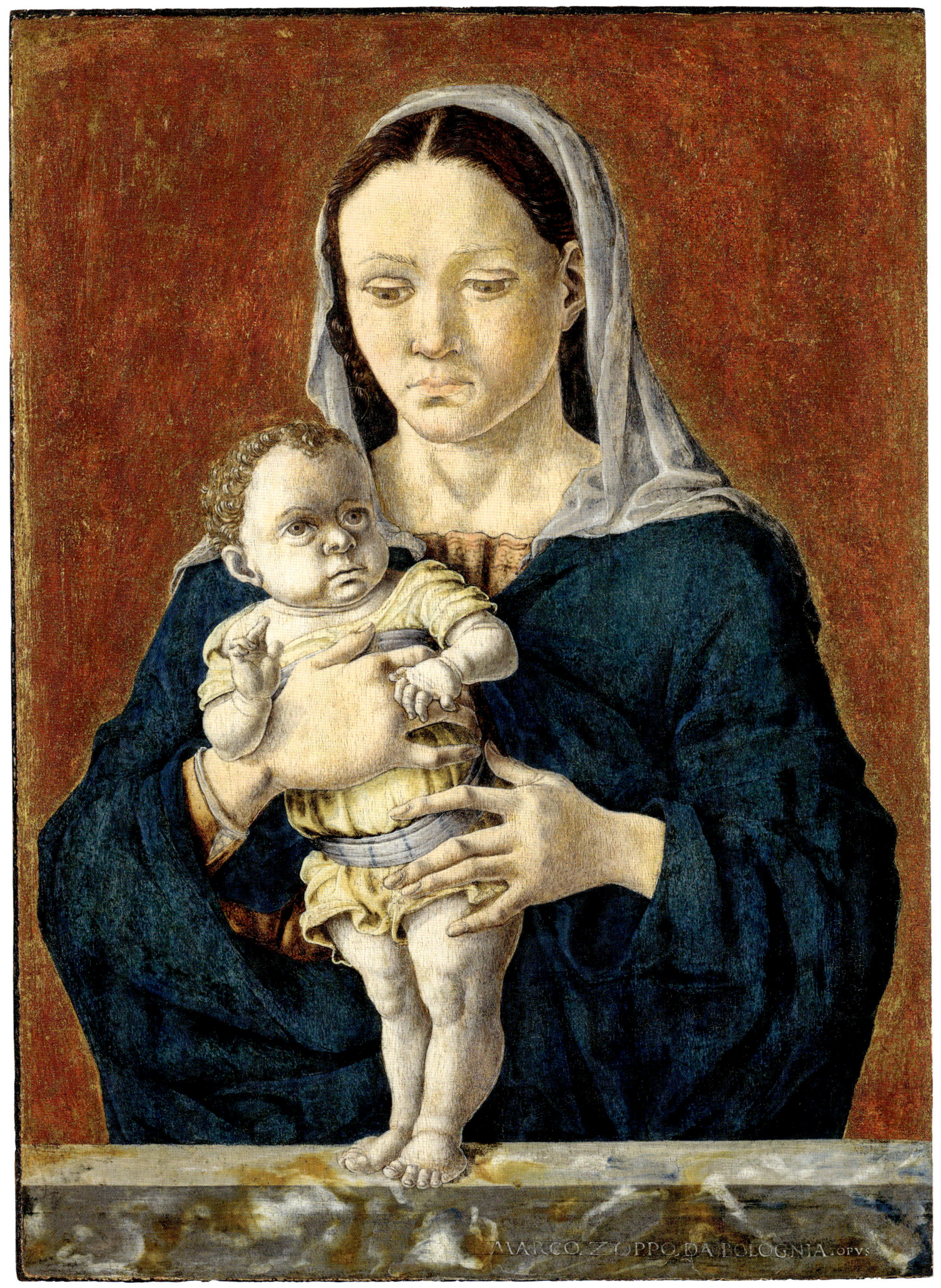
MARCO.ZOPPO.DA BOLOGNIA.OPVS

9

WERKSTATT SANDRO BOTTICELLI
(Meister der Barker-Venus, möglicherweise zu identifizieren mit Betto Pialla, Florenz 1444/45–1497)

MADONNA MIT KIND UND ENGELN

späte 1470er-Jahre, Tempera auf Holz, 42,6 × 63,5 cm

Lindenau-Museum Altenburg, Inv. 101

Provenienz: Vermutlich vor 1848 in Italien erworben.

Literatur: Oertel 1961, S. 155, Kat. 101; Ausst.-Kat. Florenz 2005, S. 66–67, Kat. 7 (Daniela Parenti); Ausst.-Kat. Hamburg 2011, S. 184–185, Kat. 31 (Tobias Ertel); Ausst.-Kat. Berlin/London 2015, S. 265, Kat. 114 (Mark Evans); Debenedetti 2021, S. 119–121; Daly [im Erscheinen].

Bei diesem abrupt beschnittenen Werk handelt es sich um das Fragment eines runden Tafelbildes oder Tondos. Den Blick in die Ferne gerichtet, wiegt die Jungfrau Maria das Christuskind in ihren Armen. Der Knabe wendet das Gesicht den Betrachtenden zu, während er nach der Mutterbrust greift, aus deren Mitte Lichtstrahlen austreten. Das ungewöhnliche Detail ist als Anspielung auf die Heiligkeit der Milch Marias und auf die Bescheidenheit und Menschlichkeit ihrer selbst und Christi zu verstehen. Um Mutter und Sohn sind acht Engel versammelt, vier von ihnen in der rechten Bildhälfte singend. Alle acht halten als Symbol für die Reinheit der Jungfrau einen Lilienstängel in der Hand. Aufgrund von Beschädigungen und Abrieb an der Bildoberfläche sind die Blüten bedauerlicherweise verschwunden.

Das Tondo ist eine reduzierte Version des *Raczyński Tondo*, eines Meisterwerks von Sandro Botticelli (1444/45–1510) aus den späten 1470er-Jahren. Das nach seinem früheren Besitzer benannte Werk befindet sich heute in der Gemäldegalerie der Staatlichen Museen zu Berlin. Verglichen mit der Vorlage wurden die Details der Altenburger Tafel stark vereinfacht. Vor allem fehlen hier die Hände Gottvaters, die, eine Krone für Maria haltend, von oben in die Komposition hineinragen. Weil die Tafel zudem nur halb so groß ist wie das Berliner Rundbild, kann sie nicht nach demselben Karton, einer Vorzeichnung in Originalgröße, entstanden sein. Vielmehr haben wir es hier mit einer freihändig gezeichneten Replik zu tun, die vermutlich nach dem Original oder den dazugehörigen Vorzeichnungen geschaffen wurde. Diese Art der Nachbildung war in Botticellis Werkstatt üblich, wo Assistenten und Mitarbeiter regelmäßig Varianten nach den Entwürfen des Meisters anfertigten – oft in kleineren Formaten wie diesem Tondo, die für häusliche Innenräume bestimmt waren.

Das seit Langem als Produkt aus der Werkstatt Botticellis anerkannte Altenburger Tondo lässt sich einem speziellen Mitarbeiter zuschreiben, der als Meister der Barker-Venus bekannt ist. Sein Name rührt von dem Tafelbild *Venus mit drei Putten* her, das der berühmte Kunstsammler Alexander Barker 1874 an die National Gallery in London verkaufte (dort heute katalogisiert als *Allegorie*). Die silbrige Farbpalette, die strenge Modellierung und die starren Figuren sind typisch für diesen Künstler. Ähnlich straffe Gesichter mit schmalen, in dunklen Rottönen scharf umrissenen Lippen finden sich im gleichnamigen Tafelbild und den halbfigurigen Madonnen des Malers in Chicago (Art Institute), Avignon (Musée du Petit Palais) und Chantilly (Musée Condé). Die ausgeprägt bauchigen Figurentypen gehen in letzter Konsequenz auf Neri di Bicci (um 1418/20–1493) zurück (Kat. 20), sodass der Künstler als Betto Pialla identifizierbar ist, der von 1463 bis 1470 Neris Schüler war und 1473 als Geselle in Botticellis Werkstatt eintrat.[1]

Die oft zur Feier von Geburtstagen oder Hochzeiten in Auftrag gegebenen Tondi waren in häuslichen Umgebungen verbreitet, wo man sie hoch oben an die Wände von Schlafräumen hängte. Das *Raczyński Tondo* hingegen könnte eines der seltenen Beispiele sein, die für einen Sakralraum geschaffen wurden. Es wird häufig mit einem Tondo gleichgesetzt, das Giorgio Vasari (1511–1574) und andere frühe Autoren in der Kirche San Francesco al Monte in Florenz sahen.[2] Sollte dies der Fall sein, dann ist das Altenburger Tafelbild womöglich das von Vasari beschriebene Tondo, das in einem Bericht über einen der berüchtigten Werkstattstreiche Botticellis erwähnt wird. Vasari behauptete, einer der Mitarbeiter des Meisters namens Biagio habe eine Replik des San-Francesco-Tondos für

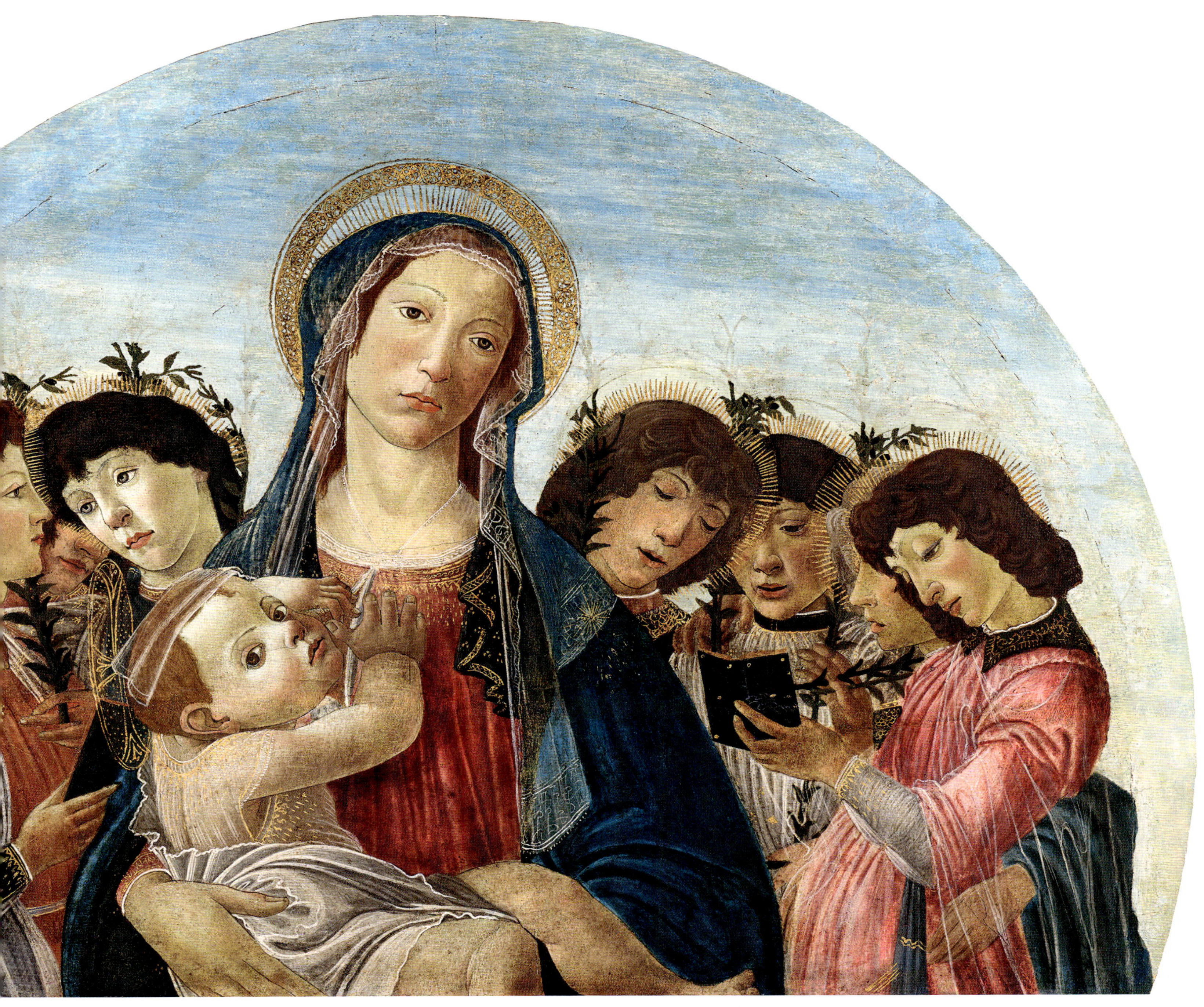

den freien Verkauf angefertigt, dessen Engeln Botticelli zum Spaß – und zu Biagios großer Verwunderung – rote Papiermützen aufklebte, bevor es verkauft wurde. Obwohl diese Anekdote vielleicht nur erfunden ist oder sich auf ein anderes Werk bezieht, ist die Vorstellung, dass sie der Wahrheit entspricht und das Altenburger Werk der von Biagio geschaffene Tondo ist, durchaus interessant.[3] Im Hinblick auf seine Zuschreibung an den Meister der Barker-Venus könnte sich außerdem die Frage stellen, ob Vasari die Namen »Betto« und Biagio verwechselte, was die Identität des Malers zusätzlich untermauern und Vasaris Aussage auf solidere Füße stellen würde.

Christopher Daly

1 Daly [im Erscheinen].
2 Lightbown 1978, S. 54.
3 Ausst.-Kat. Florenz 2005, S. 66–67, Kat. 7 (Daniela Parenti); Ausst.-Kat. Berlin/London 2015, S. 265, Kat. 114 (Mark Evans).

10

IL FANTASIA (eigentlich Giovanni di Francesco Ciambella, nachweisbar Perugia 1491–1516)

MADONNA MIT KIND VOR EINER LANDSCHAFT

um 1500–1503, Tempera auf Esskastanienholz, 41,5 × 32,4 cm

Lindenau-Museum Altenburg, Inv. 125

Provenienz: 1843 aus der Sammlung Cocchetti, Rom, erworben.

Literatur: Oertel 1961, S. 169; Ausst.-Kat. Hamburg 2011, S. 186–187, Kat. 32 (Susanna Partsch).

In der Kunsttheorie des fortgeschrittenen 15. Jahrhunderts galt die äußere Schönheit als Spiegel innerer Tugend und Reinheit. Die Wiederentdeckung der Philosophie Platons, bei der äußere Anmut mit dem Wesen einer Sache verbunden und der Körper als Behältnis der Seele gesehen wurde, hat ihren Teil zur Entwicklung vor allem der Darstellung weiblicher Schönheit in den Werken von Malern wie Sandro Botticelli (1444/45–1510; Kat. 19), Pietro Perugino (um 1450–1523; Kat. 37) und Raffael (1483–1520; Kat. 14) beigetragen. Die Madonna des umbrischen Künstlers Il Fantasia scheint den zeitgenössischen Kriterien zu entsprechen und ähnelt in ihrem modischen Auftreten mehr den von Bildnissen bekannten höfischen oder bürgerlichen Frauenfiguren der Renaissance als einer der früheren Madonnendarstellungen. Locker liegt der blaue Mantel über ihren Schultern, unter dem das rote Kleid, das mit einem blaugoldenen Band und einer edelsteinbesetzten Brosche verziert ist, zum Vorschein kommt. Der Renaissancemode entspricht auch ihr Gürtel, der zugleich auf die Gürtelspende anspielt, mit der Maria nach ihrer Himmelfahrt dem ungläubigen Thomas einen Beweis ihrer überirdischen Existenz gab.

Marias Schleier scheint gar nicht dazu ausersehen, ihre goldblonden langen Haare zu bedecken. Vielmehr dient er als Schmuck und fällt gemeinsam mit einigen lockigen Strähnen über den Hals und die Schultern bis zur Brust herab, wo er gebunden ist. Mit geneigtem Kopf und aufmerksamen, aber traurigen, das Schicksal ihres Sohnes vorausahnenden Augen sucht Maria Blickkontakt mit ihrem Publikum. Als Zeichen ihrer Heiligkeit fungiert ein nurmehr dünn gezeichneter Reif hinter ihrem Haupt und der achtstrahlige *stella maris* an ihrem Mantel. Die Verbindung des Meeressterns mit Maria geht auf den heiligen Hieronymus zurück, der den Namen Mirjam, die hebräische Form des Namens Maria, als *stilla maris* (lat. für »Meerestropfen«) übersetzte, woraus im Mittelalter fehlerhaft *stella maris* (lat. für »Stern des Meeres«) wurde. Dieser verweist in zahlreichen Gesängen und Gebeten auf Maria als leuchtendes Vorbild und Fixpunkt.

Auf ihren Knien sitzt der nackte Christusknabe auf einem Kissen. Maria hält ihr Kind nur zart mit ihren Händen und hinterfängt ihn mit ihrem Mantel, womit sie angibt, dass er ihres Schutzes bedarf. Gleichzeitig entwickelt der Knabe im Bild jedoch eine starke Eigenständigkeit, die sich in der Abwendung von der Mutter nach links und dem Herrschaftsgestus mit kleiner Weltkugel und dem Thronkissen manifestiert. Untersuchungen ergaben, dass die goldene Kugel einmal rot gefasst war und wohl einen Granatapfel als Symbol der Passion Christi darstellte. Mit der linken Hand weist der Knabe nach links, wohin auch sein Blick gewendet ist.

Zwischen den Figuren und der Landschaft im Hintergrund wurde eine Brüstung eingefügt, die das heilige Geschehen im Vordergrund als *hortus conclusus* (lat. für »verschlossener Garten«) von der realen Welt absondert. Die idyllische Hügellandschaft mit zarten Bäumen, einem rechts hinter Maria angedeuteten Gewässer und dem Kirchlein lässt sich aber auch als das friedlich-harmonische Paradies deuten, an deren Pforte Maria und Christus wachen.

Als das Gemälde 1843 von Bernhard August von Lindenau (1779–1854) erworben wurde, galt es als Werk Pinturicchios (um 1452–1513), später wurde es Tiberio d'Assisi (um 1470–1524) zugeschrieben. Jüngst wurde mit dem umbrischen Maler Giovanni di Francesco Ciambella, genannt Il Fantasia, eine weitere Zuschreibung ins Spiel gebracht.[1] Dieser Künstler war Schüler von Perugino und Pinturicchio und stand unter dem Einfluss von Raffael.

Benjamin Rux

1 Eine ausführliche Studie von Wiebke Fastenrath Vinattieri wird vom Lindenau-Museum Altenburg 2024 als Online-Publikation veröffentlicht.

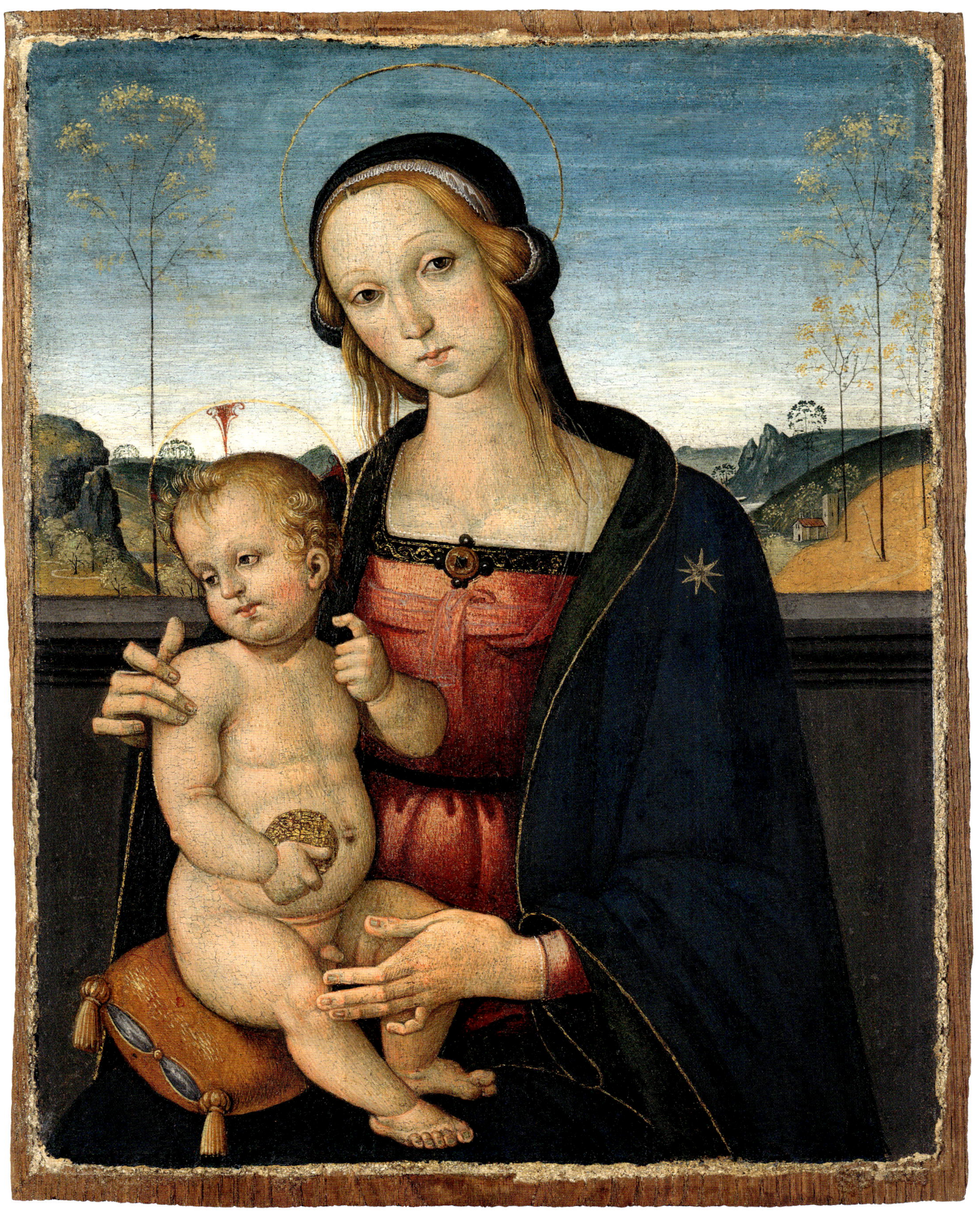

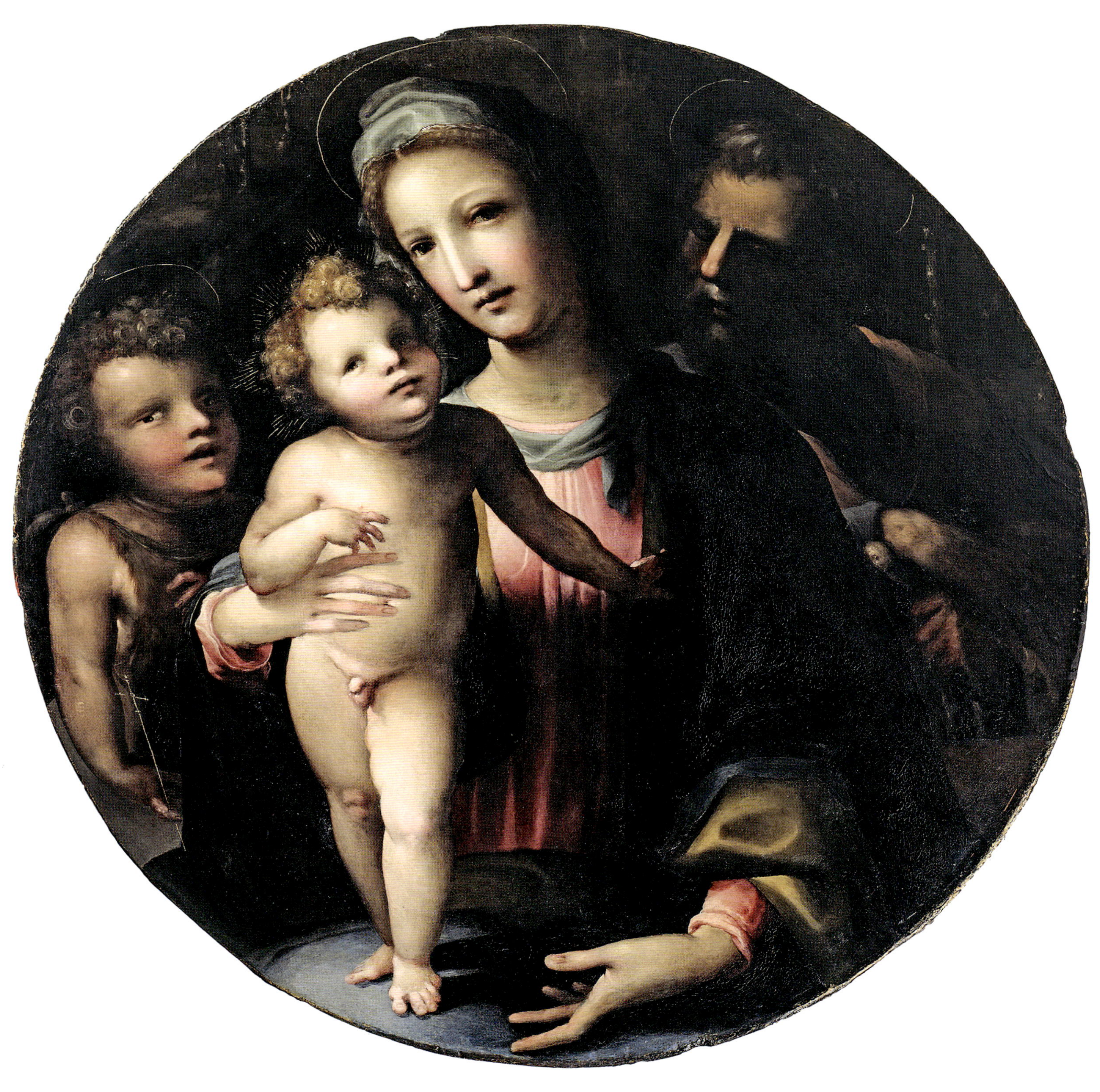

11

DOMENICO BECCAFUMI (eigentlich Domenico di Giacomo di Pace, Montaperti bei Siena 1484–1551 Siena)

HEILIGE FAMILIE MIT JOHANNESKNABEN

um 1525–1530, Tempera auf Pappelholz, Ø 91,4 cm

Lindenau-Museum Altenburg, Inv. 167

Provenienz: Vor 1848 erworben.

Literatur: Oertel 1961, S. 107; Sanminiatelli 1967, S. 102–103; Bisogni 1981, S. 37; Ausst.-Kat. Siena 2008, S. 198–203, Kat. 38 (Daniela Parenti).

Das Tondo des Sieneser Künstlers Domenico Beccafumi zeigt das klassische Motiv der Heiligen Familie mit dem Johannesknaben. Unter den Andachtsbildern der Altenburger Sammlung zählt dieses Werk des frühen Cinquecento zu den seltenen größeren Formaten, Maria ist in Lebensgröße bis zu den Hüften wiedergegeben.[1] Beccafumi ist neben Sodoma (wahrscheinlich 1477–1549) einer der Hauptvertreter des Manierismus in Siena, ein Stil, der im Sammlungskontext nur in wenigen Werken vertreten ist.[2]

Maria nimmt sitzend die Bildmitte der Tafel ein, ihren Kopf hat sie leicht zum Christuskind geneigt, das auf ihren Oberschenkeln in angedeutetem Kontrapost stehend wiedergegeben ist. Ihr rechter Arm umschließt den nackten Knaben in zarter und behutsamer Geste. Bemerkenswert ist das Spiel der Arme und Hände von Mutter und Kind, das ebenso künstlerisch abwechslungsreich wie emotional aufgeladen ist. So berühren Marias filigrane Finger sanft und zärtlich den Bauch des Christuskindes, dessen rechter angewinkelter Arm liegt hingegen auf ihrem Handrücken und streift die haltenden Finger der Mutter mit spreizenden Fingern. Ungewöhnlich ist der linke ausgestreckte Arm des Christusknaben, der in rückwärtiger Geste und zärtlicher Verbundenheit die Brust der Mutter und damit ihren Herzraum berührt.

Die enge kompositorische Einheit von Mutter und Kind wird durch die Neigung ihrer Köpfe und ihren linken Arm verstärkt, der die Gruppe in manieristischer Handhaltung schließt.

Komplettiert wird die Anordnung durch den Johannesknaben auf der linken Seite und Joseph, auf einen Stock gestützt, rechts. Beide ergänzen als Assistenzfiguren die Mittelgruppe aus der dunklen Tiefe des Bildraumes. Die Besonderheit des Tondos liegt sicherlich in der meisterlich gearbeiteten Figurenkomposition, die der Mittelgruppe in ihrer Innigkeit die volle Konzentration verleiht, während der Johannesknabe und die Figur des Joseph einen gewissen rückwärtigen Abstand halten, ganz im Sinne der inszenatorischen Lichtregie.

Auffallend ist zudem Beccafumis Maltechnik und Farbgebung. Aus dem dunklen, fast unbestimmten Bildraum hebt er die Figuren in sanften und zugleich leuchtenden Inkarnattönen heraus, die Konturen lösen sich in einem weichen Sfumato auf. Das klassische Marienrot des Kleides wandelt der Künstler zu einem manieristisch geprägten Roséton, der blaue Mantel ist in zartem Taubenblau als dünner Kopfschleier und als weich fallendes Tuch geführt, das durch das goldene Innenfutter der linken aufstützenden Hand Marias eine besondere Aufmerksamkeit verleiht.

Beinahe nebensächlich erscheinen die ikonographischen Attribute, der Heiligenschein ist jeweils in hauchdünner Linienführung nur dezent angedeutet, das Fellgewand des künftigen Täufers und der kleine Kreuzstab in seiner Rechten als Vorausahnung der Kreuzigung und des folgenden Erlösungstodes Christi lösen sich erst bei genauerer Betrachtung aus dem Helldunkel der Komposition heraus.

Die Zuschreibung des Tondos an Beccafumi erfolgte im ersten Katalog der Sammlung Lindenau von Heinrich Wilhelm Schulz bereits 1848, obschon es dort vom zweiten Autor Johann Gottlob Quandt als Werk Parmigianinos (1503–1540) aufgeführt war.[3] Der Zuschreibung an Beccafumi schloss sich 1897 August Schmarsow an, seitdem ist sie unbestritten.[4]

Von dem Gemälde existieren mehrere zeitgenössische Kopien, auf die bereits Robert Oertel 1961 verwies.[5] Eine befand sich zunächst in der Sammlung Giulio Tortolini in Livorno, die von dort in die Sammlung Weinberg in Frankfurt am Main gelangte. 1951 wurde sie im Kunsthandel veräußert, der jetzige Standort ist unbekannt.[6] Eine weitere Kopie, die nicht als Tondo sondern in hochrechteckigem Format ausgeführt wurde, gelangte aus der Sieneser Sammlung Bargali Petrucci in die Pinacoteca Nazionale in Siena und befindet sich heute in Privatbesitz (Abb. 1). Eine dritte Kopie, von Oertel als sehr schwache Ausführung bezeichnet, ist Bestandteil der Sammlung Chigi Sarascini in Siena.[7] Auf Oertel folgte 1967 Donato Sanminatelli,

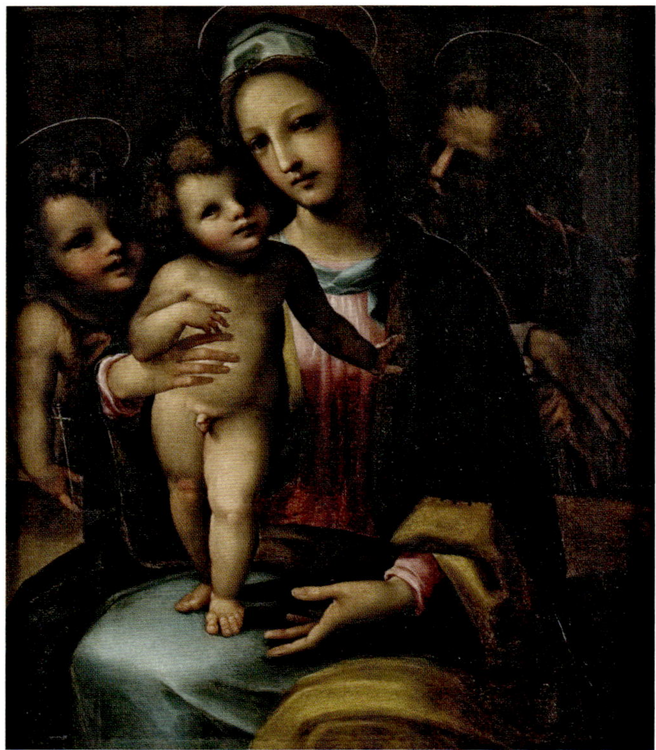

Abb. 1 Domenico Beccafumi, Heilige Familie mit Johannesknaben, Privatbesitz

der sich mit den Zuschreibungen der weiteren Bildversionen beschäftigte. Die Tortolini- und Bargali-Versionen betrachtete er als eigenhändige Nachbildungen Beccafumis und nahm eine stilistische Nähe zum Altarbild des Erzengels Michael in der Kirche San Niccolò al Carmine in Siena an.[8] Zu dieser Gruppe fügte Fiorella Bisogni 1981 auch die Version in der Sammlung Chigi Saracini und eine vierte, bis dahin unveröffentlichte Version, die bei Christie's 1972 versteigert wurde.[9]

Die jüngere Forschung beschäftigte sich eingehend mit der Frage der Zuschreibung und Datierung der weiteren Bildversionen, wie es Daniela Parenti 2008 ausführlich nachzeichnete.[10]

Nicht unerwähnt sollen die stilistischen Hinweise auf die Wiederaufnahme eines gewissen Klassizismus in Beccafumis Werk sein, seine Rückbesinnung auf Kompositionen Raffaels (1483–1520), die auch die Materialität der seidigen Stoffe und die Weichheit des Inkarnats kennzeichnen. Ob die Rückkehr von Baldassare Peruzzi (1481–1536) aus Rom nach Siena für diese Impulse auslösend war oder ob sie über erneute Florentiner Kontakte erfolgten, ist nicht nachzuweisen.[11]

Das Tondo ist seinem Kolorit, der ausgewogenen Figurenkomposition und der Lichtregie des Chiaroscuro nach ein besonderes Werk im Œuvre Beccafumis, das den Geschmack der Auftraggeber traf. Die Vielzahl an zeitgenössischen Kopien belegt zweifelsohne das anhaltende Interesse am Bildmotiv und legt nahe, wie Parenti es vermutet, dass Auftraggeber möglicherweise noch Jahre später Versionen anforderten.

Jutta Götzmann

1 Das Tondo besteht aus drei diagonal angeordneten Brettern, die in einen aufwendig geschnitzten, vergoldeten Rahmen aus dem 16. Jahrhundert eingefügt sind, möglicherweise handelt es sich um den Originalrahmen. Das Gemälde ist nachweislich 1989/90 restauriert worden und zeigt eine sehr gut erhaltene, geschlossene Maloberfläche, vgl. Ausst.-Kat. Siena 2008, S. 198–203, Kat. 38 (Daniela Parenti), hier S. 200.
2 Vgl. Penndorf 1998, S. 63; Nauhaus 2015, S. 58 (Angelika Wodzicki).
3 Vgl. Quandt/Schulz 1848, S. 23.
4 Vgl. Schmarsow 1897b, S. 188–189. Zum Forschungsstand ausführlich Ausst.-Kat. Siena 2008, S. 198–203, Kat. 38 (Daniela Parenti), hier S. 200 mit der von ihr aufgeführten Literatur.
5 Oertel 1961, S. 107.
6 Vgl. Ausst.-Kat. Siena 2008, S. 198–203, Kat. 38 (Daniela Parenti), hier S. 200.
7 Ebd. sowie Oertel 1961, S. 107.
8 Vgl. Sanminiatelli 1967, S. 102–103; vgl. auch Ausst.-Kat. Siena 2008, S. 198–203, Kat. 38 (Daniela Parenti), hier S. 201.
9 Bisogni 1981, S. 37, auch diese Version ist hochrechteckig, vgl. Ausst.-Kat. Siena 2008, S. 198–203, Kat. 38 (Daniela Parenti), hier S. 201. Die Versteigerung bei Christie's London fand am 20. Oktober 1972 statt, Los 51; sie ist erstmals publiziert in Ausst.-Kat. Siena 2008, S. 198–203, Kat. 38 (Daniela Parenti), hier S. 201, Abb. 38c.
10 Ebd., S. 200–201.
11 Daniela Parenti verweist auch auf eine Nähe zum Raffael-Schüler Perin del Vaga, zu dem ab den 1530er-Jahren Kontakte bestanden. Parenti attestiert ihm Impulse für eine zunehmend visionäre Malerei im Werk Beccafumis, vgl. ebd., S. 201.

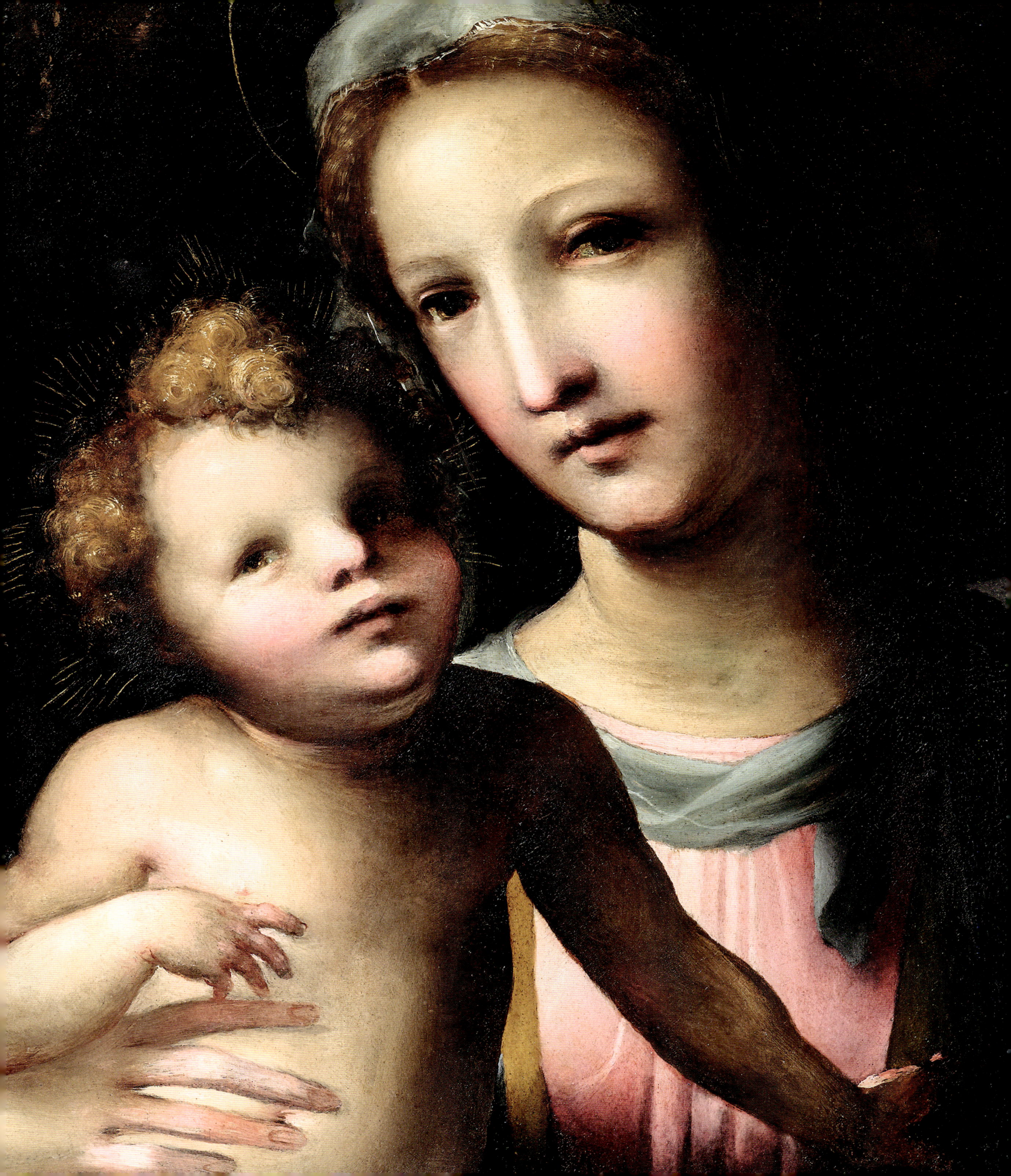

12

MARCO PINO (Costa del Pino bei Siena 1521–1583 Neapel)

MADONNA MIT KIND UND JOHANNESKNABEN

1542/43, Öl auf Fichtenholz, Ø ca. 60,1 cm

Lindenau-Museum Altenburg, Inv. 168

Provenienz: Vermutlich vor 1848 in Italien erworben.

Literatur: Quandt/Schulz 1848, S. 23, Nr. 124; Oertel 1961, S. 108; Bartalini 1988, S. 179–181; Zezza 2003, S. 34, I.26, S. 36, S. 261, Kat. A.2; Ausst.-Kat. Siena 2008, S. 206–207, Kat. 39 (Daniela Parenti; mit älterer Literatur).

Marco Pino ist ein Vertreter der Sieneser Malerei und war Schüler Beccafumis (1484–1551; Kat. 11). Seine Werke zeichnen sich durch eine unruhige, vibrierende Handschrift aus, die er ab 1543 in Rom weiterentwickelte, wo er sich durch die Zusammenarbeit mit dem Raffael-Schüler Perin del Vaga (1501–1547) und dem Michelangelo-Vertrauten Daniele da Volterra (1509–1566) anderen Einflüssen öffnete. Im dramatisch aufgeladenen Spätwerk, das ab 1557 in Neapel entstand, sind Einflüsse spanischer und flämischer Malerei greifbar.[1]

Noch während seiner Zeit in Siena hat Pino das klassische Thema der Maria mit Kind gestaltet und die Figuren passgenau dem kreisrunden Bildfeld des Tondos eingefügt.[2] Dieses Format war seit der Renaissance gerade für das Sujet von Mutter und Kind beliebt, da der Fokus auf den zentralen Personen liegt respektive das Ausblenden der störenden Umgebung die Intimität der Darstellung verstärkt.[3] Auch bei vorliegendem Werk kommen die Betrachtenden der Gruppe ganz nah, tangieren doch der rechte, von unten gesehene Fuß des Jesuskindes und die angeschnittene Hand der Madonna quasi die Grenze zwischen Bildraum und realem Raum.

Sowohl Maria als auch das von ihr kaum zu haltende quirlige Jesuskind hat der Künstler in Blickrichtung und Kopfneigung auf das aufgeschlagene Gebetbuch ausgerichtet, das die Lesende kunstvoll in den gespreizten Fingern ihrer linken Hand hält. Die ruhige Erscheinung der in sich gekehrten Gottesmutter kontrastiert dabei auf spannungsvolle Weise mit den nach allen Seiten ausgreifenden Bewegungsimpulsen des Kindes. Hervorgehoben ist der ausgestreckte linke Arm Jesu, der vor dem roten Fond des Gewandes wirkungsvoll in Szene gesetzt ist. In dem bedeutungsvollen Weisungsgestus wird theologisch auf die Menschwerdung Gottes Bezug genommen, der vormals einzig im Wort (hier die Schrift im Buch) fassbar war, eine Transformation, die das Johannesevangelium sprachmächtig formuliert: »Und das Wort ist Fleisch geworden« (Joh 1,14). Auf die erst in Konsequenz dieser Nahbarkeit mögliche Passion verweist zeichenhaft nicht nur das rote Gewand Marias, sondern auch ihr ahnungsvoll anmutender Blick, nicht zuletzt eingestimmt durch die bläulich-düsteren Farben der Hintergrundlandschaft als ihrem Resonanzraum. Aufgegriffen wird diese Dimension durch die ganz an den Rand gedrängte Figur des Johannesknaben, dem das Jesuskind sein Ärmchen liebevoll-vertraulich um den Hals legt. Im Unterschied zu den gesenkten Blicken von Mutter und Kind sind dessen Augen weit geöffnet und dem einfallenden Licht folgend himmelwärts gerichtet. Sein visionärer Blick wirkt der Szene entrückt, noch verstärkt durch den leicht geöffneten Mund, der staunende Ergriffenheit zum Ausdruck bringt. Gekonnt ist dieser durch eine klar konturierte Verschattung zurückgenommen, wohl um zu verhindern, dass der Kopf des Jesuskindes daneben entgegen der Bedeutungshierarchie überstrahlt wird.

Im Personentypus und Kompositionsschema knüpft Pino hier an seinen Lehrer Beccafumi an, dessen Madonnenbilder er mitunter auch kopiert hat.[4] Doch deutet sich schon die Herausbildung eines eigenen, zunehmend bewegten Typus an.[5] Charakteristisch dafür ist vor allem die Auffassung des Kindes, das als Torsionsfigur die ohnehin in Proportionen und Farbigkeit gegebene Manieriertheit der Darstellung noch steigert und die gewohnte Ruhe älterer Madonnenbildnisse unterläuft. Dem entspricht beim Farbauftrag der dynamisch-lebendige Pinselduktus, besonders deutlich im Gewand Marias, im Vorhang und in der Hintergrundlandschaft zutage tretend, welcher der Darstellung große Unmittelbarkeit und Frische verleiht.

Felix Reuße

1 Zezza 2003.
2 Im Zuge einer Restaurierung wurde 2013 die Malerei auf das ursprünglich kreisrunde Format zurückgeführt. Die später oben und unten hinzugefügten segmentförmigen Farbpartien, die wohl dem ovalen Ausschnitt eines späteren Rahmens geschuldet waren, wurden entfernt.
3 Zum Tondo allgemein siehe Hauptmann 1936. Vgl. andere Mariendtondi Pinos bei Zezza 2003, S. 26, Abb. I.11, S. 30, Abb. I.18, S. 34, Abb. I.25, S. 35, Abb. I.27, S. 261–285, Kat. A.2, A.85, A.90, A.96–97, A.99.
4 Zezza 2003, S. 29, Abb. I.15–16. Entsprechend wurde das Werk anfangs Beccafumi zugeschlagen und erst 1988 Marco Pino zugewiesen, vgl. Bartalini 1988.
5 Zezza 2003, S. 35, Abb. I.28, S. 130, Taf. 2, S. 57, Abb. II.14, S. 134, Taf. 6, S. 92, Abb. III.3, S. 139, Taf. 11. Zu einem Pino neu zugeschriebenen Madonnenbildnis siehe Zezza 2009.

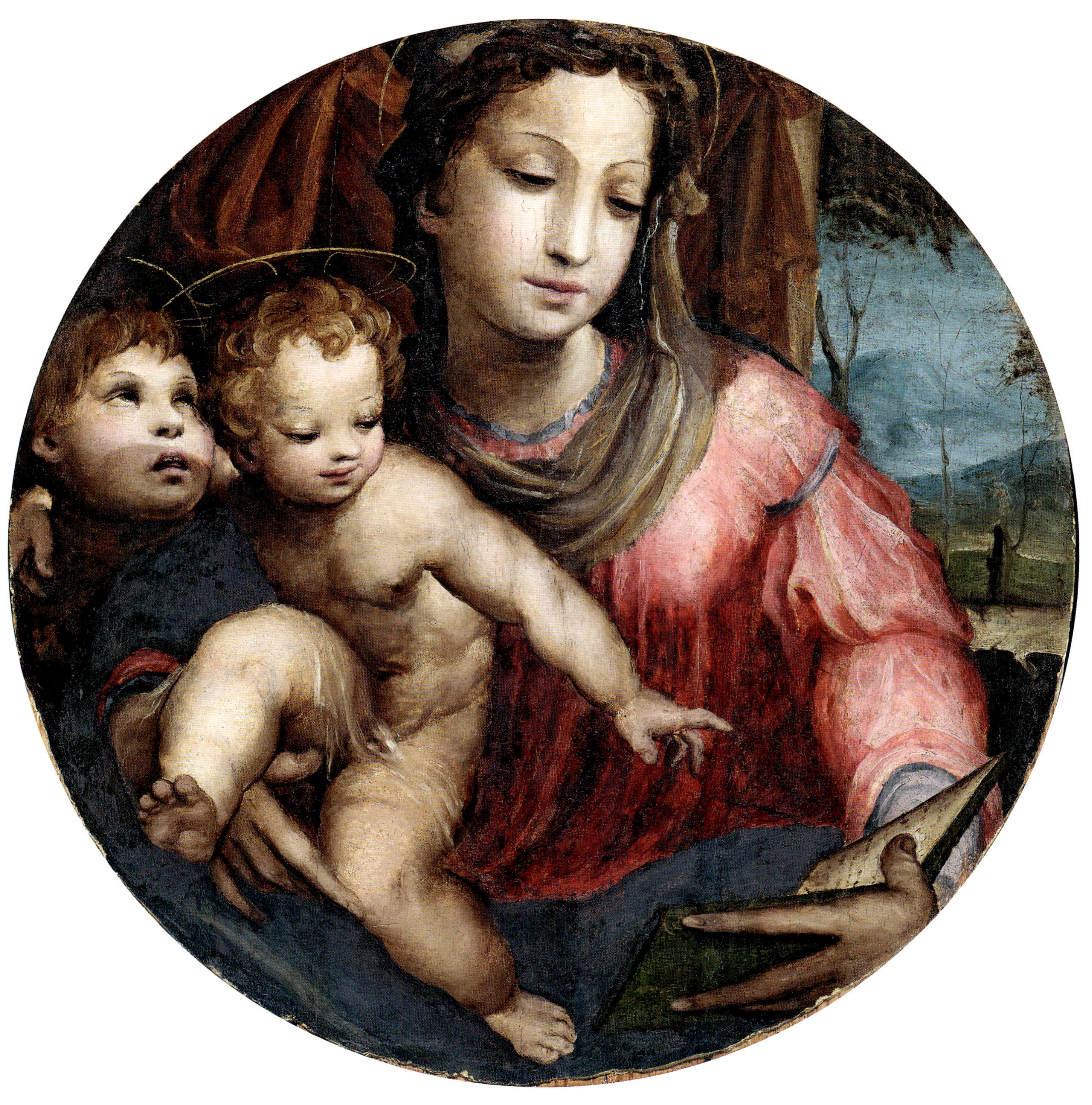

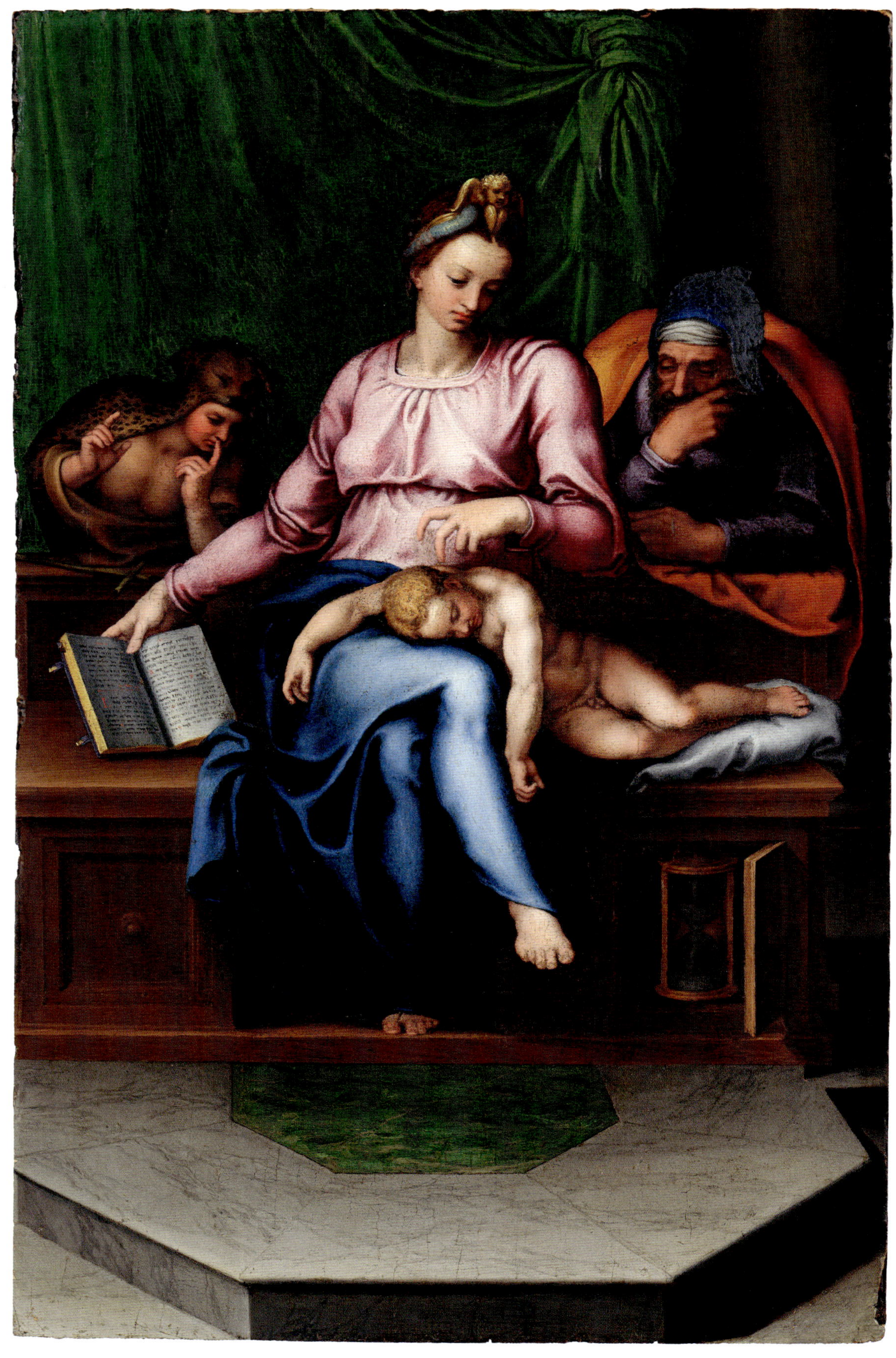

13

PELLEGRINO TIBALDI (Puria di Valsolda 1527–1596 Mailand)

HEILIGE FAMILIE MIT JOHANNESKNABEN (MADONNA DEL SILENZIO)

zwischen 1546–1549, Tempera auf Pappelholz, 52,0 × 35,5 cm

Lindenau-Museum Altenburg, Inv. 314

Provenienz: 1946 als Vermächtnis von Hans Albrecht von der Gabelentz-Linsingen, Eisenach, erworben.[1]

Literatur: Schuttwolf 2011, S. 121; Rovetta 2015a, S. 331–344; Rovetta 2015b, S. 350, Nr. XIII.2; Vannugli 2015, passim.

Der im Zuge des Konzils von Trient (1545–1563) neuartige Bildtypus der *Madonna del Silenzio* ist eine hochgradig elaborierte Variante der kanonischen Ikonographie um die Heilige Familie, die in jeder Hinsicht als eine Besonderheit zu gelten hat. Schlafend liegt der nackte, lediglich spärlich bedeckte Christusknabe im Schoß seiner auf einer Holzbank sitzenden Mutter. Währenddessen blickt sein Ziehvater Joseph sinnend auf ihn hinab. Der in das Fell einer Großkatze (Leopard oder Gepard) gehüllte Johannesknabe führt den Zeigefinger seiner linken Hand soeben an den Mund, um Stille (ital. *silenzio*) zu gebieten. Diese Geste leitet sich vom Kult des in Ägypten verehrten Gottes der Stille Harpokrates her.[2] Thema des Bildes sind die zentralen Mysterien des christlichen Glaubens: Führt die Menschwerdung des göttlichen Logos in Christus als Frucht von Marias Leib auch unausweichlich in den am Kreuz für die Errettung der Menschheit erlittenen Opfertod Jesu, ist durch Überwindung des Todes im Moment der Auferstehung (nämlich des Wiedererwachens aus tiefem Schlaf) zugleich die Hoffnung auf Erlösung der Seele und ewiges Leben im Heil verbunden. Hierbei sind die Requisiten – die Säule als Hinweis auf die Geißelsäule, das auf das Kind weisende Kreuz, der im Stundenglas durchrieselnde Sand als Zeichen der verrinnenden Lebenszeit und somit des Übergangs vom Leben zum Tod sowie das Kissen als Symbol für die Grablegung – auf die Passionsthematik bezogen. Für den Gläubigen bietet sich Maria als Identifikationsfigur an, spielt der Seraphim ihrer Agraffe, der auf eine göttliche Eingebung verweist, doch auf die visionäre Schau an. Deshalb senkt sie im Vorwissen auf das künftige Schicksal des Sohnes nachdenklich ihre Augen. Mit der rechten Hand zeigt sie die Heilige Schrift vor, die im Buch Jesaja (Jes 7,14) vom Mysterium der Inkarnation berichtet und somit den Messias ankündigt. Maria wird als Seherin präsentiert, was ihre Pose unterstreicht, die an eine antike Sibylle denken lässt. Als solche macht sie den Bildbenutzer sehend, indem sie den wahren Leib Christi als das Allerheiligste vor dessen leibliche Augen führt: Lüftet sie doch mit dem Zeige- und Mittelfinger ihrer linken Hand den hauchdünnen Schleier, der über den im Bild real präsenten Leib des Erlösers sanft gebreitet ist, sodass auch der Gläubige im Akt dieser Offenbarung zur Einheit mit dem Gottessohn findet. Letztlich ist Christus als Symbol des heiligen Sakraments der Eucharistie, nämlich als ebendiese Hostie, zu verstehen, die ewiges Leben und Heil verspricht und die er mit den Worten einsetzt: »Das ist mein Leib, der für euch hingegeben wird« (Lk 22,19). Insofern markiert die *Madonna del Silenzio* als Erinnerung der Passion eine Neuformulierung des sakralen Bildes im kleinen Format, womit der Bildbenutzer täglich zu deren gefühlsbetontem Nachvollzug in der stillen, bildgeleiteten Gebetsmeditation im privaten Raum animiert werden soll, was der hier erstmals geprägte Begriff *imago eucharistiæ* (Bild der Eucharistie) treffend umschreibt.

Die *Madonna del Silenzio* in Altenburg besticht durch eine hohe künstlerische Qualität und zeugt von der besonderen Erfindungsgabe ihres Schöpfers Pellegrino Tibaldi, der von seinen Zeitgenossen als »neuer Michelangelo« gefeiert wurde.[3] Nicht allein ist sie dessen vielleicht frühestes erhaltenes Werk, sondern auch die älteste bekannte Version dieser einzigartigen Ikonographie und somit das vielgeschätzte Urbild sämtlicher Repliken, Kopien und Derivate.

Tobias Ertel

1 Hierzu informiert Ertel 2016, S. 185–187, der unabhängig von Rovetta 2015b, S. 350, Nr. XIII.2 erstmals ausführlich die bewegte Geschichte und illustre Herkunft des Bildes nachzeichnet.

2 Zur Ikonographie vgl. Firestone 1942, S. 43–62; Erlemann 1993; Schmidt-Colinet 1998, S. 29–46; Chastel 2001, S. 65–90; Ausst.-Kat. Florenz 2013; Vannugli 2015.

3 Bislang wurden versuchsweise solch unterschiedliche Künstler wie Michelangelo Buonarroti (1475–1564), Sebastiano del Piombo (um 1485–1547), Marcello Venusti (1512/15–1579), Giulio Romano (1499–1546), Giulio Clovio (1498–1578) und der Umkreis des Francesco Salviati (1510–1563) oder auch ein in Rom tätiger Anonymus des 16. Jahrhunderts als Urheber des Bildes in Anspruch genommen.

14

UNBEKANNTER KÜNSTLER (16. Jh. (?))

HEILIGE FAMILIE (MADONNA DI LORETO, KOPIE NACH RAFFAEL)

16. Jh. (?), Öl auf Leinwand, 122,0 × 93,5 cm

Lindenau-Museum Altenburg, Inv. 6042

Provenienz: 1895 auf Vermittlung von Wilhelm Bode erworben.

Literatur: Meyer zur Capellen 2005, S. 89–97.

War der jungverstorbene Raffael (1483–1520) schon zu Lebzeiten ein Star, so steigerte sich sein Kultstatus in den folgenden Jahrhunderten in kaum vergleichbarer Weise. Der Künstlerbiograph Giorgio Vasari (1511–1574) stilisierte den aus Urbino stammenden Maler zum uneinholbaren Vorbild für kommende Generationen. Im 19. Jahrhundert eiferten ihm die deutschen Nazarener nach. Für die Akademien und Museen war Raffael wichtigster Orientierungspunkt. Sein Porträt schmückt auch die Fassade des Lindenau-Museums.

Raffaels Rang zeigt sich ebenso an den zahlreichen Kopien, die nach seinen Gemälden geschaffen wurden. Bernhard August von Lindenau (1779–1854) kaufte 33 Werke, entstanden nach den berühmten Bildern des Renaissancemalers, viele davon direkt im Auftrag des Mäzens vor den Originalen in den europäischen Museen.[1] Diese Gemälde sollten vor allem in Lindenaus Kunstschule, die dem Museum bis heute angegliedert ist, als Unterrichtsmaterial Verwendung finden. Nur wenige befinden sich heute noch vor Ort, so eine Kopie nach der *Sixtinischen Madonna* oder nach dem Fresko *Triumph der Galathea* in der Villa Farnese in Rom.[2]

Im Jahr 1895 bot der Generaldirektor der Königlichen Museen zu Berlin, Wilhelm Bode (1845–1929), dem Lindenau-Museum eine Kopie nach Raffaels *Madonna di Loreto* an. Bode wurde von dem Wunsch des Altenburger Herzogs in Kenntnis gesetzt, auf seinen Reisen durch Italien gelegentlich nach guten Kopien für das Museum Ausschau zu halten.[3] Der Kunsthistoriker sah das Gemälde in Bologna und hielt es für die früheste und beste Arbeit nach Raffaels berühmter Darstellung der Heiligen Familie. Bode erkannte in dem Werk die Handschrift eines Künstlers aus Florenz und datierte es in die Mitte des 16. Jahrhunderts und damit auf ca. 30 Jahre nach Raffaels Tod.

Zärtlich bedeckt Maria ihr nacktes Kind mit einem hauchdünnen Schleier, während Joseph der Szene im Hintergrund nachdenklich beiwohnt. Der Christusknabe liegt auf einem Bett und greift mit seinen Armen nach dem Tuch. Sein offener Mund und sein gewundener kleiner Körper verweisen auf ein Unbehagen, das den Knaben beim Anblick des Schleiers überkommt, denn das Tuch ist in dieser intimen familiären Szene nicht lediglich ein Spielgerät, sondern auch mit dem Schicksal des Kindes – dem Opfertod – assoziiert. In den *Meditationen* des Pseudo-Bonaventura, einem seit dem Mittelalter viel gelesenen Text, ist von Maria die Rede, die ihren Sohn nach der Geburt mit ihrem Schleier umwickelt, während sie Christus bei der Kreuzigung mit einem Schleier gürtet (Kat. 33d).

Raffael schuf das Gemälde, das sich heute im Musée Condé in Chantilly befindet, in den Jahren 1511 bis 1512 vermutlich im Auftrag von Papst Julius II. (1503–1513).[4] Der aus der Familie della Rovere stammende Pontifex ließ es womöglich selbst in der Kirche Santa Maria del Popolo, die von den della Rovere als Familienkirche ausgestattet wurde, anbringen. 1591 ging das Bild in die Sammlung des Kardinals Paolo Emilio Sfondrato (1560–1618) über, der es 1608 zusammen mit Raffaels Porträt Papst Julius' II. und vielen anderen Gemälden an Kardinal Scipione Borghese (1577–1633) weiterverkaufte.[5] Eine seit dem frühen 18. Jahrhundert in dem Pilgerort Loreto befindliche Kopie des Gemäldes wurde über Jahrhunderte als Original Raffaels verehrt und verlieh dem Bild den heute gebräuchlichen Namen.

Gibt man Wilhelm Bode Recht und ordnet das Altenburger Gemälde in das 16. Jahrhundert ein, so muss das Bild in Rom entstanden sein, möglicherweise als Replik von einem Schüler Raffaels. Die frühe Kopie belegt damit die außerordentliche Wertschätzung, die der *Madonna di Loreto* von Beginn an zuteil geworden ist und steht am Anfang einer auch für Raffaels Verhältnisse ungewöhnlich starken Rezeption – heute sind mindestens 107 Kopien bekannt.[6]

Benjamin Rux

1 Kinzel 2015, S. 194–215.

2 Louis Castelli, *Die Sixtinische Madonna,* 1847, Öl auf Leinwand, 160,0 × 118,0 cm, Inv. 6045 und Unbekannter Maler, *Triumph der Galathea,* spätestens 1848, Öl auf Leinwand, 296,0 × 204,0 cm, Inv. 6054.

3 Von der Gabelentz 1956.

4 Meyer zur Capellen 2005, S. 89.

5 Ebd., S. 92. Raffaels Gemälde verließ die Borghese-Sammlung 1801 und gelangte über weitere Stationen zu Henri d'Orléans, dessen Kunstsammlung den Grundstock des Musée Condé in Chantilly bildet.

6 Ebd., S. 95–97.

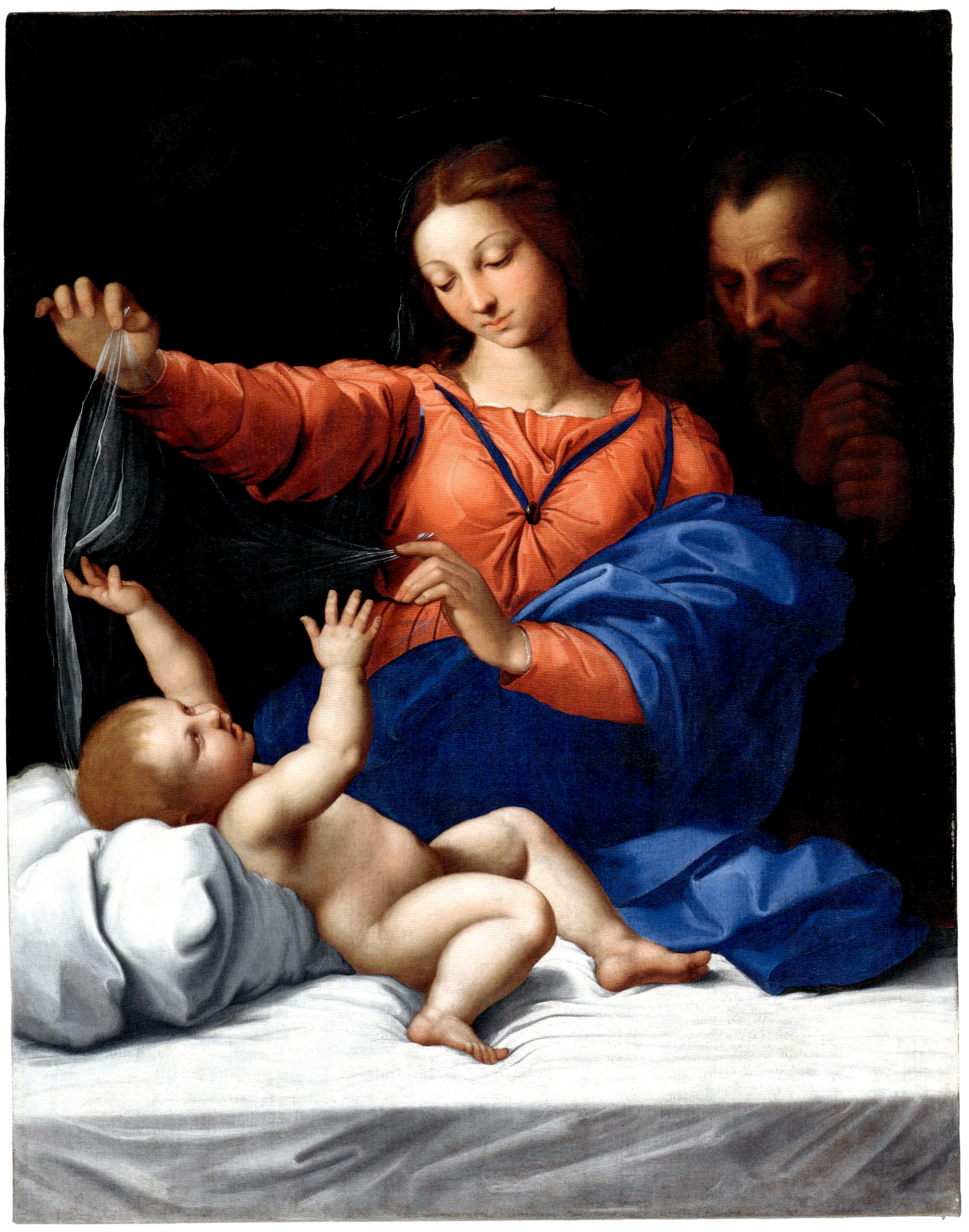

KUNST
ZENTREN

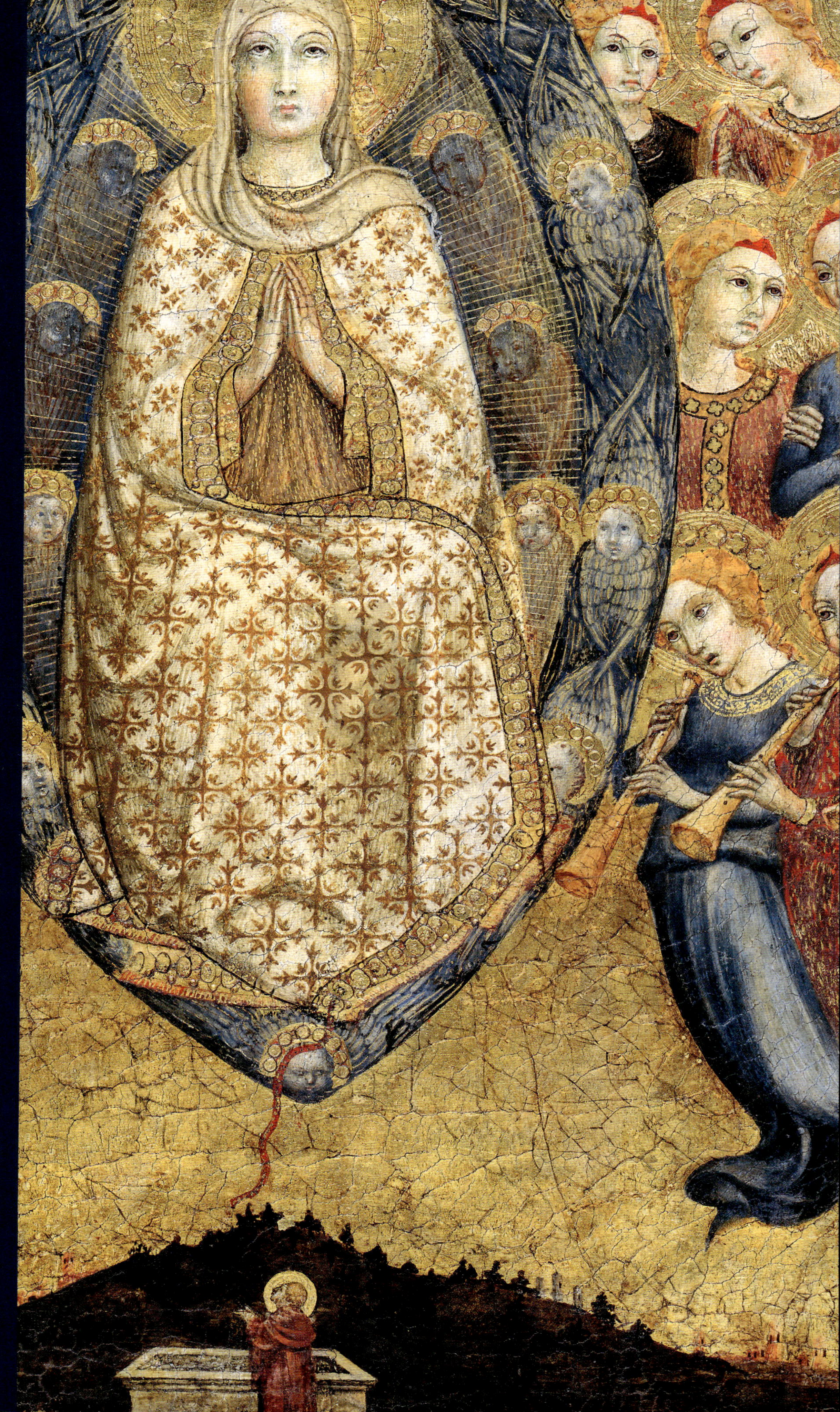

FLORENZ, SIENA UND CO. – KUNSTZENTREN IM QUATTROCENTO

BENJAMIN RUX

Alle Wege führen nach Rom – oder nach Florenz, könnte man mit Blick auf die Kunst der Renaissance in Italien vorschnell äußern. Dabei war die Halbinsel im 15. Jahrhundert auch jenseits ihrer heute so beliebten größten Kunstmetropolen ein überaus fruchtbares Terrain für künstlerische Neuerungen. Dies war nicht zuletzt dem Wettbewerb geschuldet, den die Kommunen, Republiken und Stadtstaaten Italiens untereinander entfachten. Förderlich für den kulturellen Aufschwung auf ganzer Breite waren auch reisende Künstler, die von Stadt zu Stadt gerufen wurden, sodass neue Bildfindungen rasch Verbreitung finden konnten und mit lokalen Traditionen verbunden wurden.

In Florenz erfuhr die Kunst mit der faktischen Übernahme der Macht durch Cosimo de' Medici (1389–1464) und seine Familie seit 1434 eine nie vorher gesehene Förderung. Architektur, Skulptur (Kat. 55), Malerei (Kat. 17–20) und Literatur befruchteten sich gegenseitig und wurden von Humanisten wie Leon Battista Alberti (1404–1472) theoretisch dargelegt. Siena, die alte Rivalin von Florenz, zehrte im Quattrocento noch von den Errungenschaften des letzten Jahrhunderts. Gotische Elemente und der Goldgrund blieben bei Malern wie Sano di Pietro (1405–1481; Kat. 23) weiter bestimmend. Eine forcierte Auseinandersetzung mit dem großen Erbe der Antike wurde besonders in den norditalienischen Städten Mantua und Padua (das unter der Herrschaft Venedigs stand) sichtbar, wo die Malerei im Umfeld von Andrea Mantegna (1430/31–1506) auf Grundlage humanistischer Studien eine eigene Sprache fand (Kat. 15). Gleiches lässt sich auch über die künstlerischen Entwicklungen der Höfe von Urbino, Rimini oder Ferrara sagen. An Letzterem wirkte Lorenzo Costa (1459/60–1535), der später in der Universitätsstadt Bologna tätig war (Kat. 16).

In Umbrien mit seinem Zentrum Perugia entstand im Quattrocento eine Malschule, die vor allem durch eine gedämpfte Farbgebung und ausgedehnte Landschaftshintergründe Wirkung erzielte (Kat. 25). Das Lindenau-Museum besitzt eine der größten Sammlungen umbrischer Malerei außerhalb Italiens. Pietro Perugino (um 1450–1523), Pinturicchio (um 1452–1513) und Raffael (1483–1520), der aus dieser Schule stammte, trugen die Malerei Umbriens weiter nach Rom, wo sie für verschiedene Päpste tätig waren (Kat. 26). Die Hafenstadt Neapel, die von dem spanischen Königshaus Aragon regiert wurde, war ein Schmelztiegel unterschiedlichster Kulturen. In der Malerei trafen sich niederländische, spanische und italienische Stile (Kat. 27).

Kat. 23b, Detail

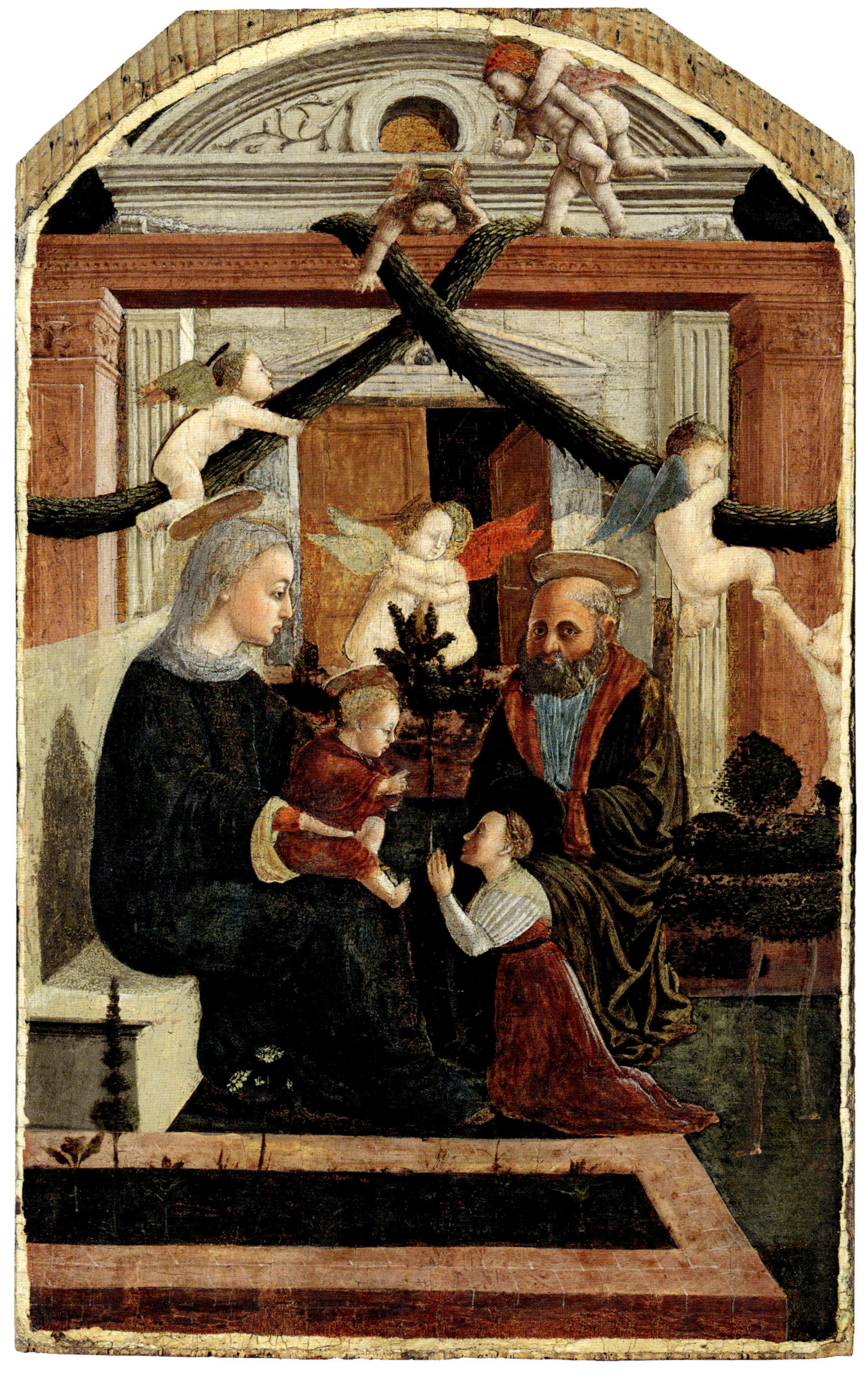

15

ANSUINO DA FORLÌ (nachweisbar Padua 1444–1451)

HEILIGE FAMILIE MIT STIFTERIN UND SPIELENDEN PUTTI

um 1459–1465, Tempera auf Kiefernholz, 52,5 × 32,0 cm

Lindenau-Museum Altenburg, Inv. 156

Provenienz: 1847 durch Emil Braun in Rom aus der Sammlung Carlo Baldeschi Conte d'Ischia di Castro erworben.[1]

Literatur: Oertel 1961, S. 48, 194–196; Eberhardt 1990, S. 18–20; Minardi 1998, S. 102–103, 107, 111–112, Anm. 77; De Marchi 1999, S. 123–124.

Sinnfällig ist hier die Hoffnung des einzelnen Gläubigen auf die Erlösung der eigenen Seele und die Überwindung des Todes als ein zentraler Aspekt der christlichen Heilsbotschaft vor Augen geführt, wie etwa im Evangelium des Johannes (Joh 10,9) zu lesen ist: »Ich bin die Tür; wer durch mich hineingeht, wird gerettet werden; er wird ein- und ausgehen und Weide finden.« Darauf verweisen nicht zuletzt der begrünte Sarkophagkasten, der sich im Vordergrund der Raumbühne von links in das Bild hineinschiebt, und die geöffnete Tür der klassischen, die innige Familienszene mit den acht drolligen Putti hinterfangenden Architekturkulisse, die offenkundig ein Grabmonument meint. Als Symbole für die Auferstehung zu ewigem Leben bei Gott spielen sie unzweifelhaft auf Jesu Erlösungswerk an: Bereits im Moment der Segnung der vor dem Christusknaben in einer entrückten Sphäre demütig knienden und betenden Stifterfigur erfüllt sich das unumstößliche Heilsversprechen, das somit in eine für die Auftraggeberin beruhigende Heilsgewissheit umgemünzt wird.

Das antike Vorbild für die munter umherturnenden Putti ist ein in den *Eikones* (dt. Bilder)[2] des Philostratos von Lemnos, genannt Philostratos d. Ä. (um 190–230 n. Chr.), und des Lucius Flavius Philostratos, genannt Philostratos von Athen (170–247 n. Chr.), virtuos beschriebenes, aber nur fiktives Werk, das im 15. Jahrhundert Künstler wie Ansuino da Forlì zu einem regelrechten Wettstreit herausforderte, auch ein solches Bild zu schaffen und hiermit noch zu übertreffen. Anregungen bezog der Maler überdies von der von Antonio del fu Biagio Ovetari (gest. 1448) in der Chiesa degli Eremitani di Sant'Agostino gestifteten Familiengrablege als dem in Padua wichtigsten und prestigeträchtigsten Auftrag um 1450. An deren Ausmalung war Ansuino an der Seite von Andrea Mantegna (1430/31–1506), Antonio Vivarini (um 1418–zwischen 1476–1484), Giovanni d'Alemagna (nachweisbar 1437–1450) und Nicolo Pizzolo (1421/22–1453) maßgeblich beteiligt. Dies lässt auf Ansuinos gestiegenes Ansehen und seine Rolle in Padua schließen, öffnet er sich doch mit diesem Auftrag den aktuellen Stiltendenzen in der Universitätsstadt, die von der Werkstatt Francesco Squarciones (um 1394–zwischen 1468/72) und dem dort intensiv praktizierten Antikenstudium entscheidend geprägt wurden. So verbinden sich christliche Symbole und heidnische Motive in einem kleinen, unscheinbar wirkenden Andachtsbild, das vom antiquarischen Interesse seiner gelehrten Auftraggeberin zeugt.

Kaum etwas ist über Vita und künstlerische Anfänge des in Padua für rund zwanzig Jahre tätigen Ansuino bekannt, dessen einziges, für ihn gesichertes Werk die mit »Opus Ansuini« signierte *Predigt des heiligen Christophorus vor den Soldaten* (1944 zerstört und wieder *in situ* rekonstruiert seit 2006) im zweiten Register oben rechts der Cappella Ovetari markiert. Allein der Namenszusatz »da Forlì« deutet auf seine Herkunft aus der Region Emilia-Romagna hin. Indem er den neuen Stil aus Padua hierher vermittelte, übte er einen nicht unerheblichen Einfluss auf Melozzo da Forlì (1438–1494) und Guidaccio da Imola (nachweisbar 1463–1510) aus.

Tobias Ertel

1 Ausführlich zum Vorbesitzer Carlo Baldeschi, dem bislang leider nicht fassbaren, im Rom des frühen 19. Jahrhunderts tätigen »Bilderhändler«, siehe Fastenrath Vinattieri 2004, S. 24–26; vgl. Amadio 2007, S. 71–76.

2 Entstanden 3. Jahrhundert n. Chr., hier Buch I, Kap. 6.

16

LORENZO COSTA D. Ä. (Ferrara 1459/60–1535 Mantua)

KREUZIGUNG CHRISTI MIT HEILIGEN UND EINEM STIFTER

um 1483–1485, Tempera auf Pappelholz, 42,2 × 28,8 cm

Lindenau-Museum Altenburg, Inv. 155

Provenienz: 1845 durch Emil Braun in Rom erworben.

Literatur: Brown 1966, S. 78–80, 389 (mit älterer Literatur); Diana 1986, S. 49–50; Negro/Roio 2001, S. 12, 82–83, Kat. 3; Hamburg 2011, S. 180–181, Kat. 29 (Susanna Partsch).

In einem auf den 4. März 1845 datierten Brief informiert Emil Braun Bernhard August von Lindenau (1779–1854) in Bezug auf dieses Werk, dass er in Rom »ganz durch Zufall [...] auf ein kleines allerliebstes, sehr wohlerhaltenes Bildchen gestoßen« sei, das Kenner als eines der seltenen Jugendwerke des Andrea Mantegna (1430/31–1506) klassifizieren würden, welches »diese[n] großen Meister« in der Lindenau-Sammlung »ebenfalls würdig« repräsentieren würde, wofür der geforderte Preis in Höhe von 150 Scudi niedrig angesetzt sei.[1] Heute können wir davon ausgehen, dass die Tafel von dem aus Ferrara stammenden Maler Lorenzo Costa d. Ä. gefertigt wurde, der sich 1483 in Bologna niederließ und später zum Hofmaler in Mantua aufstieg.

Vor einer detailreich ausgeführten, sich zunehmend verbläuenden Fernlandschaft mit Gebirgsketten, einem Fluss und Stadtveduten ist auf einer Anhöhe das mächtige Kreuz errichtet, an das Christus im Typus des Drei-Nagel-Kruzifixus geschlagen wurde. Der nach rechts gedrehte Schädel am Fußende deutet auf die Richtstätte Golgatha (aram. für »Schädelstätte«, lat. *calvaria*) als Grabhügel Adams hin, dessen Erbschuld der Gottessohn mit seinem zur Errettung der Menschheit erlittenen Opfertod sühnt. Kraftlos durch die erduldeten Qualen hängt Jesu nackter fahler Leib am t-förmigen Kreuz, wodurch dessen menschliche Natur betont wird. Eine am Querbalken angebrachte Kartusche mit dem für »Jesus Nazarenus Rex Iudaeorum« (dt. »Jesus von Nazaret, König der Juden«) stehenden »INRI« als höhnisch gemeinte Abkürzung verweist auf sein Vergehen: Christi Schuld besteht in seiner Nichtanerkennung der Autorität Roms, weshalb er sich vor dem Statthalter Pontius Pilatus verantworten musste und nach dessen nach römischem Recht gefälltem Urteil mit dem schmachvollen Kreuzestod bestraft wurde. Währenddessen trauern um ihn seine engsten Vertrauten Maria, Johannes der Evangelist und Maria Magdalena. Subtil vollführen sie Gesten der Totenklage ob des unabwendbaren Verlusts. Dadurch treten sie in der besonderen Rolle als Sinnbild und Vermittler der für den Gläubigen – hier den *im* wie *vor* dem Bild demütig knienden und in ewiger Anbetung verharrenden Stifter – mustergültigen *compassio* (lat. für Mitleiden) auf.

Als erweiterter Kommentar lesen sich die zeitlich nachgeordneten Ereignisse mit den verstreut platzierten Figuren, womit die nahsichtige Hauptszene in eine narrative Sequenz eingebunden und ein regelrechter Minizyklus geformt ist. Links warten Joseph von Arimathäa und Nikodemus am bereits geöffneten Sarkophag in der Grabeshöhle, worin Christi Leichnam gebettet wird. Rechts auf einem sich durch die Ebene schlängelnden Weg wird auf den im Evangelium des Lukas (Lk 24, 13–29) beschriebenen Gang der beiden Jünger nach Emmaus hingedeutet, denen der Auferstandene leibhaftig erschienen ist. Ikonographisch markiert die Kreuzigung den Höhe- und zugleich Endpunkt von Jesu Leben und Passion, der Christi Erlösungstat neben seiner Menschwerdung als das wichtigste Mysterium des christlichen Glaubens herausstellt. Daran wird in der Liturgie im eucharistischen Opfer beständig erinnert.

Was die Komposition betrifft, orientiert sich Lorenzo Costa offenkundig an der einst für das Monastero di Sant'Antonio in Polesine di Ferrara geschaffenen *Kreuzigung Christi* (um 1465 (?), Musée des Arts Décoratifs, Paris) der mit Baldassare d'Este (1432–1509/10) versuchsweise durch den Kunsthistoriker Roberto Longhi (1890–1970) identifizierten Künstlerfiktion »Vicino da Ferrara«. Oder sollte es sich hierbei vielleicht um das einzig überlieferte Werk seines Vaters Giovanni Battista di Domenico (nachweisbar 1450–1484/85) handeln, in dessen Werkstatt Lorenzo seine Lehrzeit in Ferrara absolvierte? Dies suggerieren die um das Kruzifix angesiedelte klagende Trauergemeinde vor einem sich kontinuierlich in die Bildtiefe erstreckenden Landschaftsprospekt mit der Jerusalem-Ansicht, der Stil mit den nahezu identischen Figurentypen oder der ge-

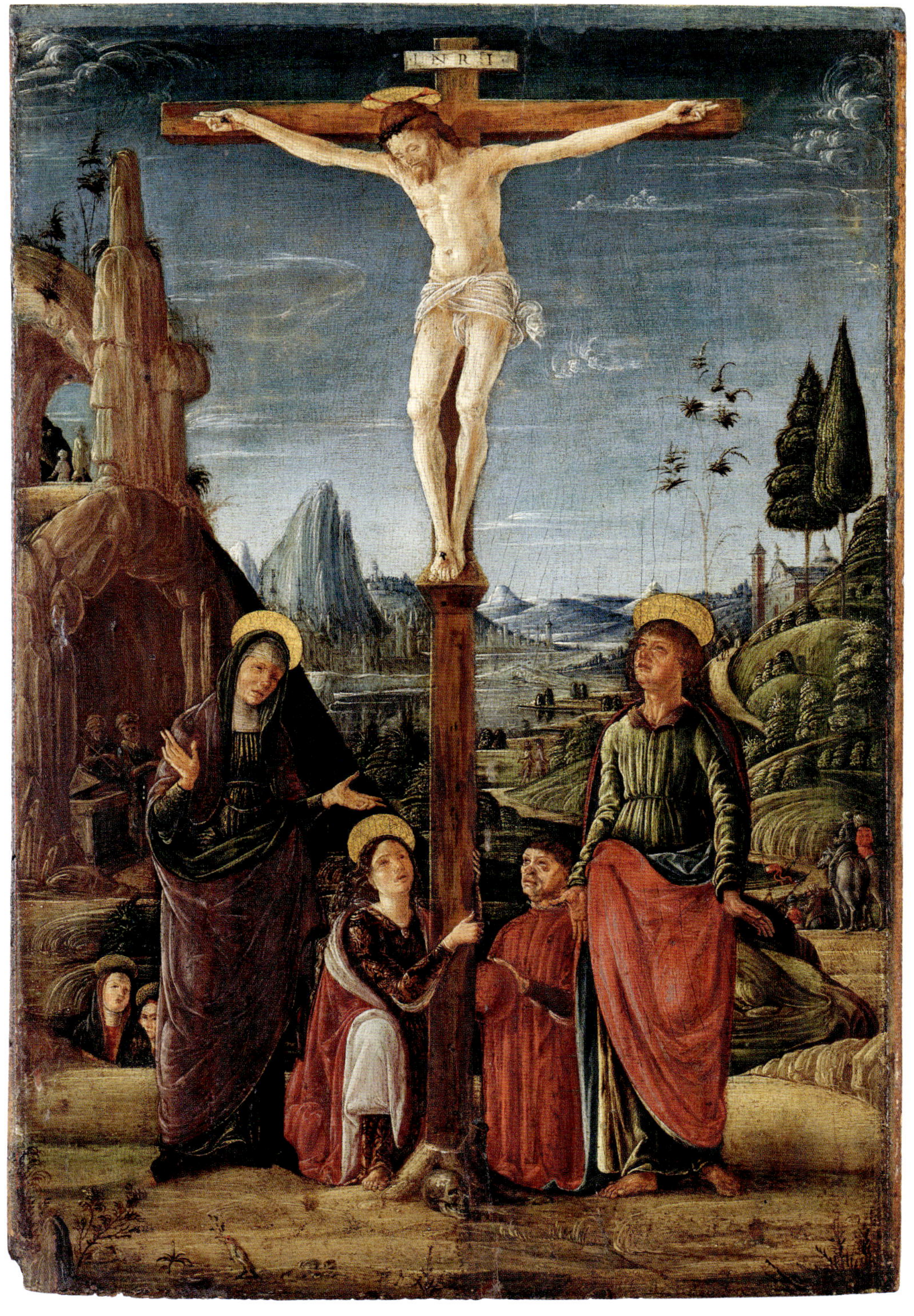

wählte Darstellungsmodus mit der auf die Passionsthematik zielenden Farbigkeit sowie etliche motivische Ähnlichkeiten. Jedenfalls reiht sich unsere *Kreuzigung Christi* problemlos in Lorenzos Frühwerk ein und ist etwa zwischen 1483 und 1485 zu datieren.

Tobias Ertel

1 Zur *fortuna critica* des Andrea Mantegna und zu dessen Ausverkauf in Norditalien und vor allem im Padua des 18. und 19. Jahrhunderts siehe Curzi 1997, S. 91–140; Magani 1998, S. 355–380; Caburlotto 2004, S. 12–16; die beiden auf den 4. März 1845 und 19. April 1854 in Rom datierten Briefe von Emil Braun an Bernhard August von Lindenau finden sich im Thüringischen Staatsarchiv Altenburg, Handschriften der GAGO, 824 e, 72/87 und 824 c, 76/91.

17

MASACCIO (eigentlich Tommaso di Ser Giovanni di Mone Cassai; San Giovanni Valdarno 1401–1428 Rom)

CHRISTUS AM ÖLBERG UND HEILIGER HIERONYMUS ALS BÜSSER

um 1423, Tempera auf Pappelholz, 43,3 × 62,0 cm

Lindenau-Museum Altenburg, Inv. 95

Provenienz: 1844 durch Emil Braun in Rom erworben.

Literatur: Schmarsow 1899, S. 134–135; Oertel 1961, S. 140–142; Ausst.-Kat. Florenz 2005, S. 137–140, Kat. 31 (Daniela Parenti).

Dieses kleine Andachtsbild besteht aus zwei übereinanderliegenden Szenen. Im oberen Teil ist Christus am Ölberg dargestellt: Am Gründonnerstag, nach dem letzten Abendmahl, kommt dieser mit Petrus, Johannes und Jakobus an jenen Ort, um zu beten. Während die Apostel im Vordergrund tief und fest schlafen, überreicht ein Engel einen Kelch an Jesus, dessen zukünftige Passion ankündigend. Jesus entgegnet mit dem berühmten Gebet: »Mein Vater, wenn es möglich ist, dann lass den Kelch an mir vorübergehen und erspare mir dieses Leiden! Aber nicht was ich will, sondern was du willst, soll geschehen.« (Mt 26,39). In Kürze werden die von Judas angeführten römischen Soldaten eintreffen und Jesus verhaften, am nächsten Tag wird er gekreuzigt werden. Der Körper des Engels ist auf dem Bild heute nur noch als ein großer roter Fleck erkenntlich. Es ist möglich, dass es sich um einen Seraph handelte, ein himmlisches Wesen mit Engelskopf und roten Flügeln. Die Landschaft erscheint sehr schematisch, aber dennoch um Realismus bemüht, die Felsen werden von einer wilden Vegetation unterbrochen. Auf der rechten Seite sind Olivenbäume deutlich erkennbar.

Die untere Hälfte der Tafel zeigt eine ähnliche Szene: Diesmal ist es ein echter Engel (kein Seraph), der dem ebenfalls knienden heiligen Hieronymus einen Palmzweig überreicht. Der Heilige ist an seiner weißen Tunika zu erkennen, die weit geöffnet ist, um sich als Zeichen der Reue mit einem Stein auf die Brust zu schlagen. In seiner Linken hält er einen Rosenkranz, während auf dem Boden der rote Kardinalshut liegt, der vor einem kleinen Altar platziert ist. Die Einsiedelei, in der sich Hieronymus befindet, wird durch die Skorpione angedeutet, die den Heiligen umgeben. Die Darstellung eines Palmzweigs ist jedoch ungewöhnlich, da dieser normalerweise das Attribut von Märtyrern ist – was Hieronymus streng genommen nicht war. Wollte man zum Ausdruck bringen, dass der Heilige der Versuchung widerstanden hat?[1] Oder geht es hier um die Ankündigung seines baldigen Todes?[2] Wie dem auch sei, die Parallelität der beiden dargestellten Szenen ist sicherlich nicht zufällig.

Infrarotaufnahmen haben gezeigt, dass der goldene Streifen, der die beiden Szenen voneinander trennt, ursprünglich nicht existierte und die Landschaft sich auf beiden Teilen kontinuierlich ausdehnte. Auch Christus und die Apostel wurden erst später hinzugefügt.[3] Die Tafel sollte also ursprünglich nur den heiligen Hieronymus präsentieren, und das in einer Darstellungsweise, die erst später üblich wurde.[4] Es ist anzunehmen, dass der Auftraggeber des Gemäldes den Gelehrten und Eremiten besonders verehrte, entweder aufgrund des gemeinsamen Vornamens oder aufgrund von Verbindungen zum Hieronymitenorden, der 1423, dem wahrscheinlichen Entstehungsdatum der Tafel, einer bedeutenden Reform unterzogen wurde.

Das Gemälde wird heute Masaccio zugeschrieben, einem der Pioniere der neuen Malweise im Florenz der Renaissance. Obwohl er Gold anstelle des Himmels (den man sich als Nachthimmel vorstellen muss) verwendete, bemühte sich der Maler die Szene so realistisch und räumlich wie möglich darzustellen: Der Altar, vor dem der heilige Hieronymus kniet, wird in Schrägansicht wiedergegeben, anklingend an die sich später entwickelnde perspektivische Darstellung, während die drei Apostel sehr naturalistische Körperhaltungen einnehmen (Abb. 1). Dies stand im Gegensatz zur Kunst der vorangegangenen Jahre, insbesondere zu Lorenzo Monaco (um 1370–um 1425), der das Thema mehrfach in deutlich zweidimensionaleren Kompositionen ausführte; im Gegensatz dazu zögerte Masaccio nicht, das Gesicht des Jakobus mit dem Heiligenschein des Petrus zu bedecken. Die Tafel wird nicht als ebene Fläche gesehen, sondern als »offene Fenster« zur Geschichte, wie Leon Battista Alberti

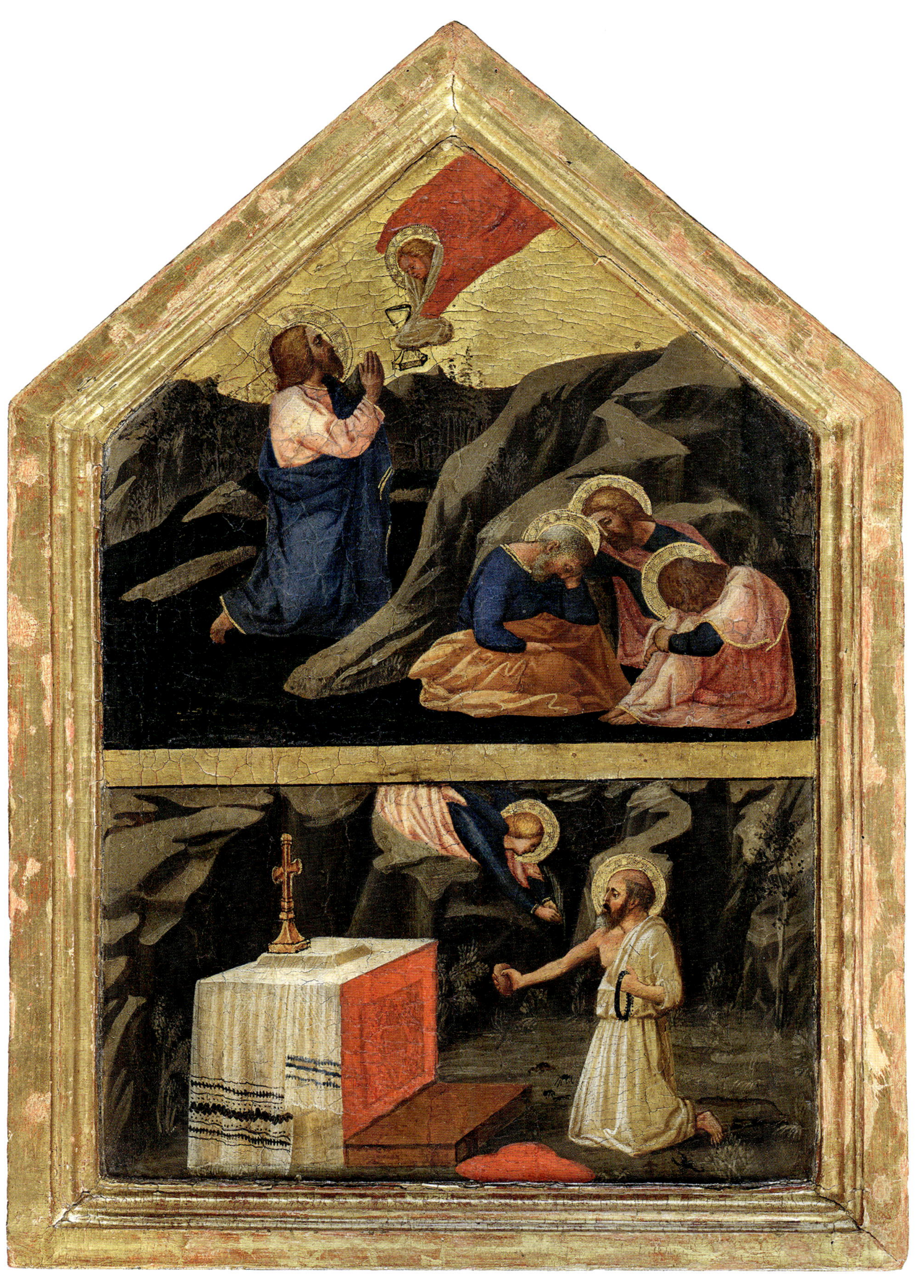

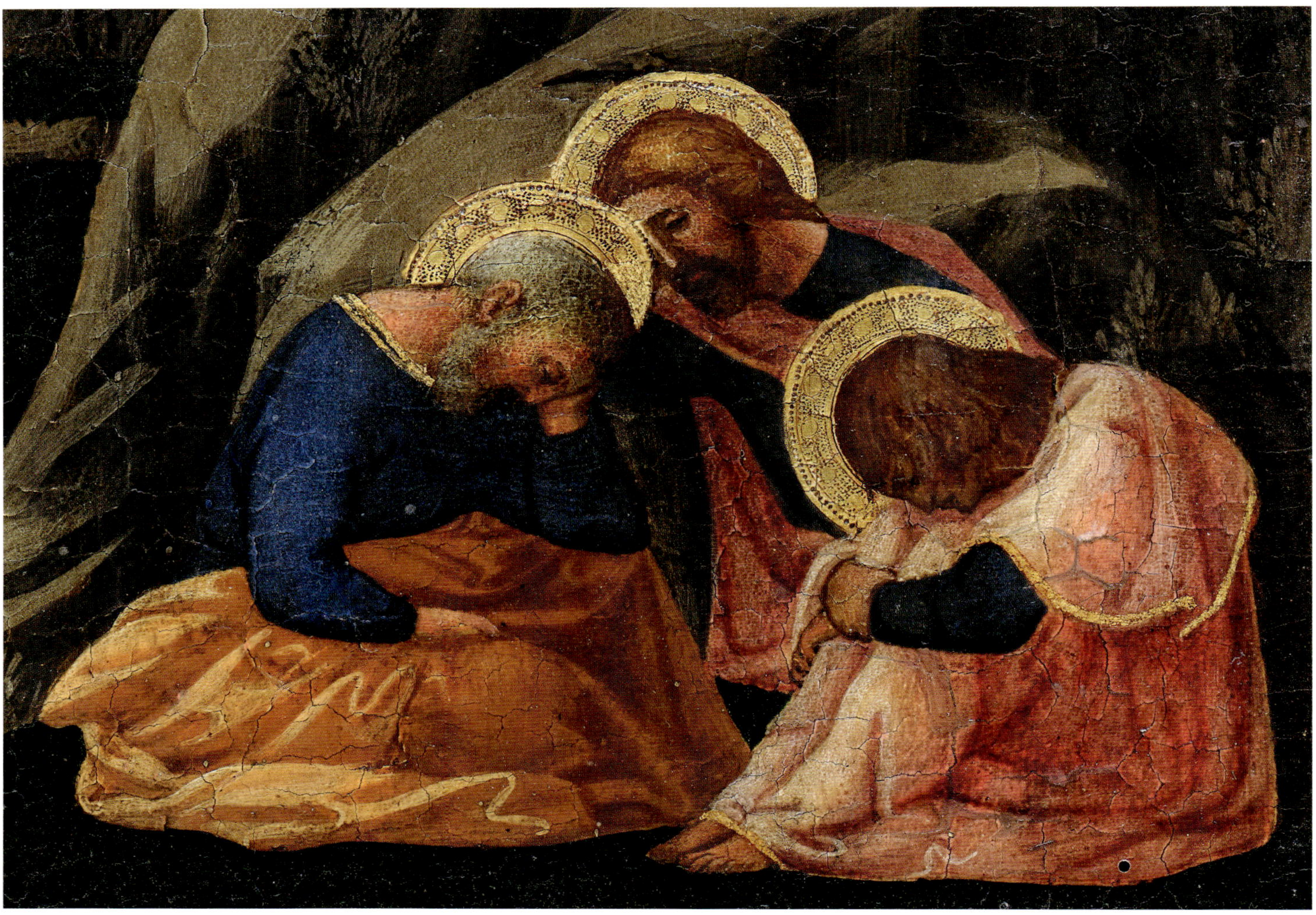

Abb. 1 Masaccio, Christus am Ölberg und heiliger Hieronymus als Büßer, um 1423, Tempera auf Pappelholz, Lindenau-Museum Altenburg, Kat. 17, Detail

(1404–1472) in seinen Mitte der 1430er-Jahre verfassten drei Büchern über die Malerei, *De pictura*, schrieb, in deren Widmung Masaccio, obwohl zu diesem Zeitpunkt bereits lange verstorben, (womöglich) erwähnt wird.[5]

Zur Zeit der Entstehung der Altenburger Tafel war Masaccio noch weit von der Qualität seiner berühmtesten Werke entfernt: Hier gibt es keine mathematisch exakte Perspektive wie in seinem Fresko der *Trinität* in der Florentiner Kirche Santa Maria Novella und auch keine dramatische Beleuchtung wie in seinen Fresken in der Brancacci-Kapelle in Santa Maria del Carmine (insbesondere *Der Zinsgroschen*), die, beide in Florenz, nach 1425 entstanden sind. Das erste datierte Werk des Künstlers, das *Triptychon von San Giovenale* (Museo Masaccio d'arte sacra, Cascia di Reggello), stammt aus dem Jahr 1422. Das *desco da parto* in der Berliner Gemäldegalerie, eines der ersten Beispiele für eine (fast) korrekte perspektivische Darstellung, geht auf etwa 1423 zurück.[6] Um dieses Datum herum ist die Altenburger Tafel anzusiedeln.

Da es sich (innerhalb einer kurzen und kometenhaft aufsteigenden Karriere: er starb in Rom im Alter von nur 27 Jahren) um ein Jugendwerk handelt, ist es kaum verwunderlich, dass die Zuschreibung der Tafel an Masaccio, obwohl schon 1898 von August Schmarsow vertreten, nicht immer akzeptiert wurde. Eine ganze historiographische Tradition zog es vor, darin die Arbeit eines Schülers zu sehen.[7] Ein solches Urteil ist heute nicht mehr akzeptabel – auch wenn das Werk seltener als seine Hauptwerke diskutiert wird, scheint es keinen Zweifel an dessen Autorschaft zu geben.

Masaccio war einer der Initiatoren der Renaissancemalerei. Er setzte Perspektive und Licht für räumliche Zwecke ein und

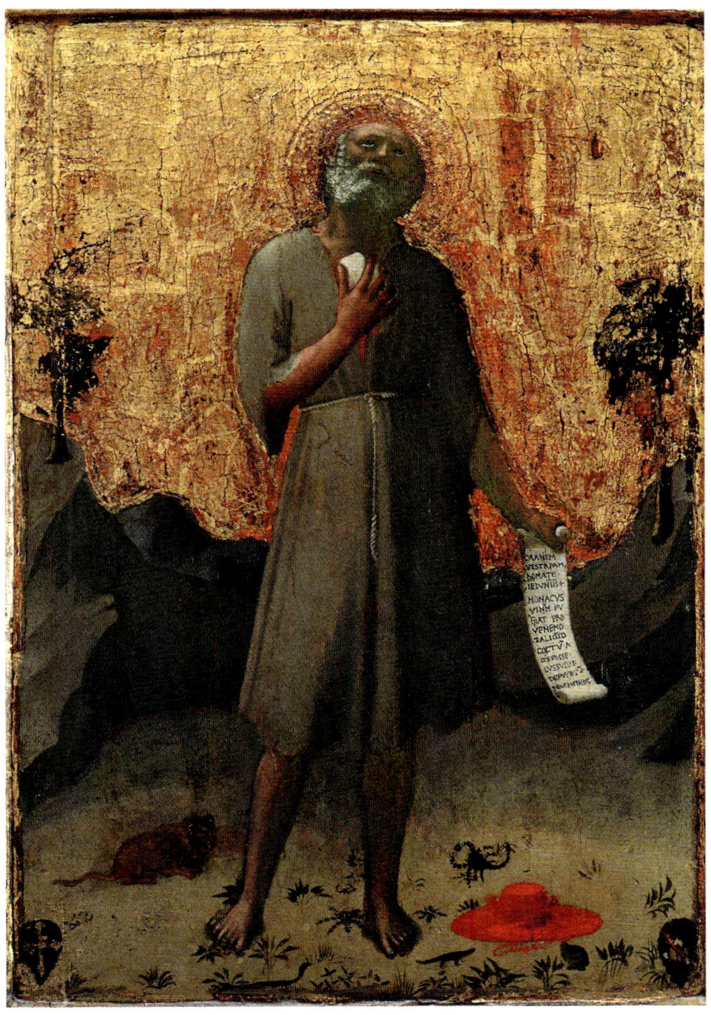

Abb. 2 Fra Angelico, Heiliger Hieronymus, um 1422/23, Tempera auf Holz, Princeton University Art Museum

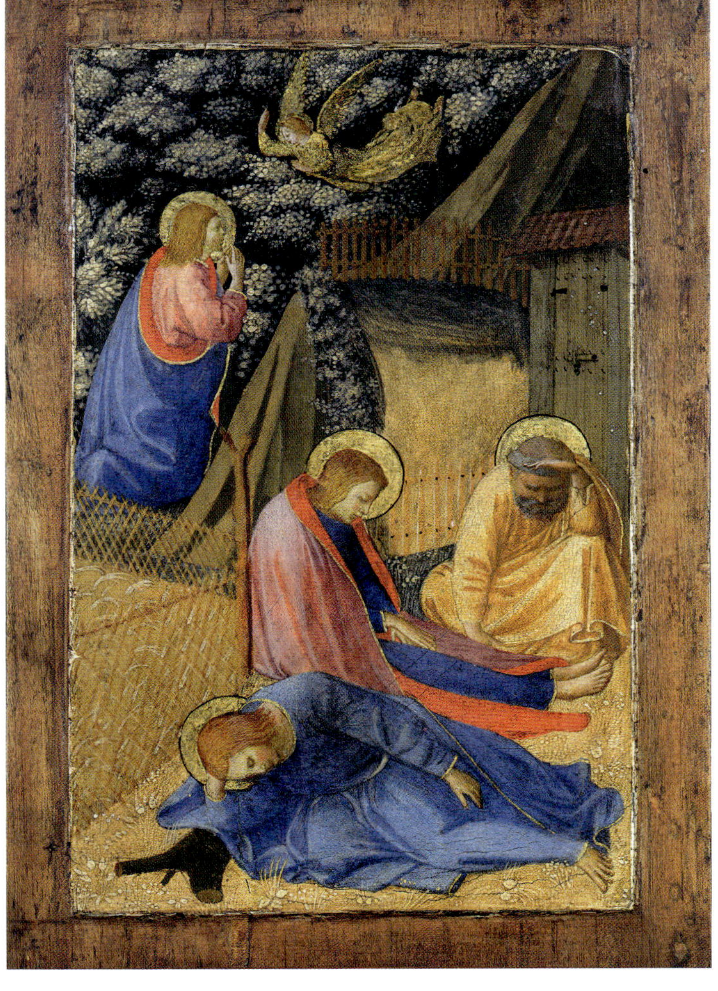

Abb. 3 Fra Angelico, Gebet im Garten, 1428/29, Tempera auf Holz, Museo Civico di San Domenico, Forlì

verlieh seinen Figuren damit eine große Dramatik. Jedoch war er nicht der erste Künstler in Florenz, der Heiligengeschichten strenger und einfacher darstellen wollte als die Vertreter der Internationalen Gotik. Masaccio trat in die Fußstapfen des Bildhauers Donatello (um 1386–1466) und des Architekten Filippo Brunelleschi (1377–1446), deren künstlerische Bemühungen bis dahin nicht in Malerei umgesetzt worden waren. Es ist dann durchaus bedeutsam, dass diese »Reform« innerhalb der Kunst später von einem Ordensmann, dem dominikanischen Observanten Fra Angelico (um 1395–1455), durchgeführt wurde (siehe Kat. 31–32). Zwei Werke Fra Angelicos, die auf die späten 1420er-Jahre datiert werden können, sind dieser Tafel sehr ähnlich: erstens ein *Heiliger Hieronymus*, der heute am Princeton University Art Museum bewahrt wird, in dem der Heilige einen prominenten Platz einnimmt, ebenfalls mit einem Skorpion zu seinen Füßen (Abb. 2); zweitens ein Teil eines kleinen Diptychons (Museo Civico di San Domenico, Forlì), das insbesondere Christus am Ölberg darstellt und so viele Parallelen aufweist, dass man in ihm ein direktes Derivat sehen kann (Abb. 3). Ein weiterer früher Nachfolger Masaccios war ebenfalls ein Mönch, diesmal jedoch ein Karmeliter: Fra Filippo Lippi (1406–1469), von dem die Altenburger Sammlung einen frühen *Heiligen Hieronymus* besitzt (Kat. 18).

Neville Rowley

1 Del Bravo 1992.
2 Joannides 1993, S. 274.
3 Vgl. Ausst.-Kat. Florenz 2005, S. 139, Kat. 31, Abb. 1 (Daniela Parenti).
4 Vgl. Meiss 1974.
5 Pardo 2000.
6 Vgl. Ausst.-Kat. Berlin 2022, S. 152–155, Kat. 15 (Laura Cavazzini).
7 Noch vor Kurzem Cecchi 2016, S. 310.

18

FRA FILIPPO LIPPI (Florenz um 1406–1469 Spoleto)

HEILIGER HIERONYMUS ALS BÜSSER UND EIN JUNGER KARMELITERMÖNCH

um 1440–1445, Tempera auf Pappelholz, 54,0 × 37,0 cm

Lindenau-Museum Altenburg, Inv. 96

Provenienz: Vor 1848 erworben.

Literatur: Schmarsow 1897b, S. 180–181; Oertel 1961, S. 146–147; Ausst.-Kat. Florenz 2005, S. 102–105, Kat. 20 (Ada Labriola); Ausst.-Kat. Prato 2013, S. 216–217, Kat. 6.8 (Andrea Di Lorenzo).

In diesem kleinen, äußerst fein ausgearbeiteten Tafelbild ist die wichtigste Person im Mittelgrund platziert: Der Kardinalshut lässt diese zwar als heiligen Hieronymus erkennen, doch liegt die Kopfbedeckung auf dem Boden einer einfachen Hütte im Hintergrund. Es ist das Zeichen dafür, dass der Kirchenvater seine kirchliche Macht und sein Leben als Gelehrter gegen die Einsamkeit der Wüste eingetauscht hat, um die Leiden Christi am eigenen Leib zu erfahren. Das Kruzifix in seiner linken Hand vergegenwärtigt sein Vorbild. Sein Oberkörper ist unbekleidet und der Stein in seiner Rechten wird ihm dazu dienen, sich als Zeichen der Reue selbst Schläge auf die Brust zuzufügen. Als Eremit blickt Hieronymus nicht nur auf das Kruzifix, sondern auch auf den menschlichen Schädel, der vor ihm liegt, als wäre dieser sein eigenes Spiegelbild (die Glatze des Geistlichen betont diese Parallelität zusätzlich). Die Botschaft ist klar: Das Leben ist nur Eitelkeit, man sollte seiner Sünden gewahr sein.

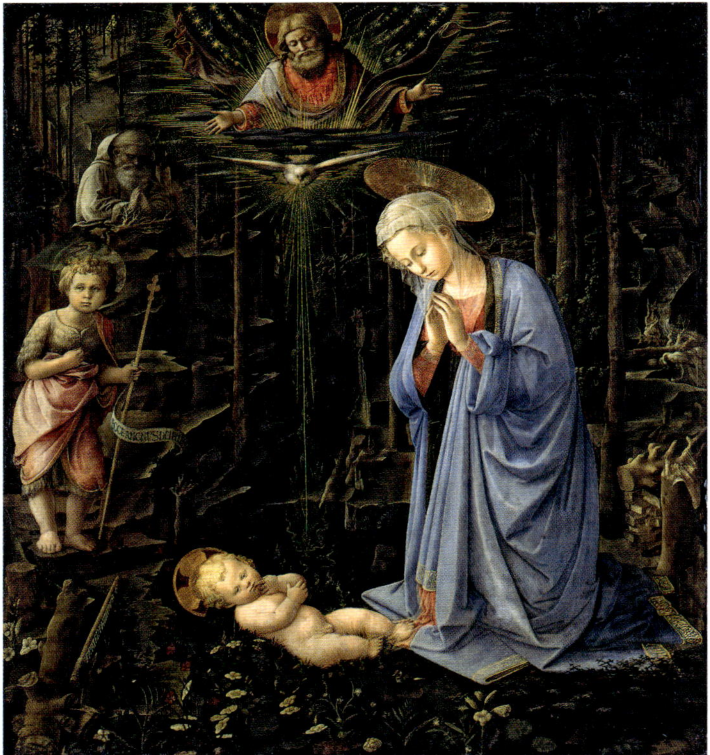

Abb. 1 Fra Filippo Lippi, Die Anbetung im Walde, 1459, Öl auf Pappelholz, Gemäldegalerie, Berlin

Im Vordergrund streckt ein Mönch – fraglich, ob er mit einem Karmeliter identifiziert werden kann – seine linke Hand nach einem Löwen aus, dem Attribut des heiligen Hieronymus. Der *Legenda aurea*, einer Sammlung von Heiligenviten aus der zweiten Hälfte des 13. Jahrhunderts, zufolge erschrak der Heilige nicht, als er ein solches Tier in sein Kloster humpeln sah. Stattdessen bat er einige Brüder, es vom Dorn in seiner Tatze zu befreien. Der Löwe im Vordergrund der Tafel scheint die Schnauze einer Löwin zu lecken, deren Maul aus dem Halbdunkel einer Höhle herausragt.[1] Die Felslandschaft darüber ist eher symbolisch als topographisch zu lesen: Sie soll zeigen, wie beschwerlich der Weg zum Herrn ist, wobei die Belohnung an dessen Ende liegt, hier symbolisiert in Form der Kirche im Hintergrund links. Das Werk kann somit als Vorläufer einer »moralisierten Landschaft« betrachtet werden, ein Genre, das damals noch in seinen Anfängen steckte und erst im nächsten Jahrhundert Verbreitung fand.

August Schmarsow ist es zu verdanken, dass dieses Gemälde seit 1897 Fra Filippo Lippi zugeschrieben wird, einem Karmeliterbruder, der in Florenz von Masaccio (1401–1428) ausgebildet wurde und mit dem er 1426 an einem Altarbild für seine Ordenskirche in Pisa zusammenarbeitete. Mehrere Jahre später wurde Lippi vom Orden ausgeschlossen, weil er mit einer Novizin oder jungen Frau in der Obhut der Nonnen ein Verhältnis einging und das Kloster verließ. Er wurde jedoch durch den Patriarchen der Medici-Familie, Cosimo d. Ä. (1389–1464), begnadigt. Für die Kapelle des Medici-Palastes in Florenz schuf er 1459 ein Altarbild mit einer ähnlichen nächtlichen Atmosphäre, die *Anbetung im Walde* (Gemäldegalerie, Berlin; Abb. 1). Tatsächlich befand sich unsere Tafel 1492 ebenfalls im

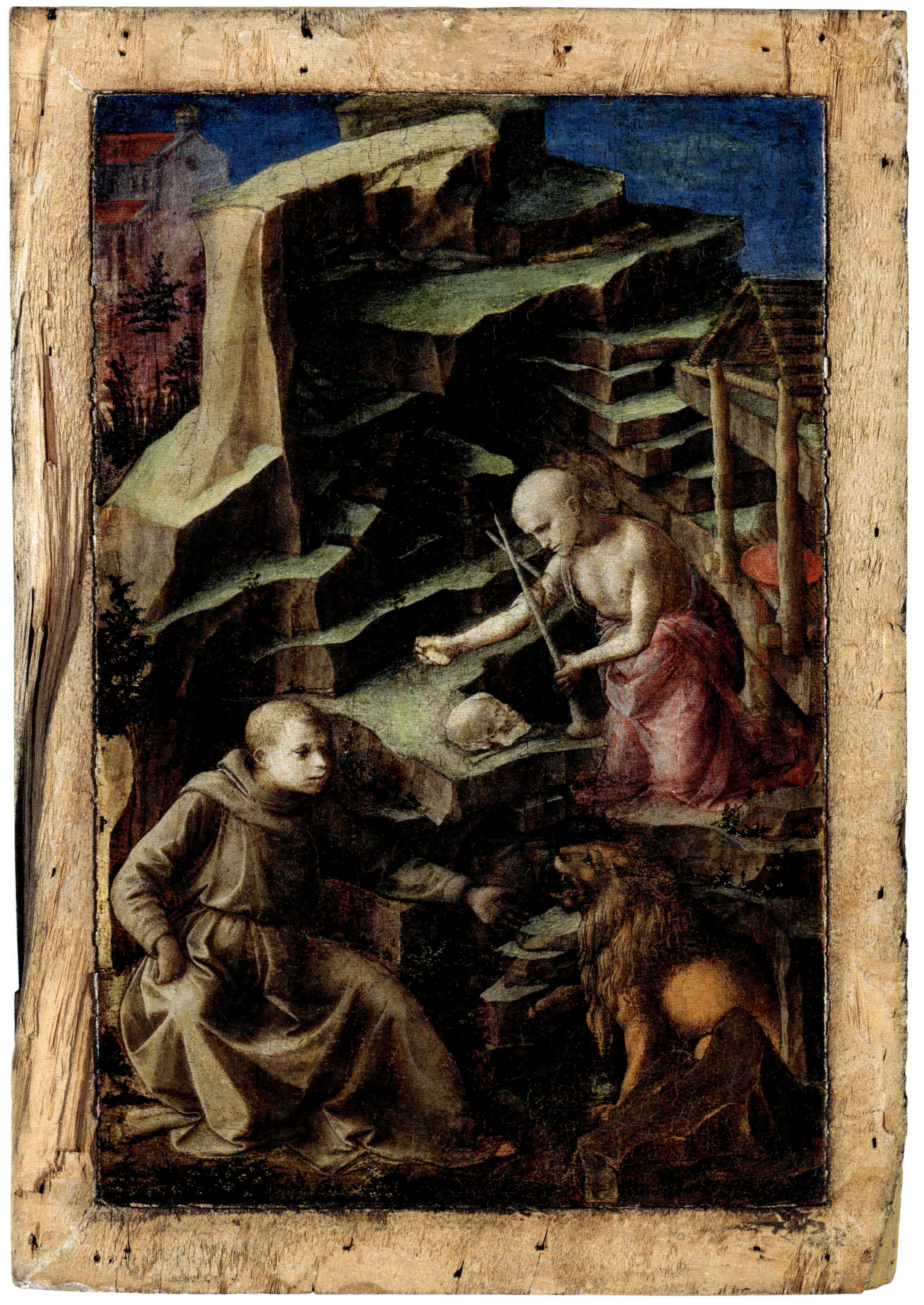

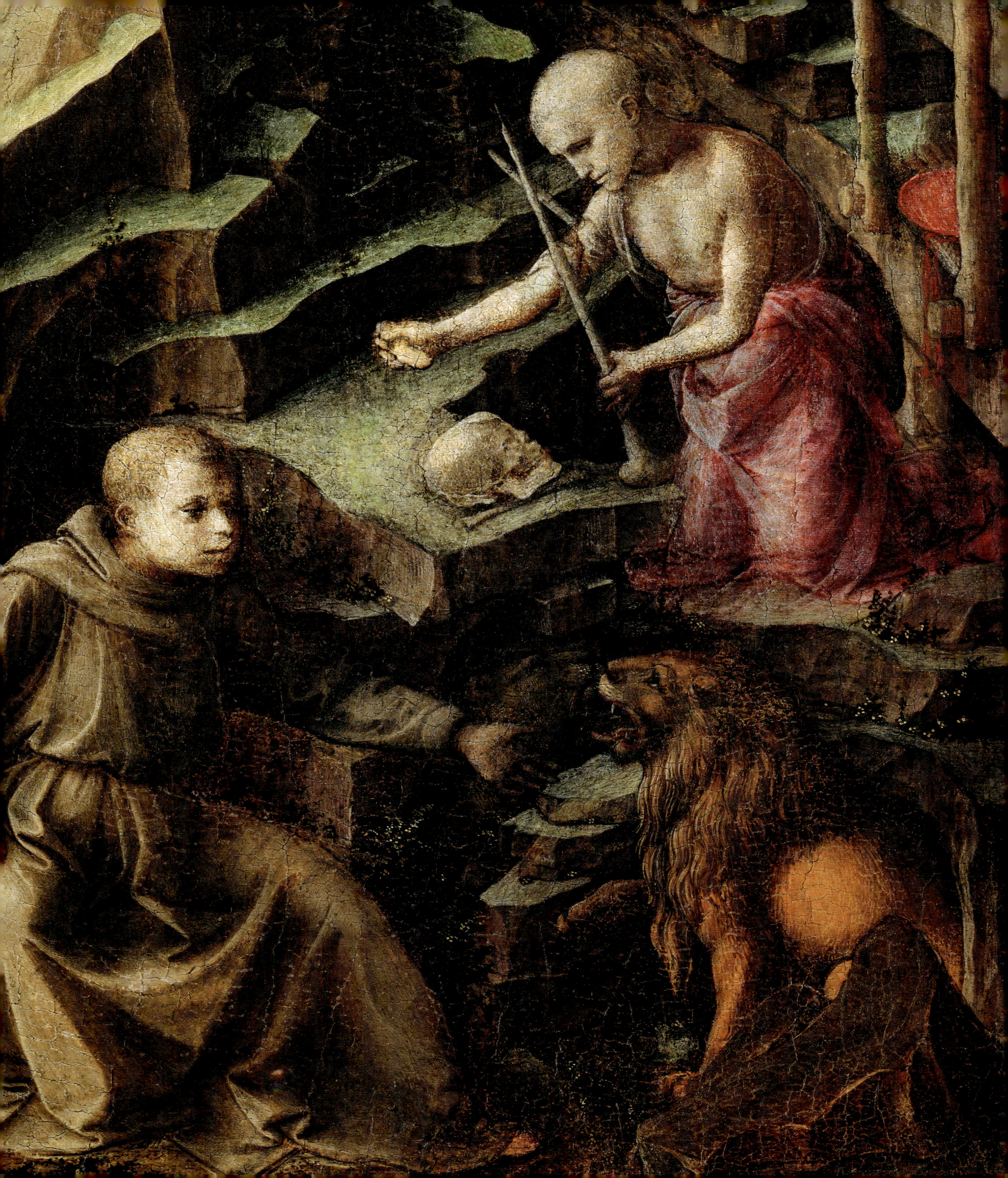

Medici-Palast: Sie wurde nach dem Tod Lorenzo de' Medicis (1449–1492) inventarisiert und Fra Filippo Lippi und »Pesello« (gemeint zweifellos Francesco Pesellino, um 1422–1457) zugeschrieben, der bei vielen Gelegenheiten mit Lippi zusammenarbeitete, und nicht sein Großvater Giuliano d'Arrigo, genannt Pesello (um 1367–1446), dessen Œuvre noch im Dunkeln liegt. Wie schon das Altarbild in der Kapelle wurde auch dieses Andachtsbild bereits früh von einer auf diesem Gebiet spezialisierten Werkstatt kopiert, die man unter dem Notnamen Pseudo-Pier Francesco Fiorentino zusammenfasst; die Kopie befindet sich heute an der Accademia Carrara in Bergamo (Abb. 2).[2]

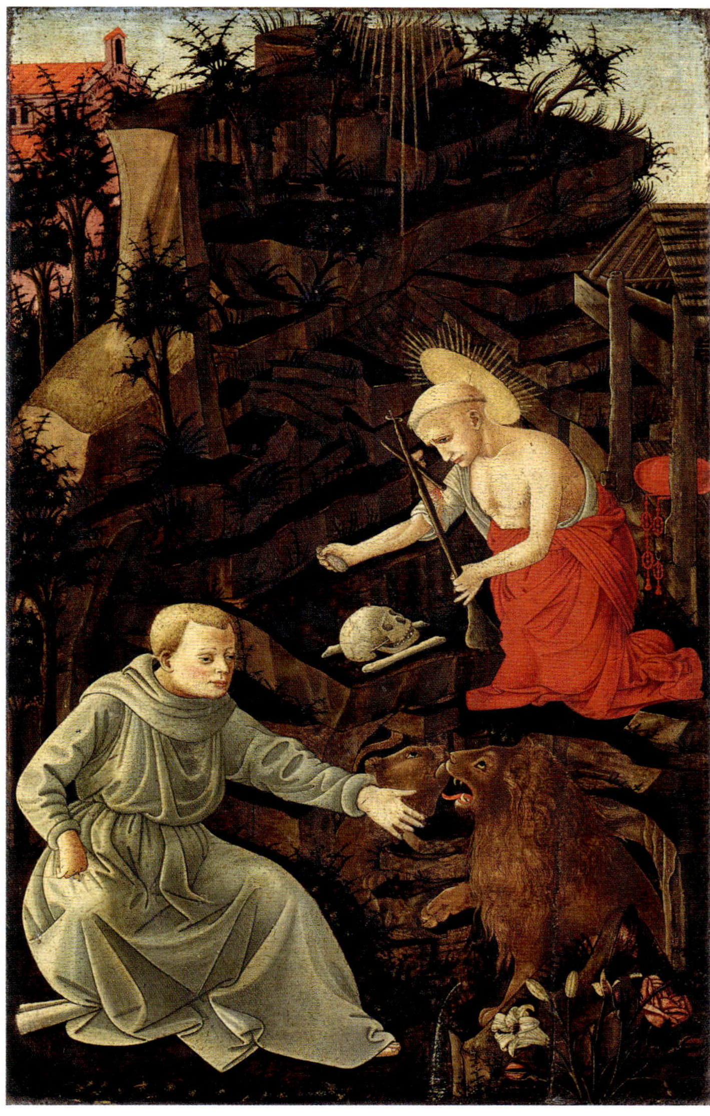

Abb. 2 Pseudo-Pier Francesco Fiorentino, Heiliger Hieronymus, um 1460, Tempera auf Holz, Accademia Carrara, Bergamo

Während die Zuschreibung der Tafel an Lippi kaum infrage gestellt wurde, herrscht Uneinigkeit bei ihrer Datierung: Sie wurde sowohl als Jugendwerk[3] als auch als Spätwerk[4] eingeordnet. Seit Miklós Boskovits wurde eine Datierung um 1435 bis 1437 bevorzugt.[5] Jeffrey Ruda stellt zudem die Überlegung an, dass das vorliegende Gemälde Anlass für die Zahlungsaufforderung Lippis an Piero di Cosimo de' Medici (1416–1469) im Jahr 1439 war.[6] Ebenfalls gerechtfertigt scheint es, die Datierung in die erste Hälfte der 1440er-Jahre zu verschieben, auch aufgrund der Nähe zu anderen Werken dieser Zeit.[7] Die Tafel hat darüber hinaus Parallelen im Œuvre von Pesellino: Sowohl die Felsen als auch die Gewänder des Karmeliterheiligen scheinen sich in der Predella der sogenannten *Pala del Noviziato* wiederzufinden, die heute zwischen dem Pariser Musée du Louvre und den Florentiner Uffizien aufgeteilt ist und an der der junge Pesellino unter seinem älteren Kollegen Fra Filippo Lippi arbeitete, der die Haupttafel geschaffen hatte. Enthält also die alte Zuschreibung des Medici-Inventars an beide Maler letztlich doch ein Stück Wahrheit?[8]

Die Tafel ist ein Beispiel für die Besonderheit des Werks Fra Filippo Lippis, eines Künstlers, dessen Anfänge von Masaccios klarer Malweise, der sogenannten *pittura di luce*[9] (lat. für Malerei des Lichts), geprägt waren, der aber auch einer der ersten war, der in Florenz die aus Flandern stammende reflektierende Ölmalerei adaptierte. In vorliegendem Werk kommt eine solche Vorliebe für nächtliche Atmosphäre zum Ausdruck, die der dargestellten Szene den Charakter einer Fabel verleiht. Zwei Jahrhunderte später sollte dieselbe Ästhetik in den Darstellungen des heiligen Hieronymus triumphieren, insbesondere in jenen des größten Lichtkünstlers der Geschichte, Michelangelo Merisi, genannt Caravaggio (1571–1610; siehe insbesondere die Version in der Galleria Borghese, Rom).

Neville Rowley

1 Jeffrey Ruda hat dieses ungewöhnliche zweite Tier als Symbol der Jungfrau Maria interpretiert, siehe Ruda 1993, S. 384.
2 Giovanni Valagussa nimmt an, dass das Gemälde in Bergamo das gelistete Bild im Palazzo Medici sein könnte, siehe Best.-Kat. Bergamo 2018, S. 44–46, Kat. I.12.
3 Seit Berenson 1936, S. 247.
4 Penndorf 1998, S. 50 (Margit Mahn).
5 Boskovits 1986, S. 249, Anm. 41. Insbesondere in Ruda 1993, S. 382–384, Kat. 15 und Ausst.-Kat. Florenz 2005, S. 102–105, Kat. 20 (Ada Labriola).
6 Ruda 1993, S. 27–29.
7 Insbesondere zur Predella der *Martelli-Verkündigung* in San Lorenzo in Florenz, die in Zusammenarbeit mit dem Meister von Pratovecchio entstand, aber auch zur *Marienkrönung* (Le Gallerie degli Uffizi, Florenz), die einst den Hochaltar von Sant'Ambrogio zierte; siehe für eine Datierung um 1445 Ausst.-Kat. Prato 2013, S. 216–217, Kat. 6.8 (Andrea Di Lorenzo).
8 Best.-Kat. Bergamo 1979, S. 36; Valeria Tozzini Cellai hatte bereits diese Zuschreibung vorgeschlagen, siehe Tozzini Cellai 1986, S. 171.
9 Vgl. Ausst.-Kat. Florenz 1990.

19

SANDRO BOTTICELLI (eigentlich Alessandro Filipepi, Florenz 1444/45–1510)

BILDNIS EINER DAME (MIT DEN ATTRIBUTEN DER HEILIGEN KATHARINA)

um 1475, Tempera auf Pappelholz, 81,3 × 53,2 cm

Lindenau-Museum Altenburg, Inv. 100

Provenienz: 1847 durch Emil Braun in Rom erworben.

Literatur: Oertel 1961, S. 151–154; Ausst.-Kat. Florenz 2005, S. 60–65, Kat. 6 (Daniela Parenti); Ausst.-Kat. Frankfurt 2009, S. 188–191, Kat. 15 (Anna Rühl).

Durch einen illusionistisch gemalten, steingrauen Fensterrahmen fällt der Blick in einen schmalen Raum, möglicherweise eine Loggia, die der Halbfigur einer elegant gekleideten jungen Frau im Profil Platz bietet. Sie ist von einer halbhohen Balustrade umgeben, die in zwei große Fensteröffnungen übergeht und über ein weites Landschaftspanorama die Perspektive auf eine Flusslandschaft mit Bebauung und Bergkette am Horizont freigibt.[1]

Das Porträt ist nahansichtig mit einer gewissen Unmittelbarkeit fast bildfüllend ins Format gesetzt und zeichnet sich durch das zarte Kolorit eines dünn gefältelten weißen Gewandes mit grünem Mantel und altrosafarbenem Kragenbesatz aus. Die strenge Kontur der Porträtierten gibt ihr eine starke Präsenz und löst sie aus dem erzählerischen Bildkontext heraus. Ein helles, sanftes Kolorit kennzeichnet das Inkarnat der jungen Frau, die feine Linienführung ihrer Physiognomie über die glatte Stirn und die gerade Nase, die schmalen Lippen und den langen, makellosen Hals unterstreichen ihre Schönheit. Korrespondierend zum hellen Hautton ist das hellblonde Haar in glatt anliegenden und an den Schläfen zu Locken ondulierten Partien zu einer kunstvollen Steckfrisur mit rotem Band am Hinterkopf geführt und verleiht der Dargestellten eine vornehme, leicht kühle Eleganz. Sandro Botticelli ist für seine Vorliebe für besondere, kunstvoll gesteckte Frisuren bekannt.

Ein heller, transparenter, in perspektivischer Verkürzung wiedergegebener Nimbus, der vom begrenzenden oberen Fensterahmen beschnitten wird, kennzeichnet die Dargestellte als Heilige.

Erst der genaue Blick führt die Betrachtenden zu ihrem fast beiläufig ins Bild gesetzten Attribut, das Rad, das die Heilige am unteren Bildrand mit ihrer Linken hält und sie als heilige Katharina identifiziert. Zu sehen ist der obere massiv gestaltete Bogenverlauf des mit Eisenhaken besetzten Rades. Der schmale Palmzweig und das seidene Taschentuch, mit dem sie das Rad hält, lassen ihren bevorstehenden Märtyrertod erahnen. Katharinas rechte Hand liegt auf der unteren Fensterlaibung und umschließt ein dunkelgrün eingebundenes Buch mit goldgelbem Schnitt.

Die mittels Röntgenstrahlen vorgenommene Durchleuchtung des Bildes bestätigt die zuerst von August Schmarsow 1897 geäußerte Annahme, dass Nimbus, Rad und Märtyrerpalme nachträgliche Zutaten des Bildnisses sind (S. 111, Abb. 1). Allerdings nahm Schmarsow an, dass die Änderungen noch im Werkprozess von Botticelli vorgenommen worden seien.[2] Hinzu kommt als weitere Ergänzung der formlose Mantel und der weiße Kragen, im originalen Bildnis trug die Dargestellte ein Kleid aus einem edlen, dünneren Stoff, mit rechteckigem Ausschnitt und breitem Kragenbesatz. Ein mit Blumengirlanden bestickter Gürtel betonte die deutliche Taillierung und führte mit ansetzender Plissierung zum ausgestellten Rock über. Den Hals zierte ein schmales Band mit auffallendem Anhänger, das der Übermalung gewichen ist. Mit der Entscheidung, das Bildnis in eine heilige Katharina zu verwandeln, wurden die betont weiblichen Kennzeichen der jungen, schönen und elegant gekleideten Dame getilgt.

Von wem das Bildnis aus welchen Gründen übermalt worden ist, lässt sich nicht beantworten, zeitlich ist die Übermalung einige Jahrzehnte nach seiner Entstehung, spätestens 1520 zu datieren.[3]

Was lässt sich zur künstlerischen Autorschaft und zur möglichen Identität der ursprünglich Dargestellten sagen? Die Zuschreibung des Bildnisses erfolgte im ersten Altenburger Sammlungskatalog 1848 an Domenico Ghirlandaio (1449–1494).[4] August Schmarsow sah im Jahr 1897 Botticelli als Urheber vor und vermutete aus der Umwandlung in eine heilige Katharina, dass die Dargestellte den Vornamen Caterina trug – so brachte er Caterina Sforza (um 1463–1509) ins Spiel, die Gattin des päpstlichen Nepoten Girolamo Riario della Rovere (1443–1488).[5] Die künstlerische Zuschreibung an Botticelli wurde von Hans Timotheus Kroeber und Ernst Steinmann übernommen und hat bis heute Gültigkeit.[6] Für die Datierung ins Frühwerk des Künstlers sprechen der enge Bildraum und die modische Haartracht, die mit Beispielen aus der Zeit in Verbindung gebracht werden kann. Mit Blick auf die Frühdatierung lassen sich die Lebensdaten Caterina Sforzas nicht vereinbaren.[7]

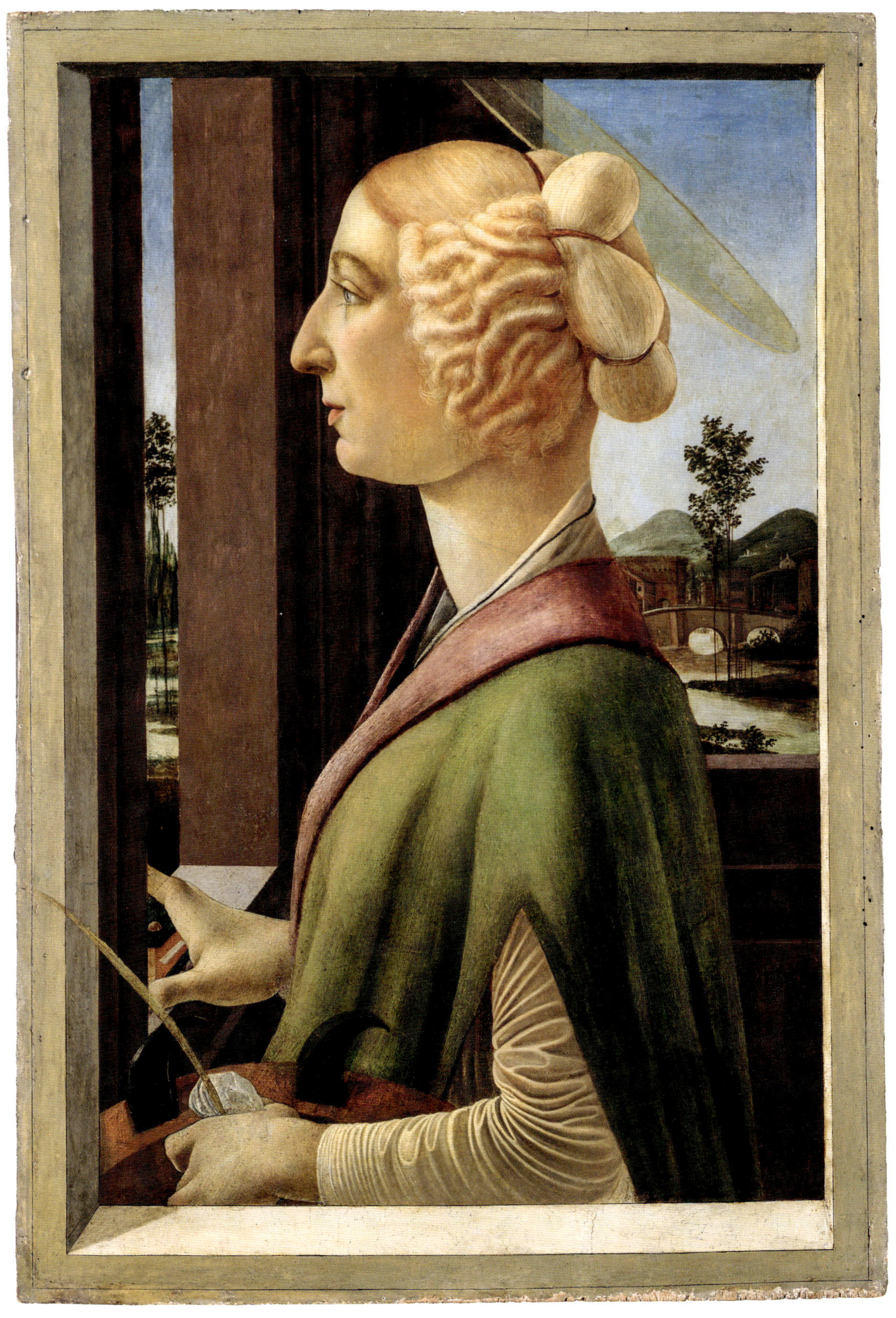

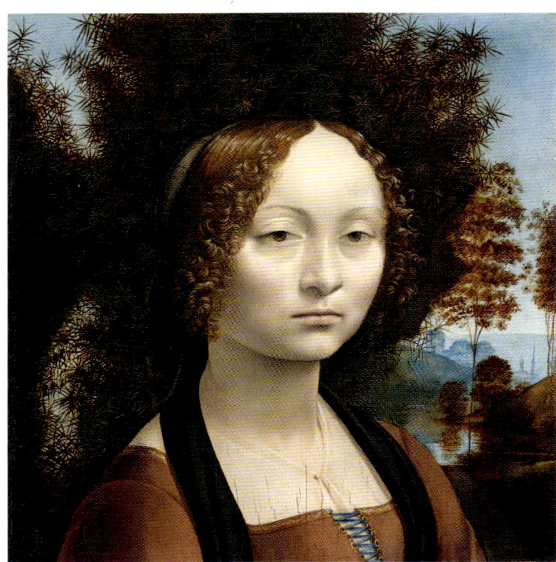

Abb. 1 Leonardo da Vinci, Ginevra de' Benci, um 1474–1478, Öl auf Holz, National Gallery of Art, Washington, D.C.

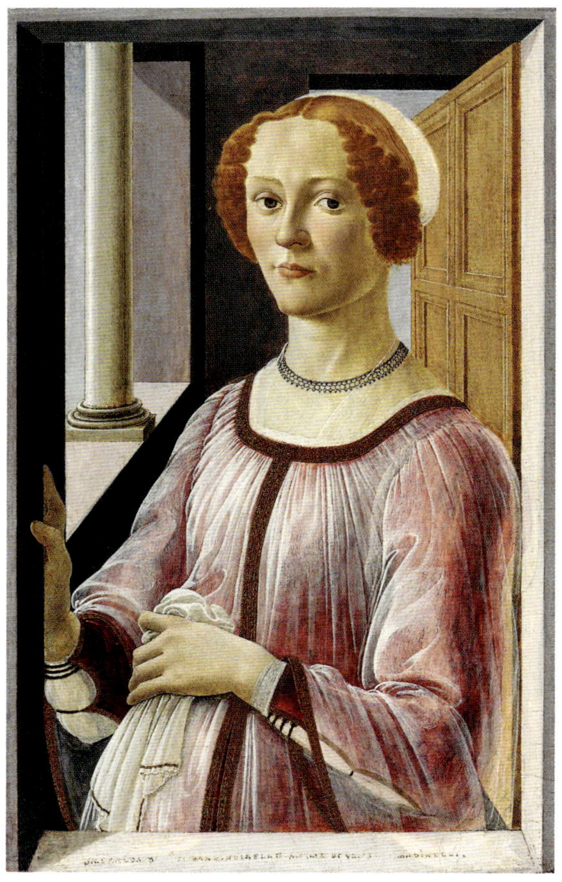

Abb. 2 Sandro Botticelli, Bildnis einer Frau (Smeralda Bandinelli), 1470–1475, Tempera auf Holz, Victoria and Albert Museum, London

Die auffällige Frisur, die Botticelli aus glatten, um den Scheitel geführten und gelockten Partien gewählt hat, weist Analogien zum *Porträt der Ginevra de' Benci* (National Gallery of Art, Washington, D.C.) von Leonardo da Vinci (1452–1519) auf und stützt eine Datierung um 1475 (Abb. 1).[8] Wichtiger erscheint aber der Verweis von Anna Rühl auf ein Doppelporträt (The Metropolitan Museum of Art, New York) von Fra Filippo Lippi (1406–1469), dem Lehrer Botticellis, das bespielhaft für die ungewöhnliche Raumgestaltung mit zwei über Eck positionierten Fensteröffnungen sein könnte.[9] Eine ähnliche Raumsituation verwendete Botticelli auch bei seinem Londoner *Bildnis einer Frau* (Victoria and Albert Museum, London), die in ihrer Haartracht dem Altenburger Bildnis nicht unähnlich ist (Abb. 2).[10] Verglichen mit dem Röntgenbild lassen sich auch Rückschlüsse auf die dünne stoffliche Qualität des Kleides ziehen; die zarte und filigrane Figurensilhouette erweckt zudem eine Ahnung des Altenburger Originalporträts.

Die Übermalung, die dem weiblichen Bildnis mit dem schweren, flächigen Mantel jede Leichtigkeit nahm, muss nach dem Tod der Dargestellten oder der Auftraggeber erfolgt sein. Erst als der persönliche Bezug verlorenen gegangen war, erfolgte eine Anonymisierung und Kennzeichnung als heilige Katharina.

Jutta Götzmann

1 In der Forschung ist in den Bauten ein Verweis auf Florenz angenommen worden, vgl. Ausst.-Kat. Berlin/London 2015, S. 316, Kat. 161 (Sabine Hoffmann).

2 Vgl. Oertel 1961, S. 152. Vgl. zur Röntengenuntersuchung Oertel 1957; siehe auch den Exkurs von Johannes Schaefer in diesem Band, S. 111, Abb. 1.

3 Vgl. Oertel 1957; vgl. auch Ausst.-Kat. Frankfurt 2009, S. 188–191, Kat. 15 (Anna Rühl), hier S. 188.

4 Vgl. Quand/Schulz 1848, S. 15. Crowe und Cavalcaselle sahen die künstlerische Handschrift 1870 »in der Manier der toskanischen Nachfolge des Piero della Francesca, der Pollaiuoli oder des Castagno«, vgl. Crowe/Cavalcaselle 1869–1876, S. 255.

5 Vgl. Schmarsow 1897b, S. 181–183; Oertel 1961, S. 152. Auch Adolf Gottschewski setzte sich für die Benennung der Dargestellten als Caterina Sforza ein, vgl. Gottschewski 1908, S. 22–28.

6 Auch Robert Oertel und in der neueren Forschung Daniela Parenti sprechen sich eindeutig für Sandro Botticelli aus, vgl. Oertel 1961, S. 152; Ausst.-Kat. Florenz 2005, S. 60–65, Kat. 6 (Daniela Parenti).

7 Vgl. Oertel 1961, S. 152; Schmarsow 1897a, S. 192–194.

8 Vgl. Ausst.-Kat. Frankfurt 2009, S. 188–191, Kat. 15 (Anna Rühl), hier S. 190 sowie S. 30, Abb. 16.

9 Ebd., S. 190. In dem New Yorker Doppelporträt wurde der ungewöhnliche Raum als Brautkammer gedeutet, vgl. ebd., S. 190.

10 Ebd., S. 190; vgl. auch Ausst.-Kat. Berlin/London 2015, S. 317, Kat. 162 (Mark Evans), das dem Altenburger Bildnis anschaulich gegenübergestellt ist. Sie wird als Smeralda Bandinelli identifiziert und ist um 1470–1475 datiert.

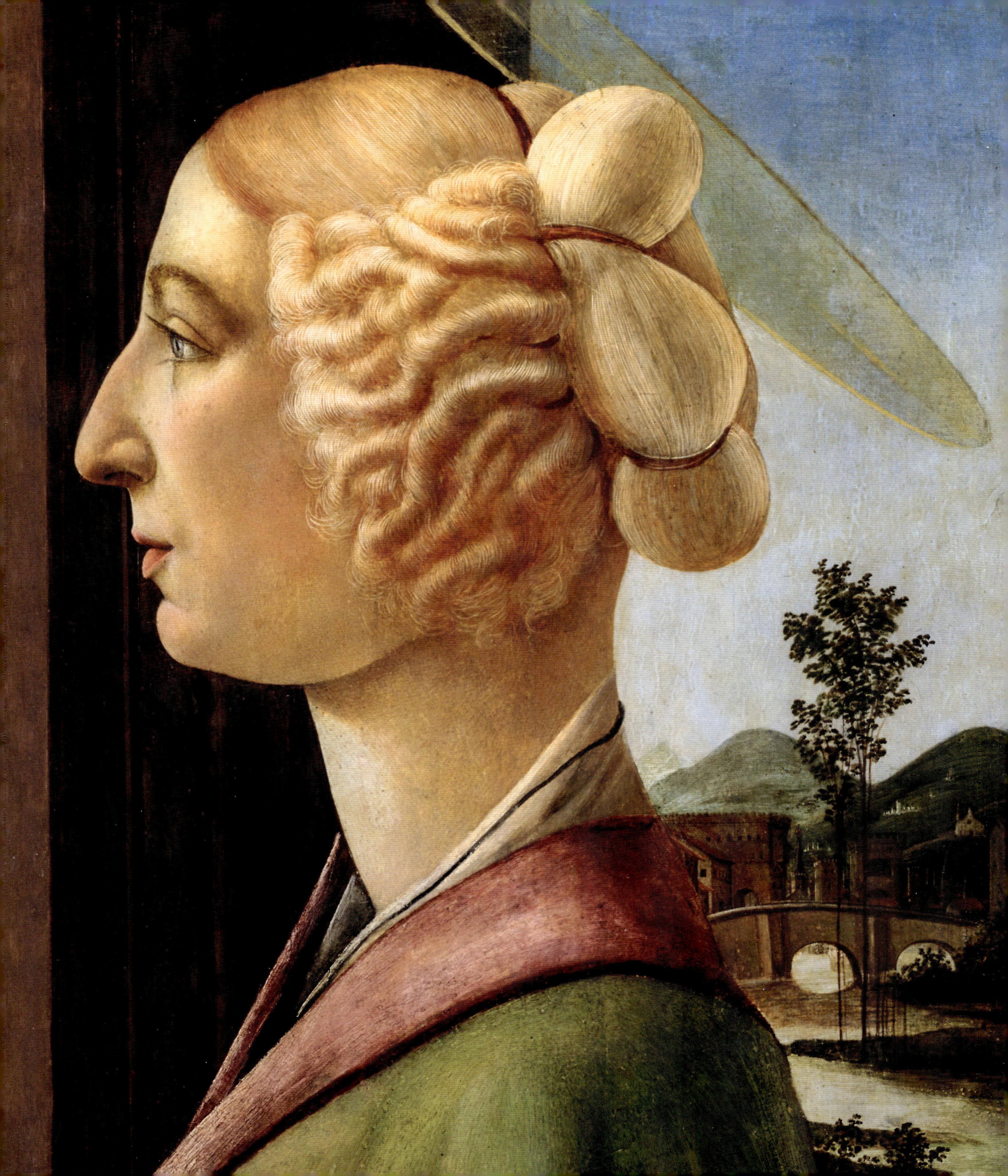

20

NERI DI BICCI (Florenz um 1418/20–1493)

GEBURT CHRISTI

um 1470–1480, Tempera auf Pappelholz, 32,4 × 77,0 cm

Lindenau-Museum Altenburg, Inv. 154

Provenienz: 1845 durch Emil Braun in Rom erworben.

Literatur: Ausst.-Kat. Florenz 2005, S. 153–154, Kat. 35 (Johannes Tripps; mit älterer Literatur); Ausst.-Kat. Hamburg 2011, S. 178–179, Kat. 28 (Wolf-Dietrich Löhr); Best.-Kat. Florenz 2015, S. 485–487 (Cecilia Frosinini).

Die Ikonographie dieses Werks stützt sich auf zwei mittelalterliche Quellen: die franziskanischen *Meditationes vitae Christi* aus dem 13. Jahrhundert und die Ende des 14. Jahrhunderts in Italien allgemein bekannte Vision von der Geburt Christi, die 1373 der heiligen Birgitta von Schweden zuteil wurde. Beide beschreiben, dass Maria den neugeborenen Christus auf den Boden legte und betend vor ihm niederkniete. Geschildert wird auch, wie Ochse und Esel das Kind mit ihrem Atem wärmten.

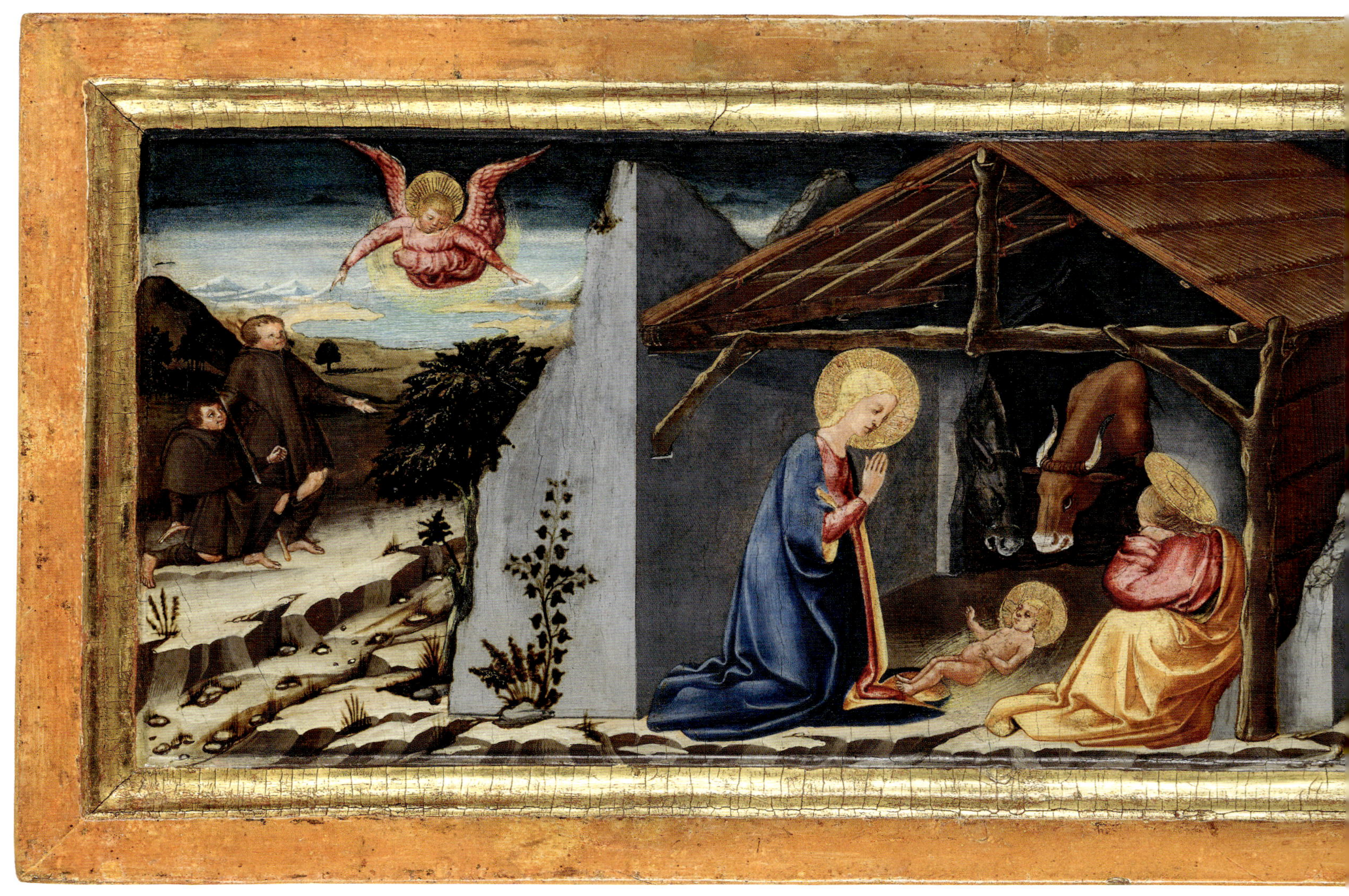

Der schlafend dargestellte heilige Joseph hat sein perspektivisch verkürztes Haupt kühn vom Betrachtenden abgewandt. Der Stall, ein notdürftig errichteter Bau aus verfallenen Steinmauern und einem Strohdach, unterstreicht die Bescheidenheit des Ereignisses. Oben links erscheint ein Engel am Himmel, der die Hirten auf die Geburt des Kindes aufmerksam macht und sie drängt, es aufzusuchen und anzubeten. Zwei weitere Hirten zur Rechten bahnen sich über verschlungene Pfade ihren Weg durch die Landschaft.

Wie die geringe Größe und das Querformat der Tafel erkennen lassen, muss sie ursprünglich zu einer Predella gehört haben, dem Sockel eines Altarbildes, dem bis heute keine weiteren Fragmente mit Sicherheit zugeordnet werden konnten. Das in den 1930er-Jahren in der Sammlung Dr. Alfred Figdor und kurz darauf beim Kunsthändler Goudstikker in Amsterdam verzeichnete Tafelbild *Heiliger Nikolaus mit drei Jungfrauen* (Tempera auf Holz, 22,5 × 34,5 cm) könnte jedoch eines dieser Puzzleteile sein. Vergleichbar in Höhe und Stil zeigt es ebenfalls Figuren, die von links beleuchtet werden und Heiligenscheine von ähnlicher Gestalt aufweisen. Sollte das Werk tatsächlich aus derselben Predella stammen, dann muss das Altarbild, zu dem die Tafeln gehörten, den heiligen Nikolaus von Bari gezeigt haben, der wahrscheinlich die Jungfrau mit Kind flankierte (unter denen dann die *Geburt Christi* platziert gewesen wäre). Das erhaltene Œuvre Neri di Biccis umfasst in der Tat mehrere Altarbilder der Jungfrau mit Kind in Begleitung des heiligen Nikolaus und anderer Heiliger, und bei mindestens zweien davon fehlt die Predella (Museo d'Arte Sacra, Peccioli; Santa Maria in Prato, Radda in Chianti). Auch wenn es weiterer Nachweise bedarf, um eine gesicherte Verbindung herzustellen, kämen diese Altarbilder wohl als Aufsätze für die heute unvollständige Predella infrage.

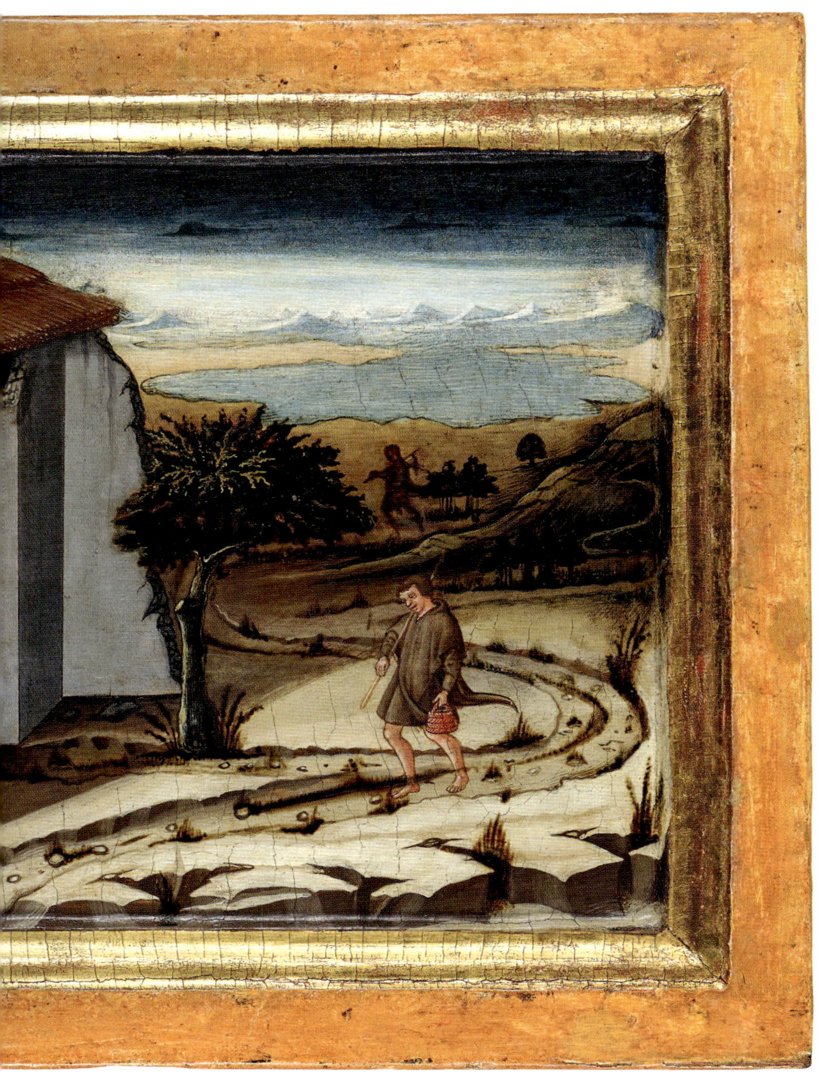

Als kommerziell erfolgreichster Maler der Renaissance in Florenz gehörte Neri di Bicci einer Künstlerdynastie an, die sein Großvater Lorenzo im frühen 14. Jahrhundert begründet hatte. Mehr als zwei Jahrzehnte seiner Tätigkeit sind in einem Rechnungsbuch, den *Ricordanze*, beschrieben, einem der umfangreichsten erhaltenen Dokumente dieser Art zu einem einzelnen Renaissancekünstler. In ausführlichen Beschreibungen der zahlreichen Aktivitäten Neris erwähnt das Buch die Anfertigung von Altarbildern, kleinformatigen Andachtstafeln, Fresken, Ladenschildern und Kerzen. Auch etliche Auftraggeber und Gehilfen der Werkstatt werden genannt. Die *Geburt Christi* – oder besser das Altarbild, aus dem sie stammt – lässt sich keinem der Einträge in den *Ricordanze* unmittelbar zuordnen und könnte tatsächlich jünger sein als das Buch. Seine strenge Modellierung, die erzählerische Hingabe und ein bemerkenswertes Interesse an naturalistischen Details legen nahe, dass es sich um ein späteres Werk des Künstlers handelt, das vielleicht erst Mitte oder Ende der 1470er-Jahre entstand.

Die *Geburt Christi* gibt einen Einblick in Neris Arbeitsmethoden. Nahezu identische Kompositionen mit geringen Abweichungen tauchen in zwei weiteren »verwaisten« Predellatafeln aus seiner Werkstatt auf (Fogg Museum, Cambridge, MA; Villa I Tatti, Florenz). Eine dritte, nachweislich 1472 entstandene Komposition findet sich in situ in der Badia a Ruota,[1] eine vierte wiederholt das Motiv spiegelbildlich (Worcester Art Museum). Zusammen deuten diese Tafeln auf die Existenz einer Vorzeichnung hin, die in den 1470er-Jahren in der Werkstatt wiederholt verwendet und verwertet wurde. Sie zeugen auch von Neris großzügigem Einsatz von Gehilfen, denn die qualitativen Nuancen und feinen stilistischen Unterschiede deuten für jede der Tafeln auf eine andere verantwortliche Hand hin.

Christopher Daly

1 Ausst.-Kat. Florenz 2005, S. 153–154, Kat. 35 (Johannes Tripps).

21

ANDREA DI BARTOLO (Siena 1358/64–1428)

THRONENDE MADONNA MIT KIND UND HEILIGEN, VERKÜNDIGUNG, KREUZIGUNG

um 1400, 52,5 × 53,6 cm

Lindenau-Museum Altenburg, Inv. 58

Inschrift in der von Johannes dem Täufer gehaltenen Schriftrolle: ECCE AGNUS DEI; am Kreuz im Giebelfeld: INRI

Provenienz: Vor 1898 erworben.

Literatur: Oertel 1961, S. 87–88; Best.-Kat. Berlin 1988, S. 7 (Miklós Boskovits); Ausst.-Kat. Siena 2008, S. 104–106, Kat. 16 (Francesca Pasut).

Die Mitteltafel des Triptychons wird von der Darstellung Marias mit dem Jesusknaben auf dem Schoß beherrscht. Ihr Thron ist mit einem kostbaren Tuch verhüllt. Den Ehrenplatz zu ihrer Rechten nimmt Johannes der Täufer ein. Er trägt einen voluminösen rosafarbenen Umhang, unter dem das übliche Pelzgewand hervorlugt. In der linken Hand hält der Heilige eine Schriftrolle mit den Worten ECCE AGNUS DEI (Joh 1,29), mit der Rechten deutet er auf den Jesusknaben, der mit einem Stieglitz spielt. Ihm gegenüber zur Linken der Madonna steht Jakobus d. Ä. mit seinen üblichen Attributen, dem Buch und dem Pilgerstab. Die vier Figuren befinden sich unter einem Vielpassbogen, der ebenso wie die Zwickel und die Kragsteine, auf denen der Bogen aufliegt, erhaben aus Pastiglia gefertigt ist. Im Spitzgiebel darüber ist entsprechend einer in Siena im 14. Jahrhundert gängigen Ikonographie der gekreuzigte Christus zwischen der sitzenden und in Demut trauernden Maria sowie Johannes dem Evangelisten dargestellt. Von den Händen, der Flanke und den Füßen des Gekreuzigten tropft Blut.

Die im linken Flügel unter Vielpassbogen stehende Heilige trägt ein langes rotes Gewand mit vergoldeten, punzierten Ornamenten an Halsausschnitt und Manschetten. In der linken Hand hält sie ein kleines Kreuz, das ihre Identifizierung als heilige Margarethe von Antiochia rechtfertigt, während auf dem gegenüberliegenden Flügel Antonius der Große mit Stab, Glocke und Buch zu sehen ist. Der linke seitliche Spitzgiebel zeigt den Engel Gabriel mit einem Olivenzweig wie in der *Verkündigung*, die Simone Martini (um 1290 (?)–wahrscheinlich 1344) und Lippo Memmi (1317–1347) im Jahr 1333 für den Altar von Sant'Ansano im Dom von Siena malten (Le Gallerie degli Uffizi, Florenz). Segnend wendet er sich Maria auf dem rechten Spitzgiebel zu, die von seiner Ankunft überrascht ihr Buch schließt, jedoch mit dem Finger die Seite markiert.

Auf der Rückseite des Triptychons hat sich die Originalmarmorierung erhalten. Original ist im Wesentlichen auch der Rahmen, der in der Restaurierung von 1970 teilweise ergänzt wurde. Bernard Berenson erkannte das Triptychon als eigenhändiges Werk des schaffensfreudigen Sieneser Meisters Andrea di Bartolo an, der ein Sohn des Malers Bartolo di Fredi (um 1330–1410) war.[1] Dieser Einschätzung folgten mehrheitlich auch spätere Untersuchungen und sprachen sich für eine Datierung zwischen den letzten Jahren des Trecento und den ersten fünf Jahren des darauffolgenden Jahrhunderts aus.[2] Der noch immer deutliche Einfluss der Malweise von Andreas Vater schwächt sich in diesem Werk durch seine Offenheit für modernere Lösungen ab, die Einflüsse von Malern wie Taddeo di Bartolo (um 1362/63–1422) und Spinello Aretino (um 1350–1411) vertraten.

Im Laufe seiner Tätigkeit schuf Andrea di Bartolo eine ganze Reihe kleinformatiger privater Andachtsbilder ähnlich dem Altenburger Triptychon, dessen Typologie er mehrmals anwendete. Die rege Nachfrage seitens seiner Auftraggeber wusste er durch den geschickten häufigen Rückgriff auf bewährte Modelle zu befriedigen. Interessant ist dabei Carl Brandon Strehlkes Vermutung, der Meister habe dieselben Kartons für mehrere Werke verwendet. Strehlke hatte nämlich festgestellt, dass die Mitteltafel des Altenburger Triptychons hinsichtlich ihrer Maße, Komposition und Figurengestaltung weitgehend deckungsgleich ist mit der *Thronenden Madonna mit dem Kind und den Heiligen Johannes d. Täufer und Jakobus d. Ä.* (Philadelphia Museum of Art, John G. Johnson Collection), einem erhaltenen Teilstück eines ansonsten verschollenen Triptychons.[3]

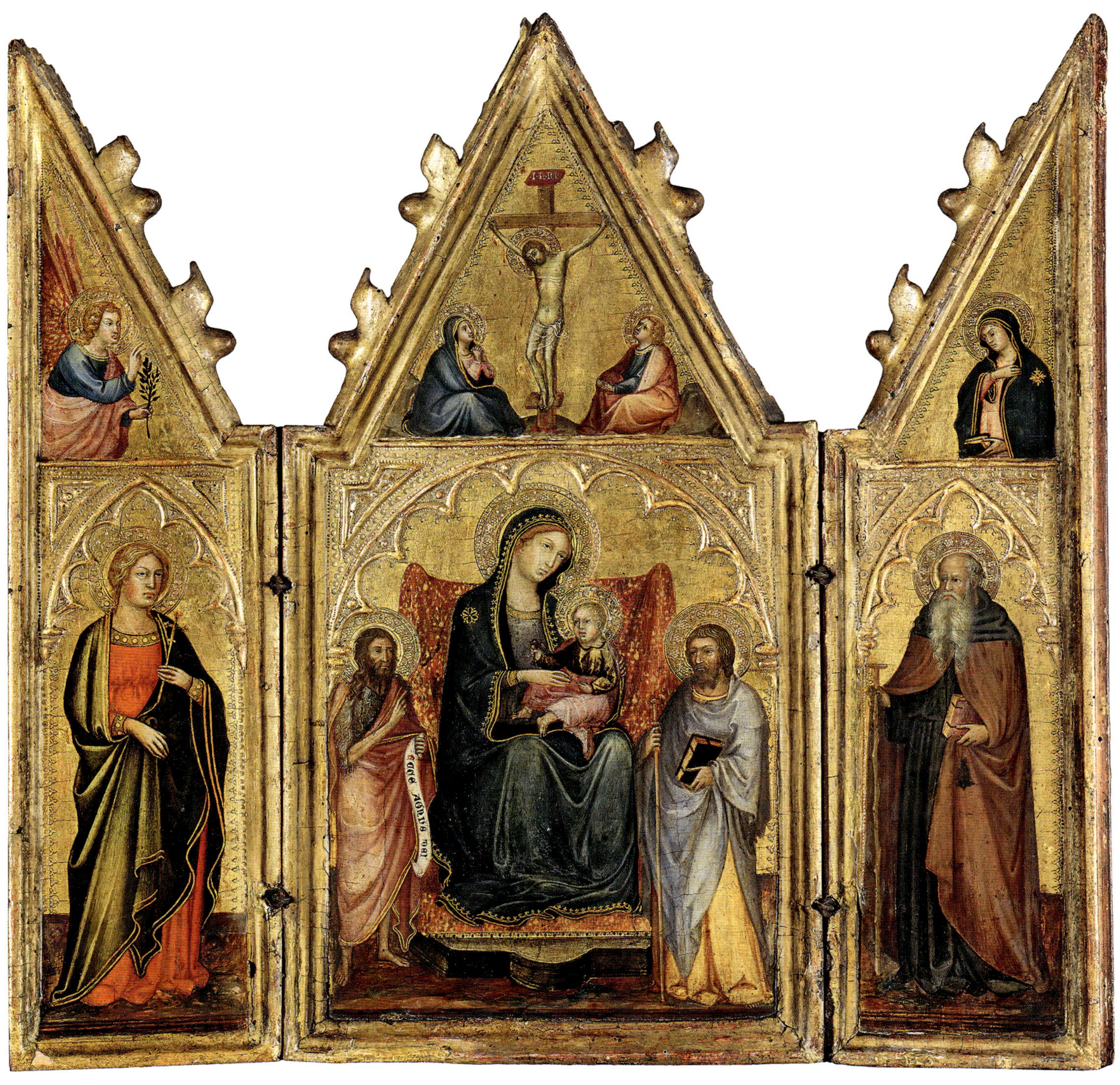

Das Gemälde in Philadelphia ähnelt unserem Tafelbild auch hinsichtlich der Punzierung und der Umrahmung der Szenen mit Pastiglia, wie man sie auch bei anderen Altarbildern des Sieneser Meisters findet, etwa der *Anbetung der Hirten und Heiligen* (Pinacoteca Nazionale, Siena), dem *Gnadenstuhl mit Heiligen* (Národní Galerie, Prag), wiederum mit dem Engel der Verkündigung im Spitzgiebel über dem linken Flügel, und dem Triptychon mit der *Madonna und dem Jesuskind zwischen Heiligen und Engeln* (Gemäldegalerie, Berlin), bei dem das Motiv der überrascht zurückweichend stehenden Jungfrau Maria auf dem rechten Flügel wiederkehrt.

Emanuele Zappasodi

1 Berenson 1936, S. 7.

2 Cesare Brandi datiert das Werk auf das ausgehende 14. Jahrhundert, vgl. Brandi 1949, S. 243; Miklós Boskovits hingegen später, vgl. Best.-Kat. Berlin 1988, S. 7–8; vgl. Ausst.-Kat. Siena 2008, S. 104–106, Kat. 16 (Francesca Pasut).

3 Best.-Kat. Philadelphia 2004, S. 38, 40–41.

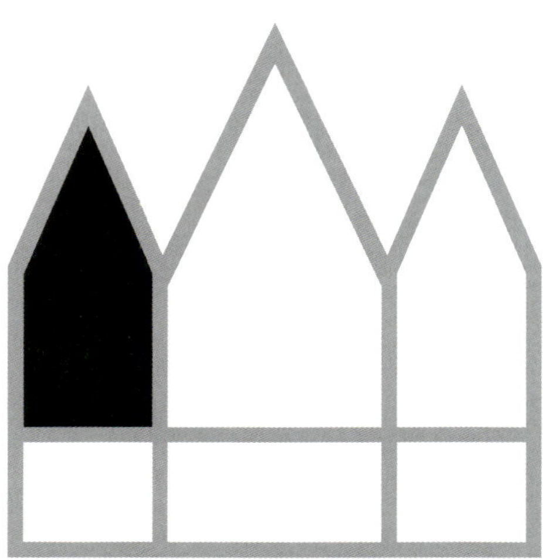

Abb. 1 Verortung der Tafel im Altaraufbau. Schema der Rekonstruktion nach Volpe. In: Ausst.-Kat. Siena 1982, Kat. 147

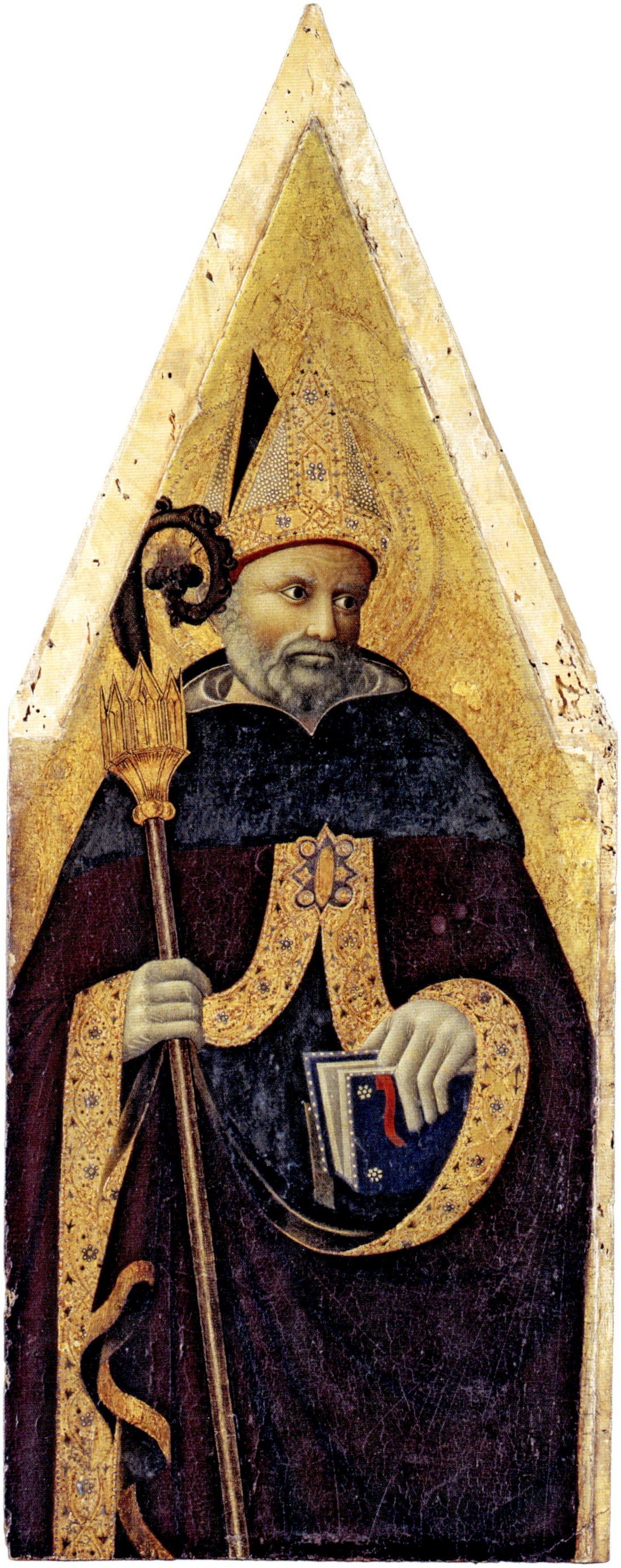

22

PIETRO DI GIOVANNI D'AMBROGIO (Siena 1409–1449)

HEILIGER AUGUSTINUS

um 1435–1440, Tempera auf Pappelholz, 96,0 × 37,0 cm

Lindenau-Museum Altenburg, Inv. 84

Provenienz: Vermutlich vor 1848 in Italien erworben.

Literatur: Oertel 1961, S. 101–103; Ausst.-Kat. New York 1988, S. 91, 94–98; Ausst.-Kat. Siena 2008, S. 172–176, Kat. 32 (Ada Labriola); Ausst.-Kat. Paris 2009, S. 104–109; Ausst.-Kat. Hamburg 2011, S. 162–163, Kat. 20 (Friederike Wille).

Pietro di Giovanni d'Ambrogio wurde in Siena geboren und findet im Jahr 1428 namentliche Erwähnung im Register der Zunft der Sieneser Maler. Sein Wirken ist bis zum Jahr 1449 dokumentiert. Aufgrund stilistischer Merkmale wird vermutet, dass er als Schüler im Umkreis Stefano di Giovannis, genannt »Sassetta« (um 1400–1450), tätig war.

Die Tafel zeigt in Dreiviertelansicht den Kirchenvater Augustinus von Hippo (354–430), der in der katholischen Kirche als Heiliger verehrt wird. Vor seinem Nimbus auf goldenem Grund tritt die ebenfalls goldene, aufwendig geschmückte Mitra hervor. Diese traditionell doppelspitzige Kopfbedeckung der Bischöfe ist mit weißen Perlen und blau eingefassten Blütenornamenten verziert. Einen farblichen Akzent setzt der rote Saum, der am unteren Rand der Mitra hervorlugt. Augustinus ist als alter Mann dargestellt. Auf seiner Stirn und an den Augen zeichnen sich Falten ab. Der Maler hat sich der realistischen Darstellung seines Bartes mit besonderer Sorgfalt angenommen. Während sich die kurzen Barthaare entlang der Wangenlinie kräuseln, gehen die längeren Strähnen in sanften Wellen in glatt gekämmte Längen über. Die dezent geröteten Wangen und die aufgerissenen wachen Augen verleihen dem Heiligen einen lebhaften Ausdruck.

Unter dem dunkelroten Bischofsmantel trägt er einen schwarzen Mönchshabit mit weißer Innenkapuze. Beide Kleidungsstücke verweisen auf die Biographie des Augustinus, der nach einer von ihm aufgestellten Ordensregel lebte, der noch heute verschiedene Augustiner-Ordensgemeinschaften folgen, und der im Jahr 396 zum Bischof ernannt wurde. In der goldenen, kostbar verzierten Borte seines Bischofsmantels wiederholen sich die blauen stilisierten Blumen der Mitra. Als Mantelverschluss dient eine ausladende Brosche. Neben dem Mantel und der liturgischen Kopfbedeckung zählen auch der Krummstab in seiner Rechten und die weißgrauen Handschuhe, sogenannte Pontifikalhandschuhe,[1] zu den bischöflichen Insignien. In der Linken hält er ein halboffenes Buch mit blauem Einband und einem roten herabhängenden Stoffband, das als Schließe dient. Der Zeigefinger markiert eine Seite, so als würde Augustinus bei der Lektüre innehalten. Das Buch symbolisiert die umfangreichen theologischen Schriften des Kirchenvaters, die für die Etablierung des jungen Christentums eine wichtige Rolle spielten.

Die spitzgiebelige Tafel ist das Fragment eines Polyptychons. Ursprünglich zeigte sie den heiligen Augustinus vermutlich als Ganzfigur, während diese im aktuellen Zustand auf Höhe der Knie abgeschnitten ist. Im Altarzusammenhang bildete die Altenburger Tafel die linke Seitentafel – der Rekonstruktionsvorschlag geht auf Carlo Volpe zurück (Abb. 1)[2] – mit einer auf ähnliche Weise beschnittenen und spitzgiebeligen Tafel einer Madonna mit Kind in der Mitte (Brooklyn Museum, New York), einem mutmaßlichen, als verschollen geltenden heiligen Nikolaus auf der rechten Seite sowie drei Predellatafeln, die von links nach rechts ein Wunder des heiligen Augustinus (Gemäldegalerie, Berlin), den Einzug in Jerusalem (Pinacoteca Stuard, Parma) und die Geburt des heiligen Nikolaus (Kunstmuseum Basel) zeigen. Keith Christiansen hat diesen Vorschlag um vier weitere unbekannte Tafeln erweitert und ein Pentaptychon zur Diskussion gestellt.[3] Auf einem später datierten Altarwerk für die Kirche San Agostino in Asciano hat Pietro di Giovanni d'Ambrogio das Motiv des heiligen Augustinus stilistisch weiterentwickelt:[4] Er trägt dieselben Insignien – Mitra, Mantel, Krummstab und Handschuhe –, den Habit und ebenfalls ein Buch mit blauem Einband und roten Verschlussbändern in der Hand.[5]

Miriam Stadie

1 Vgl. Ausst.-Kat. Hamburg 2011, S. 162.
2 Vgl. Ausst.-Kat. Siena 1982, S. 407–408, Kat. 147 (Carlo Volpe). Volpe verweist im Text auf einen mündlichen Hinweis von Federico Zeri, der zum Rekonstruktionsvorschlag beigetragen habe.
3 Vgl. Christiansen 1990, S. 206.
4 Vgl. Ausst.-Kat. New York 1988, S. 95.
5 Der heilige Augustinus ist links von einer Anbetung der Hirten angeordnet. Das Pendant auf der rechten Seite bildet ein Heiliger Galgano (Museo Civico Archeologico e d'Arte Sacra Palazzo Corboli, Asciano).

23

SANO DI PIETRO (Siena 1405–1481)

ZWEI SZENEN AUS DEM LEBEN MARIAS

1448–1452

a) Heimkehr Marias aus dem Tempel

Tempera auf Pappelholz, 31,9 × 47,5 cm

b) Himmelfahrt Marias

Tempera auf Pappelholz, 31,5 × 47,2 cm

Lindenau-Museum Altenburg, Inv. 70–71

Provenienz: Vor 1848 in Italien erworben.

Literatur: Oertel 1961, S. 96–99; Ausst.-Kat. New York 1988, S. 146–151, Kat. 18a–c (Keith Christiansen); Ausst.-Kat. Siena 2008, S. 124–131, Kat. 21 (Wolfgang Loseries); Ausst.-Kat. Paris 2009, S. 93–96; Ausst.-Kat. Hamburg 2011, S. 168–169, Kat. 23 (Wolfgang Loseries).

Die Tafel mit der *Heimkehr Marias aus dem Tempel* (Kat. 23a) zeigt die im apokryphen *Evangelium de Nativitate Mariae* und in der *Legenda aurea* geschilderte Rückkehr der 14-jährigen Maria, in der Mitte der Szene mit Nimbus zu sehen, nach ihrer Verlobung im Tempel. Ihr folgen sechs Jungfrauen und eine Heilige, ihre Cousine Elisabeth, dahinter drängen sich weitere Frauen. Im rechten Bildteil treten ihr ihre Eltern Anna und Joachim, ebenfalls mit Heiligenschein, entgegen und umfassen ihre Hände. Die zweite Tafel zeigt die *Himmelfahrt Marias* (Kat. 23b) in einem reich mit Gold gesäumten weißen Mantel in einer Mandorla, umgeben von Cherubim und Seraphim und beiderseits flankiert von Dreiergruppen schwebender Engel. Darunter steht auf dem Erdboden vor Marias leerem Grab der heiligen Thomas mit erhobenen Händen bereit von ihr den Heiligen Gürtel zu empfangen.

Beide Gemälde waren Teile einer für die Cappella dei Signori im Palazzo Pubblico in Siena bestimmten Predella (Abb. 1). Dieser Raum wurde zu Beginn des 15. Jahrhunderts neben der Sala del Mappamondo angelegt, von Taddeo di Bartolo (um 1362/63–1422) mit einem Freskenzyklus ausgeschmückt und von Domenico di Niccolò »dei cori« (um 1362/63–zwischen 1450/53) mit hölzernem Chorgestühl versehen. Die Predella wurde am 24. Dezember 1448 bei dem Sieneser Maler Sano di Pietro in Auftrag gegeben. Sie sollte das in den 1320er-Jahren von Simone Martini (um 1290 (?)–wahrscheinlich 1344) für die Cappella dei Nove gemalte fünfteilige Retabel vervollständigen, das die Madonna mit Kind sowie die Heiligen Ansanus (The Metropolitan Museum of Art, Robert Lehman Collection, New York), Andreas (The Metropolitan Museum of Art, New York), Petrus (Museo Thyssen-Bornemisza, Madrid) und Lukas (Getty Museum, Los Angeles) zeigte.

Diese prestigeträchtige Provenienz vermutete schon Jörg Trübner, der 1925 mit der Rekonstruktion der zerteilten Predella begann; sie wurde von späteren Untersuchungen untermauert.[1] Ebenfalls zu diesem Bilderzyklus gehörten die *Mariengeburt* (University of Michigan Museum, Ann Arbor), die *Darstellung Marias im Tempel* und die *Hochzeit Marias* (Musei Vaticani, Vatikanstadt). Die Altenburger Tafeln befanden sich wohl in der Mitte (die Himmelfahrt) und am rechten Ende der Predella (die Heimkehr).

Laut Werkvertrag verpflichtete sich Sano di Pietro die heute verschollenen Szenen aus dem Marienleben von jenen Fresken zu reproduzieren, mit denen die Brüder Pietro (nachweisbar 1306–1348) und Ambrogio Lorenzetti (um 1290–1348 (?)) sowie Simone Martini in den 1340er-Jahren die Fassade des Ospedale di Santa Maria della Scala gegenüber dem Dom von Siena bemalt hatten. Insofern ist die am 31. Oktober 1452 abschließend bezahlte Predella eine unschätzbare Hilfe für die Rekonstruktion des verlorenen Freskenzyklus aus dem 14. Jahrhundert, der neben den Bildern für die Altäre der vier Stadtpatrone im Dom als maßgebliches Modell für die Sieneser Künstler noch im gesamten 15. Jahrhundert diente.[2] Sie veranschaulicht eindringlich die ständig auf die Vergangenheit gerichtete Bewunderung

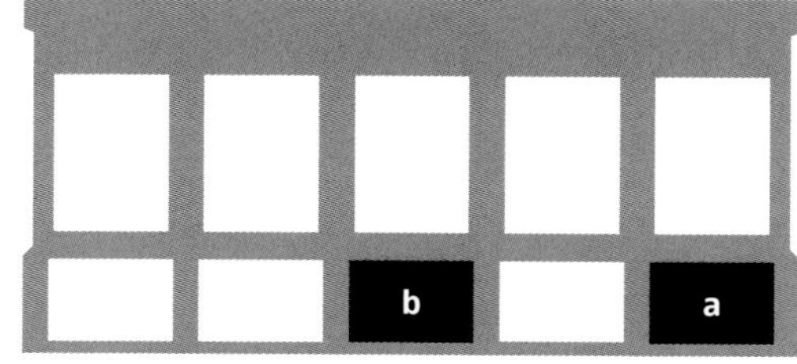

Abb. 1 Verortung der Tafeln im Altaraufbau. Schema der Rekonstruktion nach Christiansen 1994

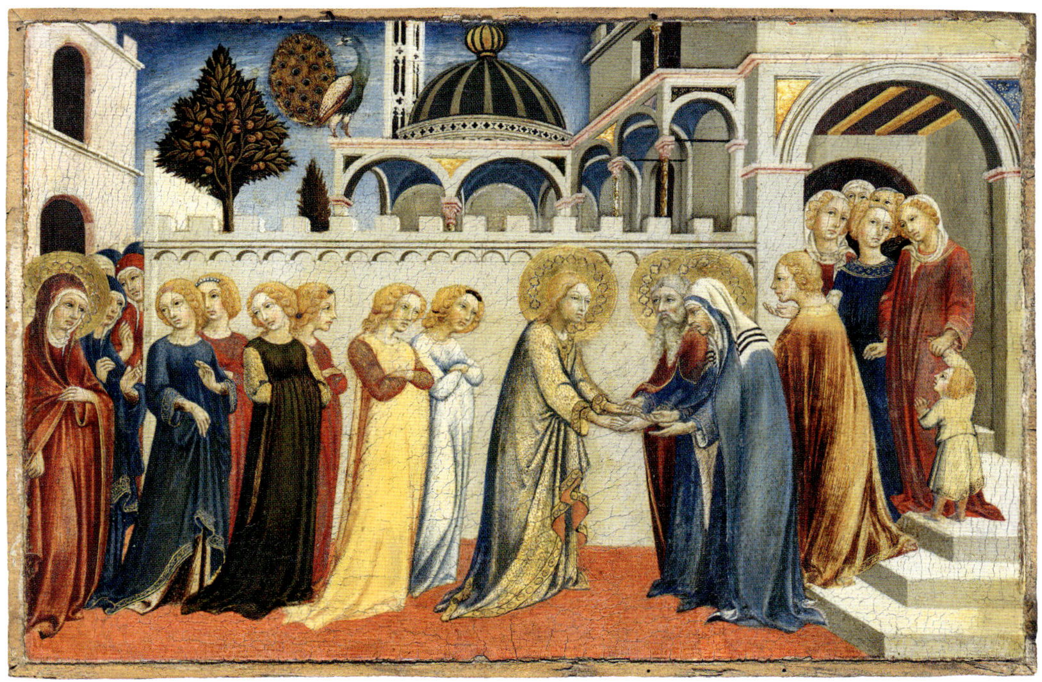

a)

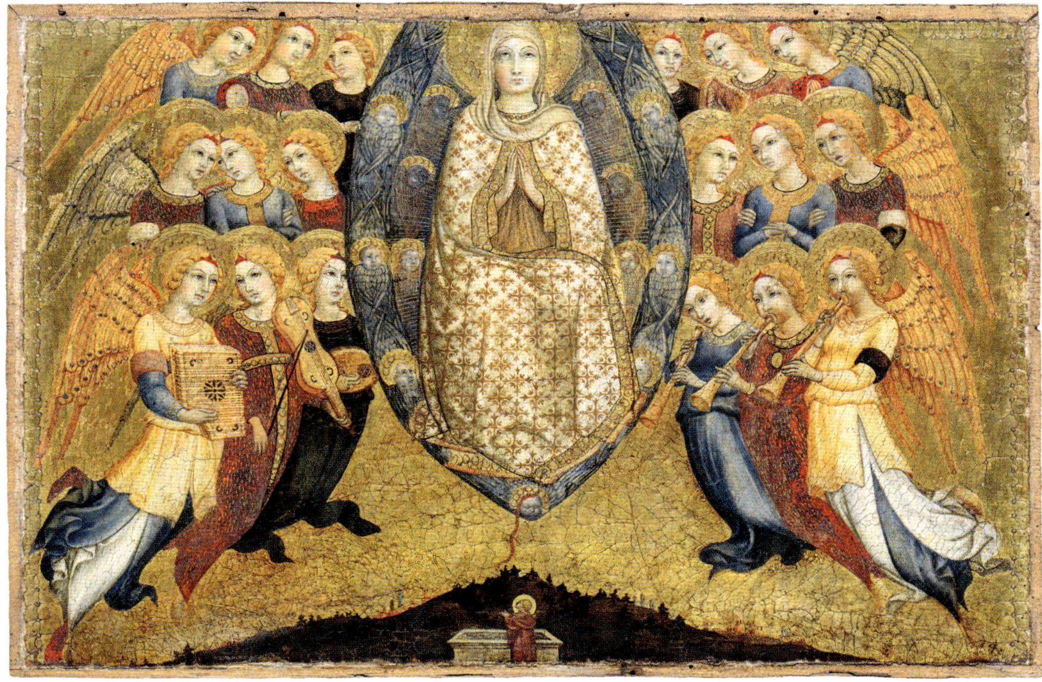

b)

für die großen Maler des frühen 14. Jahrhunderts, die insbesondere die Quellen aus dem 15. Jahrhundert bestätigen.

Die Predella entstand also in den späten 1440er-Jahren, bevor ein Nachlassen der Qualität das nachfolgende Werk des Sano di Pietro spürbar beeinträchtigte. In diesen Szenen aus dem Marienleben kommt seine glückliche Hand als Geschichtenerzähler ebenso überragend zur Geltung wie seine glänzende technische Beherrschung von Blattmetallen und seine prächtige, feine und gefällige Palette.

Emanuele Zappasodi

1 Zeri 1964, W. 64; Ausst.-Kat. New York 1988, S. 146–151, Kat. 18a–c (Keith Christiansen).

2 Vgl. Fattorini 2010.

24

PIERMATTEO D'AMELIA (eigentlich Piermatteo di Manfredo d'Amelia, Amelia 1445/48–um 1506)

ZWEI TAFELN EINES POLYPTYCHONS

1479–1481

a) Heilige Maria Magdalena

Tempera auf Pappelholz, 120,5 × 42,5 cm

b) Johannes der Täufer

Tempera auf Pappelholz, 121,0 × 43,0 cm

Inschrift auf dem Spruchband: ECCE AGNUS DEI

Lindenau-Museum Altenburg, Inv. 110–111

Provenienz: 1843 von dem Maler Luigi Cochetti, Rom, erworben.

Literatur: Oertel 1961, S. 161–162; Andreani 1992, S. 237–250; Castrichini 1996, S. 138–142, 153–154; Marcelli 2009, S. 46–48; Vignoli 2015; Mazzalupi 2022.

Piermatteo d'Amelia bekleidete im Laufe seines Lebens hohe klerikale Ämter und zählte zugleich zu den renommiertesten Malern Umbriens. Über seine Lehrzeit sind wir kaum unterrichtet. Wohl spätestens ab 1470 hielt er sich für längere Zeit in Florenz auf. 1479 bekam er den renommierten Auftrag, das Gewölbe der Sixtinischen Kapelle im Vatikan mit einem Sternenhimmel zu freskieren. An der Seite von Pinturicchio (um 1452–1513) führte er zudem für die Päpste Innozenz VIII. (1484–1492) und Alexander VI. Borgia (1492–1503) Malereien im Vatikan aus. Piermatteo schuf Andachtsbilder, Altartafeln und Polyptychen, eines davon entstand 1479 bis 1481 für die Kirche der Augustiner-Eremiten in Orvieto, von dem das Lindenau-Museum zwei Tafeln besitzt (Abb. 1).

Die beiden Heiligen sind in Dreiviertellebensgröße unter einer sich abzeichnenden spitzbogigen Arkade dargestellt, die von schmalen Säulen mit Kapitellen und Basen getragen wurde. Sie stehen auf farbigem Marmorboden vor Goldgrund. Ihre Erscheinung entspricht nahezu plastischen Standbildern. Reich punzierte Nimben umgeben die Köpfe. Das Licht fällt von schräg rechts auf beide Figuren und wird vom Goldgrund zurückgestrahlt. Die Tafeln fungierten als Seitenflügel des ehemaligen Hochaltars der Kirche der Augustiner-Eremiten. Das Hauptaltarbild *Thronende Madonna mit dem Christusknaben* ist auf das Jahr 1481 datiert (Gemäldegalerie, Berlin). Zum Altar gehören ebenso eine Darstellung des heiligen Nikolaus von Tolentino (Philadelphia Museum of Art, John G. Johnson Collection) sowie ein heiliger Augustinus, der mit den Füßen auf zwei Häretikern steht (einst in der Oliver Vernon Watney Collection, jetzt in unbekanntem Privatbesitz) und eine Lünette, also ein Bogenfeld, mit der Segnung Christi als Erlöser, begleitet von zwei Engeln (Kloster der Kapuziner von Sarrià, Barcelona). Die Figuren des Altars erinnern in ihrer plastischen Erscheinung an Arbeiten Piero della Francescas (um 1412–1492) und insbesondere an die Andrea del Verrocchios (1435–1488).

Maria Magdalenas Oberkörper ist leicht nach rechts gedreht (Kat. 24a). Den Kopf mit langem gewelltem Haar, das bis zu den Knien herabfällt, neigt sie sanft nach links. Sie ist in bürgerlicher Tracht gezeigt, die seit den 1470er-Jahren in Florenz nachweisbar ist. Die Kostbarkeit des Gewandes lässt sich mit ihrer legendären fürstlichen Herkunft in Verbindung bringen. Unter dem Kleid mit Brokatärmeln, auf dessen violett-rotem Grund ein Granatapfelmuster schimmert, trägt sie ein Untergewand. Der stilisierte Granatapfel ist Zeichen des Erlösungswerks, denn Magdalena nahm als Zeugin an der Kreuzigung Christi, seiner Grablegung und seiner Auferstehung teil. Das eng taillierte Kleid wird von einem Gürtel in der Art des Knotenstricks der franziskanischen Ordenstracht geziert und spielt wie das sie umwallende Haar auf ihr späteres legendäres Leben als Büßerin und Eremitin an. Über dem Kleid trägt Magdalena einen flammendroten Mantel und unter dem Kleidersaum schauen rote Schuhspitzen hervor. Das Rot steht hier für die große Liebe zu Christus. Magdalenas stark gerötete Wangen, die ihr mädchenhafte Züge verleihen, bringen Scham und Reue zum Ausdruck. Der Blick kommuniziert mit dem betrachtenden Auge. In der Hand hält sie ein rotes Holzgefäß, dessen Deckel sie anhebt. Das mit Trompe-l'œil-Effekt gemalte Behältnis, das perspektivisch sorgfältig konstruiert wurde, gleicht weniger einem Salbgefäß, ihrem eigentlichen Hauptattribut, sondern hat vielmehr die Form eines schlichten spätgotischen Ziboriums (Hostiengefäß).

Der barfüßige Johannes der Täufer ist prononcierter nach rechts gedreht, er weist mit dem Zeigefinger nach rechts, ein Gestus, der als Zeugnis für Christus gedeutet wird (Kat. 24b). In

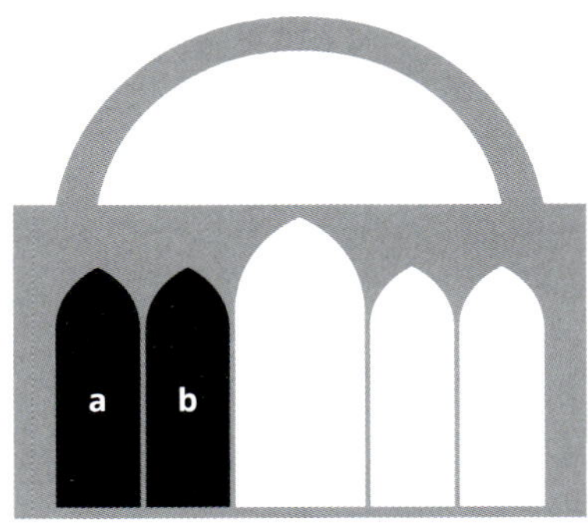

Abb. 1 Verortung der Tafeln im Altaraufbau. Schema der Rekonstruktion nach Zeri 1953

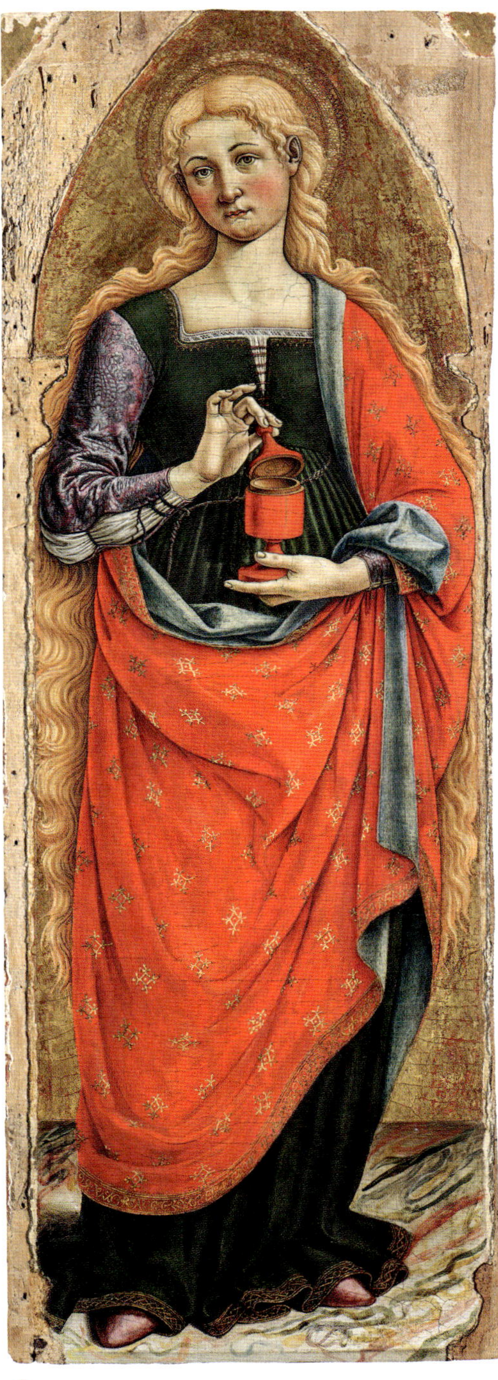

a)

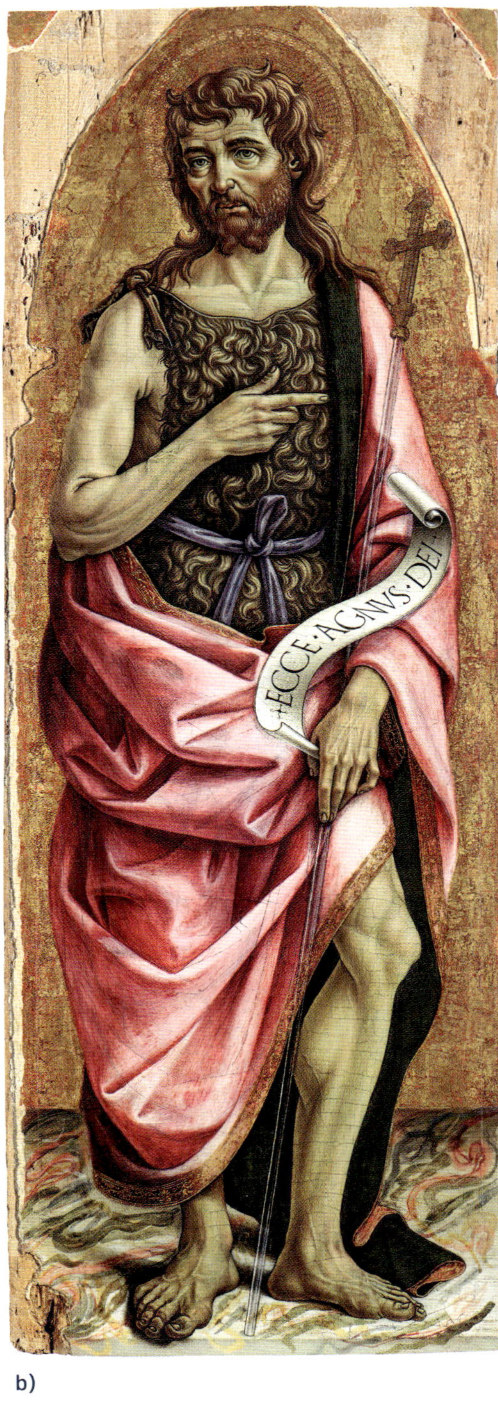

b)

der linken Hand hält er als Hinweis auf die Ankündigung des Opfertodes Christi den Kreuzstab, hier aus Kristall mit goldenem Kreuz. Kristall versinnbildlicht die Taufgnade und die Menschwerdung Christi. Der Leibrock aus Kamelhaarfell ist mit einer blau-violetten Schärpe gegürtet, eine Farbe, die als Symbol der Demütigung Christi am Kreuz, des Märtyrerbluts und des Todes gilt. Auch der sich voluminös bauschende Mantel ist in gedämpftem Rot-Violett gehalten, der Farbe der Passion. Der ausgemergelte Körper und das von Falten durchfurchte Gesicht weisen Johannes als Bußprediger aus, der sich in frühem Alter als Asket in die Wüste zurückzog.[1]

Wiebke Fastenrath Vinattieri

1 Eine ausführliche Studie der Verfasserin zu den Bildtafeln und ihrem ehemaligen Altarkontext wird vom Lindenau-Museum Altenburg 2024 als Online-Publikation veröffentlicht.

25

GIOVANNI SANTI (Colbordolo um 1439–1494 Urbino)

STEHENDE MADONNA MIT KIND, HEILIGER SEBASTIAN UND EINE BETENDE HIRTIN

1476–1478, Tempera mit Öllasuren auf Lindenholz, 74,5 × 61,5 cm

Lindenau-Museum Altenburg, Inv. 113

Provenienz: 1845 durch Emil Braun von Gaetano Ciccarini, Rom, erworben.

Literatur: Passavant 1839–1858, Bd. 1, S. 14, 39–40; Oertel 1961, S. 166–167; Varese 1994, S. 126, 133, 173; Cleri 2017, S. 15–16; De Marchi 2018, S. 28–19, 102–103.

Auf einer Hochebene steht Maria mit dem neugeborenen Kind vor einer hügeligen Landschaft. Ihr blauer Mantel ist mit einem stilisierten goldenen Granatapfelmuster geschmückt und spielt auf die Schönheit und göttliche Vollkommenheit Marias an, während der im roten Brokatstoff der Ärmel des Kleides eingewebte Granatapfel symbolisch für die Passion Christi steht. Als hell erleuchtete Aktfigur ist der heilige Sebastian in Schrägansicht vor einem verdorrten Baumstamm dargestellt, dem Sinnbild für Sterben und Tod. Der Pestheilige hat bereits sein Pfeilmartyrium erlitten. Im Bildmittelgrund ist eine Hirtin mit ihren Schafen zu sehen. Sie hält einen langen Ast als Hirtenstab im rechten Arm. Als einzige nicht mit einem Nimbus ausgezeichnet, hat sie die Hände zum Gebet erhoben.

Giovanni Santi, der Vater Raffaels (1483–1520), war Maler, Poet und Szenograph. In der väterlichen Werkstatt erlernte er zunächst das Kunsthandwerk. Wohl bestärkt durch die nach Urbino übersiedelten Maler Piero della Francesca (um 1412–1492) und den Flamen Justus van Gent (um 1430–um 1480) bildete er sich zum Maler aus. Stil, Farbigkeit und Maltechnik des Bildes weisen auf Santis Frühwerk hin, das flämische Einflüsse und Besonderheiten Piero della Francescas und Melozzo da Forlìs (1438–1494) zeigt. Stilistisch lässt sich das Tafelbild neben die ihm zugeschriebenen sechs Aposteltafeln der Galleria Nazionale delle Marche in Urbino stellen, die um 1475 bis 1480 datiert werden und Merkmale der flämischen Malerei zeigen. Unterzeichnungen, die für flämische Meister gebräuchlich waren, können mit bloßem Auge in einer für Santi charakteristischen Weise an den Füßen des Pestheiligen wahrgenommen werden. Malschichtproben im Bild ergaben die Verwendung von sehr grobkörnigem Blau (Azurit), das in dieser Form auch in anderen Werken Santis nachweisbar ist.[1] Das rubinrote Kleid Marias mit den auf die Faltengrate gesetzten Lichtern trägt eine für Santi typische Farbe, die er nicht nur für die Gewänder der Apostel verwendete, sondern auch in seiner Altartafel aus der ehemaligen Kirche Santa Sofia in Gradara (Rocca Demaniale, Gradara), die von ihm signiert und mit 1484 datiert wurde. Im Detail sind Marias Hände mit den langen Fingern und breiten Handrücken, die in schmale Handgelenke übergehen, für Santi bezeichnend, ebenso der kleine abgewinkelte Finger. Für die Bildkomposition kann ein sorgfältiges Auswählen von Motiven, die italienischen und flämischen Vorbildern folgen, festgestellt werden. Santi hielt seine Vorliebe für flämische Malerei in seiner *Disputa de la pictura* fest, die sich in der von ihm auf den berühmten Condottiere Federico da Montefeltro (1422–1482) verfassten Reimchronik befindet, die er dessen Sohn Guidobaldo I. (1472–1508) widmete. Höchst geschätzt werden darin die Maler Jan van Eyck (um 1390 (?)–1441) und Rogier van der Weyden (1399/1400–1464). Die Altenburger Maria zeigt eine erstaunliche Nähe zu der von Rogier van der Weyden zwischen 1453 und 1460 gemalten *Medici-Madonna* (Städel Museum, Frankfurt am Main), sodass Santi vermutlich Zeichnungen zugänglich waren, wenn er nicht sogar das Original kannte. Für die Figur des heiligen Sebastian verarbeitete er hingegen eine Schrägansicht des von Donatello (um 1386–1466) um 1440 geschaffenen Bronze-Davids (Museo Nazionale del Bargello, Florenz). Die Unterzeichnung der Figur weist auf die Bedeutung hin, die er seinem Vorbild beimaß. In Santis Wertschätzung bildet Donatellos Werk den Höhepunkt der Bildhauerkunst.[2]

Die nicht eindeutig zu fassende Figur der Hirtin, die ebenso an flämische Vorbilder anknüpft, ist zuvorderst als die Stifterin des Bildes anzusehen. Stifterdarstellungen als Hirten entsprechen in der Renaissance einem Demuts- und Bescheidenheitstopos. Die Funktion der Tafel als Andachtsbild legt eine Datierung zwischen 1476 und 1478 nahe, da 1476 in Oberitalien eine acht Jahre währende Pest einsetzte, die sich nach Mittelitalien und Rom ausbreitete.[3] Während der Pest wurde der heilige Sebastian in besonderem Maße zum Schutz angerufen.[4]

Wiebke Fastenrath Vinattieri

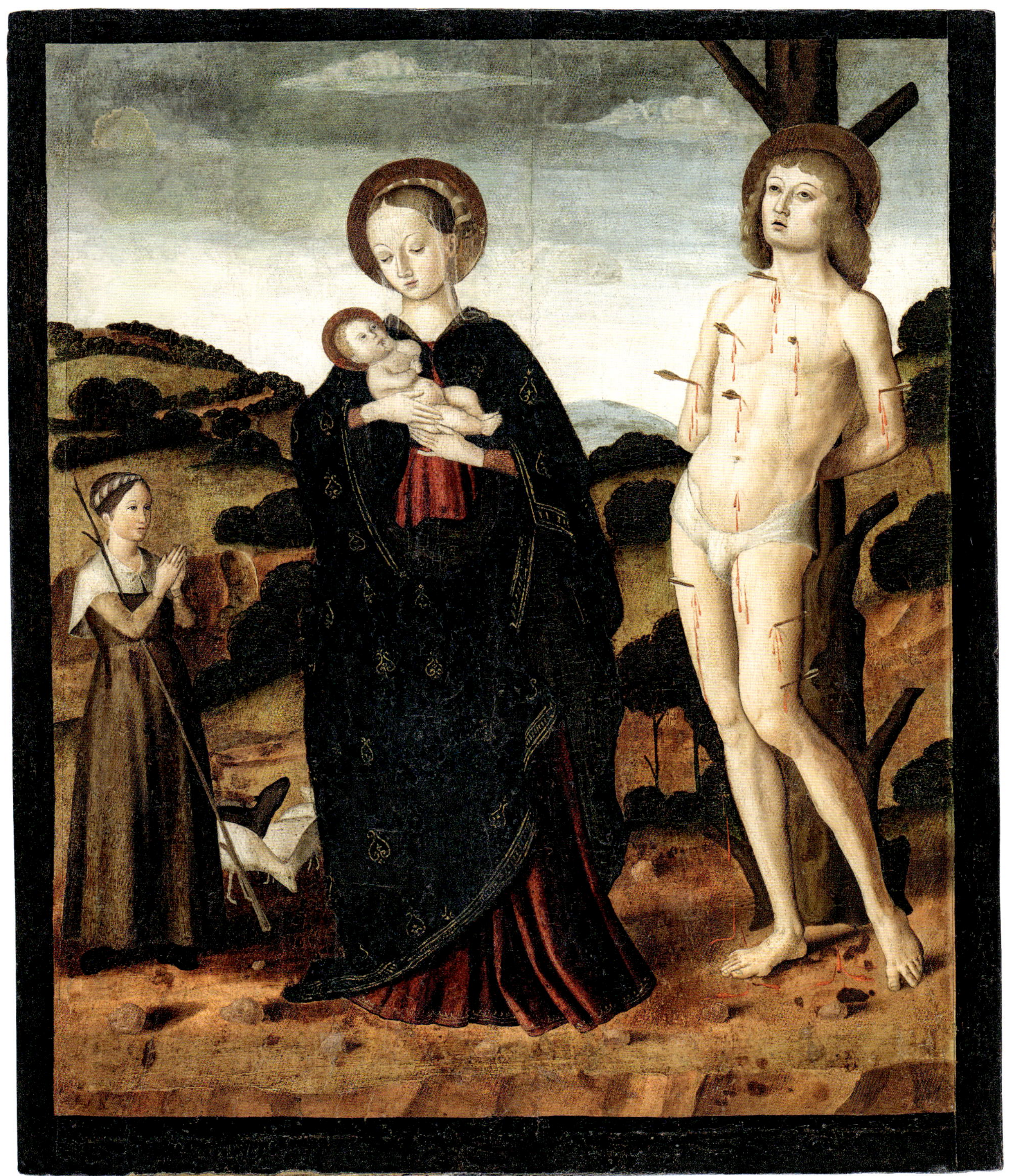

1 2007/08 wurde die Tafel im Zuge der Konservierung und Restaurierung maltechnisch untersucht, vgl. dazu Dunkerton 1999; Amadori/Poldi 2018.

2 Die Reimchronik wird verwahrt in der Biblioteca Apostolica Vaticana, Vatikanstadt, Codice Vaticano Ottoboniano latino, 1305. Sie wurde zwischen 1482 und 1485 vollendet, vgl. Tomasi 2018, S. 160–162, 164, Zeilen 358–363, 386–387.

3 Sticker 1908, S. 84–90. Allgemein zur Ikonographie der Pest in den Marken im Quattrocento: Spina 2021.

4 Eine ausführliche Studie der Verfasserin wird vom Lindenau-Museum Altenburg 2024 als Online-Publikation veröffentlicht.

26

RÖMISCHE WERKSTATT DES BERNARDINO DI BETTO, GEN. IL PINTURICCHIO (Perugia um 1452–1513 Siena)
RAFFAELLO CARLI, GEN. RAFFAELLINO DEL GARBO (um 1466–1524 (?))

KARDINAL GIOVANNI DE' MEDICI EMPFÄNGT VOR DER MADONNA DEN SEGEN DES KINDES

um 1492/93, Tempera auf Pappelholz, 51,2 × 42,0 cm

Lindenau-Museum Altenburg, Inv. 124

Provenienz: Ende der 1830er-Jahre aus der Sammlung Christian Ferdinand Hartmann, Dresden, erworben.

Literatur: Quandt/Schulz 1848, S. 27, Nr. 149; Oertel 1961, S. 168; Gleisberg 2002, S. 176–179.

Vor einem Ehrentuch thront die Madonna, den Christusknaben auf ihrem Schoß haltend. Das Kind wendet sich dem vor ihm knienden, bis zur Brust sichtbaren jugendlichen Kardinal zu, der demutsvoll zu ihm aufblickt. Maria schaut ebenfalls auf den im Profil gegebenen kirchlichen Würdenträger herab, der mit roter Soutane, weißem Rochett und Kardinalsmantel bekleidet ist. Sie hat ihre rechte Hand auf sein Haupt mit geschorener Tonsur gelegt. Hinter der Figurengruppe führt eine miniaturhafte Landschaft in die Tiefe. Links sind ein Reiter und ein Läufer mit Stab oder Lanze auf der Jagd zu sehen sowie eine Bucht, in der Schiffe mit Takelagen und gerefften Segeln geankert haben. Rechts fällt der Blick auf einen Laubbaum und einen Baumstumpf, die für Leben und Tod sowie Sünde und Erlösung stehen können.

Pinturicchio, ein Hauptmeister der umbrischen Malerei, gehörte für über zwei Jahrzehnte zu den erfolgreichsten Künstlern Roms. Die Bildtafel steht in Zusammenhang mit hochkarätigen Aufträgen Pinturicchios im Vatikan. So lassen sich mehrere Motive mit Wandmalereien in Verbindung bringen, die um 1490 im Apostolischen Palast für die Päpste Innozenz VIII. (1484–1492) und Alexander VI. Borgia (1492–1503) geschaffen wurden und Pinturicchio wie auch dem umbrischen Maler Piermatteo d'Amelia (1445/48–um 1506) zugeschrieben werden. Speziell scheint ein ikonographischer Kontext mit einer Wandmalerei aus dem Schlafgemach des Borgia-Papstes zu bestehen, die uns heute vollständig nur noch durch eine Gemäldekopie des Malers Pietro Fachetti (1539–1613) bekannt ist (Privatbesitz, Mantua).[1] Die Besonderheit liegt im jeweiligen direkten Blickkontakt zwischen Papst Alexander VI. respektive dem Kardinal und dem Christusknaben. Im Wandbild nahm der Papst den rechten Fuß des ihn segnenden Kindes in seine Hand. Beide Darstellungen vermitteln eine auffallende Intimität mit der Gottesmutter und dem Kind. Das sehr junge Alter und Bildvergleiche belegen, dass es sich bei dem Kardinal um den für die klerikale Laufbahn bestimmten Giovanni de' Medici (1475–1521), den späteren Papst Leo X. (1513–1521) handelt.[2] Der zweite Sohn des Lorenzo de' Medici (1449–1492) wurde am 9. März 1489 zum Kardinaldiakon der Basilika Santa Maria in Domnica auf dem Celio in Rom befördert. Aufgrund seiner erst 13 Jahre war die Ernennung für drei Jahre geheim gehalten worden. Am 26. März 1492 erfolgte durch Papst Innozenz VIII. die offizielle Proklamation.

Die auf unserer Tafel dargestellte Investitur, also Einsetzung des späteren Papstes ist sehr persönlich gehalten: Maria legt stellvertretend für die universelle Kirche und als Patronin der Kardinaldiakonie ihre Hand weihend auf den nun 16 Jahre alten Spross der Medici. Den göttlichen Segen dazu erteilt Christus. Die Tafel wird als privates Andachtsbild des Giovanni de' Medici genutzt worden sein und ist wohl 1492/93 entstanden. Der latent naive Stil wie auch die Farbigkeit weisen auf die unter Papst Alexander VI. im Herbst 1492 beginnenden Ausmalungen im Appartamento Borgia hin. Pinturicchio führte eine für den Auftrag eigens zusammengestellte Werkstatt an, unter deren Mitgliedern sich höchstwahrscheinlich der Florentiner Maler Raffaellino del Garbo befand, ein Schüler Filippino Lippis (um 1457–1504). Seine Beteiligung wird speziell in der Sala dei Santi postuliert.[3] Die ihm zugeschriebenen Werkanteile sowie die ihm seit Giorgio Vasari (1511–1574) zugeschriebene Dekorationsmalerei des Gewölbes in der Grabkammer der Carafa-Kapelle in Santa Maria sopra Minerva in Rom können dem Bild zur Seite gestellt werden.[4]

Wiebke Fastenrath Vinattieri

1 Zwei Teilstücke des abgeschlagenen Freskos sind erhalten. Das eine zeigt das Christuskind mit der Hand des Papstes, die den Fuß des Kindes umfasst, sowie die Hände Marias, das andere Maria als Brustbild, vgl. Buranelli 2017.

2 Darauf weist vermutlich auch die Jagdszene im Bild hin, denn Giovanni war leidenschaftlicher Reiter und Jäger. Das Bild der ankernden Schiffe kann symbolisch für die Aufnahme in den sicheren Hafen der Kirche stehen.

3 Dazu Acidini Luchinat 1988; Buranelli 2017.

4 Eine ausführliche Studie der Verfasserin wird vom Lindenau-Museum Altenburg 2024 als Online-Publikation veröffentlicht.

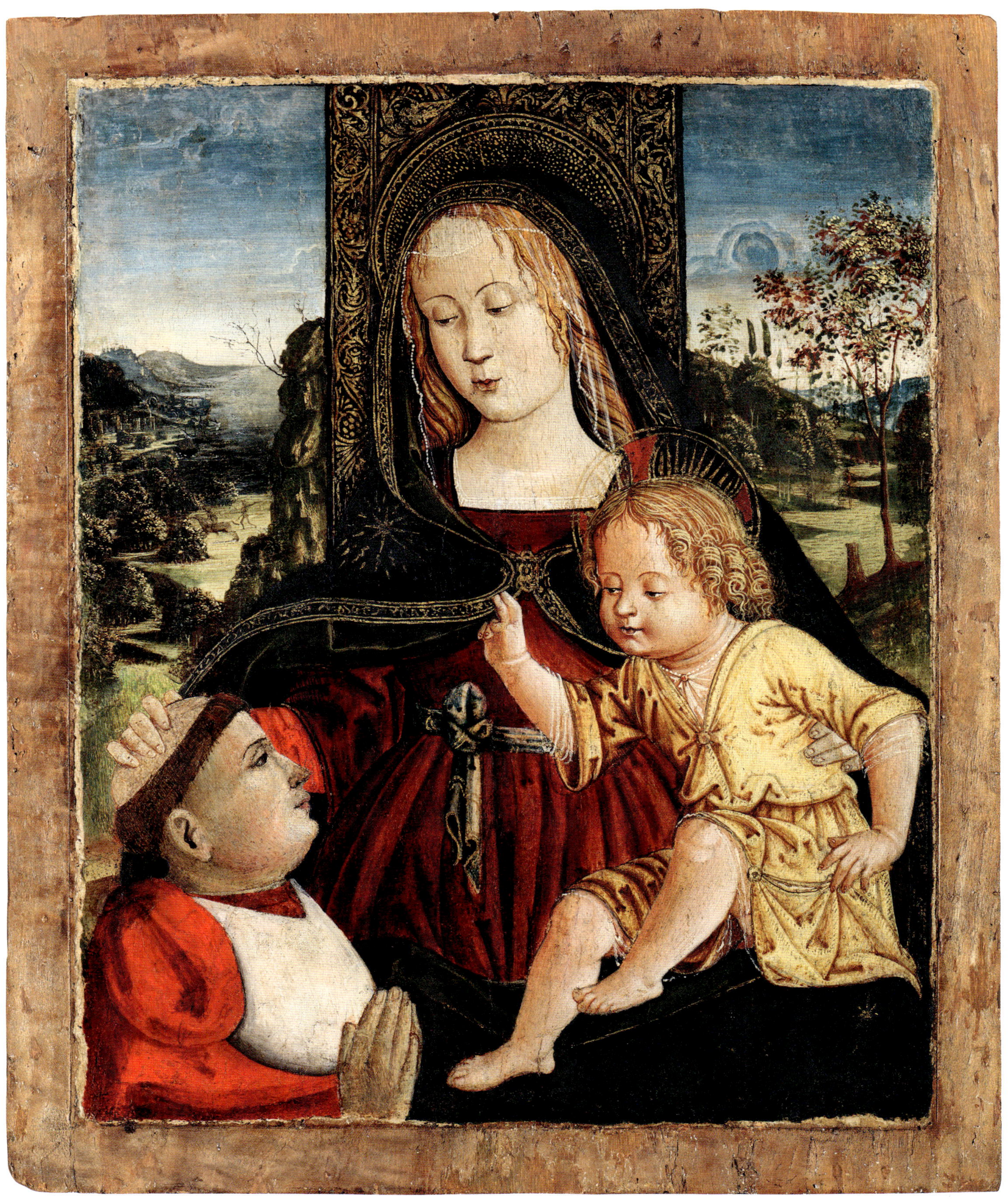

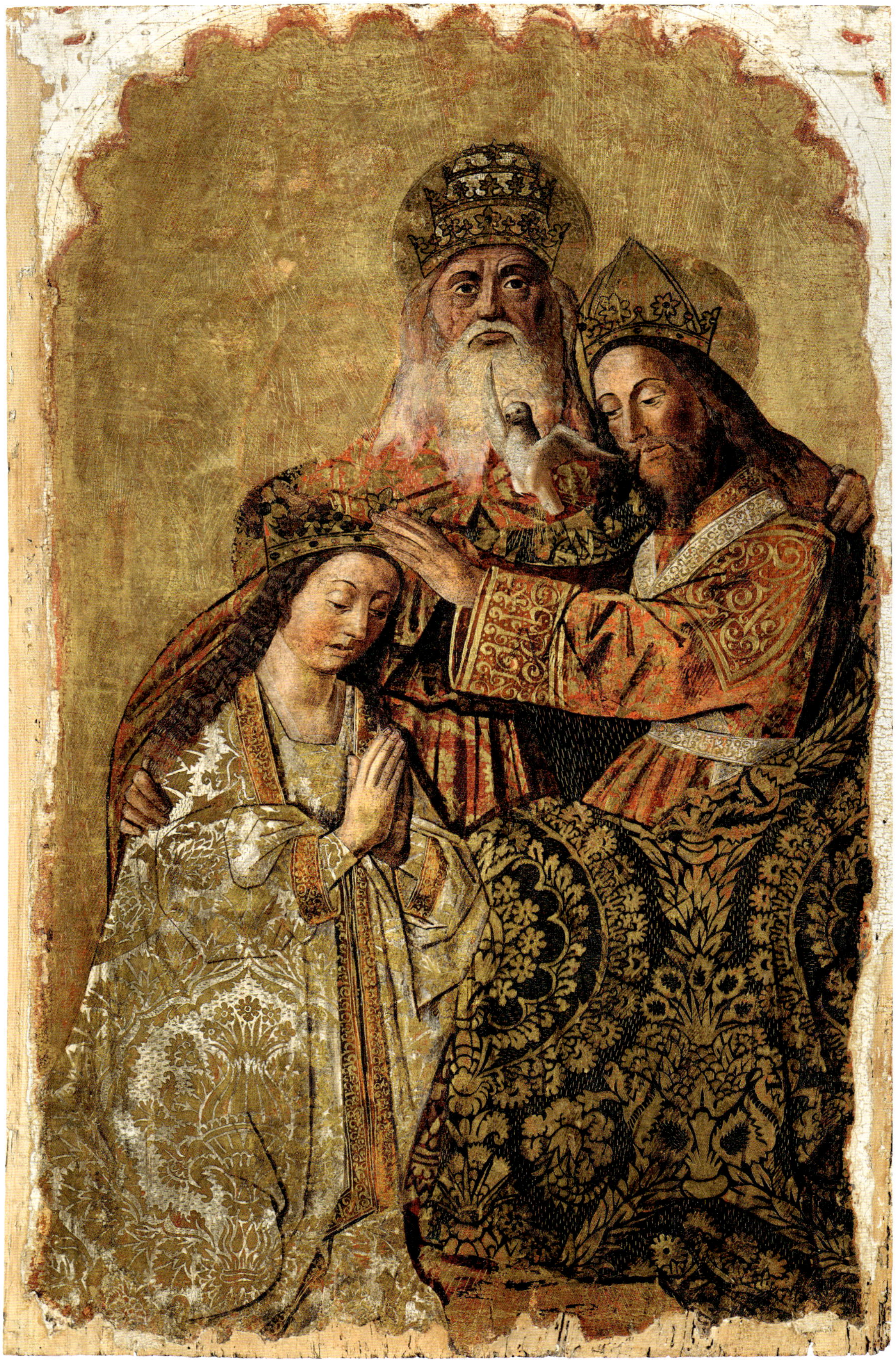

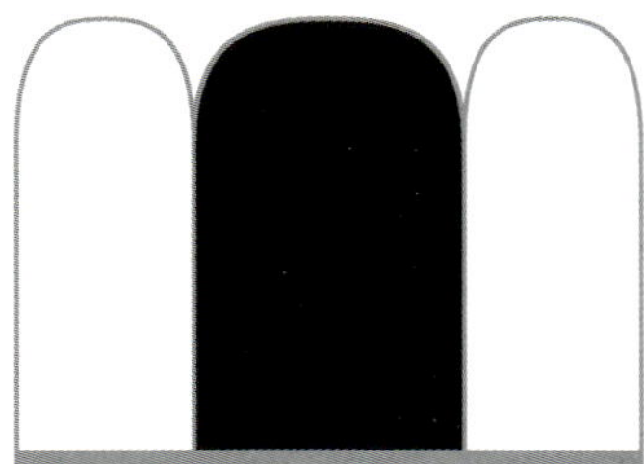

Abb. 1 Verortung der Tafel im Altaraufbau

27

MONOGRAMMIST TER DER KRÖNUNG MARIENS IN ALTENBURG
(nachweisbar Neapel 1488–1500)

KRÖNUNG MARIAS

1488, Tempera auf Pappelholz, 105,4 × 72,0 cm

Lindenau-Museum Altenburg, Inv. 162

Provenienz: 1846 in Neapel wohl über Vermittlung von Petronilla Caterina Just erworben.

Literatur: Oertel 1961, S. 192–194; Bologna 1977, S. 119–121; Salvatore 1989, S. 107, 111, 116; Braca 2004, S. 32–34; Lovino 2020, S. 55–56.

Vor einem in den Goldfond reißend vorgezeichneten Reigen stilisierter Engelsköpfe mit erhobenen Schwingen führt Gottvater Christus und Maria einander als Brautpaar zu. Hochzeitsgabe ist eine Krone, womit die Jungfrau zur Himmelskönigin erhoben wird. Zwischen Gottvater und Christus erscheint der Heilige Geist als Taube in einer Lichtaureole. In der Gesamtschau des Triptychons (Abb. 1) treten als Zeugen die Apostelfürsten Petrus und Paulus auf – sofern sie tatsächlich zu demselben Altarensemble gehörten –, die in ihrer zentralen Rolle als Christi direkter Nachfolger (Petrus) und Verkünder der Botschaft Jesu (Paulus) herausgestellt sind. Ein stufenförmiges Gnaden- und Heilssystem führt von den beiden Heiligen über Maria und Christus hinauf zum Allmächtigen, wodurch sich das große Erlösungswerk für den Gläubigen vollendet.

Wo der sich durch eine opulente Materialästhetik und technische Raffinesse auszeichnende Altar einst aufgestellt war, lässt sich nicht mehr eruieren. Im Hinblick auf die franziskanische Ikonographie um die geistliche Eheschließung (lat. *matrimonium spirituale*) käme in Neapel oder dessen Umland entweder eine den Apostelfürsten als den Titularheiligen geweihte Kirche oder aber ein Nonnenkloster in Betracht.

Die Lesart des Kunsthistorikers Ferdinando Bologna, der die ligierten Lettern des auf der Paulus-Tafel angebrachten Künstlermonogramms – sofern es sich überhaupt um ein solches handelt – als »PETR« und somit als die vermeintliche Abkürzung der latinisierten Namensform »Petrus« interpretierte und den Urheber des Werks daraus schließend mit Pietro Befulco da Salerno (nachweisbar 1471–1503) und/oder Pietro Buono da Salerno (nachweisbar 1492–1512) identifizierte, wird von der Forschung nahezu einstimmig akzeptiert, ist allerdings aus mehrerlei triftigen Gründen nicht unproblematisch und letztlich als haltlos zurückzuweisen. Daher scheint es vorerst ratsam, einen sich aus diesem mutmaßlichen Künstlermonogramm »TER« und einem charakteristischen Werk dieses bislang nicht fassbaren Meisters zusammensetzenden Notnamen beizubehalten. Als namensgebende Arbeit für die Rekonstruktion des nur vier signierte Altäre umfassenden Œuvres des Künstlers (*Jesu Kreuzabnahme mit Auferstehung*, 1495, San Paolo Maggiore, Neapel; *Madonna mit Kind und den Heiligen Theodorus und Hieronymus*, 1500, San Teodoro, Laino Castello; und *Polittico della Santa Croce*, undatiert, womöglich nach 1473 (?), Compagnia della Disciplina della Santa Croce, Neapel) kommt allein das auf 1488 datierte Altenburger Triptychon (oder doch Polyptychon (?)) als das älteste für ihn gesicherte Werk infrage. Deshalb sei hier erstmals die Bezeichnung »Monogrammist TER der Krönung Mariens in Altenburg« eingeführt.[1]

Dieser Monogrammist unterhielt in Neapel eine Werkstatt, die sich an der um 1470/80 vom Maestro del Polittico di San Severino Apostolo del Norico (nachweisbar um 1472–1482) dominierten Kunstszene orientierte und zugleich Stileinflüsse der am Hof der Aragon vielfach geschätzten Malschule von Flandern aufnahm. Wichtiger Bezugspunkt ist dessen *Polittico di San Severino Apostolo del Norico* (um 1472, Museo e Gallerie Nazionali di Capodimonte, Neapel), das als Vermittlerinstanz einer offenkundig aus Spanien in das Königreich Neapel importierten und scheinbar besonders erfolgreichen Retabelform auftritt.

Das einzige Werk des Monogrammisten TER von Altenburg außerhalb Italiens ist damit eine besondere Rarität und markiert zugleich ein wichtiges Bindeglied für die hohe Malkultur im kosmopolitischen Neapel des späten 15. Jahrhunderts.

Tobias Ertel

1 Eine ausführliche Studie des Verfassers wird vom Lindenau-Museum Altenburg als Online-Publikation veröffentlicht.

HEILIGE!

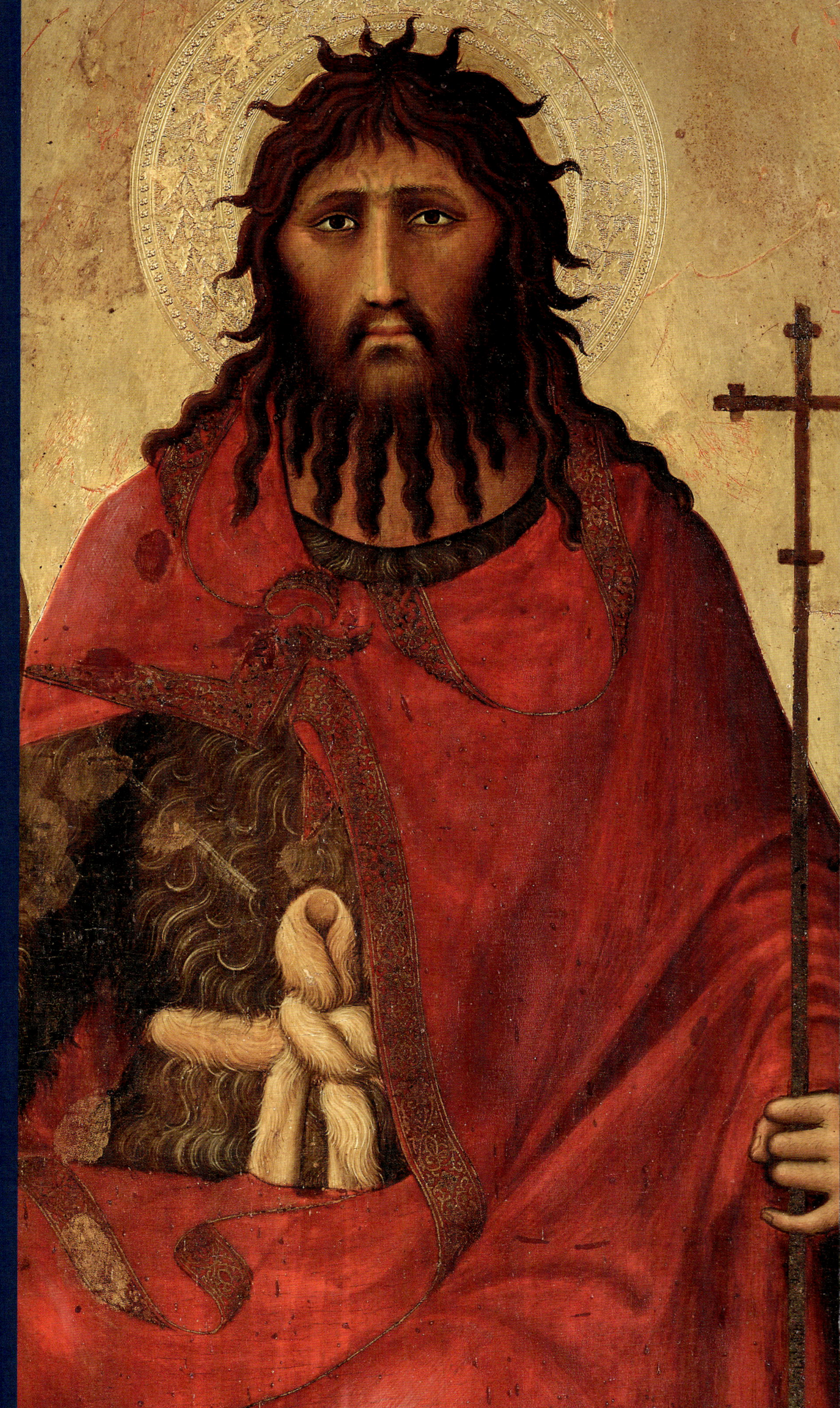

HEILIGE! ZWISCHEN HIMMEL UND ERDE

EVA MARIA BREISIG

Als Heilige werden Personen bezeichnet, die aufgrund ihres unerschütterlichen Glaubens an Gott und ihrer konsequenten Nachahmung (lat. *imitatio*) Christi in religiöser und ethischer Hinsicht als vorbildlich gelten und daher als Mittler zwischen Gott und den Menschen stehen. Sie werden in der katholischen Kirche kultisch verehrt und um Fürbitte (lat. *intercessio*) bei Gott angerufen. In der mittelalterlichen Volksfrömmigkeit wurden Heilige indes nicht nur als Fürbitter, sondern auch als aktive Beschützer vor Krankheit und Unglück sowie Helfer in der Not betrachtet. Namens- und Schutzpatrone gab es für Kirchen oder Städte, aber auch für Berufsgruppen, Familien oder Einzelpersonen.

Bereits in frühchristlicher Zeit wurden Heilige bildlich dargestellt und mit Nimbus (Heiligenschein) und Attributen (charakteristischen Gegenständen) gekennzeichnet. Solche Heiligenbilder waren nicht nur im kirchlichen Kontext, sondern auch im öffentlichen Raum oder bei der privaten Andacht nahezu allgegenwärtig. In der Sammlung des Lindenau-Museums Altenburg befinden sich ebenfalls zahlreiche Heiligenbilder.

Apostel und Märtyrer, die für ihren Glauben den Tod auf sich nahmen, stellen die frühesten Heiligen der christlichen Kirche dar. Später kamen Menschen hinzu, die wegen ihres Bekenntnisses zu Christus Strafen ertrugen, ohne den Tod zu erleiden, oder sich durch ihr gottgefälliges, oftmals asketisches Leben auszeichneten. Darunter waren zum Beispiel Herrscher, Bischöfe oder Kirchenlehrer wie der heilige Hieronymus, der etwa auf einer Tafel von Giovanni del Biondo (nachweisbar 1356–1398) in den frühen 1370er-Jahren ins Bild gesetzt wurde (Kat. 29). Zu den bedeutendsten Heiligen im mittelalterlichen Italien gehörte Franz von Assisi, der Gründer des Franziskanerordens. Seine Lebensgeschichte wurde schon bald nach seiner Heiligsprechung im Jahr 1228 niedergeschrieben und mannigfaltig in der italienischen Kunst dargestellt. Eine Episode seiner Vita schildert beispielsweise die um 1429 entstandene Tafel von Fra Angelico (um 1395–1455) mit der *Feuerprobe des heiligen Franziskus vor dem Sultan* (Kat. 31).

Die wichtigste mittelalterliche Quelle für die meist legendären Heiligenviten ist die vom Dominikaner Jacobus de Voragine (um 1230–1298) zusammengetragene *Legenda aurea* (lat. für »goldene Legende«). Darstellungen in allen Kunstgattungen gehen auf deren ausführliche Schilderungen zurück.

Kat. 28, Detail

28

LIPPO MEMMI (nachweisbar Siena 1317–1347)

JOHANNES DER TÄUFER

um 1325–1330, Tempera auf Pappelholz, 111,0 × 50,8 cm

Lindenau-Museum Altenburg, Inv. 42

Inschrift an der Vorderseite des Podestes: S[AN]C[TU]S IOHAN[NES] [BA]PTIST[A]

Provenienz: 1844 durch Emil Braun aus der Sammlung Ranieri Grassi, Siena, erworben.

Literatur: Oertel 1961, S. 70–75; Bennett 1977, S. 97–100; Sander 2006d, S. 96–99; Ausst.-Kat. Siena 2008, S. 28–37, Kat. 2 (Daniela Parenti); Ausst.-Kat. Paris 2009, S. 58–63; Ausst.-Kat. Hamburg 2011, S. 130–131, Kat. 4 (Imke Wartenberg).

Waren Maria und Christus die unangefochtenen Protagonisten in der Tafelmalerei des Trecento, so traten den Betrachtenden mit der fortschreitenden Entwicklung mehrteiliger Altäre zunächst auf den Seitentafeln und später auch an zentraler Position weitere Heilige vor Augen. Johannes der Täufer, von dem sich zahlreiche Gläubige, so auch Christus selbst, im Jordan taufen hatten lassen, nahm als dessen Bote und Weggefährte eine herausragende Stellung in der toskanischen Kunst ein. Weil er eine Zeit lang als Bußprediger in der Wüste gelebt haben soll, wurde er für gewöhnlich als Eremit in ein Fellgewand gekleidet und mit langem Haar und zottigem Bart versehen. Auch Lippo Memmi übernahm in seiner Darstellung das gegürtete Fellgewand, das unter einem kostbaren roten Umhang sichtbar wird, und die seiner asketischen Lebensweise in der Wüste gemäße dunklere Hautfarbe. Andererseits verlieh er Johannes dem Täufer den Rang eines Herrschers, indem er ihn auf ein Faldistorium, einen vor allem von Bischöfen und Regenten genutzten Faltstuhl, platzierte. Dieser ist in Anspielung auf den Thron des alttestamentlichen Königs Salomo an den Armlehnen mit Löwenhäuptern verziert, während die Stuhlbeine durch die Pranken der Großkatzen gebildet werden. Die nackten, über Kreuz geschlagenen Füße des Heiligen liegen auf einem kostbaren sechseckigen Podest aus Marmor und Porphyr auf, das vor dem Thron positioniert ist. Auf dessen Vorderseite ist der Name des Heiligen zu lesen.

Johannes der Täufer blickt kontemplativ an den Betrachtenden vorbei, als ob er sein persönliches Schicksal (den Tod durch Enthauptung) und die Passion Christi in der Ferne bereits visionär erschauen würde. Sein Haupt ist von dichten Haaren umgeben, die an einigen Stellen wie kleine Flammen emporstehen. Die Barthaare sind symmetrisch zu Strähnen geordnet. Mit der linken Hand fasst Johannes den Kreuzstab, mit der rechten bildet er nach Art byzantinischer Ikonen ein Fingerzeichen, wobei er mit dem Daumen den gebogenen Ring- und Mittelfinger blockt, den Zeige- bzw. kleinen Finger hingegen ausstreckt. In der Ikonenmalerei verweisen Heilige mit dieser Geste auf eine bestimmte Textzeile in der Bibel. Bei Johannes dem Täufer kann es sich dabei nur um den Vers »Ecce agnus dei« (lat. für »Seht, das Lamm Gottes«, Joh 1,29 und 1,36) handeln, mit dem er auf Christus verweist und der – meist auf einem Schriftband zu lesen – zur festen Ikonographie des Täufers gehört. Lippo Memmi verzichtet auf das Band und lässt allein die Finger des Heiligen sprechen, die nach links weisen.

An dieser Stelle befand sich ursprünglich eine (heute verschollene) Tafel mit der Darstellung einer Madonna mit Kind. Das Bild mit Johannes dem Täufer war, als es vor etwa 700 Jahren entstand, im Zusammenhang eines wohl zehnteiligen Altars zu sehen, der sich heute gut rekonstruieren lässt (Abb. 1). Wahrscheinlich handelt es sich dabei um jenen Altar, den Giorgio Vasari (1511–1574) im Jahr 1568 in der zweiten Ausgabe seiner Künstlerviten beschrieben hat und der sich einstmals in der Kirche San Paolo a Ripa d'Arno in Pisa befand. Im unteren Register wurde die zentrale Madonnentafel von je zwei Heiligen flankiert: links die Apostel Paulus und Andreas, rechts unsere Darstellung des Täufers sowie der Apostel Petrus.[1] Ungewöhnlich ist die sitzende Wiedergabe aller vier Heiligen auf einem, zu jenem des Täufers analogem Faltstuhl, sodass sich der Gedanke eines feierlichen Hofstaates einstellt, der Maria umringt. Über den Bildern waren kleinere krönende Tafeln mit halbfigurigen Heiligen angebracht: Diese zeigten an den Seiten zwei Mönche aus dem Vallombrosanerorden (heute ebenfalls Lindenau-Museum Altenburg), über dem heiligen Andreas wahrscheinlich eine heilige Maria Magdalena (die Spuren einer Überarbeitung aufweist und eine Madonna mit Kind dargestellt hat) und über der zentralen Szene einen segnenden Christus.[2]

Benjamin Rux

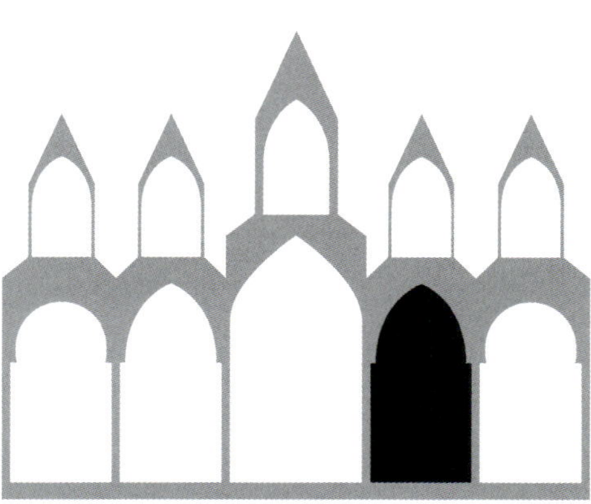

Abb. 1 Verortung der Tafel im Altaraufbau. Schema der Rekonstruktion nach Mallory 1974

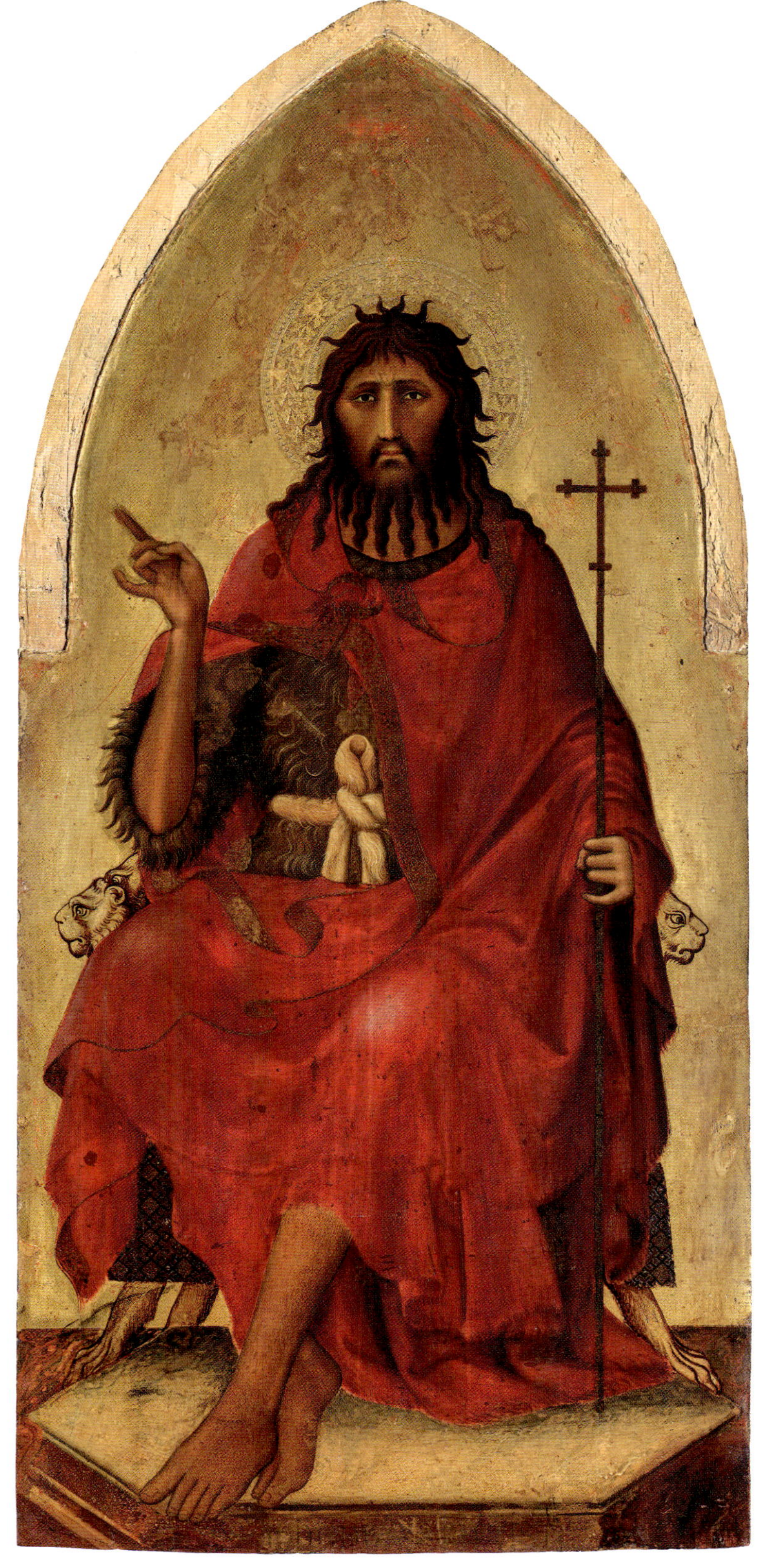

1 Die Tafeln mit den Heiligen Paulus und Petrus befinden sich im Palazzo Abatellis, Galleria Regionale della Sicilia in Palermo, die Tafel mit dem heiligen Andreas im Museo Nazionale di San Matteo in Pisa.

2 Die Tafel mit der heiligen Maria Magdalena (die blonden Haare unter der Kopfbedeckung analog zu einer Magdalena im Polyptychon von Simone Martini (um 1290 (?)–wahrscheinlich 1344) im Museo di San Matteo in Pisa lassen diese Identifikation zu) befindet sich im Musée du Petit Palais in Avignon, die Tafel mit dem segnenden Christus im Musée de la Chartreuse in Douai. Die krönende Tafel über Johannes dem Täufer ist verschollen.

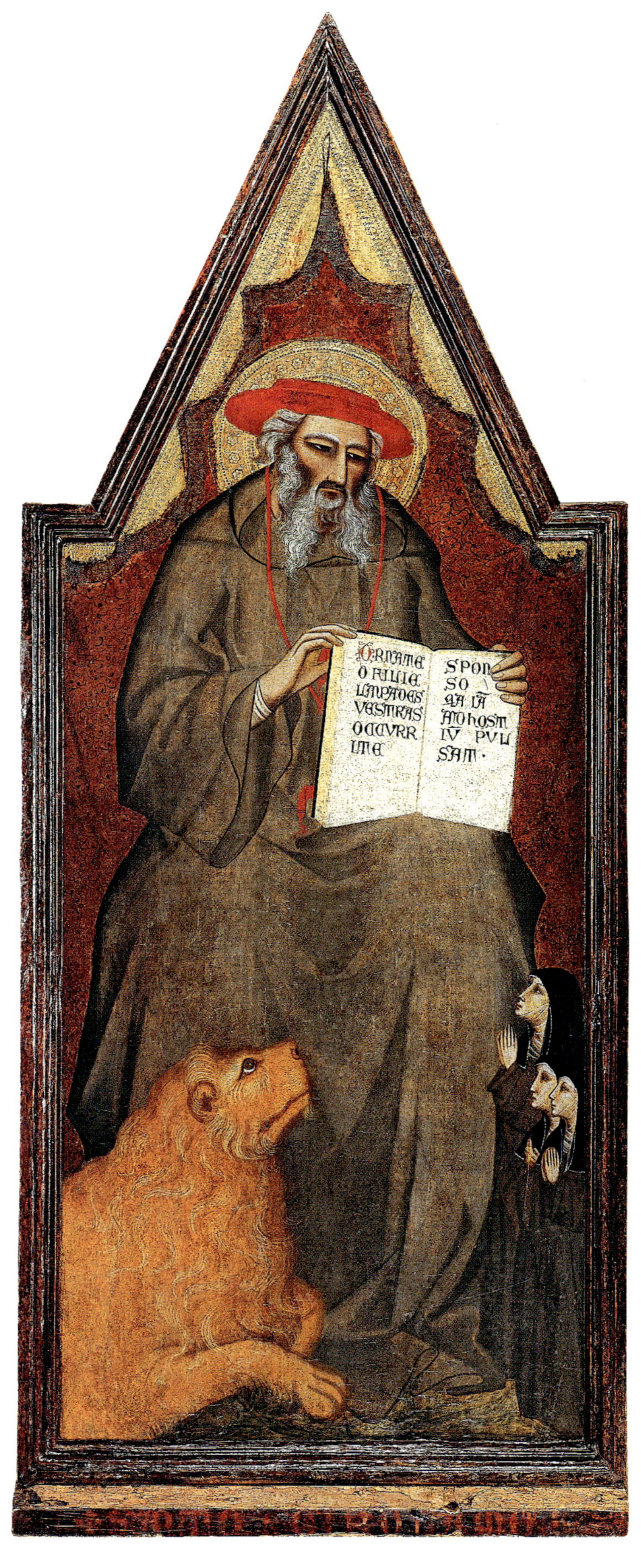
ORNATE
O FILIE
LAMPADES
VESTRAS
OCCURR
ITE
SPON
SO
QA IA
AD HOST
IU PUL
SAT.

29

GIOVANNI DEL BIONDO (nachweisbar Florenz 1356–1398)

HEILIGER HIERONYMUS

frühe 1370er-Jahre, Tempera auf Pappelholz, 141,0 × 54,6 cm

Lindenau-Museum Altenburg, Inv. 22

Provenienz: 1844 durch Emil Braun in Rom erworben.

Inschrift auf dem Buch des Heiligen: ORNATE / O FILIE / LANPADES / VESTRAS / OCCVRR/ITE // SPON/SO / Q(I)A IA(M) / AD HOST/IU PUL/SAT (Hieronymus, Epistula IX); in Rot auf dem Zierrahmen unten: SANTO GIROLAMO

Literatur: Offner/Steinweg 1967, S. 49–51; Skaug 1994, I, S. 201; Ausst.-Kat. Florenz 2005, S. 96–98, Kat. 18 (Daniela Parenti; mit älterer Literatur); Sander 2006d, S. 96; Ausst.-Kat. Hamburg 2011, S. 144–145, Kat. 11 (Andreas Dehmer).

Wie das Hochformat mit Spitzgiebel und die Frontaldarstellung des Heiligen nahelegen, sollte dieses Gemälde wahrscheinlich an einem Kirchenpfeiler hängen.[1] Die als *tavole di pilastri* bezeichnete Säulenmalerei war seit dem 14. Jahrhundert in ganz Italien populär. Oft wurden die Tafeln von Gruppen – Bruderschaften, Familien, Gilden und Zünften – in Auftrag gegeben und dienten häufig als Votivbilder, als fromme Gaben zu Ehren der abgebildeten Heiligenfigur.[2]

Der heilige Hieronymus, einer der vier Kirchenväter und berühmt für seine Übersetzung der Bibel ins Lateinische, sitzt vor einer roten Stoffbahn, die an den Rahmen des Bildes »geheftet« zu sein scheint. Wie üblich trägt er einen roten Kardinalshut und wird von seinem treuen Gefährten, einem Löwen, begleitet, dem er der Legende nach einen Dorn aus der Pranke gezogen hat. Sein brauner Mantel ist zwar ungewöhnlich (eigentlich trägt Hieronymus Rot), jedoch ohne Zweifel ein Zugeständnis an die rechts unten knienden Stifterinnen. Ihre braunen Trachten und schwarzen Hauben kennzeichnen sie als Klarissen, Mitglieder eines weiblichen Zweigs des Franziskanerordens, die der Regel der heiligen Klara folgten und wie ihre männlichen Ordensbrüder die Tugenden der Armut und Keuschheit priesen. Tatsächlich zeigt Hieronymus ihnen hier einen Ausschnitt aus seiner Epistula IX, mit der er zwei seiner Anhängerinnen, Paula und Eustochium, anwies, der Jungfrau Maria als einem göttlichen Beispiel an Sittsamkeit und Anmut zu folgen. Die Gegenwart der Klarissen auf diesem Tafelbild zeigt an, dass es für eine Franziskanerkirche wohl in oder bei Florenz geschaffen wurde, wo der Künstler hauptsächlich tätig war. Um welche Kirche genau es sich handelte, bleibt ungewiss, auch wenn San Francesco in Castelfiorentino,[3] wo Giovanni del Biondo in den 1360er-Jahren tätig war, und San Girolamo alla Costa in Florenz[4] als mögliche Kandidaten vorgeschlagen wurden.

Als einer der wichtigsten Florentiner Maler des späten Trecento stammte Giovanni aus dem östlich der Stadt gelegenen Casentino. Seine Ausbildung erhielt er in der Werkstatt der Brüder Cione, einer der umtriebigsten Werkstätten der Zeit, vermutlich direkt von Nardo di Cione (nach 1320–nach 1365), dem er 1357 bei der Ausmalung der Strozzi-Kapelle in der Kirche Santa Maria Novella assistierte. Im Anschluss an seine Lehrjahre war Giovanni vor allem wegen seiner Altarbilder gefragt, die zu Dutzenden erhalten sind und oft überaus einfallsreiche Formate und Bildfindungen aufweisen. Eine weitere Spezialität des Künstlers waren kleinformatige Andachtstafeln, die er zum Teil datierte und signierte.

Die Altenburger Tafel zählt zu den reifen Werken Giovannis. Der elegante, schlanke Figurenstil ist typisch für seine Arbeiten aus dieser Periode und taucht ähnlich auch auf dem Altarbild der Tosinghi-Spinelli-Kapelle (1372) in der Basilika Santa Croce in Florenz oder in der *Marienkrönung* (1373) auf, die sich heute im Museo Bandini in Fiesole befindet. Darüber hinaus passen die für das Blattgold verwendeten Punzierwerkzeuge zu einem Werkzeugsatz, den um 1363 ein anderer Maler, Giovanni da Milano, aus Siena (um 1320–nachweisbar 1369) nach Florenz gebracht hatte und der von zahlreichen Florentiner Künstlern der Zeit eingesetzt wurde. Um 1375 verschwinden diese Punzierungen aus den Werken Giovanni del Biondos, sodass die Tafel des *Heiligen Hieronymus* vorher entstanden sein muss.[5]

Das Tafelbild zählt zu Giovannis sparsamsten Werken. Die gedämpfte Palette und die nüchterne Monumentalität der Figur weichen vom eigentlich aufwendigeren Stil des Künstlers ab, der etwa seine weiteren Säulenbilder, wie das der *Heiligen Katharina* in Florenz (Museo dell'Opera del Duomo) oder des *Heiligen Paulus* in Stockholm (Kunstsammlung der Universität), auszeichnet. Diese Unterschiede spiegeln Giovannis Fähigkeit wider, seine Malweise an den Geschmack und die Erwartungen seiner unterschiedlichen Kundschaft anzupassen, was für seinen jahrzehntelangen Erfolg ohne Frage mitentscheidend war.

Christopher Daly

1 Offner/Steinweg 1967, S. 49–51.
2 Offner 1947, S. 94, Anm. 1; De Marchi 2012, S. 45–46; Best.-Kat. Washington 2016, S. 66.
3 Offner 1947.
4 Ausst.-Kat. Florenz 2005, S. 96–98, Kat. 18 (Daniela Parenti).
5 Skaug 1994, S. 203–204, 214–215.

30

LORENZO MONACO (eigentlich Piero di Giovanni, Siena um 1370–um 1425 Florenz)

CHRISTUS AM KREUZ MIT DEN HEILIGEN BENEDIKT, FRANZISKUS UND ROMUALD

um 1405–1407, Tempera auf Pappelholz, 56,4 × 42,0 cm

Lindenau-Museum Altenburg, Inv. 23

Provenienz: 1845 durch Emil Braun in Rom erworben.

Literatur: Oertel 1961, S. 130–131; Ausst.-Kat. Florenz 2005, S. 110–111, Kat. 22 (Sonia Chiodo); Ausst.-Kat. Paris 2009, S. 146–147; Ausst.-Kat. Hamburg 2011, S. 156–157, Kat. 17 (Wolf-Dietrich Löhr); Krüger 2018; Helffenstein 2022.

Das Tafelbild ist in mehr als einer Hinsicht ein außerordentliches Werk unter den zahlreichen religiösen Andachtsbildern seiner Zeit.[1] Ungewöhnlich ist die Kombination von Heiligen, die hier in Anbetung des Gekreuzigten versammelt sind: Zu den Seiten sitzen zwillingsgleich zwei Mönche, die anhand ihrer Attribute identifizierbar sind: die Rute kennzeichnet Benedikt von Nursia, Gründer des Benediktinerordens, die Krücke Romuald von Camaldoli, der in dessen Nachfolge den Kamaldulenserorden gegründet hatte. In der Mitte kniet Franz von Assisi, der Gründer des Franziskanerordens.

Der Künstler Piero di Giovanni war selbst 1390 in das Kamaldulenserkloster Santa Maria degli Angeli in Florenz eingetreten. Den Namen Lorenzo hatte er dort angenommen und den Zunamen »Monaco« (lat. für »Mönch«) im Lauf seiner Karriere als Maler erworben. Er betrieb eine Werkstatt außerhalb der Klostermauern und verstand sich sowohl auf Miniatur- wie Tafel- und Wandmalerei. Das Gemälde, wahrscheinlich ursprünglich Teil eines Diptychons, könnte für die dem Heiligen Franziskus geweihte Kapelle in seinem Kloster bestimmt gewesen sein.[2]

Das Bild spielt auf komplexe Weise mit Materialität und illusionistischen Effekten: Oben und seitlich ist es mit einer Bordüre gefasst, deren goldene Ornamentik auf dunklem Grund die kostbare Technik der Hinterglasmalerei evoziert.[3] Dieser Rahmen begrenzt den überirdischen Bereich, den der goldene Hintergrund repräsentiert. Die Ordensgründer hingegen sitzen davor auf einem felsigen Untergrund, der zugleich der Ort der Kreuzigung ist. Jedoch ist der gekreuzigte Christus kleiner als die ihn Verehrenden: Es muss sich also um ein Bildwerk handeln, wie es Lorenzo Monaco selbst mehrfach gefertigt hatte, um ein Bild im Bild, das der Vergegenwärtigung der Passion dient. Das Kruzifix überschneidet oben die Rahmung, sodass es gleichsam in unsere Realität hineinzuragen scheint. Das rote Blut, das aus den Wundmalen der Hände in dicken, gerinnenden Tropfen fließt, gewinnt auf der Bildoberfläche materielle Präsenz. Dünnflüssig hingegen rinnt es aus den Fußwunden auf uns zu, dorthin, wo auch Franziskus in Rückenansicht kniet und sich so als Identifikationsfigur anbietet. Die sakramentale Bedeutung des Blutes Christi verbildlichen die drei heranfliegenden Engel, die es mit Schalen auffangen. Ein vierter verharrt in Gebetshaltung. Die Engel sind in den Goldgrund gezeichnet und punziert, was sie als der jenseitigen Sphäre zugehörig ausweist. Mit den Kelchen deuten sie auf die Eucharistie, die Wandlung von Brot und Wein in Leib und Blut Christi, mit der die Erlösung der Menschheit durch dessen Tod und Auferstehung vergegenwärtigt wird. Das Kreuzesholz und der felsige Stein sind die einzigen dargestellten Materialien, die sich zudem gleichsam zum Greifen nah darbieten. Im Mittelalter hatten Passionsreliquien, also etwa vermeintliche Splitter vom Kreuz Christi und Steine vom Berg Golgatha, einen besonders großen Wert und vielleicht besaß das Kloster in dieser Zeit solche Heiltümer.[4] Die sinnliche Dimension der Frömmigkeit wird durch die prominente Inszenierung von Franziskus hervorgehoben: Einer erst nach seinem Tod verbreiteten Legende zufolge soll er die Wundmale Christi empfangen haben, hier sind sie durch die roten Strahlen an Händen und Füßen visualisiert. Franziskus steht also für die Verinnerlichung und das körperliche wie emotionale Nacherleben der Passion Christi. Das Bild scheint in seiner illusionistischen Inszenierung die Schwelle zwischen Diesseits und Jenseits auch für die Gläubigen überschreitbar zu machen.[5]

Philine Helas

1 Oertel 1961, S. 130–131; Ausst.-Kat. Florenz 2005, S. 110–111, Kat. 22 (Sonia Chiodo); Ausst.-Kat. Hamburg 2011, S. 156–157, Kat. 17 (Wolf-Dietrich Löhr).
2 Tigler 2022, S. 137, Anm. 67.
3 Helffenstein 2022, S. 38–40.
4 Giuseppe Richa dokumentiert unter den Reliquien ein Stück vom Kreuzesholz, siehe Richa 1756, S. 171. Zur Materialität Helffenstein 2022, S. 36. Zu Golgatha und der Stigmatisation des Franziskus Rachman-Schrire 2019.
5 Krüger 2018, bes. S. 82–92.

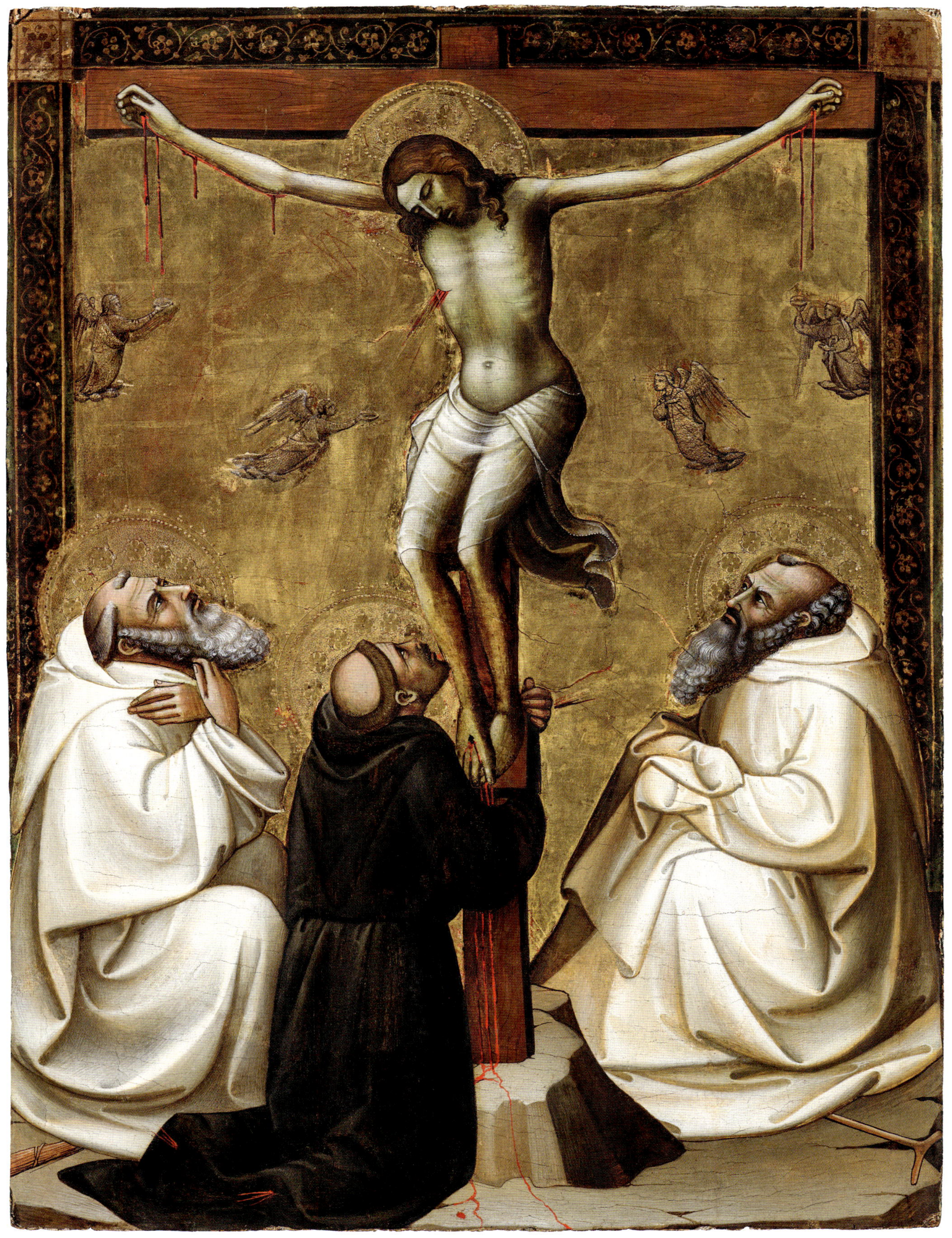

31

FRA ANGELICO (eigentlich Guido di Pietro, dann Fra Giovanni da Fiesole; Vicchio di Mugello um 1395–1455 Rom)

FEUERPROBE DES HEILIGEN FRANZISKUS VOR DEM SULTAN

um 1429, Tempera auf Pappelholz, 27,7 × 31,4 cm

Lindenau-Museum Altenburg, Inv. 91

Provenienz: 1840 aus der Sammlung Carl Gustav Boerner, Leipzig, erworben.

Literatur: Schmarsow 1897b, S. 179–180; Oertel 1961, S. 143–145; Ausst.-Kat. Florenz 2005, S. 43–46, Kat. 2 (Ada Labriola).

Das Werk stellt eine Episode aus dem Leben des heiligen Franziskus von Assisi dar, wie es der heilige Bonaventura in seiner *Legenda Maior Sancti Francisci* (um 1263) erzählt hat. Dabei wird Franziskus hier als Einziger mit einem Heiligenschein dargestellt – seinem Begleiter im Franziskanergewand, Bruder Illuminato da Rieti, wird diese Ehre nicht zuteil. Die beiden Pilger befinden sich in Ägypten, wohin Franziskus gekommen war, um die Menschen zum christlichen Glauben zu bekehren. Empfangen vom Sultan, der in der Mitte des Bildes in einem leicht durchscheinenden blauen Gewand und mit einem Zepter in der Hand thront, schlägt Franziskus den muslimischen Priestern eine Prüfung vor: Alle Anwesenden sollten sich auf den Scheiterhaufen begeben, der im Vordergrund lodert, um zu sehen, wer unversehrt bliebe und welcher Glaube der von Gott gesegnete sei. Franziskus hebt den Finger zum Himmel, sich sicher, vom göttlichen Willen unterstützt zu werden. Die muslimischen Priester zweifeln hingegen: Der eine senkt die Hand, der andere hebt sie, der dritte deutet wenig überzeugend zum Himmel empor.[1] Angesichts dieses Zögerns schlägt Franziskus vor, allein den Scheiterhaufen zu betreten: »›Wenn Sie für sich und Ihr Volk versprechen wollen, den Glauben Jesu Christi anzunehmen, falls ich heil aus den Flammen herauskomme‹, [sagt er zum Sultan], ›werde ich allein durch sie hindurchgehen. Wenn das Feuer mich seine Glut spüren lässt, werdet ihr es meinen Sünden zuschreiben; wenn aber die Macht des Herrn mich beschützt, werdet ihr erkennen, dass Christus die Tugend und Weisheit Gottes ist, dass er der wahre Gott und der Erlöser aller Menschen ist.‹ Der Sultan erklärte, er wage es nicht, einen solchen Vorschlag anzunehmen, da er einen Aufstand seines Volkes befürchte.«[2] Die Szene stellt also weder eine Wundertat des heiligen Franziskus dar (der sich nicht der Feuerprobe unterzog), noch die allgemeine Bekehrung, die er sich wünschte, zumindest aber präsentiert sie einen moralischen Sieg, der die unerschütterliche Überzeugung des Gründers des Franziskanerordens unterstreicht.

Die Tafel ist nur ein Fragment eines größeren Ganzen: Sie befand sich ursprünglich im unteren Teil, der Predella, eines Altarbildes, das für die Compagnia di San Francesco bestimmt war, eine Bruderschaft, die sich in der Florentiner Franziskanerkirche Santa Croce versammelte (Abb. 1). Der Auftrag für dieses Altarbild an den dominikanischen Maler Fra Angelico ist für das Jahr 1429 dokumentiert. So ist bekannt, dass die Bezahlung zum Teil in Naturalien (und insbesondere in Weinfässern) erfolgte.[3] Das Hauptregister des Altarbildes ist als Triptychon angeordnet: In der Mitte thront die Jungfrau mit dem Kind, die auf den Seitenflügeln von verschiedenen Heiligen (Hieronymus, Johannes der Täufer, Franziskus und Onuphrius) umgeben ist. Die Bekrönung dieser drei Tafeln wird von einer Verkündigungs- und einer Dreifaltigkeitsdarstellung eingenommen. Die beiden seitlichen Flügel des Triptychons wurden stark beschädigt und befinden sich heute im Depot des Museo Nazionale di San Marco in Florenz, wo die Madonna ausgestellt ist. Das Gesamtwerk wurde lange Zeit in der Kartause von Galluzzo aufbewahrt, weshalb das Werk den Beinamen Certosa-Polyptychon erhielt. Die Predella hingegen war bereits vor langer Zeit aufgelöst worden.

Die Auswahl der Szenen auf der Predella konzentriert sich auf das Leben von Franziskus: Neben der Tafel in Altenburg umfasst sie eine Stigmatisierung, die in den Vatikanischen Museen aufbewahrt wird (die bekannteste Episode im Leben des Heiligen, die ihn zu einem echten »alter Christus«, einem »zweiten Christus«, machte), sowie drei Tafeln, die sich heute in der Berliner Gemäldegalerie befinden: Die Begegnung zwischen Franziskus und Dominikus (eine Episode aus der *Legenda aurea*, die wahrscheinlich nie stattgefunden hat), die Erscheinung in Arles (ein weiteres Wunder) und die Totenmesse für den heiligen Franziskus (eine breitere Tafel, die ursprünglich in der Mitte der Predella angebracht war). Im Vergleich zum Hauptregister kommt in der Predella Fra Angelicos erzählerisches Talent zum Ausdruck. Die Landschaft der Begegnung oder die

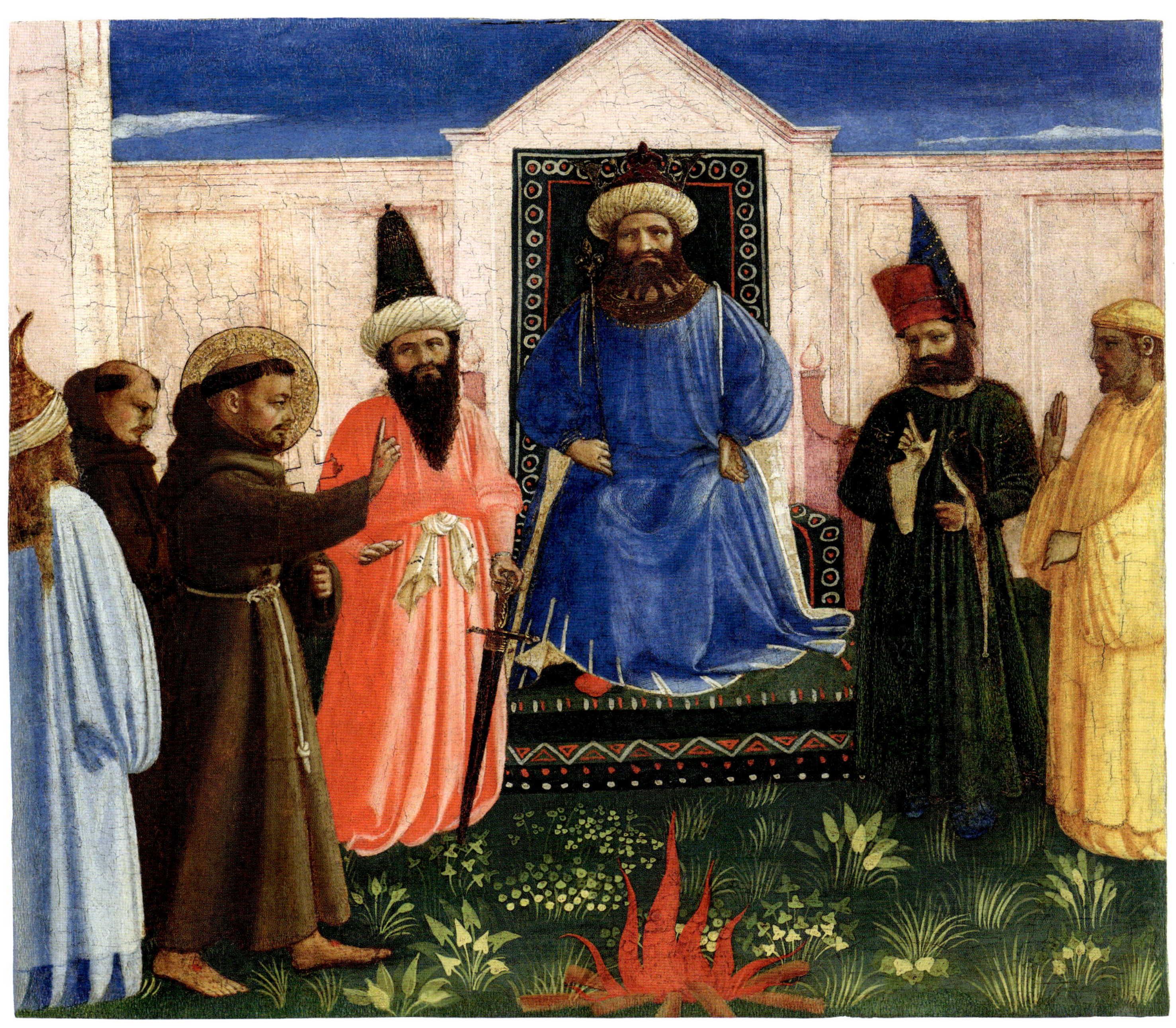

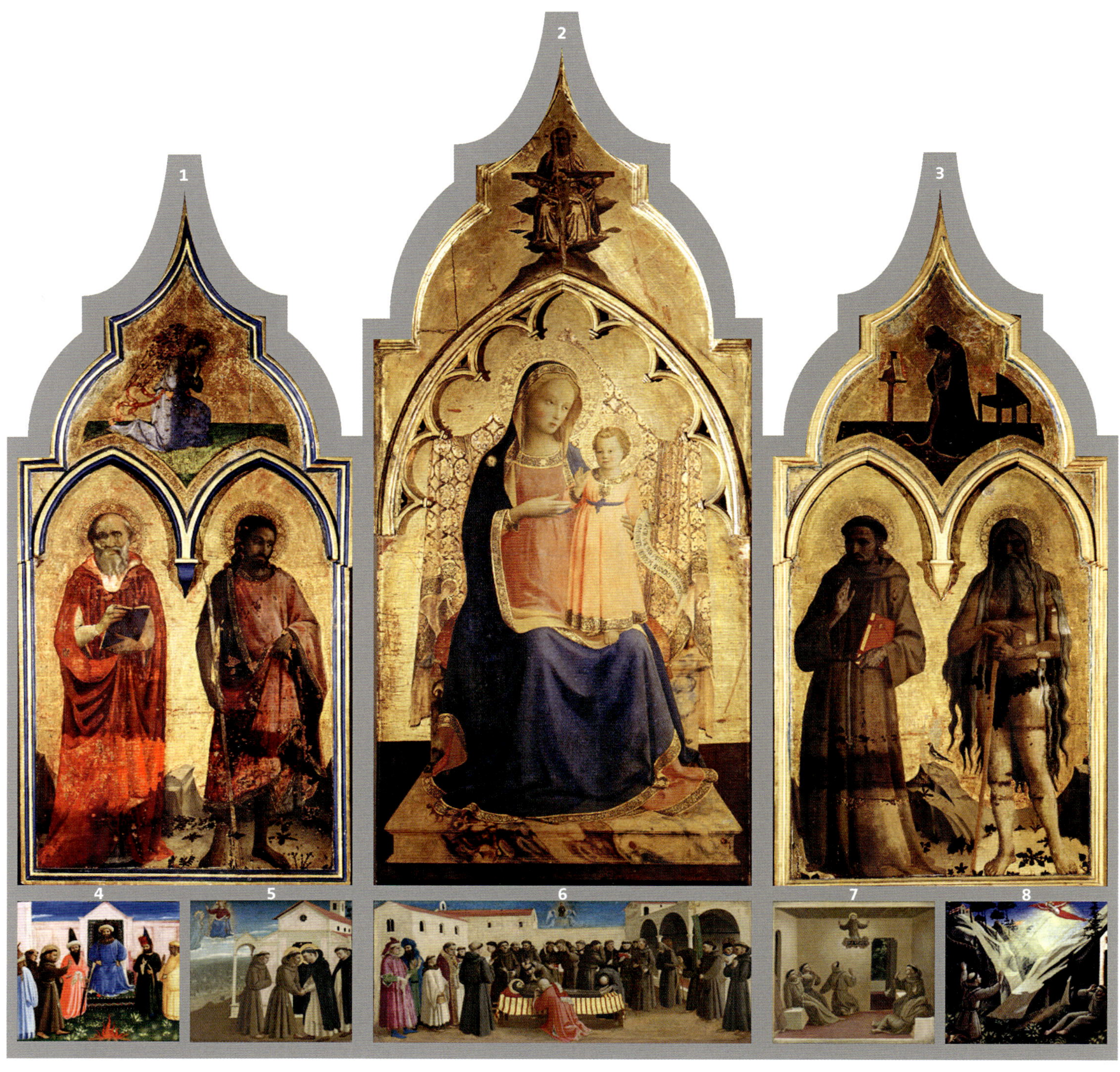

Abb. 1 Schema der Rekonstruktion nach Henderson/Joannides 1991

1) Heiliger Hieronymus und Johannes der Täufer (oben: Engel der Verkündigung), Museo di San Marco, Florenz
2) Madonna mit Kind (oben: Dreifaltigkeit), Museo di San Marco, Florenz
3) Heiliger Franziskus und Onuphrius (oben: Maria der Verkündigung), Museo di San Marco, Florenz
4) Feuerprobe des heiligen Franziskus vor dem Sultan, Lindenau-Museum Altenburg, Kat. 31
5) Die Begegnung der Heiligen Dominikus und Franziskus, Gemäldegalerie, Berlin
6) Die Totenmesse für den heiligen Franziskus, Gemäldegalerie, Berlin
7) Die Erscheinung des heiligen Franziskus in Arles, Gemäldegalerie, Berlin
8) Der heilige Franziskus erhält die Stigmata, Musei Vaticani, Vatikanstadt

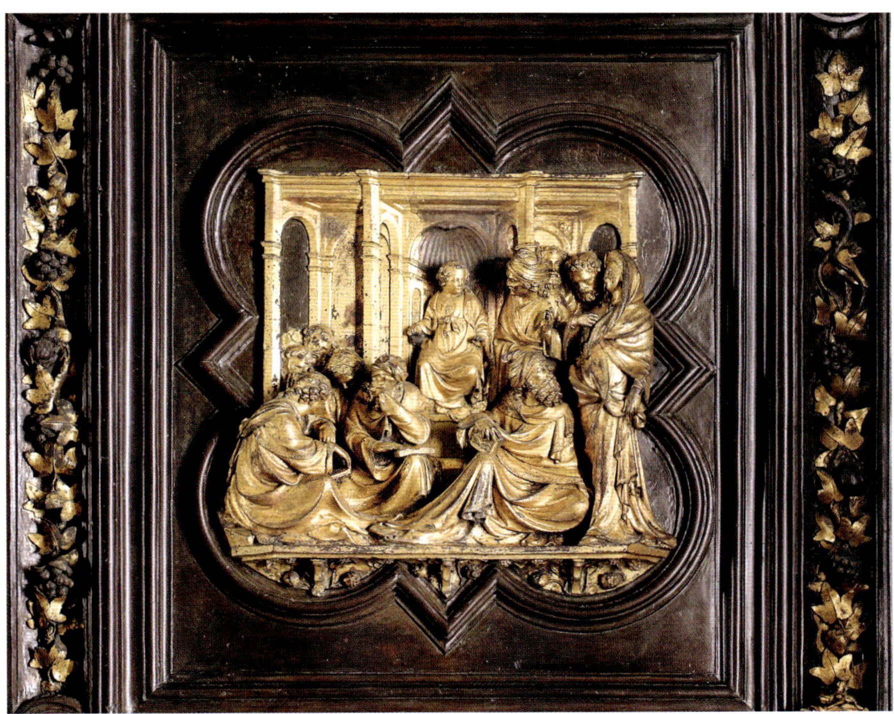

Abb. 2 Lorenzo Ghiberti, Türsegment, Christus unter den Schriftgelehrten, Nordtür des Baptisteriums, 1424 fertiggestellt, Museo dell'Opera del Duomo, Florenz

Nachtatmosphäre der Stigmatisierung und der Erscheinung sind für ihre Zeit äußerst modern. In unserer Tafel lässt der Maler einem fantasievollen Orientalismus freien Lauf, der sich in kunstvollen Kopfbedeckungen und dekorativen Mustern des persischen Teppichs äußert.

Die Altenburger Tafel leuchtet in durchscheinenden Farben: Fra Angelico war zugleich Miniaturmaler und vermied es oft, die Leuchtkraft seiner Farben zugunsten eines gesteigerten Realismus zu verringern, wie es Masaccio (1401–1428) getan hatte. Die Anordnung der Szene ist dagegen direkt von diesem übernommen, der den heiligen Petrus in einem Fresko in der Brancacci-Kapelle in Santa Maria del Carmine in Florenz auf einem Thron, analog zum Sultan in der vorliegenden Tafel, dargestellt hatte (eine ähnlich gestaltete Mauer im Hintergrund kann man auch im von Filippino Lippi (um 1457–1504) beendeten Fresko sehen). Die Figuren erinnern hingegen an die erste Tür des Baptisteriums (Abb. 2), die der Florentiner Goldschmied Lorenzo Ghiberti (1378/81–1455) im Jahr 1424 fertiggestellt hatte, insbesondere der Priester in Rot zur Rechten des Sultans. Die Art und Weise, wie die Seitenfiguren durch den Rahmen der Darstellung »abgeschnitten« werden, verweist zudem auf das Werk Donatellos (um 1386–1466).

Die Komposition dieser Szene lässt sich mit dem Typus der sogenannten Sacra Conversazione (ital. für »heilige Unterredung«) vergleichen, bei dem die thronende Jungfrau mit Kind von Heiligen umgeben ist, die zu interagieren scheinen. Oft in einem geschlossenen Raum dargestellt, werden derartige Gemälde dieses Sujets meist durch einen quadratischen oder zumindest rechteckigen Rahmen gesehen. Zur Zeit der Entstehung dieses Altarbildes gab es diesen Typus jedoch noch nicht und, wie bereits erwähnt, zeigte das Hauptregister zwar die Jungfrau Maria von Heiligen umgeben, doch der Rahmen war der eines spätgotischen Triptychons mit Goldgrund. Als erste bekannte Sacra Conversazione gilt das als *Pala d'Annalena* bekannte Altarbild (Museo di San Marco, Florenz), das Fra Angelico wahrscheinlich um 1434 für die Medici-Kirche San Lorenzo entwarf. Die vorliegende Predellatafel darf also durchaus als Präfiguration einer der wesentlichen Neuerungen der Kunstgeschichte angesehen werden.

Neville Rowley

1 Zur Bedeutung der Gestik in der damaligen Kunst siehe Baxandall 1972, S. 56–71.

2 Bonaventura IX, 8. Bonaventura nennt als Reiseziel Syrien anstatt Ägypten.

3 Vgl. Henderson/Joannides 1991.

32

FRA ANGELICO
(eigentlich Guido di Pietro, dann Fra Giovanni da Fiesole; Vicchio di Mugello um 1395–1455 Rom)

DREI HEILIGE AUS DER PALA DI SAN MARCO

um 1440–1442

a) Heiliger Hieronymus (?)

Tempera auf Pappelholz, 39,0 × 14,0 cm

b) Heiliger Bernhard von Clairvaux (?)

Tempera auf Pappelholz, 36,8 × 15,0 cm

c) Heiliger Rochus (?)

Tempera auf Pappelholz, 38,9 × 13,8 cm

Lindenau-Museum Altenburg, Inv. 92a–c

Provenienz: 1844 durch Emil Braun in Rom erworben.

Literatur: Schmarsow 1897b, S. 178–180; Oertel 1961, S. 145–146; Ausst.-Kat. Florenz 2005, S. 47–50, Kat. 3 (Ada Labriola).

Die Identifizierung dieser drei Heiligen, die vor einem Goldgrund auf dunklen Wolken stehend dargestellt sind, wirft bis heute Fragen auf. Der bärtige und kahlköpfige Mönch, ein Buch lesend, scheint der heilige Hieronymus zu sein, der die Bibel vom Griechischen ins Lateinische übersetzte, jedoch fehlt ihm sein charakteristischer Kardinalshut (Kat. 32a). Der Mönch mit Kapuze, Buch und Rute wurde lange Zeit mit dem heiligen Bernhard von Clairvaux identifiziert – andere Stimmen sahen in ihm den heiligen Benedikt (Kat. 32b).[1] Bei dem dritten Heiligen handelt es sich offensichtlich um einen Pilger: Er trägt Tasche, Feldflasche, Hut und Stab. Es könnte sich um den heiligen Rochus handeln, doch gibt es keine weiteren Distinktionsmerkmale wie den Hund oder die Wunde am Oberschenkel (Kat. 32c). Es ist, als hätte der Maler die Zweideutigkeit bewusst forciert: Statt individuelle Heilige zu präsentieren, stellt er hier religiöse Typen dar – einen studierten Mönch, einen weiteren, der streng die Ordensregel beachtet, und einen Pilger. Fra Angelico scheint ausdrücken zu wollen, dass die unterschiedlichsten Charaktere jeweils eine bestimmte Rolle spielen können.

Diese drei Täfelchen waren ursprünglich Teil eines der Hauptwerke des Künstlers, der *Pala di San Marco*, des Hochaltarbildes der Kirche der Florentiner Dominikaner-Observanten. Ab 1438 finanzierten die Medici die Renovierung dieser Kirche sowie des angrenzenden Klosters, das sich in der Nähe ihres eigenen Palastes befand, und beauftragten den Bildhauer und Architekten Michelozzo (1396–1472) mit der Leitung der Arbeiten. Fra Angelico spielte eine Schlüsselrolle bei der Ausgestaltung des Klosters, indem er für jede Zelle ein Fresko anfertigte. Das Hauptaltarbild in der Kirche war ebenfalls Teil dieser *renovatio*. Da Kirche und Kloster im Januar 1443 eingeweiht wurden, liegt es nahe, das Altarbild von San Marco in die Zeit um 1440 bis 1442 zu datieren.

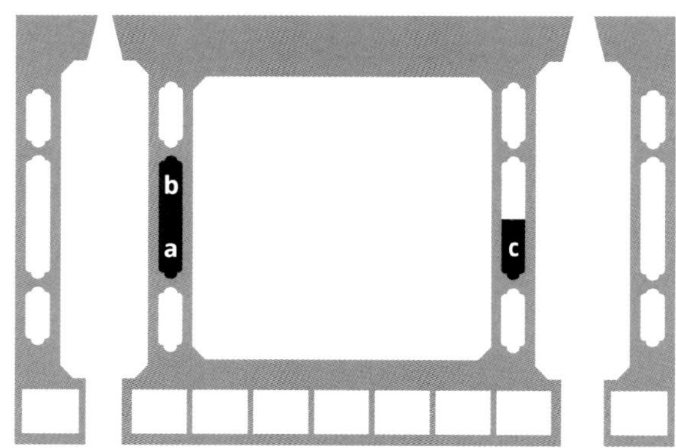

Abb. 1 Verortung der Tafeln im Altaraufbau. Schema der Rekonstruktion nach Scudieri/ Giacomelli 2008 und Russo 2008

Die Anordnung der Pilaster des Altaraufsatzes, zu denen die drei Tafeln gehörten, konnte mit einiger Wahrscheinlichkeit rekonstruiert werden (Abb. 1). Bemerkenswert ist, wie der Maler darauf achtete, den wechselnden Standpunkt der Betrachtenden einzubeziehen, je nachdem, ob der Heilige auf Augenhöhe oder von unten gesehen wurde. Auch die Richtung des Lichts – hier unterschiedlich zwischen dem Pilgerheiligen und den anderen beiden Heiligenfiguren – wurde berücksichtigt.[2]

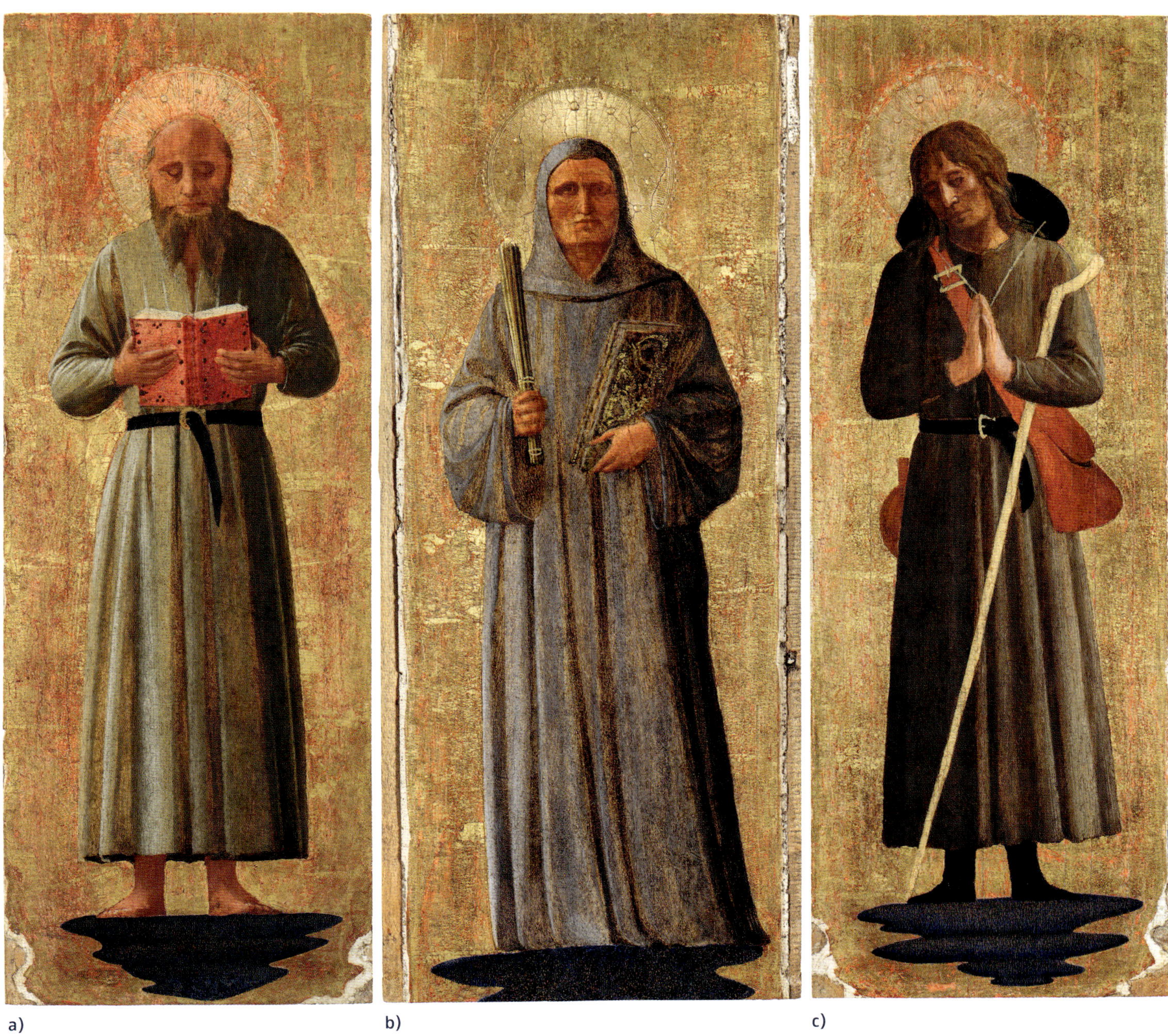

a) b) c)

Im Vergleich zu früheren Jahren verzichtete Fra Angelico hier auf allzu kräftige Farben und seine Palette erscheint stark reduziert, um sich auf bestimmte Details zu konzentrieren, darunter beispielsweise die beiden Gürtelschnallen des Pilgers. Der spektakulärste Effekt ist jedoch zweifellos das Streiflicht, das den heiligen Hieronymus von links beleuchtet (wie es sicherlich auch in der ursprünglichen Anordnung des Altarbildes der Fall war). Dadurch entsteht eine Figur mit einer geradezu plastischen Präsenz, die die Arbeiten von Piero della Francesca (um 1412–1492) einige Jahre später ankündigt (angefangen mit der berühmten *Madonna der Barmherzigkeit*, heute im Museo Civico, Sansepolcro). In der Tat war Piero im September 1439 in Florenz, um gemeinsam mit Domenico Veneziano (nachweisbar 1438–1461) zu arbeiten; im April 1442 ist er (wahrscheinlich) als Assistent von Fra Filippo Lippi (um 1406–1469) nachweisbar. Diese Umstände lassen vermuten, dass auch die Werkstatt von Fra Angelico für den jungen Piero eine Anlaufstelle war.

Neville Rowley

1 Hood 1993, S. 310, Anm. 6.

2 Für neuere Rekonstruktionsversuche siehe Scudieri/Giacomelli 2008.

KIRCHE &
ANDACHT

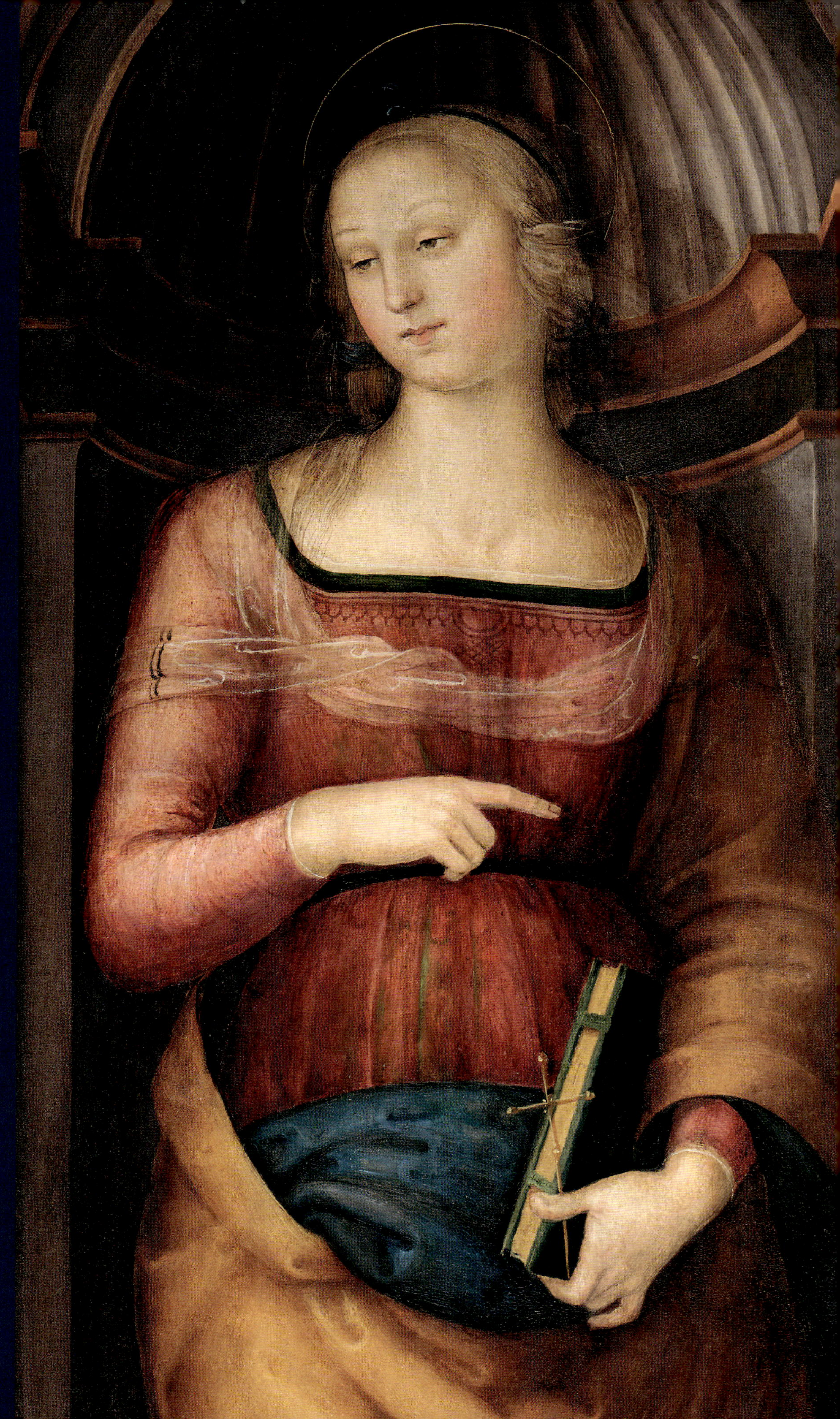

BILDERWELT DER KIRCHEN UND DER PRIVATEN ANDACHT

EVA MARIA BREISIG

Die wichtigste Aufgabe für Maler war bis ins frühe 16. Jahrhundert das Ausführen von religiösen Tafelbildern für den kirchlichen Raum oder den privaten Bedarf. Entsprechend sind auch die meisten Werke aus der Sammlung des Lindenau-Museums der sakralen Kunst zuzuordnen.

Häufig handelt es sich dabei nunmehr um einzelne Fragmente aus größeren Bildzusammenhängen ehemaliger Altaraufbauten, sogenannter Retabel. Allen ausgestellten Bildtafeln, die aus ihrem ursprünglichen Zusammenhang gerissen wurden, ist eine Rekonstruktion beigefügt, auf der zu erkennen ist, an welcher Stelle sie sich einst im Gefüge des Altarretabels befanden.

Im Laufe der Zeit änderte sich die Erscheinung von Altarbildern erheblich und die bildliche Ausschmückung der Altäre steigerte sich zunehmend. Anhand ausgewählter Werke aus der Sammlung des Lindenau-Museums lassen sich die Entwicklung und der Variantenreichtum italienischer Altarbilder dokumentieren – von der hochmittelalterlichen Frühphase am Ende des 13. Jahrhunderts etwa mit Szenen aus dem Leben und der Passion Christi von Guido da Siena (nachweisbar um 1260–1280; Kat. 33a–d) bis zur beginnenden Hochrenaissance am Anfang des 16. Jahrhunderts mit Beispielen von Luca Signorelli (1445/50–1523; Kat. 38a–e) oder Pietro Perugino (um 1450–1523; Kat. 37a–b).

Kleinformatige Werke für die individuelle Andacht orientierten sich oft an den großen Altarbildern und standen diesen in ihrem Anspruch in nichts nach. Durch ihre handliche Größe waren sie transportabel und quasi universell einsetzbar – sei es im häuslichen Umfeld von Laien oder im klerikalen Kontext in Kapellen oder Klosterzellen. Ein üblicher Bildtypus in Miniaturgröße war das aus zwei Tafeln bestehende Diptychon. Exemplarisch dafür steht eine der qualitätvollsten Arbeiten Pietro Lorenzettis (nachweisbar 1306–1348; Kat. 35), die zeigt, dass kleinformatige Andachtsbilder auch wahre Luxusgüter und Statussymbole sein konnten. Dabei wurde von den Eigentümern nicht nur der religiöse Inhalt, sondern explizit auch deren Kostbarkeit und Kunstfertigkeit wertgeschätzt. Der besonders in der Florentiner Malerei des Trecento verbreitete Typus kleinformatiger Triptychen besaß eine Mitteltafel sowie zwei flankierende, klappbare Seitenflügel. Ein Beispiel für diese mitunter serienmäßig hergestellten sogenannten Tabernacoli stellt Bernardo Daddis (nachweisbar 1320–1348) Triptychon aus der Zeit um 1335 bis 1340 dar (Kat. 34).

Kat. 37b, Detail

33

GUIDO DA SIENA (nachweisbar Siena um 1260–1280)

SZENEN AUS DEM LEBEN CHRISTI

um 1270–1280

a) Anbetung der Heiligen Drei Könige

Tempera auf Pappelholz, 33,9 × 45,9 cm

b) Flucht nach Ägypten

Tempera auf Pappelholz, 33,9 × 46,1 cm

c) Geißelung Christi

Tempera auf Pappelholz, 33,9 × 45,9 cm

Lindenau-Museum Altenburg, Inv. 6–8

Provenienz: Um 1850 durch Emil Braun von dem Kunsthändler Giovanni Petrilli erworben.

d) Kreuzbesteigung Christi

Tempera auf Pappelholz, 34,6 × 46,0 cm

Museum Catharijneconvent, Utrecht, Inv. ABM 5, n. 522

Provenienz: J. A. Ramboux, Köln (Sammlungsverkauf 1867) – Mgr. G. W. van Heukelum, Utrecht – Aartsbisschoppelijk Museum, Utrecht.

Literatur: Oertel 1961, S. 57–67; Ausst.-Kat. Altenburg 2001; Ausst.-Kat. Siena 2003, S. 66–71, Kat. 5–8 (Silvia Giorgi); Ausst.-Kat. Siena 2008, S. 13–25, Kat. 1 (Miklós Boskovits); Ausst.-Kat. Hamburg 2011, S. 122–125, Kat. 1 (Bastian Eclercy; mit älterer Literatur); Boskovits 2021, S. 488–514, Nr. 170a-l.

Die vier Gemälde aus Altenburg und Utrecht gehören zu einem der ältesten, bedeutendsten und meistdiskutierten Komplexe der frühen Sieneser Malerei. Neben den ausgestellten Werken, die 1997 bis 2000 von Holger Manzke restauriert wurden, umfasst dieser Zyklus acht weitere Tafeln mit Szenen aus dem Leben Christi und Marias (*Verkündigung*, Princeton University Art Museum; *Geburt Christi*, *Darstellung im Tempel*, beide Musée du Louvre, Paris; *Bethlehemitischer Kindermord*, *Gefangennahme Christi*, *Kreuzigung*, *Kreuzabnahme*, *Grablegung*, alle Pinacoteca Nazionale, Siena). Die Provenienz des Zyklus aus der Badia Ardenga, einer Vallombrosanerabtei bei Montalcino, ist erstmals 1843 in einem Inventar der Sieneser Pinakothek und 1862 im Sammlungskatalog von Johann Anton Ramboux belegt. Ein Visitationsbericht des Peruginer Bischofs Francesco Bossio von 1575 erwähnt in der Abteikirche eine Tafel mit Passionsszenen, woraus man geschlossen hat, dass die Badia Ardenga auch der ursprüngliche Bestimmungsort des Ensembles gewesen sei.[1] Daneben ist eine Herkunft aus dem Dom von Siena oder der dortigen Franziskanerkirche erwogen worden, für die es jedoch keine hinreichenden Anhaltspunkte gibt.[2]

Heftig umstritten und letztlich ungelöst bleibt die Problematik der Rekonstruktion des einstigen Retabels (Abb. 2–3).[3] Als kleinster gemeinsamer Nenner der verschiedenen Vorschläge zeichnet sich eine Anordnung der Szenen in zwei Blöcken mit je sechs Bildfeldern in drei Reihen ab, die sich aus dem Verlauf der Brettfugen und Risse sowie aus der ikonographischen Abfolge ergibt. Nicht überzeugend nachgewiesen ist dagegen bislang die Rekonstruktion zu einem Giebelretabel mit der im Sieneser Dom befindlichen *Madonna del Voto* in der Mitte und der *Marienkrönung* der Courtauld Gallery in London als Abschluss.[4]

Bereits seit der Erwerbung der Altenburger Tafeln werden diese mit Guido da Siena oder dessen engerem Umfeld in Verbindung gebracht. Um Guido, den einzigen Sieneser Maler vor Duccio (nachweisbar 1278–1318), von dem sich ein signiertes Werk – eine Madonnentafel in der Basilica di San Domenico in

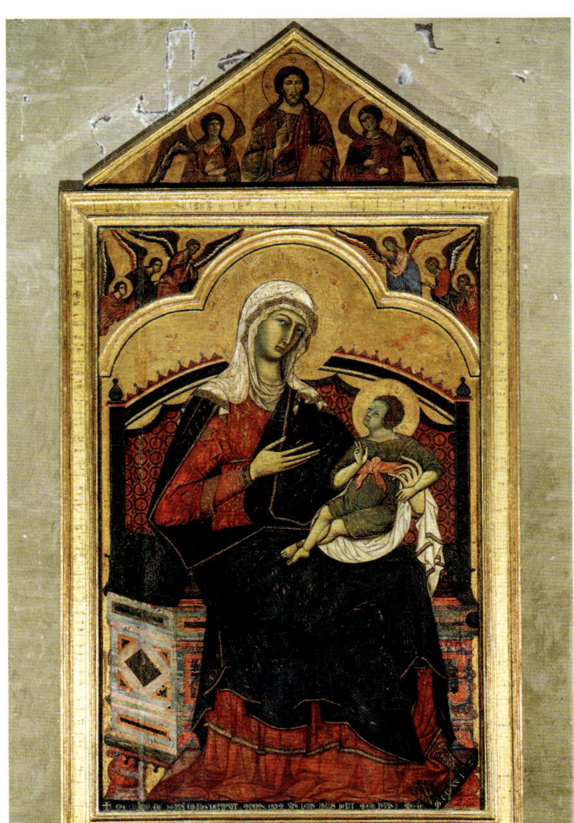

Abb. 1 Guido da Siena, Thronende Madonna, 1270er-Jahre, Tempera auf Holz, San Domenico, Siena

Siena (Abb. 1) – erhalten hat, gruppierte die ältere Forschung beinahe die gesamte malerische Produktion der Zeit, indem sie nach dem geläufigen Attributionsschema der konzentrischen Kreise die qualitativ herausragenden Werke dem Meister selbst und die schwächeren Arbeiten seiner Werkstatt und Nachfolge zuwies. Erst jüngst sind differenziertere Modelle entwickelt worden, um die Sieneser Malerei vor Duccio neu zu ordnen und ihrer Vielfalt gerecht zu werden.[5] Die Zuschreibung der Badia-Ardenga-Tafeln an Guido da Siena selbst erscheint gleichwohl nach wie vor berechtigt, sind doch insbesondere die Engelsfiguren in der Pariser *Geburt Christi* den Engeln in den Zwickelfeldern der signierten Madonna von San Domenico stilistisch aufs Engste verwandt. Nicht nachvollziehbar scheinen hier dagegen die Versuche einer Händescheidung innerhalb des Zyklus.[6]

Charakteristisch für die toskanische Malerei der 1260er- und 1270er-Jahre ist der Bildaufbau mit den abbreviaturartig angedeuteten Architekturen in Rosa-, Grün-, Gelb- und Blautönen, die nur durch horizontale Gesimse und schlitzartige Fensteröffnungen gegliedert werden. Oft schließt eine etwa hüfthohe, ebenfalls durchfensterte Mauer die Szene im Vordergrund ab, während links und rechts mehrgeschossige Gebäude aufragen, meist in pseudo-perspektivischer »Verkürzung«, die durch diagonalen Verlauf der Gesimse und durch Aufhellung der Farbe Raumtiefe suggerieren soll. Ähnlich verfährt Guido da Siena mit den Landschaftskürzeln in Gestalt steiler, aber nur gut mannshoher Berge, die seitlich ganz schematisch abgetreppt und mit sparsamem Bewuchs »dekoriert« sind. Wie variable Kulissen hinterfangen die Gebäude und Berge einzelne Figuren oder stellen sie vor dem Goldgrund frei und akzentuieren bzw. rhythmisieren auf diese Weise die Komposition. Ein schmaler dunkler Bodenstreifen im Vordergrund bildet eine Art Bühne, auf der die Figuren in friesartiger Reihung agieren, sei es einzeln oder zu Gruppen gebündelt. Ihre bisweilen übersteigerte Gestik und Körpersprache bewirken die Eindringlichkeit der Erzählung, die die Dramatik der Heilsgeschichte anschaulich werden lässt. So etwa in der Szene der *Geißelung* (Kat. 33c), bei der Guido die Duldsamkeit Christi mit der Brutalität der schwungvoll zum Schlag ausholenden Schergen kontrastiert. Oder in der *Kreuzbesteigung* (Kat. 33d), wo Maria ihren freiwillig und beherzt die Leiter erklimmenden Sohn mit dem einen Arm umfasst, während sie mit dem anderen die umstehende Volksmenge ausgesprochen energisch zurückweist.

Die emotionale Aufladung insbesondere der Passionsszenen scheint die zeitgenössischen Betrachter wirksam bewegt zu haben. Sind doch in der *Geißelung* und auch in anderen Szenen die Gesichter der negativ konnotierten Figuren, hier der Schergen, systematisch und zugleich mit erkennbarer Verve ausgekratzt worden, wie man dies häufiger in der frühen italienischen Malerei beobachten kann. Wer dabei von Vandalismus oder Bilderstürmerei spricht, dürfte die dahinterstehenden Motive einzelner Betrachtender verkennen, bei denen die Versenkung ins biblische Geschehen wohl so starke Gefühle, einen solchen Hass auf die realen Peiniger Christi ausgelöst hat, dass sie mit einer Attacke auf die gemalten Figuren reagierten. Auf verstörende Weise bezeugen derartige Angriffe die emotionale Wirkmacht dieser Bilder.

Bastian Eclercy

1 Oertel 1961, S. 61.
2 Zu den Badia-Ardenga-Tafeln als Hochaltarretabel des Sieneser Doms vgl. Ausst.-Kat. Altenburg 2001. Kritisch dazu insbesondere Butzek 2001; Schmidt 2001; Hiller von Gaertringen 2002; Butzek 2010. Für die Provenienz aus einer Franziskanerkirche vgl. Derbes 1996, S. 153–157, 168–169; Schmidt/Muller 2001, S. 111.
3 Vgl. Weigelt 1931; Oertel 1961, S. 64–67; Stubblebine 1964, S. 54–60; van Os u. a. 1989, S. 87–91, Kat. 21 (Lon Schröder); Bellosi 1991a; Ausst.-Kat. Altenburg 2001; Butzek 2001; Schmidt/Muller 2001; Hiller von Gaertringen 2002; John 2002; Villers/Lehner 2002; Muller 2004; Ausst.-Kat. Siena 2008, S. 13–25, Kat. 1 (Miklós Boskovits).
4 Ausst.-Kat. Altenburg 2001; Muller 2004.
5 Bellosi 1991a/b; Maginnis 2002; Eclercy 2007, S. 284–340. Zu Guido da Siena vgl. Silvia Giorgi in: Ausst.-Kat. Siena 2003, S. 60–61; Miklós Boskovits in: Ausst.-Kat. Siena 2008, S. 13.
6 Bellosi 1991a, S. 7; Ausst.-Kat. Altenburg 2001, S. 105–107; Maginnis 2002, S. 480, 483.

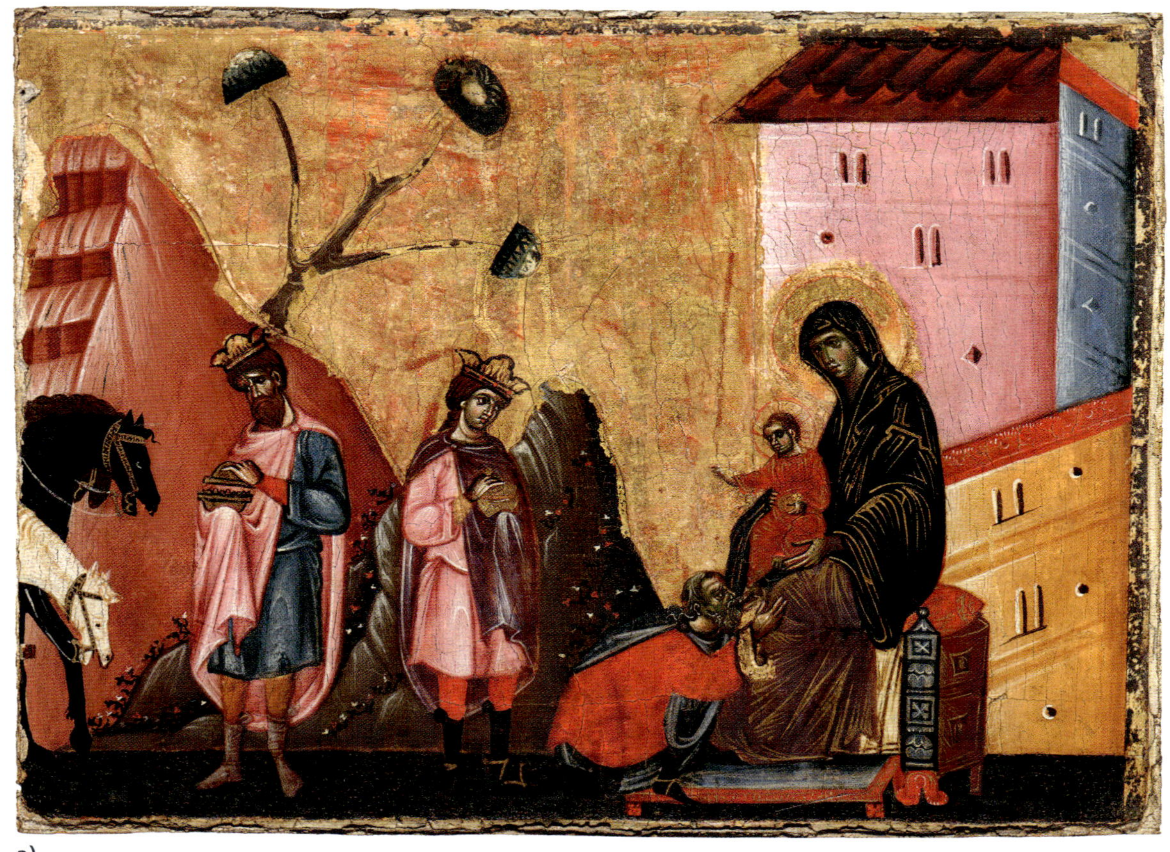

a)

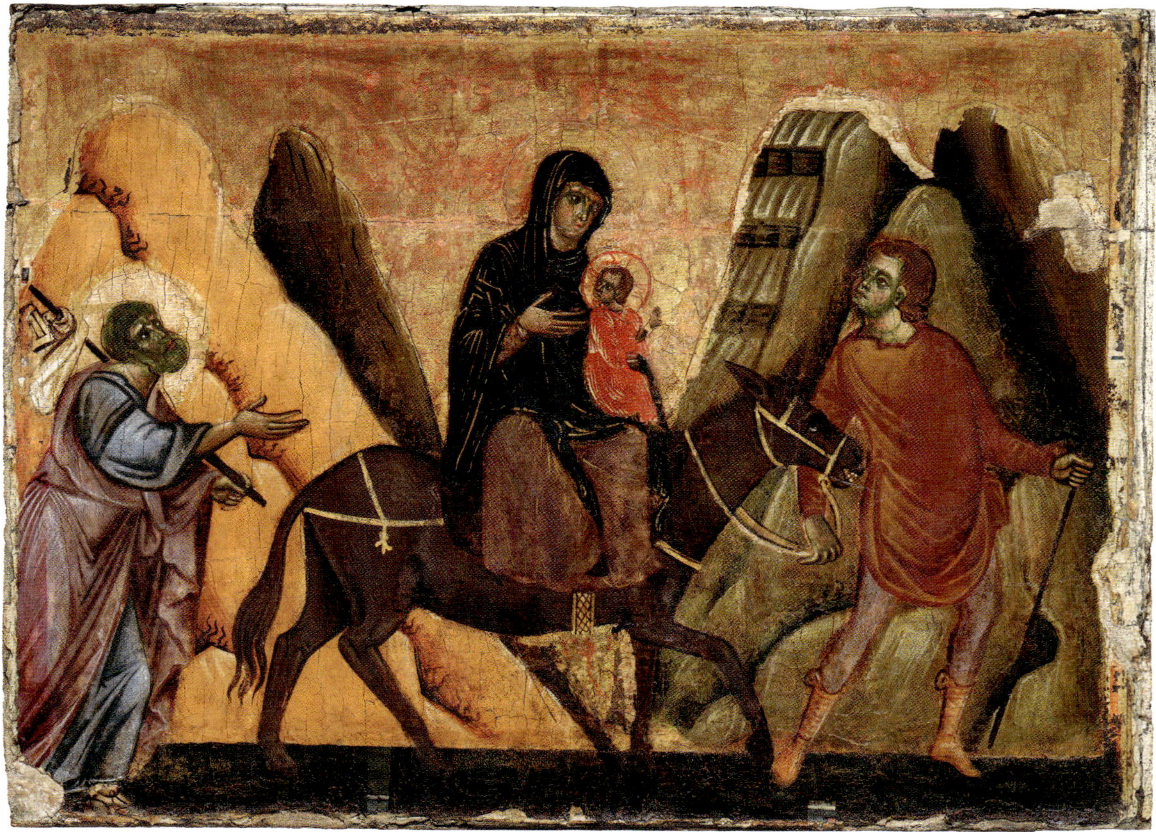

b)

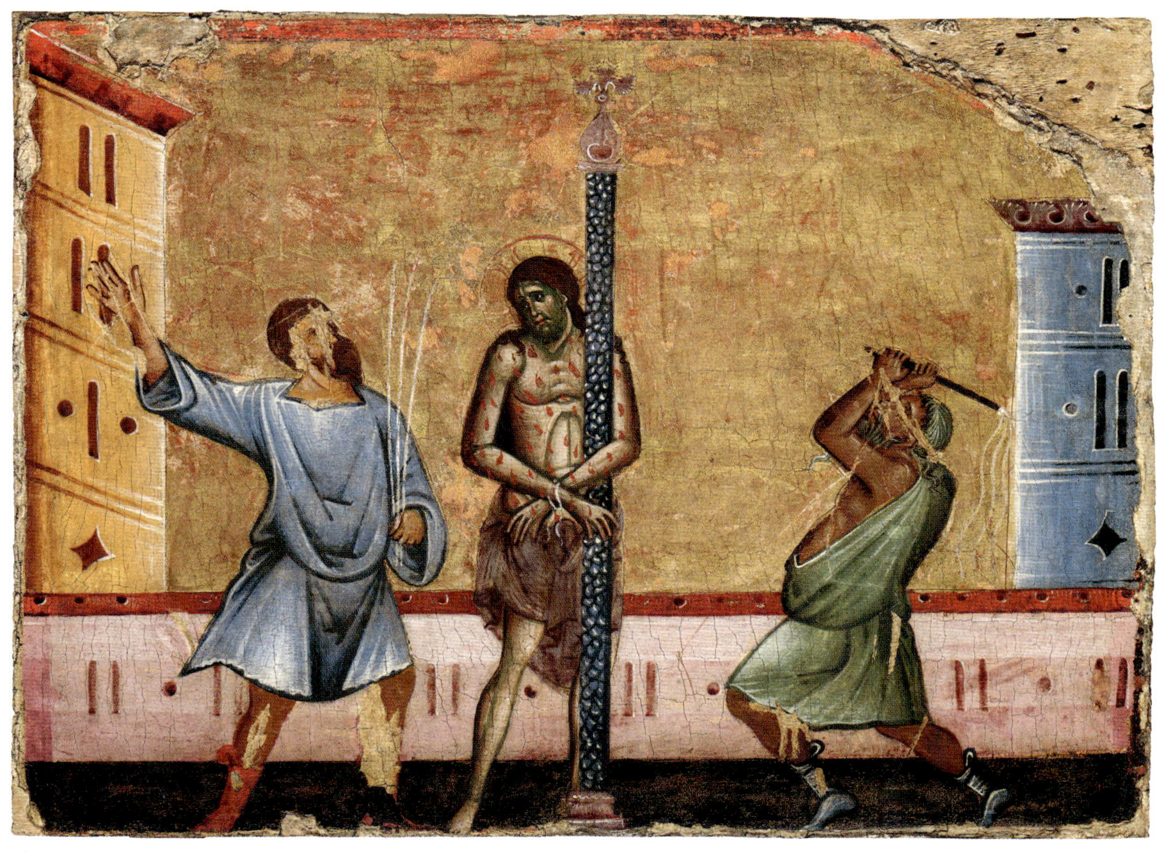

c)

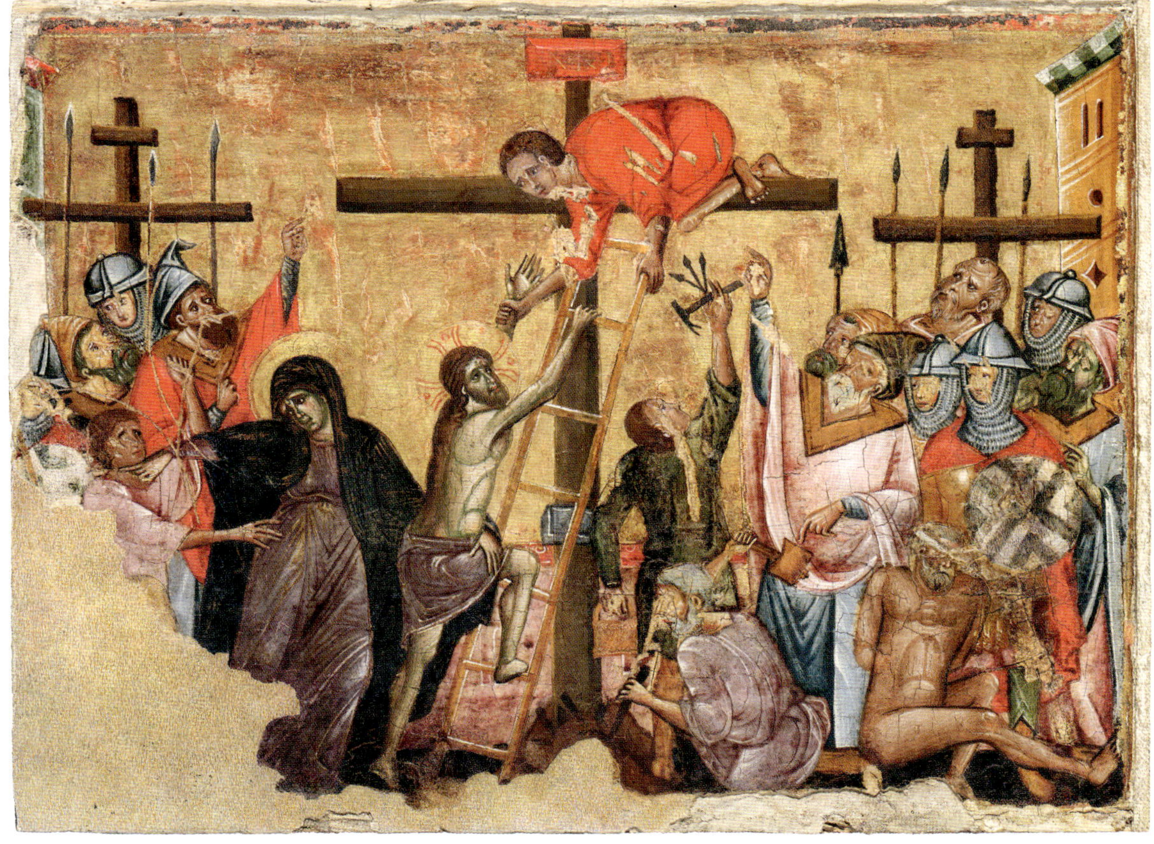

d)

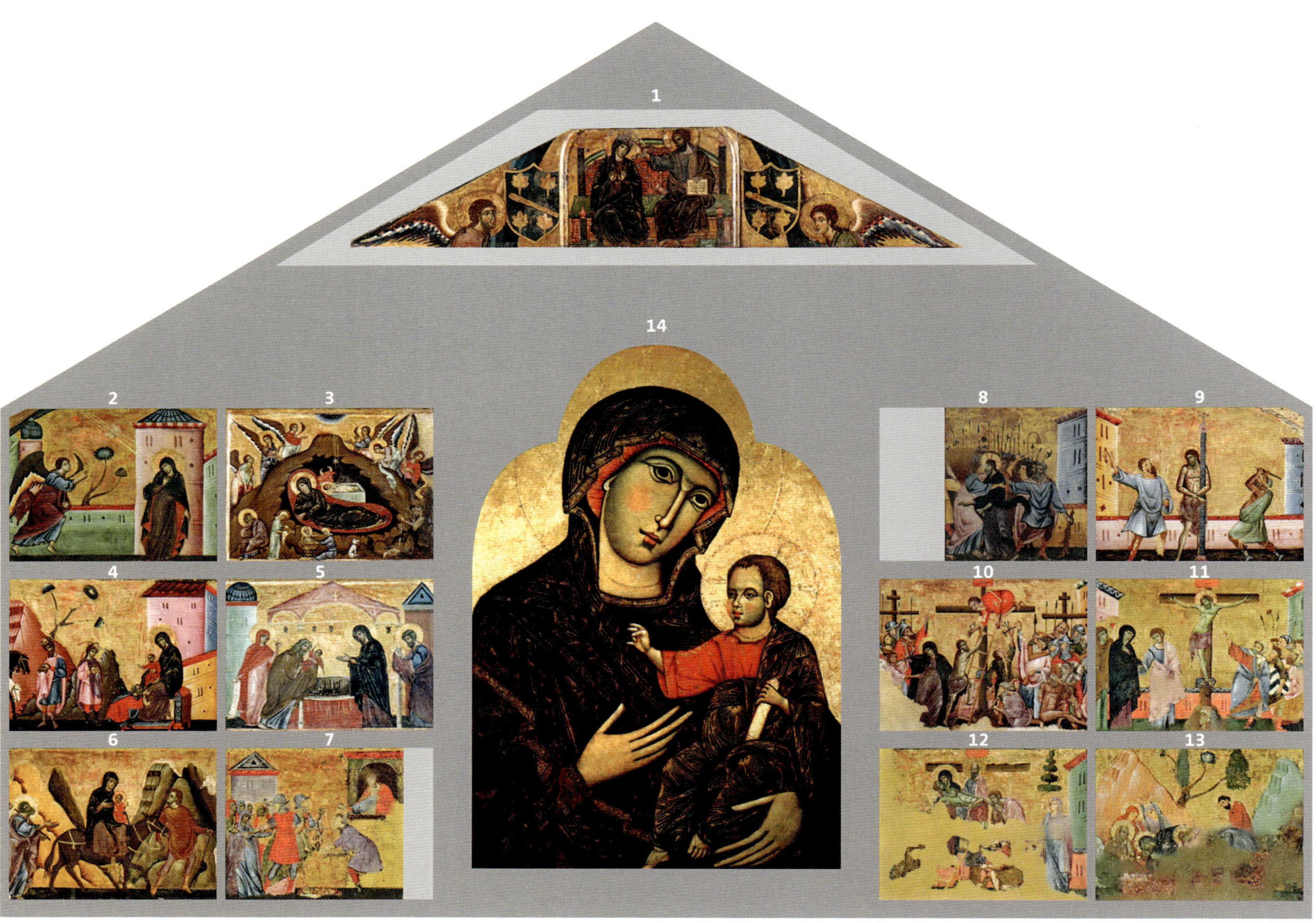

Abb. 2 Schema der Rekonstruktion nach Manzke/John. In: Ausst.-Kat. Altenburg 2001

1) Marienkrönung, The Courtauld Gallery, London
2) Verkündigung, Princeton University Art Museum
3) Geburt Christi, Musée du Louvre, Paris
4) Anbetung der Heiligen Drei Könige, Lindenau-Museum Altenburg, Kat. 33a
5) Darstellung im Tempel, Musée du Louvre, Paris
6) Flucht nach Ägypten, Lindenau-Museum Altenburg, Kat. 33b
7) Bethlehemitischer Kindermord, Pinacoteca Nazionale, Siena
8) Gefangennahme Christi, Pinacoteca Nazionale, Siena
9) Geißelung Christi, Lindenau-Museum Altenburg, Kat. 33c
10) Kreuzbesteigung Christi, Museum Catharijneconvent Utrecht, Kat. 33d
11) Kreuzigung Christi, Pinacoteca Nazionale, Siena
12) Kreuzabnahme, Pinacoteca Nazionale, Siena
13) Grablegung, Pinacoteca Nazionale, Siena
14) Dietisalvi di Speme, Madonna del Voto, Museo dell'Opera del Duomo, Siena

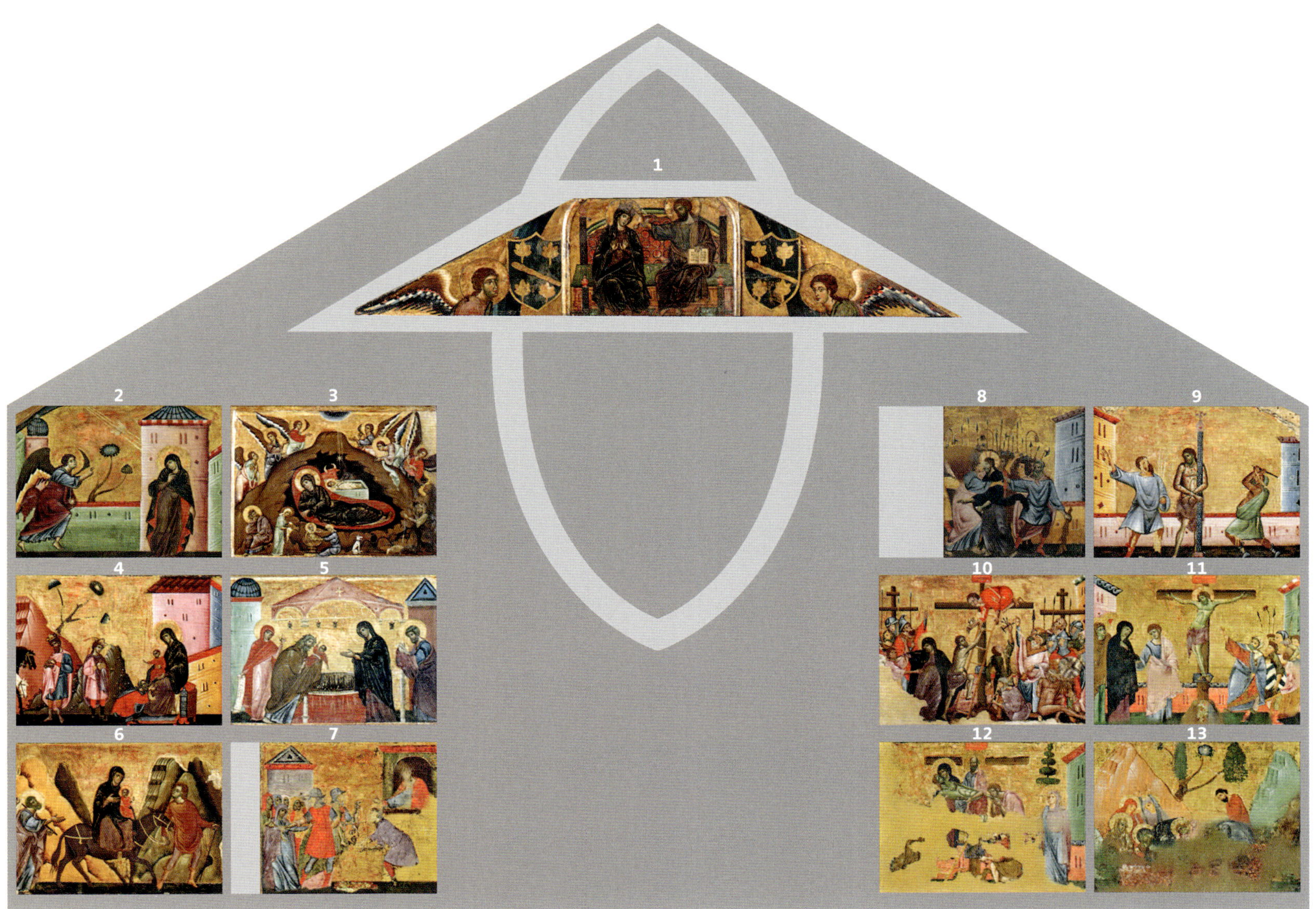

Abb. 3 Schema der Rekonstruktion nach Boskovits. In: Ausst.-Kat. Siena 2008, Kat. 1

1) Marienkrönung, The Courtauld Gallery, London
2) Verkündigung, Princeton University Art Museum
3) Geburt Christi, Musée du Louvre, Paris
4) Anbetung der Heiligen Drei Könige, Lindenau-Museum Altenburg, Kat. 33a
5) Darstellung im Tempel, Musée du Louvre, Paris
6) Flucht nach Ägypten, Lindenau-Museum Altenburg, Kat. 33b
7) Betlehemitischer Kindermord, Pinacoteca Nazionale, Siena
8) Gefangennahme Christi, Pinacoteca Nazionale, Siena
9) Geißelung Christi, Lindenau-Museum Altenburg, Kat. 33c
10) Kreuzbesteigung Christi, Museum Catharijneconvent Utrecht, Kat. 33d
11) Kreuzigung Christi, Pinacoteca Nazionale, Siena
12) Kreuzabnahme, Pinacoteca Nazionale, Siena
13) Grablegung, Pinacoteca Nazionale, Siena

34

BERNARDO DADDI (nachweisbar Florenz 1320–1348)

THRONENDE MADONNA MIT KIND, ENGELN UND HEILIGEN, VERKÜNDIGUNG, GEBURT CHRISTI, KREUZIGUNG

um 1335–1340, Tempera auf Pappelholz, 59,3 × 53,5 cm

Lindenau-Museum Altenburg, Inv. 15

Provenienz: Vermutlich vor 1848 in Italien erworben.

Literatur: Oertel 1961, S. 111–113; Offner/Boskovits 1989, S. 47, 222–227; Ausst.-Kat. Florenz 2005, S. 75–76, Kat. 11 (Angelo Tartuferi); Ausst.-Kat. Hamburg 2011, S. 134–135, Kat. 6 (Bastian Eclercy; mit älterer Literatur).

Bernardo Daddis Altenburger Triptychon mit seiner original erhaltenen Rahmung ist ein typisches Beispiel für die in der Florentiner Malerei des Trecento weit verbreitete Gattung der *tabernacoli*, deren Form in den 1330er-Jahren maßgeblich durch die Daddi-Werkstatt geprägt und standardisiert wurde.[1] Bei diesen kleinformatigen Klapptriptychen handelt es sich um architektonisch strukturierte Konstruktionen mit reich profilierten Rahmen, bekrönendem Spitzgiebel und weiteren der gotischen Baukunst entlehnten Gliederungselementen wie Säulchen, Fialen und Maßwerk. Hierin sind sie den zeitgenössischen Altarretabeln verwandt, doch weisen sie im Gegensatz zu diesen Flügel auf, die sich – meist auch auf den Außenseiten dekoriert – öffnen und schließen lassen. Anders als in der heutigen musealen Präsentation meist üblich, hat man sich die aufgeklappten Flügel wohl leicht schräg vorzustellen, sodass die Bildfelder ursprünglich stärker zueinander in Beziehung traten. Der architektonische Aufbau gibt bereits eine hierarchisierte Struktur für das Bildprogramm vor, dessen häufigste Variante das Altenburger Triptychon zeigt: in der Mitte die *Thronende Madonna mit Kind, Engeln und Heiligen*, auf den Flügeln die *Geburt Christi* und die *Kreuzigung*, welche die beiden wichtigsten Glaubensgeheimnisse – Inkarnation und Erlösungstod – repräsentieren. Ein bemerkenswertes Zeugnis zum Gebrauch solcher Objekte liefert das Tagebuch des Florentiners Giovanni Morelli, der 1407 beschreibt, wie er Frömmigkeitsübungen vor einem Tafelbild des Gekreuzigten mit Maria und Johannes vollführt: Er kniet vor der Tafel, blickt jede der dargestellten Figuren einzeln an, richtet jeweils Gebete an sie und imaginiert dabei ihr Leiden. Dann nimmt er die Tafel in die Hand, küsst sie, bekreuzigt sich, wirft sich vor ihr nieder.[2] Ganz intensiv, intim und emotional ist hier der Umgang mit dem Andachtsbild, das als Bestandteil und Zielpunkt einer frommen Performance fungiert.

Von zurückhaltender Eleganz erscheint dagegen Daddis Bildsprache, die gleichsam die Monumentalität Giottos (um 1270–1337) mit der Preziosität und Anmut seiner Sieneser Zeitgenossen verbindet. Auf einem feingliedrigen Marmorthron mit Giebel, der die Tafelform wiederholt, sitzt Maria vor einem kostbar gemusterten Stoffbehang. Mit erhobenem Zeigefinger ermahnt sie den Jesusknaben auf ihrem Schoß, der eine von einer weiblichen Heiligen dargereichte Blüte entgegennimmt, sich dabei aber der Mutter zuwendet. In der linken Hand hält er einen Distelfink (Stieglitz), ein Symbol der bevorstehenden Passion. Zu beiden Seiten umringen Engel und Heilige den Thron: links ein heiliger Bischof und Laurentius mit dem Rost, rechts Margarethe mit dem Kreuz und die Heilige mit der Blüte, wohl Cäcilia oder Katharina von Alexandria. Durch die Rückversetzung des Throns finden im Vordergrund Johannes der Täufer und Jakobus d. Ä. Platz. Ihre prominente Position könnte auf die Namensheiligen einer Auftraggeberfamilie hindeuten.

Der linke Flügel zeigt die *Geburt Christi* mit einer demütig auf dem Boden sitzenden Maria, die den Neugeborenen in eine Futterkrippe legt. Weit abseits kauert der Nährvater Joseph. Über dem Stalldach hat der Maler die Nebenszene der Hirtenverkündigung untergebracht, während er die Zwickelfelder der Flügel für die Darstellung der Verkündigung an Maria nutzte, die nach dem Vorbild in Giottos Arenakapelle (um 1303–1306) auf zwei Hälften verteilt ist. Den rechten Flügel nimmt die *Kreuzigung* mit der trauernden Maria ein, welcher der Lieblingsjünger Johannes tröstend beisteht.[3]

Die von Bode 1888 vorgeschlagene Zuschreibung an Bernardo Daddi ist einhellig akzeptiert und wird durch Stil und

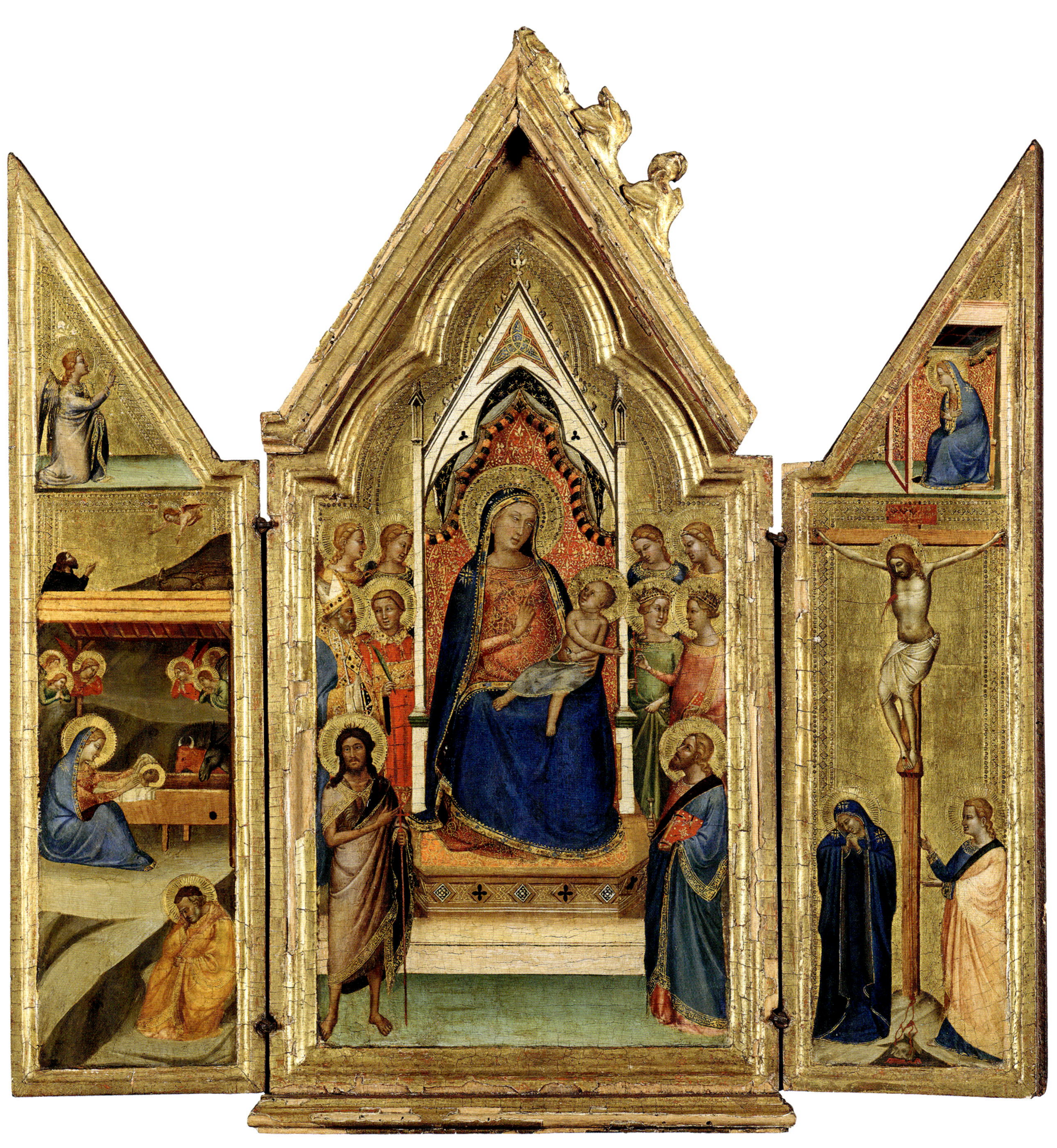

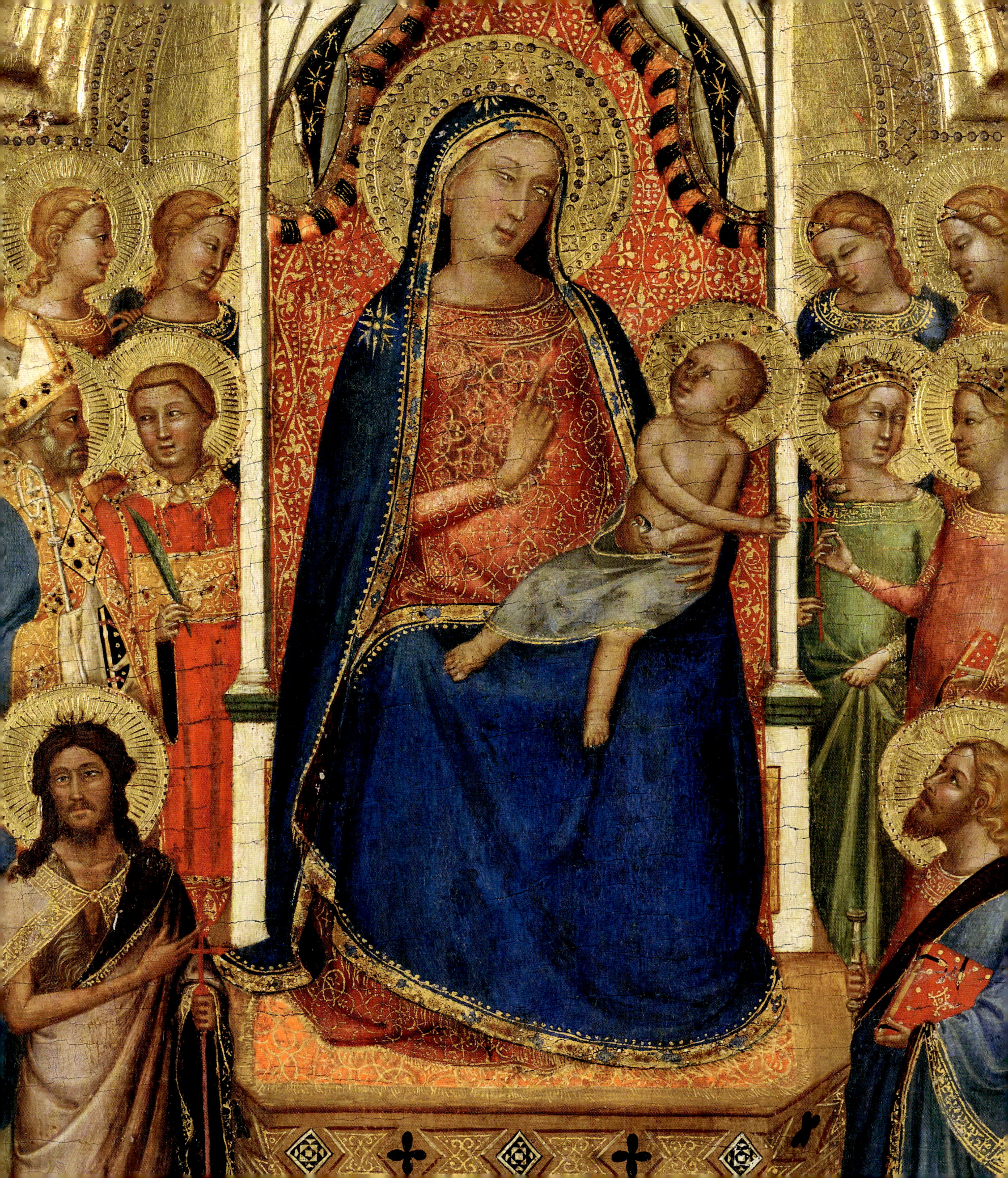

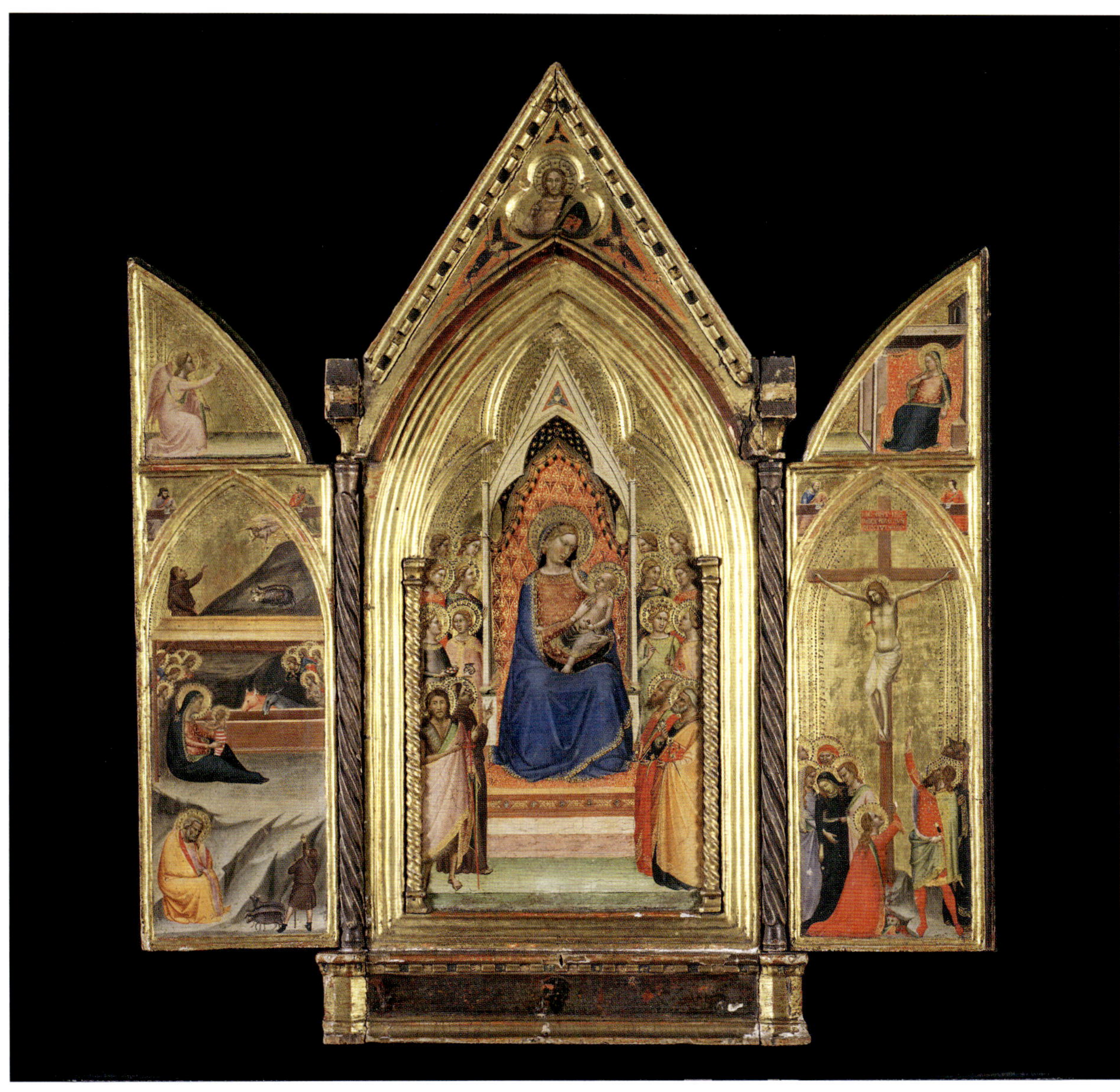

Abb. 1 Bernardo Daddi, Thronende Madonna mit Kind, Engeln und Heiligen, Verkündigung, Geburt Christi und Kreuzigung, 1338, Tempera auf Holz, Courtauld Gallery, London

Qualität des *tabernacolo* in jedem Fall gerechtfertigt.[4] Für die zeitliche Einordnung gibt ein motivisch wie stilistisch eng verwandtes Triptychon in der Courtauld Gallery in London (1338) einen Anhaltspunkt (Abb. 1), wenngleich die relative Chronologie der beiden Stücke umstritten bleibt.[5] Auch die Punzierung weist auf eine Entstehung im Spätwerk Daddis hin.[6]

Bastian Eclercy

1 Vgl. Wilkins 2002; Schmidt 2008.

2 Wilkins 2002, S. 380 (mit Nachweisen).

3 Dasselbe Bildprogramm haben Bernardo Daddi und seine Werkstatt auch für die Klapptriptychen im Museo Poldi Pezzoli in Mailand (Offner/Boskovits 1989, S. 364–368), in der Prager Nationalgalerie (Best.-Kat. Prag 2008, S. 76–77, Kat. 30 (Olga Pujmanová)) und in der Courtauld Gallery in London (s. u.) verwendet.

4 Bode 1888, S. 199–200; zur *fortuna critica* vgl. Ausst.-Kat. Florenz 2005, S. 75–76, Kat. 11 (Angelo Tartuferi).

5 Die Datierungsvorschläge schwanken daher zwischen um 1335 und 1345. Zum Courtauld-Triptychon siehe Steinweg 1953; Offner 1958, S. 20–21.

6 Skaug 2005, S. 29, mit Hinweis auf zwei erst ab 1338 nachweisbare Punzen, vgl. auch Skaug 2008.

PIETRO LORENZETTI (nachweisbar Siena 1306–1348)

DIPTYCHON

um 1340, Tempera auf Pappelholz

a) Madonna mit Kind

35,1 × 25,9 cm

b) Christus als Schmerzensmann

35,0 × 25,9 cm

Inschrift am unteren Rand von Inv. 48: PETRVS LAURE[N]TII DE SENI[S] ME PI[N]XI[T]

Lindenau-Museum Altenburg, Inv. 47–48

Provenienz: 1844 durch Emil Braun in Rom erworben.

Literatur: Oertel 1961, S. 67–69; Volpe 1989, S. 57, 134, 192–194, Kat. 172–173; Sander 2006f, S. 178–181; Ausst.-Kat. Frankfurt 2006, S. 301, Kat. 41; Ausst.-Kat. Siena 2008, Kat. 4 (Ada Labriola); Ausst.-Kat. Paris 2009, S. 51–55, 170; Ausst.-Kat. Hamburg 2011, S. 132–133, Kat. 5 (Bastian Eclercy); Schmidt 2011, S. 46–57.

Die beiden Tafeln mit der Darstellung der Muttergottes mit Kind (links) und von Christus als Schmerzensmann (rechts) bilden zusammen ein Diptychon. Dieser aus zwei Teilen bestehende Objekttypus diente vorzugsweise der privaten Andacht und konnte dazu auf einem Tisch oder einer Altarmensa aufgestellt werden. Aufgrund des kleinen Formats und der oft vorhandenen Möglichkeit,[1] die beiden Bildtafeln mithilfe von Scharnieren zusammenzuklappen, ließen sie sich auch gut transportieren.

Auf der linken Tafel ist Maria fast formatfüllend als seitlich gewendete Halbfigur ins Bild gesetzt.[2] Ganz in Blau gewandet steht sie in scharfem Kontrast vor dem reich verzierten Goldgrund. Mit leicht gebeugtem Kopf hält sie das gewickelte Christuskind fürsorglich in ihren Armen. Die zärtliche Liebkosung erwidernd, berührt dieses mit seiner Rechten das Kinn der Mutter. Der intime Moment erhält jedoch eine melancholische Schwere durch den sorgenvollen Blick Marias, in dem sich ihre

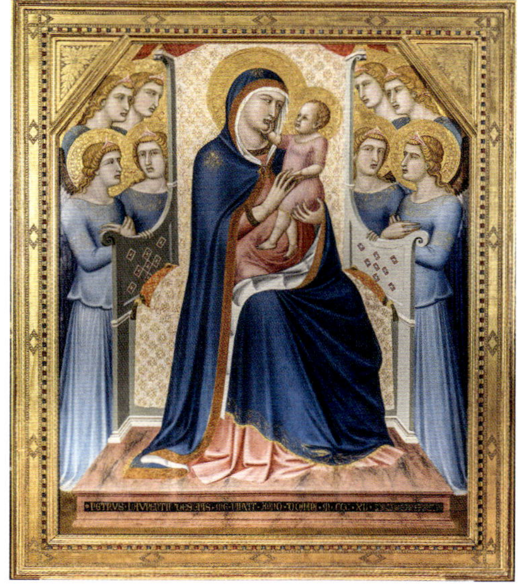

Abb. 1 Pietro Lorenzetti, Maestà, um 1340, Tempera auf Holz, Le Gallerie degli Uffizi, Florenz

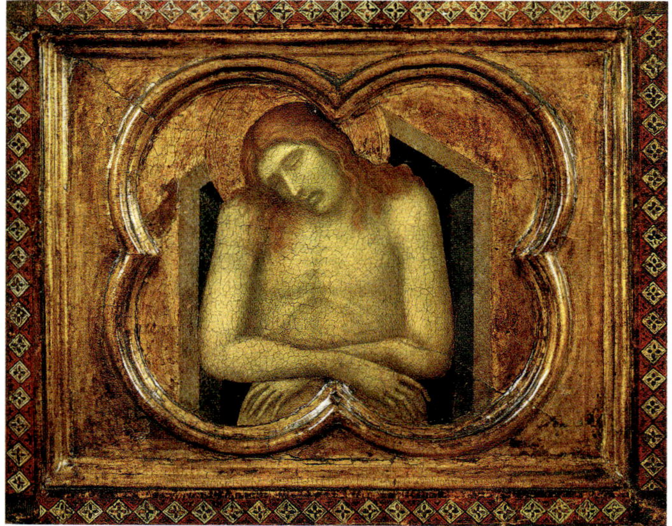

Abb. 2 Pietro Lorenzetti, Christus als Schmerzensmann, um 1320–1325, Tempera auf Holz, Museo Civico Amedeo Lia, La Spezia

Vorahnung des späteren Schicksals ihres Sohnes spiegelt. Durch ihre Ausrichtung nach rechts wird der Blick des Betrachtenden von der linken auf die rechte Diptychonhälfte gelenkt, wo ihm mit der Darstellung des von Passion und Kreuzestod gezeichneten Christus als Schmerzensmann die Erfüllung jener Vorahnung vor Augen geführt wird. Eine einander leicht zugewandte Aufstellung der nicht vollständig auseinandergeklappten Bildtäfelchen verstärkt zusätzlich ihren inhaltlichen Bezug.[3] Vor diesem Hintergrund scheint das golddurchwirkte rote Wickeltuch des Christuskindes auf das bei der Passion vergossene Blut Christi zu verweisen, die darunter sichtbare weiße Windel auf die Totenbinden, in die der Leichnam Christi eingehüllt wird. Die Kombination von Muttergottes und Schmerzensmann in einem Diptychon versinnbildlicht so die beiden zentralen Momente des christlichen Glaubens – Inkarnation und Opfertod Christi.

Die rechte Tafel ist sowohl kompositorisch als auch in der Gestaltung des Goldgrundes als Pendant zur Marientafel angelegt und zeigt Christus als ebenfalls nahezu formatfüllende Halbfigur, frontal ausgerichtet und mit vor dem Unterleib überkreuzten Armen. Sein bis auf das Lendentuch nackter Körper mit hervortretenden Rippen weist in Gestalt blutiger Wundmale an den Händen und der rechten Seite die Spuren der Passion auf. Das Haupt ist nach links in Richtung der Mutter geneigt, Augen und Mund sind leicht geöffnet. Das die Figur rahmende, spitzgiebelige Profil aus bunt geädertem Marmor lässt an eine Grabkammer oder an einen Sarkophag denken.[4] Ein solcher Schmerzensmann, also die Darstellung des zugleich toten wie lebendigen Gottessohnes (*imago pietatis*), ist ein Sinnbild für die Überwindung des Todes und sollte die Betenden zum Mitleiden anregen. Der Bildtypus des Schmerzensmannes geht auf byzantinische Vorbilder zurück und ist seit etwa 1300 in der italienischen Malerei bekannt.[5]

Auf dem unteren Rand des Marmorprofils findet sich in goldenen Buchstaben die selbstbewusst zur Schau gestellte Signatur des Künstlers: PETRVS LAURE[N]TII DE SENI[S] ME PI[N]XI[T], das heißt »Pietro Lorenzetti aus Siena hat mich gemalt«. Pietro Lorenzetti zählt neben seinem jüngeren Bruder Ambrogio (um 1290–1348 (?)) und Simone Martini (um 1290 (?)–wahrscheinlich 1344) zu den wichtigsten Vertretern der sienesischen Malerei der ersten Hälfte des 14. Jahrhunderts und gehört der Künstlergeneration nach Duccio di Buoninsegna (nachweisbar 1278–1318) an. Es wird allgemein angenommen, dass Lorenzetti während der großen Pestepidemie im Jahr 1348 starb.[6] Das Diptychon fällt damit in seine letzte Schaffensphase, wofür sowohl stilistische Argumente als auch die Verwendung bestimmter, für seine späten Werke typischer Punzeisen sprechen.[7] Erkennbar ist dies etwa an seiner signierten, um 1340 entstandenen *Maestà* (Le Gallerie degli Uffizi, Florenz, Abb. 1), die zudem mit dem Christuskind, das liebevoll

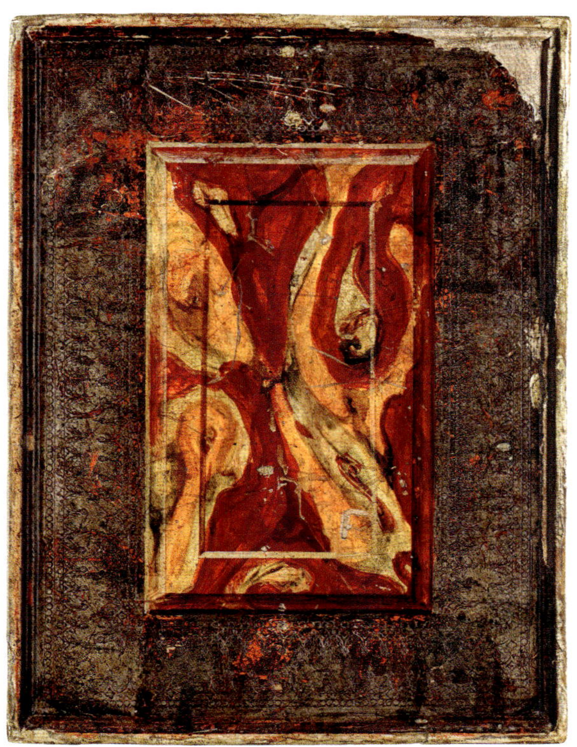

Abb. 3 Kat. 35, Tafelrückseite

das Kinn der Mutter berührt, ein sehr ähnliches Motiv aufweist.[8] Die Werke Lorenzettis sind allgemein durch eine skulpturale Figurenauffassung, die detailreiche Ausgestaltung von Szenerien und vor allem durch eine bewusste Auseinandersetzung mit Räumlichkeit und dem Verhältnis von Figur und Raum gekennzeichnet. Die Handschrift des Künstlers zeigt sich bei vorliegendem Diptychon daher nicht nur in der feinen Ausführung, sondern auch im Bestreben, den Bildraum dem realen Raum des Betrachtenden optisch anzunähern. So hebt sich die Figur Marias plastisch vom Goldgrund ab, indem ihr Heiligenschein und ihr Rücken die randlich umlaufende Goldbordüre überschneiden. Durch Verzicht auf die Bordüre am unteren Ende des Bildes entsteht überdies der wirklichkeitsnahe Eindruck einer Ganzfigur, die im Bildausschnitt lediglich teilweise sichtbar ist. Die Illusion der räumlichen Präsenz wird bei der Schmerzensmann-Tafel sogar in noch ausgeklügelterer Weise erweckt: Die malerisch Steinmaterialität vortäuschende Rahmung ist hier vor die punzierte Goldbordüre gesetzt sowie perspektivisch verkürzt. Damit rückt sie einerseits näher zum Betrachtenden und leitet andererseits in ein Dunkel über, das an dieser Stelle nur als Tiefenraum verstanden werden kann, aus dem der Schmerzensmann mit seinem kontrastreich betonten fahlen Inkarnat hervortritt. Dabei scheint er sich sogar leicht aus dem fensterartigen Rahmen herauszubeugen, denn sein Heiligenschein überschneidet dessen oberen Rand. In ähnlicher Weise hat Lorenzetti den Schmerzensmann bereits auf einer Predella-

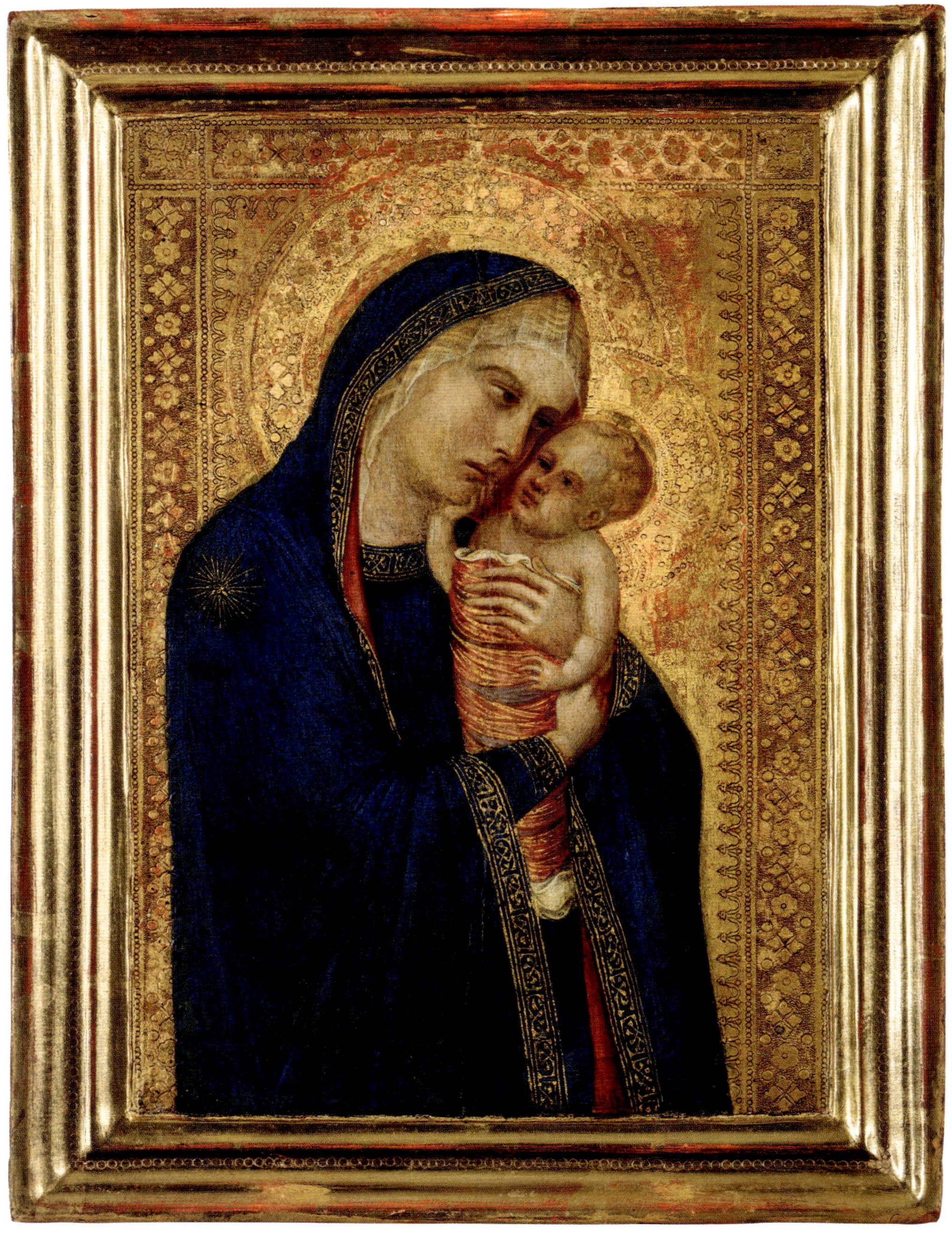

tafel dargestellt, die auf 1329 datiert wird und sich heute im Amedeo Lia-Museum in La Spezia befindet (Abb. 2).[9]

Das Spiel mit optischen Illusionen setzt sich auf der Rückseite des Christusbildes fort (Abb. 3).[10] Deren gut erhaltene Bemalung zeigt einen kassettenartig profilierten, rot marmorierten und von einer breiten Bordüre aus gepunztem Silberblech umfassten Stein.[11] Dieser erinnert an den Altarstein eines kostbar ausgestalteten Tragaltars und nimmt damit als Ort des eucharistischen Messopfers inhaltlich Bezug zum Schmerzensmann auf der Vorderseite der Tafel.[12]

Der hohe künstlerische Anspruch Lorenzettis an das Diptychon wird durch die malerische Imitation besonders kostbarer Materialien, dem kunstfertig umgesetzten Spiel mit räumlicher Illusion und nicht zuletzt durch die prominente und für Lorenzettis Kleinformate singuläre Künstlersignatur auf einzigartige Weise betont.[13] Kleinformatige Werke dieser Qualität waren kostspielig und wurden nur von hochrangigen Persönlichkeiten in Auftrag gegeben.

Eva Maria Breisig

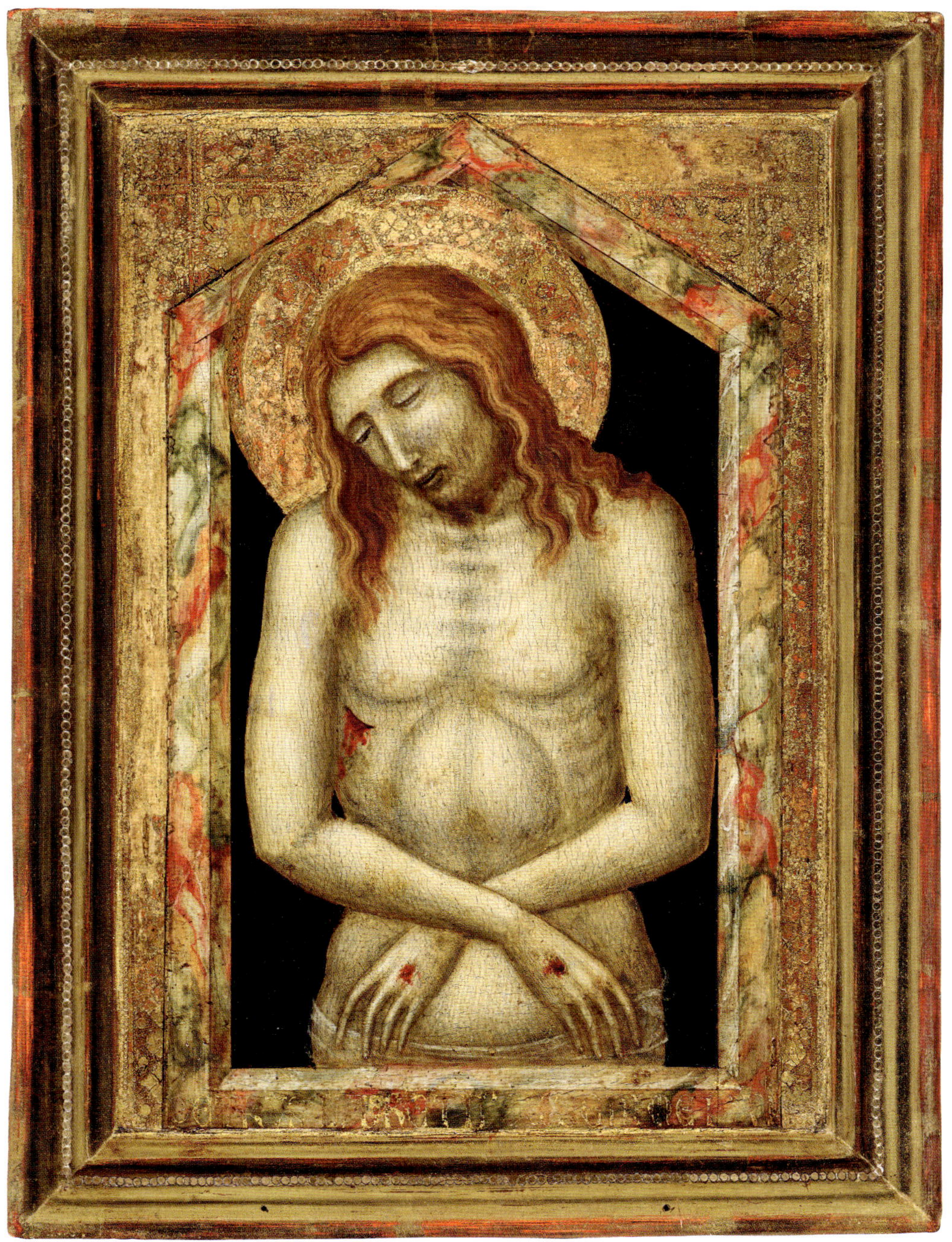

1 Zur möglichen Verbindung der Originalrahmen dieses Diptychons siehe Schmidt 2011, S. 48; ders. 2005, S. 42–43.
2 Aufgrund von Restaurierungen ist die Beurteilung der künstlerischen Qualität beeinträchtigt.
3 Siehe auch den Beitrag von Carl Brandon Strehlke in diesem Band. Siehe auch zuvor Schmidt 2011, S. 48.
4 Zum Schmerzensmann in der Grabkammer ausführlich Schmidt 2011, S. 49–51.
5 Zum Bildtypus des Schmerzensmanns siehe Hecht 2009; Belting 1981, S. 251–276.
6 Zum Künstler siehe grundlegend Volpe 1989.
7 Schmidt 2011, S. 48. Zu den Punzeisen siehe Skaug 1994, Bd. 2, 7.5, Kat. 228, 708.
8 Zur *Maestà* siehe Volpe 1989, S. 165–169.
9 Vgl. Volpe 1989, Kat. 102, S. 134; Strehlke 2004, S. 219.
10 Vermutlich war die heute nicht mehr gut erhaltene Rückseite der Marientafel ähnlich gestaltet.
11 Siehe auch Kat. 3.
12 Vgl. Sander 2006f, S. 182; Ausst.-Kat. Hamburg 2011, S. 132–133, Kat. 5 (Bastian Eclercy); Anders Schmidt 2011, S. 52.
13 Neben diesem Diptychon sind nur noch acht weitere Signaturen Lorenzettis auf Altarbildern bekannt. Vgl. Schmidt 2011, S. 52, 56, Anm. 38.

36

ALVARO PIREZ D'ÉVORA (eigentlich Alvaro di Piero, Évora/Portugal vor 1411–nach 1434 Toskana)

DREI FRAGMENTE EINES TRIPTYCHONS

um 1424

a) Apostel Paulus und Johannes der Täufer

Tempera auf Pappelholz, 143,0 × 80,8 cm

Inschrift auf den Paulusbriefen: A[D] ROMANOS; auf dem Schriftband des Täufers: ECCE ANG[NUS]

b) Apostel Petrus und Andreas

Tempera auf Pappelholz, 143,3 × 82,0 cm

c) Heiliger Kosmas

Tempera auf Pappelholz, 34,4 × 34,2 cm

Lindenau-Museum Altenburg, Inv. 37–39

Provenienz: 1844 durch Emil Braun in Rom erworben.

Literatur: Sbaraglio 2019, S. 31, 311; Ausst.-Kat. Lissabon 2019, S. 138–140, Kat. 35 (Virginia Caramico; mit älterer Literatur).

Diese drei Werke bildeten die Seitentafeln und den oberen Bereich eines inzwischen zerlegten Altarbildes. Die linke Seitentafel stellt den Apostel Paulus und den heiligen Johannes den Täufer dar: Paulus hält in den Händen seine Epistel und das Schwert, mit dem er enthauptet wurde, der Täufer erscheint in seinem typischen Gewand (einem Hemd aus Tierhaar und rotem Umhang) und trägt einen Kreuzstab sowie ein Schriftband mit den Worten, mit denen er Christus den Menschen vorstellte: »Ecce Agnus Dei« oder »Seht, das Lamm Gottes« (Kat. 36a). Auf der rechten Seitentafel sind die Apostel Petrus und Andreas zu sehen: Petrus hält die Schlüssel zum Himmel und zur Kirche in den Händen, Andreas einen Kreuzstab, der auf sein Martyrium durch die Kreuzigung verweist (Kat. 36b). Der obere Bereich mit einem Tondo zeigt das einfache Schulterstück eines Heiligen, dessen rote Kleidung ihn als den heiligen Arzt Kosmas kenntlich macht (Kat. 36c). Seine Blickrichtung lässt darauf schließen, dass er ursprünglich den Zwickel über der linken Seitentafel ausfüllte, wo er seinem Zwillingsbruder über der rechten Seitentafel, dem heiligen Damian, gegenüberstand (Abb. 1). Diese letzte Tafel wurde anhand eines Fragments identifiziert, das zuletzt 1971 in einer Privatsammlung in Florenz verzeichnet war.

Eine dem Künstler gewidmete Ausstellung, die 2019 im Museu Nacional de Arte Antiga in Lissabon stattfand, wies die Tafeln vorläufig als Fragmente eines Altarbildes aus, das für die Kirche Pieve San Paolo am Stadtrand von Lucca gemalt wurde. Dazugehörige Schriftstücke sind nicht erhalten, doch der örtliche Chronist Tommaso Francesco Bernardi (1719–1794) dokumentierte das Werk in situ. Bernardi zufolge war das Altarbild ein Triptychon: Seine Mitteltafel zeigte eine lächelnde Maria, die dem Jesuskind einen Kardinal darbot, die darunter zu lesende Bezeichnung umfasste die Signatur des Künstlers (»Alvarus Petri de Portoghalli«) und ein bruchstückhaftes Datum, das Bernardi als 1424 deutete (obwohl es tatsächlich auch 1434 geheißen haben könnte).[1] Die übrigen Tafeln blieben ohne Beschreibung. Im Ausstellungskatalog von 2019 liefert Lorenzo Sbaraglio jedoch starke Argumente für die Annahme, dass es sich um die heute in Altenburg befindlichen Arbeiten handelte. Zunächst hebt er hervor, dass der Namenspatron der Kirche, der Apostel Paulus, auf der linken Seitentafel abgebildet ist und damit den Ehrenplatz zur Rechten der (heute verschollenen) Jungfrau Maria einnimmt. Der Platztausch ist bemerkenswert, denn üblicherweise erscheint der heilige Petrus zur Rechten Marias, sofern nicht der Auftraggeber eine besondere Verehrung für Paulus hegte. Zweitens stellt Sbaraglio fest, dass Paulus zusammen mit Johannes dem Täufer gezeigt wird, was möglicherweise auf die Funktion der Kirche als Pieve oder Taufkirche verweist. Der Grund für die Gegenwart des heiligen Andreas ist weniger offensichtlich, lässt sich aber vielleicht mit der Existenz eines bedeutenden und ihm gewidmeten Altars in der Kirche erklären. Dieser wurde im 16. Jahrhundert errichtet und entstand wahrscheinlich, wie Sbaraglio nahelegt, basierend auf einem früheren. Zu guter Letzt könnten die beiden goldverzierten Kreuzstäbe, die Johannes der Täufer und der heilige

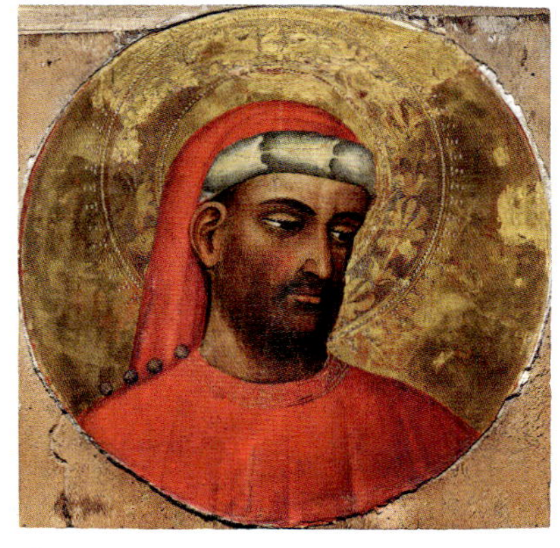

c)

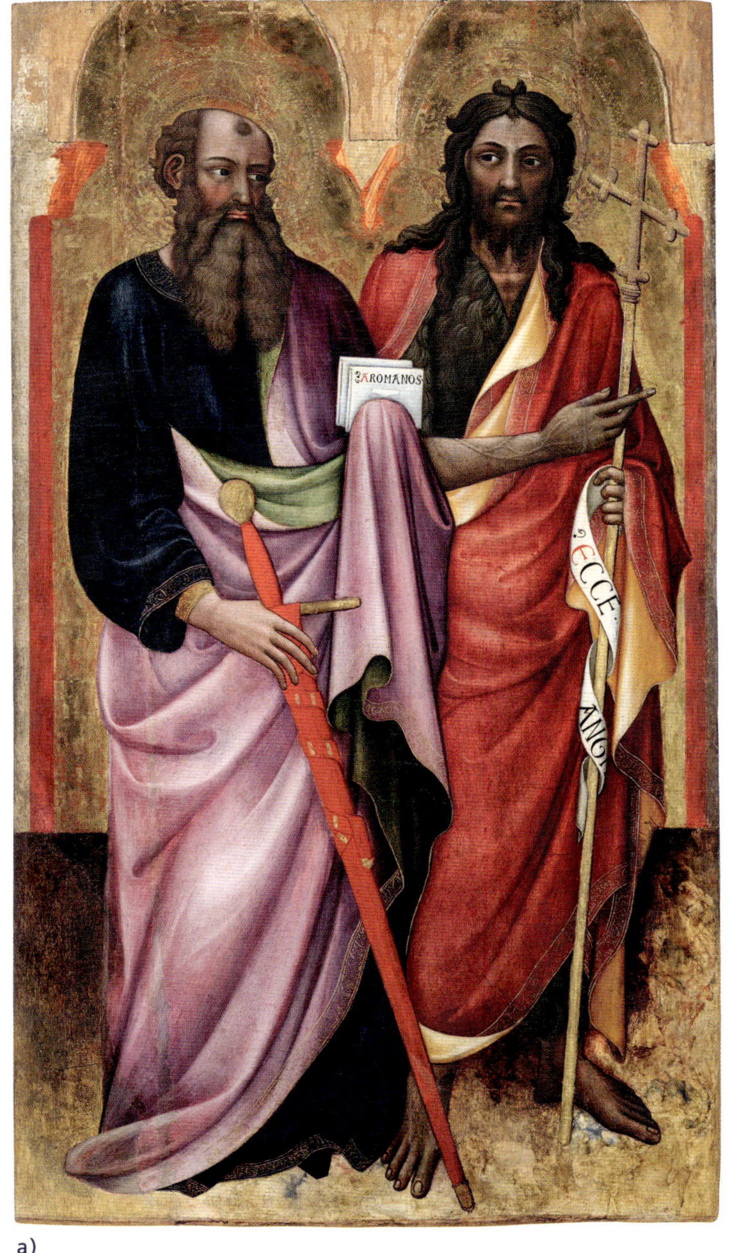

a)

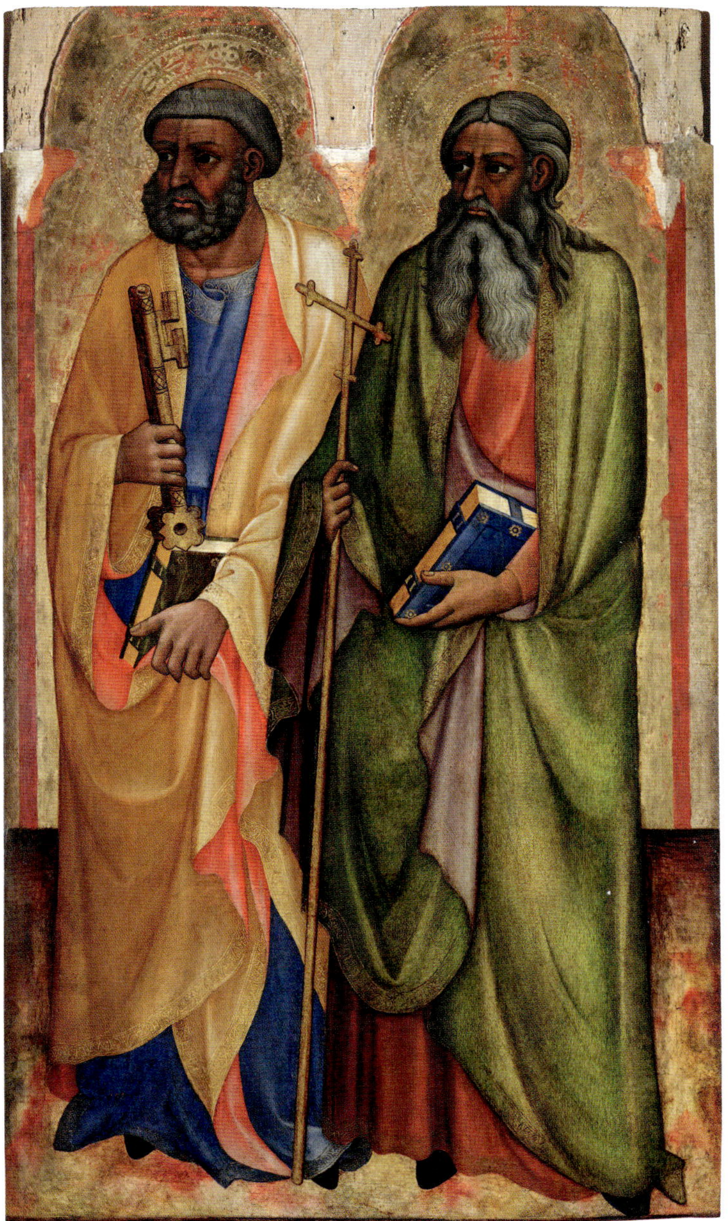

b)

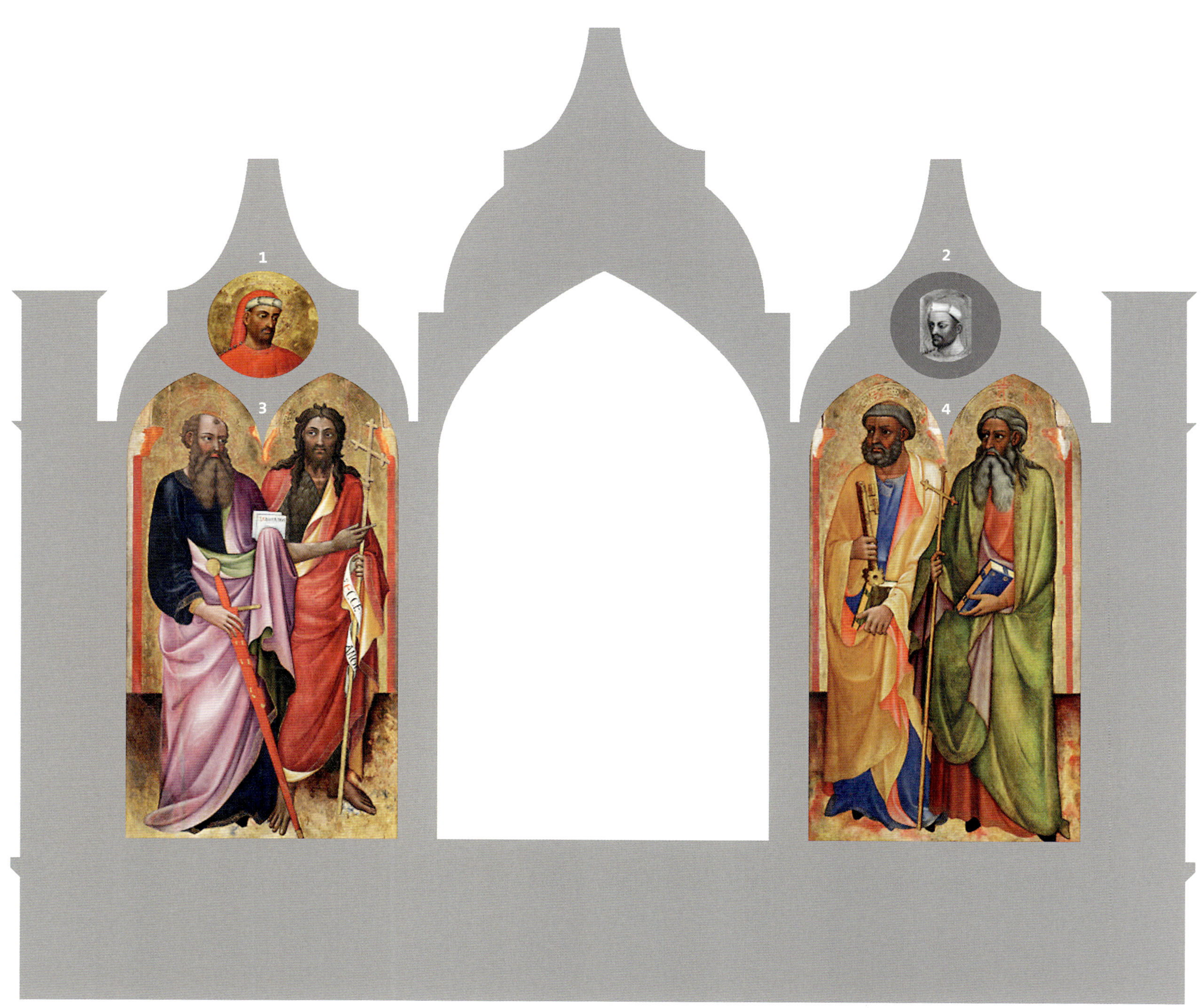

Abb. 1 Schema der Rekonstruktion nach Caramico. In: Ausst.-Kat. Lissabon 2020, Kat. 35

1) Heiliger Kosmas, Lindenau-Museum Altenburg, Kat. 36c
2) Heiliger Damian, Standort unbekannt
3) Apostel Paulus und Johannes der Täufer, Lindenau-Museum Altenburg, Kat. 36a
4) Apostel Petrus und Andreas, Lindenau-Museum Altenburg, Kat. 36b

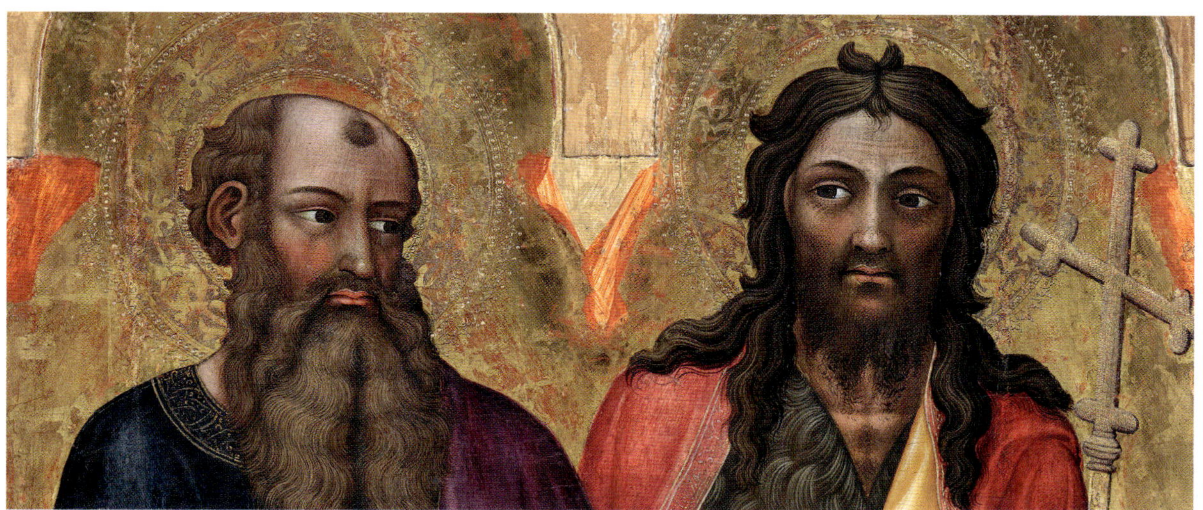

Abb. 2 Alvaro Pirez d`Évora, Apostel Paulus und Johannes der Täufer, um 1424, Tempera auf Pappelholz, Lindenau-Museum Altenburg, Kat. 36a, Detail

Andreas tragen, als Hinweis auf das Patronat der Compagnia del Crocifisso interpretiert werden, in deren Oratorium sich das Gemälde im 18. Jahrhundert befand. In ebendiesem Anbau der Pieve sah es Bernardi.

Die Gegenwart der Heiligen Kosmas und Damian, die häufig mit den Florentiner Medici in Verbindung gebracht werden, ist schwieriger zu erklären. Möglicherweise spiegeln sie einfach eine ikonographische Lösung wider, wie sie für die in Alvaros Werkstatt gefertigten Altarbilder üblich war. Schulterstücke der beiden Heiligen in nahezu identischen Haltungen tauchen in mindestens zwei weiteren Retabeln des Künstlers in den Tondi über den Seitentafeln auf: in einem intakten Triptychon in der Pinacoteca e Museo Civico von Volterra und in einem heute nur fragmentarisch erhaltenen Ensemble, dessen Darstellungen aus der oberen Zone mit den Porträts der Heiligen Kosmas und Damian zwischen Stuttgart (Staatsgalerie) und Lissabon (Fundaçao Gaudium Magnum) aufgeteilt sind.

Der im portugiesischen Évora geborene Alvaro könnte seine Grundausbildung dort oder andernorts auf der Iberischen Halbinsel erhalten haben, bevor er nach Italien ging. Giorgio Vasari (1511–1574) führte ihn als Schüler des Sieneser Malers Taddeo di Bartolo (um 1362/63–1422; Kat. 7, 41), und neueren Studien zufolge könnte er in Taddeos Umkreis in Pisa geschult worden sein.[2] Tatsächlich ist er nur in der Toskana nachgewiesen, wo er zuerst 1410 als Teil einer Gruppe angesehener Florentiner Künstler, der auch Niccolò di Pietro Gerini (um 1345–1415/16), Lippo d'Andrea (1370/71–1451), Ambrogio di Baldese (um 1352–1429) und Scolaio di Giovanni (1369–nach 1434) angehörten, im Palazzo Datini in Prato tätig war. Später arbeitete er in Pisa, Volterra und Lucca. Wie erhaltene Werke nahelegen, hatte er anscheinend auch Auftraggeber in Kampanien und Apulien und könnte ebenfalls in Florenz aktiv gewesen sein, sofern er tatsächlich der »Alvaro di Pietro da Portogallo« war, der 1444 in den Rechnungsbüchern der Badia Fiorentina erwähnt ist, einer der wichtigsten Kirchen der Stadt.[3]

Dank seiner iberischen Abstammung, seiner beruflichen Rastlosigkeit und seiner angeborenen Sensibilität für Farben und dekorative Verzierungen entwickelte Alvaro einen Stil, der beispielhaft für die Internationale Gotik war, eine übermäßig elegante, höfische Manier, die im frühen 15. Jahrhundert in ganz Europa populär war. In Italien war der Stil besonders in wohlhabenden Handelsstädten wie Lucca gefragt, wo andere seiner Hauptvertreter, wie der Florentiner Gherardo Starnina (um 1360–1413; Kat. 50), regelmäßig tätig waren. Die Altenburger Tafeln, die Alvaros einzigartige Interpretation dieses Stils deutlich vor Augen führen, zeichnen sich durch rhythmische Linien, satte Farben und reiche Goldzier aus, die vor allem in den unterschiedlichen Texturen der Heiligenattribute wie den Kreuzstäben und den Schlüsseln des heiligen Petrus sichtbar wird. Die Tafeln zeigen auch Alvaros Fähigkeit, anspruchsvolle emotionale Beziehungen zwischen seinen Figuren zu kommunizieren. Man beachte etwa, wie die Heiligen Paulus und Johannes der Täufer ihre Augen einander zuwenden, um den Blick des anderen zu erwidern (Abb. 2). Die auf diese Weise hergestellte Beziehung muss für die Gläubigen, die sich – wohl in der Pieve San Paolo – vor dem Altarbild versammelten, besonders eindrucksvoll gewesen sein.

Christopher Daly

1 Vgl. Ausst.-Kat. Lissabon 2019, S. 138–140, Kat. 35a, b, c (Virginia Caramico).
2 Sbaraglio 2019, S. 19–20.
3 Pons 2021, S. 110.

37

PIETRO PERUGINO
(eigentlich Pietro di Cristoforo Vannucci, Città della Pieve um 1450–1523 Fontignano)

ZWEI HEILIGENBILDER

1505–1507

a) Seliger Franziskus von Siena

Tempera und Öl auf Pappelholz, 158,7 × 64,5 cm

b) Heilige Margarethe von Antiochia

Tempera und Öl auf Pappelholz, 158,3 × 64,6 cm

Lindenau-Museum Altenburg, Inv. 114–115

Provenienz: 1844 von dem Kunsthändler Johann Baptist Metzger in Florenz erworben.

Literatur: Quandt/Schulz 1848, S. 20, Nr. 118, 119; Oertel 1961, S. 163–166; Casalini 2003, S. 23–24; Fastenrath Vinattieri 2011b, S. 9–12, 17–31; Ausst.-Kat. Paris 2014, S. 156–159, Kat. 40–41 (Giovanni Luca Delogu).

Die nachweislich aus der Mutterkirche des Servitenordens Santissima Annunziata in Florenz stammenden Bildtafeln gehörten zu dem 1655 entfernten vierseitig konzipierten Altaraufbau des Hochaltars, der seinen Platz in der Tribuna der Kirche hat. Der Holzkörper wurde von dem Florentiner Bildhauer Baccio d'Agnolo (1462–1543) als triumphale Architektur geschaffen. Für die insgesamt acht Tafelbilder erging der Auftrag an Filippino Lippi (um 1457–1504). Nach dem Tod des Malers übernahm 1505 bis 1507 Pietro Perugino die Arbeiten. Er stellte die zum Kirchenschiff ausgerichtete Kreuzabnahme Christi fertig, malte die Himmelfahrt Marias auf der Chorseite sowie sechs schmale Tafeln mit den zwei Serviten Philippus Benitius und Franziskus von Siena sowie den vier Heiligen Johannes der Täufer, Katharina von Alexandria, Margarethe von Antiochia und Barbara von Nikodemien (Abb. 1–2).

Perugino war einer der gefragtesten Maler und zugleich Hauptvertreter der umbrischen Schule. Die frühe Phase seiner Ausbildung liegt weitgehend im Dunkeln. Vielleicht ging er in Perugia bei Bartolomeo Caporali (um 1420–zwischen 1450/53) in die Lehre, der in der zweiten Hälfte des 15. Jahrhunderts die wichtigste Werkstatt in der Stadt führte. Ab 1469/70 setzte er die Ausbildung in Florenz neben Leonardo da Vinci (1452–1519) bei Andrea del Verrocchio (1435–1488) fort. Um 1481 erhielt er den prestigeträchtigen Auftrag, mit Florentiner Malern für Papst Sixtus IV. (1471–1484) die Wandbilder der Sixtinischen Kapelle zu malen, darunter die *Schlüsselübergabe an Petrus*. In Perugia und Florenz richtete er Werkstätten ein und entwickelte sich zum regelrechten Unternehmer, so basierten seine Arbeiten häufig auf der Wiederverwendung von Kartons. Peruginos Erfolg begründete sich auf seinen klaren, symmetrisch angelegten Bildkompositionen mit ruhiger Linienführung und großen Farbflächen, die Ausdrucksträger tiefer religiöser Empfindung sind.

Der selige Franziskus von Siena wurde 1266 in der toskanischen Stadt geboren und verstarb dort 1328. Seine Priesterwürde erhielt er 1291. Im Bild wird er durch sein schwarzgraues Habit als Servit ausgewiesen (Kat. 37a). Er steht in einer gemalten Steinnische, sein Körper ist nach links gewendet und das linke Bein in kontrapostischer Haltung angewinkelt. Seitlich von oben links fällt das Licht ein und beleuchtet die vordere Architektur sowie die Figur, für die in der mit Lichtreflexen versehenen Nischenwand kaum Körperschatten angegeben ist, sodass sie nur den hinteren Teil des Nischenbodens verdunkelt. Franziskus liest in einem Buch, mit der linken Hand umfasst er zugleich einen Lilienstengel, der sieben weiße Blüten trägt, von denen fünf in Knospe stehen. Auf die Lilie als Attribut des Heiligen verweist die Legende, laut derer seine Mutter während der Schwangerschaft den Traum gehabt haben soll, eine Lilie zu gebären, deren Stengel sehr viele Blüten hervorbrachte. Die weiße Lilie ist darüber hinaus das Symbol des Servitenordens; sie spielt auf dessen besondere Verehrung der unbefleckten Jungfrau Maria an und ist zugleich Sinnbild der eigenen Reinheit und Keuschheit. Die Körperdrehung der Figur und der Lichteinfall in die Nische deuten darauf hin, dass sich die Tafel vom Kirchenschiff aus gesehen auf der rechten Stirnseite des Altars befand. Dafür spricht auch das von den vier Heiligenfiguren in weiteren gemalten Nischen abweichende lebhafte Inkarnat. Auf der anderen Stirnseite war in gleicher Weise der fünfte Generalprior der Serviten, Philippus Benitius (1233–1285) dargestellt. Die zum Entstehungszeitpunkt der Bildtafeln bereits das Haupt

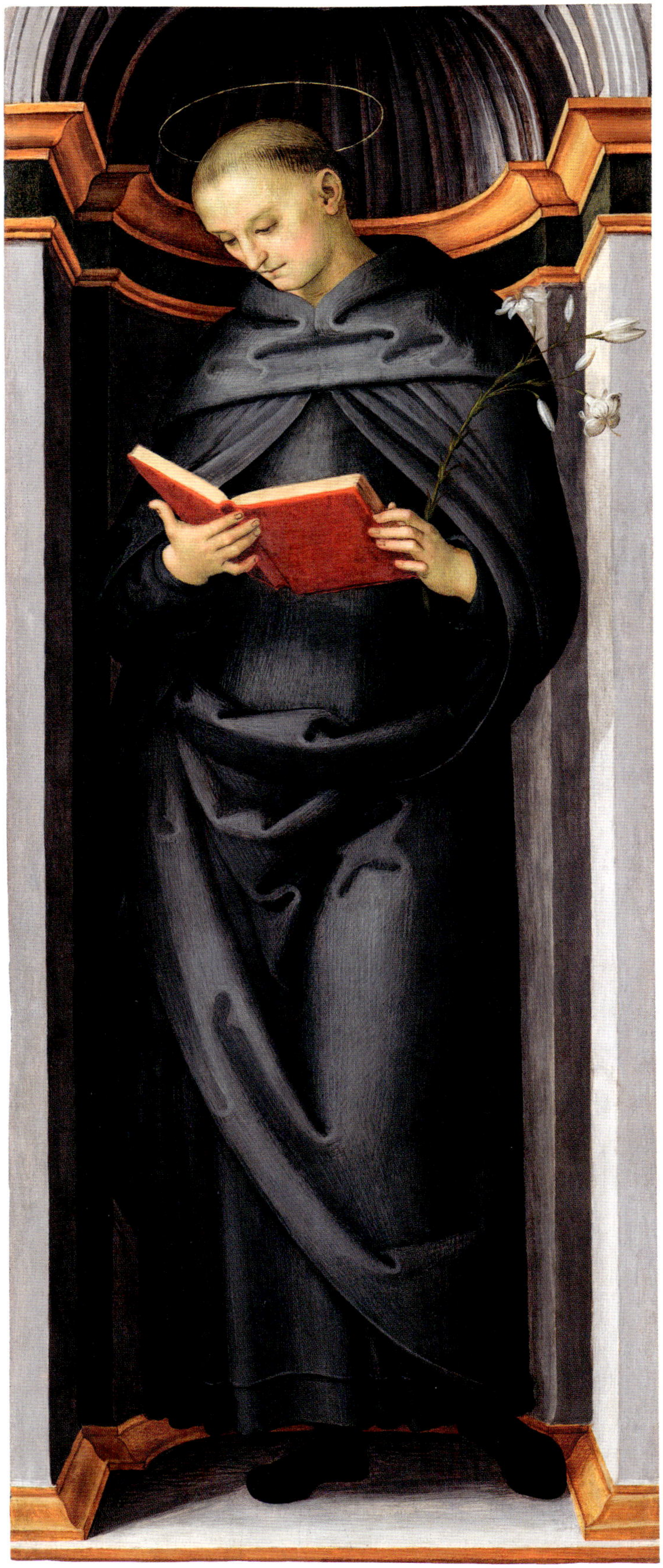

a)

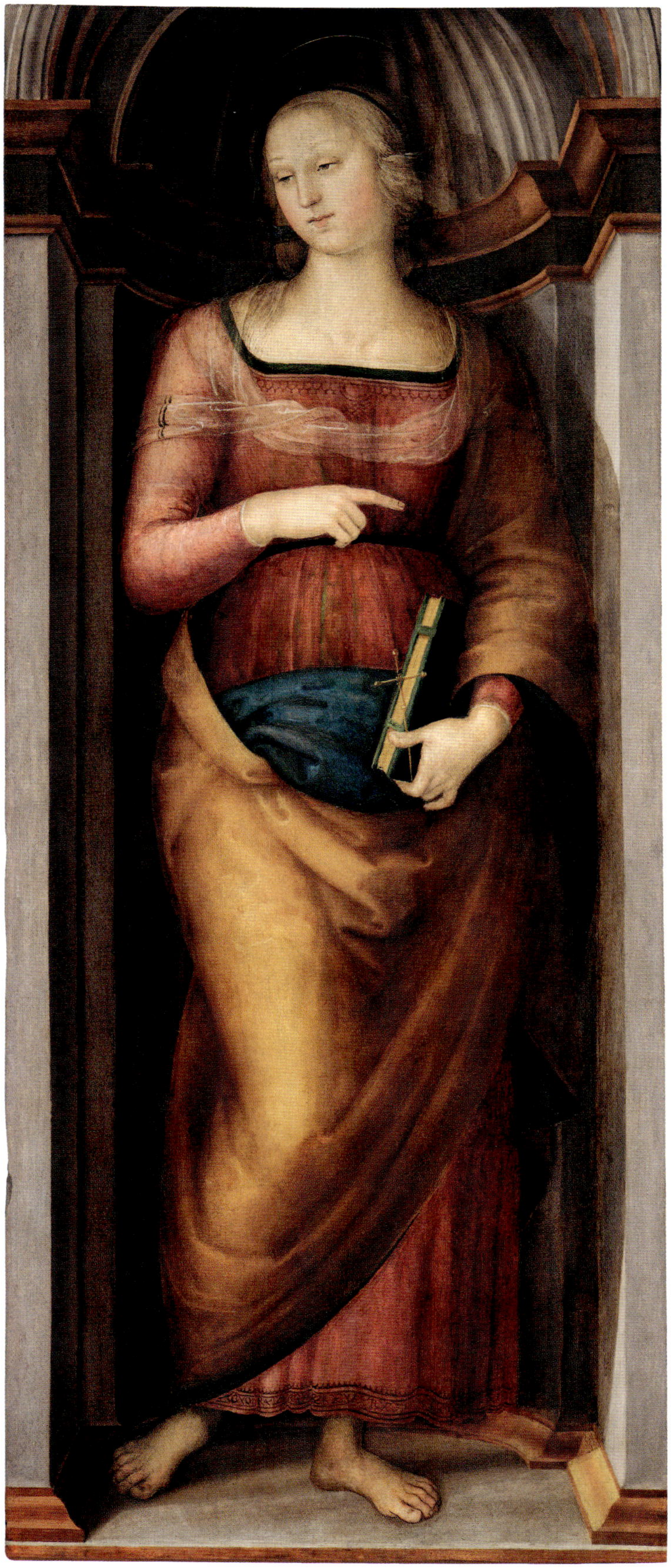

b)

Abb. 1 Rekonstruktionszeichnung der vier Seiten des ehemaligen Hochaltars von Santissima Annunziata, Florenz. Zeichnungen mit fotographischen Projektionen von Tilman Kurth nach Vorgaben von Fastenrath Vinattieri 2011b

1) Heiliger Philippus Benitius, Palazzo Barberini, Galleria Nazionale d'Arte Antica, Rom
2) Heiliger Johannes der Täufer, The Metropolitan Museum of Art, New York
3) Filippino Lippi und Pietro Perugino, Kreuzabnahme Christi, Galleria dell'Accademia, Florenz
4) Heilige Katharina von Alexandria, Standort unbekannt
5) Seliger Franziskus, Lindenau-Museum Altenburg, Kat. 37a
6) Heilige Margarethe von Antiochia, Lindenau-Museum Altenburg, Kat. 37b
7) Himmelfahrt Marias, Santissima Annunziata, Cappella dell'Assunta, Florenz
8) Heilige Barbara von Nikomedien, The Metropolitan Museum of Art, New York

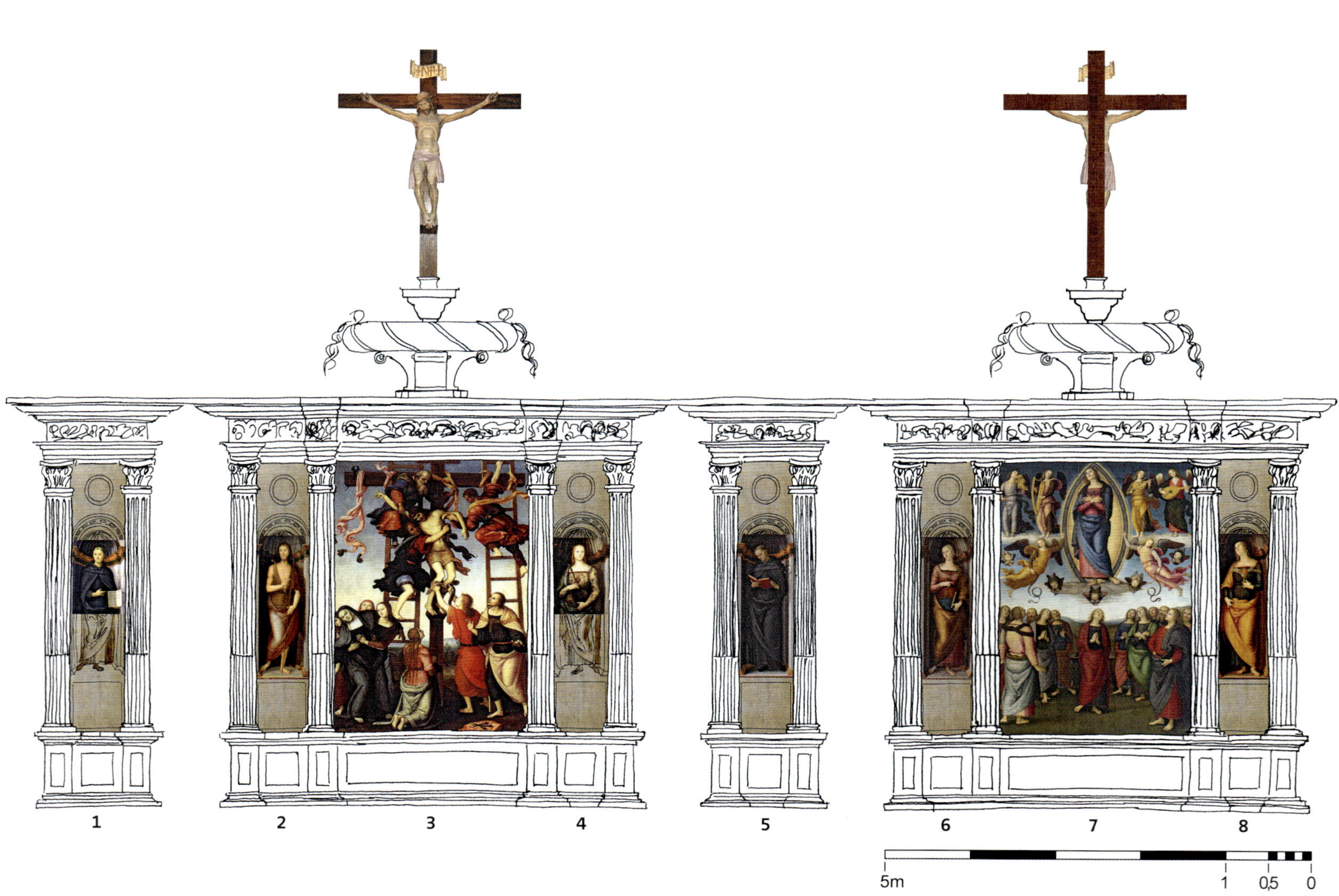

des Franziskus und des Philippus umgebende Aureole muss als Hinweis auf den frühzeitig vom Orden forcierten Kult der beiden Serviten gewertet werden,[1] denn die Seligsprechung erfolgte für Franziskus erst 1743 durch Papst Benedikt XIV. (1740–1785) und für Philippus 1645 durch Papst Innozenz X. (1644–1655).

Barfüßig, in langem Gewand und einem üppig um die Hüften gerafften Mantel steht die heilige Margarethe von Antiochia in ihrer Nische (Kat. 37b). Das Licht fällt seitlich von links oben ein und beleuchtet die Figur, deren Schatten sich auf der helleren rechten Nischenwand abzeichnet und lange schmale, von links nach rechts verlaufende Linien auf den Nischenboden wirft. Leicht nach rechts gedreht, nimmt die Heilige eine Haltung im klassischen Kontrapost ein. In ihrer linken Hand hält sie ein Buch und ein kleines goldfarbenes Handkreuz, die beide zu ihren Attributen gehören. Das Kreuz ist Symbol ihres standhaften Glaubens. Sie hatte Gott darum gebeten, ihr den Feind zu zeigen, damit sie ihn bekämpfen könne, und es erschien ein Drache, den sie mit einem Kreuzzeichen besiegte. Der Legende nach – ausführlich erzählt in der *Legenda aurea* – erlitt sie während der Christenverfolgung unter Diokletian Ende des 3. Jahrhunderts in Antiochia das Martyrium durch Enthauptung. Margarethe gehört mit den Heiligen Katharina von Alexandria und Barbara zu den hochverehrten jungfräulichen Erzmärtyrerinnen, die zu den wichtigsten Heiligen im Gefolge der Muttergottes zählen. Aus diesem Grund wird die Tafel neben jener der Himmelfahrt Marias gestanden haben, freilich auf der linken Seite, denn die Heilige weist mit ihrem rechten Zeigefinger nach rechts. Auf der anderen Seite der Himmelfahrt Marias befand sich die heilige Barbara (ursprünglich als heilige Lucia gedeutet). Beide Heilige verkörpern die theologischen Tugenden, Margarethe den Glauben (*fides*) und Barbara die Hoffnung (*spes*) sowie die Liebe (*caritas*).

Abb. 2 Rekonstruktionszeichnung des ehemaligen Hochaltars in der Tribuna von Santissima Annunziata, Florenz. Zeichnung mit fotographischen Projektionen von Tilman Kuhrt nach Vorgaben von Fastenrath Vinattieri 2011b

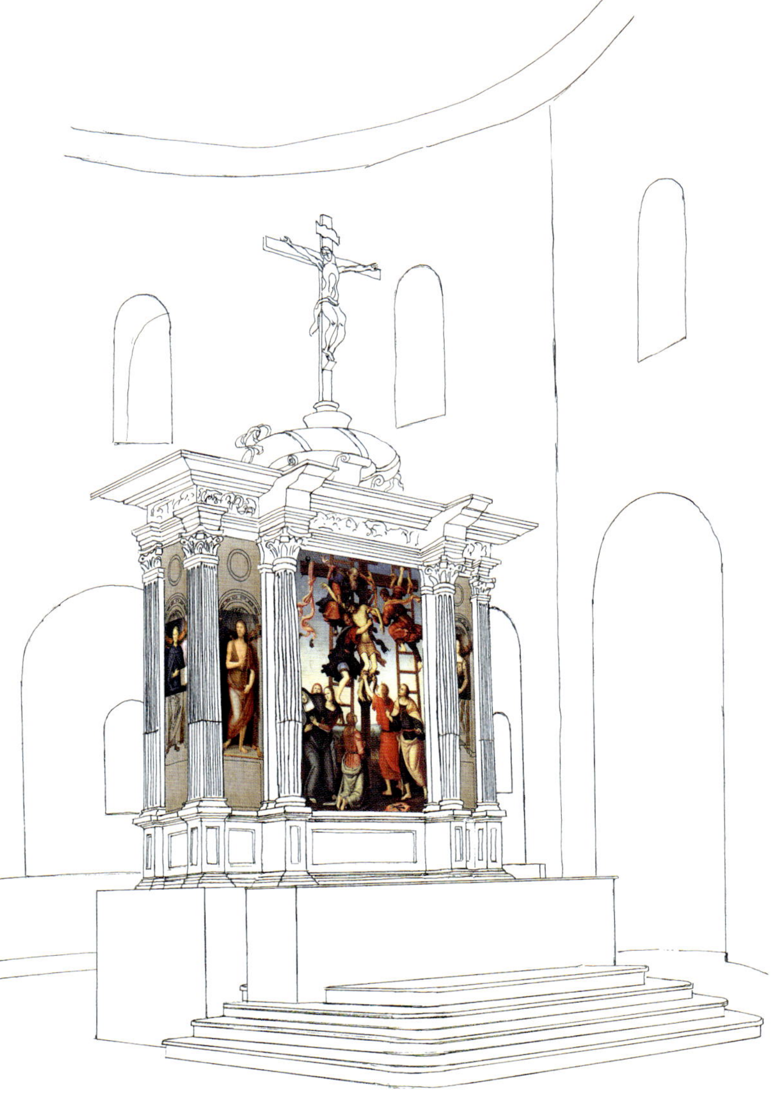

Das Festhalten an diesen Tugenden stellte die Aufnahme ins Paradies in Aussicht, dargestellt über Christus und Maria als zentrale Figuren des christlichen Glaubens.

In diesen Kontext ist auch das große Kruzifix der Altarbekrönung einzuordnen (Abb. 1). Giorgio Vasari (1511–1574) sah dieses, zugeschrieben an Giuliano da Sangallo (1445–1516), noch auf dem Hochaltar. Der Kranz, in dem es stand, in der schriftlichen Vereinbarung der Serviten mit Baccio d'Agnolo als *corona* bezeichnet, ist ein seit der zweiten Hälfte des 14. Jahrhunderts nachweisbares ikonographisches Thema des Servitenordens und auch in dessen historisch-spirituellen Quellen findet er zahlreich Erwähnung.[2] Er ist der Kranz (die Krone) des Lebens, der den Gläubigen mit der Auferstehung als Preis überreicht wird und der für das ewige Leben im Paradies steht. In Verbindung mit dem Christuskreuz bedeutet er den Sieg und Triumph Christi über den Tod.[3]

Wiebke Fastenrath Vinattieri

1 Zu Beginn des 16. Jahrhunderts konnten die Serviten auf keine eigenen Ordensheiligen oder eine repräsentative Ordensgeschichte zurückgreifen.

2 Casalini/Crociani/Fabbri 1990, S. 109–115; Di Domenico u. a. 1998, S. 304–305.

3 Vgl. Fastenrath Vinattieri 2011b. Eine ausführliche Studie der Verfasserin wird vom Lindenau-Museum Altenburg 2024 als Online-Publikation veröffentlicht.

38

LUCA SIGNORELLI (Cortona 1445/50–1523)

PREDELLA MIT DER PASSION UND AUFERSTEHUNG CHRISTI

1509–1511

a) Christus am Ölberg

Tempera und Öl auf Pappelholz, 35,3 × 40,1 cm

b) Geißelung Christi

Tempera und Öl auf Pappelholz, 35,6 × 40,3 cm

c) Kreuzigung Christi

Tempera und Öl auf Pappelholz, 35,5 × 40,4 cm

d) Grabtragung Christi

Tempera und Öl auf Pappelholz, 35,7 × 40,3 cm

e) Auferstehung Christi

Tempera und Öl auf Pappelholz, 35,3 × 40,8 cm

Lindenau-Museum Altenburg, Inv. 138–142

Provenienz: 1844 durch Emil Braun in Rom erworben.

Literatur: Quandt/Schulz 1848, S. 19, Nr. 111–115; Oertel 1961, S. 175–178; Kanter/Henry 2002, S. 218–219, Nr. 84; Fastenrath Vinattieri 2011a, S. 6–39; Henry 2012, S. 245–246; Delpriori 2018, S. 78–81.

Luca Signorelli zählte zu den bedeutendsten Künstlern seiner Zeit. Giorgio Vasari (1511–1574) begriff ihn in der zweiten Ausgabe seiner Vitensammlung zu Recht als Wegbereiter von der Früh- zur Hochrenaissance. Der Sprung in die neue Künstlerära, die maßgeblich von Michelangelo (1475–1564) und Raffael (1483–1520) bestimmt wurde, gelang ihm jedoch nicht mehr. Stilistisch und ikonographisch tritt die Predella mit der Passion und Auferstehung Christi aus Signorellis Œuvre hervor. Die neuen formalen Lösungen weisen auf die unter Papst Julius II. (1503–1513) tätigen Künstler in Rom hin. Sie können als Versuch gewertet werden, an der »neuen« Epoche zu partizipieren.

Fünf annähernd quadratische Bildtafeln, die ursprünglich ein einziges Brett bildeten, zeigen in chronologischer Abfolge einen in sich geschlossenen Passionszyklus. Den Höhepunkt stellt die letzte Szene mit der *Auferstehung Christi* dar. Bis auf die *Geißelung* sind die einzelnen Tafeln durch das Motiv eines sich fortsetzenden Landschaftsprospektes miteinander verbunden.

Die Darstellung *Christus am Ölberg* zeigt Christus im Gebet auf dem Ölberg mit den drei seitlich von ihm ruhenden Aposteln Petrus, Jakobus d. Ä. und Johannes (Kat. 38a). Christus hat eine seit dem frühen Christentum praktizierte Gebetshaltung eingenommen, bei der die Arme erhoben werden und die geöffneten Handflächen gleichzeitig gebend (opfernd) und empfangend nach oben weisen. Sein Blick ist nicht auf den von oben herabschwebenden Engel gerichtet, vielmehr vermittelt der Gesichtsausdruck das mit Gott, seinem Vater, geführte Zwiegespräch. Auffällig ist die auf Schlummer und Traum deutende Liegeposition des heiligen Petrus, die auf lagernde Figuren antiker Sarkophage Bezug nimmt. Nach einer Zeit des Ruhens folgt stets das Wiedererwachen, womit der Hoffnung auf Auferstehung von Leib und unsterblicher Seele Ausdruck verliehen wird. Typisch für Signorelli sind die kleinen Begleitszenen im Hintergrund. Hier werden Christus und die drei Jünger während der Gefangennahme ein weiteres Mal dargestellt. Auch Judas, der Christus verrät, und römische Soldaten sind zu erkennen.

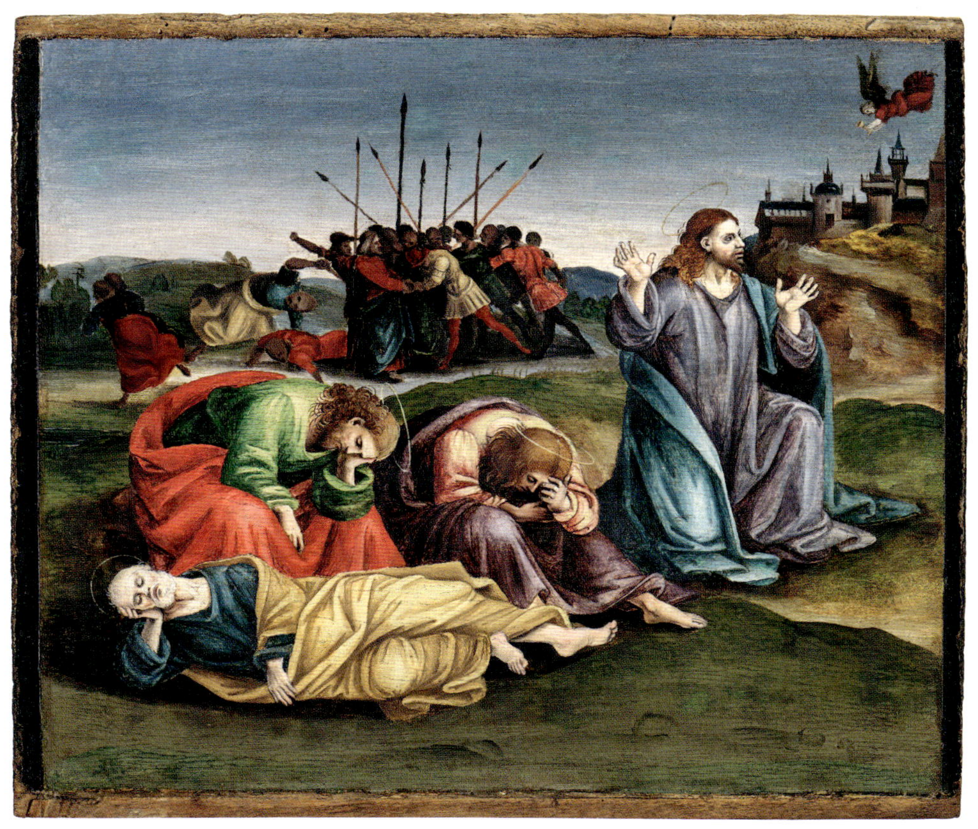
a)

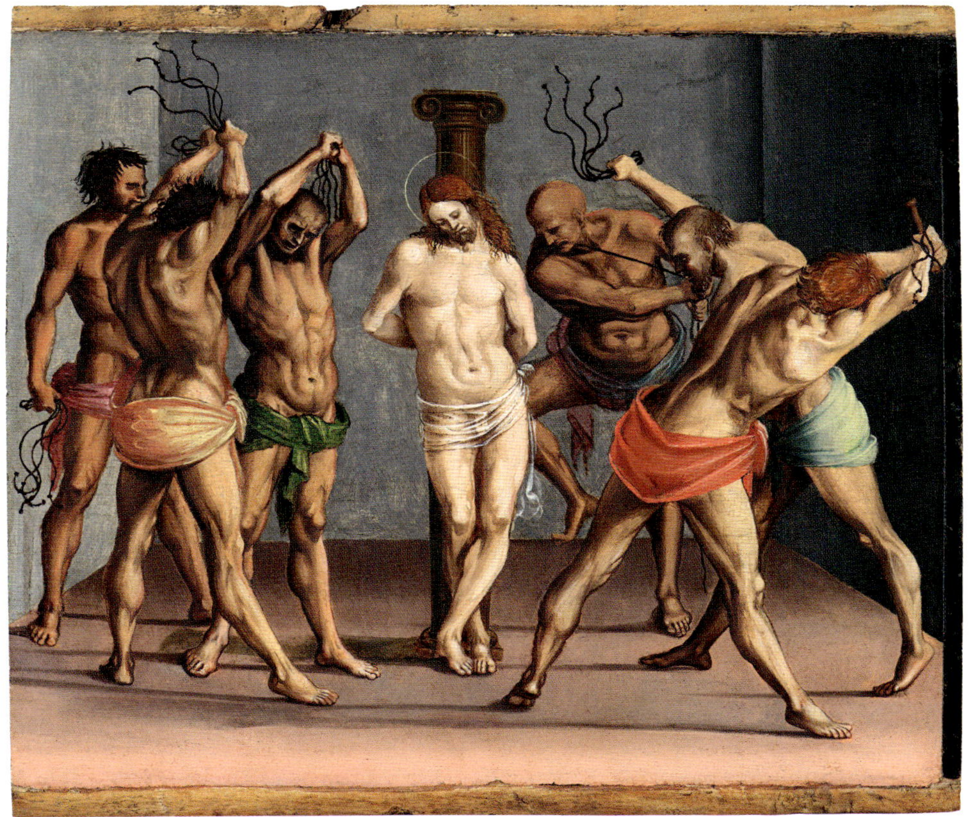
b)

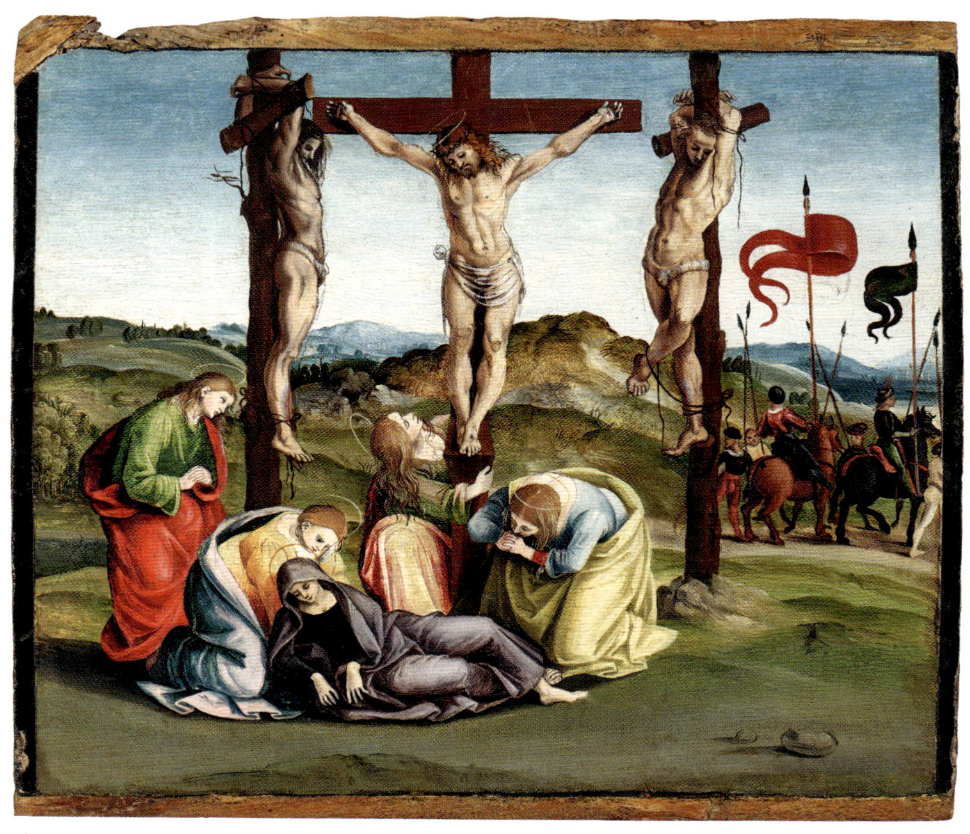

c)

Die Geißelung Christi ist in einem nicht weiter bestimmbaren Innenraum oder Hof dargestellt (Kat. 38b). Christi nackter Leib, der auf das Mysterium der Inkarnation des göttlichen Logos, also der Menschwerdung des Wortes Gottes in Christus, verweist, ist mit einem transparenten weißen Lendentuch bedeckt. An eine ionische Säule gefesselt, wird er zu beiden Seiten von einer Gruppe dreier Schergen flankiert. Christi Leib erstrahlt in apollinischer Schönheit und kontrastiert wirkungsvoll mit den grobschlächtigen Peinigern. Die Torsion des Körpers zeigt eine offenkundige Beschäftigung Signorellis mit der Antike und der Kunst Michelangelos, speziell mit dessen Studien für die *Sklaven* des Grabmals Julius' II. (vgl. Kat. 55g). Ebenso deutet die ionische Säule auf Kenntnisse der Architekturlehre Vitruvs aus dem 1. Jahrhundert v. Chr. hin. Nach Vitruv nimmt die ionische Ordnung eine Stellung zwischen Herbheit (dorische Ordnung) und Zierlichkeit (korinthische Ordnung) ein, ihr werden Gottheiten zugeordnet, die beide Charakteristiken besitzen. Zu dieser Kategorie gehört Apoll als gnadenloser Rächer und Musenführer. Anfang des 16. Jahrhunderts wurde die klassische Säulenordnung mit den Planungen zum Neubau von St. Peter (1506) durch Donato Bramante (1444–1514) konsequent in die Praxis umgesetzt.

Besonders sorgfältig in der malerischen Ausführung stellt die *Kreuzigung Christi* das zentrale Mittelstück und im Hinblick auf die Liturgie zugleich den eigentlichen Höhepunkt der gesamten Predella dar (Kat. 38c). Auf der Anhöhe der Richtstätte Golgatha steht das Christuskreuz in der Mitte, links davor das Astkreuz mit dem guten und diesem gegenüber das mit dem bösen Schächer. Abermals ist Christus – nur mit dem nahezu durchsichtigen Lendentuch bedeckt – in seiner menschlichen Natur gezeigt, als jener, der am Kreuz den Opfertod für die Errettung der Menschheit erleidet. Unter dem Kreuz befinden sich die heilige Maria Magdalena, die Schmerzensmutter, die in grau-schwarze Gewänder gehüllt auf dem Erdboden liegt, sowie zwei Marien und der Apostel Johannes. Als Sinnbild von Entsühnung und Erneuerung treibt beim guten Schächer ein kleiner grüner Zweig auf der Höhe seines Rückens aus dem geschlagenen Holz des Kreuzstammes aus. Auch in dieser Tafel wird Signorellis Studium antiker Statuen greifbar: So ist der gute Schächer aus der Kenntnis antiker Statuen des Marsyas geschaffen. Raffael befasste sich 1509 mit dem sogenannten Weißen Typus des Marsyas im Kontext der Gewölbegestaltung der Stanza della Segnatura in den Räumen Papst Julius' II. im Vatikan. Die Schindung des Marsyas galt als Geburtsmetapher,

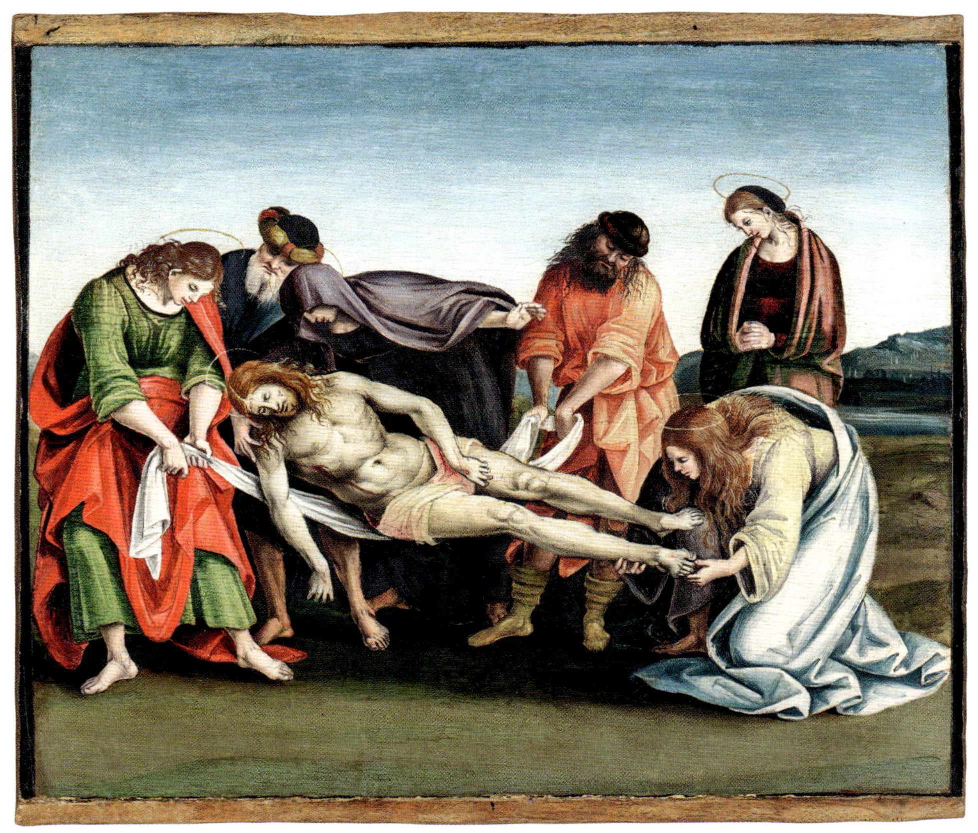

d)

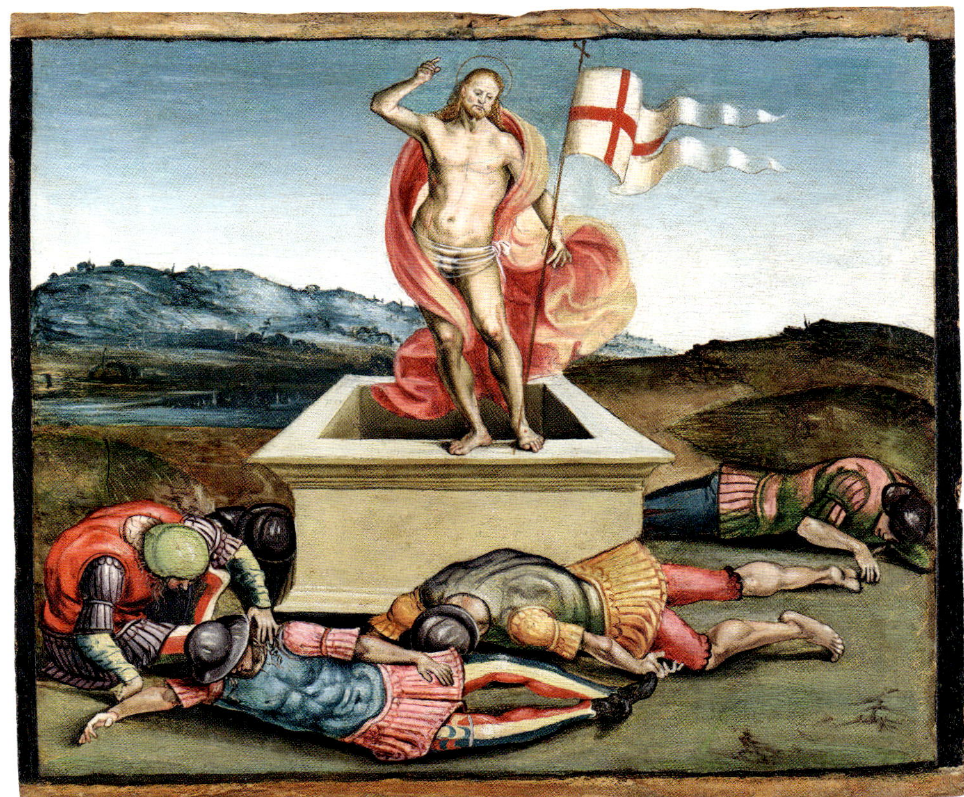

e)

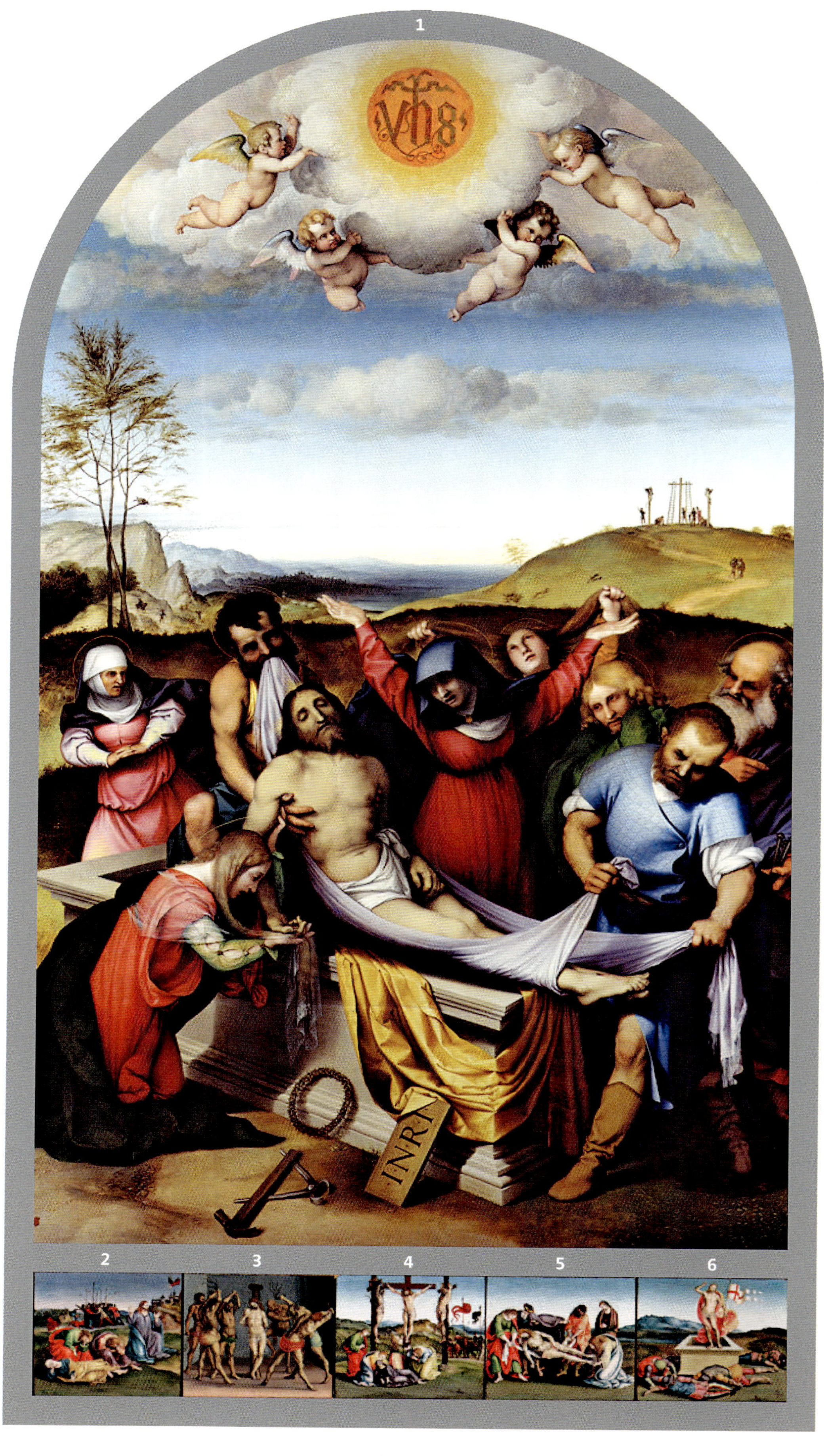
1
2
3
4
5
6

als reinigendes Abstreifen der Haut, sodass mit dem Innersten das Göttliche wahrgenommen werden kann.[1]

An keiner anderen Stelle führt Signorelli in einer Grabtragung Christi Körper derart ostentativ vor Augen wie auf der vierten Predellatafel dieses kleinen Zyklus (Kat. 38d). Dies spricht für eine besondere Verehrung des Corpus Domini bei den Auftraggebern. Die Scham ist nun durch das blutgetränkte Lendentuch verdeckt. Die *Grabtragung* in Altenburg verbindet Beweinung und Grablegung miteinander. Signorellis Motiv zeigt eine Kombination Letzterer mit Vesperbild oder Pietà. Maria ist als Schmerzensmutter und Schutzmantelmadonna des Opferleibes Christi in emotional bewegter Gestik gezeigt. Eine Auseinandersetzung mit den Entwurfszeichnungen Raffaels für die 1507 entstandene *Pala Baglioni* (Villa Borghese, Rom) liegt hier auf der Hand. Der Bewegungsablauf der Gruppe entspricht dann auch Raffaels ausgeführtem Altarbild mit der Grabtragung Christi, denn dieser scheint von rechts nach links zu erfolgen, was als formale Inkonsequenz gesehen werden könnte, ist doch das Grab rechts davon auf der fünften Tafel dargestellt.

In der *Auferstehung Christi* ist dessen kraftvolle Erscheinung neu (Kat. 38e). Mit der Christusgestalt der Altenburger Predella wird in einem untergeordneten Kontext Michelangelos Christus im *Jüngsten Gericht* der Sixtinischen Kapelle vorweggenommen, sodass eine gleiche Quelle für die Entstehung der Figuren anzunehmen ist. Da bei der Konzeption der Predella offensichtlich das Studium antiker Skulpturen eine Rolle spielte, liegt es nahe, auch die Inspirationsquelle für die Figur Christi unter antiken Vorbildern zu vermuten. Die berühmteste antike Skulptur zu Beginn des 16. Jahrhunderts war die 1506 aufgefundene Laokoon-Gruppe bei San Pietro in Vincoli in Rom, die von Julius II. bereits am 23. März 1506 erworben wurde und noch in demselben Jahr im Vatikan Aufstellung fand. Michelangelo bewunderte den von den antiken Bildhauern mit erhabenem Pathos dargestellten Todeskampf des Laokoon gegen die beiden Seeschlangen bis an sein Lebensende. Trotz der von Signorelli angestrebten Verkürzung der Christusfigur wirken der Kopf und der sehnige Hals dem Thorax quasi aufgesetzt und erinnern an den zeichnerischen Vorgang des Kopierens von Skulpturen und des nachfolgenden Adaptierens an eine neue Bildidee.

Die Predella wurde höchstwahrscheinlich im Kontext des 1508 an Signorelli ergangenen Altarauftrags der Confraternità del Buon Gesù in Jesi geschaffen. Signorelli sollte für den Hauptaltar der Franziskanerkirche San Floriano in Jesi eine Kreuzabnahme malen. Die Vereinbarungen wurden von ihm jedoch nicht eingehalten und der Auftrag erging schließlich 1511 an Lorenzo Lotto (1480–1556/57), der die Grablegung Christi malte. Aufgrund der gleichen Breitenmaße der Altartafel und der Predella sowie vieler formaler Übereinstimmungen – wie zum Beispiel die Art der Darstellung des Sarkophags – scheint es naheliegend zu sein, dass die Predella einst unter dem Altarbild Lottos zu sehen war (Abb. 1).[2]

Wiebke Fastenrath Vinattieri

1 Vgl. Wyss 1996, S. 35–37, 70; Poeschel 2005, S. 287.
2 Vgl. Fastenrath Vinattieri 2011a. Eine ausführliche Studie der Verfasserin wird vom Lindenau-Museum Altenburg 2024 als Online-Publikation veröffentlicht.

Abb. 1 Schema der Rekonstruktion nach Fastenrath Vinattieri 2011a

1) Lorenzo Lotto, Grablegung Christi, Pinacoteca Civica, Jesi
2) Christus am Ölberg, Lindenau-Museum Altenburg, Kat. 38a
3) Geißelung Christi, Lindenau-Museum Altenburg, Kat. 38b
4) Kreuzigung Christi, Lindenau-Museum Altenburg, Kat. 38c
5) Grabtragung Christi, Lindenau-Museum Altenburg, Kat., 38d
6) Auferstehung Christi, Lindenau-Museum Altenburg, Kat. 38e

CHRISTUS!

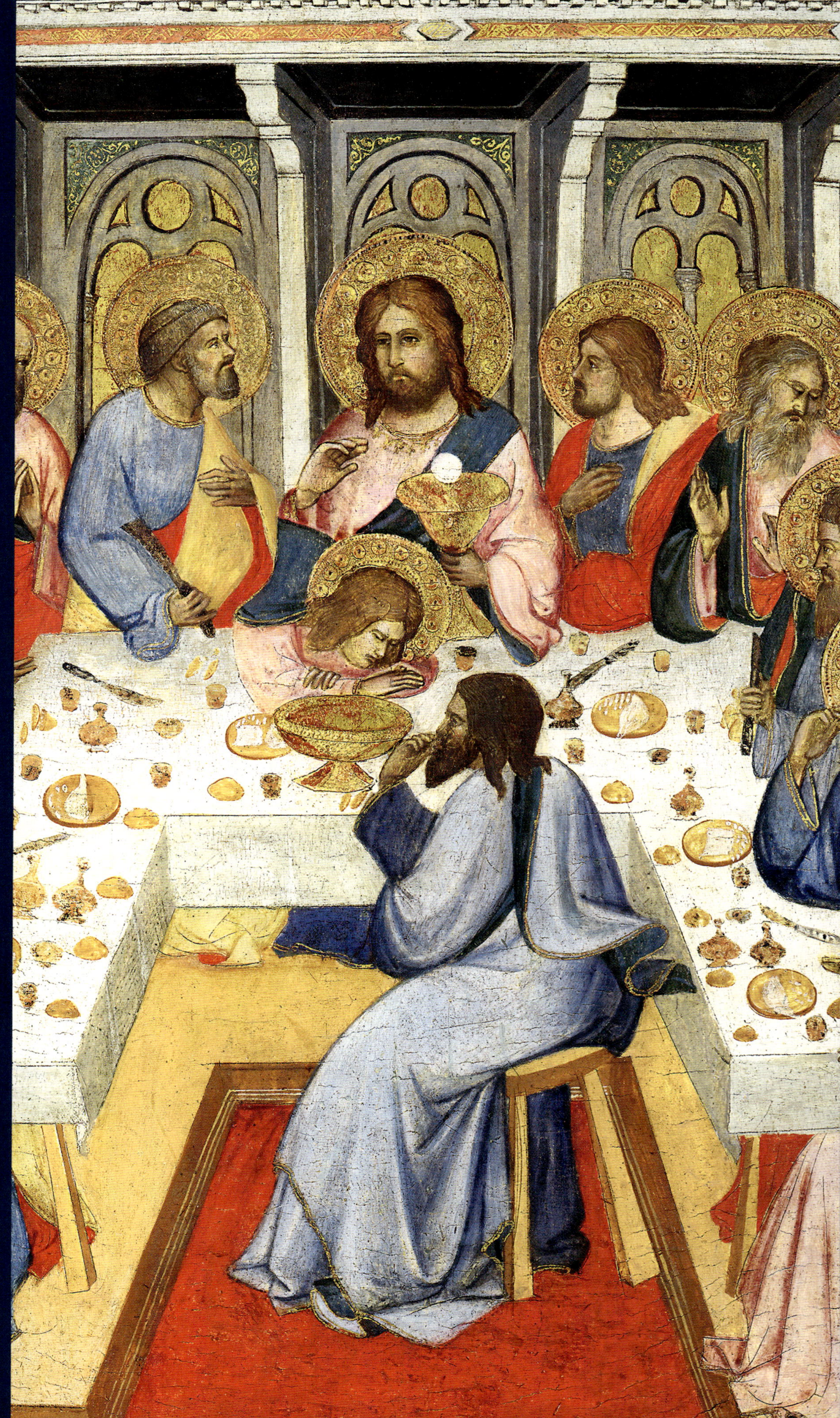

CHRISTUS!
SZENEN SEINES LEBENS

EVA MARIA BREISIG

Im Zentrum des christlichen Glaubens steht Jesus Christus, der Sohn Gottes. Geboren von der Jungfrau Maria, zugleich wahrer Gott und wahrer Mensch, ist er der bereits im Alten Testament erwartete Messias, das heißt Erlöser. Nach christlichem Verständnis kam er in die Welt, um der Menschheit das Heil zu bringen. Durch seinen Tod am Kreuz befreite er sie von der Sünde und versöhnte sie mit Gott. Allen, die ihm nachfolgen, verspricht er das ewige Leben.

Darstellungen von Szenen aus dem Leben Jesu gehören seit jeher zur christlichen Kunst und sind somit auch fester Bestandteil der mittelalterlichen und frühneuzeitlichen Bilderwelt Italiens. Sie sollen die schriftlich überlieferten Erzählungen der Bibel und weiterer, sogenannter apokrypher Texte bildlich als historische Begebenheiten vergegenwärtigen. Inhalt der vier Evangelien des Neuen Testaments sind dabei die Kindheit Jesu (Verkündigung, Geburt und Anbetung der Könige) sowie die Passionsgeschichte (vom Einzug in Jerusalem bis zur Auferstehung am Ostersonntag).

Die Tafelgemälde aus dem Lindenau-Museum bieten einen guten Überblick über die Lebensgeschichte Christi und zeigen immer wieder die beiden wichtigsten Glaubensgeheimnisse. Die Geburt als Menschwerdung Gottes wird etwa auf einer kleinformatigen Predellatafel von Paolo di Giovanni Fei (1335/45–1411; Kat. 40a) vom Ende des Trecento sowie einem etwa hundert Jahre später entstandenen Tondo aus der Werkstatt Sandro Botticellis (1444/45–1510; Kat. 43) dargestellt. Zum anderen ist die Kreuzigung als Erlösungstod beispielsweise auf Werken von Bernardo Daddi (nachweisbar 1320–1348; Kat. 46) aus der Mitte des Trecento oder von Giovanni di Paolo di Grazia (1399–1482; Kat. 47) aus dem Quattrocento zu sehen. Darüber hinaus stellen die Verkündigung (Kat. 39) und die Anbetung des Kindes die häufigsten Bildthemen dar. Gerade die Anbetung der Heiligen Drei Könige wird in Werken des späten 15. Jahrhunderts mit vielen erzählerischen Details prachtvoll ausgeschmückt, wie das Beispiel von Michele Ciampanti (nachweisbar 1463–1511) aus den frühen bis mittleren 1460er-Jahren zeigt (Kat. 42).

Kat. 45, Detail

39

BARNABA DA MODENA (Modena um 1328/30–nach 1386 Genua)

VERKÜNDIGUNG AN MARIA

um 1383–1386, Tempera auf Pappelholz, 37,4 × 70,3 cm

Lindenau-Museum Altenburg, Inv. 149

Inschrift auf dem Schriftband des Engels: Ave gratia [plena dominus] / tecum

Provenienz: 1844 durch Emil Braun in Rom erworben.

Literatur: Oertel 1961, S. 185–186; Ausst.-Kat. Hamburg 2011, S. 146–147, Kat. 12 (Michael Philipp).

Barnaba Agocchiari, der nach seinem Geburtsort Barnaba da Modena genannt wurde, war ein hauptsächlich in Genua tätiger italienischer Maler. Schriftliche Quellen belegen seine Aktivität in der ligurischen Hauptstadt zwischen 1361 und 1386.

Die Verkündigung Gottes von der Geburt Jesu an Maria ist eine zentrale Szene des Marienlebens. Gleichzeitig markiert sie den entscheidenden Moment der Menschwerdung Gottes, mit dem die Geschichte Jesu Christi beginnt. Das seit dem Mittelalter weit verbreitete ikonographische Motiv, das mit nur zwei Figuren auskommt, geht auf eine biblische Erzählung aus dem Lukasevangelium (Lk 1,26–38) zurück: Der Erzengel Gabriel überrascht Maria mit der Botschaft ihrer Schwangerschaft und der Ankündigung der Geburt des Sohnes Gottes.

Auf dem rechten Abschnitt der Bildtafel ist Maria sitzend zu sehen. Sie ist in einen tiefblauen Umhang gehüllt und trägt darunter ein rotes Kleid. Den Saum des Überwurfs hält sie auf Höhe der Brust fest umschlossen in der rechten Hand. Die linke trägt ein rotes Buch mit verziertem Einband. Ein weiteres Buch befindet sich aufgeschlagen auf dem Lesepult neben der Sitzfläche. Keiner der beiden Lektüren ist länger ihre Aufmerksamkeit gewidmet. Die leicht zurückschreckende Haltung des Oberkörpers und der Blick nach links verrät, dass sie von dem nächtlichen Eindringling überrascht worden sein muss: Im linken Abschnitt der Bildtafel kniet der Erzengel Gabriel mit ultramarinblauen, raumgreifenden Flügeln. Er trägt ein rosafarbenes Gewand mit aufwendig gestaltetem Faltenwurf und darüber eine über Kreuz gelegte Stola. Der Kniefall gibt den Blick auf den blauen Innenstoff und ein olivgrünes Unterkleid frei. In der linken Hand hält er einen goldenen, schmalen Zweig. Die rechte Hand fixiert ein Spruchband, das sich in Richtung Marias ausrollt. Die erhalten gebliebenen Schriftfragmente (»Ave gratia […] tecum«) entstammen ebenfalls dem Lukasevangelium (Lk 1,28: »Ave gratia plena dominus tecum«). Gabriel eröffnet seinen Appell mit den Worten: »Sei gegrüßt, voller Gnade! Der Herr ist mit dir.«

Die Szene spielt sich vor dem Hintergrund eines Innenraumes ab. Die intime Wirkung der niedrigen Deckenhöhe wird durch eine hölzerne Kassettendecke verstärkt. Ferner ist das Zimmer durch drei vergitterte Fenster begrenzt. Dahinter ist es dunkel. Die freie Sicht auf die Bettnische am rechten Bildrand wird von Maria abgeschirmt. Die vorgesetzte Architektur aus zwei Dreipassbögen dient als Hinweis auf die ursprüngliche Rahmung. Diese aufgesetzte, dreidimensionale Einfassung ist zu einem unbestimmten Zeitpunkt entfernt und vollständig übermalt worden.[1] Erst seit der Restaurierung der Tafel im Jahr 2011/12 ist die ursprüngliche Gestaltung des Bildes wieder sichtbar.

Die Verkündigungsszene war Teil eines größeren Altarzusammenhangs. Die zugehörigen Tafeln sind unbekannt. Das Motiv der Verkündigung wurde von Barnaba da Modena auch in einem weiteren Altarwerk umgesetzt: Eine Verkündigungsszene ist oben links neben der Haupttafel einer Darstellung der stillenden Maria auf einem signierten Altarwerk für die Kathedrale von Murcia platziert, das nach 1369 datiert wird.[2] Die Körpersprache Gabriels und Marias ist nahezu identisch mit der Altenburger Tafel. Der Innenraum wird ebenfalls von einem aufgesetzten Dreipassbogen gerahmt. Die beiden Figuren sind allerdings aufgrund des Hochformats enger zusammengerückt.

Miriam Stadie

1 Für eine Abbildung vom Zustand der Tafel vor der Restaurierung 2011/12 durch Johannes Schaefer siehe Ausst.-Kat. Hamburg 2011, S. 147.

2 Vgl. Frechina 2019, S. 34–38. Das Altarwerk befindet sich im Museo de la Catedral de Murcia, Spanien.

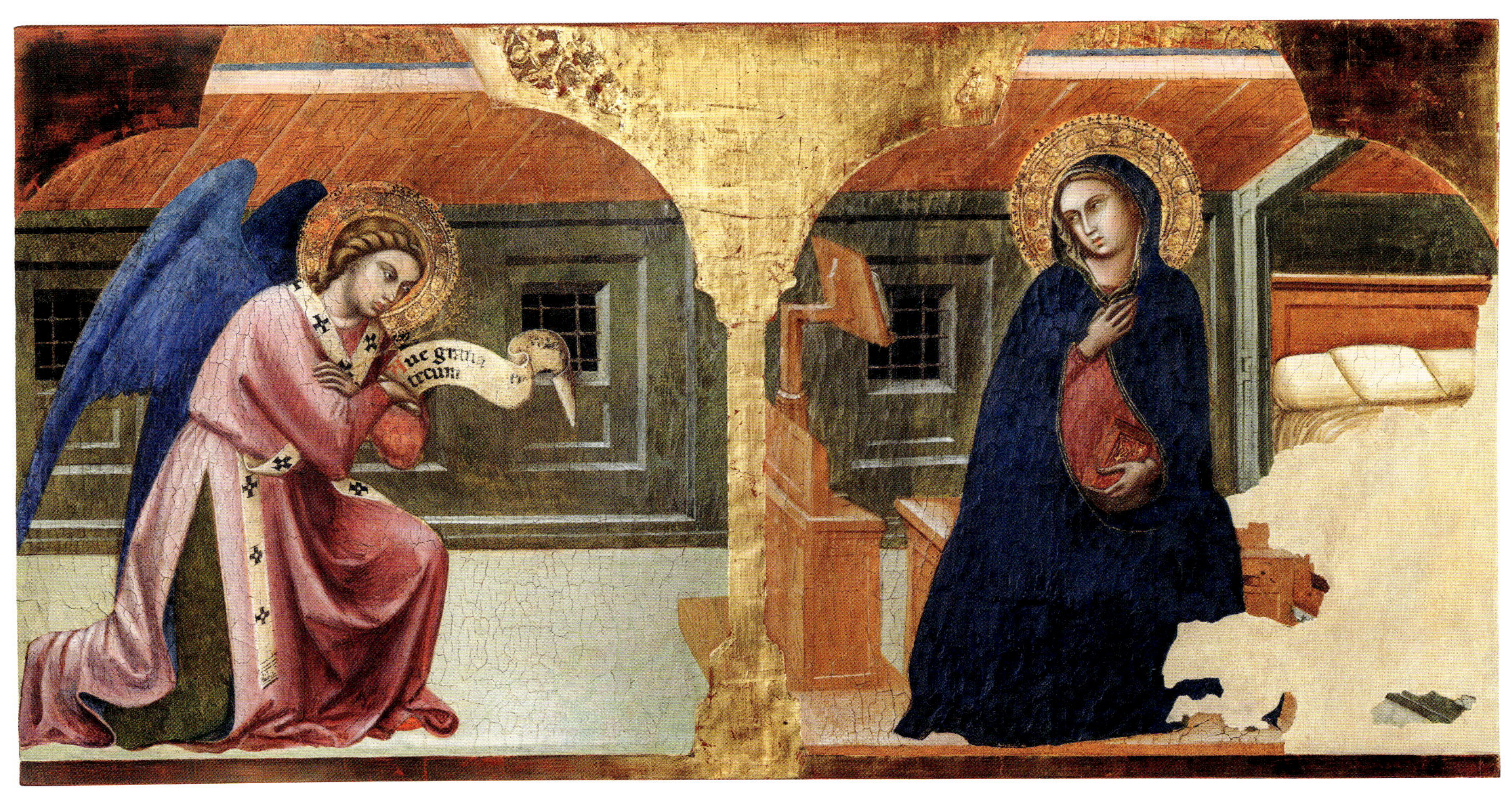
Aue gratia
tecum

40

PAOLO DI GIOVANNI FEI (Siena 1335/45–1411)

ZWEI SZENEN AUS DEM LEBEN CHRISTI

1395–1400

a) Anbetung der Hirten

Tempera auf Pappelholz, 22,4 × 33,5 cm

b) Anbetung der Heiligen Drei Könige

Tempera auf Pappelholz, 23,7 × 32,7 cm

Lindenau-Museum Altenburg, Inv. 60–61

Provenienz: Vor 1848 in Italien erworben.

Literatur: Oertel 1961, S. 80–81; Ausst.-Kat. Siena 2008, S. 86–90, Kat. 13 (Francesca Pasut).

An der Schwelle zu einer Grotte zeigt die Tafel mit der Anbetung der Hirten geschützt unter einem hölzernen Giebeldach das heilige Paar (Kat. 40a). Maria sitzt in Demut neben der diagonal gestellten Krippe, in der das in Windeln gewickelte Jesuskind liegt. Die Gottesmutter ist in einen goldgesäumten Mantel gehüllt, unter dem ihr weißes, mit goldenen Punzierungen verziertes Gewand zu sehen ist.

Sie hat offenbar die Lektüre des auf den Knien aufgeschlagenen Buches jäh unterbrochen, als sei sie durch die Ankunft der Hirten gestört worden, denen sie sich nun zuwendet. Jenseits der Felsausläufer sieht man die beiden Männer – noch mit bedecktem Haupt – in der Ferne, während der schwebende Engel mit Schriftrolle und Lilien in der Hand ihnen die Geburt des Heilands verkündet.

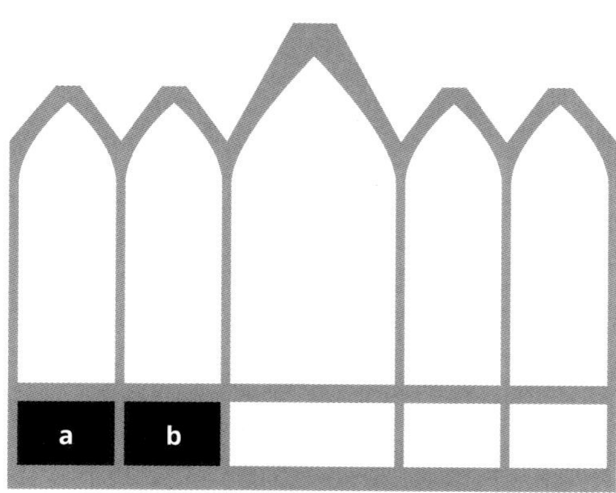

Abb. 1 Verortung der Tafeln im Altaraufbau. Schema der Rekonstruktion der Predellazone nach Zeri 1964

Die dazu gehörige Tafel zeigt die *Anbetung der Heiligen Drei Könige* (Kat. 40b). Im rechten Bildteil sitzt Maria in einer Nische auf einem Thron. Er ist vollständig mit einem prachtvollen Tuch überdeckt. Dabei ist auf der vergoldeten Fläche mit Punzen und feinen schwarzen Farbstrichen ein Muster gestaltet. Auf ihren Knien segnet der Jesusknabe, noch in Windeln, den ältesten der drei Weisen. In der rechten Hand hält er die gerade von diesem empfangene goldene Pyxis, während der vor ihm kniende König sein Füßchen küsst. Hinter ihm sind zwei weitere Könige in prächtigen Gewändern auf die Knie gesunken, während links von ihnen ihre drei Pferde warten. Von einem Diener an den Zügeln gehalten, stehen sie an der Spitze des königlichen Gefolges, das hinter der Mauer in Gestalt zweier Kamele und zweier Diener angedeutet ist.

Die horizontale Holzmaserung beider Tafeln gibt die Gewissheit, dass sowohl die *Anbetung der Hirten* als auch die *Anbetung der Heiligen Drei Könige* Teile einer später zerlegten und verstreuten Predella waren (Abb. 1). Als Mittelteil identifizierte Federico Zeri die *Kreuzigung*, die sich in den 1880er-Jahren bei Matthiesen Fine Arts in London befand.[1] Diese im Großen und Ganzen in der Literatur geteilte Zuordnung wird untermauert durch die stilistischen Übereinstimmungen der drei Teilstücke ebenso wie durch ihre annähernd gleiche Höhe und die identischen Ornamente sowohl auf den mit einfachen runden Stempeln punzierten Heiligenscheinen als auch in der oberen Einfassung; sie wird von Dreipassbögen umrahmt, die ein punziertes Band tragen; darüber reihen sich Vierpasskreuze aneinander. Geringere Zustimmung erhielt hingegen der Vorschlag, zu dieser Predella habe die vor Kurzem auf dem Pariser Kunstmarkt wieder aufgetauchte *Hochzeit von Maria und Joseph* gehört (Galerie Brimo de Laroussilhe, Paris). Dieser Vorschlag kann an dieser Stelle kategorisch zurückgewiesen werden, da die Punzierung der Einfassung völlig von derjenigen der Altenburger Tafeln abweicht, vor allem aber, weil die Maße (39,2 × 24,7 cm) mit den anderen Tafeln in keiner Weise vereinbar sind.

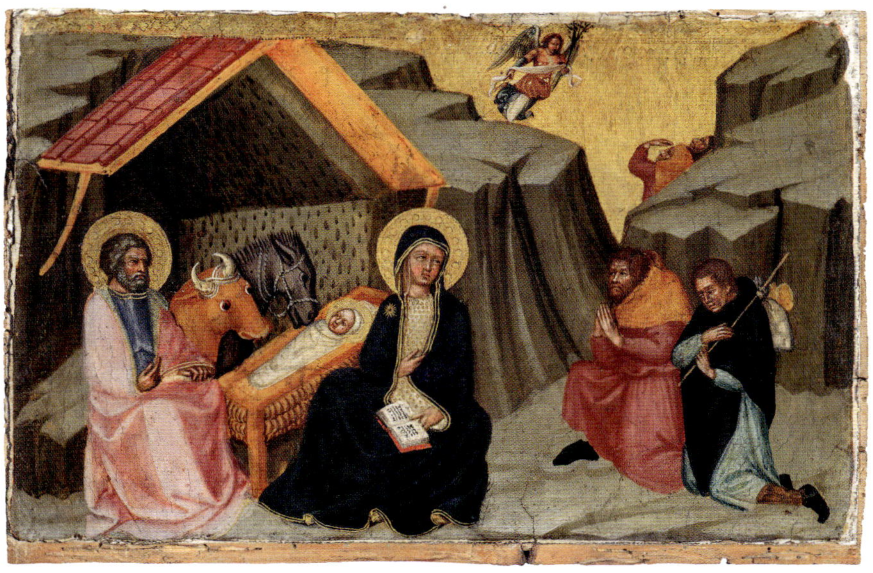

a)

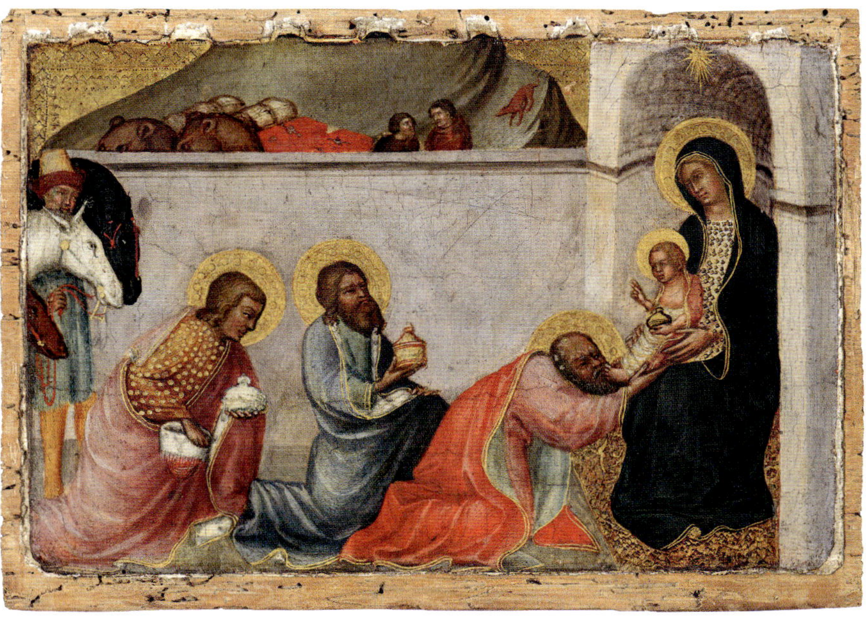

b)

Von dem Polyptychon, von dem diese teilweise rekonstruierte Predella stammt, sind keine weiteren Elemente bekannt. Sie muss bereits vor 1808 zerlegt worden sein, als sich die von Zeri zugeordnete *Kreuzigung* in der Sammlung von Alexis-François Artaud de Montor in Paris befand.[2]

Zu Recht weist die Forschung die beiden Tafeln der Reifezeit des Malers Ende des 14. Jahrhunderts zu – einer Phase, in der Paolo di Giovanni Fei seine Bildsprache offenbar um einen einen prunkvolleren, gotisch anmutenden Stil und eine raffiniertere Eleganz erweiterte. Für diese Periode sprechen die scharfen Hell-Dunkel-Kontraste, der pastosere Duktus, die Weichheit des Inkarnats, das an den Wangen zart und warm wirkt, und der Detailreichtum etwa der kostbar gesäumten Umhänge der Heiligen Drei Könige, die in den gleichen weichen, rhythmischen Kaskaden bis zum Boden hinabfallen wie die Gewänder der Apostel in der Himmelfahrt Marias in der Sammlung Kress in der National Gallery of Art in Washington, die meist auf etwa die Mitte des ersten Jahrzehnts des 15. Jahrhunderts datiert wird, also einige Jahre später als die Altenburger Gemälde.[3]

Emanuele Zappasodi

1 Zeri 1964, S. 45.

2 Staderini 2004, S. 24–25, 43–44, Abb. 21; Ausst.-Kat. Siena 2008, S. 86–90, Kat. 13 (Francesca Pasut), hier S. 90, Anm. 10.

3 Best.-Kat. Washington 2016, S. 112–118.

41

TADDEO DI BARTOLO (Siena um 1362/63–1422)

ANBETUNG DER HEILIGEN DREI KÖNIGE

1404, Tempera auf Pappelholz, 21,4 × 87,5 cm

Lindenau-Museum Altenburg, Inv. 86

Provenienz: Vor 1848 in Rom erworben.

Literatur: Oertel 1961, S. 84–85; Ausst.-Kat. Siena 2008, S. 119–122, Kat. 20 (Gail E. Solberg); Ausst.-Kat. Paris 2009, S. 82–83; Ausst.-Kat. Hamburg 2011, S. 154–155, Kat. 16 (Antje-Fee Köllermann); Ausst.-Kat. Perugia 2020, S. 228–231, Kat. 30 (Gail E. Solberg).

Das Sujet der Tafel ist die Anbetung der Könige: Die Gottesmutter sitzt mit dem Jesuskind im Arm auf einer schlichten Bank vor der Grotte in Bethlehem. Über ihr funkelt der Stern, dem die Heiligen Drei Könige gefolgt sind. Hinter ihr beobachtet Joseph die Szene, in beiden Händen die goldene Pyxis, die er soeben vom ältesten der drei Weisen erhalten hat. Dieser hat seine Krone abgesetzt und küsst die Füße des Jesusknaben, der ihn segnet. Unweit davon wartet das Gefolge der drei Könige, dessen Abschluss linker Hand drei Pferde mit unterschiedlichen Fellfarben bilden. Am oberen Bildrand sind Spuren der ansonsten nicht erhaltenen Dentellen zu sehen, mit denen die ursprüngliche Umrahmung der Szene geschmückt gewesen sein muss. Begrenzt wird die Anbetung beiderseits durch zwei punzierte Bänder. Dahinter stehen zwei selige Serviten, die die Forschung als Francesco Patrizi – mit Lilie und Buch in der Hand – und Giovacchino Piccolomini – barhäuptig mit Tonsur und Buch – identifiziert.[1] Über beiden wölben sich Bögen, die direkt in den Goldgrund geritzt und graviert wurden.

Die Tafel diente ursprünglich als Mittelteil einer Predella, von der keine weiteren Elemente bekannt sind (Abb. 1). Die Literatur bringt sie seit Langem mit der *Anbetung der Hirten* in der Kirche Santa Maria dei Servi in Siena in Verbindung, die auf das Jahr 1404 datiert wird und die Signatur des Sieneser Malers Taddeo di Bartolo trägt. Diese Darstellung wiederum bildete den Mittelteil eines Triptychons für die von der Familie Bindi gestiftete Kapelle der Geburt Christi.[2] Maßgebliche Vorbilder für dieses Triptychon, von dem weder die Flügel des mittleren Registers noch die Spitzgiebel erhalten sind, waren diversen Untersuchungen zufolge die *Anbetung der Hirten* (Harvard Art Museums, Cambridge, MA), die Bartolomeo Bulgarini (um 1300/10–1378) im Jahr 1356 für den Altar des heiligen Viktor, eines der vier Stadtpatrone, im Dom von Siena schuf, und insbesondere die diversen Versionen dieses Sujets von der Hand des Bartolo di Fredi (um 1330–1410), denen Taddeo gebührend Tribut zollte.

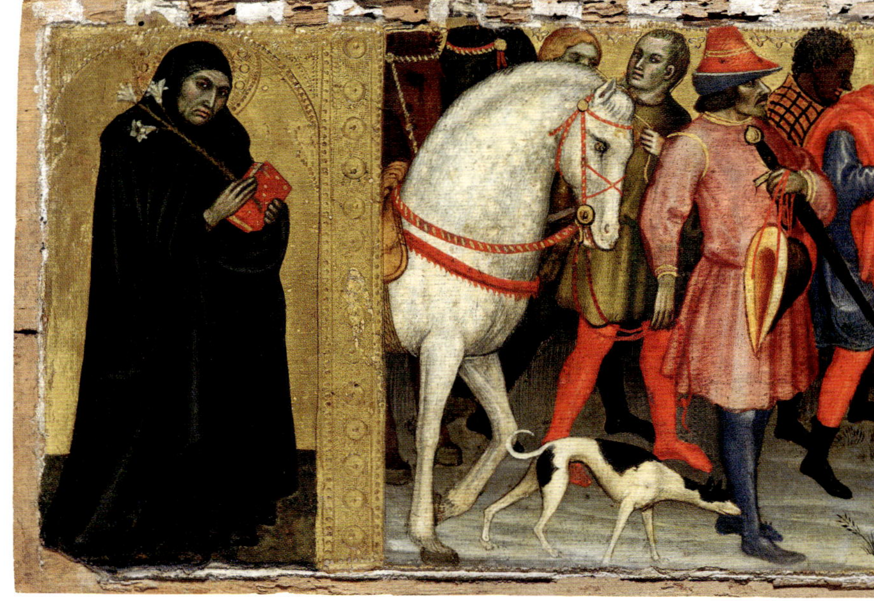

In der kompositorischen Klarheit der *Anbetung der Heiligen Drei Könige* und im verhaltenen Rhythmus der Szene erkennt man gut die stets maßvolle Bildsprache, die der Sieneser Maler durch seine klare, präzise Zeichnung ebenso erzielte wie durch das vage Chiaroscuro, mit dem er die ausladenden Volumina seiner Figuren modellierte. Sein überragendes malerisches Können zeigt sich am deutlichsten in der Wiedergabe der prunkvollen Kleider der beiden Könige im Zentrum der Szene: Das Gewand des bartlosen Königs ist mit Arabesken in Sgraffito-Technik verziert, und das elegante Muster der Tunika, in die der Bärtige gehüllt ist, vollständig in den Goldgrund eingraviert.

Das Werk lässt sich in die Reifephase Taddeos einordnen, in eine Zeit, als er nach der Rückkehr von seinem langen Aufenthalt in Genua und Pisa auch in Siena prestigeträchtige öffentliche Aufträge innerhalb und außerhalb der Stadt erhielt,

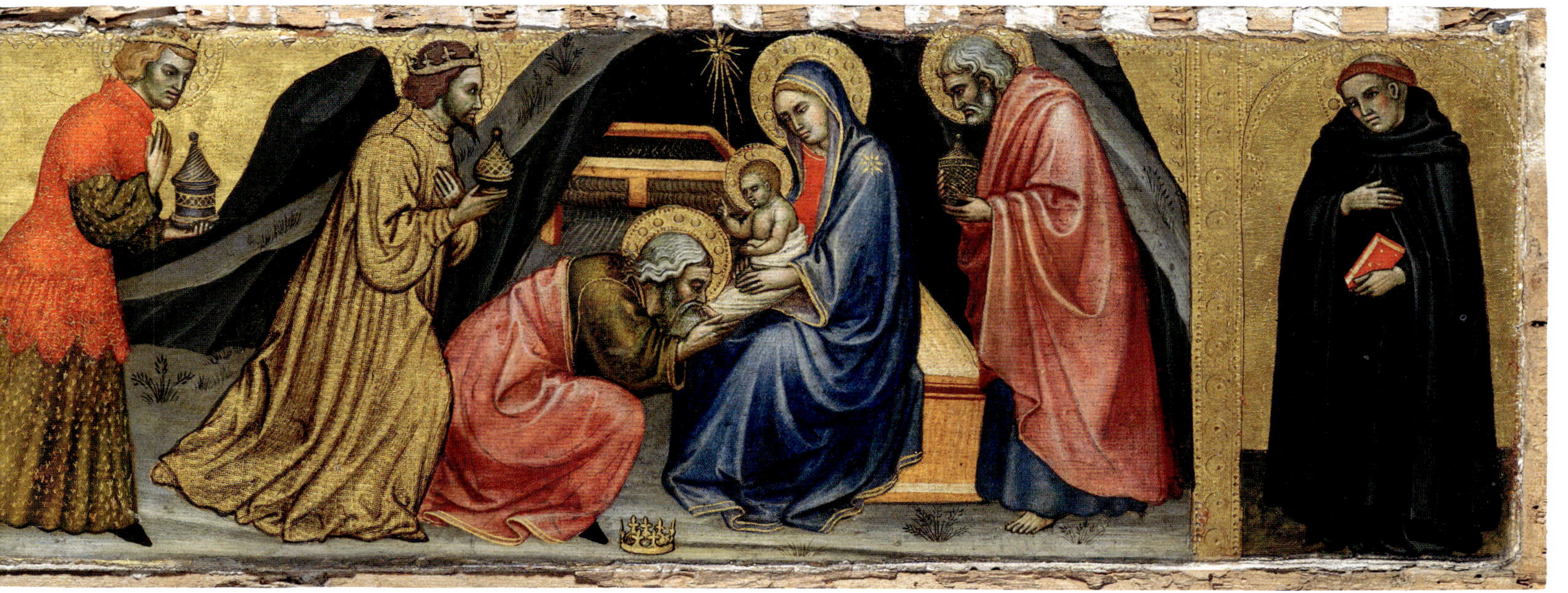

etwa für die verlorene Ausmalung der Apsis des Doms von Siena (1401–1405) und die Fresken im Vor- und Hauptraum der Cappella dei Signori im Palazzo Pubblico (1406–1408 und 1413–1414), das monumentale Polyptychon für den Dom von Montepulciano (1401), den komplexen, beidseitig bemalten Altaraufbau für die Kirche San Francesco al Prato in Perugia (1403) sowie das Polyptychon für das Oratorium San Francesco in Volterra (1411; heute Pinacoteca e Museo Civico, Volterra). All diese sind anspruchsvolle Arbeiten und Belege für die große Wertschätzung, die der Maler und seine Werke zu Beginn des 15. Jahrhunderts genossen.

Emanuele Zappasodi

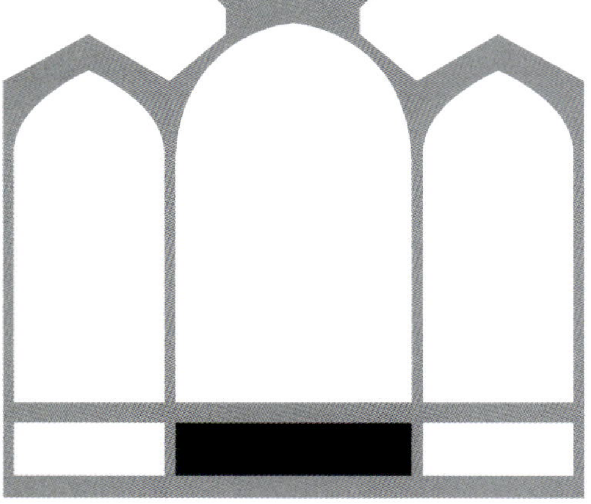

Abb. 1 Verortung der Tafel im Altaraufbau. Schema der Rekonstruktion nach Solberg 1991

1 Oertel 1961, S. 84–85.

2 Solberg 1991, Bd. 1, S. 284–287, Bd. 3, S. 1074–1089.

42

MICHELE CIAMPANTI (nachweisbar Lucca 1463–1517)

ANBETUNG DER HEILIGEN DREI KÖNIGE

frühe bis mittlere 1460er-Jahre, Tempera auf Pappelholz, 54,1 × 40,0 cm

Lindenau-Museum Altenburg, Inv. 87

Provenienz: 1845 durch Emil Braun erworben.

Literatur: Fahy 1966, S. 21–22; De Marchi 1992, S. 323, 249–250, Anm. 40; Tazartes 2007, S. 49; Ausst.-Kat. Siena 2008, Kat. 47 (Riccardo Massagli); Ausst.-Kat. Siena 2010, S. 218, Kat. 15 (Andrea De Marchi).

Kräftige Farben und glänzendes Gold kennzeichnen diese intime, für die private Einkehr bestimmte Tafel. Ihr Thema sind die drei Weisen oder Könige aus dem Osten, die den neugeborenen Christus aufsuchen und ihm Gold, Weihrauch und Myrrhe darbringen (Mt 2,11). Die Bilderzählung beginnt oben in der Mitte: Der Zug der Könige verlässt eine von Mauern umgebene Stadt und schlängelt sich zu Pferd durch bergiges Terrain. Ihr Gefolge drängt in den Vordergrund, wo die Szene unten links in der Begrüßung der Heiligen Familie durch die Könige ihren Höhepunkt findet. Der älteste König kniet und küsst die Füße des Christuskinds. Sein Gefährte mittleren Alters hebt die Hand zum Kopf, um als Zeichen der Achtung vor dem neugeborenen König seine Krone abzunehmen. Der jüngste der drei Weisen steht in der Mitte der Komposition, während ein hinter ihm kniender Page konzentriert bemüht ist, ihm die Sporen abzunehmen. Die Heiligenscheine, die alle drei tragen, bringen die weitverbreitete Verehrung der Könige im Italien der Renaissance zum Ausdruck. Die Heilige Familie hat ihre Geschenke bereits entgegengenommen und sie an die Ammen der Jungfrau Maria an der Stalltür weitergereicht. Der Stern von Bethlehem – ein massiver Goldknopf, der aus der Bildoberfläche hervorspringt – schwebt über dem Stall und taucht die Szene in ein goldenes Licht, das die Bäume und den Eingang zur Höhle erhellt.

Seit 1931 wird das Tafelbild dem Meister der Stratonike zugeordnet. Er verdankt seinen Namen der klassischen Legende der Königstochter Stratonike, die auf den lebendig illustrierten Frontseiten von zwei Cassoni oder Hochzeitstruhen aus der Sammlung des Huntington Museum im kalifornischen San Marino abgebildet ist. 1985 tauchten Dokumente zu einem Altarbild des Künstlers auf, die ihn als Michele Ciampanti identifizierten,[1] einen der wichtigsten Maler der Renaissance in Lucca. In zweiter Generation einer Künstlerdynastie erbte Ciampanti seine Werkstatt von seinem Stiefvater, Borghese di Piero (1397–nach 1462), und vermachte sie seinem Sohn Sano (1474–1532). Dokumente belegen seinen zu Lebzeiten erworbenen Ruhm und berichten von zahlreichen Erfolgen, zu denen eine Bewerbung um Freskenzyklen für den Friedhof Camposanto in Pisa gehörte – ein Auftrag, der schließlich an Benozzo Gozzoli (um 1421/24–1497) vergeben wurde –, aber auch Altarbilder für die reichsten Familien Luccas (Guidiccioni, Martini und di Poggio) sowie Kooperationen mit so angesehenen örtlichen Kollegen wie Matteo Civitali (1436–1501).

Die Altenburger Tafel ist ein Frühwerk Ciampantis, das sich in den rundlichen Physiognomien und blassen Hauttönen noch stark dem Stil Borghese di Pieros verdankt. Kompositorisch hingegen schöpft es aus einer anderen Quelle und greift in überaus origineller Neufassung eine der erhabensten jemals gemalten Versionen des Themas wieder auf: den 1423 von Gentile da Fabriano (um 1375–um 1427) geschaffenen Strozzi-Altar aus der Kirche Santa Trinita in Florenz (Le Gallerie degli Uffizi,

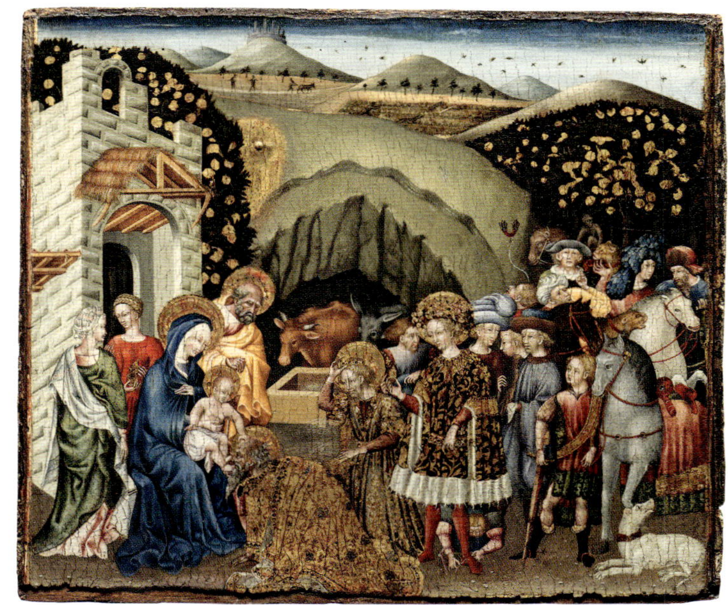

Abb. 1 Giovanni di Paolo, Anbetung der Könige, 1440–1445, Tempera auf Holz, The Cleveland Museum of Art

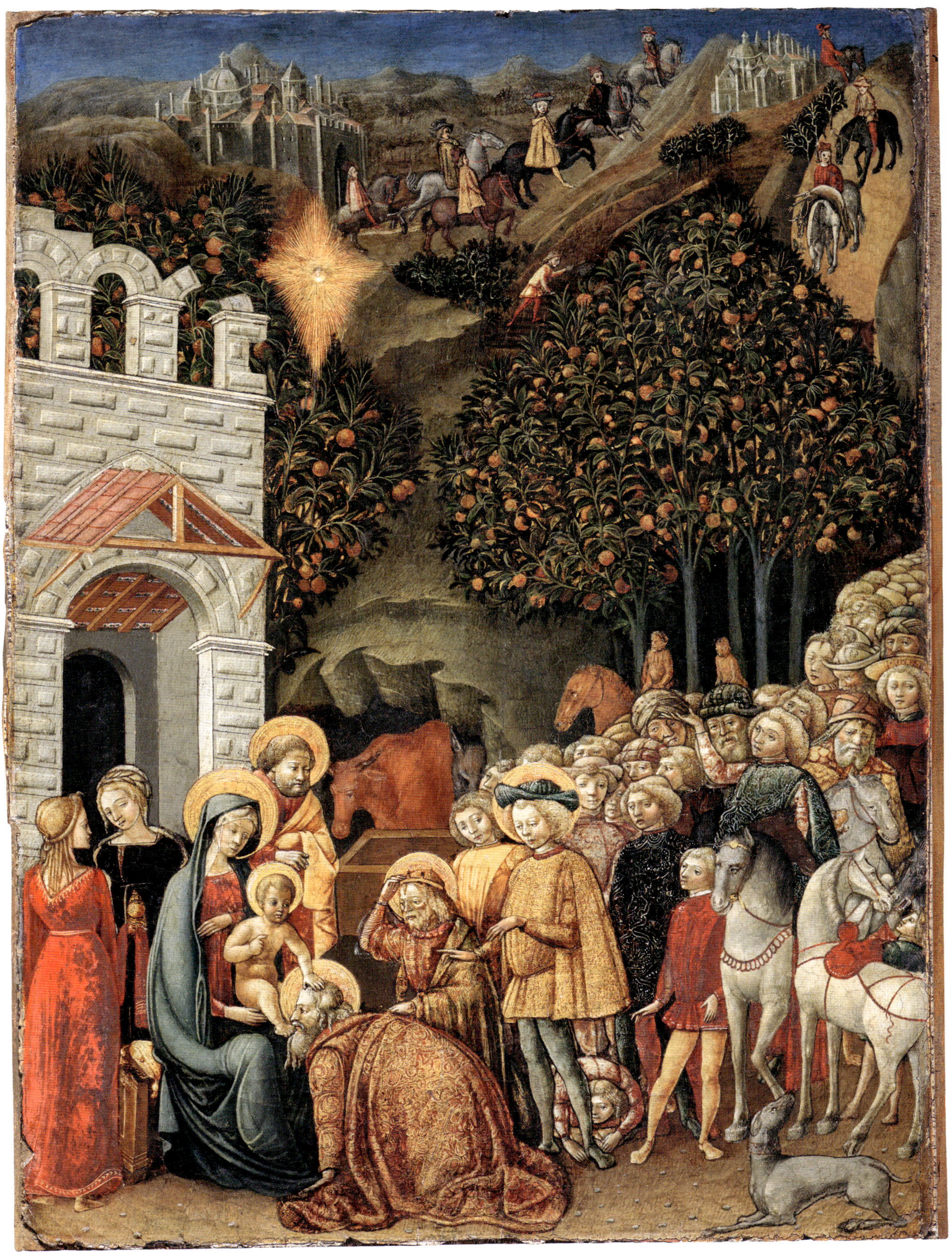

Florenz). Ciampanti muss dieses Werk aus erster Hand gekannt haben, denn er gab nicht nur der Höhle die annähernd gleiche Form wie in der Vorlage, sondern übernahm sogar einige Techniken Gentiles wie das Sgraffito zur Wiedergabe der Gewänder, eine Technik, bei der Farbe auf das Blattgold aufgetragen und dann in Teilen wieder abgekratzt wird, um das Muster sichtbar zu machen. Gentile war jedoch nicht Ciampantis einzige Inspirationsquelle. Eine 1440 bis 1445 entstandene Predellatafel des Sieneser Malers Giovanni di Paolo di Grazia (1399–1482; siehe auch Kat. 47, 49, 58), selbst eine weitere Variante des Altarbildes von Gentile, stand Pate für die Ausführung des Stalls und das Motiv des goldbesetzten Sterns im oberen Teil der Komposition (Abb. 1).[2] Ciampantis Kenntnis beider Vorlagen stützt die seit Langem gehegte Annahme, dass er in seinen frühen Jahren die gesamte Toskana bereiste und einen umfangreich zitierenden Stil kultivierte, den er anschließend auf Arbeiten für seine Heimatstadt übertrug. Tatsächlich argumentierte Riccardo Massagli, die vorliegende Tafel sei trotz ihres auswärtigen Quellenmaterials auf ein Luccheser Publikum zugeschnitten gewesen.[3] Die Vielfalt der luxuriösen Stoffe spiegelt die Rolle der Stadt als bedeutendes Zentrum des gesamteuropäischen Seidenhandels wider, während die reiche Ornamentik dem weltläufigen, vornehmen Geschmack entspricht, der dort über weite Strecken des Jahrhunderts in Mode war. Das Gemälde gehört vermutlich zu der Art von Bildern, die Ciampantis Ruf in seiner Heimat festigten und seine Popularität in den folgenden Jahrzehnten garantierten.

Christopher Daly

1 Tazartes 1985.
2 Ausst.-Kat. Siena 2010, S. 218, Kat. 15 (Andrea De Marchi).
3 Ausst.-Kat. Siena 2008, Kat. 47 (Riccardo Massagli).

Kat. 42, Detail

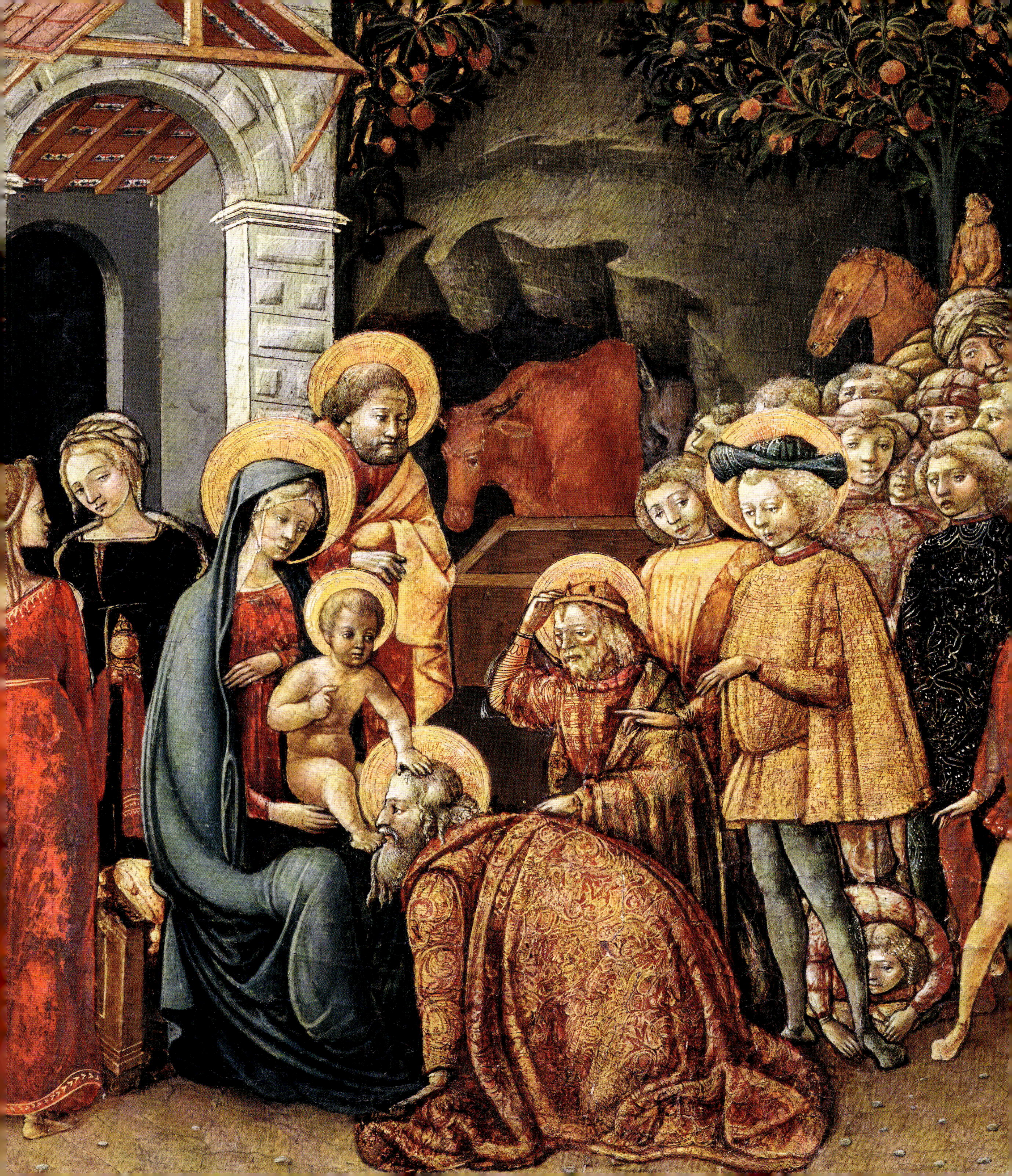

43

SANDRO BOTTICELLI (eigentlich Alessandro Filipepi, Florenz 1444/45–1510), WERKSTATT

ANBETUNG DES KINDES

um 1490–1500, Tempera auf Pappelholz, 85,0 × 83,0 cm

Lindenau-Museum Altenburg, Inv. 104

Provenienz: Vor 1848 in Italien erworben.

Literatur: Crowe/Cavalcaselle 1869–1876, Bd. IV/2 (1872), S. 431; Oertel 1961, S. 154–155; Ausst.-Kat. Florenz 2005, S. 68–69, Kat. 8 (Johannes Tripps); Ausst.-Kat. Frankfurt 2009, S. 288–289, Kat. 52 (Bastian Eclercy).

Das Tondo aus der Botticelli-Werkstatt zeigt eines der beliebtesten Themen für Andachtsbilder des späten Quattrocento, die Anbetung des Kindes durch Maria im Beisein von Joseph und dem Johannesknaben. In der Mitte kniet Maria auf einem Rasenstück und betet mit gefalteten Händen das Jesuskind an, das auf dem Boden sitzt und, den Rücken an einen Strohballen gelehnt, schläft. Liebevoll hat die Mutter einen Teil ihres mit grünem Samt gefütterten Mantels über den Ballen gelegt und mit dem Stoff des roten Kleides eine Unterlage für die Füße des Knaben geschaffen. Johannes Tripps hat auf die Symbolik einiger Motive aufmerksam gemacht, die auf die Passion vorausweisen und so in der Inkarnation Gottes in der Geburt Christi bereits das zweite zentrale Glaubensgeheimnis des Erlösungstodes aufscheinen lassen: Über die rührende Schilderung eines schlafenden Säuglings hinaus wird hier auf den Todesschlaf angespielt, und die Ähren des Strohballens evozieren einen Zusammenhang mit dem Messopfer der Eucharistie.[1] In dieselbe Richtung deutet auch die hellviolette Windel, die wohl nicht ohne Bedacht wie ein Lendentuch des Gekreuzigten drapiert ist. Die überkreuzten Arme des Knaben schließlich lassen an die *imago pietatis*, die Darstellung des Schmerzensmannes, denken, ebenso wie die überkreuzten Beine an die Kreuzigung. Grundlage dieser Ikonographie sind die Visionsberichte der heiligen Birgitta von Schweden (1303–1373), in denen sie beschreibt, wie sie Maria kniend und das auf dem Boden liegende Kind anbetend vor sich sah. Ab dem frühen 15. Jahrhundert wird die Vision der Birgitta in der Malerei aufgegriffen und tritt vielfach an die Stelle des traditionellen Geburtsbildes.[2] Bestandteil der Vision ist im Übrigen auch der Schmerz, den Maria kurz nach der Geburt empfindet, als sie die Wundmale an den Händen und Füßen des Knaben erblickt, die bei der Kreuzigung von Nägeln durchbohrt werden.

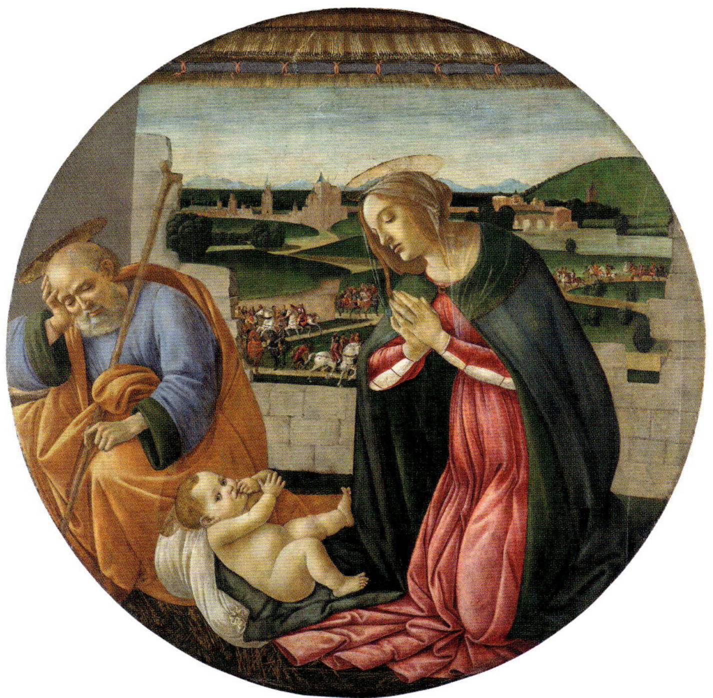

Abb. 1 Sandro Botticelli, Werkstatt, Anbetung des Kindes, um 1490–1500, Tempera auf Holz, North Carolina Museum of Art, Raleigh

Dicht hinter der Gruppe von Mutter und Kind kauert der alte Nährvater Joseph, der hier zwar melancholisch das Haupt in die Hand stützt, aber nicht wie so häufig abseits sitzt, sondern sich sogar anschickt, das Kind zu streicheln. Links kniet auf einer Mauer der Johannesknabe, dem in der heiligen Familiengeschichte die Position des älteren Spielgefährten zukommt. Auf seine künftige Rolle als Prediger in der Wüste und als Täufer Jesu vorausweisend, trägt er unter dem roten Mantel bereits das härene Gewand und den Kreuzesstab. Ort des Geschehens ist der Stall von Bethlehem, der aus den Ruinen des Hauses

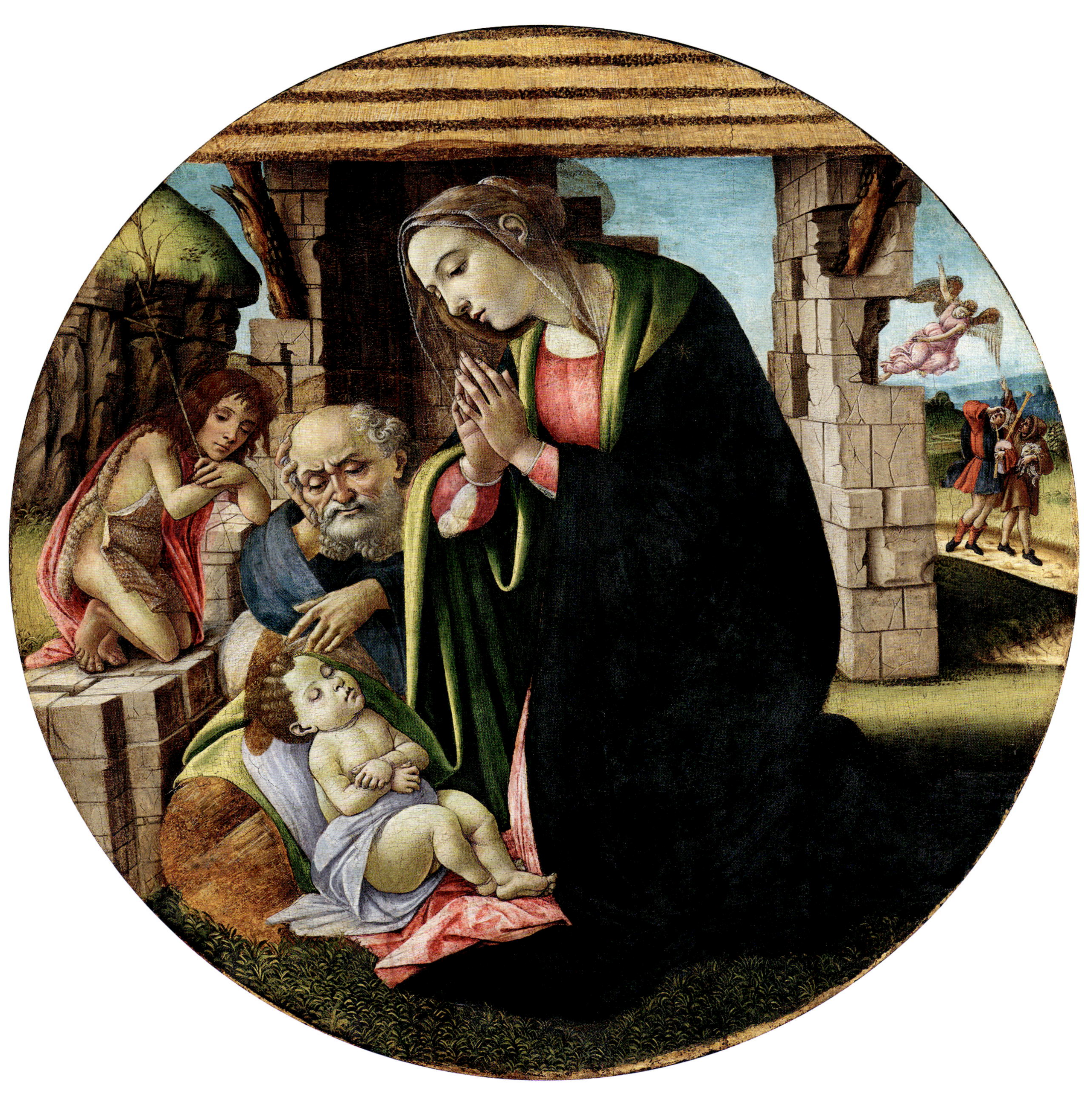

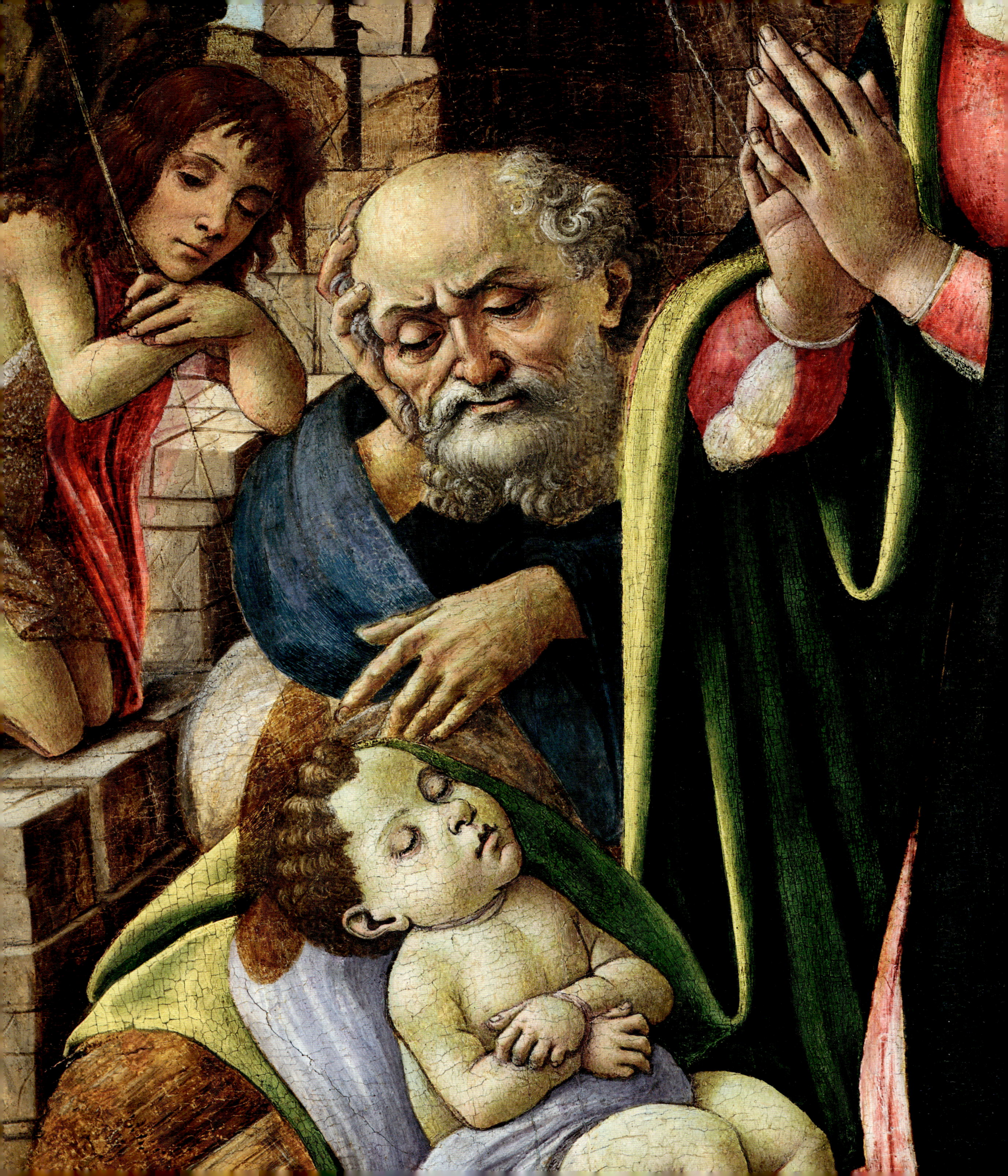

Davids und einem provisorischen Strohdach besteht, das die Heiligen wie ein Baldachin überfängt. Zu beiden Seiten der Mauern eröffnet sich der Ausblick in die Landschaft, die rechts mit der Nebenszene der Verkündigung der Frohen Botschaft an die Hirten gefüllt ist.

Das in der Konzeption sehr durchdachte, wenngleich in der malerischen Ausführung nicht ganz befriedigende Gemälde, von dem sich eine motivisch fast identische Variante in Schweizer Privatbesitz befand,[3] ist bereits 1872 von Crowe und Cavalcaselle der »Schule Botticellis« zugewiesen worden und wird heute als Werkstattarbeit der Zeit um 1490 bis 1500 angesehen. In der Literatur bisweilen konstatierte Bezüge zu den Anbetungstondi von Lorenzo di Credi (um 1456/59–1537) erscheinen motivisch vage und stilistisch fernliegend. Zahlreich sind dagegen die Parallelen zu Bildern der Botticelli-Werkstatt, vor allem zu den Tondi im North Carolina Museum of Art, Raleigh (Abb. 1), der Faringdon Collection, der Sarah Campbell Blaffer Foundation Collection, Houston, und einem 2003 im Kunsthandel angebotenen Gemälde.[4] Die inhaltliche Komplexität der Komposition lässt wohl auf eine Werkstattreplik nach einem verlorenen Original Botticellis schließen.

Bastian Eclercy

1 Ausst.-Kat. Florenz 2005, S. 68–69, Kat. 8 (Johannes Tripps).
2 Zur Ikonographie der Birgitten-Vision siehe ausführlich Wolf 2018.
3 Ausst.-Kat. Florenz 2005, S. 69, Abb. 1.
4 Vgl. Lightbown 1978, Bd. 2, Kat. C35, C42; Ausst.-Kat. Frankfurt 2009, S. 290–293, Kat. 53 (Bastian Eclercy); Ausst.-Kat. Florenz 2003, S. 172–177.

Kat. 43, Detail

44

LORENZO MONACO (eigentlich Piero di Giovanni, Siena um 1370–um 1425 Florenz)

FLUCHT NACH ÄGYPTEN

um 1405–1410, Tempera auf Pappelholz, 23,9 × 39,3 cm

Lindenau-Museum Altenburg, Inv. 90

Provenienz: 1840 aus der Sammlung Carl Gustav Boerner, Leipzig, erworben.

Literatur: Oertel 1961, S. 131–132; Pope-Hennessy 1987, S. 170, 307; Eisenberg 1989, S. 19–20; Ausst.-Kat. Florenz 2005, S. 112–114, Kat. 23 (Daniela Parenti); Ausst.-Kat. Paris 2009, S. 148–149; Ausst.-Kat. Hamburg 2011, S. 158–159, Kat. 18 (Antje-Fee Köllermann).

Bei der kleinen Predellatafel haben wir es mit einem frühen Beispiel einer nächtlichen Szene in der Malerei zu tun. Zeitlich steht sie am Übergang vom Mittelalter zur Renaissance. Dargestellt ist die Flucht der Heiligen Familie nach Ägypten, die ein Engel dem schlafenden Joseph befohlen hatte, um dem Bethlehemitischen Kindermord durch Herodes zu entgehen (Mt 2,13–14). Maria hat im Damensitz mit ihrem Sohn auf einem Esel Platz genommen, der, von Joseph geführt, gemessenen Schrittes nach rechts schreitet. Der kleine Knabe ist fest in ein rotes Tuch gehüllt, das weder Arme noch Beine freigibt. Markant hebt er sich vom satten Blau des Gewands seiner Mutter ab. Lorenzo Monaco war um eine authentische, der Tageszeit entsprechende Schattierung der Gewänder bemüht. Doch lässt sich das von vorn einfallende Licht schwerlich mit dem Mond in Verbindung bringen, dessen Widerschein lediglich auf die Wipfel der Bäume und Felsen im oberen Bereich fällt.

Dass die Gewänder – vor allem Josephs in Gelb und Orange schimmernder Umhang – so leuchtend erscheinen, hat vor allem mit dem dunklen Hintergrund zu tun, der den perfekten Fond für das Farbspiel im Vordergrund bildet. Der Maler entschied sich bei der Szene gegen den obligatorischen Goldgrund und deutete einen kleinen Wald an, der sich im Dunkel der Nacht verliert. Links sind einige Felsblöcke zu erkennen, vor denen zwei weitere Figuren wiedergegeben sind, bei denen es sich wohl um Hebammen handelt, wie in den neutestamentlichen Apokryphen zu lesen ist.[1] Im Pseudo-Matthäus-Evangelium ist auch von einer Dattelpalme die Rede, die sich neigte, damit Maria von ihren Früchten essen konnte.[2] Auch diese ist hinter den Hebammen zu sehen.

Für einen Maler, der 1391 in den Orden der Kamaldulenser eintrat, sich Don Lorenzo nannte (woraus sich der spätere Name Lorenzo Monaco = »Lorenzo der Mönch« ableitet) und fortan mit Unterbrechungen im Kloster Santa Maria degli Angeli in Florenz lebte und wirkte, mutet die Tafel aus heutiger Sicht erstaunlich innovativ an. Dabei gerät schnell in Vergessenheit, dass Klöster im Spätmittelalter oft wichtige Bildungs- und Kulturzentren waren. Andere Beispiele für malende Mönche in Florenz waren Fra Angelico (um 1395–1455; Kat. 31–32) und Fra Filippo Lippi (1406–1469; Kat. 18).

Besonderes Augenmerk legte Lorenzo auf eine anschauliche Narration im Bild: Der Verzicht auf den Goldgrund und die Darstellung einer nächtlichen Atmosphäre verleihen der Flucht eine eigene Dramatik, die bei Gentile da Fabriano (um 1375–1427) nachzuhallen scheint (Abb. 2). Die Szene wirkt in sich geschlossen, die Blicke der Hebammen am Ende des Zuges und Josephs vorne lenken die Aufmerksamkeit auf Maria und das Kind in der Mitte. Geschickt nutzte Lorenzo die gestreckte Vierpassform des Rahmenwerks aus, um den Figuren je eigene Bereiche im Bild zuzuteilen und das Geschehen zu rhythmisieren. Wenige Jahre vor Entstehung der Tafel wählte der Bildhauer Lorenzo Ghiberti (1378/81–1455) für die Gestaltung der berühmten Bronzetore am Florentiner Baptisterium ebenfalls eine Vierpassform, um die biblischen Erzählungen zu gliedern.

Predellen waren Orte, an denen sich künstlerische Neuerungen – wie hier der Verzicht auf den Goldgrund – als erstes durchsetzten. Erst später wurde auch auf den Haupttafeln der Altäre auf flächiges Blattgold verzichtet und dieses durch Landschaften oder reich dekorierte Innenräume verdrängt. So auch in unserem Fall: Mit großer Wahrscheinlichkeit bildete Lorenzos *Flucht nach Ägypten* den rechten Abschluss einer mindestens drei weitere Tafeln umfassenden Predellazone mit Szenen aus dem Leben Marias (Abb. 1). Fassbar sind eine *Heimsuchung Marias* (Abb. 3), eine *Anbetung der Könige* (beide Courtauld Gallery, London) und eine *Geburt Christi* (Metropolitan Museum of Art, Robert Lehman Collection, New York). Alle vier Szenen zeigen das Geschehen in nächtlicher Atmosphäre mit angedeutetem Landschaftshintergrund. Möglicherweise gehörten noch weitere Tafeln zu diesem narrativen Zyklus. Die infrage

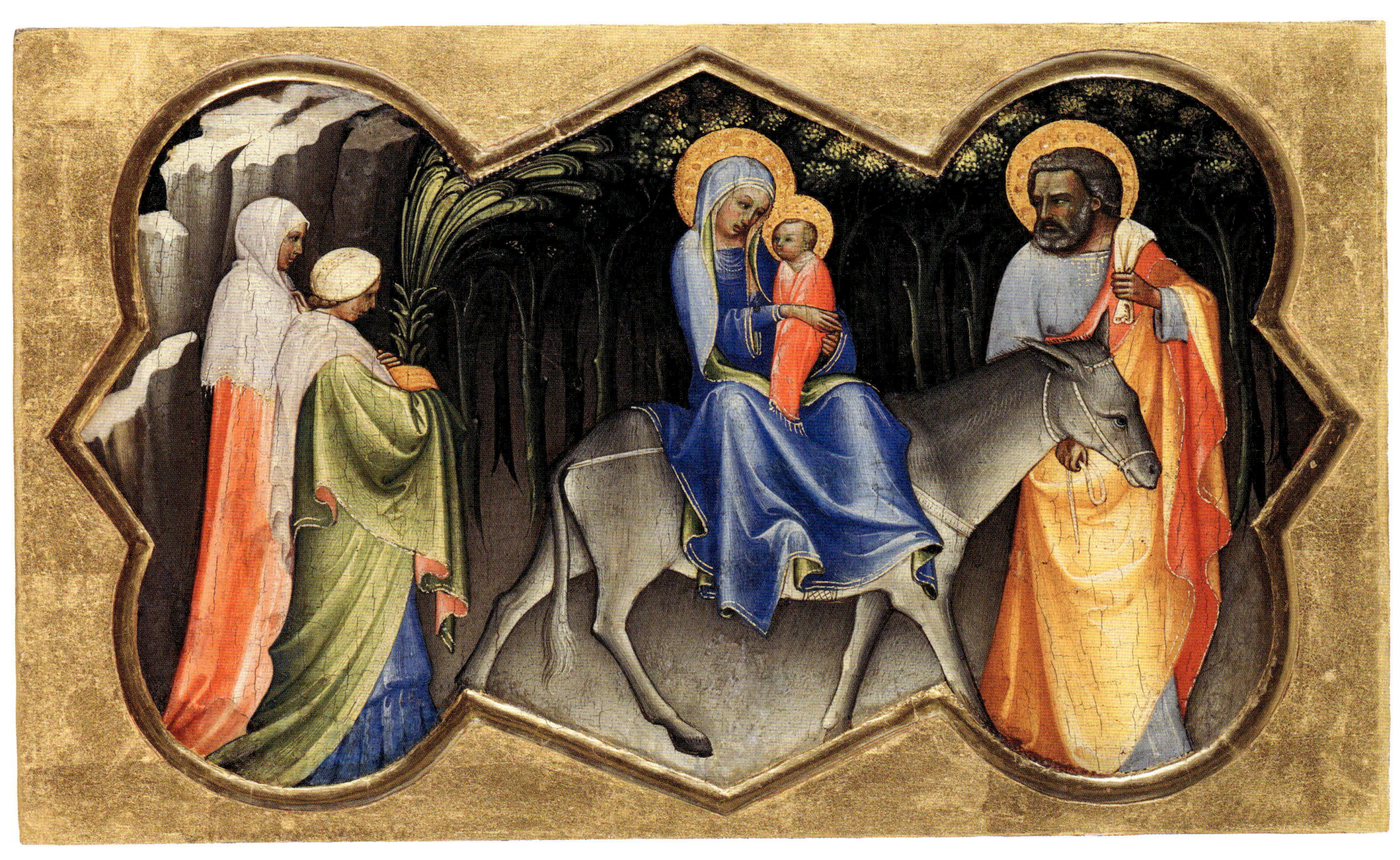

Abb. 1 Schema der Rekonstruktion der Predellazone nach Frizzoni 1902 und Sirén 1905. Rekonstruktion des Altares nach Pope-Hennessy 1987 und Parenti. In: Ausst.-Kat. Florenz 2005, Kat. 23. Hauptzone: Thronende Madonna mit Heiligen, Galleria dell'Accademia, Florenz

1) Heimsuchung Marias, The Courtauld Gallery, London
2) Geburt Christi, The Metropolitan Museum of Art, New York
3) Anbetung der Könige, The Courtauld Gallery, London
4) Flucht nach Ägypten, Lindenau-Museum Altenburg, Kat. 44

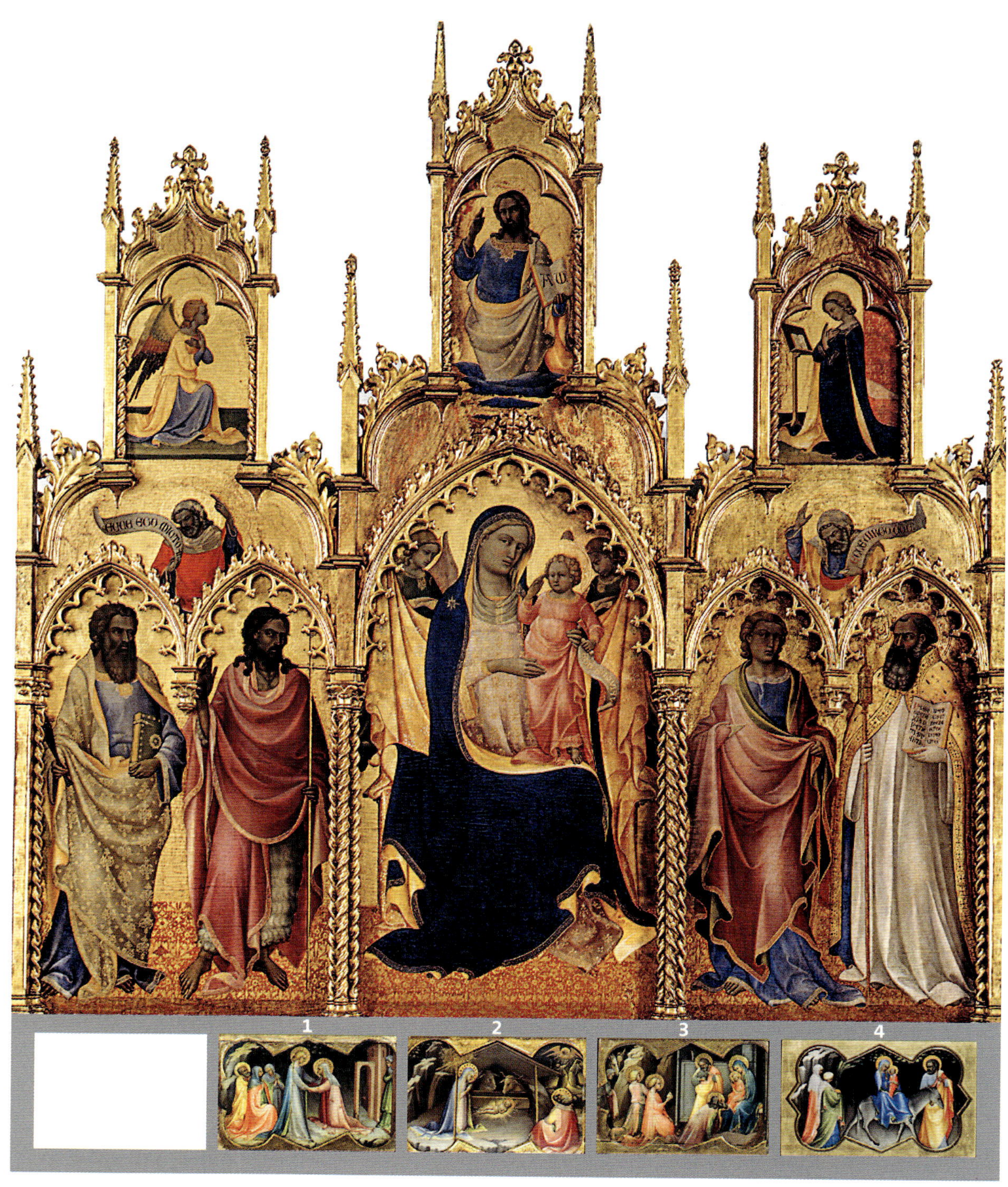

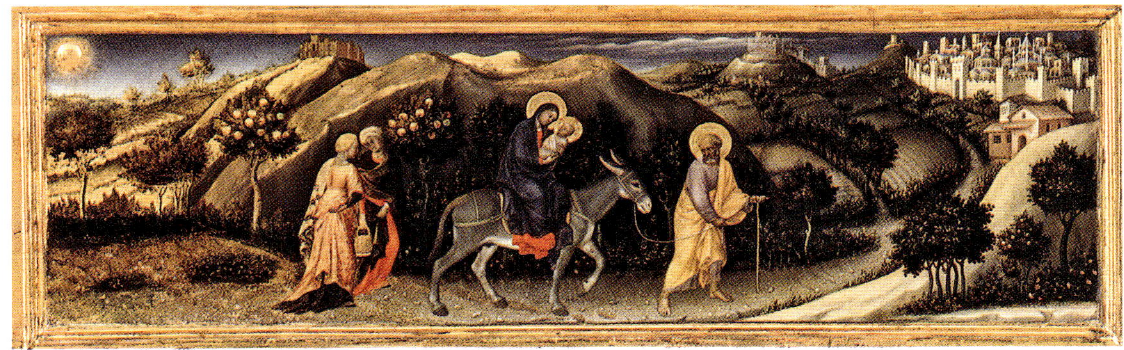

Abb. 2 Gentile da Fabriano, Flucht nach Ägypten, 1423, Tempera auf Holz, Le Gallerie degli Uffizi, Florenz

kommenden Altarensemble über der Predella, eine *Verkündigung mit Heiligen* oder das Polyptychon *Madonna mit Kind und Heiligen* (beide Galleria dell'Accademia, Florenz) lassen gemessen an ihrer Breite diesen Schluss zu.[3] Auf diesen Tafeln arbeitete der Künstler noch mit ergiebigem Goldgrund.

Lorenzo war neben Gherardo Starnina (um 1360–1413; Kat. 50) der führende Maler im Florenz des frühen 15. Jahrhunderts. Er stand einer florierenden Werkstatt vor und fertigte neben Gemälden auch Fresken und Buchmalereien. Sein Stil wird heute mit dem Begriff der Internationalen Gotik beschrieben, die um 1400 in Mode kam und durch feinfühlige, geschwungene Linienführung und eine variationsreiche Farbigkeit besticht. Sein Handwerk erlernte er bei Agnolo Gaddi (nachweisbar 1369–1396; Kat. 45) und Jacopo di Cione (um 1325–um 1399). Als die *Flucht nach Ägypten* 1840 von Bernhard August von Lindenau (1779–1854) angekauft wurde, galt sie als Werk Giottos (um 1270–1337). Dessen »Nachleben« ist in der Weichheit und Emotionalität der Malerei der Internationalen Gotik und bei Lorenzo Monaco im Besonderen tatsächlich spürbar, doch beschritten Maler wie dieser nun auch neue Wege, die zu Masolino (um 1383/84–nach 1435) und Masaccio (1401–1428; Kat. 17) und damit in ein neues Zeitalter der Malerei führten.

Benjamin Rux

1 Im Evangelium des Jakobus wird die Heilige Familie von nur einer Person, nämlich Salome, der Hebamme Marias, begleitet. Im Pseudo-Matthäus-evangelium ist von drei Knaben und einem Mädchen als Begleiterinnen die Rede (PsMt 18), worauf sich auch Giotto in seiner Darstellung in der Cappella degli Scrovegni bezieht.
2 PsMt 20.
3 Für eine Zugehörigkeit zum Verkündigungsaltar, der sich einst in der Cappella Salimbeni in Santa Trinita in Florenz befand, plädieren u. a. Oertel 1961, S. 131–132 und Kanter 1994, S. 268–270. John Pope-Hennessy und Daniela Parenti u. a. sprechen sich für das Polyptychon aus, das in der Kirche San Bartolomeo a Monte Oliveto in Florenz Aufstellung fand, vgl. Pope-Hennessy 1987, S. 170, 307 und Ausst.-Kat. Florenz 2005, S. 112–114, Kat. 23 (Daniela Parenti).

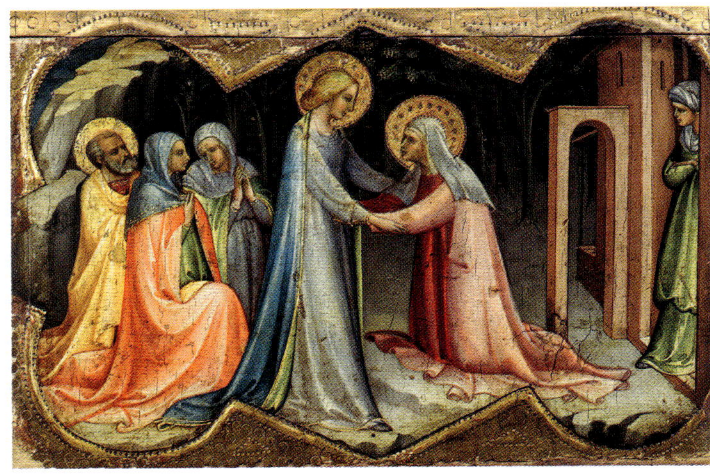

Abb. 3 Lorenzo Monaco, Heimsuchung Marias, um 1409, Tempera auf Holz, The Courtauld Gallery, London

45

AGNOLO GADDI (nachweisbar Florenz 1369–1396)

DAS LETZTE ABENDMAHL

um 1390–1395, Tempera auf Pappelholz, 61,0 × 41,5 cm

Lindenau-Museum Altenburg, Inv. 28

Provenienz: Vermutlich vor 1848 in Italien erworben.

Literatur: Oertel 1961, S. 124–125; Ausst.-Kat. Florenz 2005, S. 80–82, Kat. 13 (Sonia Chiodo); Sander 2006b, S. 36–38; Ausst.-Kat. Paris 2009, S. 137–139; Ausst.-Kat. Hamburg 2011, S. 150–151, Kat. 14 (Michael Philipp).

In der hier verbildlichten Bibelszene des letzten Abendmahls verkündet Jesus seinen bevorstehenden Verrat durch einen seiner Jünger. Daraufhin befragen sich diese traurig nach der Identität des Verräters. Nachdem Christus anschließend Wein und Brot mit den Worten gesegnet hat »Das ist mein Leib, der für euch gegeben wird; tut das zu meinem Gedächtnis« (Lk 22,19), reicht er Judas einen Bissen davon. Dies gilt als Zeichen, dass er der Verräter sei (Mt 26,14–30; Mk 14,10–26; Lk 22,1–22; Joh 13,21–30).

Auf dem Altenburger Gemälde sitzt die Gemeinschaft an einem u-förmigen Tisch, wobei Christus in der Mitte der Stirnseite Platz genommen hat. Die um ihn gruppierten Apostel sind mit individueller Physiognomie und Gestik gekennzeichnet und von goldenen Heiligenscheinen hinterfangen. Bei der Ankündigung der Passion Christi haben sie ihr feierliches Mahl unterbrochen und richten ihren Blick erstaunt in Richtung Jesu. Die perspektivische Darstellung des Innenraums wird vor allem durch die ungewöhnliche Form der Tafel erzielt – üblich war seit Giottos (um 1270–1337) Abendmahl in der Arenakapelle (1304–1306, Cappella degli Scrovegni, Padua) ein quergestellter, rechteckiger Tisch. Hier bildet im Bildhintergrund eine gotische Scheinarchitektur, durch deren Maßwerkfenster ein Goldgrund hervorschimmert, den Abschluss der Szene. Als einzige Figur ohne Heiligenschein gibt sich der Verräter Judas zu erkennen: Er sitzt Jesus direkt gegenüber im Vordergrund des Bildes und wird durch die Aussparung im Fußboden, einen roten Teppich und den Tisch vom Rest der Gruppe isoliert. Gerade führt er das ihn entlarvende Stück Brot zum Mund. Der ursprüngliche Standort der Tafel ist nicht bekannt, jedoch deuten Löcher und Vertiefungen an den Seitenkanten darauf hin, dass sie einst mit weiteren Bildtafeln verbunden war und somit eventuell in einem Altarzusammenhang stand. Ihr halbkreisförmiger Abschluss ist für die Entstehungszeit ungewöhnlich und lässt darauf schließen, dass eine ehemals rechteckige Tafel nachträglich umgestaltet wurde.

Die dramatische Szene des letzten Abendmahls stellt seit dem Mittelalter eines der bedeutendsten Themen des neuen Testaments dar. Als Auftakt der Passion Christi ist es Teil von Passionszyklen und erscheint auf zahlreichen Altargemälden.[1] Die Darstellung des gemeinschaftlichen Mahls wurde im 14. und 15. Jahrhundert auch vermehrt als Wandgemälde für die Refektorien italienischer Klöster geschaffen, um die Mönche an Jesus und das Sakrament des letzten Abendmahls zu erinnern.[2] Insbesondere ein Detail deutet auf der Altenburger Tafel auf dieses Sakrament hin: In seiner linken Hand hält Christus einen goldenen, von einer Patene bedeckten Kelch, über dem eine Hostie schwebt. Diese verweist auf die Elevation, also das Erheben und Zeigen der gewandelten Gaben während der Eucharistie, die seit der Mitte des 13. Jahrhunderts in Gottesdiensten praktiziert wurde.[3]

In der neueren kunsthistorischen Forschung gilt das Gemälde aufgrund stilistischer Ähnlichkeiten wie der Ausführung der Heiligenscheine und der Figurengestaltung als Arbeit aus dem Umkreis Agnolo Gaddis.[4] Der aus einer Florentiner Künstlerfamilie stammende Maler und Sohn von Taddeo Gaddi (nachweisbar 1327–1366) wurde erstmals 1369 erwähnt und war in Rom, Florenz und Prato tätig. Zu seinen Schülern zählte Lorenzo Monaco (um 1370–um 1425; Kat. 30, 44).[5]

Adana Schulz

1 Poeschel 2005, S. 168.
2 Ausst.-Kat. Hamburg 2011, S. 150–151, Kat. 14 (Michael Philipp).
3 Ebd.
4 Zur Zuschreibungsfrage siehe Ausst.-Kat. Florenz 2005, S. 81–82, Kat. 13 (Sonia Chiodo).
5 Ebd., S. 180.

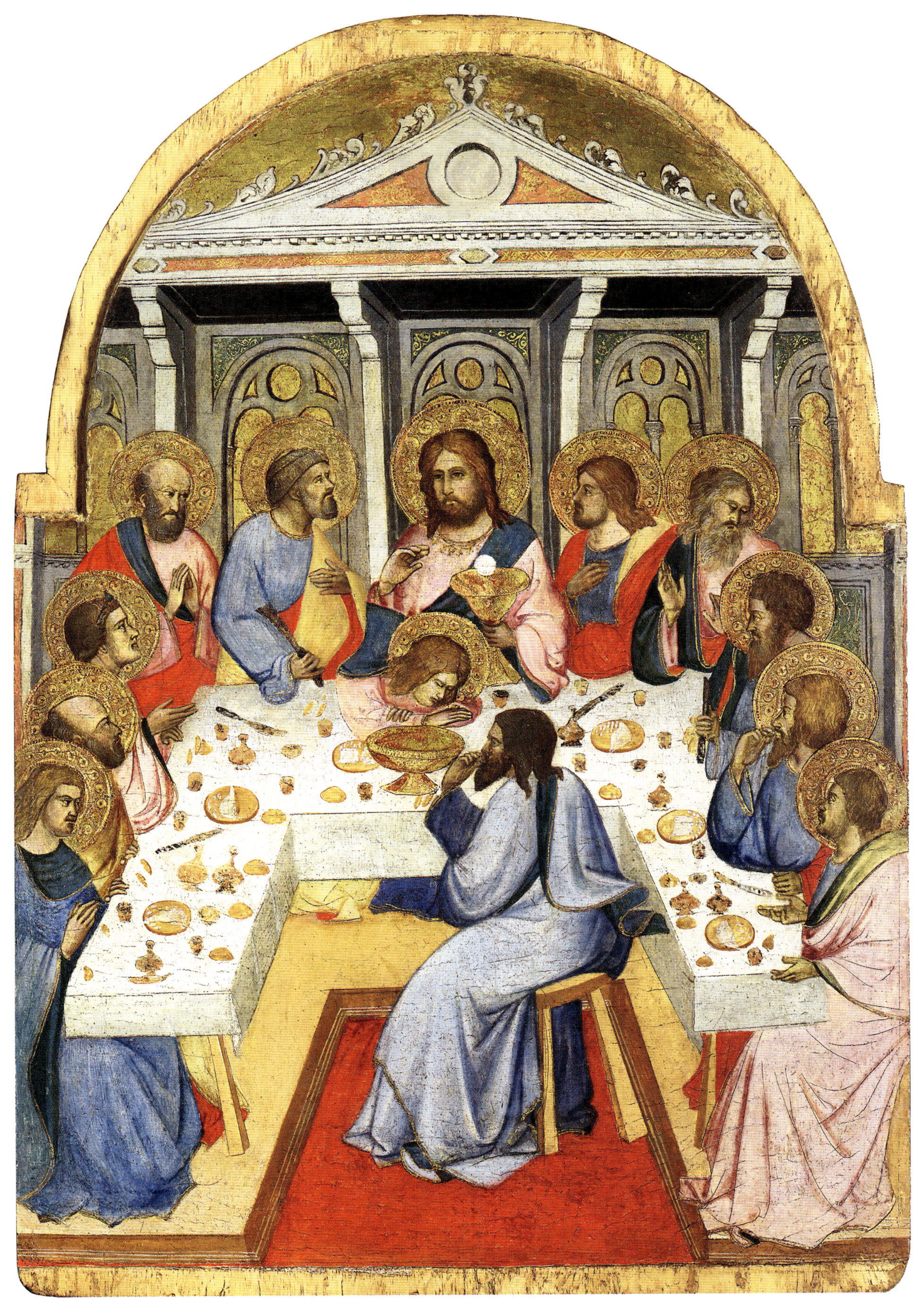

46

BERNARDO DADDI (nachweisbar Florenz 1320–1348)

KREUZIGUNG CHRISTI

um 1345–1348, Tempera auf Pappelholz, 54,0 × 27,6 cm

Lindenau-Museum Altenburg, Inv. 14

Inschrift auf der roten Tafel am Kreuz: HIC EST IHS [IESVS] / NAÇÇARENVS / REX IVDEO[RVM]; auf dem blauen Band: MVLIER · ECCE · FILIVS · TVVS; auf dem linken roten Band: DEINDE · DIXIT · DISCIPVLO · ECCE MAT[ER] · TVA · ; auf dem rechten roten Band: VERE · FILIVS DEI · ERAT ISTE

Provenienz: 1844 durch Emil Braun in Rom erworben.

Literatur: Oertel 1961, S. 113–114; Offner/Boskovits 1989, Abt. 3, Bd. 3, S. 308–311; Krüger 2003, S. 20–24; Ausst.-Kat. Florenz 2005, S. 73–74, Kat. 10 (Angelo Tartuferi); Ausst.-Kat. Paris 2009, S. 122–124; Ausst.-Kat. Hamburg 2011, S. 136–137, Kat. 7 (Bastian Eclercy).

Die hochrechteckige Tafel schließt nach oben mit einem eingezogenen Spitzgiebel ab, in welchem die umlaufende Profilrahmung einen Dreipass formt. Sie zeigt eine formatfüllende Kreuzigungsszene vor Goldgrund. Das Kreuz Christi überragt die darunter versammelten Figuren und nimmt die gesamte obere Hälfte des Bildes ein. Um den Querbalken herum schweben vier blau und rosa gewandete Klageengel. Christus selbst wird im Dreinageltypus dargestellt und ist ganz vom Goldgrund hinterfangen. Sein feingliedriger und nur mit einem hellen, goldverzierten Lendentuch bekleideter Körper wirkt makellos. Allein die blutenden Wunden und die Dornenkrone bezeugen die erlittene Passion. Mit geschlossenen Augen erscheint der Gottessohn erhaben, der Welt entrückt. Sein herabgesunkener Kopf und seine angewinkelten Beine sind nach links geneigt. Dort steht unter dem Kreuz seine in ein dunkles Gewand gekleidete und zu ihm hinaufblickende Mutter. Sein Lieblingsjünger Johannes hält ihr tröstend die Hand. Zwei sich kreuzende Spruchbänder verbinden Christus sowohl kompositorisch als auch inhaltlich mit den beiden. Das blaue Band trägt die Inschrift »Weib, siehe, das ist dein Sohn« (Joh 19,26), auf dem roten Band steht »Danach sprach er zu dem Jünger: Siehe, das ist deine Mutter!« (Joh 19,27).[1] Im Hintergrund sind zwei weitere, in Rot und Grün gekleidete Personen zu sehen. Am Fuß des Kreuzes und dieses mit beiden Armen umklammernd kniet in leuchtend rotem Gewand Maria Magdalena. All diesen Figuren gemeinsam sind die deutlich herausgearbeiteten schmerzverzerrten Gesichter.

Auf der rechten Seite des Kreuzes ist in Waffenrock und mit Umhang der gute Hauptmann dargestellt. Er blickt zu Christus auf, weist auf ihn und wird in diesem Moment bekehrt. Seine Worte sind auf einem weiteren roten Spruchband zu lesen, das ihn ebenfalls mit Christus in Beziehung setzt: »Wahrlich, dieser ist Gottes Sohn gewesen« (Mt 27,54). Der sechseckige Nimbus des Hauptmanns kennzeichnet den minderen Grad seiner Heiligkeit.[2] Hinter ihm stehen dicht gedrängt zwei einander zugewandte Pharisäer mit finsteren Mienen sowie zwei emporblickende behelmte Soldaten.

Bei der Bildtafel handelt es sich um den mittleren Teil eines Triptychons (Abb. 1). Fehlstellen an den Seiten des Rahmenprofils zeigen an, wo einst vermutlich Scharniere saßen; die heute verlorenen Flügel dürften also klappbar gewesen sein (vgl. Kat. 21, 34). Solch kleinformatige Altäre waren für die private Andacht bestimmt, worauf auch die nur aus nächster Nähe lesbaren Inschriftenbänder Hinweis geben.

Wie stilistische Vergleiche etwa mit der Kreuzigung des Polyptychons aus San Giorgio a Ruballa bei Florenz (1348, The Courtauld Gallery, London) belegen, gehört die Altenburger Tafel zum Spätwerk Bernardo Daddis.[3] Kennzeichnend sind die Qualität der feinen Malerei sowie die schlanken, leicht gelängten Figuren, die jedoch in der ausgewogenen Komposition des Bildraums ihre eigene Monumentalität entwickeln und durch Mimik und Gestik Emotionen zum Ausdruck bringen. Interaktionen zwischen den Figuren tragen zudem zur Verlebendigung der ansonsten reduzierten Szenerie bei. Die leuchtende Farbpalette setzt klare Akzente mit einer Vorliebe für ein kontrastreiches Wechselspiel von zartem Blau und hellem Rosa sowie von Rot und Grün. Die Nuancierung unterschiedlicher Inkarnate (leichenblass bei Christus, fahl bei Maria, dunkel bei den Soldaten) erscheint inhaltlich aufgeladen. Insgesamt erzeugt das strahlende Kolorit in Verbindung mit dem Gold des Hintergrunds, der Heiligenscheine und Bordüren eine feierliche Atmosphäre.

Bernardo Daddi gehört zu den bekanntesten Florentiner Malern der ersten Hälfte des 14. Jahrhunderts.[4] Er ist zwischen 1320, seinem Eintritt in die Malerzunft, und seinem Tod im

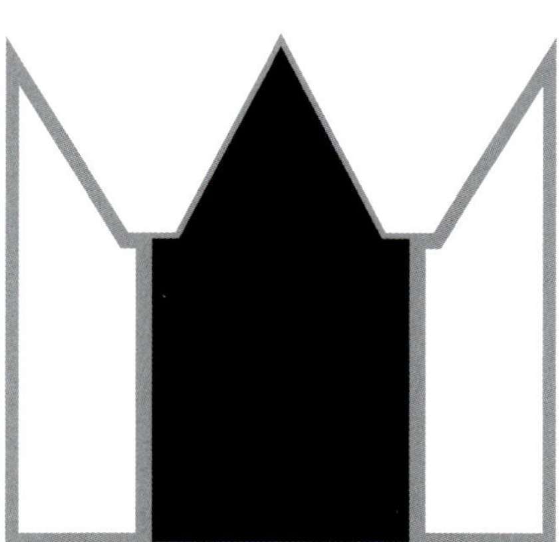

Abb. 1 Verortung der Tafel im Altaraufbau

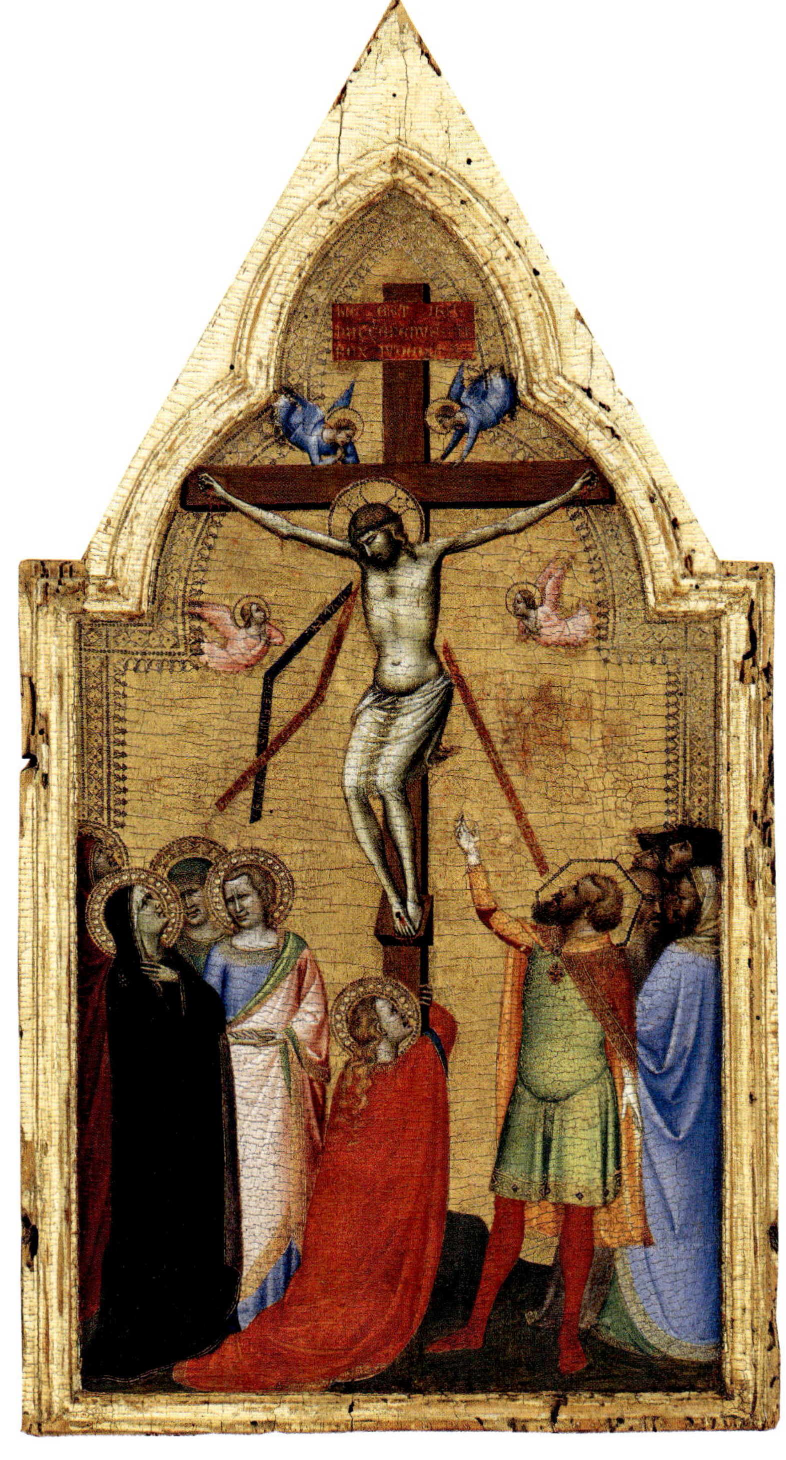

Pestjahr 1348 dokumentiert und leitete in dieser Zeit die wohl größte und erfolgreichste Werkstatt in Florenz. Wenngleich auch Wandmalerei von ihm erhalten ist, lag sein Schwerpunkt auf Tafelgemälden, darunter viele Kleinformate und tragbare Tabernakelaltäre. Bis heute ist ein erstaunlich umfangreiches Œuvre mit vielen datierten und signierten Werken erhalten geblieben.

Eva Maria Breisig

1 Siehe zum Wortlaut der übersetzten lateinischen Inschriften dieses Tafelbildes hier und in Folge Ausst.-Kat. Hamburg 2011, S. 136–137, Kat. 7 (Bastian Eclercy). Zu den Spruchbändern im Kontext einer »Sprachfähigkeit« des Bildes siehe Krüger 2003, S. 20–24.

2 Siehe zu diesem sonst typisch sienesischen Motiv auch Ausst.-Kat. Paris 2009, S. 124.

3 Vgl. Offner/Boskovits 1989, Abt. 3, Bd. 3, S. 324–339; Ausst.-Kat. Florenz 2005, Kat. 10 (Angelo Tartuferi).

4 Zum Künstler siehe Ausst.-Kat. Florenz 2005, S. 70; Ausst.-Kat. Paris 2009, S. 123.

47

GIOVANNI DI PAOLO DI GRAZIA (Siena 1399–1482)

KREUZIGUNG

1426, Tempera auf Pappelholz, 40,3 × 55,6 cm

Lindenau-Museum Altenburg, Inv. 77

Provenienz: Erwerbung unbekannt.

Literatur: Oertel 1961, S. 88–90; Ausst.-Kat. Siena 2008, S. 146–150, Kat. 26 (Ada Labriola); Ausst.-Kat. Hamburg 2011, S. 166–167, Kat. 22 (Antje-Fee Köllermann).

In der Mitte des Gemäldes auf einer horizontal gemaserten Holzplatte tritt isoliert der gekreuzigte Christus mit schmaler Silhouette und straffem Körperbau hervor. Seine Hüften bedeckt ein hauchdünnes, in feinen Falten herabfallendes Lendentuch. Zu seinen Füßen umklammert Maria Magdalena in ihrem charakteristischen roten Mantel verzweifelt das Kreuz und scheint zu schreien, den Blick starr auf Christus gerichtet. Hinter ihr sinkt Maria vor Schmerz ohnmächtig zu Boden, mit Mühe aufgefangen von einer der drei Marien, die ebenso wie ihre Nachbarinnen in einen langen Mantel mit eleganten Goldborten gehüllt ist. Rechts vom Kreuz beobachtet der Evangelist Johannes wie versteinert die Ohnmacht der Gottesmutter. Im Vordergrund zu seiner Linken sind mit Turban und Kopftüchern bekleidete Pharisäer in eine hitzige Diskussion vertieft. Im Hintergrund schließen zwei Reitergruppen beiderseits des Kreuzes die Szene ab. Linker Hand sieht man Longinus mit polygonalem Nimbus und der Lanze, die er Christus in die Seite stoßen wird, rechter Hand den Zenturio, dessen Gesicht von einem direkt in den Goldgrund eingeritzten Strahlenkranz umrahmt ist.

Die Kreuzigungsszene bildete ursprünglich die Mitteltafel der Predella eines verstreuten Polyptychons, das Cesare Brandi sorgfältig rekonstruierte (Abb. 1). Nach seiner Erkenntnis wurde die *Kreuzigung Christi* begleitet von Tafeln mit der Darstellung der Auferweckung des Lazarus, der Kreuztragung, der Kreuzabnahme und der Grablegung (Walters Art Museum, Baltimore).[1] Im mittleren Register des Polyptychons befand sich die auf 1426 datierte und von dem Sieneser Maler Giovanni di Paolo signierte stattliche *Madonna mit Kind und Engeln* (Santi Giusto e Clemente, Castelnuovo Berardenga), die an das von Taddeo di Bartolo (um 1362/63–1422) für Santa Caterina della Notte in Siena gemalte Triptychon inspiriert ist. Zu ihrer Rechten war sie flankiert vom heiligen Dominikus und Johannes dem Täufer (Pinacoteca Nazionale, Siena).

Das teilweise rekonstruierte Polyptychon wird als dasjenige identifiziert, das der Dominikaner Isidoro Ugurgieri Azzolini 1649 auf dem Altar der Malavolti-Kapelle in San Domenico in Siena beschrieb: »eine Madonna, ein hl. Joh[annes], ein hl. Laurentius, ein hl. Dominikus [und] ein hl. Paulus, darunter in der Predella eine Kreuzigung, eine Kreuztragung und eine Grablegung aus dem Jahr 1426.«[2]

Die Kreuzigungsszene veranschaulicht, wie geschickt Giovanni di Paolo die Sieneser Maltradition des frühen 14. Jahrhunderts weiterentwickelte. Bei der unter dem Kreuz knienden Maria Magdalena verarbeitete er nämlich eine Idee, die auf Simone Martini (um 1290 (?)–wahrscheinlich 1344) zurückging. Die Darstellung des berittenen Longinus mit auf der Brust gekreuzten Händen wiederum greift ein Motiv von Pietro Lorenzetti (nachweisbar 1306–1348) auf, dessen Werk in Assisi auch für die Reitergruppe im Hintergrund Pate stand.

Das Malavolti-Polyptychon ist dank seiner gesicherten Datierung ein wertvoller Anhaltspunkt für unser Verständnis der frühen Schaffenszeit des Giovanni di Paolo und seiner ebenso visionären wie eleganten, spröden wie raffinierten, ganz eigenständigen Malweise. Er war anhand von Meistern wie Taddeo di Bartolo, Paolo di Giovanni Fei (1335/45–1411) und Benedetto di Bindo ((?)–1417) geschult, setzte diese Vorbilder jedoch mit einer eindringlichen Expressivität um, die seinen Vorgängern fehlte. Sein ausgeprägter Linearismus wird abgemildert durch die Vorliebe für leuchtende Farben und opulente Oberflächen; sie lassen die Begeisterung für die raffinierte Eleganz der Malerei des Gentile da Fabriano (um 1375–um 1427) erkennen, die Giovannis Arbeiten nachhaltig prägte.

Emanuele Zappasodi

1 Brandi 1934, S. 476.

2 Ugurgieri Azzolini 1649, Bd. 2, S. 346; Bähr 1987, S. 357–358; Ausst.-Kat. Siena 2010, S. 206–209 (Dóra Sallay).

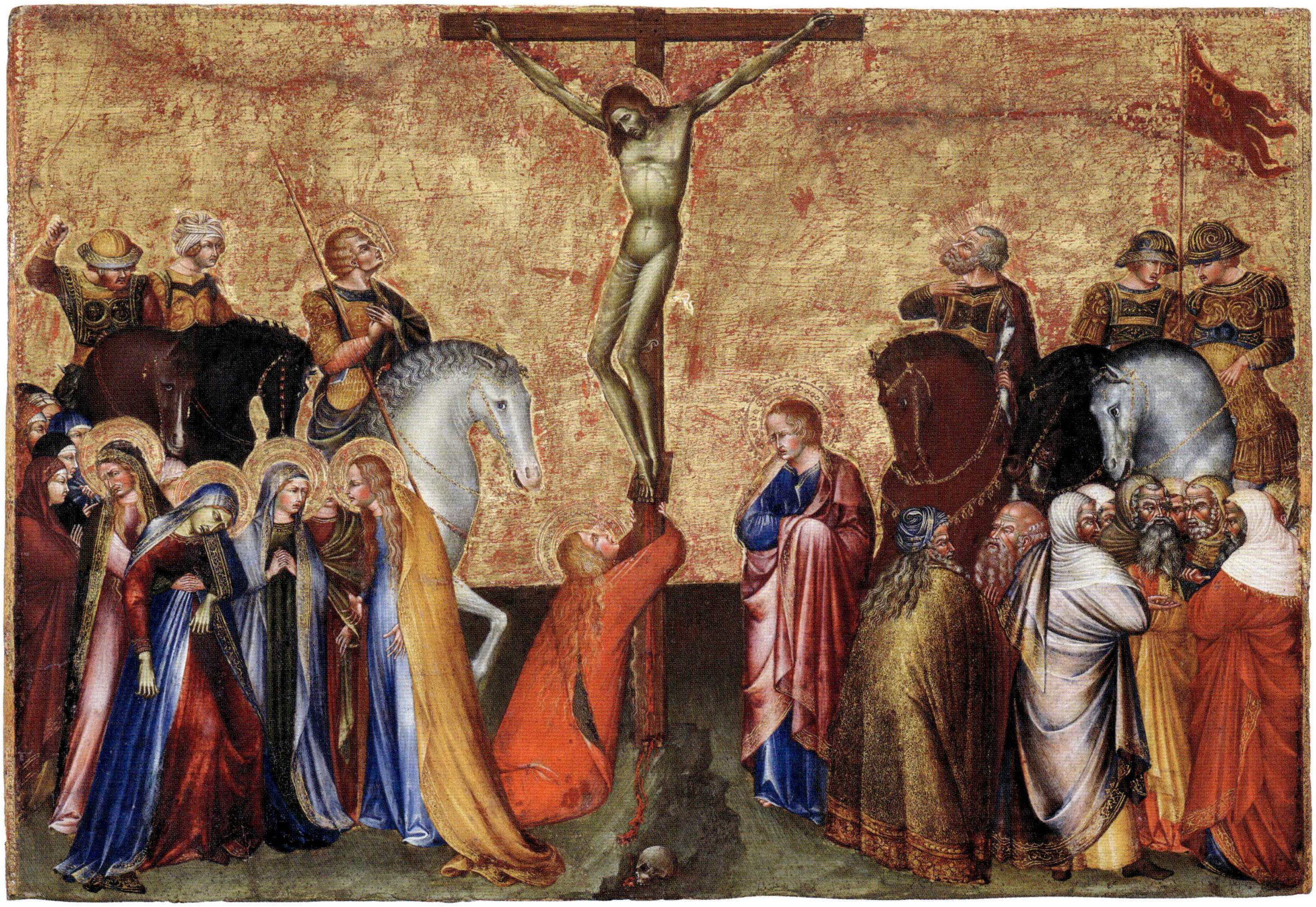

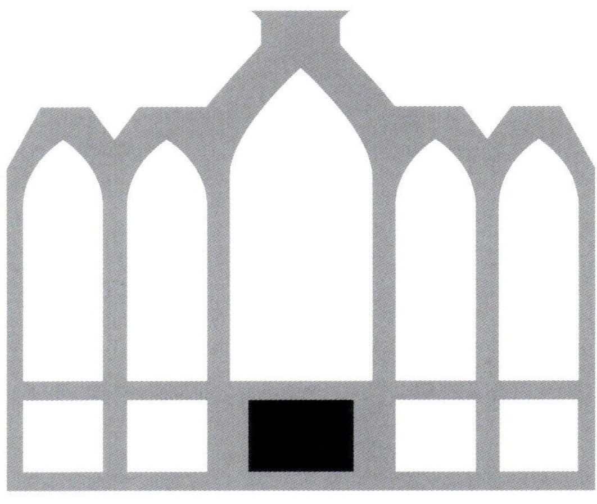

Abb. 1 Verortung der Tafel im Altaraufbau. Schema der Rekonstruktion nach Brandi 1934

48

GUIDOCCIO COZZARELLI (Siena 1450–1516/17)

BEWEINUNG CHRISTI

1485–1490, Tempera auf Pappelholz, 21,5 × 40,0 cm

Lindenau-Museum Altenburg, Inv. 89

Provenienz: Erwerbung unbekannt.

Literatur: Oertel 1961, S. 103–104; Ausst.-Kat. Siena 2008, Kat. 34 (Riccardo Massagli).

Die *Beweinung Christi* ist ein seit dem 13. Jahrhundert häufig dargestellter Bildgegenstand, jedoch gibt es für das Sujet keine textliche Grundlage im Neuen Testament. Basierend auf kurzen Andeutungen in apokryphen Schriften wurde der Moment zwischen Kreuzabnahme und Grablegung Christi in der mittelalterlichen Passionsfrömmigkeit zu einem zentralen Ereignis ausformuliert. Dabei verschob sich der Fokus vom leidenden Gottessohn auf den Schmerz Marias und der Jesus nahestehenden Menschen, in die sich die Gläubigen hineinfühlen können. Die szenische oder theatralische Darstellung in religiösen Schauspielen (*sacre rappresentazioni*) wird von Gemälden und Skulpturen reflektiert, in denen unterschiedliche Arten von Trauer eindrücklich visualisiert werden: dramatische Gesten, klagend geöffnete Münder, schmerzverzerrte Gesichter, innige Umarmungen und gramgebeugte Gestalten.[1] Gemessen daran ist diese Beweinung seltsam statisch. Zwar sind die üblichen Personen versammelt: Maria, mit dem Toten im Schoß, Joseph von Arimathäa mit dem Salbgefäß, Nikodemus, Johannes der Evangelist sowie die drei Marien, Maria Kleophae, (Maria) Salome und Maria Magdalena, doch sind alle mit verhaltenen Gesten frontal zum Publikum positioniert. Darüber hinaus fallen zwei Dinge ins Auge: Zum einen ist den Frauen auf der Tafel weitaus mehr Platz eingeräumt als den Männern und ihre Gestalten hinterfangen den toten Leib Christi, wodurch sie stärker zu ihm in Beziehung gesetzt werden. Zum anderen sind sie, außer Maria Magdalena, die wie meist im roten Gewand erscheint, ähnlich gekleidet, wobei ein dunkles Violett wiederkehrt. Maria trägt nicht nur einen Kopfschleier, sondern wie auch die Frau zu ihrer Linken darunter einen *soggolo*, der ihren Hals und ihr Dekolleté verbirgt. Mit einer solchen Tracht, wie sie in jener Zeit Witwen oder Ordensschwestern trugen, sieht man sie im 15. Jahrhundert eher selten dargestellt.

Wir haben keine gesicherten Hinweise zur Herkunft dieser Tafel, die weder signiert noch datiert ist. Die Zuschreibung an Guidoccio Cozzarelli geht auf August Schmarsow zurück, dessen rein kennerschaftlichem Urteil sich die spätere Forschung anschloss.[2] Cozzarelli war ab 1470 als Buchmaler und Maler in Siena und Umgebung aktiv. Die langrechteckige Form der Tafel legt nahe, dass es sich um eine Predella handelte, also um ein Bild, das sich in der Sockelzone eines mehrteiligen Altarretabels befand, aber auch unterhalb einer Einzeltafel mit der Darstellung einer Kreuzigung oder einer Muttergottes mit Kind denkbar wäre, wo sich die Beweinung des Öfteren findet. Gertrude Coor brachte sie mit einer Madonna mit Kind und den Heiligen Simon und Thaddäus von Cozzarelli in der Kirche San Bernardino in Sinalunga in Verbindung (Abb. 1).[3]

Aufgrund der Prominenz der Frauen und ihrer Tracht ist zu vermuten, dass das Werk von einer Frauengemeinschaft in Auftrag gegeben wurde. Infrage kämen etwa Tertiarierinnen, die eine Ordensregel befolgten, ohne in ein Kloster einzutreten. Cozzarelli hatte nach 1489 in San Tommaso degli Umiliati in Siena die Selige Alda, Aldobrandesca Ponzi (1245–1310), dargestellt (Pinacoteca Nazionale, Siena), die dem Dritten Orden der Humiliaten angehörte und deren Kult sich im 15. Jahrhundert intensivierte.[4] Ihre spätere Lebensbeschreibung berichtet von zahlreichen Visionen, darunter auch von ihrer Verehrung des Blutes, das sich aus der Seitenwunde des im Schoß seiner Mutter liegenden Christus ergoss, und von dem sie zu trinken glaubte.[5] Das Thema der Beweinung hätte also sehr gut in diesen Kontext gepasst. Wir wissen allerdings wenig von diesen Tertiarierinnen. Die von ihnen genutzten Gebäude waren um 1554/55 an die Nonnen der heiligen Petronilla übergegangen und wurden im Zuge der Säkularisierung zu Beginn des 19. Jahrhunderts zweckentfremdet und später zerstört. Lindenau hatte seine Sammlung italienischer Gemälde in den Jahren 1840 bis 1850 erworben – in einer Zeit, als durch die Aufhebung der Orden religiöse Bildwerke wie dieses in großer Zahl auf den Markt kamen.

Philine Helas

1 Bernazzani 2014; Dionigi/Ferro 2020.
2 Oertel 1961, S. 103–104.
3 Coor 1965, S. 131.
4 Argenziano 2004, S. 58–59, Abb. 14–17.
5 Lombardelli 1584, S. 37–38.

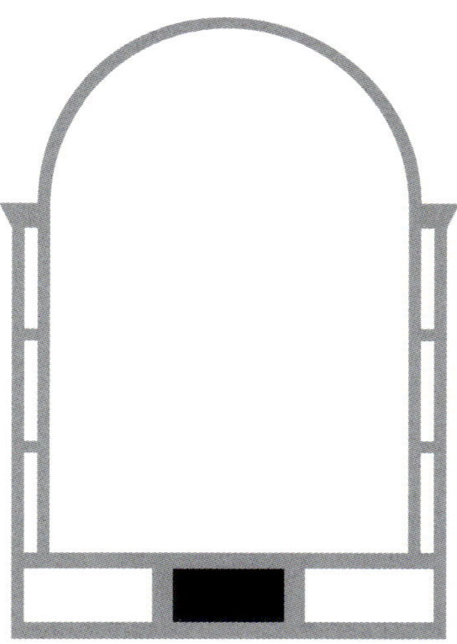

Abb. 1 Verortung der Tafel im Altaraufbau. Schema der Rekonstruktion nach Coor 1965

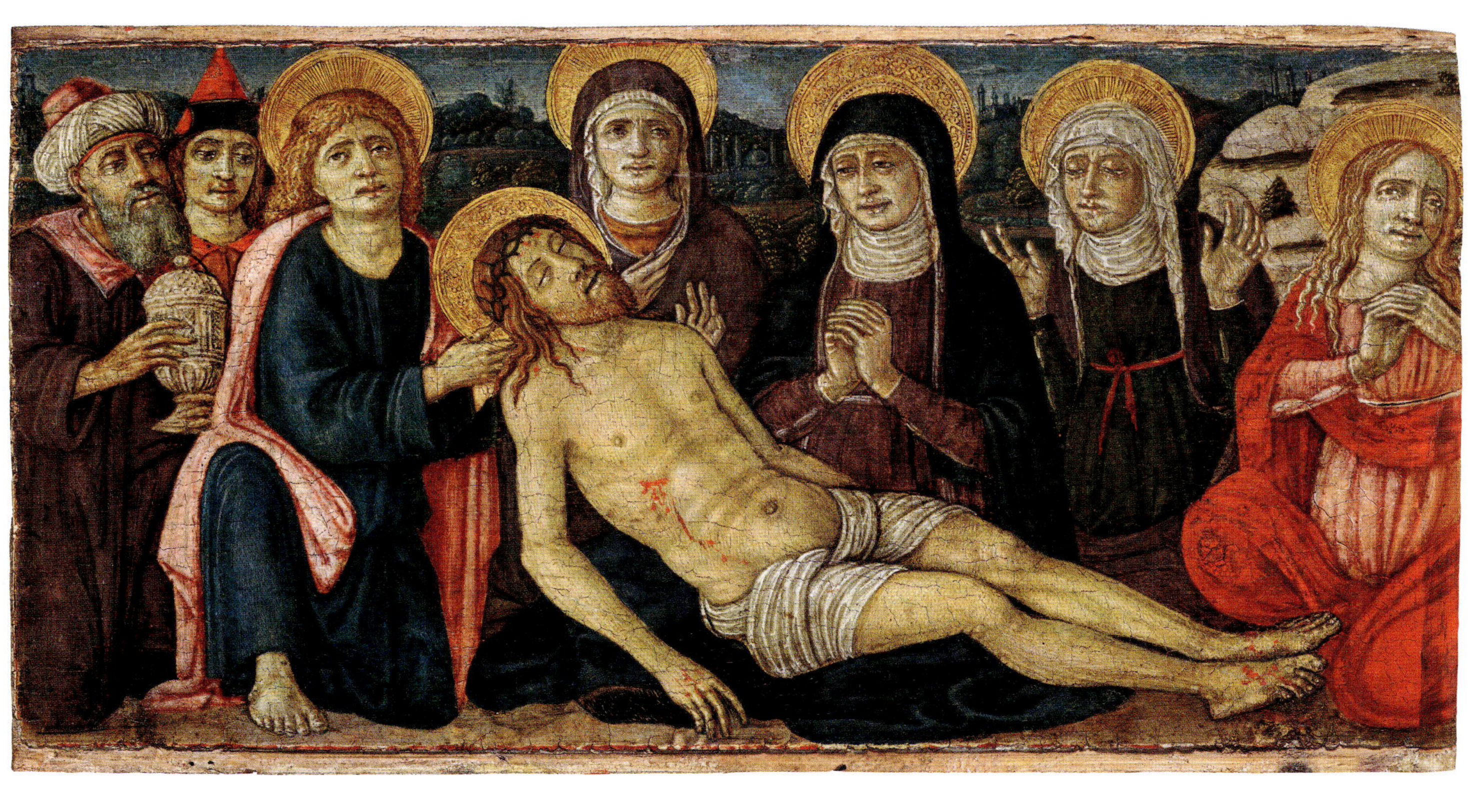

49

GIOVANNI DI PAOLO DI GRAZIA (Siena 1399–1482), UMKREIS

DIE ERSCHEINUNG CHRISTI VOR MARIA MAGDALENA (NOLI ME TANGERE)

um 1450, Tempera auf Pappelholz, 41,5 × 29,1 cm

Lindenau-Museum Altenburg, Inv. 79

Inschrift auf Goldgrund in schwarzen gotischen Buchstaben: ANNUS D[OMI]NI MCCCC / EPACTA / CONCURRENS / INDI[C]TIO; in kleineren roten Buchstaben: AUREUS NUMERUS

Provenienz: Vor 1848 erworben.

Literatur: Oertel 1961, S. 93–95; Ausst.-Kat. New York 1988, S. 168–169 (Carl Brandon Strehlke); Ausst.-Kat. Siena 2008, S. 158–161, Kat. 29 (Ada Labriola); Ausst. Kat. Hamburg 2011, S. 164–165, Kat. 21 (Antje-Fee Köllermann); Phillip 2011, S. 16–17.

»Rühre mich nicht an! Denn ich bin noch nicht aufgefahren zum Vater« (Joh 20,17). Mit diesen Worten weist der auferstandene Christus die Berührung Maria Magdalenas in der biblischen Szene des Ostermorgens zurück. Nachdem sie das Grab Christi leer vorgefunden hat, erscheint ihr der Auferstandene, den sie zunächst für einen Gärtner hält. Als Christus sie allerdings bei ihrem Namen nennt, erkennt sie ihn, der sich jedoch bei ihrem Versuch, ihn zu berühren und sich so seiner Existenz zu vergewissern, mit besagten Worten entzieht.

Die hochformatige Tafel, die in der Zeit um 1450 entstand, besteht aus zwei übereinanderliegenden Bereichen: oben eine Inschrift auf goldenem Grund, unten ein Bildfeld, das die Szene des »Noli me tangere« zeigt. Die Darstellung verortet das übernatürliche Geschehen der Bibelerzählung in einer von Feldern und Hügeln strukturierten Landschaft, die sich bis zum dunklen Nachthimmel am Horizont erstreckt. Im Vordergrund steht Christus, in ein weißes golddurchwirktes Tuch gehüllt, und zeigt mit seiner rechten Hand den Segensgestus. In der Linken hält er die Kreuzesfahne als Zeichen des Sieges über den Tod. Angedeutet durch einen schmalen, rosafarbenen Strich auf seiner Brust verweist die Seitenwunde auf die erst kürzlich erlittene Passion. Vor dem Auferstandenen kniet die in ein kostbares leuchtend rotes Gewand gekleidete Maria Magdalena, die tastend ihre Arme zu ihm ausstreckt. Unsicher blickt sie zu Christus auf. Dessen Grab ist nicht abgebildet, stattdessen sind neben den beiden Figuren ein Orangenbaum (Symbol der Erlösung nach dem Leiden Christi) und ein Lorbeerbaum (Zeichen der Ewigkeit und Unsterblichkeit) im nächtlichen Garten zu sehen.[1]

Die Zuschreibung an Giovanni di Paolo di Grazia wird in der Forschung kontrovers diskutiert. Während weitgehende Einigkeit über eine Nähe zum Umfeld des Sieneser Malers herrscht, wurde auch die Autorschaft Pellegrino di Marianos (nachweisbar 1449–1492) in Betracht gezogen.[2]

Dass diese Tafel nicht als autonomes Bild gedacht war, verrät die Inschrift, die über der Szene platziert ist, denn sie verweist auf das kirchliche Kalendersystem: In der ersten Zeile wird das Jahr 1400 genannt, es folgen unter anderem die Worte »Epacta« und »Concurrens«, die auf das Mond- bzw. Sonnenjahr verweisen. Vermutlich handelte es sich bei der Bildtafel also ursprünglich um den Einband eines im Jahr 1400 beginnenden liturgischen Kalenders, der die Datierung der kommenden Osterfeste abbildete.[3]

Der goldene Fonds verbleibt in nur nebengeordneter Form auf den Randbereich und das Schriftfeld der Tafel beschränkt, im Bildfeld wird darauf zugunsten der räumlichen Darstellung der Landschaft ganz verzichtet. Eindrücklich kündigt sich auf diese Weise die Abkehr vom Goldgrund an, die sich zur Entstehungszeit der Bildtafel in der italienischen Malerei vollzieht.[4]

Adana Schulz

1 Ausst.-Kat. Siena 2008, S. 158.
2 Zur Frage der Zuschreibung siehe ebd., S. 160.
3 Ebd., S. 158. Zur Übersetzung der Inschrift vgl. Ausst.-Kat. Hamburg 2011, S. 164.
4 Vgl. Phillip 2011, S. 16.

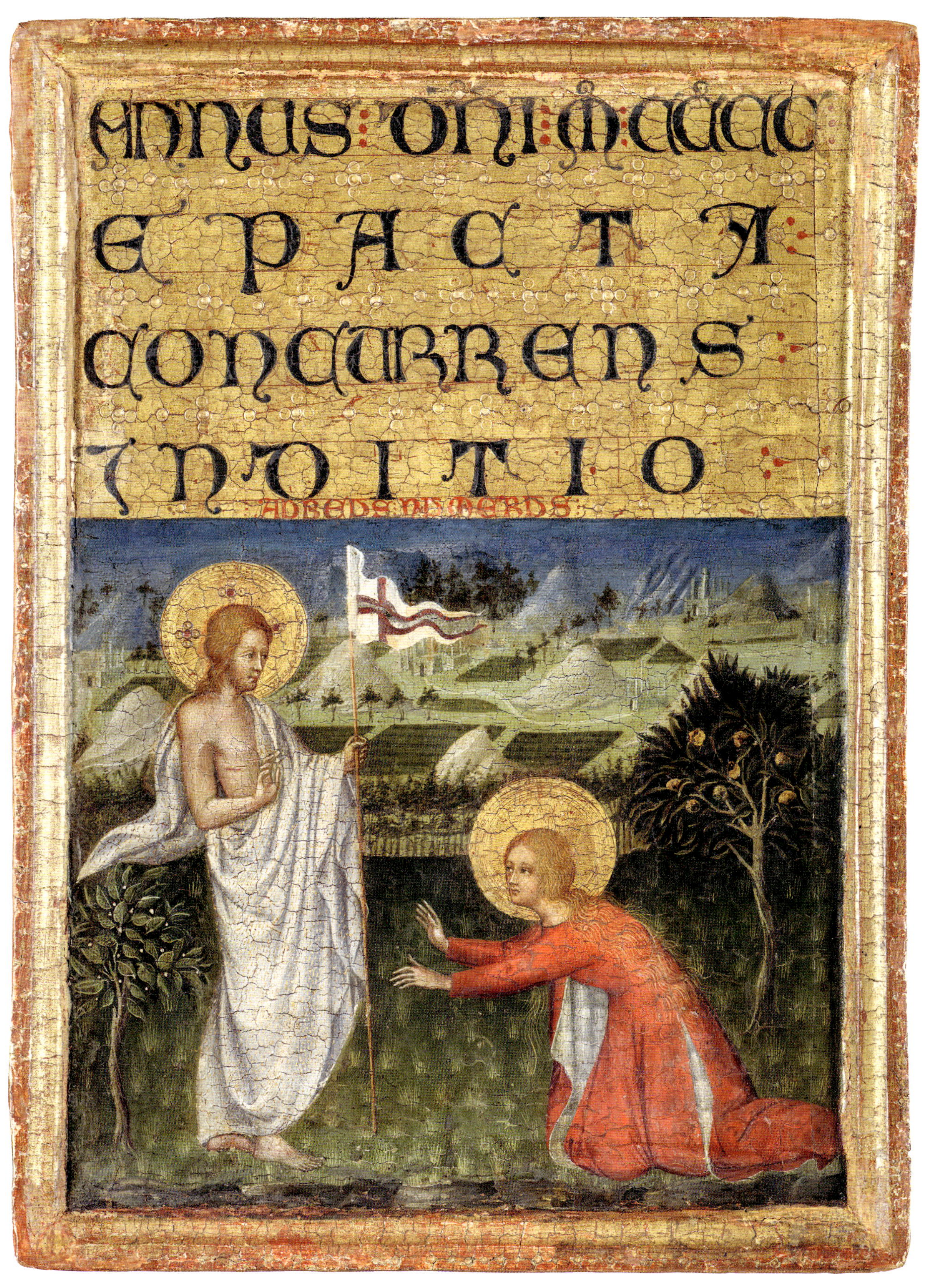
ANNUS DNI MCCCC
EPACTA
CONCURRENS
INDITIO

KUNST DER HÖFE

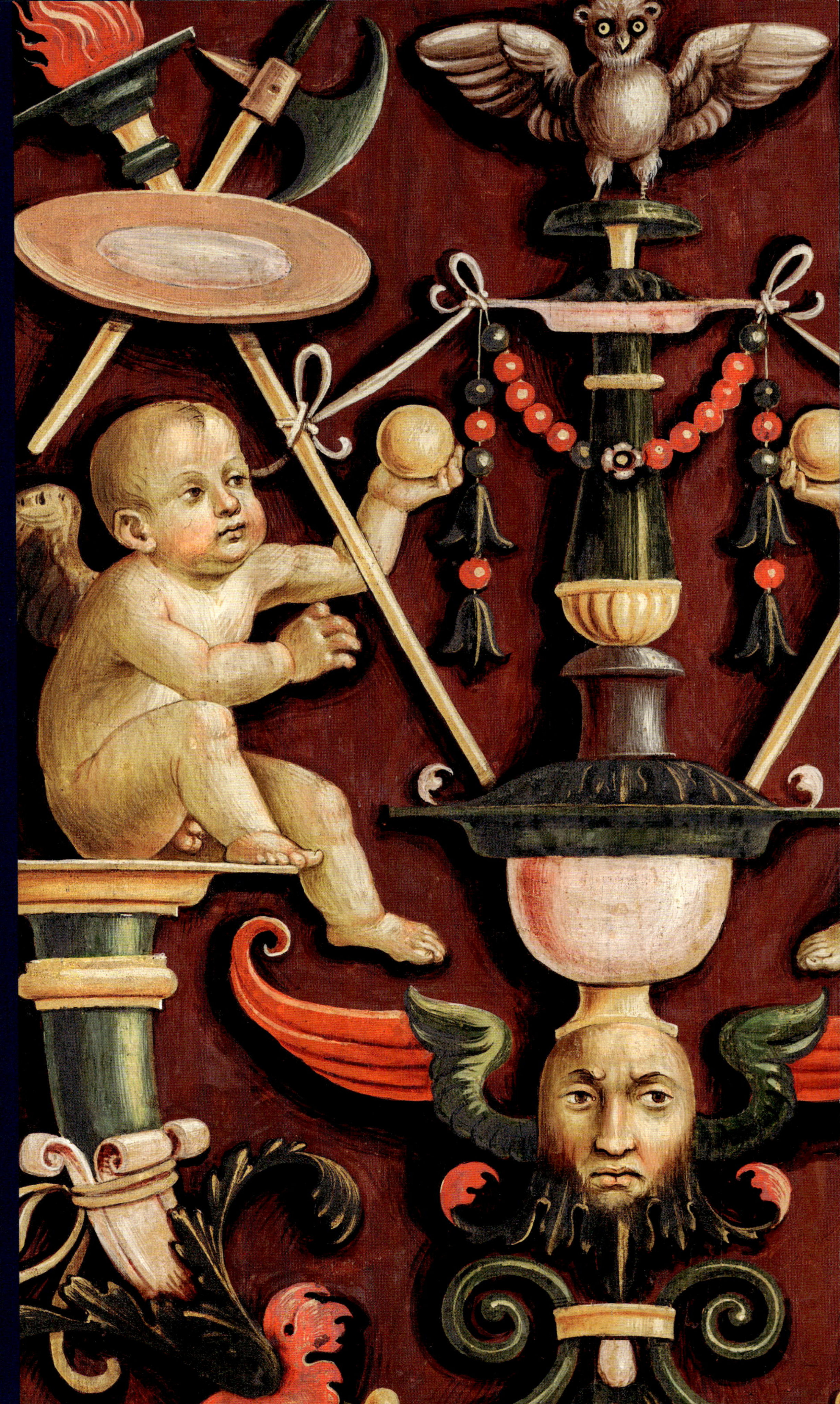

WELTLICHE KUNST AN DEN HÖFEN DER RENAISSANCE

BENJAMIN RUX

Bis weit in das 15. Jahrhundert waren Kirchen, Klöster oder andere geistliche Einrichtungen in Italien die mit Abstand wichtigsten Auftraggeber für Künstler. Hinzu kamen einflussreiche Familien und Einzelpersonen, die innerhalb der Kirchen Kapellen als private Grabstätten kostbar ausschmücken ließen, um vor allem ihr Seelenheil zu sichern. Kein Wunder also, dass die sakrale Malerei die Kunstproduktion in Mittelalter und Renaissance dominierte – was sich auch in der Sammlung Lindenaus zeigt.

Bereits im Trecento ist jedoch ein stärker werdendes Bedürfnis nach profanen Bildern zu beobachten, das sich in den folgenden Jahrhunderten weiter steigern sollte. Von den italienischen Stadtstaaten, den autoritär regierten Fürstentümern bis hin zum Vatikan – überall wurden Künstler engagiert und zum Teil mit beträchtlichen Privilegien ausgestattet, um ein bestimmtes, in jedem Falle gefälliges Bild von den politisch Mächtigen zu zeichnen. Neben dem Fertigen sakraler Bilder ist dieser neue Typus des Hofkünstlers nun für aufwendige Ausstattungsprogramme in Palästen zuständig (Kat. 52a–e), für die Ausmalung von Bibliotheken und Gelehrtenstuben (Studiolos) sowie für Festumzüge und andere Belange höfischer Repräsentation. Medien der profanen Kunst waren neben Porträt- (Kat. 51, 53) und Historienmalerei (Kat. 50, 54) vor allem Statuen, Büsten (Kat. 55d), Medaillen und die Buchmalerei, die von der Tugend und dem Ruhm der Dargestellten – und damit oft den Auftraggebern selbst – künden sollten.

Mit den Cassoni, kostbar ausgestatteten Hochzeitstruhen, entwickelte sich in der Renaissance ein weiteres Medium profaner Kunst, das mit mythologischen oder historischen Bildern versehen wurde und sich bei wohlhabenden Familien großer Beliebtheit erfreute (Kat. 50, 54). Humanisten, die oft in engem Austausch mit den Künstlern standen, forcierten überall in Italien die Wiederentdeckung und Wiederaneignung der Antike, wodurch neue Bildinhalte entstanden und Bezüge zu einer als Ideal dargestellten Vergangenheit aufgezeigt wurden. Dass es mit Raffaels *Parnass* und der *Schule von Athen* zwei dezidiert antikische Themen in den Vatikanpalast und mit Michelangelos *Sklaven* (Kat. 55g) eine nach eingehendem Antikenstudium geformte Figur an ein Papstgrabmal geschafft haben, zeigt, wie offen die Renaissancekultur für Verbindungen und Transformationen christlicher, profaner oder außereuropäischer Ideen war.

Kat. 52e, Detail

50

GHERARDO STARNINA (Florenz um 1360–1413)

KAMPF ORIENTALISCHER REITER

1400–1405, Tempera auf Pappelholz, 54,7 × 113,0 cm

Lindenau-Museum Altenburg, Inv. 41

Provenienz: 1845 durch Emil Braun in Rom erworben.

Literatur: Oertel 1961, S. 136–137; Syre 1979, S. 73–83; Ausst.-Kat. Florenz 2005, S. 196–199, Kat. 49 (Daniela Parenti); Sbaraglio 2010, S. 105–110; Rux 2017, S. 8–25; Ausst.-Kat. Lissabon 2019, S. 88–89, Kat. 8 (Lorenzo Sbaraglio).

Die Cassone-Tafel des Florentiner Malers Gherardo Starnina ist in vielerlei Hinsicht ein außergewöhnliches Werk. Es handelt sich nicht nur um das mit Abstand früheste Objekt dezidiert profanen Inhalts innerhalb von Lindenaus Sammlung italienischer Malerei aus Mittelalter und Renaissance, sondern auch um das einzige heute bekannte Werk Starninas, das nicht im Kontext eines sakralen Ausstattungsprogramms entstanden ist. Sein besonderes Motiv ist nicht nur eine kaum je vorher gesehene Darstellung von kämpfenden Orientalen, sondern eine der frühesten Schilderungen einer Schlacht in der italienischen Tafelmalerei überhaupt. Die Bedeutung des Werks, das von einem in Spanien geschulten Italiener in Auseinandersetzung mit der reichen maurischen Kultur gefertigt wurde, kann als Zeugnis eines frühneuzeitlichen interkulturellen Austauschs im Mittelmeerraum nicht hoch genug geschätzt werden (Abb. 2). Geschaffen in den ersten Jahren des 15. Jahrhunderts markiert es innerhalb der Florentiner Malerei einen Übergang von der Formensprache des Trecento hin zu einer weicheren Linienführung, aber auch zu einem neuen Bewusstsein für Raum und Perspektive.

Abb. 1 Verortung der Tafel im Aufbau der Cassone

Die querrechteckige Tafel fungierte in ihrer Entstehungszeit als Schauseite einer Cassone (Abb. 1), also einer jener Truhen, die bei Hochzeiten für das Brautpaar angefertigt wurden, damit die Braut darin ihre Mitgift aufbewahren konnte (Abb. 3). An den Seiten wurde die Tafel von je einer Hälfte eines liegenden Vierpasses in *pastiglia dorata,* also mit plastisch angelegten vergoldeten Ornamenten, eingefasst. Zwei Dreieckformen ragen in der Mitte auf die Bildfläche, wobei das obere Dreieck vormals das Schlüsselloch der Truhe aufgenommen hat. In Florenz wurde die Form des liegenden Vierpasses zu Beginn des 15. Jahrhunderts auch von Lorenzo Ghiberti (1378/81–1455) und Filippo Brunelleschi (1377–1446) während des Wettbewerbs um die Gestaltung der Bronzetore am Baptisterium verwendet (Kat. 55). Auch Lorenzo Monaco (um 1370–um 1425) nahm in seinen Predellatafeln das aus der Gotik stammende Rahmenwerk auf (Kat. 44).

Dem Auge offenbart sich auf den ersten Blick ein dichtes Gedränge an Figuren und Rössern, die vor einheitlichem Goldgrund auf einer perspektivisch nicht weiter formulierten Wiese aufeinander losstürmen. Insgesamt brachte Starnina 28 Kämpfer und 20 Pferde auf dem Bildfeld unter. Nur drei Figuren sind an den Rändern eindeutig als Fußsoldaten auszumachen. Darüber stauen sich auf beiden Seiten zahlreiche Reiter, die vom Vierpassrahmen teils schroff angeschnitten werden. Starnina setzte hier gezielt auf ein ausschnitthaftes Verfahren, um die Illusion eines unmittelbaren Geschehens, das sich noch weit über die Bildgrenzen hinweg fortzusetzen scheint, zu unterstreichen.

Im Bildzentrum sind die Kampfhandlungen in vollem Gange, wobei es schwerfällt, die Parteien klar voneinander zu scheiden. Im oberen Bereich scheinen die von rechts anstür-

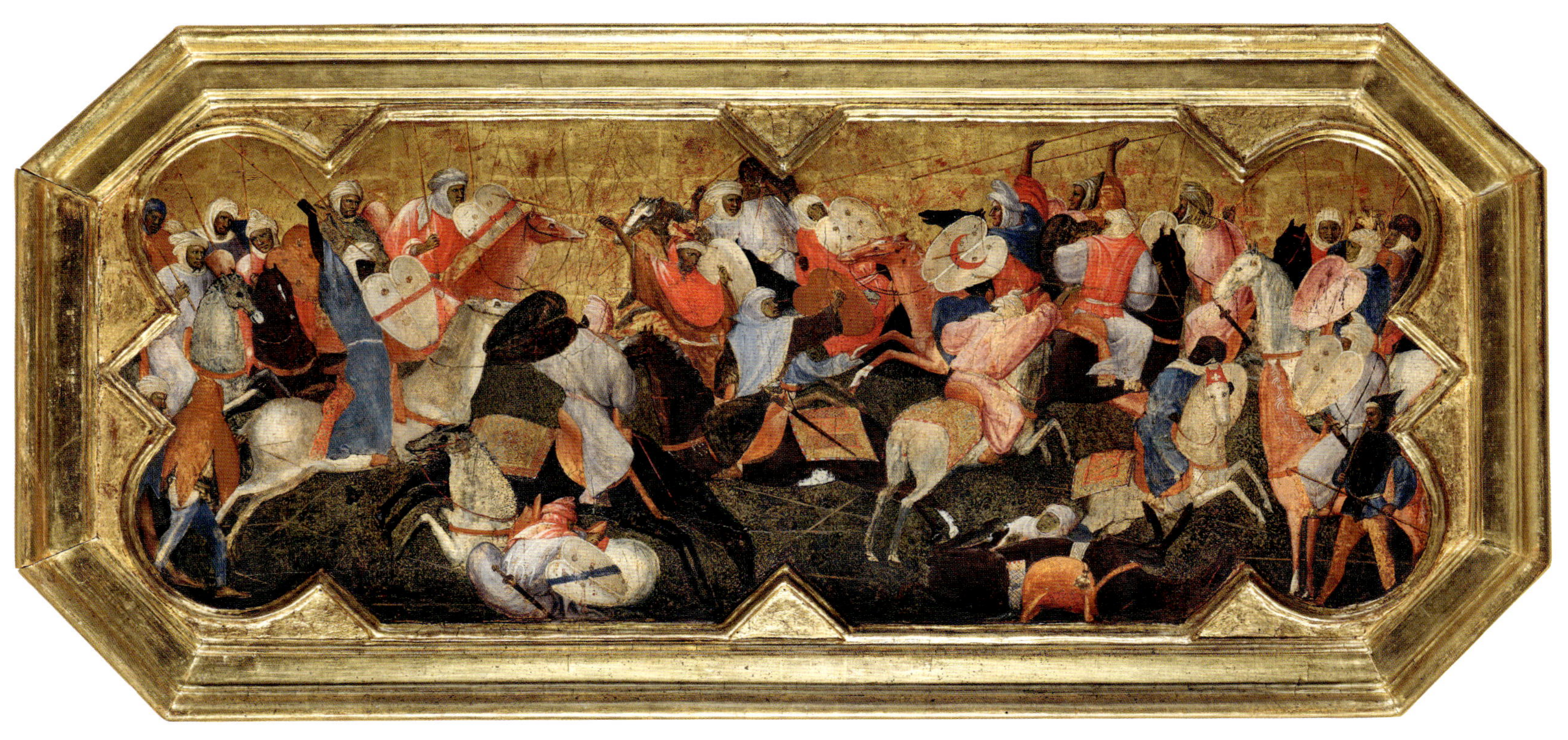

menden Kämpfer die Oberhand zu haben und mit ihren Speeren ihre Gegner in die Flucht zu schlagen. Davor sind mehrere Gruppen berittener Kämpfer zu sehen, die sich duellieren. In vorderster Bildebene wurden zwei Männer bereits von ihren Pferden gerissen. Starnina stellt uns den Kampf nicht schematisch vor Augen, sondern schuf durch eine Vielzahl von Details nicht nur erzählerische, sondern – etwa durch Wendungen der Pferdeleiber und tänzerisch anmutende Bewegungen der Reiter – auch räumliche Tiefe. Die Männer sind durch ihre Kopfbedeckungen, langen Gewänder und herzförmigen Schilde als Orientalen auszumachen. Ein Schild weist den roten Halbmond auf. Auf den Schabracken einiger Rösser wurden pseudoarabische Schriftzeichen angebracht.

Möglicherweise bezieht sich Starnina mit der Szene auf ein reales Kampfgeschehen, nämlich die Schlacht von Ankara (1402), als die Osmanen von dem Fürsten Timur, der ein turkomongolisches Heer anführte, geschlagen wurden.[1] Wahrscheinlicher jedoch ist, dass der Künstler einen höfischen Wettkampf zweier Reitergruppen schildert, die am aragonesischen Königshof von Valencia nicht selten veranstaltet wurden und bei

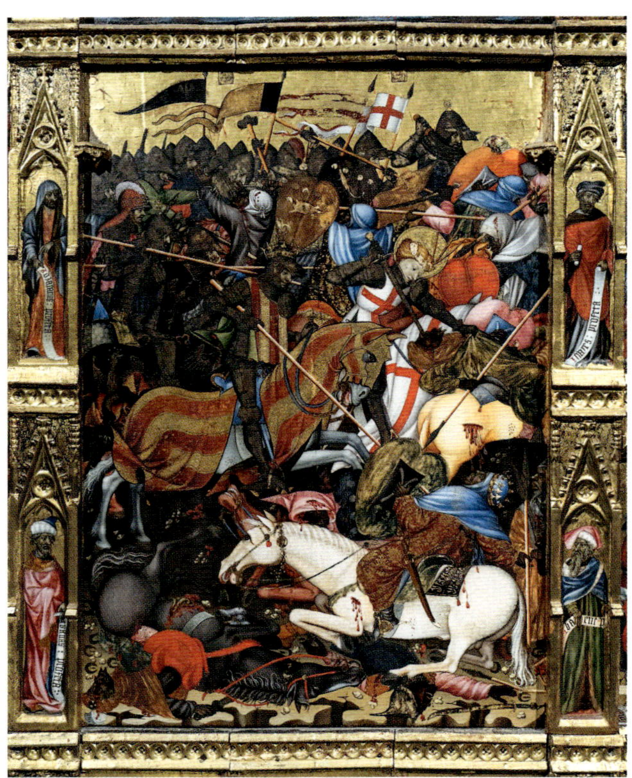

Abb. 2 Marcal de Sas und Werkstatt, Die Schlacht von El Puig, mittlere Tafel des Georgaltars, um 1410, Tempera auf Kiefernholz, Victoria and Albert Museum, London

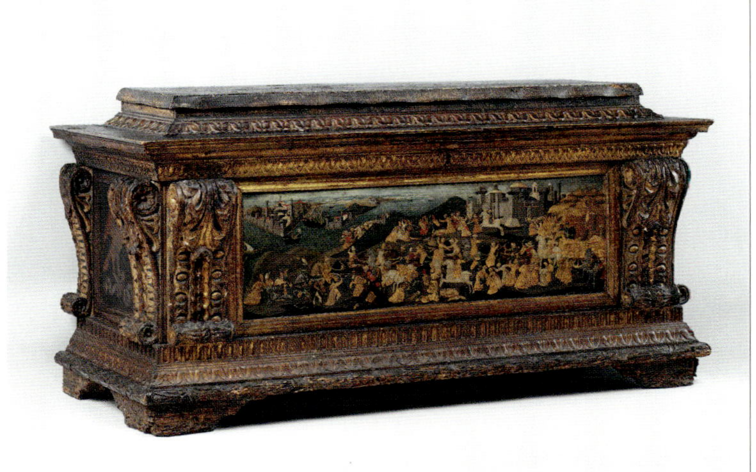

Abb. 3 Werkstatt des Appollonio di Giovanni und Marco del Buono, Cassone mit Eroberung von Trapezunt (Die Schlacht von Ankara), vermutlich nach 1461, Metropolitan Museum of Art, New York

denen auch orientalisch gekleidete Reiter auftraten. Starnina hielt sich seit 1395 in der Hafenstadt im Süden Spaniens auf, wo neben den Königen auch Geistliche und Repräsentanten der städtischen Oberschicht zu seinen Auftraggebern gehörten. Die Spuren maurischer Kultur waren in Valencia noch weithin sichtbar. Unter den Aragonesen entwickelte sich die Stadt zu einem Zentrum der Internationalen Gotik.

Diese Eindrücke mag Starnina in seinem *Kampf orientalischer Reiter* verarbeitet haben, als er 1401 aus Spanien – vielleicht aufgrund der dort ausbrechenden Pest – in seine Heimatstadt Florenz zurückkehrte und die Cassone-Tafel in Angriff nahm. Bis in die 1970er-Jahre war er auch unter dem Namen Master of the Bambino Vispo fassbar.[2] Der um 1360 geborene Künstler war Schüler von Antonio Veneziano (nachweisbar 1369–1388). Gegen Ende des 14. Jahrhunderts ist Starnina – möglicherweise gemeinsam mit Antonio Veneziano – in Spanien tätig (Toledo, Valencia). Zurück in Florenz entwickelte er sich zu einem der führenden Künstler der Stadt, nahm zahlreiche Aufträge entgegen und beeinflusste Maler wie Lorenzo Monaco (Kat. 44).

Benjamin Rux

1 Zu einer möglichen Darstellung der Schlacht von Ankara vgl. Wodzicki 2017; Sbaraglio 2010.

2 Die Identifizierung des Masters of the Bambino Vispo mit Starnina bei Syre 1979.

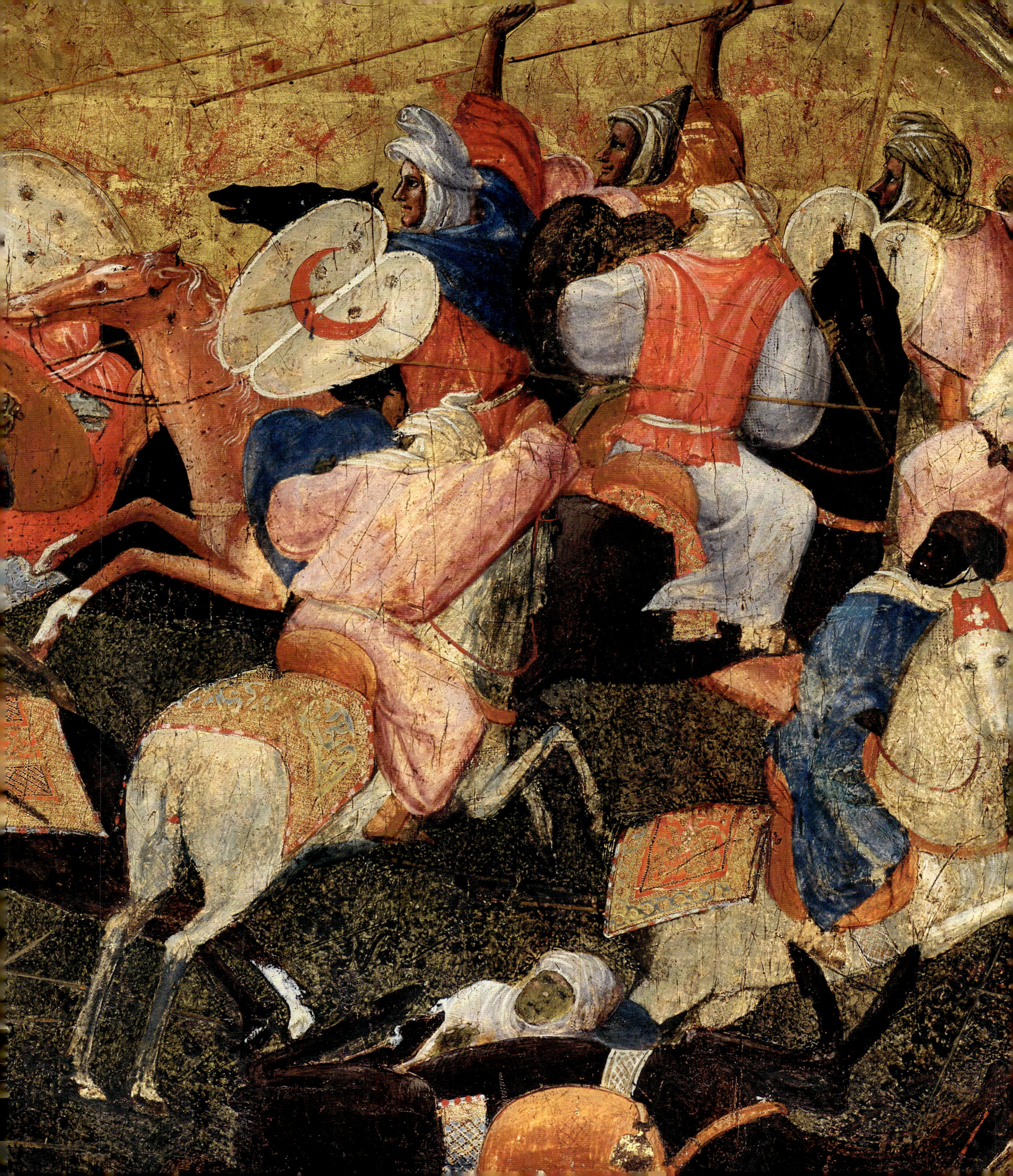

51

DOMENICO GHIRLANDAIO (Florenz 1449–1494)

BILDNIS EINER DAME VOR LANDSCHAFT

um 1480–1485, Tempera auf Pappelholz, 49,6 × 37,7 cm

Lindenau-Museum Altenburg, Inv. 102

Provenienz: Vor 1848 erworben.

Literatur: Oertel 1961, S. 158; Ausst.-Kat. Florenz 2005, S. 91–95, Kat. 17 (Francesca Pasut); Ausst.-Kat. München 2018, S. 302–303, Kat. 78 (Annette Kranz); Ausst.-Kat. Amsterdam 2021, S. 187, 191.

Ghirlandaios Bildnis ist ein eindrucksvolles Beispiel für die Bildwürdigkeit, die im Laufe des 15. Jahrhunderts auch »einfachen« Menschen zuteilwurde. In der italienischen Frührenaissance entwickelte sich das Porträt nicht nur in der Malerei, sondern auch in Medaillen, Büsten (Kat. 55d) und Zeichnungen zu einer eigenen Gattung. Dabei stand in Auseinandersetzung mit humanistischen Diskursen nicht lediglich deren Aussehen und Typ, sondern zunehmend die Individualität der Dargestellten im Mittelpunkt. Wie die höfischen Bildnisse von Herrschern und Intellektuellen zeigten bürgerliche Porträts zunächst das Profil eines Menschen, um nicht zuletzt auch eine Distanz zum Publikum herzustellen. Als Vorbilder wirkten dabei antike Münzen. In der zweiten Hälfte des 15. Jahrhunderts wendeten sich die dargestellten Personen durch leichte Drehungen ihrer Körper und mit zunehmendem Blickkontakt den Betrachtenden zu und gaben mehr von ihrer Persönlichkeit preis.

Die Dame in Ghirlandaios Gemälde hat ihren Körper aus der Achse um etwa 45 Grad nach links gewendet. Ihr Kopf folgt dieser Drehung, deren Eindruck von den dunklen Augen, die ein Ziel außerhalb des linken Bildrandes anvisieren, verstärkt wird. Über den hochgezogenen Augenbrauen zeigt sich eine hohe Stirn mit streng zur Seite gebundenen Haaren, die von einer weißen, bis über die Ohren reichenden Haube bedeckt werden oder als Locken über die Schläfen herabfallen. Die Haube weist auf den verheirateten Stand der Dame hin. Die Gesichtsfarbe der etwa Dreißigjährigen ist fahl. An den Wangen tritt eine leichte Rötung auf. Der schüchtern abgewandte Blick, die gebundenen Haare und der für Damenbildnisse der Zeit ungewöhnliche Verzicht auf jeden Schmuck deuten auf tugendsame und moralische Implikationen des Bildnisses hin. Dafür spricht auch das hoch gebundene, dunkelblaue Kleid des Mädchens, unter dem ein weißes Hemd mit gewebtem Saum zum Vorschein kommt. Im Umfeld von Ghirlandaios Florentiner Werkstatt sind weitere Damenbildnisse entstanden, die Tugend und Keuschheit betonen, so ein Gemälde des Malers Agnolo di Domenico del Mazziere (1466–1513) von 1485 bis 1490, auf dem der an der unteren Bildkante angebrachte Schriftzug »Noli me tangere« (»Rühr mich nicht an«) die moralisierende Aussage unterstreicht (Abb. 1).

Abb. 1 Agnolo di Domenico del Mazziere, Bildnis einer jungen Frau, 1485–1490, Tempera (?) auf Pappelholz, Gemäldegalerie, Berlin

Entscheidend für die Deutung und die Wirkung des Altenburger Werkes ist der Hintergrund, den Ghirlandaio farblich souverän auf die Figur abgestimmt hat. Hinter einer niedrigen Brüstung verläuft ein Fluss, von dessen Ufer aus sich eine weite Landschaft aufbaut. Sanfte, mit Gras bewachsene Hügel gehen

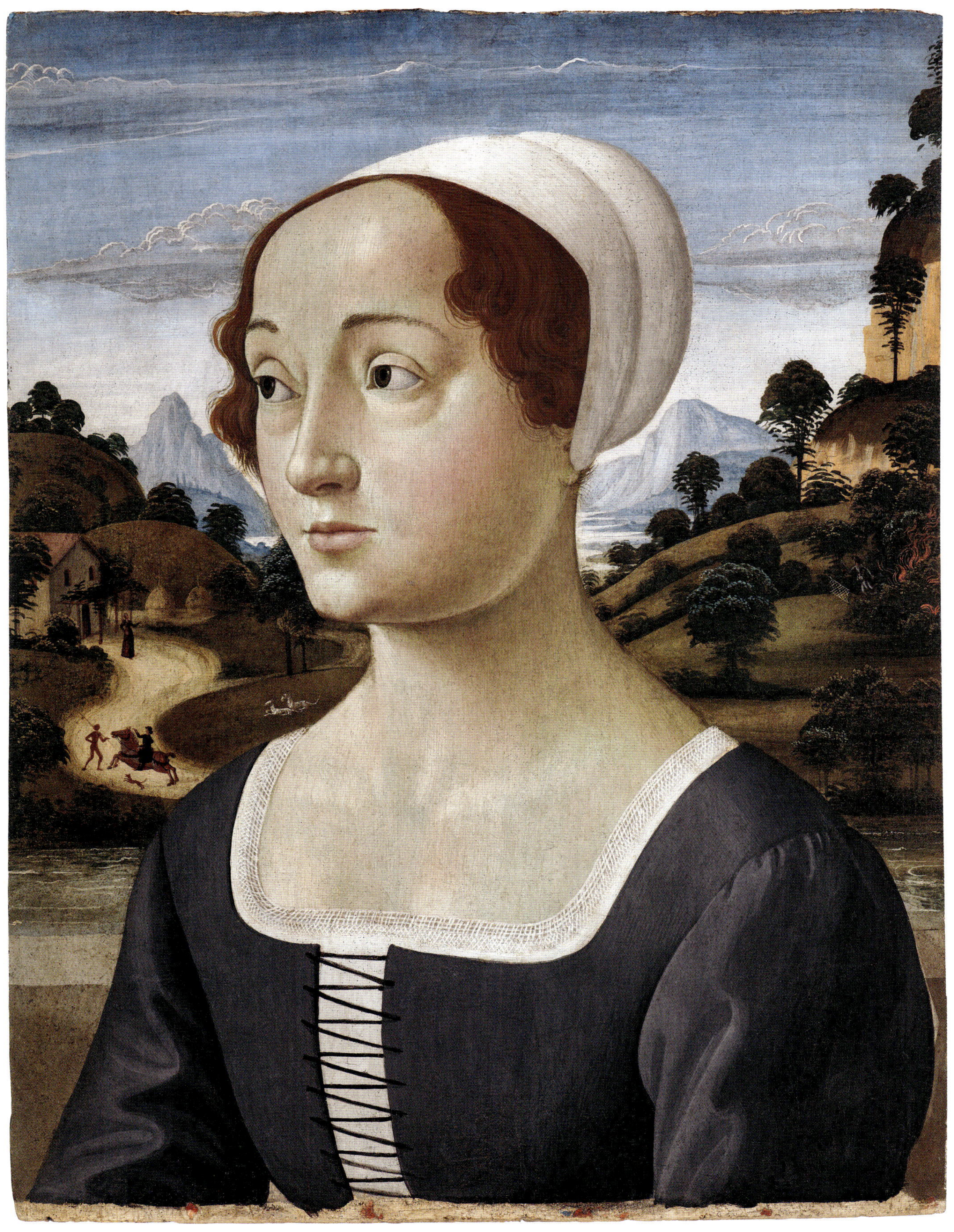

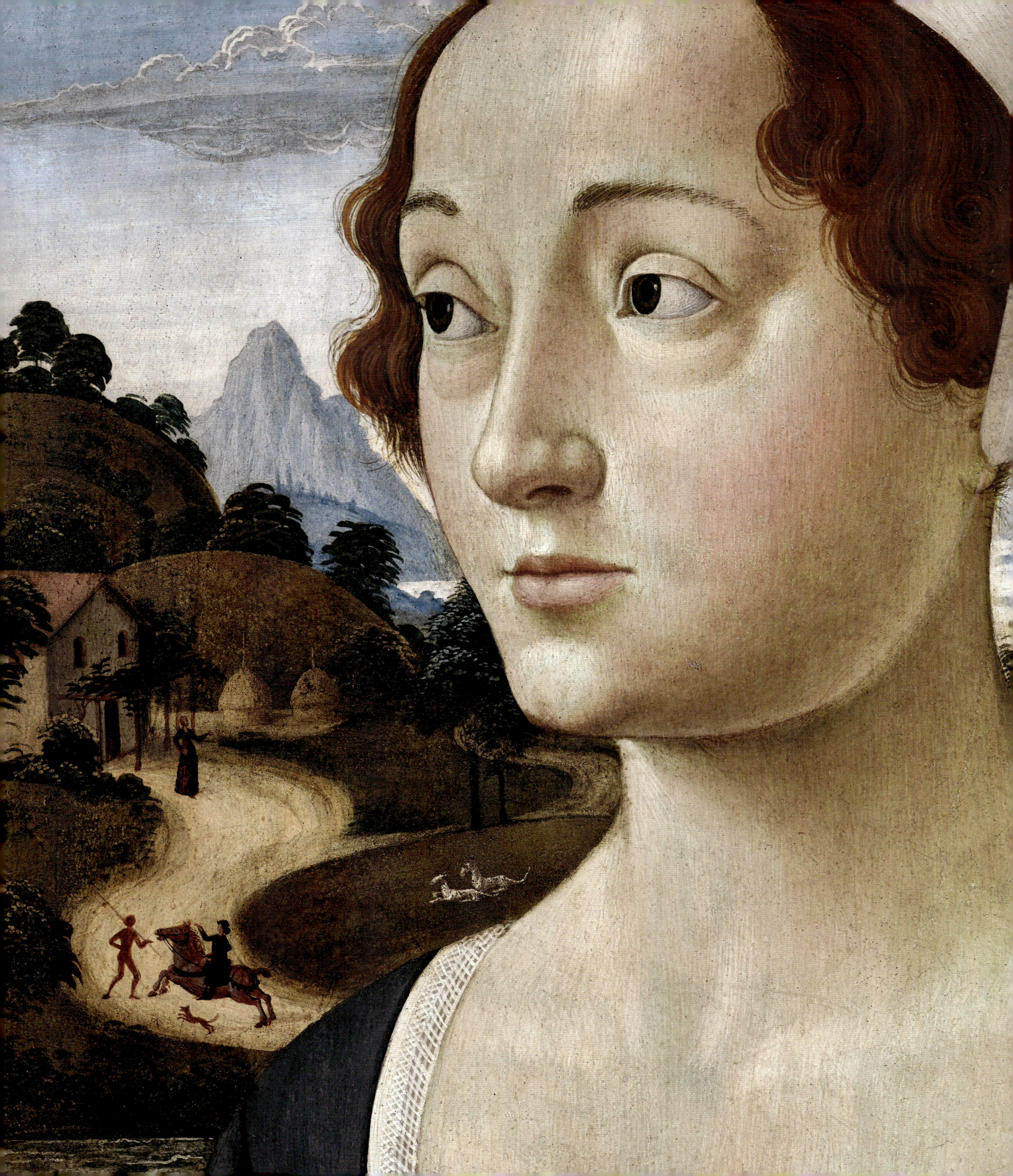

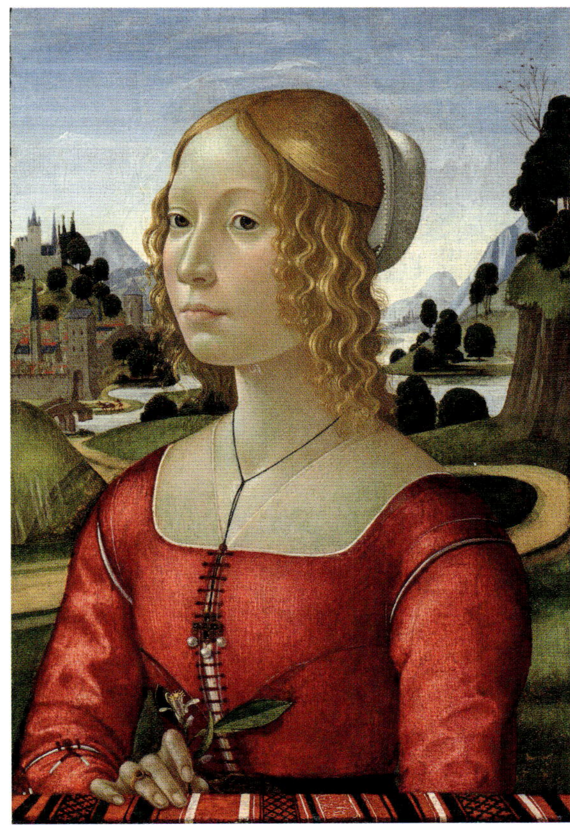

Abb. 2 Domenico Ghirlandaio, Bildnis einer jungen Dame, um 1490, Tempera und Öl auf Holz, The Clark Art Institute, Williamstown

mit zunehmender Bildtiefe in ein Gebirge über, in das der Kopf der Dargestellten perfekt eingepasst ist, wodurch er zusätzliche Ruhe und Halt erfährt. Wo die Gipfel der Berge den fernen Himmel berühren, färbt sich dieser leicht rötlich und kündigt den Abend an.[1] Zwischen der verblauenden Gebirgslandschaft und den sattgrünen Hügeln im Mittelgrund erstreckt sich ein See. Links über der Schulter der Dame ist ein Reiter in vollem Lauf zu sehen, der von einer weiteren Person mit einem langen Stock begleitet wird. Vor dem Pferd versucht ein kleiner Hund mit seinem Herrn Schritt zu halten, während zwei größere weiße Jagdhunde rechts auf der Wiese ruhen. Ein gewundener Weg führt die Gruppe zu einem Haus mit Pergola, vor der eine Frau steht. Dahinter befinden sich zwei Hütten mit kegelstumpfartigen Dächern. Vielleicht handelt es sich dabei um Schießhütten, von denen aus auf Tiere gefeuert werden konnte. So könnte die Szene als Heimkehr von einer Jagd gedeutet werden und die Dame als Frau eines Jägers, die im Hintergrund ihren Mann empfängt. Das Jagdmotiv taucht auch am rechten Bildrand auf, wo eine fliehende Figur vor einem brennenden Busch auszumachen ist. Offenbar wurde hier ein Feuer gelegt, damit die aufgeschreckten Vögel in die Falle des davor gespannten Netzes fliegen.

Da wir den Namen der dargestellten Person nicht wissen, entzieht sich die exakte Deutung des Bildnisses unserer Kenntnis. Möglicherweise stehen die Anspielungen im Hintergrund als *caccia amorosa* auch allegorisch für die Jagd nach Glück und Liebe.[2] Weitgehend gesichert ist hingegen die Zuschreibung der Tafel an Ghirlandaio, einen der führenden Maler aus Florenz im letzten Drittel des Quattrocento. Auf den Meister verweisen die bestechende Behandlung des Inkarnats und die darauf sich abzeichnenden Lichtreflexe. Maltechnisch finden sich große Übereinstimmungen zu anderen Porträts Ghirlandaios (Abb. 2) und zu den Figuren in der Cappella Sassetti in der Florentiner Kirche Santa Trinita. In der Gestaltung der Landschaft bediente sich der Maler Vorbildern aus der niederländischen Malerei, allen voran Hans Memlings (um 1433/40–1494). Dessen Porträts waren in weite, atmosphärische Landschaften eingebettet. Überhaupt stand die Entwicklung der Porträtmalerei in Florenz seit etwa 1450 in enger Verbindung zum Norden, greifbar vor allem in der Loslösung vom Profil, der psychologischen Durchdringung der Person und der Verlagerung vom Innenraum auf einen durchfensterten Balkon, eine Brüstung oder eine Loggia.

Benjamin Rux

1 Ob es sich um den Morgen oder den Abend handelt, ist nicht genau zu klären.

2 Vgl. die Deutung bei Ausst.-Kat. Florenz 2005, S. 91–93, Kat. 17 (Francesca Pasut).

52

GIOVANNI BATTISTA BERTUCCI D. Ä. (Faenza um 1465–1516) UND WERKSTATT

FÜNF VON ACHT TAFELN EINER RAUMAUSSTATTUNG

um 1515

a) Brustbild eines Gelehrten, gehalten von Putten

Tempera auf Fichtenholz, 54,5 × 111,3 cm

b) Brustbild eines antiken Philosophen, gehalten von Putten

Tempera auf Fichtenholz, 54,5 × 111,0 cm

c) Groteske mit großer geflügelter Maske

Tempera auf Fichtenholz, 72,0 × 102,0 cm

d) Groteske mit den Tugenden Caritas/Magnanimitas und Prudentia

Tempera auf Fichtenholz, 61,0 × 125,0 cm

e) Groteskenkandelaber mit zwei Putten

Tempera auf Fichtenholz, 74,3 × 65,0 cm

Lindenau-Museum Altenburg, Inv. 116–118, 120, 123

Provenienz: 1843 von dem Maler Luigi Cochetti in Rom erworben.

Literatur: Quandt/Schulz 1848, S. VIII; Oertel 1961, S. 166–167; Zeri 1964, S. 53; Todini 1989, Bd. 2, S. 211; Dacos 1994, S. 319–320; Cavallaro 1999, S. 247–250; Scholl 2010, S. 12–19; Tambini 2015, S. 156–157.

Die für 400 Scudi als Werke des umbrischen Malers Pinturicchio (um 1452–1513) erworbenen Bildtafeln setzen sich aus vier Tafelpaaren zusammen, die einst eine *camera* (Schlaf- und Studierzimmer) in einem Palazzo in Faenza geschmückt haben sollen. Zwei dieser Tafeln (Kat. 52a–b) gehörten zu einem Fries, der unterhalb der Decke verlief. Die drei weiteren Tafelpaare sind jeweils als Gegenstücke gemalt und zierten vermutlich eine Holzdecke, in die sie in Kassettenfelder eingelassen waren. Das Mittelfeld dieser Decke zeigte vier Tugenddarstellungen, je zwei auf einer Tafel (Kat. 52d, Inv. 121 [nicht ausgestellt]). Heute wissen wir, dass sie von Giovanni Battista Bertucci d. Ä. angefertigt wurden. Über seine künstlerische Ausbildung ist nichts bekannt. Seine Arbeiten zeigen jedoch, dass er früh in den Wirkungskreis der umbrischen Schule eintrat. Daneben sind Einflüsse der toskanischen Schule, aber auch Einwirkungen von Bologneser und Ferrareser Malern zu beobachten.

Die fülligen Bildmotive sind symmetrisch miteinander verknüpft. Figuren, Tiere, Mischwesen, geflügelte Masken, Füll- oder Trinkhörner und Gefäße stehen dabei bildmäßig – unter Angabe von Schlagschatten – vor schwarzbraunem und rotbraunem Grund. Sie unterscheiden sich daher von der antiken Groteske, die vor einem unendlichen, nicht definierbaren Raum zu schweben scheint, ohne Schatten zu werfen. Hier handelt es sich um eine Art der Groteske, die speziell in Florenz anzutreffen ist und für die auf Maler wie Filippino Lippi (um 1457–1504), Andrea di Cosimo Feltrini (1477–1548) und Ridolfo del Ghirlandaio (1483–1561) verwiesen werden kann. Die Typisierung der Figuren deutet hingegen merklich auf die umbrischen Maler Pinturicchio und Perugino (um 1450–1523) hin. Ein starker Indikator für Zuschreibungen an Bertucci sind seine Putten- und Kinderdarstellungen, deren Gesichter charakteristisch sind und deren Körper und Arme von Weichheit und Schlaffheit zeugen.

Dem ausgefeilten Bildprogramm liegt eine Ikonographie zugrunde, die neuplatonische, orphisch-pythagoreische und christliche Inhalte miteinander verknüpft. Es geht um den Gott der Ekstase, der Unterwelt und der Erde. Sein Wesen nährt »eine uralte Furcht vor dem Unkontrollierbaren«. Dionysos ist

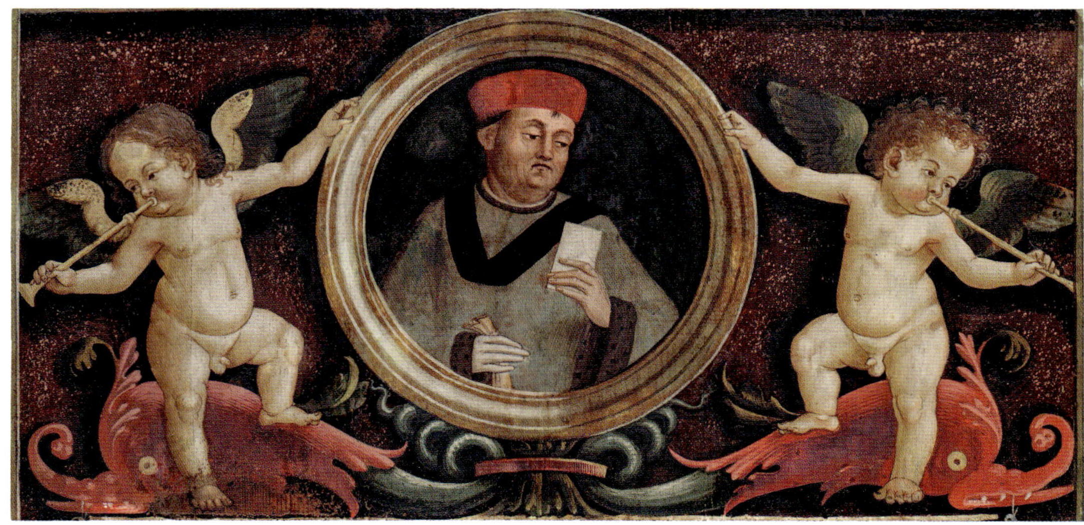

a)

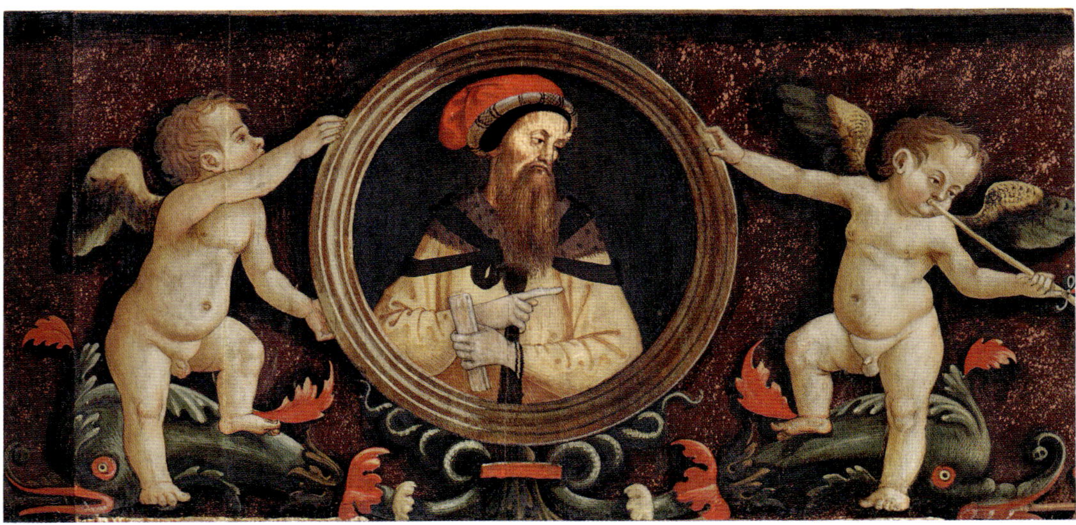

b)

der »dunkle [...] Gott, der mit seinen Anhängern angewirbelt kommt in einem Sturm aus Trompeten und Zimbeln und metallischen Klängen und der die Ordnung der Dinge zerreißt, so wie seine Anhänger Tiere zerfetzen.«[1]

Die Friestafeln (Kat. 52a–b) geben eine Motivabfolge zu erkennen. Beide zeigen im Rundbild einen weltlichen Gelehrten der Renaissance (Kat. 52a) bzw. einen antiken Philosophen (Kat. 52b). Die Besonderheit, dass der Gelehrte mit der rechten behandschuhten Hand den ausgezogenen linken hält, weist auf den gesellschaftlichen Rang der Person hin. So deutet auch sein Habit, dass der Renaissancezeit entspricht, auf einen Rechtsgelehrten und Vorsteher im Rat der Ältesten hin. Der Brief in der erhobenen linken Hand bekräftigt den offiziellen Charakter des Bildnisses. Den antiken Philosophen kennzeichnet die in der Linken gehaltene Schriftrolle. Seine weißen Fingerhandschuhe spielen offenbar auf die höchste ethisch-moralische Anerkennung seiner Person und seines Berufsstandes an. Die Typisierung weist auf den Philosophen Sokrates hin. Anhand der Ausrichtung der Figuren kann mit Bestimmtheit gesagt werden, dass diese Tafel den Anfang einer linken Raumecke bildete, wohingegen die zweite eine zentralere Position im Fries innehatte. Beide Tafeln wurden am unteren Bildrand beschnitten. Deutlich ist dies an jener mit dem Gelehrtenporträt zu sehen, denn hier halten beide Delfine Bandschlaufen im Schnabel, an denen wohl eine Kartusche hing.

Teile einer ursprünglich größeren Dekoration sind auch die Bildtafel *Groteske mit großer geflügelter Maske* (Kat. 52c) und ihr Gegenstück (Inv. 119 [nicht ausgestellt]). Bis auf die beschnittene untere Bildkante ist das Bildmotiv vollständig. Die dort stehenden Steingiebel rahmten ehemals ein zentrales

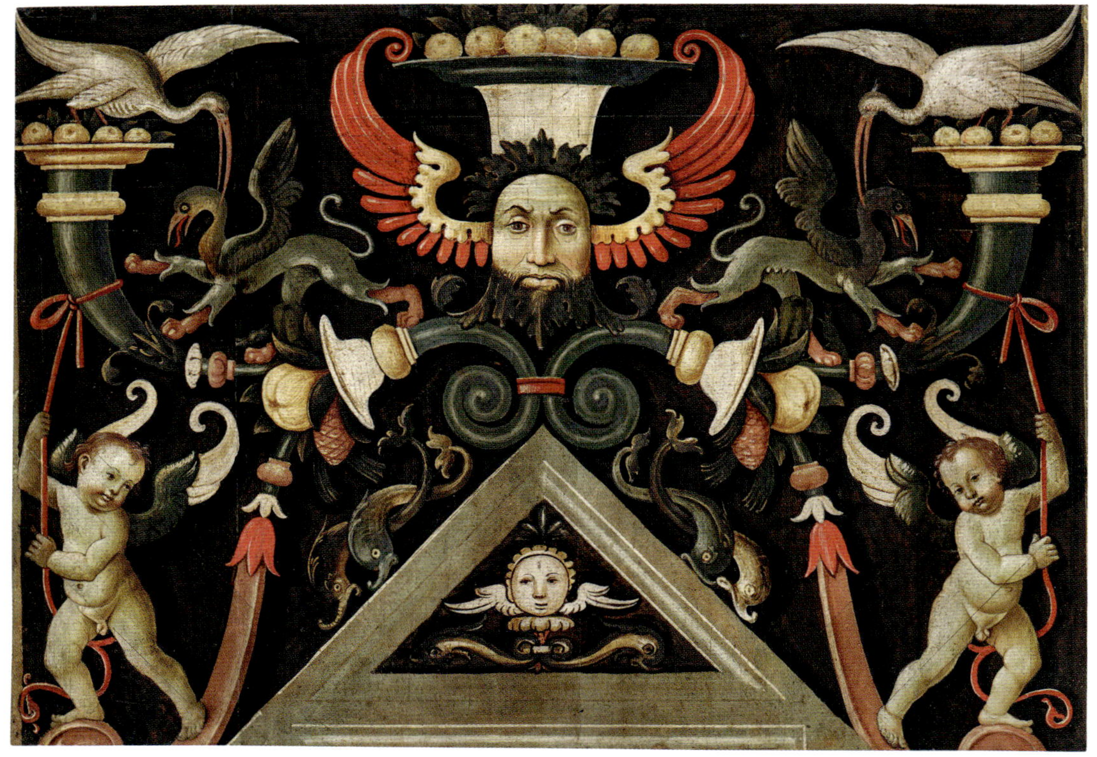

c)

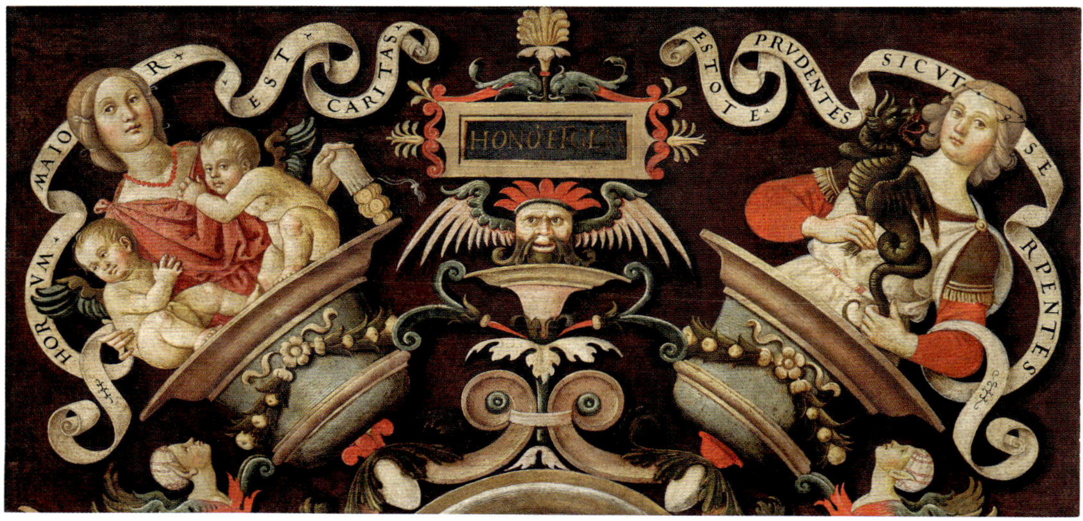

d)

Bildmotiv. Über dem Giebelfeld erscheint eine ausdrucksstarke männliche Maske, deren Schläfen leuchtendrote und gelbe Flügel zieren. Es handelt sich um den stets mit Bart und in reiferem Mannesalter dargestellten Dionysos Sabazios. Ein henkelloser Kantharos mit flacher Schale, auf der Früchte liegen, die von Ibisvögeln gehütet werden, krönt sein Haupt. Bei dem phrygisch-thrakischen Dionysos Sabazios handelt es sich um eine pantheistische Gottheit mit solaren, generierenden Eigenschaften. Auf die an keinen Ort gebundene Erscheinung des Gottes und seine Vermengung mit Apoll als solare Gottheit verweisen die leuchtenden Flügel.[2] Die Greifen, die aus einem Vogelkopf und einem Löwenleib zusammengesetzten Begleittiere des Dionysos in der Unterwelt, betonen das unterirdische Dasein des Sabazios. Sie sind Seelenbegleiter, wobei die Zitzen des weiblichen Tieres auf die Wiedergeburt von Seelen hinweisen.

Die Tafel mit den Tugenden Caritas/Magnanimitas (Nächstenliebe/Großherzigkeit) und Prudentia (Klugheit; Kat. 52d) stellt ein Gegenstück zu einer zweiten Tafel mit den beiden

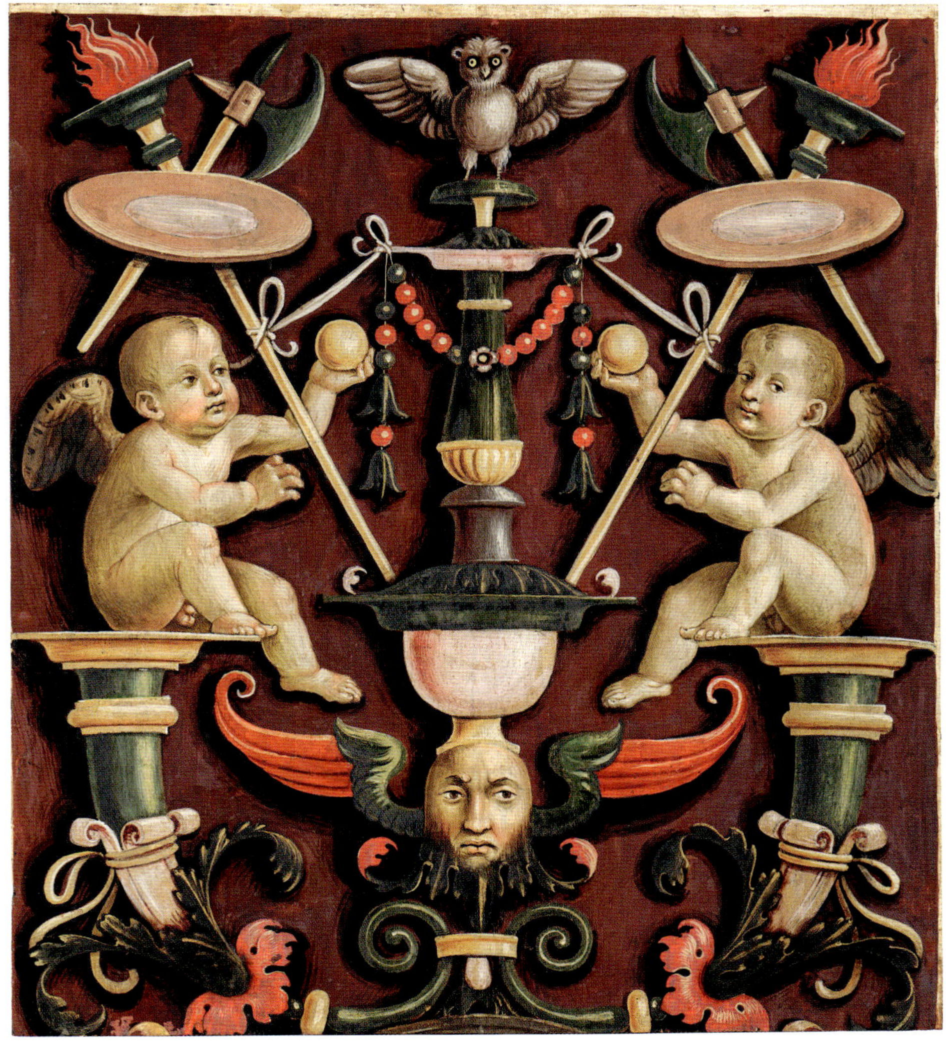

e)

Tugenden Temperantia (Mäßigung) und Iustitia (Gerechtigkeit) dar (Inv. 121 [nicht ausgestellt]). Ihre Tugenden erinnern speziell an Madonnen- und Frauentypen des Perugino, wohingegen diejenigen des Gegenstücks Charakteristiken des Pinturicchio aufweisen. Alle vier Personifikationen werden von Spruchbändern umflattert, die wie die Kartuschen über der kleinen Maske christliche und ethische Inhalte vermitteln. Prudentia, Iustitia und Temperantia als Kardinaltugenden gehen auf antike Tugendlehren zurück. Die vierte Tugend, Caritas/Magnanimitas, die hier die Liebe mit der Großherzigkeit oder Freigiebigkeit verbindet, zählt zu den theologischen Tugenden. Unter den Tugenden liegen die Laster als vernunftwidrige Naturen schmachtend auf der Lauer.

Die Bildtafel mit einem Groteskenkandelaber (Kat. 52e), die ebenfalls ein Gegenstück (Inv. 122 [nicht ausgestellt]) besitzt, gibt anhand der teils verbliebenen weißen Malkanten zu erkennen, dass es sich um den obersten Teil eines zu den Seiten hin abgeschlossenen Motivs handelt. Der zepterartige Aufbau mit angebundenen Kultgegenständen erinnert an ein antikes häusliches Kultmal (*agyieus*), das eine abschreckende Türhüterfunktion hatte. Die geflügelte Maske, wohl der unansehnliche Priapos, verkörpert die Wollust, verstärkt durch den Genuss des Weines. Über diese Begierde triumphiert die herbeigeflogene *civetta* (Käuzchen/Eule), Attribut der Pallas Athene und Symbol der Weisheit und Wissenschaft.[3]

Wiebke Fastenrath Vinattieri

1 Vgl. Blom 2018, S. 75–85, Zitate S. 81.

2 Sophokles hat in seiner Tragödie *Antigone* die »epiphanische Mobiltität« des Dionysos mit den von Efeu und Wein umrankten Kultorten, die er besucht, poetisiert, vgl. Henrichs 2008, S. 18–27: 27; vgl. auch Macrobio 1997, I Saturnali I, 18 [7–16], S. 269–271.

3 Eine ausführliche Studie der Verfasserin wird vom Lindenau-Museum Altenburg 2024 als Online-Publikation veröffentlicht.

53

TIMOTEO VITI (Urbino 1469–1523)

BRUSTBILD EINES KARDINALS (IPPOLITO I. D'ESTE?)

1511–1514, Tempera auf Nussbaumholz, 56,0 × 48,0 cm

Lindenau-Museum Altenburg, Inv. 170

Provenienz: 1851 aus dem Nachlass des Kunsthändlers Weiß, Dresden, erworben.

Literatur: Oertel 1961, S. 205–207.

Das Herstellen von Bildnissen für Herrscher, klerikale Würdenträger und Hofangehörige gehörte zu den wichtigsten Aufgaben eines Malers in der Renaissance. Porträts kamen den Repräsentationsbedürfnissen der Dargestellten nach und hielten das Andenken an sie nach dem Tod lebendig. Bevorzugte Medien der Bildniskunst waren Medaillen, Büsten und Gemälde. Auch Ippolito I. d'Este (1479–1520) ließ sich porträtieren, und das gleich von mehreren Künstlern. Das heute berühmteste Porträt des Kardinals fertigte Raffael (1483–1520) um 1503 bis 1505 (Museum of Fine Arts, Budapest).

Einige Jahre darauf stellte Timoteo Viti den Kardinal im Alter von etwa 35 Jahren dar, als dieser sich in Ferrara aufhielt. Ippolito wendet sich mit nach links gedrehtem Kopf den Betrachtenden zu. Aufmerksam heftet er seine großen tiefgrünen Augen auf sein Gegenüber. Blick und Physiognomie verraten eine gewisse Unsicherheit und Distanz. Bestimmt wird das Gesicht von der leicht gebogenen langen Nase, die an den Enden der hohen Augenbrauen ansetzt und zu einem schmalen geschlossenen Mund überleitet. Auf seinem Kopf sitzt ein leuchtend rotes Birett, unter dem sein schwarzes Haar bis zur Höhe des Mundes herabfällt und die Ohren ganz verdeckt. Als Ausweis seiner Kardinalswürde trägt Ippolito eine purpurrote Mozzetta, die nur auf Höhe der Brust geknöpft ist. Darunter werden das weiße Rochett und die schwarze Soutane sichtbar. Im Kontrast zum schmalen Gesicht des jungen Kardinals wirkt der verhüllte Körper voluminös. Die unter der Mozzetta hervorschauenden Ärmel sind gerafft und verraten eine wahrscheinlich sitzende Position des Porträtierten.

Ippolito I. d'Este entstammte dem Herrschergeschlecht der Este, die seit dem 15. Jahrhundert als Herzöge Ferrara regierten. Er war der Bruder der berühmten Mäzenatin und Kunstsammlerin Isabella d'Este (1474–1539) und des gleichfalls kunstsinnigen Herzogs Alfonso d'Este (1476–1534). Ippolito, für den die Familie eine klerikale Karriere vorgesehen hatte, verbrachte seine Kindheit als Erzbischof in Ungarn und wurde bereits mit 14 Jahren von Papst Alexander VI. (1492–1503) zum Kardinal ernannt. Zu seinem Umfeld gehörten nicht nur Maler, sondern auch der Humanist und Poet Ludovico Ariosto (1474–1533), der ihm 1516 sein Epos *Orlando furioso* (*Der rasende Roland*) widmete.

Ein Gemälde Bartolomeo Venetos (nachweisbar 1502–1530), das ebenfalls den jungen Kardinal darstellt, steht in enger Verbindung zu vorliegendem Bild.[1] Auf der Rückseite befindet sich ein Kardinalswappen, das die Identität des Dargestellten klärt. Die Köpfe ähneln sich trotz der blasseren Hautfarbe bei Veneto stark, sodass eines als Kopie des anderen zu verstehen ist oder beide auf ein gemeinsames Vorbild rekurrieren. Eine weitere Fassung des Porträts, die Lorenzo Lotto (1480–1556/57) zugeschrieben wurde, könnte ebenfalls aus der Hand Venetos stammen.[2] Zieht man eine Viti zugeschriebene Zeichnung eines Kopfes im Museé des Beaux Artes in Lille in Betracht, die große Ähnlichkeit mit dem Porträt Ippolitos aufweist, so nährt sich der Verdacht, wonach Viti der Urheber des Originals sei.[3]

Timoteo Viti arbeitete vor allem in seiner Heimatstadt Urbino am Hof der Herrscherfamilie Montefelto. Nachdem Giovanni Santi (1439–1494; Kat. 25), der Vater Raffaels (1483–1529), verstorben war, wurde Viti 1495 dort zu dessen Nachfolger als Hofmaler ernannt. Dabei unterrichtete er auch den jungen Raffael, bevor dieser nach Perugia zu Pietro Perugino (um 1450–1523; Kat. 37) in die Lehre ging. Später traf er Raffael in Rom wieder, der dort zum gefragtesten Maler aufgestiegen war und nunmehr Viti für die Ausmalung der Cappella Chigi in Santa Maria della Pace engagierte.[4]

Benjamin Rux

1 Vgl. Pagnotta 1997, Nr. 13. Das Gemälde befindet sich in einer Privatsammlung.

2 Zu diesem Werk, das sich ehemals in der Sammlung Otto H. Kahn, New York, befand, vgl. Berenson 1955, S. 48–49.

3 Die Verbindung zur Zeichnung in Lille findet sich bei Fastenrath Vinattieri, deren Untersuchung zu diesem Bild vom Lindenau-Museum Altenburg 2024 als Online-Publikation veröffentlicht wird.

4 Die ausführliche Biographie bei Procaccini 2020. Vgl. außerdem Cleri 2008; La France 2013, S. 126–135.

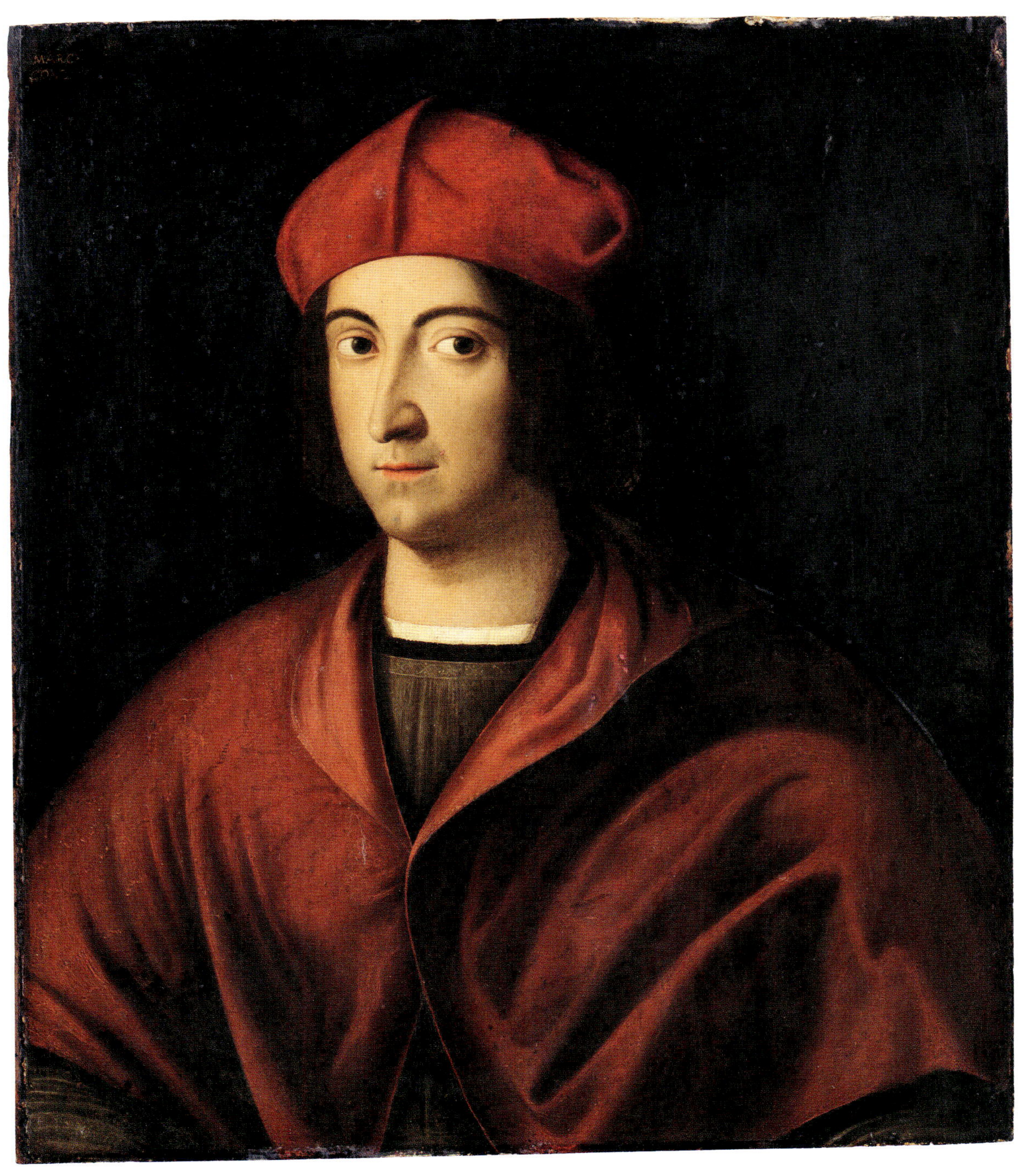

54

NICOLA GIOLFINO (Verona 1476–1555)

ZWEI SZENEN EINER CASSONE

um 1530

a) Mucius Scaevola verletzt den Schreiber des Porsenna

Tempera auf Fichtenholz, 24,0 × 28,0 cm

b) Mucius Scaevola kehrt in Begleitung von Porsenna nach Rom zurück

Tempera auf Fichtenholz, 24,3 × 28,0 cm

Lindenau-Museum Altenburg, Inv. 190–191

Provenienz: 1842 aus der Sammlung Christian Ferdinand Hartmann, Dresden, erworben.

Literatur: Ausst.-Kat. Dresden 1842, S. 2, Kat. 22, 30; Oertel 1961, S. 204–205; Repetto 1961/62, S. 219–221, 247; Repetto 1974, S. 158; Vinco 2018, S. 352–353, Nr. 114.1–2.

Nicola Giolfino, der bei Liberale da Verona (um 1445–1527/29; Kat. 1c) das Malerhandwerk erlernte, ist eine der wichtigsten und produktivsten Künstlerpersönlichkeiten im Verona des 16. Jahrhunderts. Dort installierte er seine eigene, insbesondere auf die nahezu serielle Produktion von Cassoni (Truhen zur Aufbewahrung) hochgradig spezialisierte Werkstatt, was die zwei Tafeln als die beiden erhaltenen Teilstücke der einst wohl in drei Bildfelder unterteilten Schaufront einer solchen Cassone eindrucksvoll belegen (Abb. 1).

Generalthema des Sets in Altenburg ist hierbei das republikanische Wertesystem und Selbstverständnis der Kommune von Verona. So wird bei *Mucius Scaevola kehrt in Begleitung von Porsenna nach Rom zurück* links und rechts des Stadttores mit topographisch exakt geschilderten Kulissenbauten – dem mächtigen Rundbau der Arena auf der Piazza Bra und der Domus Mercatorum mit den markanten Arkadenbögen auf der Piazza delle Erbe – wie in Giolfinos Predella mit Szenen aus dem Leben der heiligen Barbara (nach 1524–vor 1533, Museo di Castelvecchio, Verona) auf dessen besondere Rolle als »zweites Rom« angespielt (Kat. 54b). Als Trägerin einer gelehrten, aber fiktiven Selbstdeutung und eines neuen politischen Bewusstseins sollte es an die vermeintlich glorreiche Vorzeit der Republik anknüpfen. Dies entzündete sich an der Sage um Bürgerstolz und Bürgertugend des frührömischen Heros Gaius Mucius Cordus als patriotische Identifikationsfigur und nachahmenswertes Vorbild. Recht ausführlich beschrieben wird die Sage im lediglich fragmentarisch überlieferten Geschichtswerk *Ab urbe condita*[1] des Titus Livius (59 v. Chr.–17 n. Chr.), das im 15. und 16. Jahrhundert zum Basiswissen um antike Ikonographie der Geschichte Roms zählte und dem auch Nicola Giolfino nahezu wortgetreu folgt: Die um 508/507 v. Chr. erfolgte und als Schande empfundene Belagerung Roms durch die Etrusker will der junge, in modische Tracht gekleidete Adlige Gaius Mucius Cordus beenden, indem er deren in einer *all'antica* ausstaffierten Palastarchitektur auf dem Faldistorium (Faltstuhl) thronenden König Porsenna tötet (Kat. 54a). Dadurch sucht er die einstige Größe Roms wiederherzustellen. Freilich missglückt das Attentat: Mucius ersticht versehentlich Porsennas Schreiber, der soeben den Sold an die Soldaten ausbezahlt und sich mit der bedeutungsschwer

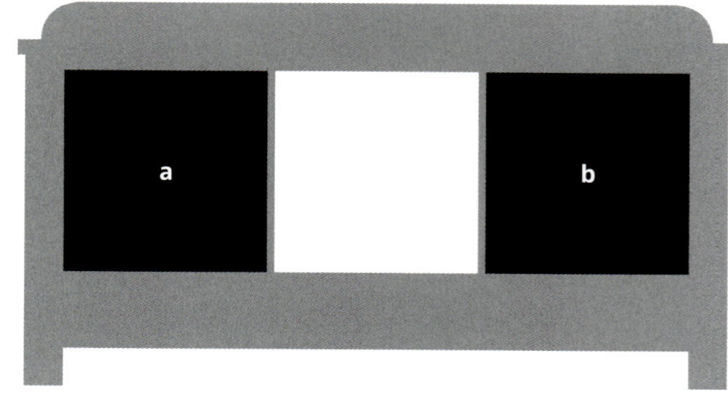

Abb. 1 Verortung der Tafeln im Aufbau der Cassone

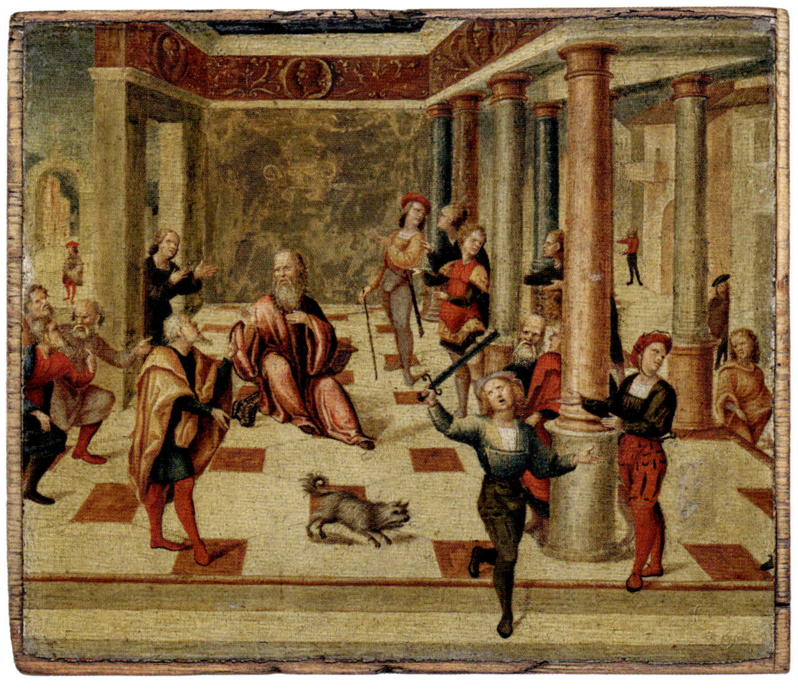

a)

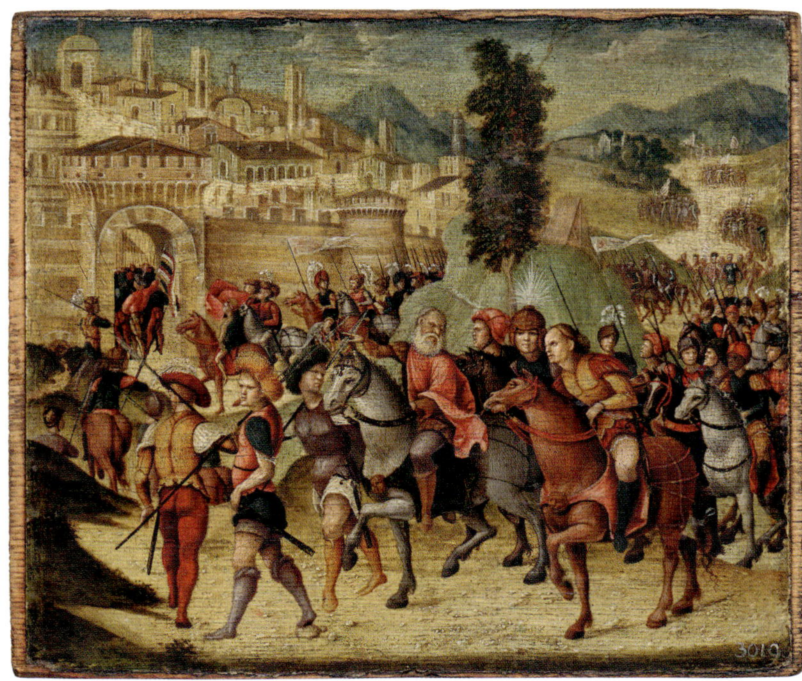

b)

erhobenen Linken erschrocken seinem Herrn zuwendet. Daraufhin will im Vordergrund der Attentäter mit dem abgebrochenen Schwert aus dem feindlichen Lager fliehen, wird aber von der durch lautes Hundegebell in Aufruhr herbeiströmenden Menge ergriffen. Sodann von Porsenna im Verhör mit dem Feuertod bedroht, sollte er nicht die Hintergründe seines Anschlags aufdecken, handelt Mucius tugendhaft und selbstlos, indem er im möglicherweise verlorenen Mittelstück als der dramatischen Kernszene seine rechte Hand in das Feuer eines Opferbeckens hält und verbrennen lässt, um seine und Roms Entschlossenheit zu beweisen. Deshalb erhält er den Beinamen »Scaevola« (Linkshänder) und wird ob seines unerschütterlichen Mutes freigelassen. Ein unüberschaubarer Tross aus Reitern und Fußsoldaten mit Lanzen und Fahnen – freie Zitate nach Albrecht Dürers (1471–1528) *Sechs Kriegsleute* (um 1495/96) sowie *Fahnenschwinger* (um 1501), was den auf der Tafelrückseite in schwarzer Tinte ausgeführten Schriftzug »Di Alberto Duro« erklärt – nähert sich auf der zweiten Tafel der Ewigen Stadt, wo Porsenna schließlich Frieden mit den Römern aushandeln und sein Heer abziehen wird.

Tobias Ertel

1 Entstanden 26 v. Chr.–17 n. Chr., hier Buch II, Kap. 12, Vers 1 bis Kap. 13, Vers 5.

DREIDIMENSIONAL!

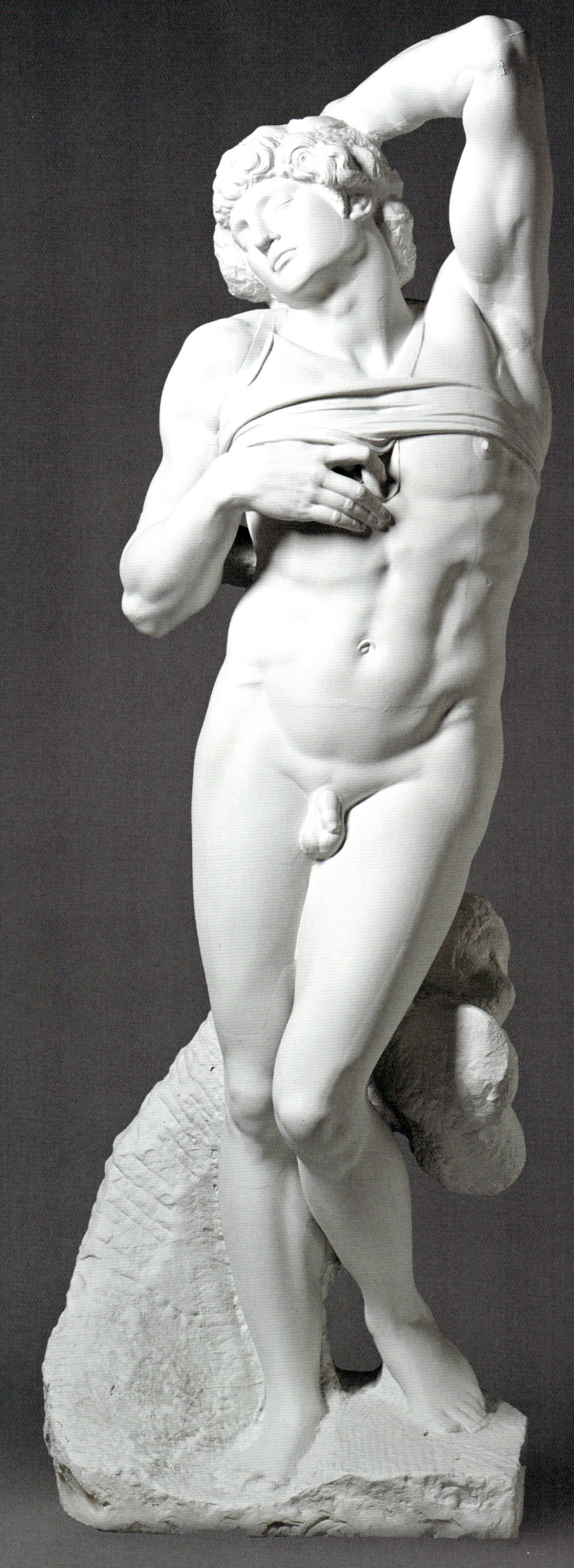

DREIDIMENSIONAL! SAKRALE UND PROFANE WERKE DER ABGUSSSAMMLUNG

JUTTA GÖTZMANN

Bernhard August von Lindenau (1779–1854) rief 1848 neben der Kollektion frühitalienischer Tafelgemälde auch eine bemerkenswert große Abgusssammlung ins Leben. Ihr ursprünglicher Umfang lässt sich mit rund 150 Gipsabgüssen beziffern, die nach Plastiken und Reliefs aus der Zeit der Antike, der Renaissance und des Klassizismus gefertigt wurden.

Nicht der Wert des Originals bestimmte Lindenaus Sammlerintention, sondern der Wunsch, seine Kollektion der öffentlichen Bildung, der Ausbildung der Ästhetik und der Kunstvermittlung zugutekommen zu lassen. Außerdem befanden sich viele skulpturale Meisterwerke bereits in anderen prominenten Sammlungen oder wurden – nach Aussage Lindenaus – zu unerschwinglichen Preisen über den Kunstmarkt angeboten.

Die Auswahl der Ausstellung bietet einen Überblick über die Entwicklung der italienischen Renaissanceskulptur, die in ihrer Wechselwirkung mit der Malerei der Zeit von großer Bedeutung ist. So weisen zu Beginn des 15. Jahrhunderts skulpturale Werke Lorenzo Ghibertis (1378/81–1455) – analog zu Altarbildern Lorenzo Monacos (um 1370–um 1425; Kat. 44) – Stilformen der Internationalen Gotik auf.

Der Beginn einer neuen künstlerischen Ausrichtung zeichnet sich in den Jahren nach 1400 nicht in der Malerei, sondern in der Skulptur ab. Einen ersten Meilenstein setzen die beiden Bronzereliefs, mit denen sich Lorenzo Ghiberti und Filippo Brunelleschi (1377–1446) um den Auftrag für die zweite Bronzetür des Florentiner Baptisteriums bewarben (Kat. 55b).

Über die größte künstlerische Strahlkraft verfügt hingegen Donatello (um 1386–1466), der zunächst mit seinem *Heiligen Markus* und wenig später, ab 1417 mit der Statue des *Heiligen Georg* bahnbrechende Werke der Frührenaissanceskulptur schuf. Letzterer ist als Gipsabguss in der Altenburger Auswahl vertreten (Kat. 55e).

In der zweiten Hälfte des 15. Jahrhunderts entstand die Büste einer jungen anonymen Frau, die als *Prinzessin von Urbino* (Kat. 55d) näher bezeichnet wird. Über Wilhelm von Bode (1845–1929), der das Original für die heutigen Staatlichen Museen zu Berlin angekauft hat, erfolgte die inzwischen strittige Zuschreibung an Desiderio da Settignano (1430–1464).

Mit Michelangelo (1475–1564), der seine künstlerische Laufbahn als Fünfzehnjähriger im Jahr 1490 am Florentiner Hof des Lorenzo il Magnifico (1449–1492) begann, verbindet sich die Ära der italienischen Hochrenaissance. Die Gipsabformung des originalen, aus weißem Marmor gemeißelten *Tondo Pitti* (Kat. 55f) ergänzt in der Ausstellung die parallelen malerischen Entwicklungslinien in der Figurenkomposition des Cinquecento, die über die gemeinsame Hängung mit den Tondi von Marco Pino (1521–1583; Kat. 12) und Domenico Beccafumi (1484–1551; Kat. 11) anschaulich werden.

In der Ausstellung sind acht Meisterwerke der Renaissance als Gipsabgüsse in den Themenräumen der Marienbilder, der Kunstzentren und der Hofkunst vertreten.

Kat. 55g

55

FRANÇOIS-HENRI JACQUET UND UNBEKANNTE HERSTELLER

DIE SKULPTUR DER ITALIENISCHEN FRÜH- UND HOCHRENAISSANCE IN GIPSABFORMUNG

1845–1855 und 1930er-Jahre

Literatur: Boss 1998; Penndorf 2004, S. 29–35; Reim 2015; Tocha 2022.

Im 19. Jahrhundert erlebte das Herstellen von Gipsabgüssen eine besondere Blüte. Abgüsse gehörten als überaus geschätzte Objekte zum Grundstock von privaten, akademischen und musealen Sammlungen.[1] Auch Bernhard August von Lindenau (1779–1854) wertschätzte sie sehr und führte sie in seiner Sammlung als erste von fünf Kategorien auf, während der Kunsthistoriker Max Schasler dessen Kollektion als nicht weniger bedeutend als jene berühmte Sammlung des Neuen Museums auf der Berliner Museumsinsel bezeichnete (Abb. 1).[2] Lindenau selbst kannte zahlreiche namhafte Sammlungen, darunter die Abgusssammlung des Städelschen Kunstinstituts in Frankfurt am Main sowie jene des Musée du Louvre und der École des Beaux-Arts in Paris.

In der Freiburger Ausstellung laden ausgewählte Abformungen nach Meisterwerken der Früh- und Hochrenaissance zu einem vergleichenden Dialog mit der Malerei ein, der im 15. Jahrhundert in der Paragone-Debatte um die Rangfolge von Malerei und Bildhauerei das Primat zugesprochen wurde.

Zu den Wegbereitern der italienischen Frührenaissance zählen die reliefverzierten und vergoldeten Bronzetüren des Nord- und Ostportals des Florentiner Baptisteriums, der eigentlichen Taufkirche von Florenz. Entstanden sind sie im Auftrag der Florentiner Großzunft, der Arte dei Mercanti di Calamala. Vorausgegangen war mit dem Südportal die erste der drei Türen, für die zwischen 1330 und 1336 Andrea Pisano (um 1290–1348/49) verpflichtet wurde (Kat. 55a). Die Gesamteinteilung der Türen bestimmen quadratische Relieffelder mit einheitlich gotischer Vierpassrahmung.[3]

Der Auftrag für die zweite Bronzetür wurde über den bekannten Wettbewerb von 1401 vergeben, der oft als Katalysator der Frührenaissance bezeichnet wird. Unter den beteiligten Künstlern waren auch Lorenzo Ghiberti (1378/81–1455) und Filippo Brunelleschi (1377–1446), deren Probereliefs zur *Opferung des Isaak* (Museo Nazionale del Bargello, Florenz) sich erhalten haben.[4]

Wie es das Wettbewerbsbeispiel belegt, sollten zunächst für das Nordportal Szenen des Alten Testaments unter Beibehaltung der traditionellen Vierpassgliederung dargestellt werden. Mit Ghiberti, der als Sieger hervorging, änderte sich das Programm jedoch zugunsten von Szenen aus dem Leben Jesu. In der Ausstellungsauswahl wird der Gipsabguss der *Gefangennahme Christi* gezeigt (Kat. 55b).

Die hohe Zufriedenheit der Auftraggeber verschaffte Ghiberti 1424 die unmittelbare Folgebeauftragung für die dritte Tür. Der Florentiner Kanzler und Humanist Leonardo Bruni (1369–1444) entwarf das Bildprogramm und Ghiberti gelang es, sein eigenes Gliederungssystem umzusetzen.[5] Er führte zwischen 1425 und 1452 die Tür mit zehn großformatigen Reliefkassetten und figurenbesetzter Umrahmung aus, die aufgrund ihrer außerordentlichen Schönheit einen Ehrenplatz am Ostportal erhielt. Das in der Altenburger Sammlung befindliche Relief der Paradiestür gehört zu den wenigen existierenden Gipsabformungen, die ansonsten nur noch in Berlin und Florenz vertreten sind. Es zeigt die *Erschaffung Adams und Evas*, den *Sündenfall* und die *Vertreibung aus dem Paradies* (Kat. 55c und S. 98, Abb. 4). Ghibertis Original befindet sich als oberstes Relief auf dem linken Türflügel.

Für die Skulptur der Frührenaissance ist Donatello (um 1386–1466) die zentrale Künstlerpersönlichkeit in Florenz, hier vertreten mit der Abformung des *Heiligen Georg* (Kat. 55e), der als originale leicht überlebensgroße Marmorstatue für ein Tabernakel an der Außenfassade von Orsanmichele in Florenz um 1416/17 entstanden ist (Museo Nazionale del Bargello, Florenz; S. 106, Abb. 12). Die physiognomische Individualisierung, die Jugendlichkeit und kühne Entschlossenheit durchziehen die gesamte Figurenkomposition – von Kunstschriftstellern der Renaissance ist der *Heilige Georg* das am meisten gepriesene Werk Donatellos.[6]

Die Gipsabformung der Marmorskulptur schuf François-Henri Jacquet (1778–nach 1854), ehemaliger Leiter der Abgusswerkstatt der Akademie der schönen Künste in Paris 1853, im unmittelbaren Anschluss folgte von ihm 1853/54 der *Sterbende Sklave* Michelangelos (1475–1564), dessen Marmororiginal sich heute im Pariser Musée du Louvre befindet (Kat. 55g und S. 108, Abb. 13). Beide Werke sind in leichter Überlebensgröße gearbeitet und in der Ausstellung auf zwei Ausstellungsebenen raummittig positioniert.

Michelangelo ist als künstlerische Leitfigur der Hochrenaissance mit dem zunächst als »Figur« dann als »Gefangener« bezeichneten *Sterbenden Sklaven* Bestandteil der Ausstellung.[7]

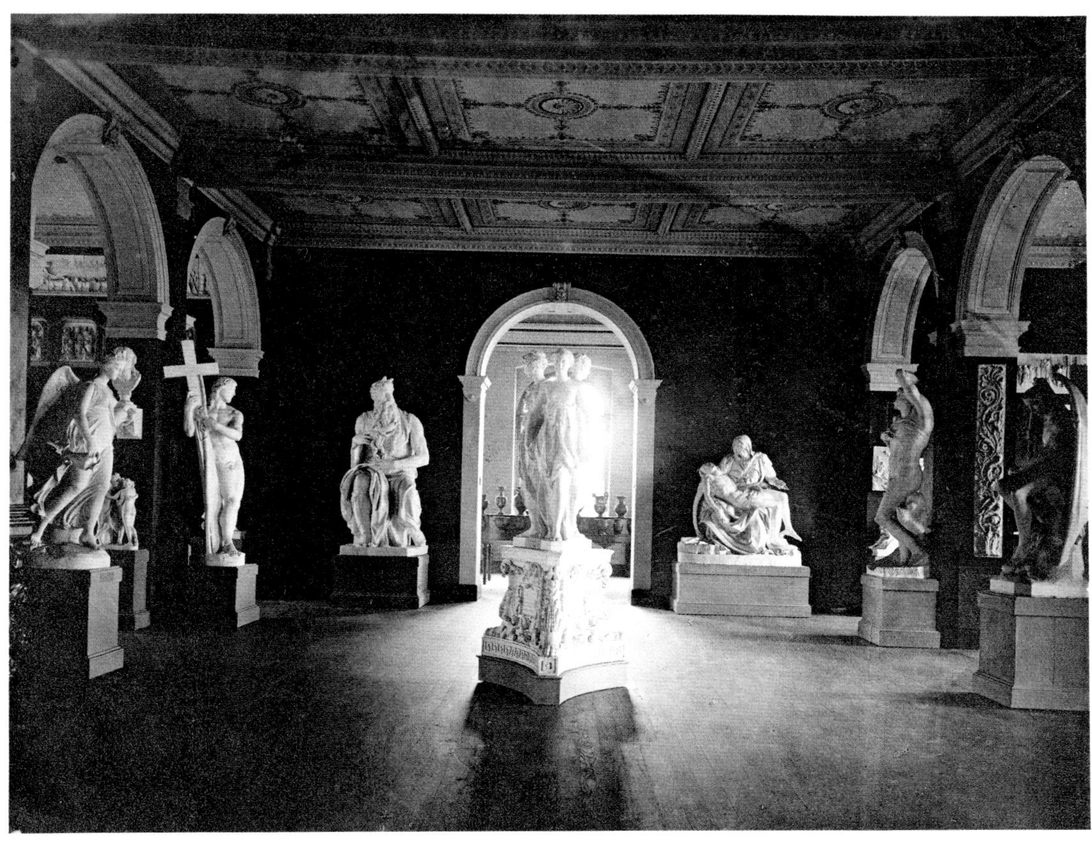

Abb. 1 Blick in die Gipsabgusssammlung im Herzoglich Sachsen-Altenburgischen Museum, um 1890

Der *Sterbende Sklave*, um 1513–1516 entstanden, gehört mit dem *Rebellischen Sklaven* (Musée du Louvre, Paris) zur über 40-jährigen wechselvollen Geschichte des *Grabmals Papst Julius' II.*, das mit einem grandiosen Entwurf begann und einer wesentlich bescheideneren Lösung endete.[8] In den ursprünglichen Planungen waren für die Gliederung des Sockels eines rechteckigen Grabbaus Viktorien in Nischen sowie rahmende Statuen von Gefangenen vorgesehen. Möglicherweise repräsentierten sie unterworfene Provinzen des Papstes.[9] In ihrem Ausdruck, dem Bewegungsreichtum und dem polaren Gegensatz von Leben und Tod zählt das marmorne Original zu den eindrucksvollsten Skulpturen Michelangelos.

Die Abformung des *Tondo Pitti* (Kat. 55f und S. 105, Abb. 10) entstand nach der Marmorversion Michelangelos im Auftrag von Bartolomeo Pitti um 1504/05 (Museo Nazionale del Bargello, Florenz).[10] Das Tondo wird durch die mittig angeordnete Madonnenfigur dominiert, der Johannesknabe tritt ähnlich wie im *Tondo Doni* Michelangelos (Le Gallerie degli Uffizi, Florenz) gegenüber der Hauptfigur zurück. Nicht nur über die Johannesfigur lassen sich Parallelen im Œuvre Michelangelos zwischen skulpturalem Relief und Malerei anführen, schon Heinrich Wölfflin verwies 1891 auf die Haltung der Madonna, in der sich bereits die *Delphische Sibylle* der Sixtina ankündigt.[11] In der Hängung der Ausstellung ergeben sich interessante Gegenüberstellungen zu den kompositorischen Lösungen von Marco Pino (1521–1583) und Domenico Beccafumi (1484–1551; Kat. 12, 11).

Jutta Götzmann

1 Vgl. Segelken 2022, S. 93.
2 Vgl. Krischke 2022, S. 15; Lindenau-Museum 2015, S. 9.
3 Vgl. Perrig 1987, S. 10–11.
4 Vgl. zur Nordtür sowie zu den beteiligten Künstlern Poeschke 1990/92, Bd. 1, S. 62–64, Taf. 6–11, Abb. 1–2; vgl. zur Vierpassrahmung Perrig 1987, S. 33–40.
5 Brunis Entwurf konzentrierte sich noch auf 28 Felder, um 1428/29 reduzierte sich die Zahl auf 24, später dann auf 10 Relieffelder, siehe auch Poeschke 1990/92, Bd. 1, S. 70–71 sowie Abb. 8; vgl. Perrig 1987, S. 43–49.
6 Vgl. Poeschke 1990/92, Bd. 1, S. 91–92, Taf. 48–50, Abb. 23–24.
7 Beide Sklaven haben sich in unvollendeter Form im Musée du Louvre in Paris erhalten, vgl. Poeschke 1990/92, Bd. 2, S. 89–98, Taf. 40–45, Abb. 20–25, hier S. 89, 95.
8 Ebd., S. 89.
9 Ebd., S. 90 und 93 mit der Deutung nach Vasari (1550); vgl. auch Echinger-Maurach 1991, Bd. 1, S. 247–293; Götzmann 2010, S. 42, Abb. 21–22, S. 90–91.
10 1823 wurde es von der Florentiner Museumsverwaltung erworben und ist seit 1873 im Besitz des Museo Nazionale del Bargello.
11 Vgl. Poeschke 1990/92, Bd. 2, S. 83–85, Taf. 31–33, Abb. 14–15, hier S. 84.

a) Andrea Pisano (Pontedera um 1290–1348/49 Orvieto), Grablegung Johannes des Täufers, Südtür des Florentiner Baptisteriums

1330–1336 (Gipsabformung, 77,0 × 73,0 cm, Lindenau-Museum Altenburg, Inv. A 173)

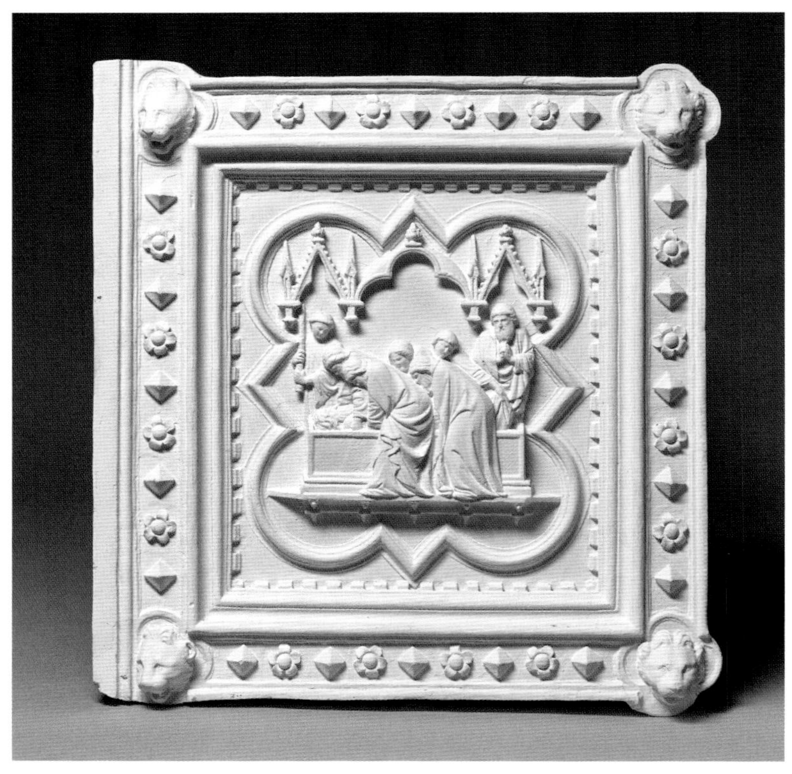

b) Lorenzo Ghiberti (Pelago 1378/81–1455 Florenz), Gefangennahme Christi, Nordtür des Florentiner Baptisteriums

1403–1424 (Gipsabformung, 81,0 × 79,0 cm, Lindenau-Museum Altenburg, Inv. A 178)

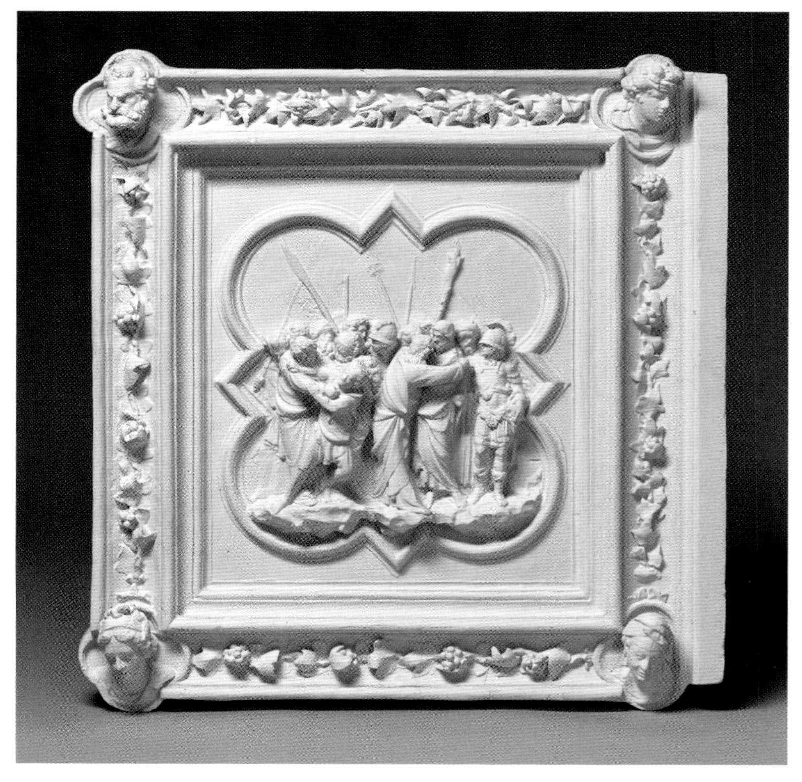

c) Lorenzo Ghiberti (Pelago 1378/81–1455 Florenz), Erschaffung Adams und Evas, Sündenfall und Vertreibung aus dem Paradies, Osttür des Florentiner Baptisteriums (Paradiestür)

1425–1452 (Gipsabformung, 117,0 × 145,0 cm, Lindenau-Museum Altenburg, Inv. A 180)

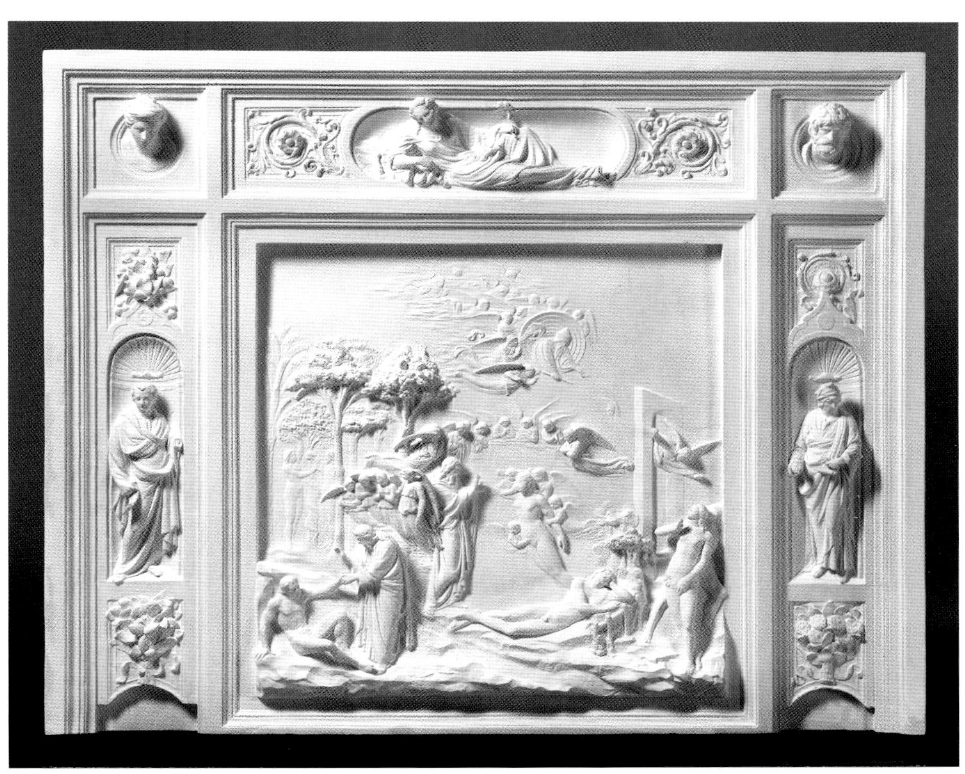

d) Desiderio da Settignano (Settignano 1430–1464 Florenz) (?), Prinzessin von Urbino

2. Hälfte 15. Jh., Skulpturensammlung und Museum für Byzantinische Kunst, Berlin (Gipsabformung, 47,0 × 43,0 cm, Lindenau-Museum Altenburg, Inv. A 189)

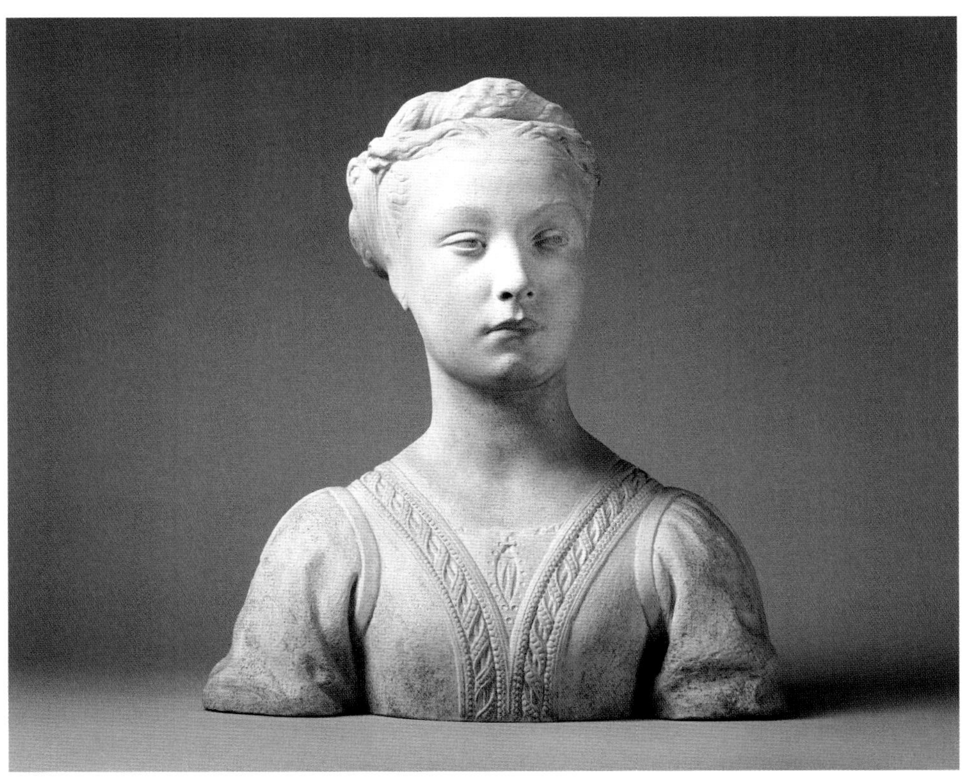

e) Donatello (Florenz um 1386–1466), Heiliger Georg
1416/17, Museo Nazionale del Bargello, Florenz (Gipsabformung, 209,0 × 75,0 cm (ohne Basis), Lindenau-Museum Altenburg, Inv. A 192)

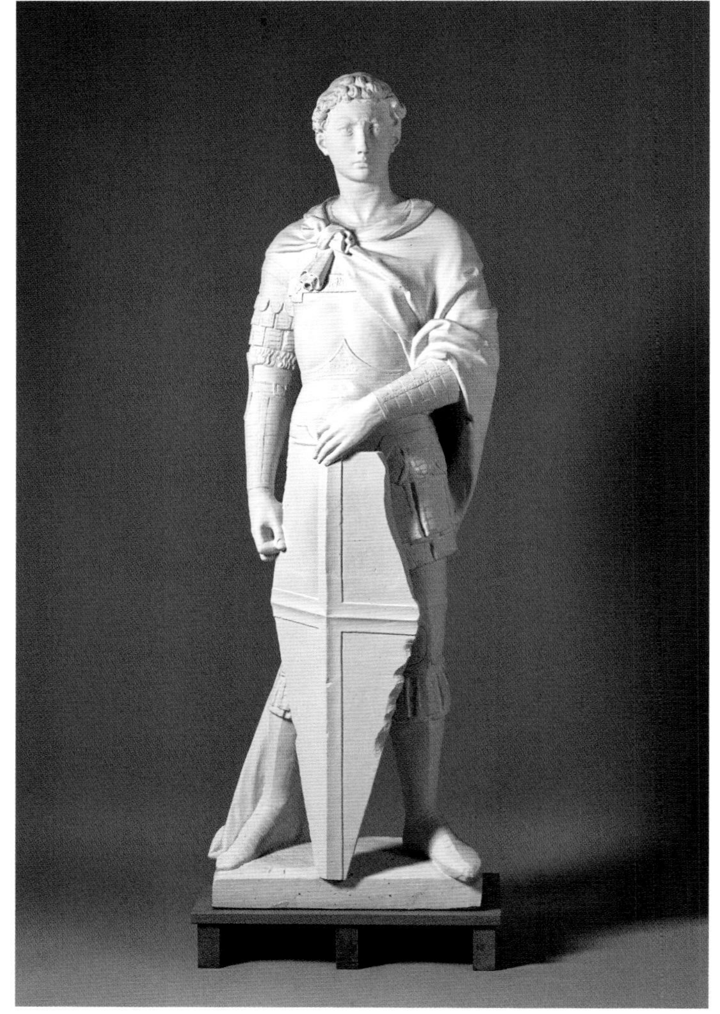

f) Michelangelo Buonarroti (Caprese 1475–1564 Rom), Madonna mit Kind und dem Johannesknaben (Tondo Pitti)
um 1504/05, Museo Nazionale del Bargello, Florenz (Gipsabformung, 91,5 × 82,0 cm, Lindenau-Museum Altenburg, Inv. A 194)

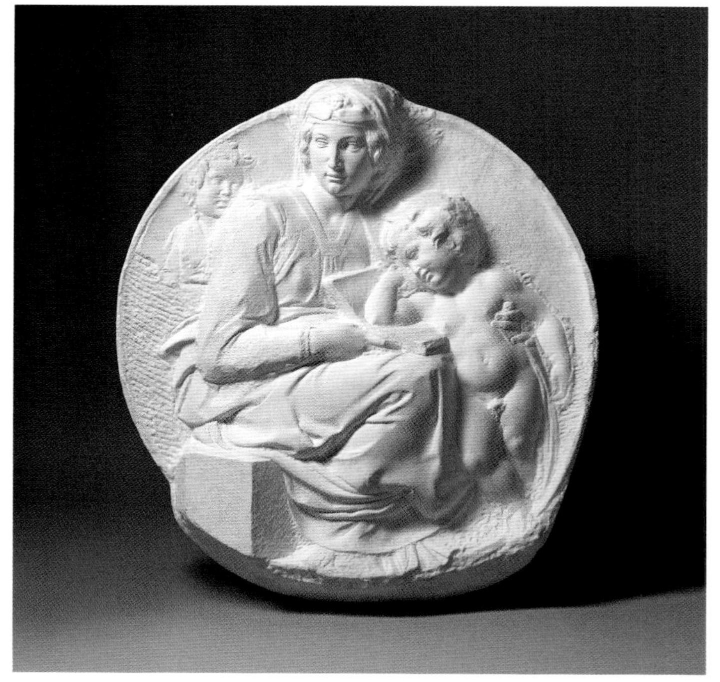

g) Michelangelo Buonarroti (Caprese 1475–1564 Rom), Sterbender Sklave

1513–1516, Musée du Louvre, Paris (Gipsabformung, 215,0 × 75,0 cm, Lindenau-Museum Altenburg, Inv. A 195)

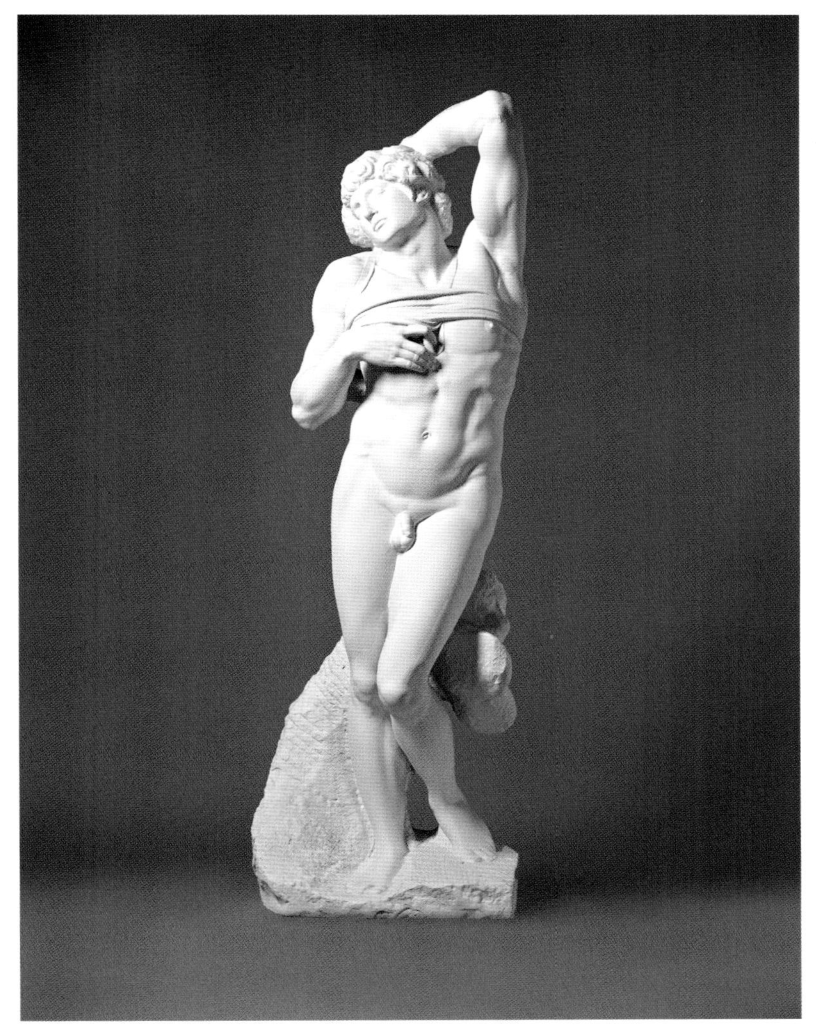

h) Medici-Riccardi-Pferdehaupt

2. Hälfte 4. Jh. v. Chr., Museo Archeologico Nazionale, Florenz (Gipsabformung, 81,0 × 95,0 cm, Lindenau-Museum Altenburg, Inv. A 168)

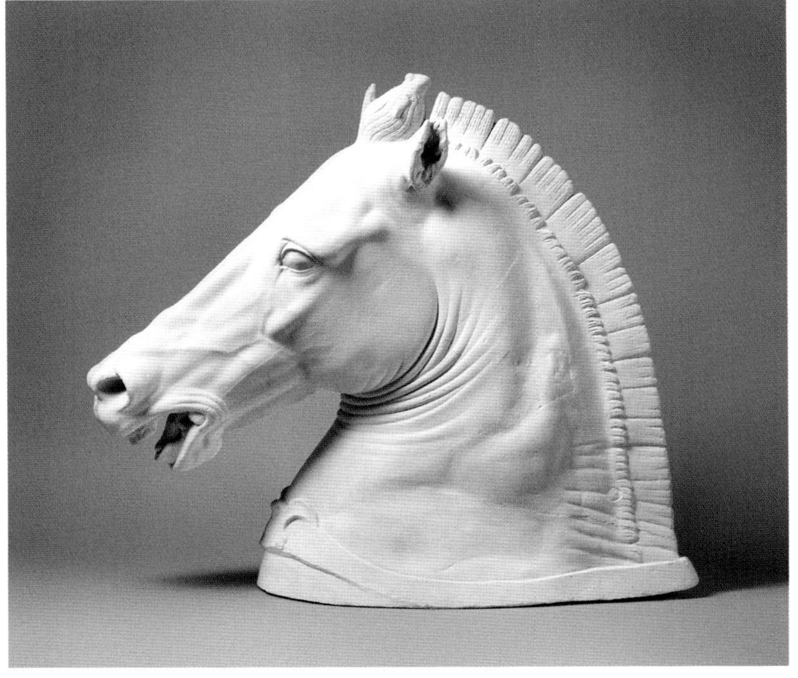

BEGEG
NUNGEN!

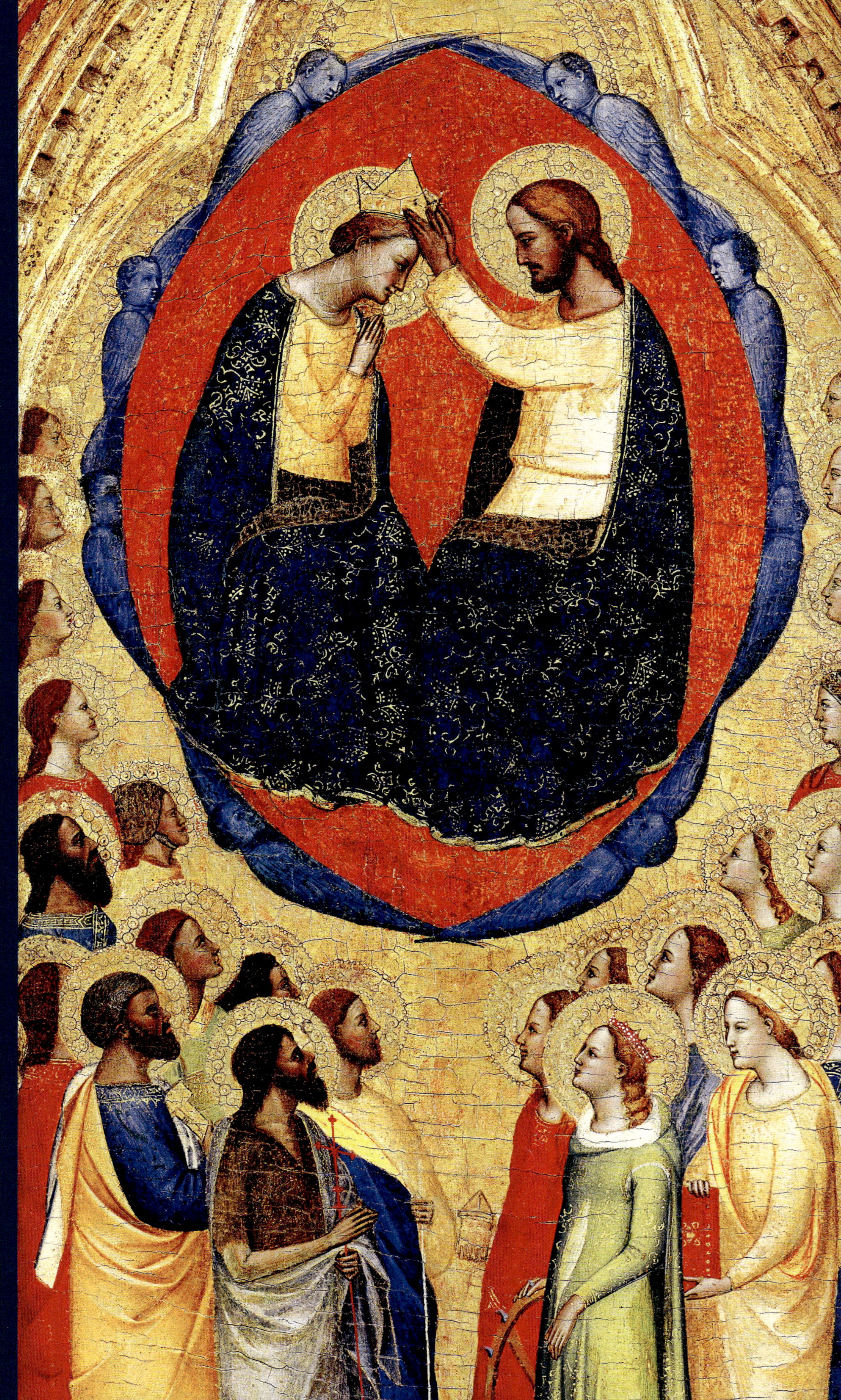

BEGEGNUNGEN! CHRISTLICHE BILDTHEMEN NÖRDLICH UND SÜDLICH DER ALPEN

ADANA SCHULZ

Die gängigen Bildthemen der christlichen Ikonographie waren im 14. und 15. Jahrhundert zu beiden Seiten der Alpen feste Bestandteile des künstlerischen Repertoires: In unterschiedlichen Gattungen und Formen wurden dieselben Motive sowohl in italienischen als auch in deutschen Werkstätten verbildlicht. Der Besuch der Altenburger Sammlung früher italienischer Tafelbilder in Freiburg macht es möglich, dass diese im Augustinermuseum auf oberrheinische Werke des Mittelalters trifft und mit diesen in den Dialog tritt.

So existiert das Motiv der Madonna mit Kind bereits seit dem 3. Jahrhundert in immer weiter ausdifferenzierten Darstellungstypen. Giovanni di Paolo di Grazias (1399–1482) intime Szene, die vor allem die innige Beziehung zwischen Maria und Christus thematisiert (Kat. 58), trifft im Augustinermuseum auf einen ganzen Raum, der sich den verschiedenen Stationen des Marienlebens widmet.

Der Marienverehrung diente nicht zuletzt das Motiv der Marienkrönung: Als Patronin des Freiburger Münsters thronte die Muttergottes einst an prominenter Stelle über dessen Hauptportal (um 1280) und kann heute hoch oben in der Skulpturenhalle des Augustinermuseums besichtigt werden. Auf dem rund hundert Jahre später entstandenen italienischen Tafelgemälde des Maestro di San Lucchese (1340–1370; Kat. 57) wird sie hingegen in einer nur farblich hervorgehobenen, zeitlosen Sphäre des himmlischen Jenseits bekrönt.

Die Begegnung der Kreuzigungsszene eines florentinischen Meisters (Kat. 59) mit dem mittelrheinischen Passionsaltar (Meister des Hausbuches, um 1480) zeigt eindrucksvoll die Tendenz des 15. Jahrhunderts, die biblische Erzählung zunehmend zum dramatischen Ereignis auszuarbeiten.

Im Gegensatz dazu geht die Verbildlichung des Schmerzensmannes nicht auf eine Bibelszene zurück, sondern fußt auf einer Bildfindung der byzantinischen Kunst. Während die italienische Tafel von Matteo di Pacino (nachweisbar 1359–1394; Kat. 56) Christus in königlicher Würde zeigt, tritt in den im Augustinermuseum ausgestellten Gemälden der Dürerzeit das menschliche Leiden stärker in den Mittelpunkt.

Kat. 57, Detail

56

MATTEO DI PACINO (nachweisbar Florenz 1359–1394)

CHRISTUS ALS SCHMERZENSMANN

um 1355–1360, Tempera auf Pappelholz, 38,7 × 23,5 cm

Lindenau-Museum Altenburg, Inv. 17

Provenienz: Vor 1848 erworben.

Literatur: Quandt/Schulz 1848, S. 23; Oertel 1961, S. 127; Ausst.-Kat. Florenz 2005, S. 141–144, Kat. 32 (Johannes Tripps); Chiodo 2011, S. 347–348, 402–404 (mit älterer Literatur); Ausst.-Kat. Schallaburg 2018, S. 250, Kat. 211 (Benjamin Rux).

Die Rautenform dieser Schmerzensmanntafel deutet auf ein Fragment aus sakralem Kontext hin. Drei weitere Tafeln von gleichem Zuschnitt, Material und vor allem mit dem gleichen goldblauen Palmettmuster im Hintergrund haben sich in Berlin und New York erhalten.[1] Unklar ist, ob sie als giebelartige Aufsätze die Seitentafeln eines Polyptychons bekrönten[2] oder der Verkleidung eines liturgischen Möbels dienten, etwa als Türschmuck eines Sakristeischrankes.[3] Zudem bleiben Zweifel, ob die thematisch recht unterschiedlichen Tafeln tatsächlich aus demselben Kontext stammen.

Das vorliegende, durch die dreieckigen Zuspitzungen vertikal akzentuierte Täfelchen zeigt in der oberen Hälfte Christus als Schmerzensmann, der im offenen Sarkophag steht, die angewinkelten Arme so vor die Brust haltend, dass die Wundmale der Kreuzigung an Händen und Seite sowie das am Körper herabrinnende Blut zu sehen sind (Kat. 35). Dieses Motiv des der Zeit enthobenen Gottessohnes zwischen Tod und Leben basiert nicht auf einer konkreten erzählerischen Bibelquelle, sondern stellt eine eigenständige Bildfindung der byzantinischen Kunst dar. Christus wird flankiert von zwei rotgewandeten Engeln, die einen kostbaren goldblauen Brokatstoff mit Palmettmuster halten, der den bis auf ein angedeutetes Lendentuch nackten Körper Christi hinterfängt und ihm königliche Würde verleiht.

Auf der unteren Hälfte der Tafel sind die trauernden Gestalten von Maria, Johannes und Maria Magdalena versammelt. Die eher gefasst wirkende Maria, der sich Christus durch die Neigung seines Kopfes zuzuwenden scheint, findet Halt im Gebet, während der sich ganz von der Umgebung absondernde, in sich gekehrte Johannes noch mit der ihn überwältigenden Trauer zu kämpfen hat: Seine Züge erscheinen insbesondere durch die Stirnfalte und die betonte Augenpartie schmerzverzerrt,[4] der gesenkte Kopf mit der in die Hand geschmiegten Wange ist als zeichenhafter Trauergestus zu lesen. Maria wie Johannes sind einander von der Symmetrie der Gesamtkomposition und der Körperausrichtung her zugewandt und auch farblich durch ihre rot-blauen Gewänder aufeinander bezogen, wobei der dominierende Farbton je nach Gestalt wechselt. Demgegenüber stellt Maria Magdalena in Art eines Klageweibes ihre Trauer zur Schau: Der ganze Körper, vor allem aber der angehobene Kopf und die ausgestreckten Arme sind sehnsuchtsvoll gen Christus ausgerichtet, der in direkter Linie über ihr steht. Ihre extrovertierte Erscheinung wird durch das expressiv leuchtende, gleichsam schreiende Rot des Gewandes noch unterstrichen, das der Heiligen in der italienischen Malerei des Trecento ebenso wie die offenen goldenen Haare ikonographisch zugeordnet ist (Kat. 46). Den gläubigen zeitgenössischen Betrachtenden werden durch diese drei Figuren verschiedene Modi der Trauer vorgeführt, quasi Angebote, sich in das Heilsgeschehen zu versenken und mitempfindend Zugang zum göttlichen Geschehen zu erlangen.

Von dem in Florenz verorteten Matteo di Pacino ist nur ein signiertes Altarbild überliefert (The Metropolitan Museum of Art, New York), das mit dem unteren Freskenzyklus der Rinuccini-Kapelle in Santa Croce, Florenz, und weiteren Werken (darunter Buchmalereien) in Verbindung gebracht wurde.[5] Es ergibt sich das Bild eines im Umkreis von Bernardo Daddi (nachweisbar 1320–1348) ausgebildeten Malers, der in dekorativflächiger Manier gekonnt starke Farben mit prächtigen Goldgrundeffekten verbindet. Die klar umrissenen Gestalten dagegen sind räumlich modelliert, wobei ein Interesse an ausdrucksstarken Gesichtern zu beobachten ist. Erst im Spätwerk öffnet sich Matteo di Pacino naturalistischen Tendenzen.

Felix Reuße

1 *Anbetende* (Gemäldegalerie, Berlin); *Musizierende Engel und Cherubim* (früher Bob. P. Haboldt & Co, New York); *Johannes der Täufer mit dem heiligen Dominikus, Thomas von Aquin sowie der Stifterfigur eines*

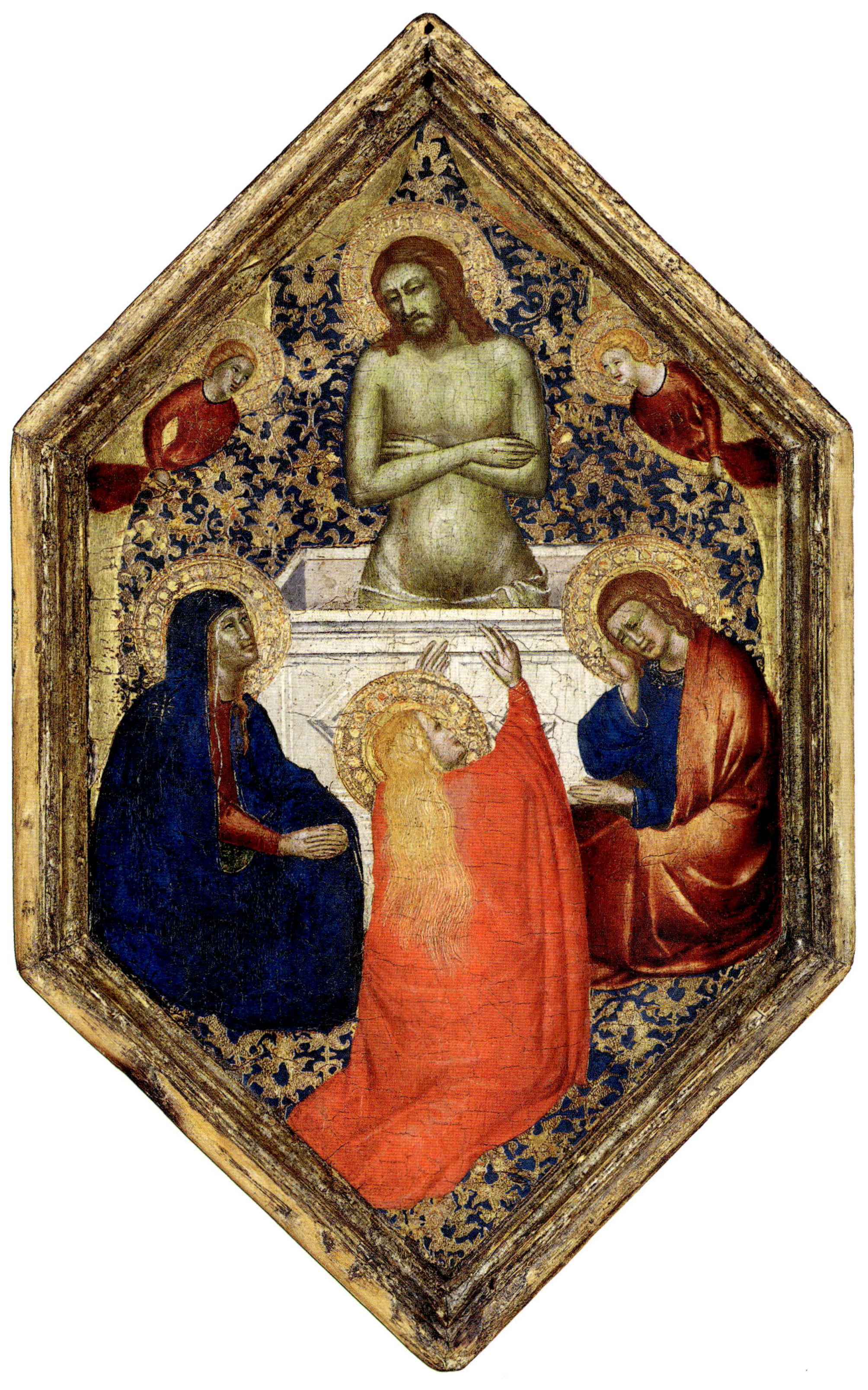

knienden Dominikaners (Gemäldegalerie, Berlin). Chiodo 2011, S. 405–410. Zum Palmettmuster vgl. Klesse 1967, S. 63–77, 289, Nr. 196 a–c.

2 Best.-Kat. Berlin 1988, S. 113.

3 Chiodo 2011, S. 348.

4 Die bei dieser Gestalt auffällige Grünfärbung der Züge geht auf die Untermalung zurück (*verdaccio*), die in der mittelalterlichen italienischen Malerei zur Modifizierung des darüber liegenden hellen Inkarnats verwendet wurde. Siehe auch den Beitrag von Johannes Schaefer zur Maltechnik in vorliegendem Band und Ausst.-Kat. Köln 2021, S. 132–133. Sie schlägt heute besonders an den Stellen durch, wo wenig Bleiweiß zum Einsatz kam, die also früher verschattet oder dunkel waren.

5 Chiodo 2011, S. 335–488.

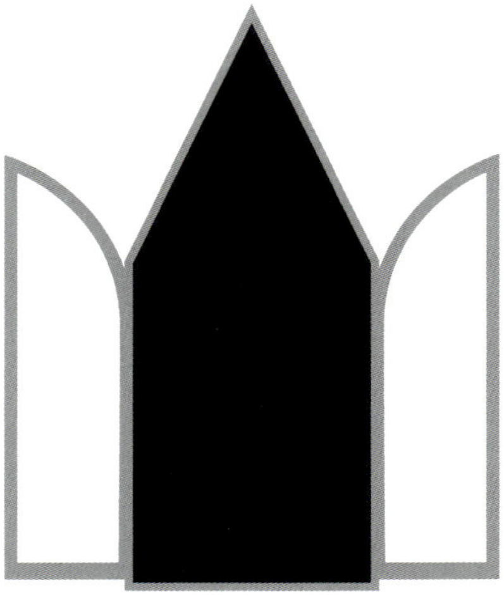

Abb. 1 Verortung der Tafel im Altaraufbau

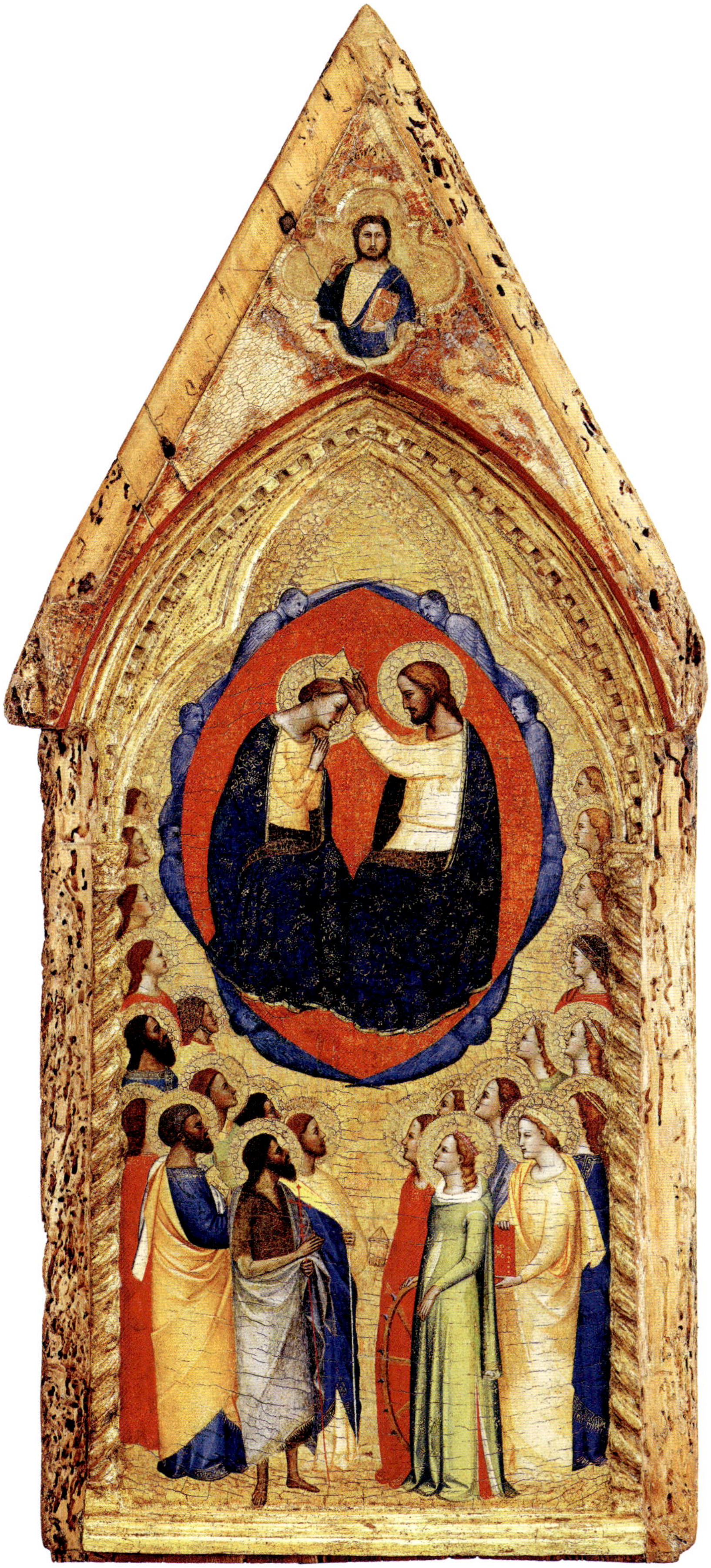

57

MAESTRO DI SAN LUCCHESE (nachweisbar Florenz 1340–1370)

KRÖNUNG MARIAS MIT ENGELN UND HEILIGEN

um 1365–1370, Tempera auf Pappelholz, 77,0 × 33,0 cm

Lindenau-Museum Altenburg, Inv. 18

Provenienz: 1845 durch Emil Braun in Rom erworben.

Literatur: Oertel 1961, S. 121–122; Ausst.-Kat. Florenz 2005, S. 125–127, Kat. 27 (Angelo Tartuferi); Ausst.-Kat. Paris 2009, S. 129–130; Ausst.-Kat. Hamburg 2011, S. 142–143, Kat. 10 (Friederike Wille).

Die orangerote Mandorla in der Mitte der Tafel lenkt alle Blicke auf sich. Vor ihrem Hintergrund tut sich eine Szene der innigen Begegnung zwischen Mutter und Sohn auf: Christus krönt Maria. *Mandorla*, das italienische Wort für Mandel, bezeichnet die spitzovale, mandelartige Form, die die beiden Figuren einschließt und das Geschehen um sie herum vergessen lässt. Es handelt sich gewissermaßen um einen ganzfigurigen Heiligenschein, der die Gegenwart Gottes sichtbar machen soll. Sogenannte Mandorlen gehören bis in das ausgehende Mittelalter fest zur religiösen Bildsprache in der italienischen Malerei. In vorliegendem Fall wird diese Verbildlichung der göttlichen Aura zusätzlich durch acht blaue Engelsfiguren gesteigert, die Flügel an Flügel die Mandorla zu halten scheinen.

Christus und Maria sind sitzend dargestellt. Sie tragen das gleiche gelbe Unterkleid sowie ein dunkelblaues Übergewand mit Goldornamenten. Maria hebt die Hände im Gebetsgestus bis unter das gesenkte Kinn. Ihr Kopf ist von einem nahezu transparenten Schleier umhüllt und in Richtung des Sohnes geneigt. Christus setzt ihr mit beiden Händen die Krone auf. Auch er senkt den Kopf, sodass sich ihre Blicke begegnen. Im Gegensatz zur Marienkrönung Puccio di Simones (nachweisbar 1346–1358; Kat. 4) kommt diese Krönungsszene ohne Thron und Reigen aus. In ihrer schwebenden Aura entziehen sich Mutter und Sohn ganz dem weltlichen Geschehen.

Erst jetzt fällt der Blick auf das Publikum. Die vertikale Achse der Mandorla teilt die Anwesenden symmetrisch in zwei Gruppen, die dicht gedrängt einander gegenüberstehen und sich aufgrund der starken Überlappung ihrer Figuren und deren Heiligenscheine nur zum Teil identifizieren lassen. Auf der linken Seite sind acht männliche Heilige aufgereiht. Neben Petrus, der ein blaues Unterkleid und gelbes Gewand trägt und als sein Attribut den Schlüssel in der Hand hält, steht Johannes der Täufer barfuß in braunes Fell gehüllt mit rotem Kreuzstab. Rechts dahinter ist Jakobus in gelbblauem Kleid mit goldenem Pilgerstab erkennbar. Auf der rechten Seite reihen sich acht weibliche Heilige auf. Maria Magdalena, in ein rotes Gewand gekleidet, trägt das goldene Salbgefäß. Katharina in grünem Kleid stützt die rechte Hand auf das mit Zähnen bespickte Rad ihres Martyriums. Hinter den Heiligen staffeln sich auf beiden Seiten Engel in die Höhe.

Über allen erscheint erneut Christus: Die rechte Hand zum Segensgestus erhoben schaut er aus dem Vierpass in der Spitze der Tafel, deren roter Farbauftrag nur noch schemenhaft zu erkennen ist. Unter ihm ist der punzierte Goldgrund in einen plastisch verzierten Rahmen gefasst, der wie eine architektonische Arkade von zwei gedrehten Säulen getragen wird und die Silhouette der Mandorla nachzeichnet. Die Seiten der spitz zulaufenden Tafel geben den Blick auf das Pappelholz frei und weisen so darauf hin, dass die Tafel einst Mittelstück eines Triptychons war, dessen Flügel heute fehlen (Abb. 1).

Die Zuschreibung des Werks an den Florentiner Maler Maestro di San Lucchese geht auf Richard Offner zurück.[1] Der Behelfsname leitet sich von der Zuschreibung des Hauptaltars in der Kirche San Lucchese im toskanischen Poggibonsi her, der ebenfalls eine Marienkrönung behandelte, jedoch im Zuge des Zweiten Weltkriegs zerstört wurde. Der Künstler mit der weitgehend unbekannten Identität wurde vermutlich in der Werkstatt des Giotto-Schülers Maso di Banco (nachweisbar um 1336–1350) ausgebildet und war um 1340 bis 1370 in Florenz aktiv.

Miriam Stadie

1 Offner 1947, S. 249–250, 271.

58

GIOVANNI DI PAOLO DI GRAZIA (Siena 1399–1482)

MADONNA MIT KIND

um 1440–1445, Tempera auf Pappelholz, 31,8 × 25,7 cm

Lindenau-Museum Altenburg, Inv. 76

Provenienz: Erwerb unbekannt.

Literatur: Oertel 1961, S. 92–93; Ausst.-Kat. New York 1988, S. 168–169 (Carl Brandon Strehlke); Sander 2006e, S. 185–186; Ausst.-Kat. Siena 2008, S. 152–154, Kat. 28 (Ada Labriola).

Die kleine Bildtafel zeigt die Madonna mit Kind vor einem leuchtend goldenen Grund. Die Gottesmutter ist als Dreiviertelfigur dargestellt und hält in ihrem linken Arm das nackte Christuskind, auf das sie mit gesenktem Haupt blickt. Mit einem rotgoldenen Gewand und einem dunkelblauen Mantel bekleidet, der gemeinsam mit einem durchscheinenden Schleier ihr blondes Haupt bedeck, berührt sie mit dem rechten ausgestreckten Zeigefinger das Kind knapp oberhalb der Brust. Ihr Handrücken verdeckt dabei eben jene Stelle, an der sich nach der Passion die Seitenwunde befinden wird. Der blonde Christusknabe erwidert den Blick seiner Mutter, während er mit seiner Rechten verspielt ihre Wange streichelt. Aufwendig gestaltete, punzierte und gravierte Heiligenscheine umgeben die Köpfe beider Figuren und betonen nicht nur die göttliche Natur der Dargestellten, sondern integrieren diese zugleich in die Ortlosigkeit des sie umfassenden Goldgrundes.

Die intime Szene wurde um 1440/45 von Giovanni di Paolo di Grazia geschaffen, der zu den bedeutendsten Vertretern der sienesischen Malerei des 15. Jahrhunderts zählt. Vermutlich im Jahr 1398 in Siena geboren und 1482 gestorben, hatte er eine lange und produktive Karriere, die durch zahlreiche Werke und Dokumente belegt ist.[1] Zu ihnen zählt auch diese Tafel, deren Rückseite nicht nur mit einer Porphyr imitierenden Malerei versehen ist, sondern auch die Künstlersignatur zeigt: OPVS. / IOHANNIS., das heißt »Werk des Johannes«.

Auf den ersten Blick erweckt die Tafel den Anschein, sie sei der rechte Flügel eines Diptychons, einer zweiteiligen Altarform. In Siena war diese seit dem Trecento vornehmlich mit der Gegenüberstellung der Madonna mit Kind und Christus als Schmerzensmann oder der Kreuzigungsszene geläufig, wie beispielsweise Pietro Lorenzettis (nachweisbar 1306–1348) Flügelaltärchen aus der Sammlung Lindenaus zeigt (Kat. 35).[2] Allerdings weist Giovanni di Paolos Bildtafel keinerlei Spuren von Scharnieren auf, sodass hier von einer Einzeltafel ausgegangen werden muss, die höchstwahrscheinlich für die Privatandacht geschaffen wurde.

Eine Besonderheit des Gemäldes ist zweifelsohne der erhaltene Originalrahmen: Die blattvergoldete Rahmenfläche schmückt auf jeder ihrer vier Seiten je eine langstielige Blume mit blauer bzw. rosa Blüte. Die genaue Identifikation der Blumenart ist in der Forschung umstritten.[3] Jochen Sander erkennt darin vier Nelken und betont die präzise Naturbeobachtung des Malers. Die Knospen der Gewürznelke verweise aufgrund ihrer Form auf die Nägel, mit denen Christus an das Kreuz geschlagen wurde. Giovanni di Paolo vereine mithilfe dieser Vorausdeutung auf die Passion Christi beide Bildprogramme der Diptychen, die traditionell die Madonna mit Kind dem Schmerzensmann gegenüberstellten, auf einer Einzeltafel.[4] Diese Lesart des Gemäldes entspricht in jedem Fall dem Erfindungsreichtum, den der Künstler auch in anderen Werken demonstrierte.[5]

Adana Schulz

1 Zur Biographie des Künstlers siehe auch Ausst.-Kat. New York 1988, S. 168–169; Ausst.-Kat. Siena 2008, S. 144; Bohl 2018.
2 Ausst.-Kat. Siena 2008, S. 156.
3 Vor allem die Blütenfarbe und damit auch die Blumenart der weißen bzw. blauen Blüten wird in der Forschung diskutiert. Ada Labriola erkennt blaue Kornblumen als Verweis auf Christus und das Paradies, vgl. Ausst.-Kat. Siena 2008, S. 155.
4 Ausst.-Kat. Frankfurt 2006e, S. 186.
5 Ausst.-Kat. New York 1988, S. 169.

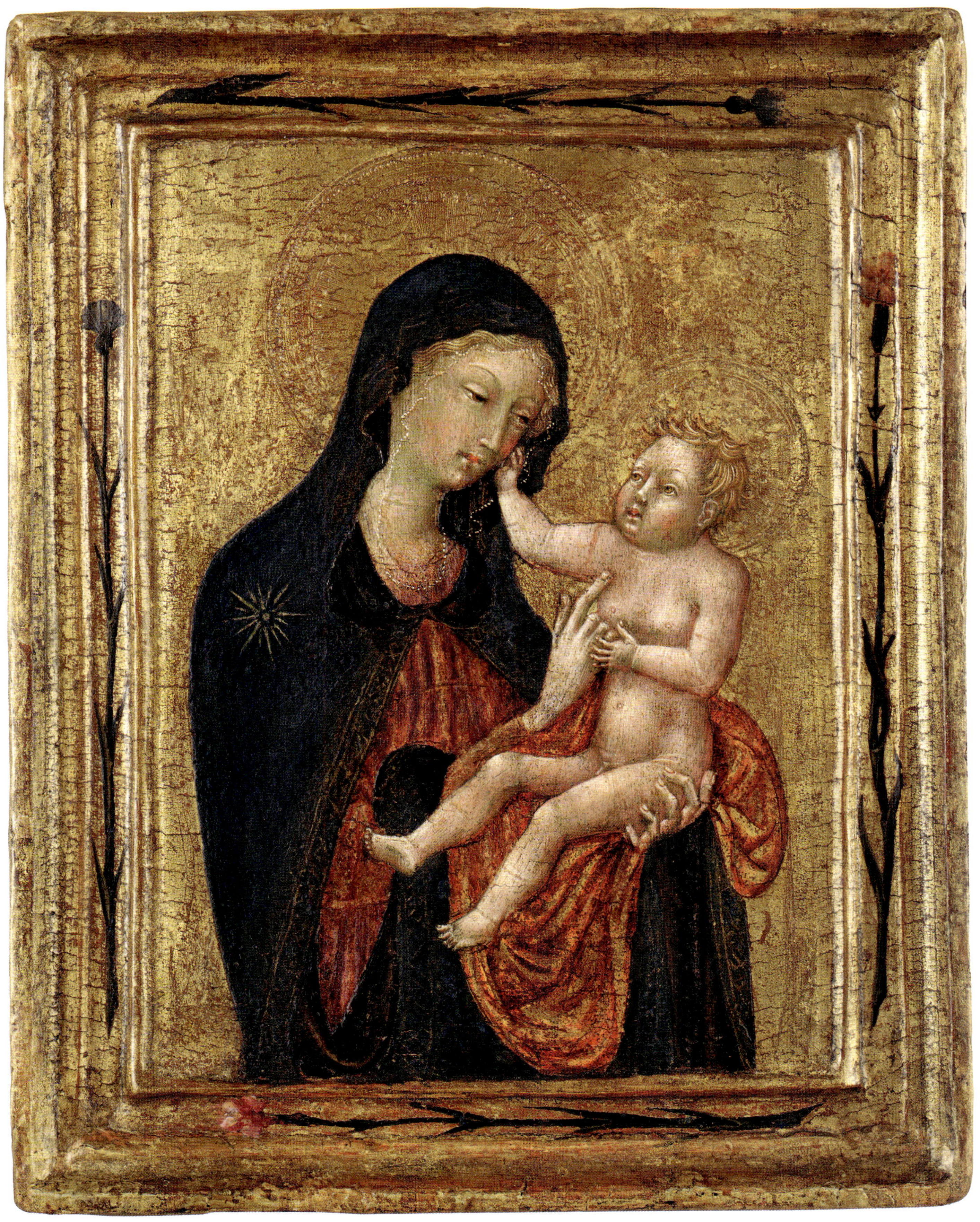

59

FLORENTINISCHER MEISTER

KREUZIGUNG CHRISTI

um 1460–1470, Tempera auf Pappelholz, 70,0 × 54,5 cm

Lindenau-Museum Altenburg, Inv. 98

Provenienz: 1840 aus der Sammlung Carl Gustav Boerner, Leipzig, erworben.

Literatur: Oertel 1961, S. 155–156; Schweers 1994, S. 15; Ausst.-Kat. Florenz 2005, S. 173–176, Kat. 42 (Daniela Parenti).

Die Tafel zeigt einen dicht bevölkerten Kalvarienberg mit der Kreuzigungsszene vor goldenem Grund. In der Bildmitte erstreckt sich das Kreuz mit der Christusfigur im Dreinageltypus, wobei Jesus lediglich ein weißes Lendentuch und eine Dornenkrone trägt. Mit seiner imposanten Größe überragt er das übrige Figurenensemble. Das Kreuz wird über seinem Haupt von einem roten Schriftband und einem Pelikan bekrönt, der mit seinem Schnabel seine Brust öffnet, um seine Jungen mit seinem eigenen Blut zu nähren, ein Symbol für das Opfer Jesu. Parallel dazu fangen zwei Engel in Kelchen das Blut auf, das aus den Wunden des Gekreuzigten fließt, und verdeutlichen so ebenfalls den sakramentalen Charakter der Kreuzigung.

In der unteren Bildhälfte drängen sich mehrere Personengruppen. Zahlreiche Details aus den Evangelien werden aufgegriffen und verbinden sich zu einer komplexen Ikonographie: Im hinteren Bereich wohnt eine Schar Soldaten zu Fuß und zu Pferd dem Geschehen bei. Über ihren Köpfen wehen die roten Fahnen des Römischen Reiches. Innerhalb der Gruppe, sein Haupt mit goldenem Heiligenschein hinterfangen, lässt sich anhand der Lanze der heilige Longinus identifizieren, der Christus die Seitenwunde zufügte. Der *Legenda aurea* zufolge war er blind und wurde durch das Blut Christi, das auf sein Auge tropfte, sehend, weshalb er die von geistiger Blindheit geheilte römische Welt symbolisiert. Rechts davon zeigt der heilige Centurio auf Christus und erkennt diesen als Sohn Gottes.[1] Im Vordergrund losen drei Söldner mit Stöckchen um die Kleider Christi, während neben ihnen der Soldat Stephaton unter dem Kreuz steht und Jesus den Essigschwamm reicht.

Im linken Vordergrund ist Maria in tiefer Trauer zusammengebrochen, wobei sie von drei Frauen und Johannes gehalten und getröstet wird. Am Fuß des Kreuzes verweist ein Schädel auf Golgatha als Ort der Richtstätte und gleichzeitig als Grabstätte Adams. Christus sühnt durch seinen Opfertod dessen Schuld (Mt 27,51–53).

In der Forschung gilt die Einordnung der Tafel aufgrund des Nebeneinanders unterschiedlicher stilistischer Merkmale als komplex. Ihre Zuschreibung wird kontrovers diskutiert. Unter anderem erwecken die verschiedenartigen Physiognomien, die klar voneinander abgegrenzten Einzelszenen sowie der Detailreichtum in der Schilderung der Waffen, Gewänder und Kopfbedeckungen einen eher heterogenen Eindruck. Im Gegensatz dazu lässt die gleichförmige Punzierung der Heiligenscheine allerdings auf eine einheitliche Konzeption schließen. Während die ältere Forschung das Gemälde zunächst der Sieneser Schule des 14. Jahrhunderts und später dem florentinischen Umfeld zuordnete, argumentiert Daniela Parenti, die Modellierung der Christusfigur deute auf den Umkreis des Florentiner Malers Jacopo del Sellaio (um 1441–1493) hin. Die Dissonanz der Darstellung führt sie darauf zurück, dass sich der Künstler hier an einer Kreuzigungsszene des Trecento orientiert haben könnte, was nicht nur die textgetreue Wiedergabe der Geschehnisse des Karfreitags, sondern auch den Goldgrund erklären würde.[2]

Das einzigartige Schimmern des goldenen Fonds rührt von einer Vergoldungstechnik, der sogenannten Kreispolitur, die vor allem in der Spätgotik Verwendung fand. Bei dieser Technik wurde die vergoldete Oberfläche mithilfe eines an einer Spindel befestigten Drehtellers poliert, weshalb zahlreiche kleine Kreise zu erkennen sind.[3] Die unbemalten Stellen an den oberen vier Ecken des Bildträgers lassen darauf schließen, dass dieser zunächst spitzbogig war und erst später in seine sechseckige Form geschnitten wurde. Bemerkenswert ist, dass die Rückseite des Gemäldes ebenfalls bemalt wurde. Sie zeigt die von einer Mandorla umgebene und von fünf Engeln gestützte Maria bei ihrer Himmelfahrt. Unter ihr knien sechs Figuren, deren weiße Umhänge sie als Mitglieder eines Mönchsordens zu erkennen geben. Ihre Anwesenheit deutet darauf hin, dass das Werk ursprünglich als Prozessionstafel einer religiösen Bruderschaft diente.[4]

Adana Schulz

1 Vgl. Poeschel 2005, S. 180–181.
2 Zur Zuschreibung siehe Ausst.-Kat. Florenz 2005, S. 173–176, Kat. 42 (Daniela Parenti).
3 Koller 1990, S. 48–49.
4 Ausst.-Kat. Florenz 2005, S. 173–176, Kat. 42 (Daniela Parenti), hier S. 174, Abb. 1.

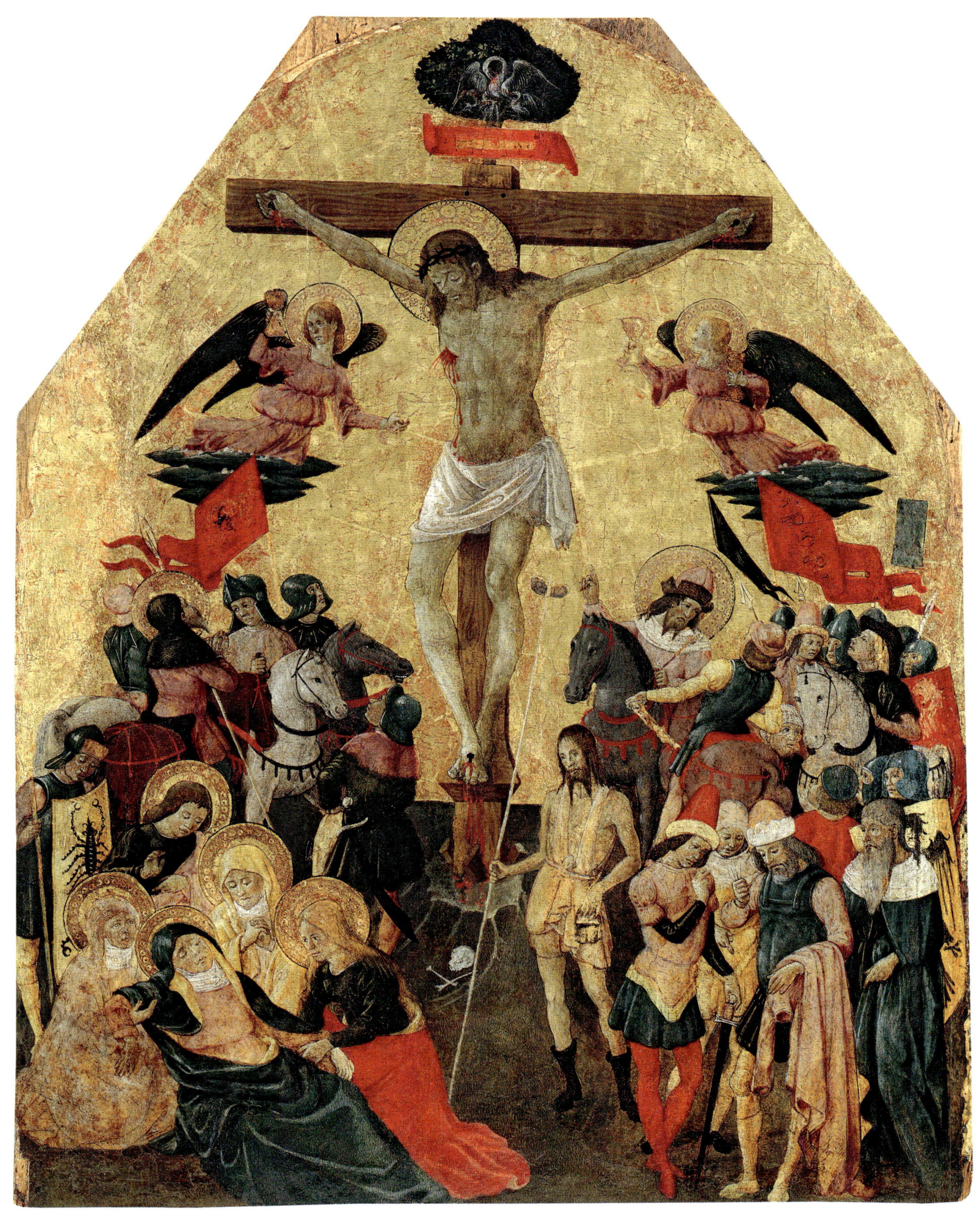

ANHANG

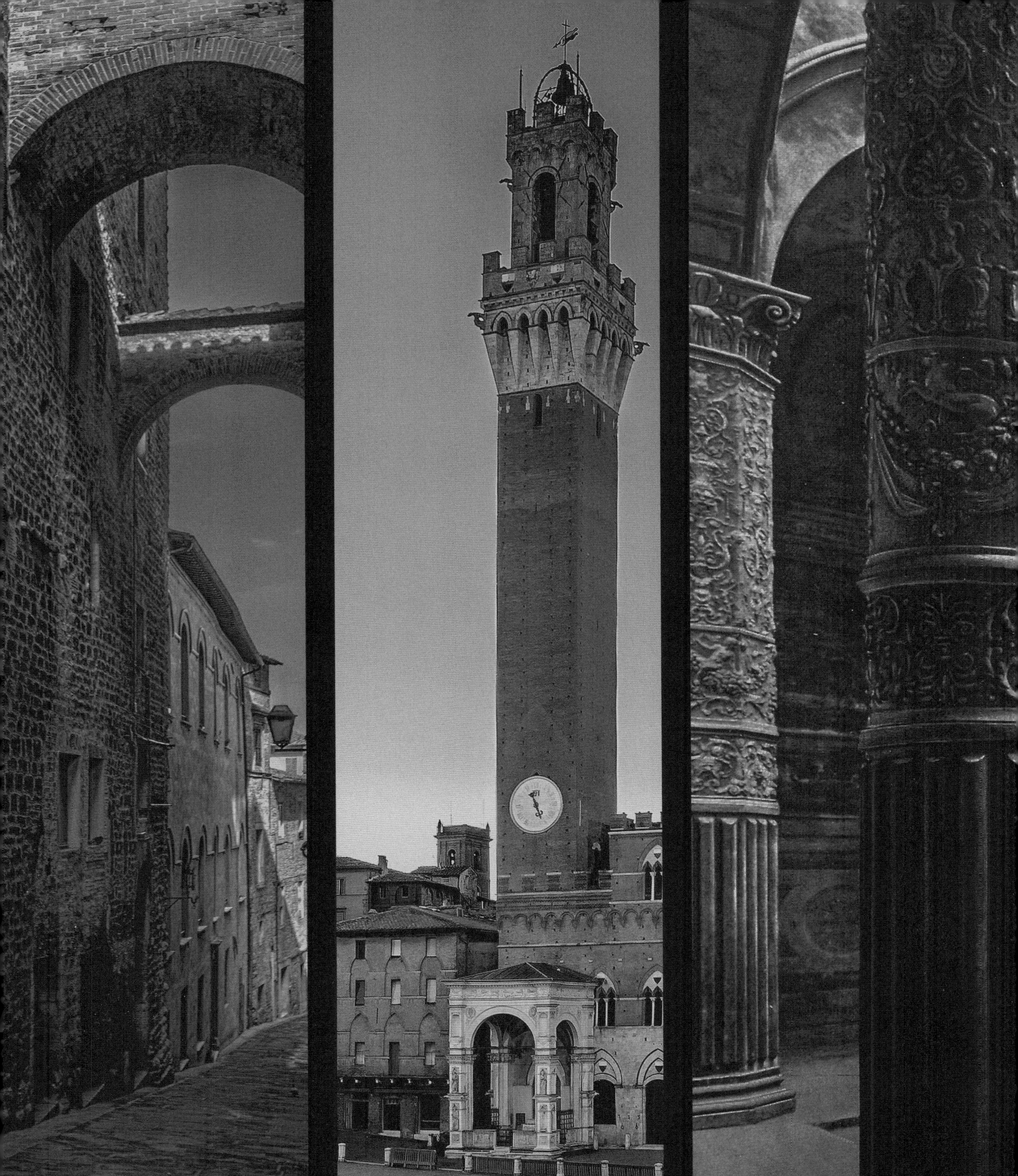

AUSSTELLUNGSPLAN

ENTWURF DER AUSSTELLUNGARCHITEKTUR
VON BACH DOLDER, BÜRO FÜR AUSSTELLUNGSGESTALTUNG

ISOMETRIE UND GRUNDRISS

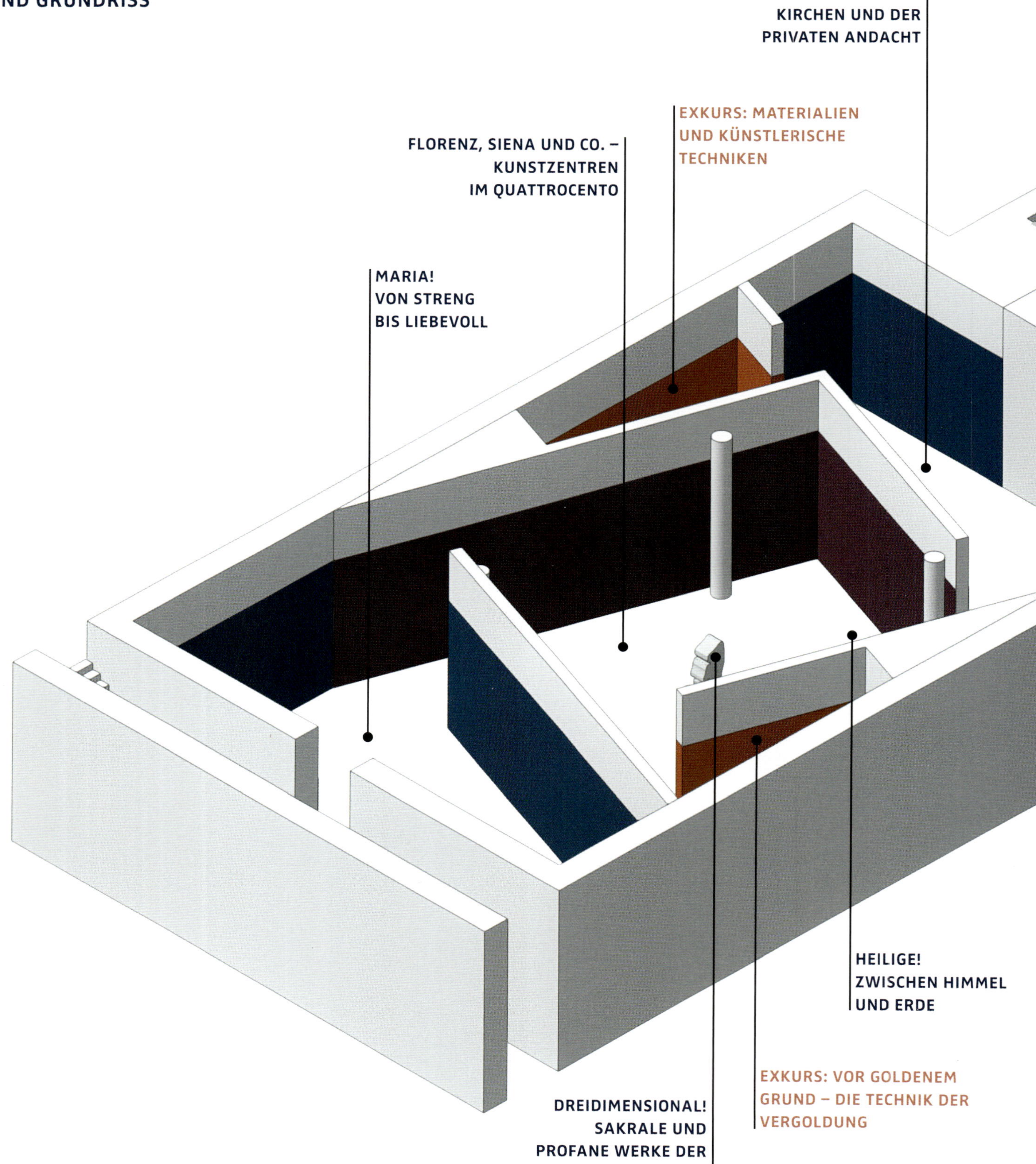

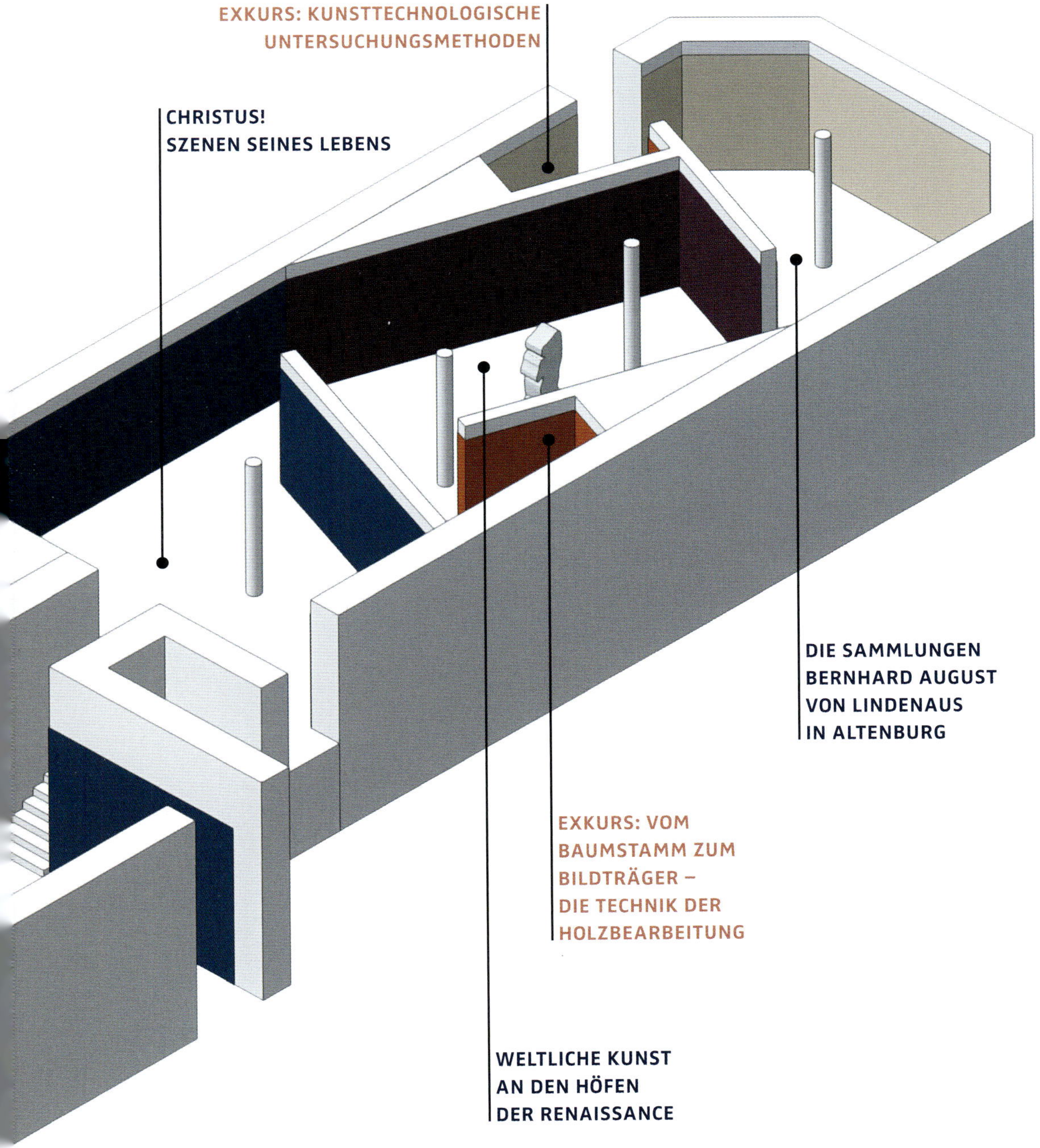

EXKURS: KUNSTTECHNOLOGISCHE
UNTERSUCHUNGSMETHODEN

CHRISTUS!
SZENEN SEINES LEBENS

DIE SAMMLUNGEN
BERNHARD AUGUST
VON LINDENAUS
IN ALTENBURG

EXKURS: VOM
BAUMSTAMM ZUM
BILDTRÄGER –
DIE TECHNIK DER
HOLZBEARBEITUNG

WELTLICHE KUNST
AN DEN HÖFEN
DER RENAISSANCE

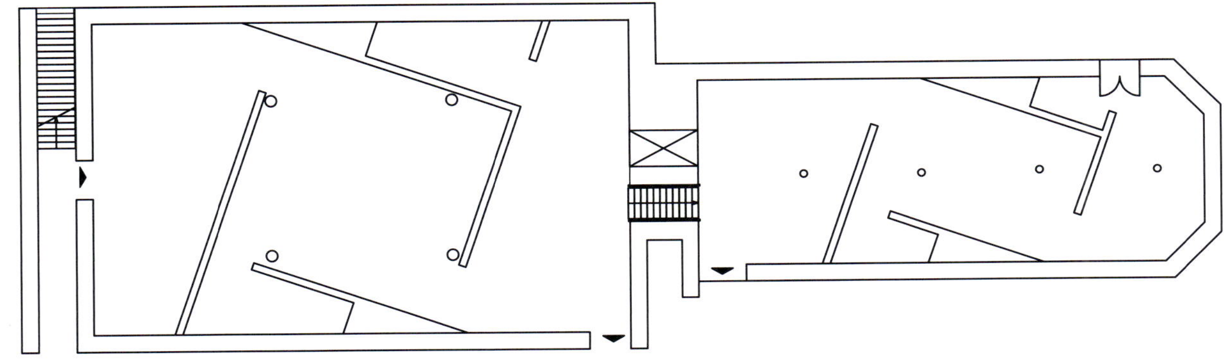

BIBLIOGRAPHIE

Acidini Luchinat 1988
Cristina Acidini Luchinat: Il priore Cattani nel percorso di Bartolommeo di Giovanni frescante. In: Bollettino d'arte 47, 1988, S. 49–70.

Alberti 2000
Leon Battista Alberti: Das Standbild. Die Malkunst. Grundlagen der Malerei, hrsg. von Oskar Bätschmann und Christoph Schäublin, Darmstadt 2000.

Alberti 2014
Leon Battista Alberti: Della Pittura – Über die Malkunst, hrsg., eingeleitet und kommentiert von Oskar Bätschmann und Sandra Gianfreda, Darmstadt 2014.

Amadio 2007
Sonia Amadio: Carlo Baldeschi, Jean-Baptiste Wicar, Tommaso Minardi e alcuni disegni di fra' Bartolomeo. In: Les cahiers d'histoire de l'art 5, 2007, S. 71–76.

Amadori/Poldi 2018
Maria Letizia Amadori/Gianluca Poldi: La tecnica pittorica di Giovanni Santi. In: Ausst.-Kat. Urbino 2018, S. 259–276.

Andreani 1992
Lara Andreani: Nuovi documenti per Piermatteo d'Amelia. In: Studi di storia dell'arte 3, 1992, S. 237–250.

Argenziano 2004
Raffaele Argenziano: Corpi santi e immagini nella Siena medievale: l'iconografia dei sepolcri di Gioacchino da Siena e di Aldobrandesca Ponzi. In: Iconographica. Studies in the History of Images 3, 2004, S. 48–61.

Armstrong 1976
Lilian Armstrong: The Paintings and Drawings of Marco Zoppo, New York/London 1976.

Ausst.-Kat. Altenburg 2001
Barbara John: Claritas. Das Hauptaltarbild im Dom zu Siena nach 1260. Die Rekonstruktion, Ausst.-Kat. Lindenau-Museum Altenburg, Altenburg 2001.

Ausst.-Kat. Amsterdam 2021
Remember me. Renaissance Portraits, hrsg. von Sara van Dijk und Matthias Ubl, Ausst.-Kat. Rijksmuseum Amsterdam, Rotterdam 2021.

Ausst.-Kat. Berlin 2005
Geschichten auf Gold. Bilderzählungen in der frühen italienischen Malerei, hrsg. von Stefan Weppelmann, Ausst.-Kat. Gemäldegalerie, Berlin, Berlin u. a. 2005.

Ausst.-Kat. Berlin 2008
Fantasie und Handwerk. Cennino Cennini und die Tradition der toskanischen Malerei von Giotto bis Lorenzo Monaco, hrsg. von Wolf-Dietrich Löhr und Stefan Weppelmann, Ausst.-Kat. Gemäldegalerie, Berlin, München 2008.

Ausst.-Kat. Berlin 2011
Gesichter der Renaissance, hrsg. von Keith Christiansen und Stefan Weppelmann, Ausst.-Kat. Gemäldegalerie, Berlin, München 2011.

Ausst.-Kat. Berlin 2022
Donatello. Erfinder der Renaissance, hrsg. von Neville Rowley für die Staatlichen Museen zu Berlin, in Zusammenarbeit mit Francesco Caglioti, Laura Cavazzini und Aldo Galli, Ausst.-Kat. Gemäldegalerie, Berlin, Leipzig 2022.

Ausst.-Kat. Berlin/London 2015
The Botticelli Renaissance, hrsg. von Mark Evans, Stefan Weppelmann und Ana Debenedetti, Ausst.-Kat. Gemäldegalerie, Berlin/Victoria and Albert Museum, London, London 2015.

Ausst.-Kat. Dresden 1842
Kunst-Ausstellung zum Besten der Tiedge-Stiftung, Dresden 1842.

Ausst.-Kat. Florenz 1990
Pittura di luce. Giovanni di Francesco e l'arte fiorentina di metà Quattrocento, hrsg. von Luciano Bellosi, Ausst.-Kat. Casa Buonarroti, Florenz, Mailand 1990.

Ausst.-Kat. Florenz 1999
Giovinezza di Michelangelo, hrsg. von Kathleen Weil-Garris Brandt, Ausst.-Kat. Palazzo Vecchio, Sala d'Arme, Casa Buonarroti, Florenz, Mailand 1999.

Ausst.-Kat. Florenz 2003
Da Ambrogio Lorenzetti a Sandro Botticelli, hrsg. von Fabrizio Moretti, Ausst.-Kat. Galleria Moretti, Florenz, Florenz 2003.

Ausst.-Kat. Florenz 2005
Da Bernardo Daddi al Beato Angelico a Botticelli. Dipinti fiorentini del Lindenau-Museum di Altenburg, hrsg. von Miklós Boskovits unter Mitarbeit von Daniela Parenti, Ausst.-Kat. Museo di San Marco, Florenz, Florenz 2005.

Ausst.-Kat. Florenz 2010
Virtù d'amore. Pittura nuziale nel Quattrocento fiorentino, hrsg. von Claudio Paolini, Daniela Parenti und Ludovica Sebregondi, Ausst.-Kat. Galleria dell'Accademia, Museo Horne, Florenz 2010.

Ausst.-Kat. Florenz 2013
Il sogno nel Rinascimento, hrsg. von Chiara Rabbi Bernard, Alessandro Cecchi und Yves Hersant, Ausst.-Kat. Palazzo Pitti, Galleria Palatina, Florenz, Livorno 2013.

Ausst.-Kat. Frankfurt 2006
Kult-Bild. Das Altar- und Andachtsbild von Duccio bis Perugino, hrsg. von Jochen Sander, Ausst.-Kat. Städel Museum, Frankfurt a. M., Petersberg 2006.

Ausst.-Kat. Frankfurt 2009
Botticelli. Bildnis, Mythos, Andacht, hrsg. von Andreas Schumacher, Ausst.-Kat. Städel Museum, Frankfurt a. M., Ostfildern 2009.

Ausst.-Kat. Hamburg 2011
Die Erfindung des Bildes. Frühe italienische Meister bis Botticelli, hrsg. von Michael Philipp, Dieter Blume und Ortrud Westheider, Ausst.-Kat. Bucerius Kunst Forum, Hamburg, München 2011.

Ausst.-Kat. Köln 2021
Entdeckt! Maltechniken von Martini bis Monet, hrsg. von Iris Schaefer, Ausst.-Kat. Wallraf-Richartz-Museum & Fondation Corboud, Köln, Köln 2021.

Ausst.-Kat. Lissabon 2019
Alvaro Pirez d'Évora: A Portuguese painter in Italy on the Eve of the Renaissance, hrsg. von Lorenzo Sbaraglio und Joaquim Oliveira Caetano, Ausst.-Kat. Museu Nacional de Arte Antiga, Lissabon, Lissabon 2019.

Ausst.-Kat. London 2011
Scott Nethersole: Devotion by Design. Italien Altarpieces before 1500, Ausst.-Kat. National Gallery London, London 2011.

Ausst.-Kat. Madrid 2019
Fra Angelico and the Rise oft he Florentine Renaissance, hrsg. von Carl Brandon Strehlke, Ausst.-Kat. Museo Nacional del Prado, Madrid, Madrid 2019.

Ausst.-Kat. Mailand 1991
Le muse e il principe. Arte di corte nel Rinascimento padano, hrsg. von Alessandra Mottola Molfino und Mauro Natale, Ausst.-Kat. Mailand, 2. Bde., Modena 1991.

Ausst.-Kat. Mailand 2015
D'après Michelangelo. La fortuna dei disegni per gli amici nelle arti del Cinquecento, hrsg. von Alessia Alberti, Alessandro Rovetta und Claudio Salsi, Ausst.-Kat. Castello Sforzesco, Antico Ospedale Spagnolo, Mailand, Venedig 2015.

Ausst.-Kat. Mettingen 2022
Die Kunst der Wiederholung, Ausst.-Kat. Draiflessen Collection, Mettingen, Köln 2022.

Ausst.-Kat. München 2018
Florenz und seine Maler. Von Giotto bis Leonardo da Vinci, hrsg. von Andreas Schumacher, Ausst.-Kat. Bayerische Staatsgemäldesammlungen, Alte Pinakothek, München, München 2018.

Ausst.-Kat. New York 1988
Painting in Renaissance Siena: 1420–1500, hrsg. von Keith Christiansen, Laurence B. Kanter und Carl Brandon Strehlke, Ausst.-Kat. The Metropolitan Museum of Art, New York, New York 1988.

Ausst.-Kat. Paris 1996
Pisanello. Le peintre aux sept vertus, hrsg. von Dominique Cordellier, Ausst.-Kat. Musée du Louvre, Paris 1996.

Ausst.-Kat. Paris 2009
Frühe italienische Malerei von Siena bis Florenz. Meisterwerke aus dem Lindenau-Museum Altenburg / De Sienne á Florence. Les Primitives Italiens: La Collection du Musée d'Altenburg, hrsg. von Nicolas Sainte Fare Garnot, Ausst.-Kat. Musée Jacquemart-André, Paris, Stuttgart 2009.

Ausst.-Kat. Paris 2014
Le Pérugin, maître de Raphaël, hrsg. von Vittoria Garibaldi, Ausst.-Kat. Musée Jacquemart-André, Paris, Brüssel 2014.

Ausst.-Kat Perugia 2020
Taddeo di Bartolo, hrsg. von Gail E. Solberg, Ausst.-Kat. Galleria Nazionale dell'Umbria, Perugia, Perugia 2020.

Ausst.-Kat. Pisa 2005
Cimabue a Pisa. La pittura pisana del Duecento da Giunta a Giotto, hrsg. von Mariagiulia Burresi und Antonino Caleca, Ausst.-Kat. Museo Nazionale di San Matteo, Pisa, Ospedaletto 2005.

Ausst.-Kat. Prato 2013
Da Donatello a Lippi. Officina pratese, hrsg. von Andrea De Marchi und Cristina Gnoni Maravelli, Ausst.-Kat. Museo di Palazzo Pretorio, Prato, Mailand, 2013.

Ausst.-Kat. Rom 2005
Giotto e il Trecento. Il più sovrano maestro stato in dipintura, hrsg. von Marcello Francone, Ausst.-Kat. Museo Centrale del Risorgimento, Rom, Mailand 2005.

Ausst.-Kat. Rom 2017
Pintoricchio pittore dei Borgia. Il mistero svelato di Giulia Farnese, hrsg. von Cristina Acidini u. a., Ausst.-Kat. Museo Capitolini – Palazzo Caffarelli, Rom, Rom 2017.

Ausst.-Kat. Schallaburg 2018
Byzanz & der Westen. 1000 vergessene Jahre, hrsg. von der Schallaburg Kulturbestriebsges. m.b.H., Konzept und Redaktion Falko Daim und Dominik Heher, Ausst.-Kat. Schallaburg Kulturbetriebsges. m.b.H in Kooperation mit dem Römisch-Germanischen Zentralmuseum, Mainz, Schallaburg 2018.

Ausst.-Kat. Siena 1982
Il gotico a Siena. Miniature, pitture, oreficerie, oggetti d'arte, hrsg. von Giulietta Chelazzi Dini, Ausst.-Kat. Palazzo Pubblico, Siena, Florenz 1982.

Ausst.-Kat. Siena 2003
Duccio. Alle origini della pittura senese, hrsg. von Alessandro Bagnoli u. a., Ausst.-Kat. Santa Maria della Scala und Museo dell'Opera del Duomo, Siena, Cinisello Balsamo 2003.

Ausst.-Kat. Siena 2008
Maestri senesi e toscani nel Lindenau-Museum di Altenburg, hrsg. von Miklós Boskovits unter Mitarbeit von Johannes Tripps, Ausst.-Kat. Complesso museale Santa Maria della Scala – Palazzo Squarcialupi und Pinacoteca Nazionale di Siena, Siena 2008.

Ausst.-Kat. Siena 2010
Da Jacopo della Quercia a Donatello: Le arti a Siena nel primo Rinascimento, hrsg. von Max Seidel, Ausst.-Kat. Santa Maria della Scala, Opera della Metropolitana and Pinacoteca Nazionale, Siena, Mailand 2010.

Ausst.-Kat. Urbino 2018
Giovanni Santi, hrsg. von Maria Rosaria Valazzi, Ausst.-Kat. Galleria Nazionale delle Marche, Palazzo Ducale, Urbino, Cinisello Balsamo 2018.

Baader 2008
Hannah Baader: Sündenfall und Wissenschaft. Zur Verschriftlichung künstlerischer Techniken durch Cennino Cennini. In: Fantasie und Handwerk. Cennino Cennini und die Tradition der toskanischen Malerei von Giotto bis Lorenzo Monaco, München 2008, S. 121–131.

Bacarelli 1985
Giuseppina Bacarelli: Le commissioni artistiche attraverso i documenti. Novità per il maestro del 1399 ovvero Giovanni di Tano Fei e per Giovanni Antonio Sogliani. In: Il »Paradiso« in Pian di Ripoli. Studi e ricerche su un antico monastero, hrsg. von Mina Gregori, Florenz 1985, S. 96–103.

Bähr 1987
Ingeborg Bähr: Die Altarretabel des Giovanni di Paolo aus S. Domenico in Siena. In: Mitteilungen des Kunsthistorisches Institutes in Florenz 31, 1987, S. 357–366.

Bartalini 1988
Roberto Bartalini: Marco Pino. In: Da Sodoma a Marco Pino. Pittori a Siena nella prima metà del Cinquecento, hrsg. von Fiorella Sricchia Santoro, Ausst.-Kat. Palazzo Chigi Saracini, Siena, Florenz 1988, S. 179–193.

Basinio da Parma 2021
Basinio da Parma: Hesperis. Der italienische Krieg, hrsg. von Christian Peters (Neue lateinische Bibliothek, Bd. 6), Heidelberg 2021.

Bätschmann 1999
Oskar Bätschmann: Leon Battista Alberti: De statua. In: Theorie und Praxis. Leon Battista Alberti als Humanist und Theoretiker der bildenden Künste, hrsg. von Kurt W. Forster und Hubert Locher, Berlin 1999, S. 109–128.

Baxandall 1963
Michael Baxandall: A Dialogue on Art from the Court of Leonello d'Este. In: Journal of the Warburg and Courtauld Institutes 26, 1963, S. 304–326.

Baxandall 1972
Michael Baxandall: Painting and Experience in Fifteenth Century Italy. A Primer in the Social History of Pictorial Style, Oxford 1972.

Becker 1898
Felix Becker: Herzoglich Sachsen-Altenburgisches Museum. Beschreibender Katalog der Gemäldesammlung, Altenburg 1898.

Bellosi 1991a
Luciano Bellosi: Per un contesto cimabuesco senese: a) Guido da Siena e il probabile Dietisalvi di Speme. In: Prospettiva 61, 1991, S. 6–20.

Bellosi 1991b
Luciano Bellosi: Per un contesto cimabuesco senese: b) Rinaldo da Siena e Guido di Graziano. In: Prospettiva 62, 1991, S. 15–28.

Belting 1981
Hans Belting: Das Bild und sein Publikum im Mittelalter. Form und Funktion früher Bildtafeln der Passion, Berlin 1981.

Belting 1990
Hans Belting: Bild und Kult, eine Geschichte des Bildes vor dem Zeitalter der Kunst, München 1990.

Bennett 1977
Bonnie Apgar Bennett: Lippo Memmi, Simone Martini's »Fratello in Arte«. The Image Revealed by his Documented Works, Ann Arbor 1977.

Berenson 1936
Bernard Berenson: Pitture italiane del Rinascimento, Mailand 1936.

Berenson 1955
Bernard Berenson: Lorenzo Lotto, Mailand 1955.

Bergdolt 2007
Klaus Bergdolt: Das Auge und die Theologie. Naturwissenschaften und »Perspectiva« an der päpstlichen Kurie in Viterbo (ca. 1260–1280), Paderborn 2007.

Berger 1904
Ernst Berger: Die Maltechnik des Altertums, nach den Quellen, Funden, chemischen Analysen und eigenen Versuchen (Beiträge zur Entwickelungs-Geschichte der Maltechnik 1/2), München 1904.

Bernacchioni 1992
Annamaria Bernacchioni: Le botteghe di Pittura. Luoghi, strutture e attività. In: Maestri e botteghe. Pittura a Firenze alla fine del Quattrocento, hrsg. von Mina Gregori, Antonio Paolucci und Cristina Acidini Luchinat, Ausst.-Kat. Palazzo Strozzi, Florenz, Mailand 1992, S. 23–33.

Bernardino da Siena 1989
Bernardino da Siena: Prediche volgari sul Campo di Siena, 1427, hrsg. von Carlo Delcorno, 2 Bde., Mailand 1989.

Bernazzani 2014
Amélie Bernazzani: Un seul corps. La Vierge, Madeleine et Jean dans les Lamentations italiennes, ca. 1272–1578, Tours 2014.

Best.-Kat. Altenburg 1998
Ostasiatisches Porzellan im Altenburger Schloss, hrsg. von Stadtverwaltung Altenburg, Schloss- und Spielkartenmuseum, Best.-Kat. Sammlung Bernhard August von Lindenau, Sibyllenkabinett, Altenburg 1998.

Best.-Kat. Avignon 2005
Peinture italienne, hrsg. von Michel Laclotte und Esther Moench, Musée du Petit Palais Avignon, Paris 2005.

Best.-Kat. Bergamo 1979
Francesco Rossi: Accademia Carrara, Bergamo. Catalogo dei dipinti, Bergamo 1979.

Best.-Kat. Bergamo 2018
Accademia Carrara Bergamo. Dipinti italiani del Trecento e del Quattrocento. Catalogo completo, hrsg. von Giovanni Valagussa, Rom 2018.

Best.-Kat. Berlin 1988
Frühe italienische Malerei. Katalog der Gemälde. Gemäldegalerie, Berlin, bearb. von Miklós Boskovits, übers. aus dem Italienischen und redigiert von Erich Schleier, Berlin 1988.

Best.-Kat. Florenz 2015
Carl Brandon Strehlke/Machtelt Israëls: The Bernard and Mary Berenson Collection of European Paintings, Villa i Tatti, Florenz, Mailand 2015.

Best.-Kat. Philadelphia 2004
Carl Brandon Strehlke: Italian Paintings, 1250–1450, in the John G. Johnson Collection and the Philadelphia Museum of Art, Philadelphia 2004.

Best.-Kat. Prag 2008
Italian Painting c. 1330–1550. I. National Gallery in Prague. II. Collections in the Czech Republic. Illustrated Summary Catalogue, bearb. von Olga Pujmanová mit Petr Přibyl, Prag 2008.

Best.-Kat. Washington 2016
Miklòs Boskovits: Italian Paintings of the Thirteenth and Fourteenth Centuries, The Systematic Catalogue of the National Gallery of Art, Washington, D.C., 2016.

Beuing 2010
Raphael Beuing: Reiterbilder der Frührenaissance. Monument und Memoria, Münster 2010.

Beyer 2002
Andreas Beyer: Das Portrait in der Malerei, München 2002.

Bilderbibel 2023
Die Bilderbibel aus Padua. Add. MS 15277, London, British Library. Faksimile und Kommentar zur Faksimile-Edition, mit Beiträgen von Karl-Georg Pfändtner, Luzern 2023.

Bisogni 1981
Fiorella Bisogni: Le opere di Domenico Beccafumi nella Collezione di Galgano Saracini. In: Prospettiva 26, 1981, S. 25–47.

Blom 2018
Philipp Blom: Eine italienische Reise. Auf den Spuren des Auswanderers, der vor 300 Jahren meine Geige baute, München 2018.

Blume 2011
Dieter Blume: Bilder am Ort der Eucharistie, die vielen Rollen des Altarretabels. In: Ausst.-Kat. Hamburg 2011, S. 34–45.

Blume 2013
Dieter Blume: Ingegno – Inganno – Diletto. Reden über Kunst bei Dante, Boccaccio und Petrarca. In: Deutsches Dante-Jahrbuch, Bd. 88, 2013, S. 19–47.

Blume/Meier 2021
Dieter Blume/Christel Meier: Petrus Berchorius und der antike Mythos im 14. Jahrhundert, Berlin/Boston 2021.

Boccaccio 1965
Govanni Boccaccio: Esposizione sopra la Comedia di Dante, hrsg. von Giorgio Padoan, Mailand 1965.

Boccaccio 2012
Govanni Boccaccio: Decameron, übers. von Peter Brockmeier, Stuttgart 2012.

Bologna 1977
Ferdinando Bologna: Napoli e le rotte mediterranee della pittura. Da Alfonso il Magnanimo a Ferdinando il Cattolico, Napoli 1977.

Bode 1888
Wilhelm Bode: La Renaissance au Musée de Berlin. Les Maîtres Italiens du XIV siècle. In: Gazette des Beaux-Arts 37, 1888, S. 197–203.

Bohl 2018
Thomas Bohl: Giovanni di Paolo: Sources, usages et significations d'un répertoire de modèles singulier. In: Models in the Art of the Middle Ages (12th–15th Centuries), hrsg. von Denise Borlée, Genf 2018, S. 55–73.

Boskovits 1968
Miklós Boskovits: The Art of Painting in Florence and Siena from 1250 to 1550. Appunti su un catalogo di mostra (Acta Historiae Artium, Bd. 14), Budapest 1968, S. 106–109.

Boskovits 1975
Miklós Boskovits: Pittura fiorentina alla vigilia del Rinascimento 1370–1400, Florenz 1975.

Boskovits 1986
Miklós Boskovits: Fra Filippo Lippi, i carmelitani e il Rinascimento. In: Arte cristiana 74, 1986, S. 235–252.

Boskovits 2007
Miklós Boskovits: Wilhelm von Bode als Kunstkenner. In: Zeremoniell und Raum in der frühen italienischen Malerei, hrsg. von Stefan Weppelmann (Studien zur internationalen Architektur- und Kunstgeschichte 60), Petersberg 2007, S. 14–26.

Boskovits 2021
Miklós Boskovits: Mediaeval Panel Painting in Tuscany. 12th to 13th Century (A Critical and Historical Corpus of Florentine Painting, Supplement), hrsg. von Sonia Chiodo, Florenz 2021.

Boss 1998
Martin Boss: Die Sammlung der Abgüsse. In: Festschrift 150 Jahre Lindenau-Museum Altenburg, Leipzig 1998, S. 34–35.

Braca 2004
Antonio Braca: Vicende artistiche fra Napoli e la Costa d'Amalfi in età moderna (Biblioteca amalfitana 8), Amalfi 2004.

Brambach 1999
Carmen C. Brambach: Drawing and Painting in the Italian Renaissance Workshop. Theory and Practice 1300–1600, Cambridge 1999.

Brandi 1934
Cesare Brandi: Ricostruzione di un'opera giovanile di Giovanni di Paolo. In: L'Arte 37, 1934, S. 462–481.

Brandi 1949
Cesare Brandi: Quattrocentisti senesi, Mailand 1949.

Braun 1924
Joseph Braun: Der christliche Altar in seiner geschichtlichen Entwicklung, Bd. 2: Die Ausstattung des Altars, München 1924.

Brown 1966
Clifford M. Brown: Lorenzo Costa, Diss. Columbia 1966.

Brown 2011
Beverly Louise Brown: Die Bildniskunst an den Höfen Italiens. In: Ausst.-Kat. Berlin 2011, S. 26–47.

Buranelli 2017
Francesco Buranelli: La Madonna del Pintoricchio e il ritratto di Giulia Farnese. La fine di un mito. In: Ausst.-Kat. Rom 2017, S. 101–119.

Burckhardt 1960
Jacob Burckhardt: Die Kultur der Renaissance in Italien. Ein Versuch, Stuttgart 1960.

Burckhardt 2018
Jakob Burckhardt: Die Cultur der Renaissance in Italien. Ein Versuch, hrsg. von Mikkel Mangold auf der Grundlage der Vorarbeiten von Kenji Hara und Hiroyuki Numata, München/Basel 2018.

Büttner 2013
Frank Büttner: Giotto und die Ursprünge der neuzeitlichen Bildauffassung. Die Malerei und die Wissenschaft vom Sehen in Italien um 1300, Darmstadt 2013.

Büttner/Gottdang 2012
Frank Büttner/Andrea Gottdang: Einführung in die Malerei. Gattungen, Techniken, Geschichte, München 2012.

Büttner/Gottdang 2013
Frank Büttner/Andrea Gottdang: Einführung in die Ikonographie. Wege zur Deutung von Bildinhalten, München 2013.

Butzek 2001
Monika Butzek: Per la storia delle due »Madonne delle Grazie« nel Duomo di Siena. In: Prospettiva 103–104, 2001, S. 97–109.

Butzek 2010
Monika Butzek: Die Karriere eines Bildes durch die Jahrhunderte: die »Madonna del Voto« im Dom von Siena. In: Der Mensch als Muster der Welt. Untersuchungen zur italienischen Malerei von Venedig bis Rom, hrsg. von Nina Schleif, Berlin 2010, S. 49–72.

Caburlotto 2004
Luca Caburlotto: Padova e la dispersione ottocentesca delle opere di Andrea Mantegna. In: Padova e il suo territorio. Rivista bimestrale 19, 2004, Nr. 108, S. 12–16.

Calogero 2020
Giacomo Alberto Calogero: Marco Zoppo ingegno sottile. Pittura e Umanesimo tra Padova, Venezia e Bologna, Bologna 2020.

Cämmerer-George 1966
Monika Cämmerer-George: Die Rahmung der toskanischen Altarbilder im Trecento, Straßburg 1966.

Campbell 2008
Jean Campbell: The Commonwealth of Nature, Art and Poetic Community in the Age of Dante, Pennsylvania 2008.

Canaccini 2021
Federico Canaccini: 1289. La battaglia di Campaldino, Bari 2021.

Cannon 1982
Joanna Cannon: Simone Martini, the Dominicans and the Early Sienese Polyptych, Journal of the Warburg and Courtauld Institutes 45, 1982, S. 69–93.

Cecchi 2016
Alessandro Cecchi: Masaccio, Mailand 2016.

Chastel 2001
André Chastel: Signum Harpocraticum. In: Ders., Le geste dans l'art, Paris 2001, S. 65–90.

Casalini/Crociani/Fabbri 1990
Eugenio M. Casalini/Lamberto Crociani/Cecilia Fabbri: Da »una casupula« nella Firenze del sec. XIII: celebrazione giubilari dell'Ordine dei Servi di Maria; cronaca, liturgia, arte (Biblioteca della Provincia Toscana dei Servi di Maria 4), Florenz 1990, S. 109–115.

Casalini 2003
Eugenio M. Casalini: La »tavola« dell'altare maggiore dell'Annunziata di Firenze. In: Studi storici dell'ordine dei Servi di Maria 51, 2001 (2003), S. 7–32.

Castrichini 1996
Monica Castrichini: Polittico di Sant'Agostino di Orvieto, 1479–1481. In: Piermatteo d'Amelia. Pittura in Umbria meridionale fra '300 e '500, hrsg. von C. Fratini, Todi 1996, S. 138–142.

Cavallaro 1999
Anna Cavallaro: La decorazione pittorica. L'intervento di Domenico della Rovere (1490 ca.). In: Maria Giulia Aurigemma/Anna Cavallaro, Il Palazzo di Domenico della Rovere in Borgo, Rom 1999, S. 165–258.

Cennini 2017
Cennino Cennini: Das Buch von der Kunst oder Traktat der Malerei, Grafrath 2017.

Chiodo 2011
Sonia Chiodo: Painters in Florence after the »Black Death«. The Master of the Misericordia and Matteo di Pacino, hrsg. von Miklós Boskovits (A Critical and Historical Corpus of Florentine Painting, Abteilung IV, Bd. IX), Florenz/Mailand 2011.

Christiansen 1990
Keith Christiansen: Notes on »Painting in Renaissance Siena«. In: Burlington Magazine 1044, 1990, S. 205–213.

Christiansen 1994
Keith Christiansen: Simone Martini's Altar-piece for the Commune of Siena. In: The Burlington Magazine 136, 1994, S. 148–159.

Christiansen 2016
Keith Christiansen: Madonna and Child. Simone Martini, Italian, ca. 1326, URL: <https://www.metmuseum.org/art/collection/search/459136> [Zugriff am 20.11.2023].

Ciasca 1922
Raffaele Ciasca (Hrsg.): Statuti dell'arte dei Medici e Speziali (Fonti per la storia delle coroporazioni artigiane del Comune di Firenze), Florenz 1922.

Clarke 2011
Mark Clarke: Medieval Painters' Materials and Techniques. The Montpellier *Liber diversarum arcium*, London 2011.

Cleri 2008
Bonita Cleri (Hrsg.): Timoteo Viti. Atti del convegno, Palazzo Albani, Urbino, Urbino/Pesaro 2008.

Cleri 2017
Bonita Cleri: 1480–1500. Arte nelle Marche. In: Il Perugino nella Marca 1488–1497 (atti della giornata di studi internazionali, Urbino, 28 ottobre 2016), hrsg. von Bonita Cleri und Matteo Procaccini, Urbino [2017], S. 9–35.

Cole 1983
Bruce Cole: The Renaissance Artist at Work. From Pisano to Titian, New York 1983.

Coor 1965
Gertrude Coor: Notes on Six Parts of Two Dismembered Sienese Altarpieces. In: Gazette des beaux-arts 65, 1965, S. 129–136.

Cordaro 1992
Michele Cordaro (Hrsg.): Mantegna. La Camera degli Sposi, Mailand 1992.

Córdoba 2013
Ricardo Córdoba (Hrsg.), Craft Treatises and Handbooks. The Dissemination of Technical Knowledge in the Middle Ages, Turnhout 2013.

Crowe/Cavalcaselle 1869–1876
Joseph Archer Crowe/Giovanni Battista Cavalcaselle: Geschichte der italienischen Malerei, 6 Bde., hrsg. von Max Jordan, Leipzig 1869–1876.

Curzi 1997
Valter Curzi: Mantegna ritrovato. Fortuna storica e critica nel Settecento e nell'Ottocento. In: Andrea Mantegna, hrsg. von Umberto Baldani, Valter Curzi und Cecilia Prete, Florenz 1997, S. 91–140.

Dacos 1994
Nicole Dacos: De Pinturicchio à Michelangelo di Pietro da Lucca. Les premières grotesques à Sienne. In: Umanesimo a Siena. Letteratura, arti figurative, musica. Atti del convegno, Siena, 5.–8. Juni 1991, hrsg. von Elisabetta Cioni und Daniela Fausti (Bibliotheca studii senensis 9), Casellina (Firenze) 1994, S. 311–343.

Daly [im Erscheinen]
Christopher Daly: In the Circle of Botticelli: Associates, Followers, Collaborators. In: Botticelli designer: actes des colloques, hrsg. von Ana Debenedetti und Matteo Gianeselli, Paris [im Erscheinen].

Debby 2001
Nisrit Ben-Aryeh Debby: War and Peace: the Description of Ambrogio Lorenzetti's Frescoes in Saint Bernardino's 1425 Siena Sermons. In: Renaissance Studies 15, 2001, S. 272–286, URL: <https://doi.org/10.1111/1477-4658.00370> [Zugriff am 20.11.2023].

Debenedetti 2021
Ana Debenedetti: Botticelli: Artist and Designer, London 2021.

Decembrio 2002
Angelo Camillo Decembrio: De politia litteraria, hrsg. von Norbert Witten, München 2002.

Del Bravo 1992
Carlo Del Bravo: Un'osservazione su Masaccio. In: Studi di storia dell'arte sul Medioevo e il Rinascimento nel centenario della nascita di Mario Salmi. Atti del convegno internazionale, Arezzo-Firenze, 16–19 novembre 1989, hrsg. von Maria Grazia Ciardi Dupré Dal Poggetto, Florenz 1992, Bd. 2, S. 555–557.

Delpriori 2018
Alessandro Delpriori: Girolamo Genga e Luca Signorelli, ipotesi per un nuovo percorso. In: Girolamo Genga – una via obliqua alla maniera moderna, hrsg. von Barbara Agosti u. a., Bologna 2018, (Fondazione Federico Zeri: Nuovi diari di lavoro 5), S. 78–81.

De Lancey 2003
Julia A. De Lancey: Dragonsblood and Ultramarine. The Apothecary and Artist's Pigments in Renaissance Florence. In: The Art Market in Italy 15th–17th Centuries, hrsg. von Marcello Fantoni, Luisa Chevalier Matthew und Sara F. Matthews-Grieco, Modena 2003, S. 141–150.

De Marchi 1992
Andrea De Marchi: Gentile da Fabriano. Un viaggio nella pittura italiana alla fine del gotico, Mailand 1992.

De Marchi 1999
Andrea De Marchi: Problemi aperti su Squarcione pittore e sui romagnoli a Padova. In: Francesco Squarcione. »Pictorum Gymnasiarcha Singularis«. Atti delle Giornate di studio, Padua, 10.–11. Februar 1998, hrsg. von Alberta De Nicolò Salmazo, Padua 1999, S. 113–129.

De Marchi 2009
Andrea De Marchi: La pala d'altare. Dal paliotto al polittico gotico, Florenz 2009.

De Marchi 2012
Andrea De Marchi: La pala d'altare: Dal polittico alla pala quadra, Florenz 2012.

Derbes 1996
Anne Derbes: Picturing the Passion in Late Medieval Italy. Narrative Painting, Franciscan Ideologies, and the Levant, Cambridge (MA) 1996.

Diana 1986
Maria Grazia Diana: Alcune precisazioni per il percorso giovanile di Lorenzo Costa. In: Paragone. Rivista mensile di arte figurativa e letteratura, Arte 37, 1986, Nr. 431–433, S. 45–53.

Dionigi/Ferro 2020
Renzo Dionigi/Filippo Maria Ferro (Hrsg.): Teatri del sacro e del dolore. I Compianti in legno e in terracotta in Lombardia e in Piemonte tra Quattrocento e Cinquecento, Soncino 2020.

Döllgast 1937
Hans Döllgast: Atelier. In: Reallexikon zur Deutschen Kunstgeschichte, Bd. 1, 1937, S. 1170–1172.

Di Domenico u. a. 1998
Pierre Giorgio M. Di Domenico u. a. (Hrsg.): Fonti storico-spirituali dei Servi di Santa Maria, Bd. 1: 1245 bis 1348, Sotto il Monte (BG) 1998.

Dubois 2010
Monique Dubois: Zentralperspektive in der Florentiner Kunstpraxis des 15. Jahrhunderts, Petersberg 2010.

Dunkerton 1999
Jill Dunkerton: Osservazioni sulla tecnica della Madonna londinese di Giovanni Santi. In: Atti del convegno internazionale di studi (Convento di Santa Chiara, Urbino, 17.–19. März 1995), hrsg. von Raniero Varese, Mailand 1999, S. 57–60.

Dunlop 2002
Anne Dunlop: Flesh and the Feminine: Early-Renaissance Images oft the Madonna with Eve at her Feet. In: Oxford Art Journal 25, 2, 2002, S. 127–147.

Eberhardt 1990
Hans-Joachim Eberhardt: Un San Giuseppe carpentiere di Ansuino da Forlì. In: Verona Illustrata. Rivista del Museo di Castelvecchio 3, 1990, S. 17–22.

Echinger-Maurach 1991
Claudia Echinger-Maurach, Studien zu Michelangelos Juliusgrabmal (Studien zur Kunstgeschichte, Bd. 61), Hildesheim 1991.

Eclercy 2007
Bastian Eclercy: Nimbendekor in der toskanischen Dugentomalerei, Diss. Münster 2007, URL: <http://nbn-resolving.de/urn:nbn:de:hbz:6-98539497416> [Zugriff am 22.11.2023].

Edgerton 1975
Samuel Y. Edgerton: The Renaissance Discovery of Linear Perspective, New York 1975.

Eisenberg 1989
Marvin J. Eisenberg: Lorenzo Monaco, Princeton 1989.

Ekserdjian 2021
David Ekserdjian: The Italian Renaissance Altarpiece. Between Icon and Narrative, New Haven/London 2021.

Enekel 2006
Karl A. E. Enekel: Die Erfindung des Menschen. Die Autobiographik des frühneuzeitlichen Humansimus von Petraca bis Lipsius, Berlin/New York 2006.

Erlemann 1993
Hildegard Erlemann: Die Heilige Familie. Ein Tugendvorbild der Gegenreformation im Wandel der Zeit. Kult und Ideologie (Schriftenreihe zur religiösen Kultur 1), Münster 1993.

Ertel 2016
Tobias Ertel: Die »Madonna del Silenzio« von Pellegrino Tibaldi (1527–1596). Zur Geschichte eines unerkannten Meisterwerks im Lindenau-Museum Altenburg. In: Altenburger Geschichts- und Hauskalender 25, 2016, S. 197–199.

Fahy 1966
Everett Fahy: Some Notes on the Stratonice Master. In: Paragone 17, 1966, S. 17–28.

Fastenrath Vinattieri 2004
Wiebke Fastenrath Vinattieri: Der Archäologe Emil Braun als Kunstagent für den Freiherrn Bernhard August von Lindenau. Ein Beitrag zur Sammlungsgeschichte des Lindenau-Museums und zum römischen Kunsthandel in der ersten Hälfte des 19. Jahrhunderts, Altenburg 2004.

Fastenrath Vinattieri 2011a
Wiebke Fastenrath Vinattieri: Luca Signorellis Begegnungen mit der Antike und den Künstlern seiner Zeit. Die Predella mit Szenen der Passion und Auferstehung Christi im Lindenau-Museum Altenburg. In: Luca Signorelli: Fünf Predellentafeln mit Szenen der Passion und Auferstehung Christi, hrsg. vom Lindenau-Museum Altenburg (Bulletin 3: Frühe italienische Malerei im Lindenau-Museum Altenburg), Altenburg 2011, S. 6–39.

Fastenrath Vinattieri 2011b
Wiebke Fastenrath Vinattieri: Studien zu Aufbau, Malerei und Ikonographie des ehemaligen Hochaltars von Santissima Annunziata in Florenz. In: Pietro Perugino: Die hl. Margarethe von Antiochia und der sel. Franziskus von Siena, hrsg. vom Lindenau-Museum Altenburg (Bulletin 2: Frühe italienische Malerei im Lindenau-Museum Altenburg), Altenburg 2011, S. 6–47.

Fattorini 2010
Gabriele Fattorini: La lezione trecentesca e le immagini dell'identità civica. In: Ausst.-Kat. Siena 2010, S. 142–147.

Fehrenbach 2022
Frank Fehrenbach: Rilievo schiacciato. Donatello und die Kräfte der Skulptur. In: Ausst.-Kat. Berlin 2022, S. 58–67.

Firestone 1942
G. Firestone, The Sleeping Christ-child in Italian Renaissance Representations of the Madonna. In: Marsyas. Studies in the History of Art 2, 1942, S. 43–62.

Flasch 1986
Kurt Flasch: Das philosophische Denken im Mittelalter. Von Augustin zu Machiavelli, Stuttgart 1986.

Frechina 2019
José Gómez Frechina: Our Lady Humility. Barnaba da Modena, hrsg. von Nicolás Cortés Gallery, Madrid 2019.

Friedmann 1946
Herbert Friedmann: The Symbolic Goldfinch. Its History and Significance in European Devotional Art, New York 1946.

Frisch/Motz/Sundermann 2017
Tom Frisch/Franziska Motz/Malin Sundermann: Eine maltechnische Studie zu Starninas Cassone-Tafel. In: Gherardo Starnina: Cassone-Tafel mit dem Kampf orientalischer Reiter, hrsg. Roland Krischke für das Lindenau-Museum Altenburg (Bulletin 4: Frühe italienische Malerei im Lindenau-Museum), Altenburg 2017, S. 64–69.

Frizzoni 1902
Gustavo Frizzoni: Ricordi di un viaggo aristico oltralpe. In: L'arte 5, 1902, S. 290–301.

Fuchs/Oltrogge 1996
Robert Fuchs/Doris Oltrogge: Farbenherstellung. In: Europäische Technik im Mittelalter 800–1200, hrsg. von Uta Lindgren, Berlin 1996, S. 435–450.

Von der Gabelentz 1956
Hanns-Conon von der Gabelentz: Wilhelm Bode und das Staatliche Lindenau-Museum. In: Altenburger Kulturspiegel 10, 1956, S. 226–227.

Gardner 1994
Julian Gardner: Altars, Altarpieces and Art History: Legislation and Usage. In: Italian Altarpieces 1250–1550. Function and Design, hrsg. von Eve Borsook und Fiorella Superbi Gioffredi, Oxford 1994, S. 5–39.

Gardner von Teuffel 1982
Christa Gardner von Teuffel: Lorenzo Monaco, Filippo Lippi und Filippo Brunelleschi: die Erfindung der Renaissancepala. In: Zeitschrift für Kunstgeschichte 45, 1982 H. 1, S. 1–30.

Garin 1966
Eugenio Garin: Geschichte und Dokumente der abendländischen Pädagogik II. Humanismus, Reinbek bei Hamburg 1966.

Garrison 1949
Edward B. Garrison: Italian Romanesque Panel Painting. An Illustrated Index, Florenz 1949.

Garrison 1951
Edward B. Garrison: Toward a New History of Early Lucchese Painting. In: The Art Bulletin 33, 1951, S. 11–31.

Gleisberg 2002
Dieter Gleisberg: Die ersten Tafelbilder in Lindenaus Besitz. In: Altenburger Geschichts- und Hauskalender 11, 2002, S. 176–179.

Gottschewski 1908
Adolf Gottschewski: Über die Porträts der Caterina Sforza und über den Bildhauer Vincenzo Onofri, Straßburg 1908.

Götzmann 2010
Jutta Götzmann: Römische Grabmäler der Hochrenaissance. Typologie – Ikonographie – Stil (Beiträge zur Kunstgeschichte des Mittelalters und der Renaissance, Bd. 13), Münster 2010.

Goez 1988
Werner Goez: Geschichte Italiens in Mittelalter und Renaissance, Darmstadt 1988.

Gramaccini 1985
Norberto Gramaccini: Die Umwertung der Antike. Zur Rezeption des Marc Aurel in Mittelalter und Renaissance. In: Natur und Antike in der Renaissance, hrsg. von Herbert Beck und Peter C. Bol, Ausst.-Kat. Liebieghaus Skulpturensammlung, Frankfurt a. M., Frankfurt a. M. 1985, S. 51–83.

Grave 2015
Johannes Grave: Architekturen des Sehens. Bauten in Bildern des Quattrocento, Paderborn 2015.

Guerini 2003
Roberto Guerini: Sotto il duomo di Siena. Scoperte, archeologiche, architettoniche e figurative, Mailand 2003.

Guidotti 1986
Alessandro Guidotti: Il mestiere del dipintore nel Italia due-trecentsca. In: Il Duecento e il Trecento, hrsg. von Enrico Castelnuovo, Mailand 1986, Bd. 2, S. 529–540.

Hager 1962
Hellmut Hager: Die Anfänge des italienischen Altarbildes. Untersuchungen zur Entstehungsgeschichte des toskanischen Hochaltarretabels (Römische Forschungen der Bibliotheca Hertziana 17), München 1962.

Hall 2022
James Hall: The Artist's Studio. A Cultural History, London 2022.

Hanke 2009
Eva Hanke: Malerbildhauer der italienischen Renaissance. Von Brunelleschi zu Michelangelo, Petersberg 2009.

Hauptmann 1936
Moritz Hauptmann: Der Tondo. Ursprung, Bedeutung und Geschichte des italienischen Rundbildes in Relief und Malerei, Frankfurt a. M. 1936.

Hecht 2009
Christian Hecht: Der Schmerzensmann. In: Das Bild Gottes in Judentum, Christentum und Islam, hrsg. von Eckard Leuschner und Mark H. Hesslinger, Petersberg 2009, S. 128–151.

Helas 1999
Philine Helas: Lebende Bilder in der italienischen Festkultur des 15. Jahrhunderts, Berlin 1999.

Helffenstein 2022
Iris Helffenstein: Intermedial Practice, Multisensory Perception. Lorenzo Monaco and the »lavorii di mano« around 1400. In: Things and Thingness in European Literature and Visual Art, 700–1600, hrsg. von Jutta Eming und Kathryn Starkey, Berlin 2022, S. 21–44.

Henderson/Joannides 1991
John Henderson/Paul Joannides: A Franciscan Triptych by Fra Angelico. In: Arte cristiana 79, 1991, S. 3–6.

Henrichs 2008
Albert Henrichs: Dionysische Imaginationswelten. Wein, Tanz, Erotik. In: Dionysos. Verwandlung und Ekstase, hrsg. von Renate Schlesier und Agnes Schwarzmaier, Ausst.-Kat. Staatliche Museen zu Berlin, Antikensammlung, Regensburg 2008, S. 18–27.

Henry 2012
Tom Henry: The Life and Art of Luca Signorelli, New Haven/London 2012.

Hertlein 1979
Edgar Hertlein: Masaccios Trinität. Kunst, Geschichte und Politik der Frührenaissance in Florenz, Florenz 1979.

Hiller von Gaertringen 1997
Rudolf Hiller von Gaertingen: Tafelmalerei, Südl. Europa. In: Lexikon des Mittelalters, Bd. 8, München/Zürich 1997, Sp. 404–409.

Hiller von Gaertringen 2002
Rudolf Hiller von Gaertringen: Claritas. Das Hauptaltarbild im Dom von Siena nach 1260. Die Rekonstruktion (Tagungsbericht). In: Kunstchronik 55, 2002, S. 317–325.

Hofmann 2019
Sabine Hofmann: Alexander von Humboldt und Bernhard August von Lindenau. Die Forschungsreisen nach Amerika in Lindenaus Kunstbibliothek. In: Humboldt[4]. Vier Ausstellungen in vier Museen des Altenburger Landes, hrsg. von Roland Krischke, Altenburg 2019, S. 19–40.

Hood 1993
William Hood: Fra Angelico at San Marco, New Haven/London 1993.

Huizinga 1991
Johan Huizinga: Das Problem der Renaissance, Berlin 1991.

Israëls 1998
Machtelt Brüggen Israëls: New Documents for Sassetta and Sano di Pietro at the Porta Romana, Siena. In: The Burlington Magazine 140, 1998, S. 436–444.

Israëls 2012
Machtelt Brüggen Israëls: La decorazione pittorica dell'Antiporto di Camollia, di Porta Romana e di Porta Pispini a Siena. In: Fortificare con l'arte. Mura, porte e fortezze di Siena nella storia, hrsg. von Ettore Pellegrini, Siena 2012, S. 200–219.

Jacobsen 2001
Werner Jacobsen: Die Maler von Florenz zu Beginn der Renaissance (Italienische Forschungen 4, Folge 1), München 2001.

Jäger 1998
Roland Jäger: Die Kunstbibliothek. »Eine zunächst Kunst, Technik und Hülfswissenschaften betreffende Sammlung von Büchern«. In: 150 Jahre Lindenau-Museum Altenburg, Altenburg 1998.

Joannides 1993
Paul Joannides: Masaccio and Masolino. A Complete Catalogue, London 1993.

John 2002
Barbara John: Guido da Siena's Misteri di Gesù Cristo. In: Italian Panel Paintings of the Duecento and Trecento, hrsg. von Victor M. Schmidt (Studies in the History of Art 61), New Haven/London 2002, S. 278–289.

Kanter 1994
Laurence B. Kanter: Italian Paintings in the Museum of Fine Arts Boston, Boston 1994.

Kanter/Henry 2002
Laurence B. Kanter/Tom Henry: Luca Signorelli. The Complete Paintings, London 2002.

Karl 2017
Daniela Karl: Die Maltechnik der Florentiner Meister. In: Florentiner Malerei der Alten Pinakothek. Die Gemälde des 14. Bis 16. Jahrhunderts, hrsg. von Andreas Schumacher, Annette Kranz und Annette Hojer, Berlin 1017, S. 56–81.

Kemp 1996
Wolfgang Kemp: Die Räume der Maler. Zur Bilderzählung seit Giotto, München 1996.

Kinzel 2015
Sarah Kinzel: Kunst für Jedermann. Die Gemäldekopiensammlung Bernhard August von Lindenaus (Aus Lindenaus Sammlungen, Bd. 3), Altenburg 2015.

Klesse 1967
Brigitte Klesse: Seidenstoffe in der italienischen Malerei des 14. Jahrhunderts (Schriften der Abegg-Stiftung Bern, Bd. 1), Bern 1967.

Kleßen 2022
Patricia Kleßen: Adelige Selbstbehauptung und romantische Selbstentwürfe. Die »queeren« Inszenierungen Herzog Augusts von Sachsen-Gotha-Altenburg (1772–1822), Frankfurt am Main 2022.

Klingele 2010
Florian Klingele: Fluchtpunkt und Theophanie. Zentralperspektive als Visualisierung des Göttlichen in der Malerei der italienischen Renaissance. In: Ars imitatur naturam. Transformationen eines Paradogmas menschlicher Kreativität im Übergang vom Mittelalter zur Neuzeit, hrsg. von Arne Moritz, Münster 2010, S. 145–166.

Kloft 2006
Matthias Kloft: Skizzen zum mittelaterlichen Altar in Italien im Spiegel von Liturgie und Recht. In: Ausst.-Kat. Frankfurt 2006, S. 23–29.

Koller 1990
Manfred Koller: Die Kreispolitur – eine vergessene Vergoldertechnik der Spätgotik. In: Die Kunst und ihre Erhaltung: Rolf E. Straub zum 70. Geburtstag gewidmet, Worms 1990, S. 47–56.

Körner 2006
Hans Körner: Sandro Botticelli, Köln 2006.

Krass 2020
Urte Krass: Melancholic, with his House Full of Stones (Decameron VIII, 3). On the Narrative Symbiosis between Painters and Stones. In: Parlare dell'arte nel Trecento. Kunstgeschichten und Kunstgespräch im 14. Jahrhundert in Italien, hrsg. von Annette Hoffmann, Lisa Jordan und Gerhard Wolf, Berlin/München 2020, S. 43–60.

Krischke 2017
Roland Krischke: Der Leuchtturm an der Blauen Flut. Das neue Lindenau-Museum und die Altenburger Trümpfe, Altenburg 2017.

Krischke 2022
Roland Krischke: Sterne vom Himmel – Das Lindenau-Museum Altenburg. In: Ausst.-Kat. Mettingen 2022, S. 12–17.

Kruft/Malmanger 1975
Hanno-Walter Kruft/Magne Malmanger: Der Triumphbogen Alfonsos in Neapel: das Monument und seine politische Bedeutung. In: Acta ad Archaeologiam et Artium Historiam Pertinentia 6, 1975, S. 213–305.

Krüger 1992
Klaus Krüger: Der frühe Bildkult des Franziskus in Italien. Gestalt- und Funktionswandel des Tafelbildes im 13. und 14. Jahrhundert, Berlin 1992.

Krüger 2000
Klaus Krüger: Entstehung und Frühgeschichte des italienischen Altarbildes, Kunsthistorische Arbeitsblätter, Teil 1: 2, 2000, S. 13–20; Teil 2: 4, 2000, S. 21–28.

Krüger 2003
Klaus Krüger: Das Sprechen und das Schweigen der Bilder, Visualität und rhetorischer Diskurs. In: Der stumme Diskurs der Bilder: Reflexionsformen des Ästhetischen in der Kunst der Frühen Neuzeit, hrsg. von Valeska von Rosen, Klaus Krüger und Rudolf Preimesberger, München 2003, S. 17–52.

Krüger 2004
Klaus Krüger: Die Entwicklung des Altargemäldes in Italien im 14. Jahrhundert. In: Kunsthistorische Arbeitsblätter. Zeitschrift für Studium und Hochschulkontakt 12, 2004, S. 37–48.

Krüger 2008
Klaus Krüger: Von der Pala zum Polyptychon. Das Altarbild als Medium religiöser Kommunikation. In: Ausst.-Kat. Berlin 2008, S. 179–199.

Krüger 2017
Klaus Krüger: Mimesis als Bildlichkeit des Scheins. Zur Fiktionalität religiöser Bildkunst im Trecento. In: Ders.: Zur Eigensinnlichkeit der Bilder, Paderborn 2017, S. 55–73.

Krüger 2018
Klaus Krüger: Bildpräsenz – Heilspräsenz. Ästhetik der Liminalität, Göttingen 2018.

Kubersky-Piredda 2010
Susanne Kubersky-Piredda: The Market for Painters' Materials in Renaissance Florence. In: Trade in Artist's Materials. Markets and Commerce in Europe to 1700, hrsg. von Jo Kirby, Susie Nash und Joanna Cannon, London 2010, S. 223–243.

von Kues 1964
Nikolaus von Kues: Die belehrte Unwissenheit: Lateinisch/deutsch, übersetzt und mit Vorwort und Anmerkungen, hrsg. von Paul Wilpert, Berlin 1964.

Labriola 2008
Ada Labriola: Simone Martini e la pittura gotica a Siena, Florenz 2008.

La France 2013
Robert G. La France: Timoteo Viti and Raphael. In: Late Raphael, hrsg. von Miguel Falomir, Madrid 2013, S. 126–135.

Lanzi 1809
Luigi Lanzi: Storia pittorica della Italia dal risorgimento delle Belle Arti fin presso al fine del XVIII Secolo, 6 Bde., Bassano 1809.

Lanzi 1830–1833
Luigi Lanzi: Geschichte der Malerei in Italien: vom Wiederaufleben der Kunst bis Ende des achtzehnten Jahrhunderts. Aus dem Italienischen übersetzt und mit Anmerkungen von Johann Gottlob van Quandt, hrsg. von Adolf Wagner, 3 Bde., Leipzig 1830–1833.

Lawless 2021
Catherine Lawless: Clothed with her Flesh. A Florentine Madonna del Cucito. In: Mapping New Territories in Art and Architectural Histories. Essays in Honour of Roger Stalley, hrsg. von Niamh NicGhabhann und Danielle O'Donovan, Turnhout 2021, S. 315–326.

Lay 1992
Rupert Lay: Die Ketzer. Von Roger Bacon bis Teilhard, Frankfurt a. M./Berlin 1992.

Lazzi 2010
Giovanna Lazzi: I pianeti e i loro figli. In: De sphaera. Commentario all'edizione in facsimile del codice miniato a.x.2.14 = LAT. 209 della Biblioteca Estense Universitaria di Modena (Il giardino delle Esperidi 18), Modena 2010, S. 59–95.

Lazzi 2017
Giovanna Lazzi: Scene d'amore di Medioevo. La storia della Castellana di Vergy. In: Palazzo Davanzati e Firenze, hrsg. von Brunella Teodori, Florenz 2017, S. 39–49.

Leinkauf 2020
Thomas Leinkauf: Die Philosophie des Humanismus und der Renaissance (Geschichte der Philosophie 6), München 2020.

Lessing 2006
Constanze Lessing: »PER IGNORANTIA DELL'ARTE SI OSCURANO LE VIRTUDI«. Virtus und Virtuosität in den »Commentarii« des Lorenzo Ghiberti. In: Die Virtus des Künstlers in der italienischen Renaissance, hrsg. von Joachim Poeschke, Thomas Weigel und Britta Kusch-Arnhold, Münster 2006, S. 55–72.

Lightbown 1978
Ronald W. Lightbown: Sandro Botticelli, 2 Bde., London 1978.

Lippincott 1990
Kirsten Lippincott: The Iconography of the Salone dei Mesi and the Study of Grammar in Fifteenth-Century Ferrara. In: La corte di Ferrara e il suo mecenatismo 1441–1598, hrsg. von Marianne Pade, Lene Waage Petersen und Daniela Quarta, Modena 1990, S. 93–109.

Lipscher/Muntwyler 2023
Juraj Lipscher/Stefan Muntwyler: Bleigelb, Bleizinngelb I und II, Bleizinnorange. In: Das Farbenbuch, hrsg. von Stefan Muntwyler, Juraj Lipscher und Hanspeter Schneider, Elsau 2023, S. 80–81.

Lobbenmeier 1995
Annette Lobbenmeier: Raum und Unendlichkeit. Die Perspektive als Bedeutungsträger in Florentiner Bildprogrammen des Quattrocento, hrsg. von Kunibert Berings (Kunst Geschichte und Theorie 21), Essen 1995.

Locher 1999
Hubert Locher: Leon Battista Albertis Erfindung des »Gemäldes« aus dem Geist der Antike: der Traktat De picutura. In: Theorie und Praxis. Leon Battista Alberti als Humanist und Theoretiker der bildenden Künste, hrsg. von Kurt W. Forster und Hubert Locher, Berlin 1999, S. 75–107.

Lombardelli 1584
Gregorio Lombardelli: Vita della Beata Aldobrandesca Pontii de' Bellanti da Siena del Terz'Ordine degli Humiliati, Siena 1584.

Lovino 2020
Orazio Lovino: Rinascimento in terra di Bari. Nuove riflessioni sul Maestro d'Andria e su Tuccio d'Andria al bivio tra Napoli e la Liguria. In: Bollettino d'arte 105, 2020, S. 47–68.

Löhr 2008
Wolf-Dietrich Löhr: Handwerk und Denkwerk des Malers. Kontexte für Cenninis Theorie der Praxis. In: Fantasie und Handwerk. Cennino Cennini und die Tradition der toskanischen Malerei von Giotto bis Lorenzo Monaco, hrsg. von Wolf-Dietrich Löhr, München 2008, S. 153–177.

Machiavelli 1993
Niccolò Machiavelli: Il principe. Der Fürst, hrsg. und übersetzt von Philipp Rippel, Stuttgart 1993.

Macrobio 1997
Ambrogio Teodosio Macrobio: I Saturnali, hrsg. von Nino Marinone, Torino 1997.

Mädger 2005
Susanne Mädger: Die Predella als Ort der Bilderzählung im toskanischen Altarwerk des 14. und 15. Jahrhunderts. In: Ausst.-Kat. Berlin 2005, S. 70–88.

Mädger 2007
Susanne Mädger: Florentiner Predellen von 1400 bis 1530. Form, Inhalt und Funktion, Diss. Bonn 2007, URL: <https://hdl.handle.net/20.500.11811/2750> [Zugriff am 19.2.2024]

Magani 1998
Fabrizio Magani: La »fortuna« di Andrea Mantegna a Padova tra Settecento e Ottocento. In: Il Santo. Rivista francescana di storia dottrina arte 38, 1998, Nr. 3, S. 355–380.

Maginnis 2002
Hayden B. J. Maginnis: Everything in a Name? or The Classification of Sienese Duecento Painting. In: Italian Panel Painting of the Duecento and Trecento, hrsg. von Victor M. Schmidt (Studies in the History of Art 61), New Haven/London 2002, S. 470–485.

Mallory 1974
Michael Mallory: An Altarpiece by Lippo Memmi Reconsidered. In: Metropolitan Museum Journal 9, 1974, S. 187–202.

Marcelli 2009
Fabio Marcelli: »Piermatteo lavora tantissimo«. In: Piermatteo d'Amelia e il Rinascimento nell'Umbria meridionale, hrsg. von Vittoria Garibaldi und Francesco Federico, Ausst.-Kat. Centro Arti Opificio Siri, Terni; Raccolta Archeologica, Amelia, Mancini, Cinisello Balsamo 2009, S. 37–55.

Marchi 2018
Alessandro Marchi: Giovanni Santi, l'artista da giovane? I tempi della formazione. In: Ausst.-Kat. Urbino 2018, S. 17–43, 102–103.

Matteini/Moles 1990
Mauro Matteini/Arcangelo Moles: Naturwissenschaftliche Untersuchungsmethoden in der Restaurierung, München 1990.

Mazzalupi 2022
Matteo Mazzalupi: Un testamento e altre tracce Romane per Piermatteo d'Amelia (con notizie inedite su alcuni contemporanei). In: Pittura e scultura nel Patrimonio Tusciae al tempo di Piermatteo d'Amelia, hrsg. von Sara Cavatori, Orte 2022, S. 9–25.

Meiss 1974
Milliard Meiss: Scholarship and Penitence in the Early Renaissance. The Image of St Jerome. In: Pantheon 32, 1974, S. 134–140.

von Mengenberg 1856
Konrad von Mengenberg: Das Buch der Natur, hrsg. von Franz Pfeiffer, Stuttgart 1856.

Merciari 2003
Elena Merciari: Il probabile Giovanni di Tano Fei. Un' interprete bizzarro del gotico internazionale a Firenze. In: Arte cristiana 91, 2003, S. 79–91.

Merrifield 1849
Mary Philadelphia Merrifield (Hrsg.): Original Treatises, Dating from the XIIth to the XVIIIth Centuries, on the Arts of Painting, in Oil, Miniature, Mosaic, and on Glass; of Gilding, Dyeing, and the Preparation of Colours and Artifical Gems, 2 Bde., London 1849.

Merzenich 2001
Christoph Merzenich: Vom Schreinerwerk zum Gemälde. Florentiner Altarwerke der ersten Hälfte des Quattrocento. Eine Untersuchung zu Material, Konstruktion und Rahmenform, Berlin 2001.

Meyer zur Capellen 2005
Jürg Meyer zur Capellen: Raphael. A Critical Catalogue of his Paintings, Bd. 2: The Roman Religious Paintings ca. 1508–1520, Landshut 2005.

Minardi 1998
Mauro Minardi: Sulle tracce di Ansuino da Forlì. In: Arte Cristiana. Rivista internazionale di storia dell'arte e di arti liturgiche 86, 1998, Nr. 199, S. 95–112.

Mommsen 1957
Theodor E. Mommsen: Petrarch's Testament, hrsg. von Giorgio Padoan, London 1957.

Moritz 2010
Arne Moritz (Hrsg.), Ars imitatur naturam. Transformation eines Paradigmas menschlicher Kreativität im Übergang vom Mittelalter zur Neuzeit, Münster 2010.

Muller 2004
Norman Muller: Guido da Siena's Annunciation in Context. In: Record. Princeton University Art Museum 63, 2004, S. 28–39.

Müller 2010
Tom Müller: Die mathematischen Grundlagen der bildenden Künste: Albertis Schriften über das Standbild und die Malerei. In: Perspektivität und Unendlichkeit. Mathematik und ihre Anwendung in der Frührenaissance am Beispiel von Alberti und Cusanus, hrsg. von Tom Müller, Regensburg 2010, S. 107–132.

Najemy 2000
John M. Najemy (Hrsg.): Italy in the Age of the Renaissance, Oxford 2000.

Nauhaus 2014
Julia M. Nauhaus (Hrsg.): Asien in Altenburg. Bernhard August von Lindenaus »Chinesische Schätze«, Altenburg 2014.

Nauhaus 2015
Julia M. Nauhaus (Hrsg.): Das Lindenau-Museum Altenburg: Sammlungen, Studio Bildende Kunst, Kunstpreise, Geschichte, Altenburg 2015.

Negro/Roio 2001
Emilio Negro/Nicosetta Roio: Lorenzo Costa 1460–1535, Modena 2001.

Norman 1999
Diana Norman: Siena and the Virgin. Art and Politics in a Late Medieval City State, New Haven 1999.

Oertel 1957
Robert Oertel: Botticellis Frauenbildnis in Altenburg. Ergebnisse einer Röntgenuntersuchung. In: Festschrift für Johannes Jahn, Leipzig 1958, S. 195–200.

Oertel 1961
Robert Oertel: Frühe italienische Malerei in Altenburg. Beschreibender Katalog der Gemälde des 13. bis 16. Jahrhunderts im Staatlichen Lindenau-Museum, Berlin 1961.

Offner 1947
Richard Offner: Master of San Martino alla Palma, Assistant of Daddi, Master of the Fabriano Altarpiece (A Critical and Historical Corpus of Florentine Painting, Abt. 3, Bd. 5), New York 1947.

Offner 1958
Richard Offner: Workshop of Bernardo Daddi (A Critical and Historical Corpus of Florentine Painting, Abt. 3, Bd. 8), Florenz 1958.

Offner/Boskovits 1989
Richard Offner: The Works of Bernardo Daddi (A Critical and Historical Corpus of Florentine Painting, Abt. 3, Bd. 3), A New Edition with Additional Material, Notes and Bibliography by Miklós Boskovits, Florenz 1989.

Offner/Steinweg 1967
Richard Offner/Klara Steinweg: Giovanni del Biondo (A Critical and Historical Corpus of Florentine Painting, Abt. 4, Bd. 4: Teil 1), New York 1967.

Offner/Steinweg 2001
Richard Offner/Klara Steinweg: Bernardo Daddi and his Circle (A Critical and Historical Corpus of Florentine Painting, Abt. 3, Bd. 5), Florenz 2001.

van Os 1969
Hendrik van Os: Marias Demut und Verherrlichung in der sienesischen Malerei 1300–1450, s'-Gravenhage 1969.

van Os 1988/90
Hendrik van Os: Sienese Altarpieces 1215–1460. Form, Content, Function, Bd. 1: 1215–1344, Bd. 2: 1344–1460, Groningen 1988/90.

van Os 1989
Hendrik van Os u. a. (Hrsg.): The Early Sienese Paintings in Holland, Florenz/Den Haag 1989.

Pagnotta 1997
Laura Pagnotta: Bartolomeo Veneto. L'opera completa, Florenz 1997.

Panormita 1912
Panormita: De dictis et factis Alphonsi regis. In: Alfonso I. und Ferrante I. von Neapel. Schriften von Antonio Beccadelli, Tristano Caracciolo, Camillo Porzio, hrsg. von Hermann Hefele, Jena 1912, S. 17–97.

Pardo 2000
Mary Pardo: On the Identity of »Masaccio« in L. B. Alberti's Dedication of Della Pittura. In: Perspectives on Early Modern and Modern Intellectual History. Essays in Honor of Nancy S. Struever, hrsg. von Joseph Marino und Melinda W. Schlitt, Rochester 2000, S. 223–258.

Passavant 1839–1858
Johann David Passavant: Rafael von Urbino und sein Vater Giovanni Santi, 3 Bde., Leipzig 1839–1858.

Penndorf 1998
Jutta Penndorf (Hrsg.): Frühe Italienische Malerei im Lindenau-Museum Altenburg, Leipzig 1998.

Penndorf 2004
Jutta Penndorf (Hrsg.): Bernhard August von Lindenau und seine Kunstsammlungen, Altenburg 2004.

Perrig 1987
Alexander Perrig: Lorenzo Ghiberti. Die Paradiestür. Warum ein Künstler den Rahmen sprengt, Frankfurt a. M. 1987.

Pfisterer 2002
Ulrich Pfisterer: Donatello und die Entdeckung der Stile 1430–1445, München 2002, S. 13–18.

Philipp 2011
Michael Philipp: Vom Kultbild zum Abbild der Wirklichkeit. Zur Entwicklung der Malerei in Italien 1250–1500. In: Ausst.-Kat. Hamburg 2011, S. 12–33.

Pico della Mirandola 2020
Giovanni Pico della Mirandola: Oratio de ominis dignitate. Über die Würde des Menschen. Lateinisch/deutsch. Auf der Textgrundlage der Editio princeps, hrsg. von Gerd von der Gönna (Reclams Universalbibliothek 9658), Ditzingen 1997.

Poeschel 2005
Sabine Poeschel: Handbuch der Ikonographie. Sakrale und profane Themen der bildenden Kunst, Darmstadt 2005.

Poeschke 1980
Joachim Poeschke: Donatello. Figur und Quadro, München 1980.

Poeschke 1990/92
Joachim Poeschke: Die Skulptur der Renaissance in Italien, Bd. 1: Donatello und seine Zeit, Bd. 2: Michelangelo und seine Zeit, München 1990/92.

Poeschke/Syndikus 2008
Leon Battistia Alberti. Humanist – Architekt – Kunsttheoretiker, hrsg. von Joachim Poeschke und Candinda Syndikus, Münster 2008.

Pons 2021
Nicoletta Pons: La pittura del Quattrocento alla Badia. In: Badia Fiorentina: La chiesa e il monastero, hrsg. von Riccardo Spinelli, Florenz 2021, S. 108–141.

Pope-Hennessy 1974
John Pope-Hennessy: Fra Angelico, London 1974.

Pope-Hennessy 1987
John Pope-Hennessy: Italian Paintings in the Robert Lehman Collection, New York 1987.

Procaccini 2020
Matteo Procaccini: Timoteo Viti. In: Dizionario Biografico degli Italiani, Bd. 99, 2020, URL: <https://www.treccani.it/enciclopedia/timoteo-viti_%28Dizionario-Biografico%29/> [Zugriff am 4.1.2023]

Quandt/Schulz 1848
Johann Gottlob von Quandt/Heinrich Wilhelm Schulz: Beschreibung der im neuen Mittelgebäude des Pohlhofes befindlichen Kunstgegenstände, Altenburg 1848.

Quené 2022
Saskia C. Quené: Goldgrund und Perspektive. Fra Angelico im Glanz des Quattrocento, Berlin/ München 2022.

Reinhard 2003
Volker Reinhard: Geschichte Italiens. Von der Spätantike bis zur Gegenwart, München 2003.

Repetto 1961/62
Marina Repetto: Nicola Giolfino, Mag. Padova, 1961/62.

Repetto 1974
Marina Repetto: Nicola Giolfino. In: Maestri della pittura veronese, hrsg. von Pierpaolo Brugnoli, Einleitung von Lionello Puppi, Verona 1974, S. 153–160.

Rachman-Schrire 2019
Yamit Rachman-Schrire: Christ's Side-wound and Francis' Stigmatization at La-Verna. Reflections on the Rock of Golgotha. In: Steinformen: Materialität, Qualität, Imitation, hrsg. von Isabella Augart, Maurice Saß und Iris Wenderholm, Berlin/Boston 2019, S. 45–57.

Reim 2015
Susanne Reim: Gipsabgüsse. In: Nauhaus 2015, S. 85–87.

Richa 1756
Giuseppe Richa: Notizie Istoriche Delle Chiese Fiorentine. Divise ne' suoi Quartieri, 10 Bde., Florenz 1754–1762, Bd. 4: Del Quartiere Di S. Ma. Novella, Florenz 1756.

Riedenauer 2010
Markus Riedenauer: Perspektive. Malerische Nachahmung natürlichen Sehens in der philosophischen Reflexion. In: Ars imitatur naturam. Transformationen eines Paradogmas menschlicher Kreativität im Übergang vom Mittelalter zur Neuzeit, hrsg. von Arne Moritz, Münster 2010, S. 129–143.

Rosenberg 1997
Charles M. Rosenberg: The Este Monuments and Urban Development in Renaissance Ferrara, Cambridge 1997.

Rosini 1840
Giovanni Rosini: Storia della pittura italiana esposta coi monumenti, 7 Bde., Bd. 2: Epoca prima da Giunta a Masaccio, Pisa 1840.

Rovetta 2015a
Alessandro Rovetta, Madonna del Silenzio. Disegni e dipinti. In: Ausst.-Kat. Mailand 2015, S. 331–344.

Rovetta 2015b
Alessandro Rovetta: Madonna del Silenzio. Regesto. In: Ausst.-Kat. Mailand 2015, S. 350–356.

Ruda 1993
Jeffrey Ruda: Filippo Lippi. Life and Work with a Complete Catalogue, London 1993.

Rüfenacht 2023
Andreas Rüfenacht: Johann Gottlob von Quandt und die Einrichtung des Museums auf dem Pohlhof. In: Lindenau-Museum Altenburg 1848–2023, hrsg. von Roland Krischke, Dresden 2023, S. 43–51.

Russo 2008
Giuseppe Russo: Tavole con ipotesi di ricostruzione. In: L'Angelico ritrovato. Studi e ricerche per la Pala di San Marco, hrsg. von Cristina Acidini und Magnolia Scudieri, Ausst.-Kat. Museo di San Marco, Florenz, Livorno 2008, S. 134–141.

Rux 2017
Benjamin Rux: Von Valencia nach Florenz – Gherardo Starnina und die Cassone-Tafel mit dem Kampf orientalischer Reiter. In: Gherardo Starnina: Cassone-Tafel mit dem Kampf orientalischer Reiter, hrsg. Roland Krischke für das Lindenau-Museum Altenburg (Bulletin 4: Frühe italienische Malerei im Lindenau-Museum Altenburg), Altenburg 2017, S. 8–25.

Rux 2021
Benjamin Rux: Der Herrscher im Bild. Präsenz und Propaganda in Büchern des Quattrocento, Jena 2021.

Salvatore 1989
Donato Salvatore: Il »Monogrammista PETR«. Pietro Befulco o Pietro Buono? In: Il Polittico di San Severino. Restauri e recuperi, hrsg. von Ferdinando Bologna (Quaderni di Capodimonte 6), Neapel 1989, S. 107–119.

Sander 2006a
Jochen Sander: Einführung. In: Ausst.-Kat. Frankfurt 2006, S. 13–21.

Sander 2006b
Jochen Sander: Bild und Kult. Fünf Fallbeispiele zur Einführung ins Thema. In: Ausst.-Kat. Frankfurt 2006, S. 31–50.

Sander 2006c
Jochen Sander: Altarbilder für den Dom von Siena. In: Ausst.-Kat. Frankfurt 2006, S. 61–83.

Sander 2006d
Jochen Sander: Das »Standard Altarbild« der Gotik: Das Polyptychon. In: Ausst.-Kat. Frankfurt 2006, S. 85–106.

Sander 2006e
Jochen Sander: Die Predella. Der bevorzugte Ort der frühen Bilderzählung. In: Ausst.-Kat. Frankfurt 2006, S. 107–129.

Sander 2006f
Jochen Sander: Marien- und Christusbilder. In: Ausst.-Kat. Frankfurt 2006, S. 177–211.

Sanminiatelli 1967
Donato Sanminiatelli: Domenico Beccafumi, Mailand 1967.

Santi 2007
Bruno Santi: Überlegungen zu Duccio und zur Entstehung des Handlungsraumes in der frühen Sieneser Malerei. In: Zeremoniell und Raum in der frühen italienischen Malerei, hrsg. von Stefan Weppelmann (Studien zur internationalen Architektur- und Kunstgeschichte 60), Petersberg 2007, S. 28–39.

Sauer 2006
Rita Sauer: »... so soll auch euer ganzes Leben heilig werden«. Das Vitenretabel. In: Ausst.-Kat. Frankfurt 2006, S. 131–176.

Savonarola 1902
Michele Savonarola: Libellus de magnificis ornamentis Regie Civitatis Padue, hrsg. von Arnaldo Segarizzi (Rerum italicarum scriptores, Bd. 24, 15), Città di Castello 1902.

Sbaraglio 2010
Lorenzo Sbaraglio: L'origine dei cassoni istoriati nella pittura fiorentina. In: Ausst.-Kat. Florenz 2010, S. 105–113.

Sbaraglio 2019
Lorenzo Sbaraglio: A Kaleidoscopic World. Origin and Development of the Art of Alvaro Pirez. In: Ausst.-Kat. Lissabon 2019, S. 19–37.

Schaefer 2011
Johannes Schaefer: Die Restaurierung der fünf Predellentafeln Luca Signorellis. In: Luca Signorelli: Fünf Predellentafeln mit Szenen der Passion und Auferstehung Christi, hrsg. vom Lindenau-Museum Altenburg (Bulletin 3: Frühe italienische Malerei im Lindenau-Museum Altenburg), Altenburg 2011, S. 40–53.

Schilling 1999
Heinz Schilling: Die neue Zeit. Vom Christenheitseuropa zum Europa der Staaten 1250 bis 1750 (Siedler Geschichte Europas, Bd. 3), Berlin 1999.

von Schlosser 1924
Julius von Schlosser: Die Kunstliteratur. Ein Handbuch zur Quellenkunde der neueren Kunstgeschichte, Wien 1924.

Schmarsow 1897a
August Schmarsow: Maîtres italiens à la Galerie d'Altenburg. In: Gazette des beaux-arts 18, 1897, S. 177–195.

Schmarsow 1897b
August Schmarsow: Meister des XIV. und XV. Jahrhunderts im Lindenau-Museum zu Altenburg. In: Festschrift zu Ehren des Kunsthistorischen Instituts in Florenz, Leipzig 1897, S. 143–196.

Schmarsow 1899
August Schmarsow: Masaccio Studien. Bd. 5: Der Fortschritt des Meisters, Kassel 1899.

Schmidt 2001
Victor M. Schmidt: Altenburg. Thirteenth-century Panel Paintings from Siena. In: The Burlington Magazine 143, 2001, S. 512–514.

Schmidt 2005
Victor M. Schmidt: Painted Piety. Panel Paintings for Personal Devotion in Tuscany 1250–1400, Florenz 2005.

Schmidt 2008
Victor M. Schmidt: Tabernacoli fiorentini del Trecento. In: Da Giotto a Botticelli. Pittura fiorentina tra Gotico e Rinascimento, hrsg. von Francesca Pasut und Johannes Tripps, Florenz 2008, S. 111–126.

Schmidt 2011
Victor M. Schmidt: Der Maler und seine Kunst. Über Pietro Lorenzettis Diptychon in Altenburg. In: Ausst.-Kat. Hamburg 2011, S. 46–57.

Schmidt Arcangeli 2015
Catarina Schmidt Arcangeli: Giovanni Bellini e la pittura veneta a Berlino. Le collezioni di James Simon e Edward Solly alla Gemäldegalerie, Verona 2015.

Schmidt-Colinet 1998
Andreas Schmidt-Colinet: »Velum und Kolpos«. Ein paganer Bildtopos und seine interpretatio christiana. In: Mitteilungen zur spätantiken Archäologie und byzantinischen Kunstgeschichte 1, 1998, S. 29–46.

Schmidt/Muller 2001
Victor M. Schmidt/Norman Muller: Nuove evidenze tecniche sull' »Annuciazione« di Guido da Siena a Princeton e un'ipotesi di ricostruzione del complesso di appartenenza. In: Prospettiva 103–104, 2001, S. 110–112.

Scholl 2010
Dorothea Scholl: Kunst und Kultur der Grotesken in der italienischen Renaissance. In: Römische Sendungen I: Grotesken, hrsg. vom Lindenau-Museum Altenburg (Bulletin 1: Frühe italienische Malerei im Lindenau-Museum Altenburg), Altenburg 2010, S. 12–19.

Schreiner 1996
Klaus Schreiner: Maria, Jungfrau, Mutter, Herrscherin, München 1996.

Schumacher 2015
Andreas Schumacher: Auf goldenem Grund: Leihgaben aus dem Lindenau-Museum zu Gast in der Alten Pinakothek, München 2015.

Schuttwolf 2011
Allmuth Schuttwolf: Die Gemäldesammlung (Verlustdokumentation der Gothaer Kunstsammlungen 2), Gotha 2011.

Schweers 1994
Hans Friedrich Schweers: Gemälde in deutschen Museen, Teil 3: Verzeichnis der Museen mit ihren Bildern, Bd. 10, München 1994.

Scudieri/Giacomelli 2008
Magnolia Scudieri/Sara Giacomelli: Alla ricerca della Pala perduta: ipotesi e... fantasie ricostruttive. In: L'Angelico ritrovato. Studi e ricerche per la Pala di San Marco, hrsg. von Cristina Acidini und Magnolia Scudieri, Ausst.-Kat. Museo di San Marco, Florenz, Livorno 2008, S. 126–133.

Segelken 2022
Barbara Segelken: Die Venusgipse. In: Ausst.-Kat. Mettingen 2022, S. 93–95.

Sirén 1905
Osvald Sirén: Don Lorenzo Monaco, Straßburg 1905.

Skaug 1994
Erling Skaug: Punch Marks from Giotto to Fra Angelico: Attributions, Chronology, and Workshop Relationships in Tuscan Panel Painting with Particular Consideration to Florence, c. 1330–1430, 2 Bde., Oslo 1994.

Skaug 2005
Erling S. Skaug: Tecniche ed estetica nella pittura del Trecento italiano: l'»impronta digitale« nei dipinti di Altenburg come supporto nella ricerca storico-artistica. In: Ausst.-Kat. Florenz 2005, S. 17–37.

Skaug 2008
Erling S. Skaug: Bernardo Daddi's Chronology and Workshop Structure, as Defined by Technical Criteria. In: Da Giotto a Botticelli. Pittura fiorentina tra Gotico e Rinascimento, hrsg. von Francesca Pasut und Johannes Tripps, Florenz 2008, S. 79–96.

Skinner 2001
Quentin Skinner: Machiavelli zur Einführung, Hamburg 2001.

Solberg 1991
Gail E. Solberg: Taddeo di Bartolo: His Life and Work, Ann Arbor 1991.

Solberg 2010
Gail E. Solberg: The Count and the Clares: Taddeo di Bartolo, His Shop, and Paintings for S. Martino – Sta. Chiara Novella at Pisa. In: Zeitschrift für Kunstgeschichte 73, 2010, H. 4, S. 449–486.

Spina 2021
Giulia Spina: Immagini che proteggono. Note sulle iconografie contro la peste nelle Marche del Quattrocento. In: Marca-Marche 17, 2021, S. 56–72.

Spierling 2006
Volker Spierling: Kleine Geschichte der Philosophie. Große Denker von der Antike bis zur Gegenwart, München/Zürich 2006.

Staderini 2004
Andrea Staderini: Un contesto per la collezione di »primitivi« di Alexis-François Artaud de Montor. In: Proporzioni. Annali della Fondazione Roberto Longhi 5, 2004, S. 23–62.

Steinweg 1953
Klara Steinweg: Ein verschollenes Tabernakel von Bernardo Daddi. In: Mitteilungen des Kunsthistorischen Institutes in Florenz 7, 1953, S. 65–72.

Sticker 1908
Georg Sticker: Abhandlungen aus der Seuchengeschichte und Seuchenlehre. Bd. 1: Die Pest. Erster Teil: Die Geschichte der Pest, Gießen 1908.

Straub 1984
Rolf E. Straub: Tafel- und Tüchleinmalerei des Mittelalters. In: Reclams Handbuch der künstlerischen Techniken, Bd. 1: Farbmittel, Buchmalerei, Tafel- und Leinwandmalerei, hrsg. von Hermann Kühn u. a., Stuttgart 1984, S. 131–259.

Strehlke 2004
Carl Brandon Strehlke: Italian Paintings 1250–1450 in the John G. Johnson Collection and the Philadelphia Museum of Art, Philadelphia 2004.

Stubblebine 1964
James H. Stubblebine: Guido da Siena, Princeton 1964.

Syre 1979
Cornelia Syre: Studien zum Maestro del Bambino Vispo und Starnina, Bonn 1979.

Syson/Gordon 2001
Luke Syson/Dillian Gordon: Pisanello. Painter to the Renaissance Court, London 2001.

Tambini 2015
Anna Tambini: Pittori Faentini della prima metà del Cinquecento. In: Anna Colombi Ferretti/Claudia Pedrini/Anna Tambini: Il Cinquecento, parte prima (Storia delle arti figurative a Faenza 5), Faenza 2015, S. 151–170.

Tazartes 1985
Maurizia Tazartes: Anagrafe Lucchese II. Michele Ciampanti: il Maestro di Stratonice? In: Richerche di storia dell'arte 26, 1985, S. 18–27.

Tazartes 2007
Maurizia Tazartes: Fucina Lucchese: Maestri, botteghe, mercanti in una città de Quattrocento, Pisa 2007.

Tigler 2022
Guido Tigler: Lo sviluppo architettonico del complesso: dalla fondazione alla »Rotonda« del Brunelleschi. In: Santa Maria degli Angeli a Firenze. Da monastero camaldolese a biblioteca umanistica, hrsg. von Cristina De Benedictis, Carla Milloschi und Guido Tigler, Florenz 2022, S. 38–187.

Titz-Matuszak/Emig 2001
Ingeborg Titz-Matuszak und Joachim Emig (Hrsg.): Bernhard August von Lindenau (1779–1854). Reden, Schriften, Briefe. Eine Auswahl (Veröffentlichungen aus Thüringischen Staatsarchiven Bd. 5.2), Weimar 2001.

Titz-Matuszak 2023
Ingeborg Titz-Matuszak: Bernhard August von Lindenau, Worte und Bekenntnisse. In: Lindenau-Museum Altenburg 1848–2023, hrsg. von Roland Krischke, Dresden 2023, S. 90–99.

Tocha 2022
Veronika Tocha: Raubkopien in Gips? Abgüsse zwischen Aneignung und kultureller Teilhabe. In: Ausst.-Kat. Mettingen 2022, S. 33-51.

Todini 1989
Filippo Todini: La pittura umbra. Dal Duecento al primo Cinquecento, 2 Bde., Mailand 1989.

Tomasi 2018
Franco Tomasi: L'opera letteraria di Giovanni Santi. In: Ausst.-Kat. Urbino 2018, S. 157–165.

Tosatti 2007
Bianca Silvia Tosatti: Trattati medievali di tecniche artistiche (Di fronte e attraverso 778), Mailand 2007, S. 129–148.

Tozzini Cellai 1986
Valeria Tozzini Cellai: L'arte nel Rinascimento. Filippo Lippi, Prato1986.

Turner 1998
Nancy Turner: The Recipe Collection of Johannes Alcherius and the Painting Materials Used in Manuscript Illuminations in France and Nothern Italy c. 1380–1420. In: Painting Techniques. History, Materials and Studio Pactice (Contributions to the Dublin Congress 7.–11. September 1998), hrsg. von Ashok Roy und Perry Smith, London 1998, S. 45–50.

Ugurgieri Azzolini 1649
Isidoro Ugurgieri Azzolini: Le Pompe Sanesi, 2 Bde., Pistoia 1649.

Uppenkamp 2017
Bettina Uppenkamp: Gherardo Starnina: Cassone-Tafel mit dem Kampf orientalischer Reiter. In: Gherardo Starnina: Cassone-Tafel mit dem Kampf orientalischer Reiter, hrsg. Roland Krischke für das Lindenau-Museum Altenburg (Bulletin 4: Frühe italienische Malerei im Lindenau-Museum Altenburg), Altenburg 2017, S. 26–39.

Vannugli 2015
Antonio Vannugli: Imitating Michelangelo. A Methodical Philological Survey of the Engraved and Painted Versions of the Madonna of Silenzio (Temi e Testi 147), Rom 2015.

Varese 1994
Raniero Varese: Giovanni Santi, Fiesole 1994.

Vasari 1878–1885
Gioigio Vasari: Le opere di Giorgio Vasari. Con nuove annotazioni e commenti di Gaetano Milanesi, 9 Bde., Florenz 1878–1885.

Vasari 2020
Giorgio Vasari: Lebensläufe der berühmtesten Maler, Bildhauer und Architekten. Aus dem Italienischen übersetzt von Trude Fein. Mit einem Nachwort von Robert Steiner, München 2020.

Vickers 1999
Brian Vickers: Humanismus und Kunsttheorie in der Renaissance. In: Theorie und Praxis. Leon Battista Alberti als Humanist und Theoretiker der bildenden Künste, hrsg. von Kurt W. Forster und Hubert Locher, Berlin 1999, S. 9–74.

Vignoli 2015
Lucilla Vignoli: Piermatteo d'Amelia. Un maestro umbro tra Firenze e Roma, Perugia 2015.

Villela-Petit 2006
Inès Villela-Petit: Copies, Reworkings and Renewals in Late Medieval Recipe Books. In: Medieval Painting in Northern Europe. Techniques, Analysis, Art History, hrsg. von Jilleen Nadolny, London 2006, S. 167–181.

Villers/Lehner 2002
Caroline Villers/Astrid Lehner: Observations on the Coronation of the Virgin Attributed to Guido da Siena in the Courtauld Institute Gallery, London. In: Zeitschrift für Kunstgeschichte 65, 2002, H. 3, S. 289–302.

Vinco 2018
Mattia Vinco: Cassoni. Pittura profana del Rinascimento a Verona, Einleitung von Andrea De Marchi, Mailand 2018.

Volpe 1989
Carlo Volpe: Pietro Lorenzetti, hrsg. von Mauro Lucco, Mailand 1989.

Weigelt 1931
Curt H. Weigelt: Guido da Siena's Great Ancona: A Reconstruction. In: The Burlington Magazine 59, 1931, S. 15–22.

Welch 1989
Evelyn Samuels Welch: Galeazzo Maria Sforza and the Castello di Pavia, 1469. In: The Art Bulletin 71/3, 1989, S. 352–375.

Wilkins 2002
David G. Wilkins: Opening the Doors to Devotion: Trecento Triptychs and Suggestions Concerning Images and Domestic Practice in Florence. In: Italian Panel Paintings of the Duecento and Trecento, hrsg. von Victor M. Schmidt (Studies in the History of Art 61), New Haven/London 2002, S. 370–393.

Wodzicki 2017
Luc Wodzicki: Orientalische Reiter – Mauren oder die Schlacht von Ankara? In: Gherardo Starnina: Cassone-Tafel mit dem Kampf orientalischer Reiter, hrsg. von Roland Krischke für das Lindenau-Museum Altenburg (Bulletin 4: Frühe italienische Malerei im Lindenau-Museum Altenburg), Altenburg 2017, S. 40–47.

Wolf 2018
Fabian Wolf: Die Weihnachtsvision der Birgitta von Schweden. Bildkunst und Imagination im Wechselspiel, Regensburg 2018.

Woods-Marsden 1989
Joanna Woods-Marsden: The Gonzaga of Mantua and Pisanello's Arthurian Frescoes, Princeton 1989.

Wright 2005
Alison Wright: The Pollaiuolo Brothers. The Arts of Florence and Rome, New Haven 2005.

Wyss 1996
Edith Wyss: The Myth of Apollo and Marsyas in the Art of Italian Renaissance. An Inquiry into the Meaning of Images, Newark 1996.

Zachmann 2016
Daniela Zachmann: Wandmalerei in Wohnräumen toskanischer Städte im 14. Jahrhundert. Zwischen elitärem Selbstverständnis und kommunalen Wertesystemen, Berlin 2016.

Zeri 1953
Federico Zeri: Il maestro dell'annunciazione Gardner. In: Bollettino d'arte 38, 1953, S. 125–139, 233–249.

Zeri 1964
Federico Zeri: Appunti sul Lindenau-Museum di Altenburg. In: Bollettino d'arte 49, 1964, S. 45–53.

Zezza 2003
Andrea Zezza: Marco Pino. L'opera completa, Napoli 2003.

Zezza 2009
Andrea Zezza: Un'aggiunta a Marco Pino. In: Scritti in onore di Francesco Abbate, Kronos, Periodico del Dipartimento dei Beni delle Arti e della Storia. Università del Salento, Nr. 13, 1. Teil, Galatina 2009, S. 123–128.

Zöllner 2002
Frank Zöllner: Die Malerei des Quattrocento in Italien. In: Kunsthistorische Arbeitsblätter 10, 2002, S. 5–20.

Zöllner 2009
Frank Zöllner: Botticelli, München 2009

IMPRESSUM

Die Publikation erscheint anlässlich der Ausstellung *Bellissimo! Italienische Malerei von der Gotik bis zur Renaissance aus dem Lindenau-Museum Altenburg*, vom 18. Mai bis 3. November 2024

Eine Ausstellung des Augustinermuseums, Städtische Museen Freiburg, in Kooperation mit dem Lindenau-Museum Altenburg

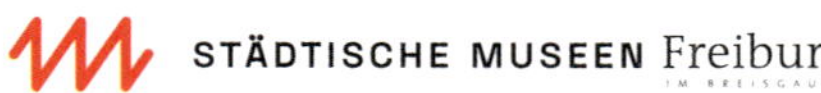

KAG **Altenburger Museen**

LINDENAU-MUSEUM ALTENBURG

Unter der Schirmherrschaft der Botschaft der Italienischen Republik in Deutschland

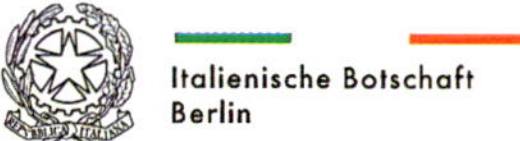

AUSSTELLUNG

Gesamtleitung
Jutta Götzmann

Ausstellungsleitung
Eva Maria Breisig

Kuratorinnen
Eva Maria Breisig, Jutta Götzmann

Wissenschaftliche Mitarbeit
Adana Schulz

Kunstvermittlung und kunsttechnologische Vermittlung
Beate Reutter, Sabrina Kunz

Kommunikation und Vermittlung
Anna Spiegel (Leitung), Julia Habermann (Pressearbeit), Katja Hartloff (Marketing), Katharina Hoernes (Online-Kommunikation), Eva Franklin (Volontärin Kommunikation), Beate Reutter (Kunstvermittlung), Nicole Ühlin (Buchungsservice)

Restaurierung, Digitalisierung und Dokumentation
Anja Alt (Leitung), Restaurierung: Sabrina Kunz (Gemälde), Franziska Leidig (Papier), Kai Miethe (Kunsthandwerk); Jochen Dietel (Digitalisierung und Dokumentation), Sven Lüben (Medientechnik), Zentrales Kunstdepot: Edgar Dürrenberger, Jacquelin Muenster; Bibliothek: Antonia Ingelfinger, Michell Carpio (Auszubildende)

Ausstellungsmanagement
Mirja Straub

Ausstellungsgestaltung
Bach Dolder, Büro für Ausstellungsgestaltung
Mitarbeiterinnen: Jana Köhle, Lilly Lieske

Ausstellungsgrafik
Sabrina Fritz, Tina Michl (Kommunikationsdesign)

Ausstellungsbeleuchtung
Kai Miethe

Werkstätten der Städtischen Museen Freiburg
Ansgar Brandstädter (Leitung), Ines Beha, Moritz Brünner, Mathis Galow, Moritz Huss, Karl-Heinz Kelka, Antonia Lenhardt, Benjamin Maier, Stefan Martin, Melissa Schwär

Ausstellungsaufbau
Karl-Heinz Kelka (Malermeister), Melissa Schwär (Malerin)

Grafikproduktion
Werbetechnik Baden GmbH, Sexau

Übersetzungen
Tim Connell, London (Englisch)
Julia Walter, Karlsruhe (Französisch)

Freie Werkstätten
Albert Kiefer GmbH, Freiburg
Stech GmbH, Bahlingen

Sekretariat
Liane Ehret, Jutta Temmen

Finanzen (Zentrale Kulturverwaltung)
Andreas Schröder (Leitung), Angelika Joos-Ehret

Sicherheit
Uwe Jansen

Aufsichten
fqb gemeinnützige Freiburger Qualifizierungs- und Beschäftigungsgesellschaft mbh, Hepp Sicherheit

Shop
Anastasia Stahov

Kasse
Tuende Herbaly, Sebastian Müller

Haustechnik (Gebäudemanagement Freiburg)
Patrick Kapfer (Leitung), Bernhard Brauch, Andreas Hodel, Martin Möller, Harald Scherer

Reinigung (Gebäudemanagement Freiburg)
Nadia Appugliese (Organisation), Elena Lanca, Selveta Smakovic, Tatjana Timoschenko, Aynur Yasin

Transporte
Art Sped Schütz GmbH, Freiburg

Veranstaltungskooperationen
Universität Freiburg, Mittelalterzentrum
Italienisches Konsulat Freiburg
Stadttheater Freiburg

Unterstützt durch

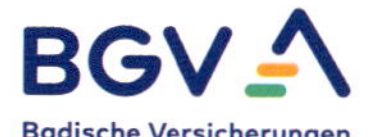

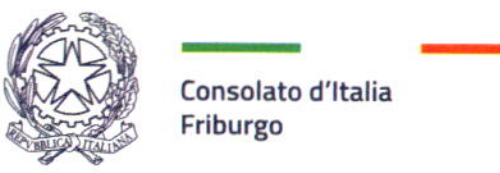

LINDENAU-MUSEUM ALTENBURG

Koordinierende Gesamtleitung
Roland Krischke und Benjamin Spira

Ko-Kurator der Ausstellung
Benjamin Rux

Wissenschaftliche Mitarbeit
Ronny Teuscher, Miriam Stadie

Digitale Anwendungen
Christoph Schneider

Kommunikation
Steven Ritter

Kunstvermittlung
Angelika Forster, Jacqueline Glück

Leihverkehr
Johanna Otterbach

Restaurierung
Christian Maul, Susanne Reim, Johannes Schaefer

Verwaltung
Anne-Franziska Neumerkel, Robert Richter

KATALOG

Herausgeberinnen
Eva Maria Breisig, Jutta Götzmann

Katalogredaktion
Eva Maria Breisig, Jutta Götzmann, Adana Schulz

Praktikantin
Caterina Stingone

Bildredaktion
Miriam Stadie (Lindenau-Museum Altenburg)

Projektmanagement Hirmer Verlag
Jutta Allekotte

Lektorat
Claudia Wagner, Starnberg

Übersetzungen aus dem Italienischen
Birgit Lamerz-Beckschäfer, Datteln

Gestaltung, Satz und Herstellung
Lucia Ott

Lithographie
Reproline mediateam GmbH & Co. KG, Unterföhring

Papier
Magno Volume 150 g/m^2

Schriften
ES Face, Zwo Pro

Druck und Bindung
Printer Trento S.r.l., Trient

Printed in Italy

Bibliografische Information der Deutschen Nationalbibliothek
Die Deutsche Nationalbibliothek verzeichnet diese Publikation in der Deutschen Nationalbibliografie; detaillierte bibliografische Daten sind im Internet über http://dnb.de abrufbar.

ISBN 978-3-7774-4286-0
www.hirmerverlag.de

LEIHGEBER

Lindenau-Museum Altenburg
Museum Catharijneconvent Utrecht

BILDNACHWEIS

Altenburg, © Lindenau-Museum Altenburg: S. 64, 111, 129 (Abb. 3), 136; Archiv, Foto: Lindenau-Museum Altenburg: S. 304, 307; Foto: punctum/Esther Hoyer: S. 135 (Abb. 8); Foto: punctum/Bertram Kober: Umschlag (Vorder- und Rückseite, Umschlagklappe vorne und hinten), S. 4, 6, 16, 36, 43 (Nr. 1, 4, 7), 44, 45, 46 (Nr. 3, 5), 49, 50 (1.v.l., 2.v.l.), 56, 74, 76, 82, 91, 92, 95, 96, 105 (Abb. 11), 114, 126, 128, 131, 134, 135 (Abb. 9), 140, 142, 143, 146, 149, 151, 152, 153, 154, 157, 159, 160, 163, 164–165, 167, 168, 171, 173, 174, 177, 178, 180, 183, 185, 186, 189, 190, 193, 195, 196–197, 199, 200, 203, 205, 207, 209, 210, 212, 215, 216, 219, 221, 222 (Nr. 4), 225, 226, 230, 231 (Nr. c), 232 (Nr. 5, 7, 10), 233 (Nr. 4, 6, 9), 235, 236, 239, 240, 241, 243, 244, 245 (Nr. 1, 3, 4), 247, 248 (Nr. 5, 6), 251, 252, 253, 254 (Nr. 2–6), 256, 259, 261, 263-263, 265, 267, 269, 270, 273, 274 (Nr. 4), 277, 279, 281, 283, 285, 286, 289, 291, 293, 294, 297, 298, 299, 301, 303, 308, 309, 310, 311, 312, 315, 316, 319, 321

Altenburg, © Johannes Schaefer: S. 72, 73, 112 (Abb. 2)

Ann Arbor, © Courtesy of HathiTrust: S. 27 (Abb. 10)

Ann Arbor, © University of Michigan Museum of Art: S. 46 (Nr. 1)

Barcelona, © Museu Nacional d'Art de Catalunya (2024): S. 70

Bergamo, © Fondazione Accademia Carrara: S. 191

Berlin, © bpk/Alinari Archives/Tatge, George for Alinari: S. 28; bpk/RMN – Grand Palais/Jean-Gilles Berizzi: S. 67; bpk/RMN – Grand Palais/René-Gabriel Ojéda: S. 43 (Nr. 2), 108, 232 (Nr. 4, 6), 233 (Nr. 3, 5); bpk/Scala: S. 39, 63, 65, 69, 229

Berlin, © Hoskins Architects: S. 130

Berlin, © Bernd Sinterhauf: S. 129 (Abb. 2)

Berlin, © Staatliche Museen zu Berlin, Gemäldegalerie, Foto: Jörg P. Anders: S. 102, 188, 292; Foto: Christoph Schmidt: S. 66, 222 (Nr. 5–7)

Berlin, © Staatliche Museen zu Berlin, Münzkabinett, Foto: Reinhard Saczewski: S. 79

Berlin, © Wikimedia Commons: S. 18, 24, 98, 101, 222 (Nr. 8), 223, 232 (Nr. 1); © Wikimedia, User: Shadow-xfox, Enok, Furfur: S. 78

Bern, © Kunstmuseum Bern: S. 123

Bologna, © Fondazione Federico Zeri, Università di Bologna: S. 245 (Nr. 2)

Calgary, © iStockphoto by Getty Images, Bildbe-arbeitung Felix Scheu: S. 15, 139, 323

Cambridge, © The Fitzwilliam Museum, University of Cambridge: S. 68

Cleveland, © The Cleveland Museum of Art: S. 264

Cortona, © Museo Diocesano: S. 48

Darmstadt, © Bach Dolder, Büro für Ausstellungs-gestaltung: S. 324–325

Douai, © Ville de Douai, Musée de la Chartreuse: S. 43 (Nr. 3)

Dresden, © Hochschule für Bildende Künste Dresden: S. 113 (Abb. 3)

Ferrara, © Per concessione dei Musei di Arte Antica del Comune di Ferrara: S. 84

Florenz, © Antonio Quattrone: S. 50 (3.v.l.), 248 (Nr. 7)

Florenz, © Gabinetto Fotografico delle Gallerie degli Uffizi: S. 31, 33, 34; Foto: Cristian Ceccanti: S. 117; Foto: Rabatti&Domingie: S. 47, 274 (Hauptzone), 275 (Abb. 2); Foto: Roberto Palermo: S. 32, 62, 80; Foto: Francesco del Vecchio: S. 238 (Abb. 1)

Florenz, © Galleria dell'Accademia. Su concessione del Ministerio della Cultura: S. 248 (Nr. 3), 249 (3.v.l.)

Florenz, © Su concessione del Ministero della Cultura – Musei del Bargello: S. 103, 106; Foto: Antonio Quattrone: S. 105 (Abb. 10)

Florenz, © Museo di San Marco: S. 97, 222 (Nr. 1–3)

Florenz, © Su concessione del Ministerio della Cultura – Direzione regionale Musei della Toscana – Firenze: S. 42, 43 (Nr. 6)

Forlì, © Archivio Fotografico dei Musei Civici del Comun di Forlì, LabDia/Università di Bologna&Lumière Technology, 2021. Su concessione del Comune di Forlì – Musei Civici: S. 187 (Abb. 2)

Frankfurt am Main, © Städel Museum: S. 133

Freiburg, © Sabrina Kunz: S. 53, 54, S. 90 (Abb. 3)

Guerini 2003, S. 137, Abb. 45: S. 20

Jena, © Dieter Blume: S. 29

Jesi, © Pinacoteca Civica: 254 (Nr. 1)

La Spezia, © Museo Civico »Amedeo Lia«: S. 238 (Abb. 2)

Leipzig, © Tilman Kurth: Zeichnung: S. 248, 249

Leipzig, © Thomas Schneider, Leipzig School of Design: Grafische Gestaltung: S. 50

Leipzig, © ungestalt GmbH: Grafische Gestaltung der Schemata: S. 43, 44, 46, 49, 154 (Abb. 1), 157 (Abb. 1), 200 (Abb. 1), 202, 205 (Abb. 1), 210 (Abb. 1), 215 (Abb. 1), 222, 224, 232, 233, 245, 254, 260, 263 (Abb. 1), 274, 279 (Abb. 1), 281 (Abb. 1), 283 (Abb. 1), 288, 302, 316 (Abb. 1)

London/Berlin, © Bridgeman Images: S. 8, 10, 30, 81, 104, 122, 124; © Bibliothèque Municipale, Dijon France/Bridgeman Images: S. 89, 90 (Abb. 2); © Capella di San Giacomo, Padua, Italy/Bridgeman Images: S. 26; © Mondadori Portfolio/Bridgeman Images: S. 99; © The Courtauld/Bridgeman Images: S. 237, 274 (Nr. 1, 3), 275 (Abb. 3)

London, © Moretti Fine Art LTD: S. 248 (Nr. 4), 249 (4.v.l.)

London, © The Courtauld Gallery: S. 232 (Nr. 2), 233 (Nr. 1)

London, © Victoria and Albert Museum: S. 194 (Abb. 2), 290 (Abb. 2)

Mantua, © Su concessione del Ministero della Cultura – Palazzo Ducale di Mantova: S. 83

New York, © The Metropolitan Museum of Art: S. 27 (Abb. 11), 248 (Nr. 2, 8), 249 (2.v.l.), 274 (Nr. 2), 290 (Abb. 3)

Palermo, © Galleria Regionale della Sicilia Palazzo Abatellis: S. 43 (Nr. 5, 8)

Paris, © Bibliothèque Nationale de France: S. 85, 118

Princeton, © Princeton University Art Museum: S. 19, 187 (Abb. 1), 232 (Nr. 3), 233 (Nr. 2)

Raleigh, © North Carolina Museum of Art: S. 268

Rom, © Gallerie Nazionali di Arte Antica – Bibliotheca Hertziana, Instituto Max Planck per la storia dell'arte/Enrico Fontolan: S. 248 (Nr. 1), 249 (1.v.l.)

San Gimignano, © By concession of the Civic Museums of San Gimignano: S. 150

Siena, © Comune di Siena, Foto: Roberto Testi: S. 22, 60–61, 121

Siena, © Opera della Metropolitana Aut. N.60/2024: S. 21, 58

Siena, © Su concessione del Ministerio della cultura. Foto Archivio Musei Nazionali di Siena: S. 170

Siena, © Su concessione del Ministerio della cultura. Pinactoca Nazionale di Siena. Foto Archivio Pinacoteca Nazionale di Siena: S. 38, 40, 41, 232 (Nr. 8, 9, 12–14), 233 (Nr. 7–8, 11–13)

Utrecht, © Museum Catharijneconvent: S. 231 (Abb. d), 232 (Nr. 11), 232 (Abb. 10)

Vatikanstadt, © Governorate of the Vatican City State-Directorate of the Vatican Museums: S. 23, 46 (Nr. 2, 4)

Washington, D.C., © Library of Congress: S. 116

Washington, D.C., © National Gallery of Art: S. 194 (Abb. 1)

Williamstown, © The Clark Art Institute: S. 295

Nicht in allen Fällen war es möglich, den Rechteinhaber der Abbildungen ausfindig zu machen. Berechtigte Ansprüche werden selbstverständlich im Rahmen der üblichen Vereinbarungen abgegolten.

Bildlegenden

S. 15 (1. v. l.), 139 (3. v. l.): Galerie im Innenhof des Palazzo Comunale in Bologna, Detail

S. 15 (2. v. l.), 139 (1. v. l.), 323 (1. v. l.): Enge Gassen in Perugia, Detail

S. 15 (3. v. l.), 323 (3. v. l.): Innenhof des Palazzo Vecchio, Florenz, Detail

S. 139 (2. v. l.), 323 (2. v. l.): Piazza del Campo und Palazzo Publico in Siena, Detail